Валерий Золотухин

# ТАГАНСКИЙ ТУПИК

## Бумбараш и другие

Валерий Золотухин

# ТАГАНСКИЙ ТУПИК

## Бумбараш и другие

Москва 2005

УДК 792.2(470+571)(092)Золотухин В.С.+821.161.1-312.6Золотухин В.С.
ББК 84(2Рос=Рус)6-44+85.334.3(2)6-8Золотухин В.С.
З81

Художественное оформление и макет
*Андрея Рыбакова*

**Золотухин, Валерий Сергеевич.**
З81 Таганский тупик. Бумбараш и другие. [В 2-х кн. Кн. 1] / Валерий Золотухин. — М. : Зебра Е, 2005. — 704 с.

ISBN 5-94663-211-6

ISBN 5-94663-212-4 (1 кн.)

В «Таганском тупике» Валерия Золотухина отражено сорок лет жизни Театра на Таганке. Это уникальное и наиболее полное издание будет интересно самому широкому кругу читателей как роман о жизни, смерти, любви, славе, человеческих страстях, дружбе и предательстве, где действующие лица — известнейшие актеры, режиссеры, писатели и поэты — В. Высоцкий, Ю. Любимов, А. Эфрос, Л. Филатов, Н. Губенко, А. Демидова, Ю. Нагибин, Б. Полевой, А. Вознесенский, Е. Евтушенко, Б. Ахмадулина и другие...

Агентство CIP РГБ

**ISBN 5-94663-211-6**
**ISBN 5-94663-212-4 (1 кн.)**

# Содержание

# От составителя

В агусте 1991 г. (по иронии судьбы, чуть ли не в канун путча ГКЧП) увидела свет книга «Дребезги», изданная «Ценром творческих встреч “ВТПО” СОЮЗТЕАТР» к 50-летию Валерия Золотухина. Эта книга привлекла к себе внимание не только тем, что была наиболее полным собранием прозы известного актера и писателя, но главным образом первой публикацией фрагментов дневников В. Золотухина, связанных с именем его коллеги и друга — Владимира Высоцкого. Слухи об этих скандальных дневниках и возможной их публикации ходили давно, но мало кто верил, что автор решится их опубликовать при жизни многих персонажей, продолжавших работать с ним в одном театре.

Перипетии публикации этой книги под стать ее содержанию — головокружительны и детективны. Мне посчастливилось участвовать в этих событиях под псевдонимом «Издатель»! Тогда, обращаясь ко мне в своем «Предуведомлении», автор словами Гришки Отрепьева сказал:

«Пусть мой грех падет не на меня, а на тебя, издатель. Так мы разделим пополам наше “преступление”».

И вот, составляя новую книгу «дневников» Валерия Золотухина, — роман-хронику «Таганский тупик», охватывающую почти полувековую историю жизни автора и практически всю — Театра на Таганке, я думаю: в чем суть этого «преступления» или подвига?

Представим себе абстрактно: человек пишет дневник своей жизни. Приходит время, и он решается опубликовать свои записи, что в этом худого? Да ничего, если эти записи не затрагивают личную жизнь других людей. А возможно ли это, если автор живет среди людей?! Да, если изменены имена, хронология и т. д. Но тогда это уже не дневники, а что-то другое. Вот перед этой дилеммой и стоял В. Золотухин, решая, печатать свой дневник о Высоцком или нет. А время было непростое и для театра и для страны. Будет ли потом такая возможность у автора, увидят ли его записи свет в будущем — на этот вопрос ответа не было. А книгу Золотухина о Высоцком ждали многие, особенно после выхода телефильма Э. Рязанова о Владимире Высоцком, где благодаря «умелому монтажу» партнер и друг был выведен чуть ли не как «черный человек», Сальери Гения. Надо было отвечать, — оправдываться было бессмысленно и безнравственно. Это обстоятельство стало последней каплей, переполнившей чашу... И хотя друзья-коллеги по театру, с которыми советовался В. Золотухин, в один голос отговаривали его, предостерегая: «костей не соберешь», «дневник дело посмертное», «устами мертвого говорить в свой адрес столько комплиментов дело богомерзкое» и т. д., он все же решился... Вот что писал по этому поводу сам В. Золотухин в дневнике от 2 марта 1990 г.: «То, что я решил опубликовать, обычно завещают печатать после смерти, либо уничтожают при жизни. Но я игрок. И хочу выпить эту чашу при жизни. Хочу быть героем. Я решился на этот поступок, хотя кто-то назовет его богомерзким. Но посеешь поступок — пожнешь привычку, посеешь привычку — пожнешь характер, посеешь характер — пожнешь судьбу. Я хочу знать свою судьбу, будучи физически живым», — это объясняет нам, читателям, очень многое, если не все.

Театральный дневник Валерия Золотухина — это удивительный роман о театральной жизни России второй половины XX века. Страсти, бушующие в этой книге, не уступают шекспировским, что же касается права автора на истину «в первой инстанции», то здесь решать тебе, Читатель XXI века, хотя уверен, что автор на это не претендует.

Представлять Валерия Золотухина кому-либо в России нет нужды — его знают буквально все, — как драматического артиста, писателя, друга и партнера В. Высоцкого по Театру на Таганке и т. д. Написал я это и задумался: а знают ли?! Считают ли Валерия Золотухина действительно другом Высоцкого? Может, для большинства он так и остался алтайским «Бумбарашем»?

И хотя в своей известной анкете сам Владимир Высоцкий развеял сомнения, написав в графе «самый близкий друг» — «Золотухин», многие до сих пор считают, что это был порыв их кумира, пожелавшего сделать приятное сидевшему рядом товарищу. Ответить на этот вопрос мог бы лишь сам Владимир Семенович, тем не менее время показало со всей определенностью: интуиция Высоцкого не подвела — никто кроме его «алтайского» друга не сумел нам показать «таганского» Гамлета во всей его трагической полноте.

В предлагаемой книге человек, не читавший прежде дневников В. Золотухина, откроет для себя заново — Театр на Таганке, безвременно ушедшего гения — Владимира Высоцкого, создателя театра — Юрия Любимова, его ближайших коллег и самого автора — «таганского домового» — по меткому выражению Любимова — Валерия Золотухина.

Закончу словами Аллы Демидовой о дневниках Золотухина: «Он писал по принципу “Что вижу, о том пою”. Он это делал не для фиксации факта, а для разбега руки, потому что все время хотел писать, и, надо сказать, ему это удавалось. Даже в дневниковых записях, когда он набирает разбег и попадает в какую-то “жилу” — он ее разрабатывает, и получается отдельный литературный рассказ...»

А я уверен: никто из серьезно занимающихся историей Театра на Таганке, да и просто почитателей русского театра, этих дневников не минует...

Это дневник русского человека в его развитии, по обнаженности чувств и прямоте оценок с которым вряд ли что сравниться в мировой практике.

И, как говорится, в добрый путь!

*Валерий Краснопольский*

# Предуведомление

Издатель!

Уважаемый!

Я устал от твоих уговоров напечатать что-то из дневников. Ты меня, что называется, достал. Ты же понимаешь, какой «гнев праведный трудящихся» я навлеку на себя этими «младозасранскими» откровениями. Если уж невинный рассказ о «Гамлете» в телепередаче Э. Рязанова вызвал такие отравленные стрелы в мой адрес — обещали «поставить на ножи», выжечь соляной кислотой глаза, сжечь дом «вместе с твоими щенятами» (очевидно, имелись в виду мои дети, потому что у меня, кроме кошки, никакой живности в доме нет), — то можешь представить, какой разносный шквал ненависти, сколько дерьма и злобы хлебну я опять от некоторой части уважаемой публики после опубликования стародавних записей! Ваня скажет: «Дневники — дело посмертное». Согласен. Лёня скажет: «Устами мертвого говорить в свой адрес столько комплиментов — дело богомерзкое!» Опять согласен. Но, как говорит Гришка Отрепьев, пусть мой грех падет не на меня, а на тебя, издатель. Так мы разделим пополам наше «преступление».

Я много раз приступал к дневникам, желая что-то исправить, но каждый раз отступался. Мне страшно претит, когда некоторые из моих коллег пытаются печатно или устно скорректировать в угоду времени, художественному руководителю и толпе свои биографии, наивно полагая, что трудолюбивый монах Время не просеет все, не отсеет шелуху или ошибется и именно из наших журнальных подделок и поделок не извлечет, быть может, совершенно обратный корень, чем, кажется нам, извлекаем мы сейчас.

Я надеюсь на этого трудолюбивого монаха — Время — и рассчитываю на понимание читателя. Хотя не прошу снисхождения. Не кокетничая и не оправдываясь, я тебе скажу так, читатель. Я противен себе во многих тогдашних описаниях и суждениях. Но противен — сейчас. Потому что сейчас все видится по-другому. Когда я вновь и вновь обращаюсь к дневникам, я начинаю их читать как читатель, на даты я не обращаю внимания, — вот ведь какая штука, — так, будто я это говорю сегодня. А я писал это — тогда! В пылу, в момент. Это было тогда, когда мы были молоды, а потому «гениальны и бессмертны», и нам казалось, что вот еще миг — и мир у твоих ног, поэтому мы были все на равных или почти на равных. И посему наши суждения друг о друге были наотмашь или, наоборот, со знаком «гениально», и никак по-другому. Известные как-то еще ходили, держа грудь вперед, а неизвестные говорили: подождите, придет время — мы будем более знамениты, чем вы. В некоторых случаях так и получилось, и это, в общем, закономерно. Поэтому мне кажется, ничто сейчас не может омрачить ни имя Владимира Семеновича, ни чести моих коллег, да простят меня они. И когда я прошу читателя обращать внимание на даты, то для меня это очень важно.

Разумеется, я много опустил, что называется на «после смерти», убрал мат и зашифровал некоторые имена, потому что действительно печатное слово отличается от рукописного претензией на абсолютную истину. А я, упаси Боже, на нее не посягаю.

Конечно, я мог бы и здесь убрать некоторые места и что-то изменить... но, как говорится у Александра Сергеевича, «строк печальных не смываю». Иначе это потеряло бы уж тогда всякий смысл.

По совести, все это следовало бы уничтожить, как некогда В. И. Качалов сжег свои дневники. Да что Качалов — Пушкин сжег. И сохранилось письмо Пушкина, в котором он отвечает П. А. Вяземскому по поводу утери дневников Байрона. Но я на такой нравственный подвиг не гожусь. И потому... для человека, любящего Высоцкого всерьез и занимающегося изучением его личности и творчества без низкопоклонничества и кликушества, и эти свидетельства невольного соглядатая могут, как мне кажется, пролить свой дополнительный беспросветный свет.

Краткое свое предуведомление закончил бы я словами В.В. Розанова: «Родила червяшка червяшку. Червяшка поползла. Потом умерла. Вот наша жизнь».

Вот это дневниковое повествование, составленное по твоей просьбе, издатель, из строчек, связанных с именем В. Высоцкого, это — моя жизнь.

*Автор*

# Пропущенные страницы из потерянного дневника, или «От “Живого” к “Живаго”»

Когда идет раскручивание твоей биографии, твоей судьбы и в кино, и в театре, и в книгах, и все идет благополучно: и играются роли, и поются песни, и рождаются дети, то, конечно, люди, которые тебя вывели на эту орбиту, как бы забываются, уходят в тень, и ты считаешь это как бы своим прошлым, пройденным, но оказывается, что все это прошлое дает всегда и давало такой мощный толчок, как свет в конце туннеля. Влияние прошлого очень сильно, потому что оно было воспитателем, заложило во мне какие-то вещи и как в человеке, и как в артисте.

Я надеюсь, что эта моя интонация в предисловии, взволнованная, поможет читателю понять, что я хочу сказать своей новой книгой «Таганский тупик». А предисловие, особенно этой книги, очень важно; в него вошли пропущенные строки моего дневника, заметки институтского периода, которые я потерял, но я знаю, что они были, но где они остались, в какой гримерной, в каком поезде, в каком самолете, а может быть, на Алтае, куда ездил я со своей первой женой... Насколько я помню, записки начинаются с того, с чего начинается эта книга — с нулевой тетради, но повторяю, в них пропал очень важный момент: моя двухгодичная работа в Театре им. Моссовета.

Предисловие к этой книге будет попыткой сохранить память о замечательном, великом педагоге по актерскому мастерству, режиссере Театра им. Моссовета Ирине Сергеевне Анисимовой-Вульф. Я хочу восстановить этот период в своей биографии, в своей судьбе.

А начну я писать свое предисловие такими словами: «Федору Фомичу Кузькину, прозванному на селе "Живым", пришлось уйти из колхоза» — так начинается великая повесть Бориса Андреевича Можаева и моя роль в великом спектакле, многострадальном, трижды закрытом, но...

Но продуман распорядок действий
И неотвратим конец пути
Я один, все тонет в фарисействе
Жизнь прожить — не поле перейти

Этой строкой из «Гамлета» заканчивается моя роль в спектакле «Живаго».

Путь, который я прошел от «Живого» к «Живаго», в полной мере заложила и Ирина Сергеевна Анисимова-Вульф, актриса, ученица Станиславского, режиссер, правая рука Завадского. Именно ей я и хочу посвятить предисловие к книге, как бы восстановить потерянные страницы дневника.

А начиналось все с того, что в 1958 году я поступил во ВГИТИС на факультет музыкальной комедии, то бишь оперетты, где главнейшей, или ведущей дисциплиной, был вокал.

Если человек умел петь, его набирали. И вот мы предстали перед Ириной Сергеевной, преподавателем актерского мастерства. Она не набирала нас, и тут есть одна тактика, о которой надо знать, чтобы понять поступок Ирины Сергеевны по отношению ко мне и назвать его героическим. Кафедра дорожила каждой единицей, и если, допустим, человек после окончания института попадал в оперный театр, это считалось престижным для кафедры, например Пьявко.

Если же человек вокального отделения попадал в драматический театр, это считалось позором для кафедры, т. е. его, значит, не научили петь, и он вынужден пробиваться драмой. Главным было — как человек поет, а уж играть с горем пополам каждого научить можно, так считалось, да и, думаю, осталась эта позиция и до сих пор.

Таким образом, педагогу по актерскому мастерству предоставлялся материал постфактум, как кот в мешке, таких котов мужского и женского пола предстало перед Ириной Сергеевной аж двадцать пять, среди них и я. Именно этого дня я не помню, но я был как-то обескуражен таким педагогом. Кого ожидал я, парень из села, из деревни, ну если не Любовь Орлову или Целиковскую, Ирину Скобцеву или Ларионову, то хотя бы что-то рядом, и обязательно белокурую.

Я был, разумеется, обескуражен и поражен высокой, тонконогой, худой, сутуловатой, с крупными зубами, с вечным беломором во рту, в пепельнице которой после каждого занятия торчали горы напомаженных окурков, красно-фиолетовых.

Ну, конечно, мне тогда было неведомо, какую роль, величайшую, сыграет эта женщина в моей жизни.

Она буквально через несколько занятий оставила меня одного или отвела в сторону, я уже не помню, и сказала буквально следующее: «Молодой человек!» (Она обращалась ко всем на «вы», на «ты» она переходила, когда была расположена к человеку, и довольно быстро стала меня звать на «ты».) Так вот, она очень тихо сказала: «Молодой человек, запомните мои слова: ваше место в драматическом театре».

Теперь читатель пусть решит, были эти слова предательством или подвигом? Но в те времена о них никто не должен был знать.

Она тогда ставила «Короля Лира» и работала долго с Пастернаком. И это все нам рассказывала, приносила фотографии. На одной из фотографий читатель может увидеть их вместе после просмотра спектакля.

Рассказы о Пастернаке, о стихах, о судьбе его узнавали мы от Ирины Сергеевны, хотя занятия на отделении оперетты были далеки от таких поэтических глубин и погружений. Все эти литературные бои были как-то далеки от нас. Она была, как нам казалось, человеком уходящего века и должна была воспитывать только культуру речи, но часто, хотя это была и не ее прерогатива, рассказывала о культуре поведения и на сцене, и в быту.

Вот когда и где состоялся тайный сговор и вот почему я дал название предисловию «От “Живого” к “Живаго”», чтобы дать ощущение не только времени, но и дать ощущение внутренней сути происходящего.

Я никогда и не думал, что когда-нибудь сыграю «Живаго», насколько полярные роли для артиста: роль Федора Кузькина, деревня деревенщиной, и суперинтеллигент Юрий Андреевич Живаго. И в это расстояние в четверть века уместилась вся моя жизнь в театре и кинематографе. Это был и несыгранный «Гамлет», и сыгранный Альцест в «Мизантропе», это и «Анна Снегина», и «Пакет», кстати, в котором меня увидел Любимов, и, может быть, это сыграло решающую роль в его приглашении меня на роль Федора Кузькина.

А ведь именно Федор Кузькин и стал моей судьбоносной ролью в Театре на Таганке. До этого я сыграл в нем первую роль, роль Грушницкого, *работая* при этом еще в Театре Моссовета. Спектакль «В дороге» был премьерным, мою роль Пальчикова называли открытием. К тому же я был введен Ириной Сергеевной в некоторые спектакли, ну, допустим, «Ленинградский проспект», где встретился с выдающимся, великим артистом Николаем Дмитриевичем Мордвиновым.

Как же я умудрялся совмещать?

Грушницкий появлялся в спектакле во втором акте, а мой Пальчиков — в первом. Случалось так, что я играл первый акт в Театре им. Моссовета, садился в такси, разгримировывался, выполняя категорические, безусловные требования эстетики Любимова, и мчал в Театр на Таганке. Иногда Любимову приходилось растягивать антракт, ну, он сердился, конечно, но тем не менее раза два-три ему приходилось все это переживать.

В Театре им. Моссовета я себя чувствовал достаточно уютно, Ирина Сергеевна исподволь стала меня готовить к работе в театре. И я... сами понимаете, что такое учиться в Москве и с первого курса знать, что ты имеешь уже свой театр и тебе обеспечена московская прописка и т. д. и т. п. И здесь можно было бы выбирать два пути — это как бы возлечь на лавры и, так сказать, плюнуть на себя, либо — по такому пути и пошло мое существование — прилагать максимум усилий, работать: по всем предметам у меня были только хорошие оценки, в том числе и по вокалу, потому что знал: доброму вору все впору.

Когда я заканчивал институт и играл в Театре им. Моссовета, я женился на моей сокурснице Нине Шацкой. Она получила свободный диплом. В это время проходила реорганизация Театра драмы и комедии в театр на Таганке, и нас в этот Театр Любимов взял. Он нуждался в молодых, потому что он нес революционные идеи в театральную жизнь России.

Надо было уходить из Театра Моссовета, полгода театр не отпускал, уговаривал поехать в Париж, но я уже был восхищен и сражен той театральной эстетикой, которую нес Юрий Петрович Любимов. И я хотел работать только у него.

Когда я уходил, Юрий Завадский, руководитель Театра им. Моссовета, сказал, что я далеко не самый хороший поступок совершаю в своей жизни: я предаю своего учителя, который привел меня в этот театр, но я этим уговорам не внял, и правильно, наверное, сделал. Я поехал к Ирине Сергеевне, она была больна и лечилась в санатории. Она, конечно, ревновала, она, конечно, переживала, но она просмотрела все спектакли Любимова с моим участием и сказала: «вы сделали правильный выбор, вы нашли свой театр». Мы опять перешли на «вы». И вот этот груз она както сняла с моей души, груз предательства своего учителя.

Каждому актеру хочется играть главные роли. На первых порах этого у меня не было, хотя я был ведущим.

И вдруг, в 1967 году была напечатана повесть Можаева. Я стал репетировать роль Кузькина. Федор Кузькин надолго задержал меня в Театре на Таганке. У меня были всякие моменты и приглашения в другие театры, но здесь надо понять, когда случился «Живой», ставший легендой как лучший спектакль Любимова — и пусть он был запрещен, но по искусству и по роли это состоялось, и я чувствовал и понимал свое положение первого артиста.

Это удерживало, и я счастлив, что так случилось, потому что Кузькин помог мне сыграть и Альцеста, и Глебова, и Отрепьева, и... Конечно, возможности мои театрального артиста у Любимова расцвели в полной мере. Но я счастлив и благодарен судьбе, что на какое-то время вошел в мою судьбу великий режиссер Анатолий Васильевич Эфрос. В Театре им. Моссовета я имел счастье видеть великих артистов: Николая Мордвинова, Веру Марецкую, Любовь Орлову, Фаину Раневскую.

Это, конечно, иной театр, иная эстетика, и хоть тогда мы, молодые, были в задоре отрицания этого всего, теперь я понимаю, что это замечательный театр, только другой.

Но и в Театре на Таганке, в его эстетике много доброго, хорошего, революционного, но сейчас я понимаю, что на волне вот этой дерзости и критики мы мало успевали постичь тончайшую культуру существования.

Книга «От “Живого” к “Живаго”» по тексту и по периоду в моей жизни наиболее мне дорога и наиболее чиста.

Потом все покатилось в какую-то другую сторону, и жизнь начала вертеть тебя таким образом, что душа твоя попадала из огня да в полымя, и туда, и сюда, когда человек уже разрушается. На своем примере я это могу чувствовать, но если бы не было этого разрушения, не было бы и каких-то побед, которые были. Ибо только собственный опыт поможет артисту ворваться или надеть шкуру другого человека для того, чтобы быть убедительным в ней.

На премьере 18 мая 1993 года спектакля «Живаго» эмигрант Марк Купер посвятил мне стихи, которые я вынес в эпиграф*.

И действительно, эта дистанция от «Живого» к «Живаго» представляется мне символичной и для времени, и для меня.

«Живой» пролежал на полках двадцать один год и вышел с разницей в четыре года с «Живаго». Двадцать один год я мечтал сыграть эту роль и ждал возвращения Любимова. Я ждал его из эмиграции, это одно из самых сильных моих желаний, надежд. Я хотел этого, чтобы он вернулся, вернулся обязательно для того, чтобы восстановить свой шедевр, и я дожил до этого дня.

* См. Дневник — 4 июля 1993 г.

# Часть первая
# «ЖИВОЙ»

«Ради своего искусства жертвуй, жертвуй пустяками житейскими. Бог превыше всего».

*Бетховен.*

## ■ ТЕТРАДЬ 0

Олеша пишет, что всегда что-нибудь хотел сделать, что-то должно было свершиться, что-то он сделает, и будет все в порядке...

Мне тоже кажется, будто вот я что-то сделаю, напишу, сыграю, научась, и наступит равновесие, гармония т. е. душевная. А как же быть с поговоркой «Лентяй всегда что-нибудь хочет сделать»?

Искра-то, она должна обязательно быть, высекаться, давать иногда хотя бы знать о себе, иначе — пошлость, потуги, даже жалко становится и думаешь, какие же мы, артисты, обиженные, даже спрятаться не за что.

Жена говорит: «Ты б лучше интересные наблюдения, случаи смешные записывал бы, вместо всякой ерунды». Вот ведь чудо какое. Я ведь для этого и завел эту тетрадь, надеясь, что каждый день наблюжу, наблюдю (как сказать правильно?) и запишу. Ан не выходит. Лезут строчки из головы, может быть, даже из шариковой ручки, а не из жизни, не с улицы. Собственно, для интересных вот этих штук я и свечку приобрел и зажигаю ее, хоть электричества завались, но я его выключаю. Со свечкой, именно со свечкой... Она горит, и я переношусь в другой мир, может быть, век. Даже машины и троллейбусы за окном, которые обычно не дают спать, до того противные и громкие они издают звуки, прекращают свои действия и замолкают либо действуют шепотом, тем самым подчеркивая свою солидарность с тем миром, который я изобрел при помощи свечки и фантазии. В этом мире зима, большие сугробы, луна, кони с колокольчиком, цыгане, соболь, вернее, страсть в соболиной шкуре, а потом «зеленый луг, по которому ходят кони и женщины», церкви, лапти, гармошка и грустная песня о несчастной любви — вообще, моя Русь, старая, первозданная, звонкая и любимая, а вот пришла жена, включила телевизор, из него полыхнул 20-й век, громкий, резкий, безумный, хаотичный и разрушил мою иллюзию.

Моя жена похожа на горящую свечку, когда она в хорошем настроении (жена, разумеется) и из нее что-то выплескивается. Они обе длинные, но стройные, и голова, горящая от пергидроли, одной, повторяет спокойное пламя другой.

Хорошая книга... Жалко, что вот-вот ты ее дочитаешь, и ты будешь уже не в ней, ты должен ее покинуть ради другой, может быть, лучше, интереснее, может быть, наоборот, — но уже другой. Такое ощущение, будто ты предаешь, уходишь, покидаешь, изменяешь, но расставание неминуемо, потому что свидание не может длиться вечно — и вы должны попрощаться, хоть и ни в чем не виноваты друг перед другом. Хорошая книга... Это друг, честное слово, друг. Когда он есть, можно без особых потерь пережить и ссору с женой, и нищету, и хандру. А уж всяческие очереди в магазине, у кассы в бане — тебе не страшны, потому что их не существует, их растворяет первая строчка. А что такое метро, наземный транспорт, командировки, антракты, паузы, перерывы, перекуры, отпуска, ожидания в приемных и пр. и пр., что укорачивает жизнь, если под мышкой у тебя хорошая книга, твой друг.

Вот я кто — я графоман, этот термин вычитал у Олеши. Очевидно, это человек, которому нравится писать, просто так, не задумываясь, что и зачем, играть в это. Екатерина Вторая, говорит он, была графоман и графоманка, т. е. с самого утра садилась к письменному столу. Я к тому же еще и зажигаю свечку. Театр. Да, да. Я устраиваю по этому поводу спектакль. Я — артист, играю какого-то писателя, может быть, даже непризнанного, но, безусловно, гениального. Для этого мне нужна свечка, особая бумага и даже ручка, вот эта шариковая ручка мне импонирует. Когда за кулисы после спектакля приходили японцы, я все время, как бы невзначай, пытался нарваться на такую ручку, и не безуспешно. Правда, это не то, на что нарвался Высоцкий и даже Хмельницкий, но все же. У них отличные ручки. Мне кажется, такими ручками можно написать еще раз «Маленького принца».

Не читаю то, что пишу. Завтра я не буду помнить ничего из написанного сегодня. И это меня забавляет. Вдруг, когда вся тетрадь будет исписана, и я все-таки начну ее читать, вдруг наткнусь на строчки, которые мне понравятся.

### ■ 8 декабря 1963

Милые мои друзья. Вот что я вам скажу, искренне, ото всей души, стройте свою актерскую судьбу сами! Не доверяйтесь никому: ни руководству, ни режиссуре. Не повторите гадкий путь В.Ш. Может быть, стоит раз, два или три переменить место, не держаться за него, искать, где лучше, где ты больше нужен.

Я ничего не пишу о театре, о своей работе. И зря. Говорят, наш театр — явление эпохальное, нас приглашают знаменитейшие столицы мира, кабинет Любимова исписан отзывами великих из разных областей человеческой деятельности, от Оливье до вождя Кубинской революции. Скоро негде будет писать, на потолке это делать без вспомогательных лесов невозможно. Очевидно, великие, если они еще не все оставили свои автографы в кабинете Любимова, будут это делать в кабинете Дупака. Но, безусловно, это уже не так почетно. Хотя великий, если он действительно великий, где бы ни испачкал место, оно становится святым.

Но я смотрю в глубь веков, что будет с этой стеной, когда начнут ломать театр, а это должно случиться скоро. Ее придется оставить на этом месте как монумент, а вокруг разбить скверики и фонтанчики. Во всяком случае, Любимов заручился визой к потомкам в гости.

Надо написать о наших артистах. Как бы там ни было, каждый живет, работает, старается и достоин внимания.

## 1966

### ■ 29 января 1966

Последний аншлаг Мордвинова. Умер артист.

Великий артист и замечательный человек. Глыба, русский витязь сцены, гладиатор. Его голос, его интонации, пленительные и берущие сердце в плен. Не выдержало сердце. Инфаркт. Разрыв... и все, его нет. Но он жив, как легенда. Легенда. Его имя — синоним доброты, великодушия, скромности необычайной, цельности и достоинства. Он не любил быстрого успеха и относился всегда к нему с недоверием. Превыше всего и за главное он почитал в актерском ремесле — труд, труд каждодневный, до конца, при наличии, разумеется, данных. Я помню, как он сказал мне на спектакле «Ленинградский проспект»:

— Зайдите ко мне в перерыве. Потолковать надо.

Как истинный талант, он излучал силу, свет и заражал артистов неуемной жаждой сценичного существования. Его присутствие подтягивало всех, все старались, рядом с ним невозможно было работать вполноги, не искренне, не затрагиваясь. Он лежит в гробу на сцене, которой отдал жизнь. Вокруг черный бархат, тихо, неизвестно откуда течет музыка. Театр набит до отказа, артиста провожают в последний путь. Огромная толпа у театра, люди ждут на морозе отдать последний поклон любимому артисту, народному.

В «Пакете» — монолог с Зыковым... я старался быть похожим на Мордвинова. И я часто ловлю себя на том, что подражаю ему, так велико было его влияние на окружающих. Земля тебе пухом, великий артист. Вечная память. Аминь!

## 18 марта 1966

Месяц назад ушли от Рашели. Поселились на Автозаводской, но живем, вообще, у матери. Мне это не нравится, хочу жить самостоятельно, хотя здесь на всем готовом. Выбился из какой-то налаживаемой уже системы, целый месяц не писал, каждый день помышляя, но сейчас снова начну заполнять эту тетрадку с остервенением.

Подписал договор с Минском на 7 месяцев, а мать пишет слезами, скучает, и самому невозможно... И не знаю, что придумать, а деньги нужны — кооператив... Зову отца в Москву, но что-то не внемлют голосу зовущего, то ли денег нет, то ли Ольгушу и хозяйство не знают на кого пристроить. Да и роль задумывается симпатично. Костя — наш Мышкин, русский тип (скрипка, заря, тростник). Еще не знаю, какой он, но люблю нежно, так люблю, что даже боюсь играть.

Венька ругает А. Цветаеву, говорит: «Маразм дикий...», а мне нравится, по-моему, очень здорово написано и пахнет Русью, но не тележной, а Русью лучших ее представителей из интеллигентов. Напоминает Бунина. А моя матушка пишет, как граф Толстой, предложениями большими, развернутыми, иногда на полстраницы, но читается легко, и звучит музыка, и похоже на красивую русскую сказку.

Вознесенскому нравится мой свитер: черно-синий, работы известной русской киноактрисы Шацкой. Просит продать: свитера — его страсть. Если получит Ленинскую премию — подарю.

В поезде: парень едет с севера, побывал у «хозяина», работал. Угощал водкой, но я не стал, сказал, что водку не пью, «душа, дескать, не принимает, вот, мол, если бы шампанское». Поезд двинулся, я побежал в ресторан, купил шампанское, сыру, прихожу, мой попутчик спит...

Пришлось опорожнить в одиночестве, капельку оставил на прощание.

Рассказывают, как Завадский, кутаясь в чужой плащ, пряча лицо, осенней, грязной ночью поджидал очередную жертву-мышку. Он искал таинственности, риска, подражая Дон Хуану.

Пятилетний сын Высоцкого огорошил вопросом:

— Надо же наконец выяснить, кто ведет поезд: машинист или коммунист?

Либо врет отец, либо сын — Бисмарк

Дождь. Туман. Сизый день марта. Свистят птицы: ругают и просят меня вернуться в свою деревню. Родина... Читают стихи по радио. Думаю: к чему живу, на что надеюсь, чего хочу? Нет ответа. Проходят дни, годы — ответа нет, до слез хочется домой... смотрю на часы — надо бежать в театр...

### ■ 29 марта 1966

Почему нет декады русского искусства? Почему предки наши так много говорили, делали во славу России, во славу русского народа, русского человека, его души неповторимой — русской, хоть и забитой, его искусства могучего, единственного. Почему так попрали достоинство русского человека, он скоро забудет свое происхождение, свои традиции, обычаи, веками сложившиеся и с таким упоением, усладой вспоминаемые иногда нами.

Не клеится с Водоносом... Ввод? Не пойму, вроде делаю от души, моя роль, Епифанцев говорит, что я лучше всех, все, видевшие спектакль со мной, хвалят, директор «Дунечки и Никиты» сказал, что я — звездочка в спектакле, но я чувствую себя не в...

Приспосабливаюсь и знаю, что не заиграл в открытую, мне свойственную манеру. Нет, дело не в манере, просто не я в роли, а я в роли кого-то, под кого-то и не могу отделаться от ощущения нарошности. Роль выстраивалась не со мной, ввод был более чем экстренный, но это в общем-то никого не интересует. Мне кажется партнеры не понимают, что делают, и просто не отвечают на вопрос, заданный Золотухиным, а по штампу на вопрос X. От этого — зажим, бросание из стороны в сторону, неудовлетворенность в единственно возможном.

Моя тетрадь подходит к концу, я не читал ни одной записанной страницы, и сейчас даже грустно расставаться с ней, хоть и не терпится купить другую и тоже всю исписать. Началось все с того, что я составил себе т. н. план на каждый день, и один из пунктов был: писать хотя бы 20 слов каждый день. Можно было записать что угодно, это, впрочем, и видно, и даже анекдоты. Вернулся я к этому занятию, которое чуть было не забросил совсем, в первые два года семейной жизни, потому что ощутил, нет, не ощутил, это мура какая-то, мне всегда хотелось писать, иметь дело со словом, обрабатывать его, пусть кустарным и примитивным способом, но все же попробовать самому. Ничто не проходит даром. Мучения мои невелики, но зато чужую и настоящую работу я могу ценить и понимать намного лучше.

Не знаю, точно ли имеет одно к другому отношение прямое, но от чтения хорошей литературы я получаю наслаждение прямо-таки плотское, чего раньше не происходило со мной.

## ТЕТРАДЬ 1

Так... Ну хорошо. Продолжим, пожалуй, в новой книге, на новом месте. «В браке все зависит от женщины», — кажется, сказал Экзюпери, но кто бы это ни сказал, он наверняка был женат, и кто с этим не согласен, обратитесь ко мне, я объясню. Ах, вы меня не знаете. Разрешите представиться — З. В. С., 1941 г. рожд., русский, соц. происхождение — крестьянин, женат, место работы — Театр на Таганке, должность — артист.

— Какой?

— Что значит сей дерзкий вопрос? Не вынуждайте меня быть нескромным.

— Где живу?

— Живу в Москве, у тещи на 10 м$^2$ втроем, не считая собаки. Иногда ночую и прихожу мыться на Автозаводскую. На Автозаводской мне нравится, хоть здесь и нет тещи, которая бы за мной ухаживала, готовила, стирала и т. д.

— Что жена?

— А что жена? Жена есть, но она тоже работает над собой, ей некогда, да она и не любит заниматься ерундой. Не выходила же она замуж, чтобы быть мне рабой.

— Как? Это не рабство.

— Человек, что-то делающий по принуждению, — раб. Добровольное — я согласен... Приходилось ли вам высушивать после умывания свое лицо подушкой, и не тогда, когда вы безнадежно холосты, а когда вы безнадежно женаты и на Автозаводской нет тещи. Каюсь, я был несправедлив, когда сказал в капустнике: «Помни тещу и войну».

А иногда я вытираюсь майкой. Сегодня, например. Неудобно только, что приходится ждать потом, когда она высохнет. Но если пораньше встать, то и этого можно избежать, потому что голым завтракать забавно и аппетитно. Так что, и в неудобстве есть положительное, надо только суметь отыскать его.

Сижу перед раскрытым настежь окном, пишу и вдыхаю щекочущие ноздри запахи, естественно вызывающие аппетит. Запахи, очевидно, доносятся снизу, ибо из противоположного дома им не добраться — смешаются с вонью бензина и отработанными газами нескончаемых автобусов.

## ■ 15 июня 1966

Выпустили «Галилей». Вчера Высоцкий играл превосходно: 3-ю и 8-ю и 9-ю картины — просто блеск Но сегодня играл Калягин. Первый раз, как будто в 100-й, успех такой же. Неужели каждый может быть так легко заменен? Кому тогда все это нужно? Не могу смотреть Калягина. Детский лепет, и потому противно. Таких артистов не люблю. Много красок и куриное близомыслие. Высоцкий мыслит масштабно. Его темперамент оглушителен.

## ■ 23 июня 1966

Тбилиси. Самолетом. Грязный номер. Ссора с Зайчиком* из-за какой-то записки. Выступали на телевидении: Золотухин, Славина, Хмельницкий, Васильев, Высоцкий.

— Твоя сестра?

— Жена.

— Жена?! О! — (Интонация вверх, необычайное удивление, глаза широкие, влево, вправо.) Шепотом, сочувственно:

* Первая жена В. Золотухина – актриса Нина Шацкая.

— Красивая, очень красивая. Давно женат?

— Три года.

— Дети есть?

— Нет.

— Нет?! (то же самое) Чем же ты занимался три года???

6 июля были в гостях в загородном доме у Медеи. Высоцкий и Епифан чуть не утонули в Куре. Не могли спуститься по скалам. Высота уверяет, что видел рядом змею.

Место изумительное. Слева гора, справа гора, под горой двухэтажный каменный дом, сад спускается обрывом к Куре.

## ■ 11 июля 1966

Получил вырезку из «Вечерней Москвы» с сообщением, что «Пакет» получил главный приз «Злата Прага» на международном фестивале. Пустячок, а приятно. Шацкая плачет, хочет идти в обезьянник. В обезьянник не попали: очередь, жара. Зайчик проклинает абхазский народ за сальность во взглядах, «со всеми ихними прекрасными обычаями, со всей вашей музыкальностью, со всей вашей театральной культурой, гостеприимством» и т. д. и т. п.

Сухуми. Гостиница «Тбилиси». Интурист.

На следующий же день после гастролей нас выкинут из нее. Живем на северной стороне. Вся южная, выходящая на море, принадлежит иностранцам.

Полощу эвкалиптом горло. Зайчик спит. Сгорел. Июль. Год назад я впервые встретился с кинематографом. «Пакет». Пробы. Неудачи. Перекрасили — все стало на свои места. Так говорил худсовет. Радости не было, перегорело. Не мог понять, как это так? Три пробы — такой артист и мимо, и только четвертая, крашеная, получила зеленую улицу.

Зайчик спит. Под окном тарахтит трактор и мешает ему видеть во сне меня. Журчит вода — она трудится над охлаждением сока для Зайчика. Почему-то вдруг вспомнил, что «Автозаводская» не стала обаятельным пристанищем для нас. У Рашели было намного лучше: работалось, писалось...

СОС! СОС! Чем играть? Не дотянул. Ужас. Настроение убийственное. Осталась ровно половина. 5 спектаклей, из них два «Се-зуана». Кажется, сейчас откроешь рот, возьмешь как следует дыхание и понеслась, услышишь привычный звон. Ан нет, хрип и шип и не веришь собственным ушам. Сегодня едем в Гагры. Гагры знаю по песне, когда я поступал, один черный с усиками лихо пел под гитару блатную и очень грустную песню про Гагры. Потом он поступил на режиссерский. Гагры связывались с Кейптауном, с тавернами, с публичными домами и почему-то с Мопассаном. О, город Гагры, там пальмы в Гаграх.

И вот сегодня мы едем в Гагры. У меня нет голоса, и я не знаю, что делать. Второй сезон я кончаю с порванной глоткой. В гостинице воруют. У кассирши взяли 60 рублей, не попался им мешочек с нашей зарплатой. Люська Высоцкая лишилась комбинации и трусиков. Готлиб на пляже проворонил туфли. Пустячок, а неприятно.

Главное качество мужчины, наверное, все-таки мужество, иначе почему МУЖчина? Корень один, значит и значение близкое. Мужество — вовсе не обязательно — сила физическая, хотя она, в свою очередь, создает предпосылки для появления этого качества.

Внутренняя концентрация воли, покоя, уверенности, психическая устойчивость и направленность в главное.

В моем положении, и вообще, в профессии артиста, мужество — вещь чуть ли не главная, разумеется, при наличии таланта наличными. Талант наличными — это ничего. Отсутствие голоса наличными — кажется, единственное, что омрачает мое существование.

Да, пальмы действительно в Гаграх есть, это уже, можно сказать, юг. На юге надо иногда бывать, это верно, но отдыхать лучше всего в средней полосе. Та же Таруса не может сравниться ни с какими Гаграми.

Работать будем в летнем театре. Попросил установить микрофоны. Обещали сделать.

Море чище, чем в Сухуми, и мельче галька. Болит нога. Ноет незаметно, но постоянно. Из-за чего боюсь купаться ночью? Еще болят зубы, особенно правая сторона. В остальном физически, кажется, здоров. На юге первый раз. Посему не верю, тщательно ищу доказательств. Море — это еще ничего не значит, хотя оно и Черное, море есть и на севере. Вот пальмы — это другое дело, и кипарисы, но кипарисы симпатичней, вернее, экзотичней на картинке, чем в натуре. К пальмам тоже есть претензии, они посажены нарочно, за ними ухаживают и поливают, очевидно, как фикусы в комнате. Еще магнолии, которые Зайчик спутал с фикусами. Огромные белые цветы, чем-то схожие с лилиями. Лилии — магнолии, даже звучит одинаково.

Спектакль в 9.30, будем играть после ужина курортников, закончим в 1.30.

Да. Стыдно, но что поделаешь. Любимов после спектакля, как грустный медведь: «Совсем потерял голос».

Обратно доехали за два часа. Сегодня целый день спал. Полощу горло Зинкиными снадобьями. Первый раз за меня сегодня будут играть другие. «Антимиры», но что я буду делать завтра, ума не приложу. Наказан я за что-то. Как далеко все: как далеко отец, мать, родное село. За этими большими горами, за опаленными степями, в тридесятом царстве. Длинные, скучные, морозные вечера. Буран воет в трубах, из которых клочьями вырывается дым. Люди хотят накопить тепло на ночь. Бабы сушат дрова на утро, закладывая их в протопленную печь или просто на шесток, ставят квашню, мужики натаскивают воду, подкладывают корм скотине. Молодые ерзают, собираются куда-то, уходят в разные стороны, но встречаются все в клубе, так называемом районном Доме культуры. Тоскливо. Воют псы. Огни все уже потухли. Только из клуба слышатся звуки баяна, валит пар из открытой двери, стоят парни на крыльце, на морозе, в белых сорочках, в туфлях, перекуривают, прижимают к себе краль своих в крепдешинах. Многие подвыпившие, кое-где начинается выяснение отношения с матом, с криком, с кулаками, иногда с ножами. Интеллигенция не в почете, почти ругательство.

### ■ Продолжено 18 сентября 1966

В Омске пересадка на Ил-18. Новосибирск не принимает Ту-104 — ремонтируют дорожку. В Новосибирске бегу прямо на аэродром, к самолету, отлетающему в Барнаул. Упросил пилота взять лишним. Пилот — молодой парень, чернявый, согласился быстро. Есть же добрые люди на свете.

Часов в 6 я зашел во двор дома. Мать с отцом телеграмму получили и ждали меня дня через два. В это время они возились у печки во дворе, заохали, заахали... Слезы...

Окна в избе были занавешены от мух, но я разглядел на кровати венчик племянницы. Она спала. Первое знакомство с ней удивительное.

— Оля, давай знакомиться, — подает руку, — меня зовут дядя Валера, — смотрит на меня непонимающим взором, отворачивается и произносит:

— Ганат.

— Что?!

— Ганат. Дай ганат.

И тут до меня дошло, она просит гранат, который мы посылали ей в посылке. Из всех фруктов она больше всего полюбила гранат, и дядя Валера ассоциировался теперь у нее с этим фруктом.

Племянница оказалась девчонкой забавной, бойкой. Пела, плясала без конца. Это уж бабкино влияние, та всю жизнь бормочет какой-нибудь мотив.

Через неделю Нина прислала телеграмму: «Кончила сниматься не раньше пятнадцатого могу прилететь жду Москве твою срочную телеграмму. Целую. Соскучилась = Нина».

Мы только что приехали с братанами от Тони из Белокурихи. Тут же даю телеграмму: «Срочно вылетай» — жду день, два, три, четыре. Подъехала Нина. Условный свист. Я читал в «каюте». Вышел не спеша, но сердце стучит. Обнимает отца, целует мать, Вовку.

— Вот это молодец, вот это молодчина, дочка, — гудит отец. А нам и целоваться неловко. Будто чужие стали или были.

Мнемся. Не находим, что сказать. Нина шумит, размахивает руками и без конца: «Зайчик, Зайчик». Таращим друг на друга глаза. Быстро истопили баню. Мать посылает меня к ней, мол помочь там что, а сама знает, зачем, что больше всего скажет сейчас. Понес расческу ей, да там и остался.

На том месте, где стоит сейчас наш дом, была когда-то давно, еще до санатория, почта. И мать работала на ней, принимала посылки, еще что-то делала, но я этого не помню. Знаю только, что она и на почте работала тоже. Когда она работала в банке кассиром, я также не помню, но Вовка помнит, и мать сама часто об этом рассказывает. Деть нас было некуда и ей приходилось брать нас с собой на работу. Шла война, Великая Отечественная — священная, а мать пересчитывала мешки денег, никому не нужных, обесцененных, до одури, щелкая костяшками истово, которые (счеты) мы беспощадно методично переворачивали, как она только зазевается.

Вовка говорит, будто бы у нее был револьвер в столе, и что она умела ездить на велосипеде. Это я не помню, но вижу как во сне: мать в новом костюме или платье летит с велосипеда в грязь.

— Так это после большого перерыва... А потом-то я ничего ездила.

Судя по всему (по фотографиям, по отцу и еще по некоторым соображениям) моя мать была красивая, очень красивая. И смех у нее, даже сейчас, бесподобный, громкий, заразительный и бесшабашный.

Мать рано вышла замуж, но быстро разошлась, вышла второй раз и на всю жизнь теперь. Родила пятерых детей, из которых живы трое, включая нас с Вовкой. Двое померли совсем маленькие, они были от первого мужа.

Последние год-полтора до пенсии мать работала в местном быт. комбинате, делала конфеты, а когда не было патоки, ее посылали на подсобные работы, и я видел, как она еще с несколькими бабами таскает кирпичи. Но она и кирпичи таскала весело, шутила с бабами и смеялась бесподобно громко, бесшабашно. Тетя Васса сказала: «Не отпускайте ее больше ни разу за ягодами, а то вы ее больше не увидите». Но сегодня она скоро ушла за ягодами... и мы не задержали ее. Отец мучается спиной ночами, ему уже шестьдесят.

Последняя воля Качалова — сжечь дневники. И сожгли.

### ■ 12 сентября 1966

Сезон 4-й.

ИТОГИ И НАЧАЛА. Неделю назад я начал свой четвертый сезон в театре. В Театре на Таганке — третий. Черт возьми, да как же летит время. Ведь вчера только я репетировал Грушницкого, а сегодня уже позади «Галилей» — маленький монах.

Сезон-65–66: ввод в водоноса, маленький монах, работа в «Павших». Не так уж плохо, просто отлично, по-моему, если в каждый сезон будут попадать такие золотые рыбки, как Водонос и Фульганцио, — что еще нужно, жить можно. Конечно, если бы меня спросили, доволен ли я, я бы ответил отрицательно. Жадность моя не дает мне покоя. Если думать, что можешь умереть в любой день, все сделанное кажется малым, недостойным, а потому нельзя не торопиться.

Вот и нынешний сезон. Начал я его как будто бы достойно, тьфу, тьфу, не сглазить бы. Но что впереди? Маяковский, честно говоря, не греет, да и повторение сделанного в «Антимирах», в «Павших». От этого ощущения никак отделаться нельзя.

И вот думаю над Кузькиным. Любимову очень хочется сделать это, но как перенести на сцену то, что так здорово написано прозой.

Я должен сыграть Живого, считаю делом жизни, чести.

Пригласили в «Братья Карамазовы» на Алешу. Думаю — нереально, ищут светлого, молодого.

Театр упирается в натурализм, а Шацкая — женщина немыслимой красоты. Первое принадлежит Любимову, второе — Вознесенскому, в смысле изречения.

## ■ 17 сентября 1966

Сегодня на репетиции Маяковского присутствует Дед Мороз Марьямов*. Говорил о различии слова в прозе и стихе.

— В стихе слово единожды главное.

Смотрел Можаев**. Понравилось. Хочет работать с нами. Хитрый. Высокий. С подтекстом.

— Да, да, интересно, ну что ж, надо подумать, а у вас есть многое от Кузькина. Значит, вы очень хотите воскресить Живого.

Это не тот глагол. Мы его будем делать, что бы ни случилось. И МХАТу мы пилюлю вставим — это точно.

## ■ 5 ноября 1966

Я люблю эти несколько минут, когда можно не думать о карьере, а можно думать о чем угодно. Эти минуты возникают обычно между репетициями и спектаклем, после обеда, когда уже поспал маленько или пописал, собрался в театр, надел тот костюм, что нужно,

* Марьямов Александр — писатель, в то время член редколлегии журнала «Новый мир».

** Можаев Борис — писатель, в течение многих лет член худсовета Театра на Таганке на сцене которого были поставлены спектакли по его произведениям «Живой» (реж. Ю. Любимов) и «Полтора квадратных метра» (реж. А. Эфрос и С. Арцыбашев). Он же — автор сценария к/ф «Хозяин тайги», написанного по повести «Власть тайги».

сварил кофе и у тебя в запасе еще минут 10–15, когда ты можешь ими распорядиться как заблагорассудится и твоя совесть не осудит тебя ни за лень, ни за халатность, ни за что такое, оставит тебя в покое и удалится сама отдохнуть от чрезмерной бдительности. В эти-то минуты я, кажется, и живу, я свободен и могу думать что захочу и сидеть спокойно на стуле, не елозить.

Читаю Платонова «Фро» — но после него не хочется писать, тратить попусту время, так здорово, просто давит. Казаков же, наоборот, после него хочется попробовать, и не потому, что, мол, могу так же, а нечто другое.

Дина вызвал Гоша* на сцену, и они крепко расцеловались. Толпа завопила: «Гитару Дину», «Браво». Мы стояли оплеванные его успехом. Зоя** передала слухи из кабинета гл. режа: «Дину понравился Пьеро»***. «Не буду теперь ни с кем здороваться». Пел хорошо, но не боле. Чего-то мне не хватало. Самобытности либо голоса, в общем, Высоцкий успех имел больший. Дин сказал: «Режиссер и артисты, совершенно очевидно, люди гениальные».

Вообще, он прекрасный парень, американцы очень похожи на нас.

Зайчик, смотря все соревнование с Дином наших менестрелей, заставляет меня петь русские песни, «так хочется показать всем, на что способен русский человек». Можаев: «К вам как ни придешь, все веселье, веселье. Месяц походи, и работать не захочешь».

* Гоша — Готлиб Ронинсон, актер Театра на Таганке.

** Зоя — Зоя Хаджы Оглы, помощник режиссера в Театре на Таганке.

*** ...понравился Пьеро — песенка А. Вертинского «На смерть юнкеров», которую в спектакле «Десять дней, которые потрясли мир» исполнял В. Золотухин в манере и костюме Вертинского 10-х годов.

### ■ 18 ноября 1966

Репетиция «Кузькина» с Б. Глаголиным. Господи, помоги. Боюсь, как бы не умереть или б войны не было, — пока не сыграю Живого.

Из дома не пишет мать. Разобиделась вконец.

### ■ 24 ноября 1966

Вчера заработал 30 рублей. Раздал долги. Купил бутылку водки, торт. На концерте пел Вертинского «Пьеро». Пожилой дядечка поблагодарил и сказал, что я исполнил лучше, чем это делал автор. Лестно.

## 1967

### ■ 10 января 1967

Сижу. Жду. Сейчас Регина будет заляпывать мои зубы. «Галилей». Завтра и послезавтра выходные дни. Так и не придумал, чем их занять. Больше всего хочется писать. Дня два писал бы без перерыва где-нибудь на «Автозаводской», может быть, спал бы в середине дня часа по два.

Регина обнаружила еще две дыры в моих зубах. Это уже анекдот, лечение вошло в мой режим как зарядка. Хорошо, хоть врачиха приятная, а то бы вообще тоска, так хоть юмор какой-то появляется. Можно полюбить и разлюбить, круг флирта начался с зубов и кончился зубами. Можно подумать, что она нарочно делает дырки, но ведь ее коллегша подтверждает наличие дырок.

### ■ 23 января 1967

ВТО. Я и Венька* отпросились у жен. Банкет устроил Высоцкий. Говорили: о сказке, об устройстве Люси**, о каком-то сценарии для нее, может быть, самим придумать.

Новое дело у меня в жизни — долг перед Люсей, надо что-то сделать для нее.

### ■ 24 января 1967

Первая репетиция с Сегелем.

— Не старайся очень.

* Венька — Вениамин Смехов, актер Театра на Таганке.

** Люся — Людмила Владимировна Абрамова, в то время жена В. Высоцкого, мать двух его сыновей, по образованию актриса (окончила ВГИК).

До перерыва шло отлично, после — чушь, ужас, но, господа пр. заседатели, я еще не сказал своего последнего слова. Любимов смотрел «Пакет».

— Валера, мне очень понравилось.

Я обалдел, очень рад был, весь день счастливый. А жена снова канючит, злая, колючая, недовольная моей вчерашней вылазкой. Поистине — за хорошее надо платить. Как мне жить? Что делать? Мрак. Неизвестность.

### ■ 28 января 1967

Купил машинку. Теперь твоя душенька довольна? Не знаю, что я с ней буду делать, готового ничего нет, а что есть — переделывать да переделывать. Но... взялся за гуж... теперь карты в руках, надо писать.

«Антимиры». С аэродрома явился Андрей*. Прилетел из Флоренции, спасал искусство от наводнения. Читал. Забывал, обещал закончить в следующий раз.

Репетиция «Маяковского». Ничего пока не соображаю, нравится Любимов, даже больше, — поменьше бы он только говорил о дисциплине.

### ■ 6 февраля 1967

Сплошные разговоры о Любимове, о его неуважении артистов, о жлобстве, о «Маяковском». Свалив неудачу «Героя» на артистов, Любимов с радостью подхватил перепевы идиотов об отставании актерских воплощений от режиссерских замыслов. Чем дальше, тем больше уговаривает меня не сниматься.

* Андрей Вознесенский — поэт, автор пьесы «Антимиры».

— Дерьмовый сценарий, зачем. Хорошо снялся в «Пакете». Практически ты выпадаешь из «Пугачева», да и с «Кузькиным» будет трудно.

Откровенное запугивание, правда, он был под парами. Печатаю «Стариков», писать некогда, боюсь войны с китайцами, мне бы выкроить пять лет, и я бы кое-что сделал. Глаголин ходил к Можаеву.

— Условия ужасные, дом — развалюха, страшно... как он живет?

— Что Можаев?

— Грустный, как собака, жена у него прелесть, латышка.

— Она работает?

— Да, редактор какой-то.

— А на вид такая простая!

Левина из разговора с Любимовым в машине об артистах.

— Забурели артисты, забурели, даже Высоцкий. Единственный, пожалуй, кто держится — Золотухин.

Очевидно, она не сказала вторую половину фразы:

— Пока не сыграл Кузькина. Идея. Вчера, сегодня, завтра.

Любимов: – Вчера были очень уважаемые люди из Франции и сказали, что монахи в 6-й картине не действуют, не тянут, занимаются показухой.

— Премьер Италии сказал, что артисты забурели.

— Зажрались, формализм, не общаются... не по-живому...

Любимов: – Володя, сегодня буду смотреть, острее тяни существо проблемы.

Артист: – Ю.П.! Дак я ведь не репетировал, Славина была больна, вы заняты очень... я уж сам кое-как.

Любимов: – Тем более разговаривай за жизнь, в Брехте можно выплыть, только вскрывая социальную суть, жизнь — «а мне надо жить или нет», мы все-таки люди, что, нет?

Артист: – Я понимаю, но я ни разу не репетировал.

Любимов: – Да брось ты всю эту ахинею, система доведет вас до ручки, это уже анекдот, не верю я в эти периоды застольные, полгода репетируют, наживают, чего наживают?? Штаны просиживают, и ни черта не выходит... Надо пробовать сразу, выходить и делать, а не заниматься самокопанием... «сейчас, сейчас я наживу, сейчас, сейчас», выходит, плачет настоящими слезами, упивается собой, а в зале ржут. И занимайтесь дикцией, почему я к вам так придирчив, разучились работать, балетные каждый день тренируются, он знает, я кручу 16, а ты только 15, а если я буду крутить 32, я мастер, мне цены не будет. Артисты считают, что им не нужен тренаж, дескать, было бы самочувствие внутри, «выйду сейчас и дам, ух дам», и дает — смотреть противно, поэтому диалог неживой, ни спросить по-настоящему, ни поставить проблему. К чему я все это говорю, надо всегда на сцене дело делать, заниматься делом, а не показухой. Вот вчера в 6-й картине спросил правильно.

Артист: – Вчера я не играл.

Любимов: – Ну, значит, не вчера, раньше. И глаз должен быть в зал. Ну, так сказать, как бы вам сказать, вот кончается сцена, и вы не продолжаете ее, а так останавливаете и начинаете что-то свое, заранее заготовленные красочки, разыгрываете, не ведете сцену, не живете по-настоящему в ней, партнер играет, а вы в это время отдыхаете, пережидаете, вместо того чтобы искать свое поведение во время его действия. Сами не работаете, не развиваете роли, не освещаете.

— Ты скажи, что не понимаешь.

— Я сказал...

— Ну и что?

— Что?! «Бери острее, вмазывай в зал, тяни сквозное».

— Шутки гения.

## ■ 17 февраля 1967

Премии. Мне 100 рублей. Много. Завтра получу. Разговор, два с Любимовым — отпустите сниматься...

— Как! Ну как, скажи, выводить тебя из репертуара я не буду. Ну как, скажи, освободить тебя, а репетировать, как я могу репетировать без тебя Маяковского, отменять репетицию?

— Ну нет двух Маяковских и трех главных подонков, вы же не отменяете репетицию, более того, вы забываете, что их нет.

## ■ 23 февраля 1967

У меня сегодня праздник, и хоть я освобожден от службы на действительной, в честь него жена мне подарила электрическую бритву шикарную. Наверное, грянет гром, а еще, это того непостижимее — купила мне сигару. Я ее сейчас прижгу и налью кофе, и будет счастье.

Мне сейчас впору начинать гениальный роман, но я подожду, не к спеху, успею, и хоть мне уже скоро долбанет 26, сохраняю веру и надежду, никто и ничто не может запретить мне мечтать.

Давал читать «Стариков» Высоцкому. «Очень, б... понравился... и напечатать можно».

## ■ 7–8 марта 1967

Борьба за съемочные дни.

Ю. П.: – Мы дали ему квартиру — он должен сделать **выводы**.

Прием у французов. Вилар, Макс, пьяный Ефремов, ухаживающий за своим шефом, за своим «Де Голлем» — Казаков. Перед входом остановил милиционер:

— Вы не ошиблись, вы знаете, куда идете?

— Да, знаю, не ошибся.

— К кому вы идете?

— К французам, журналистам, у нас должна состояться встреча с Виларом. Моя фамилия Золотухин, я из Театра на Таганке.

— Вот так бы и сказали, а то идете с палкой, за плечами мешок, здесь рядом Белорусский вокзал, часто ошибаются.

— Нет, нет, мы не ошиблись.

— Значит, вы артист, ну идите, извините. Убил сигарами. Дали на дорогу 5 штук.

## ■ 10 марта 1967

Взял бюллетень. Прогон — первый. Грустно. Мы в полной... Как я себя ругаю за малодушие, что не осмелился отказаться в свое время... Кажется, решился на исполкоме вопрос с Кузьминками. Будут затыкать мне глотку. Сволочи... Господи! Пошли мне мужество, волю перед лицом испытаний.

Кончается тетрадь, снова надо подбирать симпатичную, писалось в нее чтоб.

Старики переберутся, наверное, в Междуреченск, кончается, прерывается нить деревенской жизни, черт побери все. «Что имеем, не храним, потерявши — плачем».

Пушкин никогда не стрелял первым на дуэли, Дантес знал это и воспользовался, собака. А. С. всегда выдерживал выстрел противника, он был одним из лучших стрелков в Петербурге и при желании мог убить всякого.

Уже вечером, а сегодня «10 дней», надо начинать другую тетрадь, а какую выбрать, не хочется в коричневой.

Завтра велели три паспорта, свидетельство о браке и за ордером в управление.

Не верю.

Прощай, мой товарищ, мой верный слуга!

## ■ 20 марта 1967

Переезжаем, спим на полу в Кузьминках.

## ■ 25 марта 1967

... г. Москва, Ж–456, ул. Хлобыстова, дом 18, кв. 14. Таков мой теперешний адрес с 15 марта, кстати, уже 10 дней я живу в новой квартире.

Две комнаты по 16 $м^2$, одинаковые, разнятся цветом обоев, светлые. Полы — линолеум, разживусь — настелю паркет. Ванна, сортир раздельные, это шаг вперед в нашей советской архитектуре. Вода холодная-горячая пока бывает, течет нерегулярно. Есть, есть — вдруг исчезает, снова появляется. Два дня не горел свет. Крыша протекает. Продолбили 6 дыр, спустили воду, можно уток держать. Вообще, роскошь, конечно, разве можно роптать на судьбу и все-таки, муравейник — пооторвать бы «золотые» рученьки проектировщикам и строителям. На первом этаже музыка — на пятом пляшут. Секретов быть не может, бесполезное дело их заводить, только прислушался, настроился и пользуйся бесплатным цирком.

Пятый этаж. Над нами только Бог. Лифт не предусмотрен и балкон тоже. Полное отсутствие всякого присутствия. Но жаловаться грех, грех, все хорошо, все, а чего, действительно, много ли ему надо!!! Дирекция долго будет попрекать меня за неблагодарность, облагодетельствовали, а он не внял, не понял. Ах, народ!

Зато за 10 дней мылся уже раз 6, если в баню бы сходил, оставил 96 коп. да на пиво, вот те два рубля и сэкономил. А уж какое блаженство, когда свое, и хоть спи в ванне, никто не имеет права тебя беспокоить. Хорошо! Нет, жить можно, жаловаться грех. Только вот с женой что-то не ладится.

Но эта книжка не для описания квартиры, а жизни в целом, в широком смысле слова жизни. В некотором роде продолжение дневников. Тех, коричневых, красных, розовых и, наконец, эта — серо-буро-малиновая. Но она ничего, симпатичная.

Мои окна выходят в парк, много деревьев и пространства под окнами. Виден балкон и окна Игоря Петрова, ходим, гостимся. Где-то на повороте строится кооператив Калягина. Из окна виден очень далеко огонь, огромный факел, жгут газ, а может быть, пожар, катастрофа какая, но это далеко, до меня эта катастрофа не достанет. Подумал: в этой квартире напишу гениальное произведение, и чихнул — теперь придется писать. Рядом строится продовольственный магазин. Наше парадное приспособят под распивочную и писсуарную. Напротив, наискосок строится школа: детишки устроят бедлам.

Спим на полу — роскошно, на мой вкус никакую бы мебель не приобретал, только письменный стол. Так по пустым комнатам и резвился бы — красота. Соседи в доме, все, конечно, из коммунальных квартир, не пропустят мимо, оглядят внимательно, пошушукаются — цирк.

### ■ 26 марта 1967

Все еще не вышел «Маяковский». Измотал вконец. Любимов окончательно забурел, «мы все полное дерьмо, а он на коне». На двух репетициях последних пахло карбидом. Когда выпускали «Героя», тоже пахло. Я запомнил этот запах на всю жизнь. Это были замечательные дни, начиналась новая жизнь, новое дело, я держал экзамен и был предельно свободен в действиях и словах, нет, волнение было колоссальное, но праздничное, восторг, что-то рождалось, а на всю суету было плевать 100 раз.

Любимов, не замечая, бросается из стороны в сторону, даже говорит противоположное себе. Но самое печальное, что он не замечает этого, ему кажется, он и вчера говорил то же, что сегодня.

Хочу устроить сегодня разгрузочный день, но из кухни вкусно пахнет, очевидно, завтра будет этот день.

### ■ 4–5 апреля 1967

Надоели друг другу. Пора разбегаться. Все идет кувырком. Не на чем остановиться. Сменить профессию, что ль? Больно скучно стало, Любимов орет с утра до вечера. «Не много ль говна вокруг Вас, уважаемый патрон...»

«А режиссеры одни подонки»... В зеркало стало страшно заглядывать, хоть и не дамочка. Морщины, кожа висит грубая, красная, глаза уставшие, зеленые, злые — противные.

Вчера между «Павшими» вечерними и ночными «Антимирами» успели сбегать в Плехановку на 20 мин. заработать по червончику. Последнее выступление Маяковского состоялось в этой аудитории. Потеряли всякий смысл звезды, церкви, музеи, трава, дождь — все это скрыто стеной, пеленой и, самое ужасное, что не сосет, не тянет к ним, дно, равнодушие, тоска, пустота — физическое ощущение бесперспективности, скуки. Как-то поддерживает мысль о предстоящих съемках, разрядка и потом — Сегель на меня хорошо действует. Господи! Сделай так, чтобы это не разрушилось, иначе жизнь потеряет всякий смысл, хоть кое-что, хоть что-нибудь?!!

Не могу работать, в смысле писать, кстати, играть тоже не могу... Уперся лбом в угол, в тупик — замуровали, замуровали.

Еще раз скачки. В общей группе, несколько скучно. Но для начала сойдет. Окрепнут ноги, привыкнет спина.

Через час начнется прогон. Перешел на диету, на ночь сократил прием пищи. Кажется, вошел в норму. Но распускаться не надо, сгонять лишний жир очень трудно, приходится лишать себя многих удовольствий едовых, а это совсем тускло при нашей сумеречной жизни.

Застой. Надо всколыхнуть тину, подняться со дна, проснуться. Кардинально изменить что-то в жизни: развестись с женой, поменять профессию, уехать куда-нибудь, на год отключиться от Москвы, от жены, от театра, от друзей. «Лечь бы на дно, как подводная лодка, чтоб не могли запеленговать». Жуть, мрак, лень, тупость.

Начинают собираться артисты.

После первого акта шеф похвалил:

— Правильно работал во многом...

Да... Любимов после прогона: «Ну, вы, конечно, молодцы». Наконец-то, значит, что-то проярыщивается, господи, сжалься...

Жена пришла поздно с Конюшевым из ВТО.

— Отстаньте от меня, — и легла.

Пришлось выпить шампанское с Колькой. И выяснить, куда пропали звезды, церкви, храмы, осень, счастье...

## ■ 8 апреля 1967

Сдача управлению. Фурор.

П о г а р е л ь ц е в: – Я ошарашен. Это, без дураков, гениальный спектакль.

К и р с а н о в: – Впервые Маяковский зазвучал, как Маяковский.

Э р д м а н: – Это лучший венок в могилу великого поэта.

А р б у з о в: – Вы воскресили нашу молодость, за много последних лет я не помню ничего подобного. Мы повторяемся, а должен быть диалог.

Я ш и н: – Это лучший спектакль этого театра.

А н ч а р о в: – Катарсис, я обливался слезами.

З о л о т у х и н: – Я прошу, чтобы товарищи поразговаривали. Мы, 50 человек артистов, хотим знать нашу судьбу сегодня, сейчас... Мы не выпустим никого отсюда.

С м е х о в: – Борис Евген., кроме того, что вы — руководитель, я знаю, что вы — друг театра.

Какой-то сложный у него ход был, никто не понял.

Р о д и о н о в: – Вы о спектакле, а не обо мне говорите.

Любимов под конец всей бодяги закусил удила и попер на управление, на МК и т. д. Вспомнил всю трагическую историю, стоившую жизни человека, с «Павшими». Бросил перчатку.

Пришла жена мириться и помешала. Вроде помирились, спали вместе. Вчера подсуетился к Марьямову, отдал ему «Стариков». Переживал, что поторопился. Надо было сделать кое-какие вставки, поправки. Сегодня звонил:

— Ну, что же, у меня осталось очень хорошее впечатление. Чувствуете слово, есть авторская страсть и вообще радостно, что это на очень хорошем литературном уровне. Но необходима, конечно, еще кое-какая работа. Есть несколько замечаний по композиции...

— Работы еще очень много. Я переживал, что поспешил.

— Но главное, что стоит работать, стоит. Для более конкретного разговора мне нужно еще раз прочитать, уже с какими-то пометками. Я приду в 11-го числа на просмотр, и мы встретимся и договоримся.

Вот это первый разговор с моим первым редактором, добрейшим человеком, «Дедом Морозом» Марьямовым.

Сейчас жду разговора с гл. реж. касательно завтрашней замены в «10 днях» для съемок... Надежд никаких.

... Да. Разговора не получилось. Полное отрицание всяческих обещаний, вместо ответа — рычание. Пришел в Вешняки, к себе домой, и настрочил заявление-письмо-притчу с просьбой забрать квартиру обратно, дабы она не стала притчей во языцех в устах руководителей, дать отпуск либо рассчитать на две недели. У меня были большие надежды на 8-е число, в случае удачи наступило бы потепление и на моем фронте, но, кажется, только наоборот.

## ■ 10 апреля 1967

Конечно, я не показал заявление. Снова разговаривал после «Павших» с обоими.

— Ну что ты канючишь? И, прости меня, сейчас ты ведешь себя бестактно. Я тебе сказал: «Завтра посмотрю и скажу», — зачем ты пришел сейчас? И почему ты так беспокоишься за них? Я понимаю, если бы ты отстаивал что-то свое, личное.

— Это было бы еще позорнее...

Полный раскардаш со своими же вчера-позавчера изложенными принципами.

Вчера был, несмотря на мои неудавшиеся разговоры, прекрасный день. Мы были с Николаем у гениального российского писателя Можаева Б.А. дома. Господи! Я предполагал после рассказа Глаголина его существование в быту, но то, что я увидел своими зенками, как говорится, превзошло ожидаемое. Комплекс достоевщины...

Мы сидели на коммунальной кухне, среди веревок с пеленками, колясками (у него трое детей). Куча до потолка газет, банок, склянок, ведер с мусором, книг, холодильника, кухонных всяких нужностей. Это же помещение служит ему, когда он бывает дома, и кабинетом. Когда мы вошли, на одном из столиков, среди посуды стояла машинка, лежала чистая бумага на газетах и стило писателя.

— Вы извините, ребята, я не могу вас повести в комнаты, там малыши спят, а то разбудим.

Мы прихватили с собой «старку», Б.А. подал грибков собственного запаса, откупорил банку немецких сосисок, и, выпив, стали разговаривать о жизни, в основном, о земле, о крестьянстве, о Кузькине. Я задавал ему вопросы, до жути смахивающие на корреспондентский штамп...

— Долго ли лежал «Кузькин»?

— Полтора года. Истинное его название «Живой»...

Трифоныч просил меня никому не давать читать, даже друзьям... «А то перепечатают, разойдется в списках и для нашего читателя будет потерян... А сколько он пролежит, это пусть вас не беспокоит... Денег мы вам дадим, сколько нужно... и как только в политике просвет отыщем, сразу пустим». И я, правда, никому не давал читать, никто не знал. Трифоныч просил переделать конец, иначе, говорит, сам бог только поможет, я отказываюсь...

— Кто из писателей вашего поколения достоин уважения, кого вы цените?

— Солженицын... Великий писатель... некоторые места в романе написаны с блестками гениальности... большой писатель... Афанасьев, Белов. Сейчас появились серьезные писатели.

— Как вы относитесь к Казакову?

— К Юрке?.. Хороший писатель, очень хороший...

— Как вы относитесь к Толстому?

— Как к нему можно относиться? Это бог... надо всеми... Но для меня еще к тому же его философия — моя религия.

Он много говорит о Толстом, а кругом летают мухи коммунальные – и от них громадные тени. Вот как живет замечательный русский писатель... Пишет на кухне. А мы... стараемся оборудовать кабинет, устроить жилье, условия т. е. для творчества, удобствами вызываем вдохновение... покупаем чернила, бумагу... машинку, весь подобный инвентарь, и только одного не хватает, одного не знаем – где купить талант, страсть...

### ■ 11 апреля 1967

Вторая сдача.

Ю. П.: – Пережимал, успокойся...

Лиля Брик: – Я много плакала... и даже не там, где одиночество, тоска... лирика... я плакала на «Революции», на патетике, потому что эта патетика его чистая, первозданная. Это наша революция, это наша жизнь. Этот спектакль мог сделать только большевик, и играть его могут только большевики.

О. Ефремов: – Я очень любил этот театр и Любимова со дня его появления (театра), но где-то глубоко, в душе я не со всем соглашался, потому что иначе мне нужно было в чем-то изменять своим принципам, эстетич. понятиям. Но этот спектакль меня потряс и окончательно выбил из меня мои сомнения... я плакал, волновался, это, конечно, лучший спектакль, необходимый нашему народу в этот великий год. И будет преступлением перед народом, перед партией, если он не пойдет...

Вик. Шкловский: – Чтобы не плакать, я буду говорить несколько в бок.. Пушкина открыли футуристы, вы открыли для нашей молодежи Маяковского... Это исторический спектакль, он освежает нам историю, настоящую и будущую, глубоко партийный спектакль. И, Лиля, помнишь ты это или нет, Маяковский любил говорить... «Поэт хочет, чтоб вышло, а чиновник, мещанин... как бы чего не вышло...» Позвольте поцеловаться.

Чухрай: – Бывает патриотизм и бывает патриотизм профессиональный, так же, как любовь просто и любовь профессиональная... Я протестую, чтобы профессиональные патриоты защищали от нас Советскую власть. Я это говорю, как старый коммунист — с начала войны, — это высокопатриотичный спектакль.

Баркан: – О проблеме актера в этом театре и о взаимоотношениях его с режиссером. О диктатуре режиссера – это злые, завистливые сплетни... Таких актеров, превосходно владеющих точным донесением мысли, владеющих пластическими, ритмическими средствами выразительности, нет ни в одном театре. Я это утверждаю... Воля актера творчески раскрепощена и точно направлена режиссером в нужную для общего успеха сторону... И теперь надо на наших диспутах поставить на повестку дня вновь вопрос о мастерстве актера: что это такое? Сегодня я, может быть, впервые понял, как неверно мы толкуем это понятие, и пришло время заговорить об этом с новых сторон, в новом освещении.

Мы, актеры, режиссеры, осветители, пост. часть — все профес. люди театра долгое время не могли ставить, писать, снимать так, как этого требует совесть художника, так, как этого требует время... И произошла деквалификация: вот такая пьеса, со скудным запасом мысли и с таким же обсуждением, чего там обсуждать было, все ясно. Этот спектакль заставляет нас по-новому осмыслить нашу жизнь, наше поведение и поступки с революционных позиций, с позиций постоянного внимания к проблемам времени. И какие возможности у театра... Доселе неиспользованные... Поэзия... была забыта совсем, а мы искали, чего бы такое поставить...

## ■ 12 апреля 1967

Обсуждение «Послушайте» в Управлении. Многое, если не все, записал.

— Дайте ему (*Маяковскому*) хоть после смерти договорить. — Ш к л о в с к и й.

Спектакль не принят, репетиции продолжаются в Ленинграде, снова горю синим светом. Ну что мне делать? Жена говорит — делай шаг! Какой шаг? Подать заявление? Как я вывернусь из этой авантюры — «Ничего, подождут, кино не к спеху». Сволочи, все, надо поступать решительно, но как? Чувствую, что произойдет нечто мерзкое, самовольный отъезд с гастролей — увольнение по статье.

Ладно, надо собираться с мыслями, послезавтра отъезд, и у меня дел невпроворот.

## ■ 15 апреля 1967

Ленинград.

Телеграмма Сегелю. «Порядок, буду 19 24 21 привет Высоцкого».

— Володя, не забудь поговорить о моем деле.

Вообще, как-то исправилось настроение. А почему не так волком отнесся сегодня Любимов ко мне, «к моему делу», потому я подошел к нему с крестом, как черта спугнул.

Черный день, по-моему, первый такой:

Ю. П.: – А с вами у меня особый разговор. Вы сегодня играли просто плохо, просто плохо. Не отвечаете, не спрашиваете, все мимо, не по существу, одна вздрюченность, вольтаж. Разве можно так играть финал? Я просто половину не понял текста.

Кончать самоубийством рано. Мы еще попробуем подержаться, хотя тоска, конечно, смертная.

Сегодня идет дождь. Сижу в номере. Не могу писать. Репетиций по вводам нет. Зарежет меня театр, но вчерашний разговор где-то внутри родил во мне противодействие. Будет легче разговаривать и рвать. Надоело все. Спасает, когда вспоминаю Зайчика, Можаева, Романовского Кольку. Делается теплее, когда знаешь, что они где-то есть и ждут встречи. Еще можно жить. Неприкаянность. Нет, Ленинград, наверное, снова мне неприятен из-за моих личных переживаний.

### ■ 17 апреля 1967

Приехал Зайчик. Наступило равновесие.

Любимов: – Нет, конечно, вы понимаете, что это премьера и вы вздрючиваете свою эмоциональную... штуку!!!

### ■ 19 апреля 1967

Зачем нужно было издеваться над собой? Приходить в норму, трепать нервы себе и хорошим людям. Любимов сделал свое черное дело, он победил, замотал, сегодня, и завтра, и вообще снимается другой артист. Мне ничего не остается делать, как выпить 200 грамм портвейна и погрустить. Я получил прекрасный урок игры и «смею вас уверить, господа присяжные заседатели, сумею сделать выводы».

Нет правды на земле, как нет ее и выше...

Униженный и оскорбленный...

Директор: – Вы наносите мне рану тяжелее тех, которые я получал на фронте... Это не самое большое несчастье, не торопитесь разводиться с женой и делать подобные заявления... Не торопитесь... Я ни к кому так не относился, как к вам... Я прошу вас, я прошу редко, этого не делать. Я начинал сниматься у Довженко... началась война... я ушел на фронт, пусть я посредственность... но поверьте мне, как человеку, который намного старше вас, все обойдется, и через полгода вы и мы с вами будем об этом вспоминать не более, как... Я, со своей стороны, даю слово, чтоб ваше пребывание в театре сделать еще более приятным для вас во всех отношениях, и творческом, и бытовом, и к вашей жене... Считаю, что этого разговора не было... все это останется между нами...

Ю. П.: – Почему у тебя бывают такие штуки: одну и ту же роль ты играешь то блестяще, то просто как будто не ты? Можаев тебя смотрел два раза и не узнал — такая была разница.

Л ю б и м о в: – Сядьте поближе, я объясню мизансцену, взгляните на сцену. Тишина, сесть всем ближе ко мне, чтобы не орать мне.

— Потрудитесь заболеть и родить эти гениальные образы. Что бы образ вспыхивал. Тогда от вас глаз оторвать нельзя. Вспомните, как закрывали «Павшие», «Доброго», «Антимиры». Копируйте меня.

Речь, обращенная к нам из-за того, что у нас не получалась трагическая любовь.

— Артисты — все эгоисты, стараются урвать себе побольше кусок, тянут одеяло на себя. Когда был человек, который мог собрать их эгоизм в единый кулак — подчинил их мелкие интересы большому делу, — был театр, не стало его — театр развалился.

Артисты всегда стараются растащить театр, растоптать самое дорогое, это в природе артистов, это их суть, я сам был артистом и отлично знаю все ходы... Задумайтесь, товарищи. Сходите в «Ленком», посмотрите на их трагическую участь, вот до чего доводит актерский эгоизм, сплетни... Но у них есть ядро, они проявили самое порядочность — солидарность, — 20 человек подали заявления. Наши артисты, убежден, не способны на это, только себе, только за себя.

Смирнов* рассказывает, как поступал в Щукинское, на собеседовании у Захавы:

— Что вы знаете об Америке?

— В Америке капитализм.

— Так, ну и что?

— Как ну и что? Он загнивает.

— Ну, эк вы хватили.

— Совершенно свежие сведения, скоро он совсем сгниет, и на ступит социализм.

## ■ 11 мая 1967

Подобьем бабки. В некотором смысле итоговый день. Заканчиваются гастроли, в 0.40 мы отправляемся домой. С 7-го по 11-е жизнь протекала бурно до такой степени, что некогда было присесть к столу. Во-первых, поездка в Кронштадт.

1. Расстелил на палубе пальто, и улеглись с Шацкой.

2. Голодные как волки, теребим капитана. Разводит руками. Кок на берегу, у него (ключи).

3. На всю шайку выдал стакан портвейну и здоровенную сосиску, буханку черного хлеба с солью.

4. Банкет: водка, капуста, мясо.

5. Ссора до развода с женой. Высоцкий передал рюмку водки для меня. Она вылила ее в фужер с водой. Взбесился.

* Смирнов Юрий — актер Театра на Таганке, с которым В. Золотухин снимался в т/ф «Бумбараш» (реж. Н. Рашеев и А. Народицкий).

— Я раздражаю тебя?

— Да.

— Я не нужен тебе в жизни?

— Нет.

— Все. С этого вечера мы свободны от долговых обязательств.

Капитан смотрит влево, вправо:

— Эх, черт, ни компаса не взял, ни локатора. 2,5 часа стояли. Я спал в трюме на лавке.

Девятого – в гостях у Рахлина. Брали у нас автографы, заставляли петь, читать, развлекать — идиотское ощущение. На «Ленфильм» Полоке пришло письмо с моей фотографией: «Мы поклонники вашей картины «Республика Шкид», хотим, чтобы вы заняли в вашем новом фильме гениального артиста В. Золотухина и пр. и пр.» Из-за чего он не хотел меня даже смотреть на предмет киноискусства.

### ■ 16 мая 1967

Сегодня еду на пробу в «Интервенцию». Никогда не был так неуверен в роли, вернее, в «себе для роли» Какой штамп основной? Зерно, где и в чем его главное, стержень, пружина, идея — во как! Много расходов, долгу около 300 руб. Надо срочно влезать в какую-нибудь халтуру, либо вынимать деньги из кооператива и пустить их (так оно и будет) коту под хвост.

### ■ 23 мая 1967

Совпадение. Снова еду на пробу в «Интервенцию». Не произошло. Не вышло, не хотелось, не шел талант, а режиссер, наверное, хочет, иначе зачем вызывать второй раз артиста. Не вдаваясь в лирику, чем жил:

1) Читаю о Достоевском, спорю с Ивановым.

2) Приняли «Послушайте». Зажали банкет.

3) Думаю над «Запахами», пробую, пока не выходит.

Вчера отличный день. Перебирал бумаги, читал свои первые статьи, совсем неплохо. Возник новый сюжет «Дело Ендрихинского».

«Старики» — в окончательной редакции, с которой двинусь по редакциям тоненьких журналов.

## ■ 27 мая 1967

Написал письма родне. Вчерась накатал рассказ «Дело» или еще как «О здравии и за упокой». Но чувствую, не получилось, нет, кое-что есть, конечно. Зайчик говорит: «Белок и даже желток есть, но нет скорлупки, а стало быть, и яйца нет». Залпом глотанул Катаева, здорово, просто здорово, но форму спер у Олеши, хотя у этих друзей трудно понять — кто первый изобрел что.

Вон Можаев на кухне коммунальной пишет, и ничего — получается. Сейчас возьмусь за последнюю часть «Запахов», потом подчитаю Казакова, Можаева и возьмусь «набело», т. е. с самого начала, сызнова все написать. Сейчас надо придумать эту самую скорлупку, а уж белок с желтком мы в нее вольем.

## ■ 30 мая 1967

Завтра творческий вечер Высоцкого. Это главная забота. Статья Фролова в «Сов. культуре» о «Послушайте». Телеграмма из Ленинграда. Утвердили на Женьку. Я чего-то жду от этой работы — хотя и боюсь, вдруг не получится и заменят. Но как-нибудь с божьей помощью.

### ■ 3 июня 1967

Вечер Высоцкого прошел замечательно. Народу битком, стояли даже в проходах. Потом пельмени у Рыжковых. Бег за Иваном Б.* в носках по разогретому асфальту. А сегодня встал в половине седьмого. Жена говорит, за 4 года – в первый раз, вчера она попросила ребеночка, оттого и не спится.

Сегодня должен подписать договор с «Ленфильмом», боюсь, как бы театр не зарезал нас с Высоцким на пару.

### ■ 4 июня 1967

Та минута, когда я не думал о карьере. Выпили с Бортником, черт, тянет с ним выпить и поговорить. Но из формы я вышел, неделю пытаюсь войти, начать — и все не получается. Тупик.

Письмо Солженицына съезду. Стыдно будет перед потомками, что же вы делали, куда же вы смотрели, скажут. Дети спросят, обязательно спросят.

### ■ 5 июня 1967

Вроде уехал в Ленинград. Жалко смотреть на свои роли, сердце сжимается — мое, мной выстрадано.

Вечером. Кажется, у меня есть все теперь для полного счастья. 3 часа мастерил себе письменный стол. Зайчик на «Антимирах», первый раз в истории Театра на Таганке спектакль идет без Золотухина, кто-то пошутил: «Надо бы обвести спектакль траурной каймой: без Золотухина — как можно».

Бунин говорил: «Воробей. Хорошо... Опишите воробья, но так, как никто до вас, как вы его воспринимаете».

* Иван Бортник — артист Театра на Таганке.

И Толстой говорил: «Нечего писать? Вот и напишите, что вам не о чем писать». Совсем хорошо — дождь пошел. На небе ни звездочки — Лермонтов из окна — ярчее одним глазом косит, другой в темноте.

Завтра еду в Ленинград — получил телеграмму на примерку. Решил начать новую жизнь — вогнать себя в форму, во что бы то ни стало — писать, читать, кувыркаться, придумывать роль и поменьше мерехлюндий, а то совсем издумался. Чаще вспоминать Моцарта.

### ■ 11 июня 1967

Обед. Из Ленинграда вернулся утром. Репетиция. Глупость на глупости и глупостью погоняет. Отнес «Стариков» в «Сельскую молодежь».

— У вас что, проза... стихи?

— Проза.

— Хорошая?

— Плохая!

— Ну, к плохой мы привыкли, этим не удивишь. Садитесь! — кивнул на кресло. В маленькой комнатке отдел. Зав. — Вучетич, ходит, приходит. Стучит машинка. Толстый автор что-то перепечатывает, двое других разбирают стихи, считают строчки, ставят звездочки, отметки. Сердце бьется раненою птицей, слежу, как бы равнодушно, одним глазом за моим «судьей». Ловлю улыбку, стараюсь понять, силюсь определить — по его дыханию, едва заметной улыбке, поворотам головы, — нравится или нет, о чем он думает? Какова моя судьба? Кончил. Улыбается. Кажется, даже смущен.

— Талантливый парень. Но даю голову на отсечение, это не напечатают, во всяком случае у нас это точно не пройдет. Анализа нет. Страшный, уродливый быт, изуродованные, жестокие люди, а ситуация анекдотическая. Очень хорошо рассказанный анекдот, в платоновской интонации рассказанный, она сама по себе уже угнетает. Только посмертным изданием, как Платонова, Булгакова. Ну, тут есть, конечно, отдельные погрешности. В этом месте очень натуралистично, это вызывает отвращение, перебор, неоправданный... Здесь вот — последняя фраза — просто под Пушкина запел, ты сам понимать должен — литературщина. Ну оставьте... Витек! Ты почитай, интересно для тебя должно быть... Поначалу не обращай внимания... Приносите еще что-нибудь...

Рассказал Высоцкому, Смехову. Смехов одобрил, Высота:

— С одним рассказом таскаться неудобно, надо написать еще два-три, тогда уж и проталкивать.

А понес его потому, что Колька одобрил «К сыну», понравилось и советовал не торопиться, поработать тщательнее, и, может, в повесть дело вырастет. Вот я и подумал: «К сыну» откладывается, другого на подходе ничего нет, дай-ка снесу «Стариков», авось да пройдет.

Шли с Полокой по роли. Разбирали ситуации, придумывали характер, решения, приспособления, штампы. Работали увлеченно, и кое-что, по-моему, есть в корзинке. Буду работать дерзко и непонятно, неожиданно, нервно и изобретательно. Сделаю или умру. Начну все сначала, как будто никогда не был артистом, по-школьному: куски, задачи, внутренние монологи. Заведу тетрадь специальную. Лишь бы войны не было. Вчера «Павшие» первый раз шли без меня, «Сороковые».

### ■ 30 июня 1967

Рассказы не пишутся. Дневник не ведется, писать стал мало, связался с кино. Вчера был у Романовского. Лера в больнице. Читал дневник ее брата, письма из тюрьмы. С 35-го года вел дневник по 1942-й. Нерегулярно, конечно. Каждая запись начинается с точного описания погоды, температуры. «22 июня 1941 г. Началась война с Германией. Температура, погода и т. д.» Осудили за отца. Отец остался при немцах врачом. Перевел русских раненых в заразное инфекционное отделение, спас. Прятал еврея в подвале, после еврей этот оклеветал его. Сын за отца. Просит в письмах не беспокоиться, прислать бумаги, жиров, сухарей, просит не забывать его. 8 лет. Жуть.

А ты, Слава, восторгаешься красивой, но беззубой речью Гамзатова на съезде писателей, в то время как у Солженицына конфисковывают дневник, архив, лишают его средств к существованию, не печатают, клевещут и т. д.

### ■ 4 июля 1967

Весь день в сильных бегах. С утра подался в «Наш современник». Что сказать про жизнь? Нет отрады. Честно. Хотя само по себе хождение по Москве в нежаркий день, с мыслями высокими и благородными о России, о себе, о великих писателях, — занятие приятное, возвышающее. Но суета одолела вконец.

Вечером позвонил Гутьерес*. Пригласил в ВТО. Марина Влади. Раки. Водка. Ужин. Облажался Этуш. Жалко его даже. — Красивая вещь. — Поехали к Максу. Пели песни. Сперва Высоцкий свои, потом я — русские и все вместе тоже русские. Такой хороший вечер, редко бывает так тепло, уютно и без выпендривания. Анхель пел — испанские. Жена меня так толкнула, что я поскользнулся на паркете и шмякнулся на пол. Конфуз. Я тут же, по-

* Анхель Гутьерес — режиссер, педагог В. Золотухина по актерскому мастерству.

краснев, стал объяснять всем, как скользко, на самом деле был сильный, мужской толчок моей нежной жены. Ну ничего, обошлось, забылось. Зато гуляли потом до утра. Встречали утреннюю зарю, говорили про любовь, целовались — в пятом часу спать легли.

Марина пела песни с нами, вела подголосок, и так ладно у нас получалось, и всем было хорошо.

## ■ 9 июля 1967

Ничто не повторяется дважды, ничто. И тот прекрасный вечер с Мариной Влади, с русскими песнями, был однажды и больше не вернется никогда. Вчера мы хотели повторить то, что было, и вышел пшик... Все уехали, опозорились с ужином в ВТО, отказались от второго, все хотели спать, канючили, добраться бы до постели поскорее. А я все ерепенился чего-то, на русские песни хотел повернуть и начал было «Все пташки перепели», да пел один. Что такое? Что случилось в мире? Весь вечер я не понимал Шацкую... Что такое? Ревность что ли какая-то странная, что не она царица ночи, что все хотят понравиться Марине, или что? Капризы, даже неловко как-то, а я суечусь, тоже пытаюсь в человеки пробиться... «Ты мне не муж, я не хочу сейчас чувствовать твою опеку, взгляды, не обращай на меня внимания и не делай мне замечаний».

## ■ 10 июля 1967

Театр. Духота, теснота, одиночество. Два дня, с вечера у Макса, не разговариваем с женой.

Бегал по редакциям. Надежд, что «Старики» напечатаются, — никаких. Уехать куда-нибудь в лес, к глухой речушке, и не видеть никого...

Я страшно волнуюсь... А вдруг у меня не может быть детей? Жизнь потеряет смысл, а я — свое назначение, семья развалится, как карточный домик, какая это семья без детей. Кто-то сказал, если к 30 годам дом не наполняется детским криком, он наполняется кошмарами.

«Это была моя лучшая поездка в СССР. Я увидела “Маяковского”». — М. Влади.

### ■ 16 июля 1967

Одесса.

Только что закончил зеленую и с ходу эту бежевую начинаю. Вообще, надо торопиться, много, много времени утекает в дыры лени, в щели инертности. Надо заставить себя работать регулярно, невзирая на настроение и суету.

Подобьем бабки.

Закончился мой четвертый сезон, и третий — на Таганке. Ролей прибавилось негусто — один Маяковский, зато спектакль отменный, лучший в репертуаре, играть его доставляет радость – и творческую и карьерную. Делался он долго, трудно, мучительно. Перелаялись с режиссером, передрались, но все позади, победа одержана, и вспоминать плохое не хочется.

Театр дал мне квартиру, я член худсовета, играю хорошие роли, судя по всему – работой моей довольны. Обижаться можно только на себя, что иногда играю хуже себя, что не всегда в форме, что ленюсь часто.

Перед отъездом были у Любимова в больнице.

Зачем он в эту больницу лег... С серьезным заболеванием в такую больницу ложиться — обрекать себя на смерть. Там же не лечат, боятся. Туда надо ложиться с насморком, с гриппом уже нельзя ложиться туда. Или просто отдохнуть, пописать мемуары, почитать. Один деятель лег, лечащий врач, профессор, заслуженный человек пришел на осмотр — тот спрашивает его:

— С какого года вы член партии?

— Я беспартийный.

— Как! Вы не член партии? Как же вы, беспартийный, будете меня лечить? Мою жизнь доверили беспартийному человеку, что можно с него спрашивать. Моя жизнь нужна партии, народу. Это безобразие.

И т. д. и т. п.

Петрович вышел с палкой, в халате, кое-еле-как. Ему только что сделали вливание в обе ноги по литру жидкости, огромной иглой. Передвигался, как странник, как калика перехожий, как «паша».

Поговорили о разном, больше о времени, о событиях на политической арене, о нашей судьбе в зависимости от изменений наверху.

О письмах Солженицына, Владимова, Вознесенского, о снятии Бурлацкого и Карпинского и др. высоких лиц.

— Ну ладно, мужики, отдыхайте как следует, поправляйте здоровье, работа предстоит напряженная.

О «Герое»: — Я во многом виноват. Надо было смелее корежить, а я так все боялся господина Лермонтова обидеть — и вышло наоборот.

— Надо смелее отказываться от своих привычек, представлений.

— В каком смысле?

— Например, — сделали сцену, посмотрели, так-сяк — не вышло. Надо понять, почему не вышло и смелее все перекраивать. Ты сячу раз переделать — но не выпускать продукцию среднего качества. Нету времени работать плохо... Каждую работу надо работать как главную и последнюю в твоей жизни. Не зря старик четырнадцать раз переписывал.

В ы с о ц к и й: – Николай Робертыч! А вы пьесу пишете?

Э р д м а н*: – Вам скажи, а вы кому-нибудь доложите. А вы песни пишете?

В ы с о ц к и й: – Пишу. На магнитофон.

Э р д м а н: – А я на века. Кто на чем. Я как-то по телевизору смотрел, песни пели. Слышу — одна, думаю: это, должно быть, ваша. И угадал. В конце объявили автора. Это большое дело. Вас уже можно узнать по двум строчкам, это хорошо.

— Говорят, скоро «Самоубийца» будет напечатана.

— Да, говорят. Я уже гранки в руках держал. После юбилея разве... А он, говорят, 10 лет будет праздноваться, вот как говорят. Ну, посмотрим... Дети спросят.

## ■ 23 августа 1967

Давненько не брал я в руки шашек. Шутка ли, не позор ли — месяц ни строчки в дневнике. Но давайте, уважаемые, разберемся в причинах. Авось моя вина да не столь тяжела, сами виноваты, все.

18 июля вечером я вылетел в Москву... Встретились с отцом, выпили, поговорили. Два дня сломя голову, задрав подолы, бегали по магазинам, по кладбищам «слонов», по достопримечательностям. К вечеру, одурев от усталости, сутолоки и жары, садились за стол и пили. «Березка» — валютный магазин, а кто знал?

Подходим. У дверей несколько чмуров.

— У вас какая валюта?

— У нас советский рубль.

— Проходите, товарищ, с рублями здесь делать нечего.

— А мы просто посмотрим.

— Смотреть нельзя, пройдите, товарищ.

* Николай Эрдман — драматург.

— Ну пустите посмотреть, мы трогать ничего не будем.

— Товарищи, пройдите, не добивайтесь себе неприятностей. — Отошли оскорбленные, облитые помоями. Молчим. — Отец остановился, оглянулся, крякнул:

— Вот ведь как неумно мужику, значится, омрачают его существование. Для кого мы Советскую власть устанавливали, жизни свои, значится, покладали, нас же самих не пускают посмотреть, что они там иностранцам продают, чем они там за занавесками, значится, занимаются. А, может, там надо поразогнать кой-кого, может повторить 17-й год. Это — через 50 лет нашей власти. Что они там распродают, почему с глаз закрылись? Окошки позанавешивали?

Ходили, ходили по Кремлю.

Мать: — Отец, глянь, как у них тут, кресты везде целые. Вот бы Саньку Черданцева сюда, он бы кресты эти им пошибал.

— Это сохранено, мать, как источник старины, чтобы в 67-м знали, как было раньше. Вот это ты знай.

— А где этот самый Кремль-то... пошли к нему.

— Так мы в нем находимся, весь этот бугор, обнесенный стеной, она кругом идет, и все это в середине этого круга, башни, церкви и клумбы, — все это вместе и называется Кремль.

Царь-колокол с выломанным краем.

Мать: — Отец, забери в Быстрый Исток этот колокольчик, мы в нем корову держать станем, а то он у них без применения на дороге стоит тут.

Отец: — Вообще, вы не думайте, что мать простая, да первый раз в городе... Она в курсе всех дел, альбом открыток с видами Москвы привез и все рассказал. Так она сейчас ориентируется, как у себя в хате, узнает все. Большой театр узнала по коням...

Что вспомню, запишу позже. Отец читал письма, которые присылают ему люди, работавшие с ним, когда-то знавшие нашу семью.

### ■ 26 августа 1967

Ночевал Высоцкий. Жаловался на судьбу.

— Куда деньги идут? Почему я должен вкалывать на дядю? Детей не вижу. Они меня не любят. Полчаса в неделю я на них смотрю. Одного в угол поставлю, другого по затылку двину. Орут... Совершенно неправильное воспитание.

Пересъемка. Радостное ощущение... Что такое? Даже страшно, так хорошо, легко, взлететь можно. И сразу сомнения, как черви, в душу лезут... Не радуйся, дурак, не успокаивай себя, на тлю больше сработал и думаешь гений — хватило, бестолочь, чтобы миллионером себя почувствовать, бездарь.

Но ведь бог есть, в нас, в людях, промеж нас, а может, кощунствую я, тяжкий грех совершаю — из-за корысти, из-за удачи бога вспоминаю... Не верую, а вид делаю, а это хуже в сто крат, чем не признавать бога совсем.

Однако я стараюсь не делать зла другому, а может, по слабости не делаешь, по невозможности, а если вдруг сильным станешь?

### ■ 30 августа 1967

Москва. Хожу по пустынным комнатам — не знаю, за что взяться. Полку делать — лень, больно много работы, не стоит она того. Попел. Немного, но голос сел. Позанимался. Я — артист и должен быть в форме к началу сезона. Похудел заметно. Это меня радует. В общем и основном я, кажется, в форме. День пасмурный. В Москве осень чувствуется во всем: сумрачно днями, ночами холодит, вялые помидоры на прилавках, во всем спад и предчувствие благостного умиротворения. Хочется покоя, уединения, дождей и приятного уныния, которое до слез необходимо после летней жары, толкотни, радости и суматохи. Осень. Осень. Осень — ее величество возлюбленная Пушкина. Надо собираться с мыслями, сосредоточиться, отвентилировать необходимые дела, а не хочется, так и тыкаюсь из угла в угол, не знаю, за что взяться...

Из «Современника» пришла моя рукопись.

Уважаемый тов. Шелепов!

Рассказ «Старики» не заинтересовал редакцию. Рукопись возвращаем.

С уважением

Редактор отдела прозы: (Л. Дударь)

При чем тогда «Уважаемый» и «с уважением», если не заинтересовал, за что уважать? За то, что плохо написал? Вы еще услышите обо мне, уважаемый тов. Дударь.

Вечер. Дождь. Зайчик с Кузей гуляет. Пробую наладить писательский быт, печатать и писать за журнальным столом.

## ■ 11 сентября 1967

Понедельник. А вчера было воскресенье. Когда ехал вечером в театр, навстречу столько грибов! Уйма. Бабы в брючках, красные с воздуха, утомленные, но довольные удачей и оттого обаятельные. Завтра на работе только и разговору, кто где был и сколько набрал, да с кем был...

Я подхожу к театру всегда со стороны зрительского входа. Мне нравится постоянная кучка зрителей, в большинстве женского, молодого состояния... Они не теряют времени, читают учебники, целыми днями простаивают за бронью... Они любят нас, узнают, перешептываются, покупают цветы. Это какая-то другая, почти штатная в своей постоянности часть нашего театра. Показывали Петровичу самостоятельную работу по «Пугачеву». Орали все, как зарезанные, бились, исходили жилами, а не волнительно. Кое-кто кое-где прорывался вдруг: Иванов, Колокоша, Хмель, но все как-то неорганизованно, беспомощно. Как же надо точно работать, точно продумать до взгляда, до жеста руки, чтобы не выглядеть жалким.

Уходит Калягин в Ермоловский. Жалко очень. Актер он замечательный, хоть и чуждой мне манеры, индивидуальности. Сытый, точный, виртуозный — райкинизм, масочность.

Без страсти, без тоски по звезде, без жажды крови раз напиться, не могу найти, как сказать, но без чего-то такого... мировой скорби, что ли, черт *его* знает.

Элла* нечаянно обронила, что я буду играть Раскольникова: «Юра Карякин** так хочет». Как можно такие вещи говорить актеру без предварительной подготовки, эдак и помереть невзначай можно. Я не верю пока, но одно то, что кто-то хочет и видит во мне Раскольникова, вселяет в мою душу радость, трепет и сомнения, я выше ростом стал, увереннее и богаче. Ведь я думал о Раскольникове, я спрашивал год назад Веньку, могу ли я сыграть Раскольникова, никогда и не подозревал, что такая возможность появится. Это неожиданно, и я боюсь.

Л ю б и м о в: «Я и другие умные люди считают поэму "Пугачев" лучшим, что сделал Есенин».

Обаятельный он мужик, сделал он из нас политиков.

## ■ 15 сентября 1967

Репетирую с Глаголиным Кузькина. От «Пугачева» пока отошел. Зайчик облажался с Екатериной. Плакал.

* Элла Петровна Левина — помощник гл. режиссера (Ю.П. Любимова).

** Юрий Карякин — писатель.

Наигрывал, как черт. А надо было просто, спокойно, органично, не торопясь прочитать текст. Не суетиться, помедленнее и правдивее.

Были как-то с субботы на воскресенье Назаровы. Ночевали. Все еще в простое. Два года ничего не делает, без денег. Одолжил ему 200 рублей. «Мы сильны нашей дружбой».

Любимов нервничает. Устраивает разнос артистам, Раевскому:

— Какие нежные стали. Посмотрели бы, как работает «Современник». Они 10 лет существуют... А вы босиком не хотите попробовать...

В кино все делаете, зимой в ледяную воду прыгаете, сам прыгал — знаю. Театр такой же ваш, как и мой... Повинность отбывают многие, временные жильцы.

### ■ 23 сентября 1967

С утра — собрание. Втык Любимова за уход Калягину, пантомимистам.

— Арестован счет в банке;

— Нам никто копейки не даст;

— Если бы не «10 дней», нас закрыли бы;

— Рассчитались с долгами и должны хоть какую-то прибыль давать.

— Не такие артисты — тигры, которые собственной матери глотку перегрызут за роль, уходили в другой театр, и он их сламывал.

Заведующий труппой пишет слово за словом главного. Магнитофона пока нет, но это от незнания скорей, чем от бедности. Пожилые актеры трясут головами утвердительно... — рефлекс, выработанный годами послушания. Молодые прячут глаза, мало ли что, на всякий случай не лезть на рожон.

Погоня за письменным столом — пока не догнал. Час поспал, готовлюсь бежать на ночные «Антимиры».

Приятное сознание сделанного после «Стариков», почти год ничего готового, хотя названий, папок, «Чайников» — дело сделанное.

Завтра должна состояться первая, подготовительная репетиция «Кузькина» с Любимовым.

### ■ 24 сентября 1967

И она состоялась.

— Не завязывайте диалог, не будите свою житейскую фантазию, не прорываешься в его главную характерную черту — он играет, валяет Ваньку, это Швейк, идите, прежде всего, по событийной линии и т. д. Это следовало ожидать, другого не могло быть.

Б.Г. — отменный парень, но всерьез сам копать пока не может, контролировать, проверять по своему чутью, что-то подсказывать, утверждать, но не открывать, да потом рядом с Любимовым это и невозможно. Я не расстроился, даже еще раз где-то укрепился в вере, что это мое прямое дело, штампы Ю.П. мне подходят, виденье, в общем, совпадает, что не могу сказать пока о Можаеве.

— Он вам будет только мешать. Он свое дело сделал, его надо приглашать, когда что-то сделано, а так — расстроить человека и все.

Дупак: – Вы человек со своими странностями, но эти странности не мешают делу. Мы хотели бы видеть вас в рядах нашей партии. Вы сами понимаете не хуже меня, в каком состоянии наша организация, я имею в виду — нашего театра. Вы человек каких-то правильных принципов.

— Я человек сомневающийся.

— Это удобная позиция, в любой момент можно сказать: а я знал, а я думал, а я не верил.

Спрашивал о Калягине, о его уходе...

— Я не могу его судить. Пусть стукнется мордой человек сам. Я прошел это, и, как видите, не жалею, хотя в «Моссовете» не могут этого понять и до сих пор ждут возвращения... Что поделаешь, жизнь есть жизнь, и человек строит ее на свой лад. Я не коллектив, коллектив может думать по-другому. Единственно, не могу понять, как можно оставлять в театре жену, зная, что жизни ей здесь не будет и она обречена на унижения и позор. Я бы положил на стол два заявления, и не делал бы вид — ах, как вы нехорошо поступаете, решил устроить свою судьбу — подумай и о жене.

Готовимся к юбилею Любимова.

Зайчик говорит: — Я тебя скоро совсем не увижу, совсем уйдешь в писание да в театр, а что для меня оставишь? Хоть бы в цирк сводил.

### ■ 2 октября 1967

Октябрь уж наступил. Борис говорит:

— Почему тебе интересно возиться в этой грязи? Зачем? Давно известно, что в жизни мерзости много... Ты после этого по бабам пойдешь, чувствую я это. Кто-то сказал, что один видит жизнь как розу, другой — как протухшее, червивое мясо. Две стороны одной медали. «Мы — временные жители Земли», наш сеанс скоро кончится, ты понимаешь это? Лучше нюхать розу, чем дерьмо, по-моему, так.

От юбилеев тошнит. Три дня занимались, не спали, писали, репетировали поздравления: Любимову — ему 30-го 50 стукнуло, и Ефремову — ему вчера — 40. Получилось здорово и то и другое. Петрович* сидел между рядами столов с закуской-выпивкой, и мы действовали для него.

Прослезился, растроган. Вечером пригласил к себе меня и Высоцкого. Мне обидно невмоготу и боязно. Для чего, зачем я к нему поеду, там — высшее общество. Это что? Барская милость? Поеду — все будут знать, конечно, и перемывать кости, но это не страшно, как раз другое страшно — зависимость от благодушия главного и прочих сильных. Должно сохранять дистанцию и занимать свое место сообразно таланту и уму... Может быть, я чересчур усердствовал в поздравлении, может быть, слишком старался выглядеть хорошим, замаливал бывшие и небывшие грехи, но где они, в чем? Что бы я ни делал, мне казалось это искренним и честным. Но надо иногда не делать, даже по воле сердца, чтобы не раскаиваться потом, когда изменится ветер... Этим самым мы сковываем свободу, независимость мыслей и действий и начинаем ощущать себя в пространстве, сообразно влиянию старшего. Подальше от этого... Люди уважают не тебя, а твою полезность... и чем дальше и независимее ты, тем уважительнее к тебе отношение. А уж коли решился пойти в высший свет, то надо продумывать и свое поведение... подобрать маску, соответствующую моменту. Маску, которая бы и не принижала тебя и выказывала нужную дозу уважения и внимания к окружающим. Вообще, масочность, маскарад — это принцип людского существования, меняется среда, обстановка, люди, настроение, положение, и ты меняешь маску... А без маски страшно и вряд ли возможно, только успеваешь менять маски.

* Петрович, он же шеф, Ю.П. — Юрий Петрович Любимов, главный режиссер Театра на Таганке (1964–1984 и снова с 1989), до этого актер Театра им. Вахтангова (1946–1963). В 1984 г. лишен гражданства СССР, в 1989 г. гражданство восстановлено.

Мать Целиковской: — Вы — Золотухин... Это вы играли «Пакет»? Ну, чудесно, чудесно. Рада, очень рада с вами познакомиться. Какая чистота, непосредственность, как хорошо-то, а? Просто чудесно. Вы москвич? Нет? Ну, это и видно. Не испорченный человек, в Москве такой чистоты не найдешь, берегите это, берегите, бойтесь вот этой московской показухи, этого кривляния, бойтесь, бойтесь. И читайте, как можно больше читайте хороших книжек. Аксакова читали, «Детство Темы», читайте, читайте. Я в вашем театре ни разу не была, все собираюсь... Но я боюсь, боюсь разочароваться. У вас ведь, наверное, все современное, показушное, боюсь, вы меня оглушите чем-нибудь.

— Вся мировая литература — это справочник общения с женщиной. Но, надо сказать, бестолковый.

Не дай нам бог внимания сильных. Мы теряем достоинство. Мы попадаем под их свет, а надо разжигать свой костер, надо работать, работать.

— Золотухин, когда берет гармошку, вспоминает свое происхождение и делается полным идиотом, — это изречение принадлежит Высоцкому.

— Высоцкий катастрофически глуп, — а это уже Глаголин.

## ■ 5 октября 1967

Можаев раздолбал мой рассказ, так красиво издевался, что я получил не только урок письма, но и удовольствие, как ловко, зло, но беззлобно распотрошил он мои словеса. Но в конце сказал:

— А вообще получается... Пиши, пиши, чувствуешь, завязываешь, плетешь, куда надо.

— Предметом литературы может быть всякая ахинея, любой анекдот и невероятный случай... Но во всем, в любом жанре, будь то крайний гротеск или простое повествование, должна быть черта, граница допустимого, мера, что ли. Она никем не намечена, никакими столбами не ограждена, никем и нигде не записана, это негласный принцип, тот самый неписаный закон, который всякий писатель должен чувствовать нутром, утробой, коль уж он взялся за перо. Например: смерть есть смерть, пришла, понюхала и навела порядок, примирила. Ладно, не примирила, но кидать дерьмом в гроб, а потом мочиться в могилу — это недопустимо, это звучит натяжкой.

Второе. Зачем уничижительный тон, твой авторский, по отношению к герою. Ни в коем случае, дай нам, самим читателям, разобраться, что к чему, ты нарисуй картину, а мы уж сообразно этой картине и будем твоих героев расценивать.

### ■ 19 октября 1967

А вчера был Ленинград. Посмотрел кусочек материала. Наигрываю, как черт, беспросветно. Самое ужасное, не знаю, куда иду я. Стилевая разножопица, рядом стоят гротеск и бытовой реализм. Это раздражает. Кидаюсь из стороны в сторону, то так вертанусь, то эдак, и нет уверенности в единственном. Много ору, гримасничаю, в общем, расстроился и надеюсь только на бога, на переозвучивание, да на Полоку. Приглядывается ко мне, по словам Полоки, М. Хуциев. Говорит, что я похож на Чаадаева. Одно лицо, будто бы, я не спорю. Полторы смены грохнули. Лишь бы браку не было и технического, и актерского.

Помоги, господи! Все грехи замолю, какие есть и будут. На обратном вместе с Высоцким. Шампанское, бутерброды, разговор и много сигарет. Может быть, и не надо говорить людям о своих мыслях, но что делать, если человек, то есть я, не может копить в душе больше, чем вмещается в нее, необходимо выплеснуть иногда, выболтаться, вывернуть душу, как карман, и тогда легче становится, легче, и снова кажется, можно жить и копить снова.

В Ленинграде в этот день случилось наводнение, но все обошлось, вода спала, и бедствия не произошло.

### ■ 20 октября 1967

«Пугачев» — гениальный спектакль. Высоцкий первым номером. Удивитслыно цельный, чистый спектакль.

Я уж думаю, не лысым ли я буду в контрразведке. Шиферс мне все волосы теребил, приглаживал и залысины мои открывал, а потом я морду задирал, а мне эта мимика противопоказана. С ума можно сойти!

### ■ 22 октября 1967

Какое-то просветление на сердце. От того ли, что утро легкое, теплое, осеннее, но не промозглое, не колючее. Или от сознания, что думать начал за мировые проблемы, читая Достоевского, ведь и критиковать могу и не согласен кое с чем, а стало быть, уж и умнее кажусь, во всяком случае с ним-то, на одной ноге, хоть и по вопросам умственным. И стиль оттого витиеватый пошел, как ручеек петляет, оттого, что пишется, как думается, в худшем случае — говорится, а мысль — самая хитрая лиса, то петляет, след заметает, то в трех соснах запутывается, то блохой скачет в другую плоскость, в запрещенное логикой пространство.

Вот он говорит: «... Да будут прокляты эти интересы цивилизации, и даже сама цивилизация, если для сохранения ее необходимо сдирать с людей кожу». И тут же: «Но однако же факт: для сохранения ее необходимо сдирать с людей кожу».

Что это такое?! Что сохранять, если возможно сдирание с людей кожи? Одна мысль, одно ее допущение и возможность практического применения отбрасывает человечество ко времени инквизиции и фашизма. Какой это к черту гуманизм, если передовые умы, гениальные мыслители, мудрецы не видят другой возможности сохранения этой самой цивилизации, кроме как путем насилия и жестокости? Вопрос к теме: кто начал, если совершается посягательство на эти интересы, со стороны другой группы людей, тогда вопрос ставится о защите отечества и о его сохранении вместе с тем уровнем цивилизации, который достигнут. Но мы защищаем отечество, народ, землю свою, детей своих в первую голову и не думаем о чем-то другом, во имя чего-то. Да — но не самоцель. На меня напали, а я защищаю свою цивилизацию?

Я поторопился с выводами, не дочитав следующую главу, но это не столько вина, сколь заслуга очевидная. Важно самому иметь точку зрения твердую и не поддаваться «лакейству мысли», ибо «страх как любит человек все то, что подается ему готовым». Вообще, это замечательные страницы, современнейшая дилемма, и спектакль надо делать срочно.

«Неустанная дисциплина над собой...», «сделаться человеком нельзя разом, а надо выделаться в человека».

Придет мода, «ей-богу, начнет сдирать со спин кожу, да еще провозгласит, что это полезно для общего блага, а стало быть, свято».

Аберрация — полное изменение в умах и сердцах.

Достоевский – провокатор, но провокатор к своей мысли, как Галилей: не доказывать, что был прав, а доказывать, что был не прав, а если это не удается, после, при всех испробованных возможностях, стало быть — был прав.

Наше отсталое развитие, нисколько не заостренный ум, не говоря о знаниях и о жажде их получения, – причиной этому воспитание, среда, система поголовного обучения. В 20 лет лоботряс с зачатками ума растратил и потерял интерес к приобретению знаний, не начав делать этого. А уж о наслаждении мыслить, как о наслаждении плотском, материальном, вкусном и говорить нечего. Кое-кто из нас испытывает эту силу обстоятельств, среды, больше — случайного вмешательства, и то к 30–40 годам, а то и позже.

Потребность мыслить, удовольствие мыслить, необходимость мыслить — не прививаются, это опасно было всегда, а теперь у нас, по-моему, и вообще утрачена методика, возможность такого развития человека, при поголовном, стадном обучении наукам разным, многим и бесполезным. Главное — научить, привить человеку любовь к размышлениям, к самостоятельному анализу вокруг происходящего, пусть ошибочным, но своим, и он дойдет; человека мыслящего можно убедить в правильности логичного, очевидного.

Ах, эта Осень! Каждый раз одно и то же, и как будто вновь. Как я закурил первый раз. Под мостом. Из санатория.

— Боже мой! До чего же хорошо и какая стыдобина, что я еще ни разу здесь не был. Кусковский парк — имение графа Шереметева. Обаяние еще и в том, что он находится в несколько запустелом, заброшенном состоянии. Его восстанавливают, чистят пруды; самосвалы, как жуки навозные, заляпанные жижей, уютно сочетаются с барскими покоями и прочей стариной.

В гроте повозка фельдмаршала Шереметева. Чудно! Старушки сгребают опавшие листья в мешки, накрывать на зиму цветы, клумбы, чтоб не померзли. Готовят имение к зиме.

Швейцарский домик — экскурсантов просят не входить, внутри живут советские люди, у них смотреть нечо, чего у них смотреть.

Голландский домик

Закурил. Попросил сигаретку у чумазого, черных кудрей — хозяина. Молча протянул «Приму» и прикурить от его сигаретки. Ходил и умилялся, курил и чуть не плакал от восторга. Какая красота рядом, а мы дома сидим и ругаемся или деньги считаем.

Думал, что этой книжки на год хватит, а вот уже до середины дошел. В последние дни как рванулся вперед. За несколько дней четверть тетради исписал...

### ■ 3 ноября 1967

Что мне делать?

— Каждый вечер тысячи артистов выходят к зрителям и ранят их души. А может, и не ранят. И артисты и зрители не одинаковые. Но стремления у тех и других совпадают. Одни хотят ранить, другие — получить это ранение. Чтобы тронуть сердца людей, надо самому стать ходячей, открытой раной. Тысячи артистов надевают костюмы, подбрасывают ноги, разогревают мышцы, голоса, бормочут куски ролей и выходят стрелять в сердца, и люди в зале, каждый человек хочет, ждет попадания в свое, единственное сердце. Как мне хочется благословить всю нашу братию — артистов – и пожелать им больше попаданий, больше жертв, богатого урожая простреленных сердец в эти вечера. С каждым спектаклем мы опытнее, но еще не талантливее. Старее — да... Каждый спектакль должен стать праздником и хоть повторяющимся часто... но ведь и осень повторяется, а как будто каждый раз первый раз...

### ■ 5 ноября 1967

Еще было так. К тому же, о старании выглядеть на героя. Как-то ехали из Ленинграда я, Высоцкий, Иваненко в одном купе. Четвертым был бородатый детский писатель. Вдруг в купе заходит, странно улыбаясь, женщина в старом синем плаще с чемоданчиком и со связкой книг Ленина («Философские тетради» и пр.). Раздевается, закрывает дверь и говорит:

— Я поеду на пятой полке. Это там, наверху, сбоку, куда чемоданы суют, а то у меня нет такого капитала на билет.

У нас челюсти с Иваненкой отвисли, не знаем, как реагировать, — моментально пронеслось в голове моей: если она поедет — сорвет нам беседу за шампанским, да и хлопоты, и неприятности могут быть... Что делать? Высоцкий, зная его решительный характер, — к нему. Где-то внутри знаю, он с женщиной – вообще, человек самостоятельного действия — решит сам. Мне же выгонять женщину безнадежную жалко, совесть не позволяет, христианство, лучше это сделать невзначай, как бы чужими руками, или просто посоветоваться. Я и вышел посоветоваться, не успел толком объяснить Высоцкому, в чем дело, — он туда, не знаю, что, какой состоялся разговор, только минуты через три она вышла одетая и направилась к выходу... Я постоял немного, вошел в купе... посидел, и совесть стала мучить: что-то не то сделали, зачем Володьку позвал, я ведь знал, уверен был, что он ее выгонит, и многое другое в голове промелькнуло. Короче, я вспомнил, подсознательно, конечно, что и здесь, перед своей совестью, перед ними всеми благородством можно блеснуть, и я кинулся за этой женщиной, предложить ей хотел десятку, чтобы договорилась она с проводником, но не нашел ее, хотя искал честно, и потом все-таки похвалился ИМ, что, дескать, искал ее и хотел деньги отдать, но не нашел. Знал, что друг зарплату большую получил и потратит на спутницу свою, которую в Ленинград возил прокатиться, вдесятеро больше, однако не догадался он поблаготворительствовать этой женщине, а я, хоть и поздно, но догадался. И опять в герои лез, и опять хотел быть лучше ближнего своего.

Не спится по ночам, и в голову лезут всякие посторонние мысли.

Мне всегда страшно, как надвигаются праздники, безделье, суета, толкотня — даром проходит время, да еще расходы, ругань и пр. Житейские неустройства. Жизнь во мне на это время замирает, затаивается душа, переживает праздники абы где, как бомбежку, как бедствие, лишь бы перележать, лишь бы не потеряться. И работы много, но это, может быть, хорошо, по два спектакля каждый праздничный день. А в Ленинград поеду только 14 ноября.

Вечер. Жуть. Некуда податься, некуда податься... Надоели, господи, как все надоели. Надоела жена, надоела теща, надоела квартира, мебель, и сам себе надоел, а податься некуда. Боюсь пить, а охота, а боюсь, потому могу взорваться и наделать глупостей. Если б не такая бешеная занятость в театре и не такое его острое положение — сбежал бы на полмесяца куда-нибудь с глаз долой, побродяжничал, может быть — отлегло бы. Жуть, как плохо.

### ■ 10 ноября 1967

Декабрь скоро, а мы спим с окошками открытыми, с непокрытой головой по улице ходим... Я и пальто не думаю покупать, в плаще думаю зиму прогулять.

«Принять страдание» — вот что мучит меня, чего не хватает и чего хочется. Со страданием идет очищение, перерождение, сменится кровь — можно будет жить еще, а может так смениться, что и не надо будет уже жить, но надо обязательно принять это самое страдание. Это гениально у Достоевского. Или запить, да так, чтобы недели на две отключиться от белого света, от семьи, от театра. Я чувствую, что раздражаю своим писанием жену. Я знаю природу этого чувства. Где-то внутри сосет червячок — опять сидит, пишет, работает, а я смотрю, а мне самой хочется себя занять, работу себе найти. И что он такой упорный, почему же я не такая. Пишет, пишет, до чего-нибудь допишется и про меня опять какую-нибудь гадость подметит и пр. и пр.

Жду Высоцкого из Ленинграда. Что он может мне сообщить? Какие дела мои его беспокоят? Да никакие! Материал* разве посмотрит. Опять тоскливо сделалось. Утром еще было ничего, а к вечеру снова плохо. Денег нет. Пропились в дым, и теще должен 168 руб. Вот попал, все купил, все сделал – и все равно не хорош, все равно кругом должен.

* Материал — то есть отснятый черновой материал по к/ф «Интервенция» (реж. Г. Полока).

### ■ 11 ноября 1967

Приехал Высоцкий, кое-что видел. «Штаб союзников»*:

— Ты хорошо, а Шиферс мне не понравился, все «22», чересчур, его надо всего тонировать.

— Как последний мой материал?..

— Не видел, говорят, хорошо.

Чем-то расстроен, неразговорчив, даже злой. Грешным делом подумал: может, завидует моему материалу и огорчен своим? Из Ленинграда звонит Рабинов.

— Ждем 14-го.

— Как материал?

— Хорошо, всем нравится. Чем дальше, тем лучше. Вы создаете интересный, своеобразный образ, краснеть вам за свою работу не придется.

Может быть, врал, но слушать приятно. Голова несвежая, перезанимался, погулял немного с Кузей — отошло, выпил кофе, совсем хорошо. Письмо от т. Лены, растрогался. Создают летопись школы, ей, как родственнице, поручили написать обо мне. Знаменитым в Б. Истоке человеком становлюсь. А ночью какие кошмарные мысли в голову лезут!

Молюсь за Женьку, в Ленинграде поставлю свечку во здравие моего образа. Господи, услышь!

### ■ 18 ноября 1967

Я закончил эту книжку, нелюбимую книжку Зайчика. Она просит ее больше никогда не открывать, а на новой, тоже красной, сменить обложку или что-нибудь нарисовать.

* «Штаб союзников» — сцена из к/ф «Интервенция».

■ **19 ноября 1967**

Ах, эта осень! Первый снег шел 13-го вечером. Я был в поезде и не преминул отметить это событие — первый снег. Это значит: одно кончается — наступает другое. Конец одного — начало другого. Как ни кочевряжилась осень — состарилась и она, в рухлядь обратился ее алый полушалок, забросала его белым пухом Зима, прикрыла бесстыжую наготу свергнутой королевы. Так и у меня: с осенью ушла, кончилась Красная книжка и началась другая. Ушли в прошлое вчерашние заботы, дрязги, но пришли с этой новые. Вчера были у Рыжневых, пили чай, пригласили к себе на 22-е на среду. Побегу на «Антимиры». Обиделся на весь мир, что не получается Женька — но ведь, как говорит Коля Маркарьянц: «Сами виноваты, сами виноваты».

— Погляди на меня внимательно, в мои глаза, на мою улыбку, походку, голос, манеру общения, язык, обороты речи — не зажирел ли я? Нет ли сытости в моем облике, нет ли довольства, удобства существования, успокоенности?.. Не потух ли в глазах огонек жадности, любопытства ко всему вокруг, нет ли усталости, важности, значительности в движениях? Как я сижу на стуле? Прочно, фундаментально иль все-таки могу еще сорваться с места вдруг, невзначай, внезапно? Как гляжу на партнеров: с пренебрежением, свысока? Я не боюсь зависти. Зависть — это хорошо, она разбудит, если вдруг закемарил, достиг. Я с ужасом смотрю на своих друзей. Я стал ненавидеть эти сытые, довольные рожи. Что это? Желчь кипит, разливается. Или справедливая неудовлетворенность, а может быть, обиженное самолюбие. И то и другое. Все вместе. Конечно, обиженное последними событиями, неудачами самолюбие. Но ведь и раньше я замечал и говорил об этом и с Венькой, и с Зайкой, и с Полокой — наконец, сам с собой.

Почему всем так хорошо от самих себя, от сознания своего приоритета, кто раздал жезлы, кто развесил снисходительность на лицах, которые должны еще долго выражать тревогу, внутренний огонь, стремление взмыть вверх тотчас же, не разбираясь в обстоятельствах... Да, тяжело нести бремя таланта, устал от жизни, от славы, которой еще нет... Удовлетворились, насытились мелкими подачками судьбы, фортуны... Тяжело стало ходить, делать лишний шаг, невыносимо трудно возразить сильному, а если возразить, то так, чтоб он не обиделся, а еще больше зауважал возражающего. Оттого хочется поругаться со всеми, разозлить, сказать такое что-то, чтоб челюсти у всех отвисли и уши сварились вкрутую.

## ■ 20 ноября 1967

Начал осваивать балалайку по самоучителю, подаренному Мальцевым. Две «вещи» в кармане: «Перепелочка» и «Во саду ли». Фадеич, держись!!

О зазнайстве, самовлюбленности, самоуверенности.

Меня всю жизнь сознательную упрекали в зазнайстве и всех тех качествах, означенных выше. Меня не любили учителя, ученики, и друзей было сравнительно мало: один, два... в которых я сам пытался пробудить, взрастить зерно высокомерия и высшего назначения. Руководил моим духовным становлением Фомин, и он первый будил во мне эти свойства, но не ради самих только свойств, а ради пробуждения личности, самостоятельности. Тщеславие, снисходительность к окружающим тормошат силы внутренние, воспитывают волю, заставляют работать над собой, выделывать себя, пусть для корыстных целей, для того чтоб быть лучше, талантливее, умнее прочих твоих сверстников, для того чтоб прославиться и максимально использовать богом отпущенное... Такая корысть – для меня пример, это уже не корысть, а желание вырваться из общего круга, из толпы... И я никогда не обращал внимания на этих серых, на мой взгляд, людей — учителей, которые обзывали меня публично — зазнайка, выскочка и т. д. Я не обижался на них, они только разжигали во мне огонь борьбы, и я даже сегодня благодарен им за это. Мои тогдашние враги принесли мне пользу Для того чтобы иметь право на них смотреть свысока, я занимался, не терял времени зря, но делал это так незаметно, что казалось, и не учу я уроки вовсе. Я нарочно скрывался и не учил на виду, а больше занимался любимым делом или тем, что хотелось...

Для того чтобы бросить им плевок в рожу, я забросил со второй половины 10-го класса все посторонние дела, опять же по настоянию Фомина, и засел за учебники. И сдал на медаль. В общем, мне нравилось быть зазнавшимся, я имел на это право, и вжился в эту шкуру, и считал себя умнее, талантливее других, и это помогало мне быть таким Но с некоторых пор, особенно последние 5 лет, я стал стыдиться этого, делать вид, что не думаю о себе так (на самом деле думая), но чем чаще прикидываюсь не собой, тем все больше становлюсь другим. А это, по-моему, совершенно напрасно и мне вредит. Надо доказывать делом свое преимущество, и разве я этого не делаю... Не надо прикидываться, надо и выглядеть так, как ты о себе думаешь, не стараться показаться скромнее, добрее, тише других. Зачем? Люди и в самом деле будут думать. «Ну, он мальчик скромный, он не позволит себе ничего такого». Когда, с каких пор я стал таким, я таким никогда не был и никогда не отличался скромностью, с какой стати я нагоняю на себя эту маску. К черту все! Трудом и талантом ценен человек и артист. Я скромный, тихий, рассудительный. Да что такое — сели на шею и не слазят. Для того чтобы роли получать, я таким прикидываюсь? Это не достойно меня, да и не так это. А свои роли я возьму все равно, рано или поздно, а не дадут, так пусть им будет хуже, стоит только их пожалеть за это. С сегодняшнего дня зазнаюсь, задираю нос, но работаю вдвое больше прежнего. Зазнаюсь – и точка! Зачем изменять природу?

«Боязнь эстетики — признак бессилия».

Когда, с каких пор меня стала смущать эстетика?!

P. S. Не всегда мне хочется быть пай-мальчиком. После хорошей зарядки и холодной воды — я зазнаюсь. Еще во время чтения хорошей книги.

## ■ 24 ноября 1967

Заболел. Ангина. Кружится голова, вообще — слабость. Чихаю! Разрешили Кузькина. Ходят слухи — с понедельника начнем репетировать. Первую часть «Триптиха» надо придумывать, того, что есть, недостаточно — и это значительно слабее, водянистее и не в стиле, не в характере, сложившемся из двух последних монологов. То, что выдумано, — звучит убедительнее.

## ■ 3 декабря 1967

Кругом бело. Снег и светло. Неделю без строчки. Когда-нибудь последние 10 дней станут сюжетом романа. Но все к черту! Попытаюсь вспомнить основные события.

1. Разрешили Кузькина, и начали репетировать, но шеф, по-моему, на распутье. Не ожидал такого быстрого решения и не знает еще, по-моему, за что же взяться, кого приглашать режиссером и т. д.

2. Материал «Аптеки», за который я столько пережил и поскакал переснимать, говорят, удался, меня поздравил с

ним Полока, на «Ленфильме» многие мне говорили об этом, как об удаче. Бог есть! Вот он как рассудил!

3. Но! Если «Аптека», снимавшаяся в такой сумато-хе, так не рвно и хаотично, сумбурно, не разобравшись, — удалась, то что же в таком случае: весь ранний материал — дерьмо?! Ведь вот в чем дело. Приходится сомневаться в сделанном.

4. Я искал страдание и нашел на свою голову приключений. Но, посмотрим, господа присяжные заседатели, мой пистолет еще заряжен.

5. Нифонтова... Странно все в жизни... Когда-то я собирал все фотографии, вырезал картинки с ее участием, следил за ней в Б. Истоке, изучал биографию, думал: на экзаменах в ГИТИС будут спрашивать о ней, об актерах... и вот мы снимаемся вместе, у меня роль главнее, но это не важно, важно, что встреча эта в какой-то степени связана с моими ранними стремлениями и она не приносит радости, удовлетворения, того же я боялся с Новиковым Б.К., но, к счастью, этого не было. Б.К. только подтвердил мое сердечное к нему отношение и оправдал детские иллюзии. Не совсем точно я выразился здесь, об этом мне еще предстоит подумать и написать, как следует, это важно для меня. Артист есть артист, он тоже человек, но все равно он артист и умрет с этим званием, так уж будь любезен... «Не обмани самого себя...» Новиков не обманул меня. Нифонтова обманула — вот какое-то странное ощущение.

6. Самолет в Ленинград. Папка. В одном отделе пьеса «Живой» — главная роль, с репетиции главной роли я лечу на съемку главной роли — гордость распирает грудную клетку... но я боюсь.

7. Решил переложить на машинку «Триптих», кое-где раздаются голоса, что самая удачная — первая часть.

8. Я люблю Зайчика, и мне дорог мой дом. Я не хочу отсюда ни в какое царство.

## ■ 4 декабря 1967

В монахе произошла потеря святости, музыки сочинения, потеря характера, появилась жлобская, сильная циничная интонация — убрать и вернуться к первой редакции.

Теперь. В репетициях «Живого» ни в коем случае не зажиматься, не унывать, не попадать под давление, каблук режиссера, лучше меня Кузькина все равно никто не сыграет, от этого во всякую минуту проявлять уверенность и легкость, радость общения с текстом, пусть иной раз и внешнюю, ничего. И работать, работать.

По поводу Женьки* Высоцкий сказал мне много приятных слов:

«Ты многое играешь хорошо. И вообще, это будет для тебя событие». Так что — вперед, зазнавшимся, ловким, работающим за троих.

Вечер. Печатаю «Триптих». Бегу на «Антимиры». Репетиция — можно сказать. С богом!

## ■ 7 декабря 1967

Репетиция «Кузькина». Забавно, куда-то все двинется, еще на месте все, выискивают штампы, приспосабливаются — раскусить, спорят, выясняют. Правильно, а я слушаю и ничего не понимаю. Как всегда, решают дело самые примитивные штуки — тон, качество темпераментов, язык, походка, даже мимика, глаза и т. д. Но и в прямую вопрос встал о моей писательской дея-

* «По поводу Женьки...» — Женька Ксидиас — роль В. Золотухина в к/ф «Интервенция».

тельности: что сейчас начинать или, может, чего продолжить.

Вечер. Ну как же так, почему одним судьба дается праздная и счастливая, другим — серая и безызвестная. 10 лет я копчу небо столицы. На другой день по приезде сюда я думал — распечатают мои фотографии и будут их продавать за пятак во всех киосках, на всех углах *столицы*. Я думал, мне придется покупать черные очки и глубокую кепку, чтобы иметь возможность не быть узнанным. Сейчас я лезу всем в глаза и ищу жадно искру узнавания, но тщетно... Я подхожу к киоскам, смотрю на распродажу лиц, улыбок, причесок — эти счастливчики, которых продают, почему они достойнее меня? Вот этот нахальный, он нарочно грустный и оттого нахальный, кто он такой, откуда взялся, почему его продают, а меня нет. Я надеюсь на какую-то дикую нелепость, что вдруг увижу и свою физиономию среди распродающихся звезд. Да! — те, кого продают, — это уже звезды, это уже слава... 10 лет я в столице, жду появления моей физиономии в киосках, а она все не появляется, а значит, и слава не приходит ко мне и меня не узнает широкий зритель... А я не из тех, кого продают, кто такие, откуда взялись? Я, как голодный пес, смотрящий на колбасу без всякой надежды иметь ее в зубах, так я смотрю на ленты фотофизиономий звезд, среди которых жажду видеть свою и не вижу.

Я не увлекающийся человек, не одержимый... а жаль, я всегда думал, что я такой и хотел выглядеть таким, но нет... Я не могу сидеть и читать всю ночь, я обязательно буду думать: 8 часов я должен спать, я артист, и должен отдохнуть перед репетицией и спектаклем, я должен быть в форме... 12 часов... я иду в постель... режим... — я слежу за собой, за распорядком дня, я думаю наперед, стало быть, я — рационалист, и ничего случайного, непредвиденного со мной не произойдет, открытия исключены. Я не могу писать долго, ночью, между репетицией и спектаклем, я должен отдыхать. Для чего? Для сохранения энергии, которая на сцене перерабатывается в якобы талант... У меня все предусмотрено... Я не могу соскочить и побежать, я обязательно подумаю — далеко ли бежать, не устану ли я, не потеряю ли зря времени — и... теряю его. Я пишу, читаю, играю на балалайке, сижу с друзьями и т. д. — я все время смотрю на часы и подсчитываю минуты, выгадываю их для своего отдыха... А зачем он мне нужен, если я играю хуже и хуже. Я не могу сидеть до 12.30, я должен лечь спать до 12, потому что врачами доказано — надо засыпать до 12, позднее засыпать гораздо труднее. «Война и мир» — это прекрасно, но я не могу жертвовать своим сном, лучше я прочитаю его за полгода в метро. Я не одержимый, не страстный человек, и мне жаль себя, потому что, заставь я себя ночь покорпеть над листом бумаги, и я бы преодолел земное притяжение, потому что «чувствую в себе силы необъятные». Или расплескалась моя энергия свыше меры, если меня так тянет постель?

### ■ 8 декабря 1967

Обед. С Кузькиным я еще намучаюсь — это точно. Пока ощущение такое, что все мешают. По дороге, в метро — все получается, начинаю читать — слышу, вру. Но не надо торопиться, заталмуживать текст, свежесть уйдет, тогда не сыграешь.

### ■ 11 декабря 1967

Кузькин пока не идет — Любимов мало доволен, если не сказать более — но я не отчаиваюсь пока, т. к. внутри нахожу все чаще точность характера и интонации и т. д.

Наружу пока выходит мало, но я не тороплюсь, расстраиваюсь, конечно, несколько зажат, снова по той же причине — когда не выходит, Любимов объясняет с такой интонацией, как будто «ты уж совсем дошел, и ничего не получается, и не работаешь дома, и не увлекаешься», воспринимает как личное оскорбление, оттого шоры появляются, нет спокойствия, а стремление сразу достичь результата и доказать состоятельность. Это в корне неверно. Доказывать никому ничего не надо, надо работать и создавать атмосферу, в которой легко ошибаться, «артист на репетиции имеет право быть бездарным» — заповедь М. Чехова.

А режиссеры, понуждающие к результату, не достойны актерского расстройства, так что не будем расстраиваться, а будем работать.

Хроника.

1. Были в гостях Анхель и Высоцкий с Люсей. Анхель читал сценарий, ночевал, сидели с ним до 6 утра, вспоминали курс, я ему рассказывал, что знал о ком.

2 «Запахи» лежат на столе. Думаю, сегодня даже начал кое-что писать. Плохо, но для начала, для черновой работы сойдет. Важно начать.

3. Собираюсь завтра отбыть в Ленинград. Жалко, на один день.

Опять спешка и т. д.

## ■ 17 декабря 1967

Вчера было 16-е. Репетиция по вводу Высоцкого, приехал дядя Саша, вечерние «Антимиры». Нет позорнее состояния, когда видишь пьяного артиста. Сева был пьян и нес такую околесицу в стихах невообразимой прозой. «Наделали... из Ленина независимые силуэт». Начал во множественном, закончил в единственном.

В «Антимирах» залепил строчку из другого стиха. И помочь ничем нельзя, когда он пошел в пике, тут только жди результата окончательного, до чего он дойдет, договорится. Боже мой! Если бы такое произошло со мной, что бы я делал, наверное, бросил бы театр и уехал в глушь, куда-нибудь, меня спасло, что я не сделал, в общем, ни одной накладки.

Всю ночь хотел встать и дочитать, проиграл ли Ростов Долохову 43 тысячи или уступил ему Соню. Сам стал придумывать за Л.Н., боже, что за книга!

Потом в горле и в мозгу стояло бесконечно: «Эх, раз, еще раз, еще много, много раз».

Думал о том, что мне нет особенной радости, если совсем ее нет, идти на репетиции Любимова, не знаешь, не умеешь пока — не питюкай, и Глаголин может быть режиссером и говорить подобные слова, а на деле — сам ничего произнести по-человечески не может, а потому задача режиссера — дать возможность, создать условия для раскрепощения артиста, вроде бы это он сам все делает, всего добивается — самовыявление.

Но в конце концов мне наплевать, я где-то сам стал успокаиваться, не успокаиваться от жира, а успокаиваться в том смысле, что мне это надо все равно будет играть — потому, не обращай внимания на крики-окрики — спокойно по курсу своего таланта и ощущения своей правды — не торопясь, полезное принимая — вперед к победе, к Государственной премии.

«Мне бы только выкроить 5 лет, и я бы доказал все».

Обед. Как перед дуэлью, перед битвой — продумываю детали, вспоминаю прошлое, сопоставляю, готовлюсь тщательно. Что мне грозит и что предпринять в первую минуту, час, день? Я готовлюсь к важному и решительному событию, надо быть начеку, готовым ко всему. И боже мой, помоги мне выиграть сегодняшний бой. Я взял на себя эту ответственность где-то нарочно, чтоб проверить себя, свои силы испытать, упругость мослов.

На дуэль надо идти убивать, а не готовиться быть убитым — так и я, иду победить и пить за удачу потом, и не жаловаться на случайности, которые помешали. Я привожу в боевую готовность мои доспехи: ум, голос, тело, память, талант, лихость, легкость.

«Надо бы уснуть, чтобы потом рука не дрожала», — и я, как и он, не мог заснуть — в мозгу: «Эх, раз, еще раз», то же — посмотрим, увидим. Только бы не струсить в последний миг, тогда все, тогда пропал, может, сварить кофе, а зачем, чтоб тонус взвинтить, а не будет ли это наоборот? Вдруг сорвется голос, хочется закурить, а можно ли?

### ■ 18 декабря 1967

Я выиграл вчерашний бой. Нет, господа присяжные заседатели, вы меня рано похоронили, я в отличной форме, несмотря на все передряги и метели. Я отлично пел за Высоцкого*, бросился головой в пропасть, и крылья распахнулись вовремя, а потому заработал ворох, кучу комплиментов, я горд за себя, я победил что-то в себе и вокруг и уверовал в свою судьбу. Вечером пили у нас с Колькой, и мне пришлось сказать ему, это бы все равно обнаружилось, что я одну гранату запустил и осталось 9. Вчера был такой день, когда одним штыком было не отделаться. Тысячу раз прав Долохов: «На дуэль надо идти убивать».

Совсем нет денег, доходился до того, что отлетела подошва у ботинка, других нет, купить не на что, а в общем, это меня давно не волнует. «Будет буря — мы поспорим».

Вечер.

* В спектакле «Послушайте!» В. Золотухин пел за В. Высоцкого.

Написал письма. Подбиваю бабки. Встану рано, и... поеду на вокзал за билетом.

— Как только шеф перестанет мешать, мой Фомич начнет прорастать, он уже кое-где зазеленел, я с каждым днем, с каждой репетицией убеждаюсь, что Кузькин и я – братья-близнецы, это полное попадание, а Гос. премия — результат тщательной работы.

Тетради заполняются, заполняются, одна сменяет другую, над столом моя улыбающаяся харя гармошкой, за окном ветер, и в мыслях буран, в руке сигарета и перо, в ванной — жена, на постели — Кузя, в Польше — Романовский, у бабки на постое Колька, а Б. Истока для меня нет, и скоро, может быть, меня не станет ни для кого. Для чего я жил, суетился, мечтал покорить мир?

Сыграть бы «Банк», а потом будет видно. «Банк» надо рвануть во что бы то ни стало, что бы ни случилось, надо рвануть, и другого выхода у меня нет. «На дуэль надо идти убивать» – и точка. Завтра.

## ■ 20–21 декабря 1967

Ленинград.

Всю ночь в «Стреле» болтали с Высоцким — ночь откровений, просветления, очищения.

— Любимов видит в Г.* свои утраченные иллюзии. Он хотел так вести себя всю жизнь и не мог, потому что не имел на это права. Уважение силы. Он все время мечтал «преступить» и не мог, только мечтал, а Коля, не мечтая, не думая, переступает и внушает уважение. Как хотелось Любимову быть таким!!

Психологический выверт, не совсем вышло так, как думалось. Думалось лучше.

* Губенко Николай — в то время артист Театра на Таганке.

«Банк». Ничего не ясно. Снимали какими-то кусочками, вырванными из середины, артистам не дают времени совсем. Что из этого одеяла лоскутного выйдет? «Рванул или не рванул» — об этом и речи быть не может, ясно, что нет. Есть надежда отыграться 27–28-го, когда будем заканчивать сцену.

Что он курит? Жаренный на сковородке самосад?

— У вас глаза вчера были вчетверо больше, шире, чем сегодня, синие и блестели желанием. Что вас так распалило?

— Чудно играть смерть. Высоцкому страшно, а мне смешно от того, что не знаю, не умею и пытаюсь представить, изобразить. Глупость какая-то.

Завтра 2 спектакля, 2 репетиции и один концерт. Отдохнуть бы не мешало. После ванной, чая все спят, и я иду тоже, обо всем, что думаю, запишу потом.

## ■ 24 декабря 1967

Чем ниже падение, тем выше должен быть взлет.

Сегодня. Концерт в Щукинском — достойно, кажется, я выглядел. Потом кабинет шефа в присутствии Щеглова, которого Высоцкий протаскивает, продает Любимову на «Тартюфа».

Речь идет о прокормиться. Работа над макетом «Живого». Хотел пойти куда-нибудь, посмотреть чего-нибудь, да затрепался и не поспел. Очень хотелось в цирк. Сейчас у нас в комнате тещи Таня Шведова с мужем, смотрят фильм — а я кино не люблю, — надулся чаю, и глаза слипаются, не выдержал, курил, сейчас курю, но завтра не буду, постараюсь. Читаю про Орленева, любопытно написано Мгебровым, сама форма мемуара любопытная, вольная, свободная и оттого легко воспринимаемая, с каким-то настроением, отвлечением, как роман или полевой букет, где много всяких трав, блеклых цветов, запахов и оттого — живого.

Заметил: почему кажется, когда при тебе хвалят кого-то усердно, то будто хотят сказать:

— А вы, батенька, увы, не такой, или: А мы с вами, или нам с вами далеко до него. — Когда сильно хвалят, то хотят (так кажется) тебя унизить. Это ведь, наверное, не правильно. Хвалят, ну и пусть, что тут плохого, один ты что ли хороший, тебя хвалить, что ли, чушь какая-то, но все равно неудобство, отчего так? Иль это зависть? Но почему она, откуда?

Мелочь: в какой-то газете, кажется, в «Советской России», сообщение, информация об «Интервенции» — В фильме участвует целая когорта популярных (?), талантливых, известных (?) (одно из этих похожих слов) артистов: Толубеев, Юрский, Высоцкий, Золотухин, Нифонтова. Моя фамилия под одним эпитетом с Толубеевым, приятно, гордостно — да, но не в том суть, а суть в том, что чудно. Толубеев — мой кумир Б. Истокского периода и потом студенческого, как я увидел его в Вожаке, с которым мечта просто познакомиться по-человечески — я с ним играю, сижу в курилке, беру сигареты, прикуриваю и делаю вид, что ничего особенного не происходит, просто свел случай в один фильм партнерами. Сидим, треплемся на равных. Толубеев — артист с мировым именем, говорит, что со мной приятно работать, что я хороший партнер, артист, что я похож на Орленева, более того, что в «Аптеке» я — Золотухин, который похож на Орленева, первым номером, а не он — Толубеев, а сцена его, и ему должно быть первым, а первый я. Это говорит артист, которому я галоши подавать не постесняюсь...

Еще о том же. Я картошкой в детстве приклеивал фотографии Нифонтовой в свой альбом, на стенки, на съемках шучу: «Снимите нас с Руфиной Д., я в деревню пошлю», — и через неделю фотография появляется в центральной «Правде», правда, такая, что не узнать, но я-то знаю, где я, где она, где кто, и опять чудно. Чудно, как складывается в жизни, любопытнее, чем выдумать можно. Чудно, как летит время и меняется собственное измерение. Оттого чудно, что в жизни все может быть, нельзя представить себе того, чего быть не может. И оттого и грустно, и интересно.

— Лапти, балалайка, самовар, посох.

Мечта Орленева о Третьем царстве, об игре для народа, разве не схоже это с моим ранним требованием, чтоб Яблочкина и ей подобные, и народные, и заслуженные, поехали в мою деревню поднимать самодеятельность, работать для народа: как бы народ привалил к ним, какую бы они могли революцию на селе совершить. Пойти в народ...

Мечта. Добьюсь славы, известности в кино и уеду в Б. Исток, жить и руководить самодеятельностью, что из этого может выйти. Сколько артистов популярных без дела по Москве слоняются, какой подвиг они могли сотворить бы, поехав по деревням не с халтурами, не с роликами, а жить, будить силы народа. Народ верит авторитету экрана. Это, конечно, утопия, а представить на секунду, какой бы толк из того вышел, хоть садись и пиши рассказ об этом. Как собирался народ на «Коллеги», узнав, что там снималась жена их земляка, как вся деревня шла на нашу встречу, какая пыль поднялась, как крестный ход, как спрашивали, как слушали, как интересовались нашей жизнью столичной, как ждали от нас чего-то, какого-то раскрытия, какого-то секрета. Да, любопытная мечта — представить Нифонтову руководительницей Б. Истокского Дома культуры.

Дерзость. Работу над Кузькиным посвящаю Павлу Орленеву, постараюсь быть достойным его памяти.

### ■ 25 декабря 1967

Обед. Ничего, ничего, что-то выклеивается, особенно в некоторые моменты, просто забываю, что я — это я, а не Кузькин, когда идет импровизация, живое чувство, все получается, но тут же пропадает, начинаешь вспоминать предыдущее состояние, и все летит к чертям.

Заметил. У шефа появилось уважение к моему действу, либо это кажется, во всяком случае он терпим, принимает мои ходы и все больше уверяется во мне, может быть, мираж, но глаз у него на меня добрый, и это помогает мне, я разжимаюсь и, пока он колупается с партнерами, потихонечку подбираю штампы, мимику, проверяю самочувствие и т. д. Кузькин — человек добрый, Божий человек, со всем человеческим, безусловно, но добрый, и злость же только на себя самого, даже на судьбу он не злится, а наивно пробует ее обмануть:

— Ты мне точку, я тебе запятую.

### ■ 27 декабря 1967

А сегодня уже Питер. Баба в метро: «Оденутся, вроде люди, похожи...»

Вчера шеф заявил: «Последний раз отпускаю с репетиции, учти, больше этого не будет». А мне на рожон, ох, как некстати.

### ■ 31 декабря 1967

Кончается этот год. Когда встречали — все втроем вытащили счастливые билеты, и на самом деле год был удивительно полный. Получили квартиру, обставились: пианино, холодильник и пр. Хоть меня и не волнует это, но надо, а раз надо, значит, давай.

Ленинград. Пробы. Полока. Женька — работа дорогая. Одесса, сокурсники, море, маяк, потери. Зайчик в море, приезд стариков, взлеты-перелеты, потеря Б. Истока. И написано много: «Чайников», рассказ Таньки, собрания, начал «Запахи» и много, в общем, сделал.

— «Маяковский» — диплом за него, замена Высоцкого, мобилизация, взлет.

— Поиск страдания — целая полка жизни, время Раскольникова и семейных бурь. Поиск страдания — веха, Кресты и минусы. И, наконец, — «Живой». Я начал в этом году репетиции, может быть, самой грандиозной своей роли — Кузькина Федора Фомича, начал, но... Что год грядущий нам готовит? Обещают год тяжелый, високосный, но и этот, говорят, был тяжелый — год солнцестояния, полного.

## 1968

### ■ 2 января 1968

Ну вот и Новый год. Вот и пришел он, и начался, и теперь он хозяин, он раскинет пасьянс нашей жизни. Встретили мы его с радостью искренней и с великой надеждой.

Говорят, високосный год надо встречать скромно, аскетично. Так и было, в общем. Даже не напились очень, что редко бывает со мной, коль начал и много бутылок. Всплакнул немножко, взгрустнулось вдруг что-то, тоскливо стало – и заплакал. Нет! Год прошедший был хорошим, хорошим. Дай Бог, чтобы и этот, наступивший, был не хуже, а будет лучше.

А сегодня репетиция Кузькина, какая-то неудачная, бестолковая на сцене, с похмелья, и все не туда. Шеф ложится на исследования на неделю, без него репетировать, только мозоль наживать.

Заметил: у шефа появилась своя точная, сложившаяся система работы с артистом, своя неуклюжая, но застолбенелая терминология. Он придумал и вжился в свою какую-то чудную методу. Раньше он смотрел на артиста невооруженным взглядом, теперь — вооруженным. Раньше он меньше значительно говорил про «действия», «задачи», общения и т. д., про всю эту непомогающую муру, а делал так и говорил то, что само наталкивало на правильное исполнение. Теперь он все чаще и чаще показывает и уже нисколько не сомневается в себе, в том, что артист-то, может, лучше сделает. Он раньше артисту доверял гораздо больше, чем теперь, был с ним на равных, теперь же он значительно выше ставит себя и свою работу, и мне кажется, что здесь кроется мина, во всяком случае для артиста, потому что самое главное, что приводит к успеху, к удаче, — раскрепощенная воля артиста, его свободная душа, находящаяся непрерывно в процессе поиска, импровизации, горения и свечения своим светом, а не отраженным.

Мои домашние спят, на столе горят свечи, я пишу, и мне сладко, мечтается и хорошо думается, воистину: «Мыслить — одно из величайших наслаждений человеческого рода».

68-й год, что ты принесешь мне, дорогой мой? Я буду стараться быть хорошим, буду мало пить, мало курить, много работать над собой, не жиреть ни нравственно, ни физически. Орленев, его светлый образ, нарисованный Мгебровым, я буду хранить в своей душе. Его светлой памяти я посвящаю свою работу над Кузькиным, его пылающий факел мечты о Третьем царстве я сделаю и пронесу через свою жизнь.

Только бы не зажиреть, когда будет удача, и не озлиться, когда случится провал. Сохранять бодрость, чувство юмора, что бы ни случилось, и постоянное стремление — выделаться в человека. Я читаю «Войну и мир», боже, что это за книга, я стремлюсь к ней, как на свидание с любимой, какое гармоническое произведение, от него никак нельзя устать, оно все время держит тебя, увлекает. И как же так можно было уметь написать?

Я ничуть не жалею о том, что раньше не читал, можно было испортить все впечатление, оттого, что не понял бы так, не жадничал, как теперь, не жалею. У каждого свой час прозрения, пусть это случится со мной на «Войне и мире».

## 5 января 1968

О Кузькине. Причисление шефом Кузькина к когорте — «не выкати шара», иными словами — «прохиндеев» – в корне неверное и сбивающее меня с панталыку. Если б так, он не то чтобы воровал, но экономил, хитрил и т. д. Не пропивал бы с Андрюшей еще не заработанные деньги, это то, что в народе зовут — простота хуже воровства, он живет, как птичка, одним днем в результате. Прохиндей не будет рожать 5 детей, а он их рожает и сам удивляется, как это у него получается нескладно. Он Божий человек, бесхитростный напрочь, острый на язычок, больше от характера занозистого, как Иванушка, не себя защитить, а народ и волю свою от мироедства. А потом он и репутацию, марку Живого держит, воспитал в себе уникума, острослова, балагура. К нему люди лечиться ходят, и лечит он их юмором и легкостью взгляда, добротой и бесталанностью, бессребреностью своей. И огрызается-то он не по злобе, а по прямоте момента. Он — толстовский тип. «Толстой — религия моя», — говорит Можаев, он толстовец, стало быть, и Кузькин иным быть не может. А «не выкати шара» — это Таганский национал-социализм.

Оттого и играть хуже стали, что в лобяру одну и ту же затруханную тенденцию против управления везде протаскиваем, и все ей объясняем, и в ней вдохновение черпаем... А разве одним этим жив художник, и Кузькин тот же? Отсюда — и не только за хлебом он нáсается, а за правдой, если хотите — за религией, которую не может выразить, но чувствует, как собака. Где-то здесь его высшее существо витает, хотя он весь от волоска до ногтя человек здешний, земной, живой, живущий.

И в глазах его нет злобы, даже на то, что его семью голодной оставили, а есть желание найти выход и выкрутиться. Он не знает выхода, но знает и всегда уверен, что он есть. Результативно, наперед знает.

Мы все играем в политику, хотим одни лозунги заменить другими, ну а дальше, это мы уже потом сделаем.

И никто не удивится, увидев в наших спектаклях еще одно ниспровержение тех же или других, еще оставшихся в живых, лозунгов. Кузькин и его окружение — фигуры нравственного порядка, моральны.

## ■ 8 января 1968

Вчера — длинный, непонятный, запутанный спор-разговор с Можаевым о понимании образа Фомича.

Он ни во что не верит, все знает, его много раз надували. Правды нет, она где-то в лесу заблудилась, или в поле, в грязи застряла.

Если он ни во что не верит, не верит в правду ни райкомовскую, ни в высшую какую-то справедливость, почему он сам действует и живет по справедливости и даже к тому же весело. Почему же после прочтения хочется жить, становится легко на сердце от присутствия в жизни таких людей. Разве может быть симпатичен ни во что не верящий, разве захочется ему подражать и жить по его примеру и т. д., и т. д.

Полдня затратил на разговоры, я выпил 8 бутылок пива, накурился до одури.

Сегодня еду в Ленинград и 4 ночи проведу в «Стреле».

Что он, Кузькин-то, девочка обманутая, что ль, та, что после первого мужика, порвав с ним, поняла, что любви на свете нет.

## ■ 9 января 1968

Ленинград.

Последние объекты «Интервенции». Грустно. «Банк» смотрел — скучно, много всего, и нет ничего. Как-то смонтируется?

## ■ 10 января 1968

На перекладных.

Хочется писать и писать то, главное. Странное дело, я раньше заставлял себя думать о нем, садиться, как неохота и пытаться что-то изобразить. А сейчас — дорваться бы только. Прочитал «Про Таньку» Веня, ему жутко понравилось, поздравлял, хвалил. Жене его понравилось меньше, и все-таки «Старики» они считают «камнем».

Шеф в больнице, ему вырезали грыжу, где он ее нажил? Чего я молол Юле про какую-то царственность ее, про умение прощать и т. д., что со мной делается, как выпью, так такое загибаю, хоть записывай.

Хочется достать Евангелие или Библию. Кажется, станет легче жить.

## ■ 20 января 1968

Наконец-то я дома застряну надолго. Вконец измотался. Сужу по Кузьке, он визжал от радости, кусал хвост, прыгал, скулил — ясно, хозяин отбился от дома совсем и хорошо, как вернулся веселый. Составить план записей, пока греется обед.

1. Три дня, 15-е, 16-е, 17-е, в Ленинграде – съемки, озвучивание, разговоры.

2. Артист без «фотокарточки», хамство метрдотеля — «Вы что, с гор спустились?»

3. Встреча с Квашой в купе и далее.

В общем, у меня много дел по заполнению книжки, «Дневника». Что со мной произошло и в какой форме я? В раздрызганной, в кусочной, в лоскутной — надо собрать и начать работать. «Галилея» последний раз играл гениально. Слава Богу, в семье пока мир. Даже по тому, как пишу сегодня, видно, как я разбросан, рассредоточен, я еще не слился в себя — ртуть на маленькие шарики, они стремятся друг к другу, но пока в разрыв. Так и мои части души где-то еще летают, еще не собрались все министры, сосуд распылен. Ну ничего, ничего — день, два, и я соберу свои капельки в один кувшин. Почему-то нет писем от стариков, молчит Назаров.

Раздаются звонки о запрещении репетиции «Кузькина», «вот те, бабушка, и Юрьев день».

Идет спектакль, а я думаю о чем-то, об Орленеве, о себе, смотрю на артистов, и мало кто нравится — сытые, без бога в душе. Орленев не мог работать во МХАТе, а уж в современном театре и подавно он не прижился бы.

Занимался с Зайчиком вокалом, чисто стал петь и слушаться, не ленился бы — карьеру сделал бы и деньги зарабатывал. Сегодня воскресенье и праздник престольный, теща жарит гуся, пришла т. Лена. Зайчик на пиандросе упражняется. Ничего, все хорошо. Дай Бог всем здоровья и счастья.

Достать Библию и Евангелие — обязательно. Идеей этой живу и питаюсь.

И закурить, и посидеть, и подумать. Идите вы все подальше, не надо мне ничего и никого, кроме Зайчика, со всеми его причудами, капризами и глупостями. Мой Зайчик ужасно похож на Наташу Ростову, с нее Лев писал, что ли?

Поспали, как в «Моссовете». Одно приятное воспоминание о нем, что спали много, когда работал в нем, а Зайчик сидел дома. А иногда глядишь на нашу братву артистическую, в темноте, как собираешься на массовку, и жалко всех, и хорошо от сознания, что и ты с ними один крест несешь. Сейчас выйдем, похохочем фальшиво, спляшем, кто как сумеет, кто затратится и растратится, кто за чужой спиной попрячется, «чужеспинники», как говорил Баратов. Более всего, кажется, он ненавидел это сословие артистов — прощал неумение, неодаренность и т. д., но люто ненавидел артистов, на чужих спинах катающихся, берегущих себя, не тревожащих душу свою, лентяев, червей-паразитов.

Жаль, что я застал его (вернее, наш курс), уже уставшим, понесшим тяжелые утраты на театре, то ли в связи со старостью и творческой импотенцией, что вряд ли, очевидно, на всем его последнем периоде отразилась деятельность Хрущева по разрушению культа Сталина, при котором Баратову жилось вольготно, но в чем он мог быть виноват, ставил русские оперы, занимался искусством, далеким от политических авантюр.

### ■ 25 января 1968

Поездки в Ленинград выбивают из седла привычности. По разноперости записей, по неорганизованности мыслей, можно составить понятие, как, и чем, и почему поездки эти действуют на психику.

Вышел шеф. Еще некрепок. Репетировал славно. Настроение бодрое — у меня. Есть артисты волевые, есть малодушные. И те и другие талантливы и т. д., но волевые — им легче, они менее сомневающиеся, легче переносящие крики режиссера и критику. Малодушному артисту, как я, например, это очень мешает. Мне надо проделать огромную внутреннюю работу (на которую идет и время, и силы, она ведь, эта работа, продолжается и на репетиции и идет параллельно работе над ролью), работу по удержанию духа, по сопротивлению режиссерскому деспотизму и подчинению твоей воли, актерской, его. Т. е. сохранять независимость и достоинство, не показать, ах, как ты восхищен его работой и он талантливее тебя: нет, репетицию надо строить так, чтобы доказать, но не на словах (что у режиссера получится лучше, он имеет право говорить, а актер только делать), а на деле, что ты главный, ты талантливее его и самого автора, и партнеров, и черта с рогами.

Актер имеет право быть бездарным, но со всеми вместе, и во всяком случае если режиссер деспот — то шиш ему с маслом, дать ему свою голову на съедение, ни в коем разе не дать парализовать свою волю. А режиссер, если бы не дурак и не делал бы этого, а наоборот, как говорят, растворился бы в актере, конечно, не до такой степени, чтоб и костей не собрать.

Появилась тенденция к пополнению, пока еще не заметная для постороннего глаза, сажусь на диету, только теперь вегетарианская пища, и режим, и упражнения. Эта «Ленинградская симфония» внесла бессистемность и чепуховину.

### ■ 26 января 1968

Вчера Высоцкому исполнилось 30 лет. Удивительный мужик, влюблен в него, как баба. С полным комплексом самых противоречивых качеств. На каждом перекрестке говорю о нем, рассказываю, объясняю некоторым, почему и как они ошибаются в суждениях о нем.

Сегодня, кажется, если ничего не случится, начну «Запахи», тьфу ты черт, там висит объявление о собрании профсоюзном. Все какие-нибудь собрания, вечно за что-то боремся, куда-то идем.

## ■ 27 января 1968

Развязал Высоцкий. Плачет Люська. Венька волнуется за свою совесть. Он был при этом, когда развязал В. После «Антимиров» угощает шампанским.

Как хотелось вести себя:

Что ты делаешь, идиот. А вы что, прихлебатели, смотрите.

Жена плачет.

Выхватить бутылки и вылить все в раковину, выбить из рук стаканы и двум-трем по роже дать. Нет, не могу, не хватает чего-то, главного во мне не хватает всегда.

У него появилась философия, что он стал стяжателем, жадным, стал хуже писать и т. д. — Кто это внушил ему, какая сволочь, что он переродился, как бросил пить.

Любшин ходит по театру, Славина шушукается с ним, противно что-то скрывают или кажется. А вообще, наорать на всех. Был бы Зайчик здоров и деньги бы водились...

Зайчик с Кузькой спят. Теща — в магазин за звонком, я — за стол. Выпью кофе и покурю... и подумаю над «Запахами».

## ■ 29 января 1968

Идите вы все подальше. Вы меня будете учить, как мужиков играть. Не нравится — терпите и кочумайте. Другого артиста у вас пока нет. Будет другой — будь любезен, а пока я, вот так.

«Запрягай» — то есть бери такси. Вот бы отпраздновать пятилетие в Кусковском дворце графа Шереметева, в музее.

## 1 февраля 1968

Отошел последнее время от дневника. Все пытаюсь себя заставить писать что-то художественное, быть может, даже для денег, но пока не получается.

Запил Высоцкий, это трагедия, надо видеть, во что превратился этот подтянутый и почти всегда бодрый артист. Не идет в больницу, очевидно, напуган, первый раз он лежал в буйном отделении и насмотрелся. А пока он сам не захочет или не доведет себя до белой горячки, когда его можно будет связать бригадой коновалов, его не положат.

Как ни крутись, ни вертись, годы идут — где под тридцать, там и под сорок недалеко, а с нашей работой на износ, это, считай, пятьдесят, вот и жизнь прошла, считай.

Обед. Весной запахло, что ли? Снег кашей вязнет. Размягчение и в природе, и в теле. Тело ломит, мозг в жидком состоянии. Какую-то систему надо придумывать. Нельзя бросаться во все стороны и за тремя зайцами, и надо завязывать с куревом, поменьше кофе и алкоголя, рассчитывать силы и время. С допингами пора кончать. Пора научиться работать без них, пора волю свою натренировать, чтоб работать, так не болтаться, а коль не работать, так отдыхать с толком.

Ведь не бесполезно же я живу. Будем говорить грубо, прямо: приношу же я радость людям — приношу, я выслушиваю часто от людей разных комплименты удивительные. Люди покупают билеты с учетом и просьбой, чтоб играл непременно я. Да я и сам вижу — я желанен, я нужен, зал благодарен мне! Значит, годы не зря идут, не зря я поддерживаю огонь внутри и держу тело на стреме. Я работаю на своей борозде. Конечно, как всякий человек, я не лишен корысти и втайне, может быть, считаю, что отдаю больше, чем получаю, что до сих пор не продают меня в каждом киоске, что не достаточно внимательна ко мне критика и до сих пор по телевидению не транслировали мой творческий вечер, что я мало раздаю автографов, что меня редко зовут в кино и т. д. и т. п. Если бы даже это все было, а дальше? Что дальше? Я уверен, многое сбудется, но я от этого лучше не стану и цена мне будет та же, если не меньше.

Видел Плисецкую. 15 рублей на Большой театр. Зарплата: и долги раздавать нечем.

4 часа, может быть, отдохнуть часок, надо или не надо? Каждый день решаю этот вопрос. Разврат это или нет. Но ведь надо отдохнуть, чтоб играть лучше, значит, надо. А нужно ли?

Толстой убежден, что искусство вообще должно быть доступно и понятно народу, потому что его и назначение — разъяснить, что именно не понятно, — думаю, что не так, но актерское-то наше ремесло не может быть не понятно, если оно не воздействует на чувства окружающих, какая уж тут загадка, актерское искусство, как никакое, дитя времени и его вкусов, мы можем менять формы, воспитывать ухо, глаз — но если при этом мы пользуемся средствами, пока не доступными или нам кажется так, то какое же непонимание? — плохо и все. Приемы выражения эмоций, которые и воздействуют, стареют, но сама эмоция, коль она есть, нет, не стареет и все равно воздействует, а иногда и нет. Это вопрос сложный. Актерское искусство подвержено гибели, как никакое, ничего не остается. Умирает лебедь, и никакие описания, пленки, ничто не заменит его и не восполнит. Актер — это сосуд животворящий, который сам по себе ценность и произведение искусства, его надо видеть живого, жи-во-го. Потому что он — я.

Месяц народился, и я его увидел в окне с правой руки, а к счастью, говорят, надо видеть с левой.

А то, что пока не выполняются планы, ну что поделать, в конце концов, мое главное дело — играть, и играть хорошо. Разве я не делаю этого по мере сил и таланта? И с писанием как-нибудь управимся. Не боги же горшки обжигают.

## ■ 2 февраля 1968

Нет друзей в театре. Венька и Вовка достаточно заняты своей карьерой и семьей, как и я — не хуже, не лучше, и хоть мы считаемся друзьями и поддерживаем друг друга порукой, но дальше этого не идет. В друге надо растворяться и отдаваться ему, как женщина, вся целиком и без остатка. Одиноко, очень одиноко, оттого бросаешься туда, сюда, то одно думаешь, то другое. Хорошо, как-то наладилось в семье, Зайчик работает и ласков со мной, может, к буре. Зыбкость положения. Вчера собрание было, ну, маразм, уникальное собрание, кто бы со стороны посмотрел. Записать бы его, конечно, но уж надоело — вариации на ту же тему, но с другими нюансами.

Хаос в мыслях и дрожь в руках. Одно ясно: ни в коем случае не приспосабливаться, идти своей дорогой, делать дело свое, предназначенное только тебе дело.

## ■ 3 февраля 1968

Высоцкого возят на спектакли из больницы. Ему передали обо мне, что я сказал: «Из всего этого мне одно противно, что из-за него я должен играть с больной ногой». Вот сволочи-прилипалы, бляди-проститутки.

Послал Плисецкой телеграмму: «Огромное спасибо за ваш гений. Ура. Золотухин-Таганский». Может, не нужно было. Ну и шобла собирается на балет. Педерасты, проститутки, онанисты — вся извращенная сволочь, высший свет.

### ■ 5 февраля 1968

Написал «Про целину и импровизацию». Для печати писал, что не годится. Ну хоть с плеч долой, не висит. Перепечатаю, отнесу, не возьмут — черт с ними.

З а й ч и к: – Я теперь учусь в глаза смотреть людям, как разговариваю, а то я всегда мимо человека смотрела.

Сегодня пойдем на «Ивана Грозного».

Полока сегодня показывает материал дирекции. Господи, сохрани его и помилуй, и нас вместе с ним.

### ■ 9 февраля 1968

Снова перемешалось все кругом. Отец родимый, не выдай. Спаси и помилуй. Жить надо как-то. Будем жить. Не ожидал такого поворота. Уснуть и не проснуться, не видеть никого.

Р о м а н о в с к и й: – Ты изо дня в день, изо дня в день упорно производишь литературную макулатуру. Для чего, что ты хочешь сказать? Зачем?! Возьми Толстого...

Может быть, он и прав. Я уже думаю о себе по привычке, что я могу что-то, что-то есть мне сказать, что будто бы и право мне кто-то дал на писание.

Пятого февраля смотрел «Ивана Грозного» в ЦТСА с Поповым. Нет артистов, 20 человек на сцене – и среди них один Попов. Актер он замечательный, но чего-то не хватает, чтобы сказать: «Ах!» Он играет по точной форме талантливого, современного актера, все ходы и приспособления можно предугадать — нет неожиданного, поражающего, может быть, и темперамента не хватает ,— личность Грозного не встает, есть играющий его худо-бедно Попов.

Неужели пришла пора, пронеси, Господи, отведи свою карающую руку. Я, твой раб, на коленях молю тебя о снисхождении.

## ■ 10 февраля 1968

Репетиция с Глаголиным. Завтра отправлюсь в Питер. На досъемки. Дамоклов меч висит. Некоторые слабые распоряжения о праздновании годовщины. Закат догорает. День удлиняется, а мои дни могут быть сочтены. Отец родной, не оставь.

С мечтой о Третьем царстве еще не покончено, и не будет. Отпразднуем свадьбу и возьмусь за Кузькина, что пух будет лететь. До премьеры ни грамма, заниматься, клянусь тебе, Павел, я буду достоин твоего имени.

## ■ 19 февраля 1968

Ну, наконец все, слава Богу, позади. Пятилетие* шикарное. Романовский не выщержал тональности Высоцкого. В каждой компании свой Соленый, а у нас их было три, как и три гуся.

А вчера ездили в деревню с Можаевым, Глаголиным и компанией. Напились спирта, Машка прям неразведенного, чем убила Можаева. Мироныч записывал воробьев, тетю Грушу, жеребца, деревенские звуки. На конюшне видели двух Кузькиных — и вообще, все было прекрасно. Можаев пел, и я пел. Потом поехали к нему домой с мастером Боровским**. Можаев подарил мне палку, а фотографию я унес против его воли.

Зайчик бренькает, и грустно отчего-то, вроде бы и репетиция была неплохой.

Славиной хвалили меня в Ленинграде, будто бы я первым номером в «Интервенции». Очень хочется быть пер-

* Пять лет брака В. Золотухина и Н. Шацкой.

** Давид Боровский — сценограф, главный художник Театра на Таганке. Начиная со спектакля «Живой» (1968), Ю.Любимов за единичными исключениями работает только с этим художником.

вым номером, почему бы и нет? Наконец посмотрел «Аптеку», я выиграл ее, а я ведь загадывал — выиграю «Аптеку», выиграю Женьку. Бог даст, в самом деле так случится.

Читал Высоцкому свои писания в «Стреле». Ему нравится.

Ты из нас больше имеешь право писать. — он имел в виду себя и Веньку.

Скучно. Тоскливо.

Что делать мне, как хочется иметь Евангелие, где-то надо взять денег на Ленинград.

### ■ 20 февраля 1968

Пять минут посидеть, покурить, подумать. Надо ли ехать в Ленинград за Евангелием? Надо. Надо подумать о репетиции и вообще о жизни. Перед уходом на работу в город надо обязательно собраться с мыслями. Главное сейчас — не суетиться. Потихонечку, полегонечку в путь пуститься и не расплескаться.

### ■ 22 февраля 1968

На дуэль надо идти убивать и нечего жмуриться, работать надо. Посмотрим, Павел, синяя птица еще в моих руках.

Обед. Сон. Репетиция. Не получается про «корову» — хоть режь меня, разумеется, про «сомов» тоже не выходит. Очень трудно просто архитрудно, никогда не подозревал, что Кузькин — из меня человек, будет убегать от меня, показывать язык. Ну ничего. Поживем — увидим. Главное — распределиться спокойно, сообразить дыры, переходы. Думаю, что заиграю в конце концов. Отец родной, помоги мне в ентом деле. Теперь до премьеры, до банкета — ни грамма, и заниматься, отдыхать и т. д.

**■ 24 февраля 1968**

Я чувствую, как он (Фомич) зреет, и пусть у меня иногда бывает отчаянное настроение, победа будет за нами. Все будет, как надо, все будет, как у людей... А потом, нельзя кончать на этом жизнь, думать, что кончится — вперед, и еще очень и очень много неожиданностей, работ, и как знать, где найдешь, где потеряешь, — поэтому легче — работать, вкалывать, но легче, без потуги — вперед, на линию огня.

**■ 25 февраля 1968**

Все идет как надо. Отделился от жены. Перехожу на хозрасчет. Буду сам себя кормить, чтоб не зависеть ни от чьего бзика. Теща отделилась по своей воле. А мне надоела временная жена, на один день. Я сам себе буду и жена, и мать, и кум, и сват. И идите вы все подальше. Не буду приезжать на обед, буду кормиться на стороне и отдыхать между репетициями и спектаклями в театре. Высоцкий смеется: «Чему ты расстраиваешься. У меня все пять лет так. Ни обеда, ни чистого белья, ни стираных носков, Господи, плюнь на все и скажи мне. Я поведу тебя в Русскую кухню: блины, пельмени и пр.» И в самом деле. И ведь повез!!

Венька: – У тебя сейчас прекрасное время, ты затаился — ждешь премьеры «Интервенции», и Кузькин на подходе. Я завидую тебе.

Со стороны, должно быть, так и есть. А у самого — тревога, не известно, что станет с «Интервенцией», выкинут половину в корзину, и Женька окажется ублюдком, это раз. А «Кузькин» «Живой» у меня в ассоциации с «живым трупом». Но Кузькин еще в моих руках, за него еще подеремся, а Женька в руках чиновников. Курить или не курить? Вот в чем вопрос.

Солнце. Оно еще не лезет в окно, не мешает, но противоположный дом белый и отражает его. Конец февраля... Еще зима, но уже весна. Скоро будет год, как мы на этой квартире. Это уже история, прошлое 15 марта мы ночевали с Зайчиком первый раз и поссорились. Или ссорились уже 16-го? Уже забыл. Сидели на кухне, пили портвейн, а сидели на чемоданах, говорили, спорили и в конце — поругались И вот год, целый год, маленький и огромный. В этом же году был и Мухин, и «Интервенция», и Одесса, и Санжейка и море, и первый Ленинград и он же второй, и встреча с Толубеевым, и с Орленевым, и начало «Живого», и мебель, и приезд отца с матерью в новую квартиру, и премьера «Послушайте», и рассказы «Чайников», «Целина», «Три рассказа Таньки».

Сейчас ничего не пишу и не читаю, почему-то думаю, что «Живому» легче от этого будет. Может быть, и так, а может быть, и наоборот, нужно отвлекаться и делать что-то другое, потом и «Живой» будет интенсивнее. Системы у меня в этом никакой.

М о ж а е в (пьяный): – Тетя Маша, я представляю вам лучшего актера Москвы. – Он пьяный так говорил, а я трезвый о себе так думаю.

Л ю б и м о в: – Ты же сам из деревни и тоже жлоб хороший. — По-моему, он ошибся в эпитете.

Потренькаю на балалайке. Первое, что хотел сделать, как будет квартира — оборудовать свое рабочее место, первое, что хотел купить — письменный стол или секретер. Год прошел — ничего нет. Место я оборудовал. Сколотил стол на куриных ножках, постелил сверху фанеру, занавесил его скатертью – и готов. Стоит. Служит. А я пишу. Зайчик сдуру подрезал ему ножки, пришлось сунуть под них кофейные банки. Все-таки закурил — сигару.

Подумал о том, что надо привести в порядок старые записные книжки, где писано карандашом, неразборчиво и т. д.

## ■ 26 февраля 1968

А вечером шеф рассказывал о поездке на Брехтовские торжества. Зайчик ничего не потерял оттого, что не поехал. Шеф не спец рассказывать. Он не умеет видеть, он глазеет, то есть воспринимает, что привычно глазу, понятно, а остальное, самое интересное, которое подчас кроется в малюсенькой детальке, интонации, штрихе, — недоступно ему. И рассказывать он не мастер. В общем, я понял, что ответственное это дело — аудитория — толпа, с ней надо, ох, как уметь обращаться, чтоб не заискивать перед ней и потому не выглядеть жалким. Нельзя выходить и надеяться на свое обычное обаяние, везение, там, мол, на месте, по ходу соображу, а толпа, своим дыханием, прожорливым глазом, сбивает с привычной интонации, ей, будь любезен, подавай новое. А он только и занимался, что в который раз агитировал нас заниматься голосом, пластикой, дикцией, тянуть сквозное и т. д. Это прекрасное стремление сделать из нас мастеров, но это мы слышим на каждой репетиции, а хотелось бы услышать от шефа нечто новое, художественное, интересно подмеченное и предложенное нам, а то получается треп и показуха. Вообще, шеф заражен показухой еще в утробе матери.

Это я неправильно себя вел, когда капризничал, говорил, что, мол, поглядите, как я устал, как меня загоняли, пожалейте меня, создайте мне условия для отдыха и т д.

Это не талантливо, это занудство, это не по-моцартовски. Никому нет дела до моих переживаний и настроений, да и самому мне это очень мешает, я и впрямь чувствую, что устал смертельно и на себя нагоняю тоску и на окружающих выливаю желчь. Нет, я не устаю. Это чепуха. Что это такое? Подумаешь, пять часов потрепаться со сцены, с перекурами, да и кое-где сидеть, а потом ведь, стыдно сказать, ведь на себя работаешь, синяя птица в твоих руках, чего же ты еще канючишь, работай веселей – и точка. Тоже мне, подпольный гений.

Наше искусство актерское — искусство исполнительское, неоригинальное. Поэтому нельзя сказать, что оно непонятно бывает — непонятно может быть искусство оригинальное. Например, первая симфония Шостаковича. Оно может быть непонятно само на неподготовленное ухо, а не трактовка его дирижером и оркестром.

Продолжить.

Можно быть, и очень часто, нераскрытым актером, т. е. непонятым не захотевшим с ним почему-либо работать режиссером, мало ли какие внешние и внутренние причины могут быть тормозом для актерского выявления. Даже отличная роль у хорошего актера может не получиться, но это неудавшаяся роль, и глупо говорить: меня не поняли. Пианист играет концерт. Вкладывает свой смысл, трактует, так называемо. И не находит отклика у аудитории. Значит, его видение, трактовка, настолько чудно, что стало недействительным, неинтересным для другого.

Это я правильно сделал, что не устаю. Воистину, хочешь быть счастливым — будь им. Так и я. И действительно, целый день мотался, репетировал, играл большой спектакль – и чувствую себя бодро, свежо, хоть начинай по второму заходу. А может быть, это оттого, что я пью несколько дней витамины польские и неделю не пью водки и пр. А может, оттого, что Кузькин проярыщивается, по крайней мере так кажется, а может быть, это то бодрое настроение, когда идешь ко дну? Все может быть и ничего.

Ветер за окном. Обаятельно. Зайчик стелет постель и чешется после ванной, проклинает мыло.

## ■ 27 февраля 1968

Заметил. Когда человек попадает в беду — он становится более христианином. Он добрый, с уважением и снисхождением и ожиданием каким-то слушает других и сам становится более открытым и откровенным. Ближние уже не кажутся стадом, а той семьей, в которой он находит утешение и врачевание своей раны. Исчезает куда-то высокомерие, надменность — он становится проще, обычнее и чище.

И опять истина: страдания очищают.

Какую ответственность я взвалил на себя, взявшись за Кузькина. Но что произошло со мной? Я всю жизнь о себе думал, как об исполнителе самых главных ролей, самых лучших ролей. Я к этому готовился в утробе матери и, приехав в Москву, думал, что на другой же день получу приглашение в Малый, почему-то, театр, играть Хлестакова. Но прошло время — 10 лет. Из них 5 лет театра, я наконец получил ту главную роль, которая должна была явиться ко мне на следующий день по приезде — и я сробел, я посчитал ее как чудо, как манну небесную, а такой шаг со стороны начальства — чуть ли не благодетельством. Откуда такая зависимость? Самое ужасное, что внешне обстоит не так. Мне завидуют, я играю лучшие роли, я получаю самую большую зарплату, театр дал мне квартиру, в кино я играю не часто, но самые главные роли, и тем не менее я несвободный человек, я почему-то считаю себя обязанным кому-то за то, что мне все это дали.

Я по-другому и не мыслил свое существование, более того, мне и сейчас кажется всего этого мало, поздно и не по таланту. Многим везет гораздо больше, и они берут это как свое, кровное, законное, а я улыбаюсь на каждый шаг благоденствия и считаю себя в долгу, вроде бы мне выдали это все авансом, я то ведь не считаю и не считал никогда, отчего же у меня появилось внутри это холуйское благодарение, и, опять же, внешне это выглядит иначе. Я держусь петухом, острю в сторону ветра, назло нагло отвечаю и вообще показываю всем видом — идите вы все подальше — и в то же время понимаю, что это идет как маска, как броня, на самом деле я не такой, это я хочу быть таким, это я защищаю свой суверенитет, свое достоинство. Вперед, к победе!

Сейчас без пяти пять. Зайчик прикорнул после обеда, я взял за правило не спать днем, больше и чаще гулять с Кузькой, вставать в 8 и т. д. Какой-то намек на режим. Это ерунда, что я уставал там и пр. Это самовнушение и распущенность.

Кофе. Холодная вода. Зарядка — только в обратном порядке.

Пять минут до выхода. Спокойно пью кофе. Зайчик шуршит бумажками. Собирается.

### ■ 28 февраля 1968

Сегодня более ответственный день. Впервые подряд назначено 6 картин. Вроде некоторого прицелочного прогона. Поэтому трепещу с вечера. Но ведь не боги горшки обжигают. Помолясь, перекрестясь — понеслась.

Ш е ф: — Сегодня репетиция была отвратительной и по центральным исполнителям, и по... — Ну, остальные меня постольку-поскольку, с собой бы разобраться.

Кузька чувствует, что у меня нелады с Кузькиным — ласкается, успокаивает. Ах, Кузенька-кузюзенька, если б твои лизанья-ласканья помогли. Тяжко, ну ничего. Сейчас заварим кофейку черного без сахара (не купил, денег нет), горького, покурим сигару, поразвратничаем, переведем т. е. дух — и на штурм крепости «Живой». А не штурмом, так длительной осадой возьмем.

Ну вот и поразвратничал: и свечку пожег, и сигарой попыхтел, и погрустил, и вспомнил кой-кого, в общем, дух перевел, аж башка затрещала.

Зайчик меня успокаивает: «Все гениально, все очень хорошо, не унывай, Зайчик». Я и не унываю, я знаю, что все получится.

А что, если в Можаевской палке удача зарыта? Сейчас обрежу ее, окрещу и буду таскать с собой повсюду, пусть помогает, нечего ей без дела в углу стоять.

Ну ладно, поскакал в театр, на «очень ответственный спектакль».

## ■ 29 февраля 1968

Сегодня день рождения Касьяна. Високосный год. Говорят, в этот день надо ублажать Касьяна, а как? Пить или не пить, веселиться или грустить, причин и для того и для другого сколько угодно.

Я теперь встаю в 8 часов. Ложусь не позднее 12 и днем не сплю. 8 часов нормального сна, вполне достаточно для здорового (тьфу, тьфу, тьфу) мужчины, каковым я себя себе представляю.

Настроение в доме по-прежнему вздорное. Это самая затяжная ссора, насколько мне помнится за 5 лет. Но оно и понятно, на маленьком жизненном пространстве невозможно было долго не общаться, не мириться, когда все время задеваешь друг о друга и взрываешься чаще и гасишь быстрее — пространство вынуждает. А теперь, когда можно не видеть друг друга, разбежавшись в разные стороны — сама необходимость в перемирии отпала.

Обед... Наводил порядок на своем столе самодельном.

Хоть я и ерепенюсь — гений, талант, а поджилки трясутся, как вспомню про Кузькина. Многое не получается, а ведь потом, если Бог даст, он выйдет — играть надо. А вдруг зрителю не понравится, вдруг развалится через два месяца и вдруг — это то же, что «Герой»; и всякие разные глупости в голову лезут.

Но... ответственный спектакль — Высоцкого не отпустили, ему пришлось сдать билет на самолет, зачеркнули в явочном листке Васильева — написали Высоцкого... первый состав... а мне никто ничего не говорит, что же, выходит, будет петь Сева «Пьеро»? Чего, вроде бы особенного, ну раз выписан артист — пусть работает, а все ж таки кошки скребут... «Почему? Ведь я — первый, я лучший? Или не лучший, или интриги?» Господи, из-за муры, я чуть было не расстроился, если не уже, закурил даже, бодрюсь и вдруг завгруппой подходит: «Вы должны петь Пьеро, вы первый состав, я сейчас Севе скажу». И все стало на свои места, справедливость (моя, эгоистическая) восстановлена, я радуюсь. А ведь какой только бред не пришел в голову, пока я ждал, когда же, когда же ко мне подойдут и попросят? Да... пять лет я в театре, а театральную дипломатию постичь не могу, хотя держу ухо и глаз востро. Самая лучшая дипломатия: честность, скромность, доброта.

Вечер. 23 часа 15 минут. Зиме еще торжествовать 45 минут. Завтра мы проснемся уже в весне, в официальной весне. Уже можно сказать — перезимовали. Даст Бог — доживем до лета. 4 года назад был високосный. Что же это было? 1964 год. Я работал в «Моссовете». Зайчик не работал. Жил, как в темнице. Мы встречали его с большими надеждами, и он принес нам работу на Таганке, а мне — премьеру «Героя нашего времени». Касьян был благосклонен к нам. Будем надеяться, что он не переменил к нам своего отношения.

## ■ 1 марта 1968

Вот и весна. Медленно падает снег, нельзя даже сказать, что он падает, он опускается на невидимых парашютах, сползает. И не по прямой снежинки двигаются, а кому как вздумается, некоторые даже, кажется, пытаются уйти туда, откуда пришли, они, дурочки, не знают, что в детство возврата нет. Никому нельзя вернуться в детство (если только свихнуться), и им тоже.

Весна... Вчера была еще зима, а сегодня уже весна. Чудно! Вроде ничего не изменилось, больше того, середина марта может быть холоднее начала февраля, и в то же время, все равно — март — это уже весна, так же, как июнь — лето.

## ■ 2 марта 1968

А сегодня и еще больше припекает — совсем тепло, ручейки расшевеливаются. Читаю «Раковый», оттого некогда писать. Но все же.

Вчера любопытный казус произошел со мной на спектакле, даже по пути домой расхохотался. Я не сплю днем после репетиций и железно в 8 утра встаю. 5 часов репетиции и спектакль. Должен уставать дьявольски, но я вошел в режим и не чувствую усталости, то есть самочувствие, настроение бодрое, уверенное, отличное, только бы играть здорово, но тело голое, физически, в общем, не слушается, не отвечает сигналам мозга. Я подаю дыхание, а голос не звучит, не делает нужного, я делаю рывок — ноги не поспевают за чувством, и я почти падаю. Это смешно, этого никогда со мной не было. Очень часто мешает по-нужному действовать психологический барьер, но не физический. Это как во сне — хочешь крикнуть и почему-то не можешь, и вроде рот раскрываешь, а привычного звука не получается. И при всем при этом я вроде бы готов суетиться всю ночь, прыгать и шуметь — т. е. творить.

Еще я думал вчера о санатории, о том, что я почти ничего не записываю, ничего не записал о своей жизни в нем. Откуда все началось и почему? С того, как я свалился, сломал ногу — туберкулез — мотания по моему устройству — санаторий и т. д.

### ■ 3 марта 1968

Прочитал половину книги Солженицына «Раковый корпус» (вторую пока не достал) и задумался. Здорово написано и о том, что надо сейчас, как говорится, в точку попал. Удивительная свобода, он абсолютно не стеснен собственной цензурой, т. е. какими-то личными надсмотрщиками, которых нам насаживали внутрь с детства... И она не лает, не критикует, не осуждает, не бунтует, не призывает, вообще ничего не навязывает, он пишет, пишет — видит, рассказывает...

Я не говорю о языке, совершенно поразительном: сегодняшнем, остром, неожиданном и вместе с тем удивительно русском, российском, национальном. Нет изощренности, подделки под русскую, простонародную речь — нет, это отличный русский язык, но литературный, каким может и имеет право писать только Солженицын, вернее, имеют право все — но никто не сможет, потому что язык — это не правила арифметики, который каждый может применять по своему желанию, каждый может пользоваться.

Даже иноземный язык можно постичь и сделать родным, но не язык писателя.

Но что-то я отвлекся. Я не об этом хотел сказать. Я отвлекся. Я решил писать о смерти, но не о клиническом нашем состоянии или болевых ощущениях. Нет, а как мы, здоровые, живущие, воспринимаем ее издалека. В данном случае Солженицын ускорил во мне этот процесс, думал же я о ней часто и раньше. Часто Анхель говорил:

— Каждую работу делайте так, как будто это работа последняя... и т. д.

Мысли не новые, но действительно помогающие работать, подхлестывающие, но все равно абстрактные (мы-то знаем, что еще жить и жить нам и еще наворочаем дел кучу), и мы крутимся, вертимся, и вот она приходит и застает всегда врасплох, всегда на пороге гигантского прыжка, как тебе кажется. А что, если ее представить гораздо раньше и тем самым подготовиться к ней и не бояться ее, как потопа.

О чем бы я пожалел больше всего, когда б мне вдруг зачитали смертный приговор? О потерях думает человек, о том, что уже есть и что еще будет, ему кажется (вернее, мне), что чего-то не успел главного, а чего?

Чего я должен успеть, и чего успел, и чего не успел?

Я родился в Великую Отечественную. В самый день ее начала. Война меня не достала в прямом попадании, я был далеко от нее на Алтае, у Христа за пазухой. Война шла себе, отец воевал, в него попало 4 пули, но ни одна не убила — ему повезло, а я себе рос потихоньку, вместе с моими братьями и сестрами, и, быть может, пули пожалели скорее нас, чем отца.

Отец пришел с войны израненный и жестокий. До 41-го года я его не помню, потому что меня еще не было, а когда я стал быть уже на свете и стал соображать и запоминать, я запомнил, что отец был зол и жесток — на кого и почему, я сейчас не знаю и не могу понять, но это было так. Пусть будет — такой характер, спишем все семейные наши беды и побои на характер отца. Когда-нибудь я все-таки попробую объяснить его характер и причины некоторые, но теперь у меня другая задача. Итак, отец пришел с фронта, а я сломал ногу. Упал в детсаде со второго этажа, а может, и не со второго, а ниже, потому что выше не было ничего, и сломал. Сперва хромал, год меня лечили бабки, местные врачи, помню фразу хирурга: «Гипс бы ему сделать, да бинтов нет», так и не сделали гипс, а помню, прикладывали ихтиол, вонь его сохранила моя память до самой вот этой смертной черты, которую я себе сегодня представил. Итак, гипса не было, был послевоенный голод, недоедание, конечно, где-то было еще хуже, но и у Христа за пазухой было не сладко, все запасы были съедены войной, хозяйства разорены, мужики выбиты, бабы вкалывали от темна до темна, но не могли пока накормить даже детей, и у меня случился туберкулез коленного сустава. Коленка моя распухла. Как ее ни парили старухи, как ни перевязывали ниточкой шерстяной (я помню, над моей кроватью на стене висела такая ниточка. Она должна была снять с меня опухоль иль показать, на сколько она увеличилась, и потом уж вешалась другая, уже бóльшая ниточка). Помню: отец идет широко по пыльным улицам Барнаула, я сижу у него на закукорках, держусь, семенит рядом мать и плачет украдкой, отец матерится на нее сквозь зубы и сам темный, как ночной лес. По кабинетам начальства, от секретаря к секретарю, с партбилетом, с разными партийными регалиями и пр., через унижения, взятки и пр., до самого секретаря крайкома со мной на закукорках, с заключением профессора — туберкулез кости, немедленно санаторий — за местом для меня в туберкулезный костный диспансер. И добился. Курорт «Немал».

Карцер. Мать в окне. Оставляет меня одного. Плачет. Я успокаиваю ее. Мне семь лет. Надо учиться начинать. В санатории начинают учить с 8 лет. Мать каким-то животным инстинктом чувствует — зачем мне терять год, уговаривает врачей, учительницу — Марию Трофимовну (кстати, она потом и останавливалась у нее, когда приезжала меня навестить) — он способный, возьмите его. И вот я в первом классе. Учусь писать, читать, слушаю сказки, окна заколочены на зиму и засыпаны опилками, не все, правда, чтобы было тепло. По ночам горит в печи огонь, тени пляшут, мы спим и смотрим за тенями — великое наслаждение смотреть за живыми картинками, когда привязан годами к койке. Я ведь три года был привязан, меньше всех, мой друг был привязан 11 лет — Илюшка Шерлогаев, — я только сейчас, когда написал его фамилию, подумал: должно быть, он был не русский, фамилия не русская, алтайская. Он мне даже писал, когда я выписался, но что мне было уже до него за дело... и я ему писал и посылал рубли... но... мне было 10 лет, и даже письма его я не сохранил, а может быть, их сожгла моя мать, чтобы мне ничего не напоминало о санатории, а я вспоминал, но всегда только хорошо (когда выписался, конечно, когда лежал, я ненавидел его и даже пытался организовать побег).

Мой лечащий врач — Антонина Яковлевна Цветкова, маленькая, худенькая, на высоченных каблуках, строгая и внимательная. Я помню ее руки, пальцы, изучающие мой «футбол», — тонкие, костистые, с длинными пальцами, цепкие — руки скрипача. Я успел в первом классе вступить в пионеры, потому что не было в отряде запевалы, и мне раньше срока повязали галстук, я успел окончить три класса с хорошими отметками, я успел понять, что надо торопиться. Нет, не понять, а почувствовать, мы взрослели раньше обыкновенных здоровых мальчишек, которые, ни о чем не подозревая, гоняли под окнами в футбол и взрывали наше спокойствие.

Три года прошло. Я на костылях. Б. Исток. Четвертый класс. Мы живем на Больничной улице. Далеко до школы. Отец решает — продавать дом и строиться в центре — из-за моей ноги. Поздней осенью мы въехали в новый дом. Я стал заниматься в самодеятельности. Фомин – Степаныч меня заправил тем горючим, которое позволило мне оторваться от земли, о нем особый разговор. Приезжает бродячий цирк — Московский цирк на колесах — им нужен подсадок. Я должен сыграть простой этюд — возмутиться, что в мою фуражку бьют яйца, сыплют опилки, «пекут торт», а потом оказывается, это не моя фуражка, я признаю «ошибку», извиняюсь, ухожу.

Я играю этот этюд, на утро мне сообщает руководитель этого цирка, чтоб я немедленно ехал после школы в Москву, в театральное училище. Участь моя решена. Я начинаю весь десятый класс готовиться. Бросаю костыли, лажу на кольца, на брусья, репетирую, тренирую «Яблочко», матросскую пляску с дублером, в случае, не освою — будет плясать он, — освоил, успех.

Фомин дает задание, во что бы то ни стало сдать на медаль. Сдаю на серебряную. Собираюсь в Москву, но чтобы зря не прокатиться, Тоня советует поступить сначала хоть в музыкальное училище. Беру ложные справки, поступаю в муз. училище и с ходу беру курс на Москву. Поступил в ГИТИС — успех. Вкалываю не за страх — за совесть. Хотя мечтал на второй день быть приглашенным в Малый на Хлестакова, но раз надо учиться сначала, давайте учиться. На пятом году принят в театр и женился — 22 года. Все идет вроде как по писаному, Господь хранит меня, чего мне еще нужно. Ах, вот что, я завидую —

некоторые сверстники мои в кино, успели прославиться, я хочу тоже, а фарт не идет. Даю зарок, что начну только с главной роли. Перехожу из «Моссовета» на Таганку, во-первых, потому что не взяли жену, во-вторых, не сыграл Теркина, а обещали и т. д. В первый же сезон — Грушницкий, «Антимиры», «Десять дней» — я ведущий артист. Я стал артистом наперекор всем мрачным предсказаниям моих некоторых учителей, наперекор самому себе, т. е. я доказал, себе, что я умею драться за свою шкуру, за свою честь. И в кино я начал с главной роли и теперь заканчиваю вторую главную, а в театре репетирую роль, которую может судьба подарить актеру раз в его жизни. Театр дал мне, молодому артисту, двухкомнатную квартиру, высокую, сравнительно, зарплату, я — член худ. совета, у меня красивая жена, мне завидует пол-Москвы. Я купил собаку, мебель, у меня есть все для нормальной жизни. И всего этого, я могу гордо сказать, добился своим трудом. Кроме того, я пишу. Пока в стол. Но кое-что я уже написал, и меня хвалят, пока друзья, но вот и Можаеву понравился Чайников, значит, если идти по пути максимализма, я могу добиться и на этой ниве определенных успехов. И слава, о которой я мечтал в детстве, не так далека, она придет, и приходит, и можно ускорить ее приход. И вот мне 27, пусть немножко лет еще, лермонтовский возраст, и через энное количество часов меня не станет.

О чем я жалею?

Жалею, что потерял след Илюши Шерлогаева, жалею, что очень часто трусил, физически трусил, боялся, что будут бить и будет больно, и меня до сих пор не били ни разу, жалею об этом, жалею, что был невнимателен к отцу-матери и к родне вообще. Более внимателен был к чужим людям, а к своим... что им, они и так свои... Жалею, что унижался иногда, не для дела, не для корысти, а так как-то выходило, что хотел выглядеть жалким... Заискивал иногда, не впрямую и тоже не для выгоды, а выглядеть хотел хорошим, добрым... Чтоб сказали: «Вот, поглядите, талант, а скромный, простой» и т. д. Успел я кое-что и сделать. Многие и того не успели, если задуматься о карьере, а что я должен вообще успеть, для чего я появился в день начала войны, к чему я стремился свои 27 лет? К славе, богатству, к женщинам. Да, я хотел быть знаменитым артистом, играть так, чтобы выворачивать души зрительному залу, кое-что я успел, кое-что не успел, помешала нога, как бы там ни шло, она задержала мой полет, много времени и сил уходило, ушло и уходит на поддержание физической формы, которая, при моей любви к движению, к пластике, можно только мечтать, какая б она была, какие б чудеса я проделывал, если б не моя левая... Но... с другой стороны, она закалила мой характер, она поставила меня с детства в особый ряд обиженных, вздрючила мое самолюбие и тщеславие, и я стал ломать заборы, но доказывать, что я здоров, и я смогу оторваться от земли.

И вот теперь. Мне не жаль той космической славы, которая не пришла ко мне в 27 лет, и после смерти ее тоже не будет, хоть погибни на дуэли, хоть застрелись, мне не жаль, что я не успел сыграть роль, которая приходит раз в жизни, мне не жаль, что я не успел написать «Войну и мир», хотя был уверен, что я и на это способен, мне не жаль, что у меня было мало женщин, мне не жаль, что я не был в диковинных странах, нет ничего, о чем бы я пожалел, оставляя землю, кроме одного. Мне жаль, что в 27 лет у меня нет того, кто мог бы назвать меня папой. Мне жаль, что в воскресенье, когда все отцы выходят с наследством в колясках или за руку — я веду на поводке Кузю. Кузя прелестный пес, но он не принесет на мою могилу охапку ромашек. Я никого не виню в этом. Кого можно винить в этом теперь, кроме себя, я просто прожил зря 27 лет, я прожил их пустоцветом. Умрут родители, братья, сестры, жена, и некому будет сказать, что вот, жил на земле такой мужчина, даже племянники мои не будут помнить, как я не помню и не знаю своих дядек. Теток, которые жили рядом, еще знаю и помню, а те, что подальше, — Аксинья, к примеру, только сейчас помянул, вспомнил, быть может, она жива, чуть именем не ошибся. Вот о чем я жалею, вот чего я не успел. И больше всего на свете мне хочется теперь этого.

Завтра снова бой за Кузькина, снова и снова. Лучшие мои роли лучшие артисты сыграли до 30! Бог мне поможет, и я это сделаю.

### ■ 4 марта 1968

Эти дни я как-то успокоился от Кузькина. Отвлекся на «Раковый корпус», сейчас читаю письма Солженицына. Нельзя, конечно, погрязать по уши во что-то одно. Толку никакого. Надо вкалывать на репетиции на 100%, а то на репетиции шаляй-валяй, а дома мучаешься, а все из-за того, что репетиция не организована, творческая атмосфера не налажена, идет какое-то выжимание, выуживание, к репетиции не готовятся ни режиссеры, ни актеры и идет взаимное прощупывание и обиды. Мне кажется, режиссер мне не помогает, а иногда, и чаще всего, мешает, режиссеру кажется — я ни хрена не делаю, так друг перед другом и соревнуемся в безделье.

Что произошло с Глаголиным? Он ничего не предлагает, сидит с текстом в зале и поправляет по мелочам. — «В тексте нет этого — “чего”. Я понимаю, засорять текст отсебятинами нельзя, но это можно спокойно поправить, когда остановится артист, а не перебивать его, да еще в такой категорической форме. Что случилось с ним? Неужели он не понимает, как он выглядит в глазах артистов? Нет никого беспардоннее, надменнее и неблагороднее личностей в театре, как неудавшиеся артисты, перешедшие на руководящие должности. Они, как правило, очень хорошо знают все уязвимые места актерской братии, да чего там особенно знать, когда все эти места ничем почти не прикрытые, и пользуются этим жестоко и унизительно всегда для актерской шайки. Может быть, пережив от других в свое время унижения и оскорбления, испытав всю горечь морального поражения и вынужденные при этом молчать, — теперь, когда они получили возможность делать то же самое, т. е. втаптывать в грязь достоинство других, — они пользуются этим всласть и со злорадством. Дескать, меня били, получайте и вы. Кроме жалости и отвращения, у меня такие люди не вызывают ничего. Борис – хороший парень, зачем ему нужно так себя вести, чтоб поддерживать авторитет — не мытьем, так катаньем, — зачем ему вообще держаться за «юбку Любимова», когда можно работать где-то самостоятельно, и честно, и достойно.

— Валерий! Почему ты так вокально поешь, громко... ты сразу делаешься молодым.

— А ты думаешь, если я буду хрипеть — я стану старше?

— Ну, извини меня, пой, как знаешь.

— А ты думал, я буду петь, как ты мне посоветуешь?

— Да ничего я не думал.

— Тогда нечего и извиняться.

Последняя страница. Как мне назвать эту книжку, чтоб вскрыть суть ее, основную тональность, главное содержание. Наверное так: «Книга тревог». Больше всего в ней о тревогах, и вся она тревожная, гудящая какими-то предчувствиями, ожиданиями чего-то важного для меня. Схоронился где-то в роликах мой Женька — тревожно, не родился бы ублюдком, репетируется Фомич — просто страшно, и с ногой, и в семье тревожно. Ничего. Жить можно, жаловаться тоже грех. И в этой книжке есть кой-какие мыслишки, не все свои, не все нужные, ну так ведь и опыт предшествующих поколений нужно использовать. Очень мало диалогов записано, все какие-то раздумья, размышления. «Книга тревог», тревожная метель, карусель. Два месяца ей от роду. 5 страниц мелким почерком. Аминь. 4 марта 23.34. Почти полночь.

### ■ 5 марта 1968

В это весеннее птичье утро, в мое счастливое число «5», в эти десять минут, оставшиеся до ухода в театр, мне хочется начать, хоть тремя строчками, эту необычную для меня — КНИГУ ВЕСНЫ.

Необычную потому, что это обычная толстая школьная тетрадь, до этого были просто записные, разноцветные книжки, а теперь — ГРОССБУХ, а весенняя, потому что она начинается весной, и у меня отличное настроение. А раз так, значит, и само собой первое условие — поменьше, если нельзя исключить совсем, мрачных, тоскливых, хандровых настроений, что бы ни случилось — да здравствует юмор, Весна и Моцарт!

Безобразная репетиция, начиная с главного исполнителя... и т. д.

Шеф не цепляется за артистов — он навязывает свое, далеко не лучшее, на что способен артист. На все было бы наплевать, если бы не моя постоянная тревога и досада потом, что работаешь ниже своих же собственных возможностей, гораздо ниже. Эх, если бы режиссера, умеющего работать с артистами, увидеть индивидуальное в нем, — как можно было бы играть!! Потому что чувствую в себе силы необъятные.

Но... к черту нытье... победа будет за мной — я в этом не сомневаюсь, вот и Димка сегодня подошел взволнованный, чуть ли не со слезами, подсел и говорит:

— Не обращай на него внимания, он часто ерунду порет, а ты работаешь прекрасно, и это будет и для тебя, и для всех «бум».

Что он это, от плохого? Кто его за язык тянул или он хочет усыпить мою бдительность? Чепуха. Солнце светит, весна, давай заведем Моцарта, и пусть все беды и печали отвалятся, как засохшие болячки.

Я себе определил какое-то условие: если я сам буду удовлетворен своей работой в Кузькине — так всегда бывает по прошествии нескольких спектаклей, даже когда сильно хвалят, ты сам бываешь неудовлетворен, недоволен собой и, наоборот, ругают, а тебе смешно, ты знаешь цену своей работе, так вот, если я буду удовлетворен сам, — в Литературный институт поступать не буду, если нет — буду поступать. И другое: сам собой я могу быть и доволен, но спектакль не прозвучит на должной высоте, какой толк в моем довольстве — буду пробиваться в писатели. Для меня сейчас время ИКС в каком смысле: начиная с института (ГИТИСа) я занимаюсь упорно, можно и еще гораздо упорнее, но мне везло, мне шла карта, я работал в институте, и в двух театрах на главных ролях, и меня хвалили, и в кино тоже фартило в общем. Значит, у меня была полная возможность раскрыться и испытать силы и талант: и вот сейчас у меня в руках козыри, и если я проиграю с ними — то грош мне цена в базарный день. У меня есть дыра для отступления — не вся игра зависит от меня.

Максимализм в творчестве, я был всегда сторонник этого начала. Сейчас кривая ползет неумолимо вверх, к отметке «макс», если не произойдет разрядка, взрыв — надо менять профессию, либо начать все сначала, что невозможно, потому организм стареет, запас энтузиазма исчерпывается, и просто не хватит физической энергии, чтобы начать по новой. Потеряно время, клетки постарели, если они сейчас не обновятся огромным творческим разрядом, они отомрут навсегда. Время потеряно и для литературы, но есть зацепка, что еще не известен запас таланта, одно подозрение, что много, а на самом деле может оказаться «пшик», но пока не узнано его количество — можно спокойно работать и пытать его. Да и нога меня может осадить в любой момент. Так что, пока не поздно, надо готовить хорошие тылы, а то грянет беда — и намытаришься. Делать я ничего не умею, кроме этого, идти в режиссеры — так собачиться с артистами, как шеф, это же Бога позабыть, а иначе, наверное, ничего не сделаешь. Да почему не сделаешь, он же на каждом перекрестке кричит, что никакая цель не оправдывает средства: «Попробуйте для доброго найти к хорошему хорошие пути», — а сам что делает. Унизить человека в его положении...

Отсюда Эрго. Надо на черный день себе определить занятие по душе и потому, не теряя времени, готовиться для поступления в лит. институт.

### ■ 6 марта 1968

С утра бегал по редакциям. Не бегал — ходил, именно ходил, не торопясь, не суетясь, размеренным шагом км 8 прошел, две редакции нашел. В «Лит. газете» оставил «Стариков» и «Иван, поляк и карьера», только второй. Отчего, не знаю, нехорошее предчувствие — что-нибудь где-нибудь да напечатают.

Мы с Зайчиком отделились от тещи, сидим на хозрасчете, оттого и жрать нечего. Но меня это не беспокоит. Великий пост, так что попоститься — это только к лучшему. Очистить тело от всякой дряни.

Но вот что от родителей уж два с лишним месяца никаких известий — это меня волнует.

Прочитал книжку Солоухина «Письма из Русского музея». Любопытная книжка, отрадно, что кто-то может иметь свои мысли, свое собственное мнение, довольно резкое и непривычное, и что мнение может быть напечатано. Книжка благородная, страстная, очень и очень приятная.

«Террор среды» — об этом стоит подумать и поразмыслить, это очень точно. Как бы в нашей актерской практике прорвать бы этот «террор среды», у нас это сделать еще сложнее, чем в любой другой творческой профессии, потому что дело наше коллективное и зависит от начиная с партнеров, репертуара и кончая террористом-режиссером.

— Она в Ленинку ходит. А я боюсь Ленинку. Это место, где кадрятся. Там сама обстановка призывает, обязывает к заигрыванию. Хочешь не хочешь — будешь. Берешь книжечку, подсаживаешься: тишина, уют, холлы и пр. роскошь. Мои знакомые развелись недавно. Она повадилась в Ленинку бегать, снюхалась там с кем-то, и семья развалилась. Ленинка — это опасное место. Ни в коем случае не пускай жену в Ленинку.

Был в «Современнике» на «Народовольцах». Вот что расскажу по этому случаю. На площади Маяковского стоят три театра. «Современник», «Сатиры» и «Моссовета». Подъезжаю. Ни у эскалатора, ни у выхода из метро билеты не спрашивают ни в один из трех театров. Подхожу к «Современнику» — продают с рук, и не мало! Ладно. Выходят артисты, начинают играть. Не увлекают, не интересно им, по-моему, не интересно самим. Ей-богу, если бы я не знал Евстигнеева, Табакова, Козакова и пр. — я бы сказал, что у них нет артистов, а они все заняты, я их всех вижу и слежу за каждым. Нет, еще раз старая истина — дерьма из масла не собьешь. Они не умеют играть такую драматургию, мозаичную, многоплановую, с постоянно нарушающейся линией роли, с публицистическими выходами-реминисценциями и пр. Либо не умеют ставить. Каждый чужой спектакль убеждает меня в правильности моего выбора — Таганки, и придает уверенности мне и силы. Нет, господа присяжные заседатели, играть хорошо — штука сложная, и хорошие артисты на дороге не валяются.

Вчера Любимов в конце репетиции сказал: «Что мы, дамы, что ли? Будем обижаться друг на друга и помнить, кто что сказал и в каком тоне?»

Замечательный квас!

Высоцкий в Ленинграде. Что он привезет мне, какие известия?

## ■ 7 марта 1968

Заметил: у человека есть тяга к одиночеству. Оно сосредоточивает, человек в себя углубляется. А чем ему еще жить, как не изучением себя, своих эмоций, желаний, своих мыслей, подсмотренного поведения других, перекладыванием его на себя, сопоставлениями, заключением, выводами. Человек живет в среде, и он изучает ее, приспосабливается к ней, входит в противоречие, борется с ней и т. д. И отходя от среды в себя, сосредоточась в кулак своих мыслей и желаний, в тишине, в уединении, можно преодолеть этот барьер — террор среды.

Обед. Нет, конечно, я не дамочка, я не обижаюсь на ваши реплики, я терплю, но работать вы у меня отбиваете всякую охоту, и все силы уходят на то, чтобы сдержаться и на все ваши «без партнера», «не действуешь», «наигрываешь» и т. д. не послать вас... Вот куда уходят мои силы и талант. И почему вы только думаете, что я железный? Вы бы лучше помогли мне хоть чем-нибудь, вместо того чтобы мешать, а в общем, идите вы все от меня в болото.

Приехал Высоцкий от Полоки*. Говорит, видел смонтированную ленту, вся про меня, один я на экране, и первым номером. В общем, наговорил мне много хорошего и про меня, и про ленту. Ну что делать? Верить или нет? Очень уж хочется верить, и вроде — не может быть, а почему не может быть, как задумывалось так!!!

...Отец родной, не оставь раба своего. А в газетах, уж сколько их вышло со статьями об «Интервенции» и хоть бы где-нибудь обо мне, нет ни слова. В сегодняшней хоть фотография есть, и на этом спасибо. Да, я «рекламист» и горжусь этим.

Какую игрушку себе придумал — вклейка газетных статей. Буду вклеивать теперь всякую чертовщину. Так, для разнообразия, для развлечения, для истории. Я благородный человек, я тщательно собираю, раскладываю по полочкам — по порядку, все, что появляется обо мне в печати, рекламе (хорошее, разумеется, на кой дьявол мне всякая гадость, правда, ее еще не было, но ведь чем черт не шутит) и что выходит из-под моего пера собственного.

Я облегчаю работу моим биографам.

Эй, вы, биографы! Вы слышите, я облегчаю вам работу, скажите мне спасибо, идиоты! Но только читайте в основном между строк, потому что цензоры вокруг стоят, как псы голодные, и первый — я сам. Кой-где не искренне, кой-где со зла, кой-где по глупости, так что вы поста-

* Полока Геннадий, Гена — кинорежиссер и кинодраматург, постановщик фильмов «Интервенция» (1968, на экраны вышел только в 1987), «Один из нас» (1970), «Одиножды один» (1974), «Наше призвание» (т/ф, 1981). Ко всем этим картинам В. Высоцкий написал песни.

райтесь, на вашу долю выпала самая сложная часть — расшифровать душу человеческую, в данном случае — мою. Мало ли человек напетляет за свою жизнь, уж и сам не поймет, где он настоящий, а где прикидывается, так все веревочки, ниточки спутаются, только не рвите, как надоест распутывать, а то больно, не спешите, мне ведь все равно будет. Не вы распутаете, так другие.

## ■ 8 марта 1968

Отменили с Зайчиком задуманный поход на «Калабашкина». Сегодня будут по телевизору казать шедевр белорусской студии, от которого меня спасло провидение, — «Саша-Сашенька», с участием моего Зайчика. Из того, что было: после института, еще учась на последнем курсе, был приглашен Аненским в «Первый троллейбус», но не смог вылететь на съемки в Одессу из-за учебного спектакля, вернее даже репетиции «Укрощение строптивой», и все. Съемки лопнули, хоть мы уж и денежки распределили. Года два жалел, вот, мол, не поехал, спектакль бы никуда не делся, не хватило духу переступить, сейчас бы меня уже знали и приглашали бы сниматься беспрестанно. Вышла картина, не видел, но в один голос говорили — чушь, жалеть перестал. Дал себе слово начать в кинематографе только с главной роли и через два года получил приглашение в «Пакет». Судьба меня хранила и вознаградила за верность театру.

И вот, еще не отцвела моя рыжина в «Пакете», я снимался крашеный, да и по выходе фильма подмазывался несколько раз, во-первых, говорят, это мне очень личило, а в основном уж очень я хотел, чтобы меня узнавали на улице, и я себя выставлял таким, каким был на экране, т. е. рыжим. Так вот, еще не потухла моя рыжина, я получил приглашение в «Сашу-Сашеньку», вместе с Зайчиком. Самое приятное в этой истории были разговоры, рестораны и поездки в Минск, ну и, конечно, деньги, которые я получал, не снимаясь. После двух съемочных дней меня сняли с роли, режиссер протестовал, но худсовет настоял. Об этом я узнал на Алтае, лежа под отцовской шубой с Зайчиком на веранде — мать перепуганная и расстроенная, внесла в нашу каморку телеграмму, в которой сообщалось это известие.

Я, конечно, безумно расстроился и больше из-за того, что узнали о неудаче родители.

Мне уже казалось, что все знают и смеются в душе надо мной. Но вышел фильм, заговорили о провале. Зайчику было стыдно, как только название произносили, и опять казалось, что провидение спасло меня от позора.

В такой «шедевр» вляпаться, и можно надолго, если не навеки расстаться с кинематографом. И вот уже год назад история с Сегелем (Мухин) и «Интервенцией». К Сегелю меня не пустил театр, и снова я сыграл в пользу театра, жаль только, что не сознательно, а так, по мягкотелости, и тут же возникла «Интервенция». Оба фильма должны выйти одновременно, тогда и посмотрим, сравним, что потеряно и приобретено.

Одно мне ясно безусловно, что кинематограф у меня еще впереди. Пока я ничем (тьфу, тьфу, тьфу) не испортил с ним взаимоотношения и в этом должен благодарить, кого... Его, без воли которого не упадет ни один волос с головы человеческой.

Что у трезвого на уме, то у пьяного на языке. Сева тому отличное доказательство. Вот уж несколько раз за 4 года в подпитии он мне напоминает о разговоре в Рязани, где мы жили в одном номере. Дневники я не вел, весь был занят Грушницким и разговора не помню, очевидно, судя по формулировкам Севы, он был пьяный (разговор). Сева был тогда оставлен в театре условно, я настраивал его на боевой, категорический, деловой лад. Т. е. работать, показываться главному, готовить работы, испытания своих возможностей, ни на минуту не терять веры в себя, в свой талант, и только исчерпав все возможности до дна — переходить в другой театр. Я сам был тогда еще под впечатлением своего перехода из Моссовета, был полон творческой дерзости и готовности к любому сражению. Я приготовился и начал драться в фигуральном смысле за свое существование. Нет, я не ходил, не выпрашивал ролей, но каждую полученную грыз с остервенением, как проголодавшаяся сука. И работал, занимался пластикой, голосом, я готовился бежать на длинную дистанцию, не довольствуясь коротким спуртом в «Герое». И всеми этими мыслями я был начинен, как порохом, и старался при близком знакомстве внушить их другим. Очевидно, и с Севой произошел подобный разговор. Вот что он сказал сегодня:

— Ты говорил, я отберу у вас все роли, и ты выполнил свое обещание, и я ни в коем случае не осуждаю тебя... но я сейчас изучаю Толстого и понял, что я другой человек и придерживаюсь другой философии, чем ты...

На что я ему возразил:

— Как я мог это сказать, когда у вас ничего не было, вы были нищие, что я мог у вас отобрать...

Мы не договорили, мы пошли играть, и я целый день думаю об этом. Нет, я мог так сказать, это похоже на меня, и по намерению, и по тексту это мои слова.

Каким же нужно было обладать самомнением, какой волей и уверенностью, чтобы заявить подобное. Но кость была брошена, и я начал действовать. Отступать было некуда, я должен был либо победить, либо на щите вернуться в Моссовет. И выиграл бой, и сейчас с ужасом констатирую, что я несколько успокоился, поверил в свое бесконечное везение и постоянные победы, а бой идет. И теперь надо драться с удвоенной силой и ни на что, ни на кого, кроме себя, не надеяться, а Бог меня не выдаст, я ведь хоть и не безгрешен, но все-таки почитаю его учение.

А я сдал, заметно сдал по сравнению с периодом — «Герой» — «Антимиры» — «10 дней», я перешел в оборону, а в ней таится рок поражения. Нет, надо починить доспехи, залатать кольчугу, навострить кинжал, отсушить порох – и в бой, пока еще не поздно, пока не потеряно время.

Так вот, Сева! Я снова принимаю вызов и заявляю: «Я отберу у вас роли, готовьте шпаги, уважаемые господа артисты. Я буду драться теперь не только за Кузькина, а за любой эпизод в любом спектакле. Я не доставлю радости видеть, что сам он от заряда стих...»

Вот на какие мысли навел меня сегодняшний разговор с партнером по «команде».

Но справедливости ради надо сказать: безусловно, шеф — великий человек, пусть это везение, интуиция, телерадиолокация, все что угодно, но он создал прекрасный театр, с репертуаром удивительным, с направлением принципиальным, честным и живым. И в этом убеждаешься еще и еще раз, когда смотришь чужие спектакли и сравниваешь со своими. Так уж пусть он кричит, унижает нас, лишь бы дело не разваливалось. Ведь при одном упоминании Таганки у людей загораются глаза, и ты видишь, как ты в этих глазах превращаешься в знаменитость, вырастаешь в гиганта. Люди, не зная тебя, начинают уважать заочно, за Таганку.

## ■ 9 марта 1968

Заявление сделано, иду его выполнять. Высоцкий говорит — ради такой роли можно все стерпеть, все унижения и брань.

Шеф не свирепствовал сегодня, то ли услышал, что я в дневник днем пропел, то ли рукой махнул, то ли получается чего-нибудь, то ли не в том дело.

Венька не стал за меня играть сегодня, а я хотел... «Три сестры» посмотреть. Придется еще одно заявление сделать: ни к кому не обращаться с такими вопросами, подыхать буду, а сам буду играть. Венька еще ни разу не внял моим просьбам, ну в рот ему палец: раз он так и мы эдак.

Вечер. Зайчик на «Трех сестрах», сосед насилует Шульженку, не саму Клавдию, а пластинку. На душе гаже, чем допустимо.

Мы с Зайчиком уже распределили Государственную премию. Получается примерно так если мы имеем 2,5 тысячи, то тысяча — тысяча двести идет Зайчику на шубу, пятьсот рублей на банкет, триста рублей на мое пальто-шмотье, 100 рублей старикам в Междуреченск, 400 рублей на отпуск за границей. Это самый примерный план, точный составим, когда в газетах появится объявление, что я выдвинут на соискание, а то еще распределишь, а спектакль не выйдет, вот будет номер. Но все равно, чтобы инфаркта не было, надо готовиться к такому событию заранее. Вообще надо готовиться ко всему самому плохому в жизни, равно как и к хорошему. И от того и от другого человек разрушается, как и от крайних температур. Но лучше бы шеф получил, это было бы полезнее для нас для всех и закономернее.

Дай ему Бог здоровья.

Первый час ночи. Зайчика все нет. Давай, Валерик, спать.

## ■ 10 марта 1968

Высоцкий давал читать свой «Репортаж из сумасшедшего дома». Больше понравился, но не об нем речь. Прочитал я в метро сколько успел, и не думаю, и не помню, о чем читал, и это не важно. Я размышляю — чего я ему буду говорить, и фантазирую, и придумываю, и целый монолог, целый доклад сочинил о том, чего не знаю, чего не читал. Значит, мне важен не его труд, а моя оценка.

Говорильное мышление, т. е. мы до того изболтались, до того мы швыряемся словами, верхушками знаний, до того в нас показуха сидит, что нам незачем и читать что-то, чтобы начать говорить об этом «что-то». Значит, опять важен «Я», моя говорильня, мое отношение, и мне кажется, это самое важное для других, и удивляюсь своей эрудиции, своему умению ловко разбирать самые сложные вещи, умению примерчики убедительные и остроумные на ходу придумывать — т. е. импровизировать, или проще: пустобрех и составляет главный смысл, интерес нашего общения.

Шеф наорал на Веньку перед спектаклем. Венька заплакал. Убежал. Пил валерьянку. Ужасно это все. Мы его жалеем больше, чем он нас. Он не дорожит нами. Грустно.

## ■ 13 марта 1968

Вчера на репетиции был Можаев:

— Отрадно видеть... ты очень продвинулся, в основном продвинулся, в основном все уже идет хорошо, кой-какие мелочи, но это все впереди. А так — молодец.

Любимов. Вчера и сегодня в репетиции было много правильного.

Вечером и ночью читал «Дворянское гнездо». Не возьму я в толк, не придумаю, зачем, с какой стати, для чего сейчас заниматься экранизацией этого романа. Для заграницы? Ситуации, характеры — как-то все надумано, красиво, нехудожественно, ненатурально, и что можно сейчас сказать этим произведением? Тем более не понятно, что этим занимается молодой, талантливый режиссер, зачем он теряет время — наше дело актерское, маленькое, делай, что дают.

Какой-то смрадный осадок от вчерашнего спора в гримерной о Толстом и Достоевском. Как будто в изнасиловании участвовал. Венцом рассуждений было мнение Фоменко, его точка зрения, так сказать, что «Толстой — это жизнерадостный рахит». И сразу всем стало как-то не по себе, неловко, как будто каждый обмочился в отдельности и пытается остаться в этом незамеченным.

Что это такое? Ни в морду дать, ни плюнуть за это нельзя... Унизить человека ни за что, ни про что, вернее, конечно, самому унизиться... Так относиться к человеку, это себя не уважать. Количество серого вещества приблизительно у всех одинаковое, и смешно пытаться казаться умнее другого, не быть, а именно пытаться казаться. Вот уж действительно — образование ума не прибавляет. Откуда в нас такой снобизм, желание непременно высказаться оригинально, показаться этаким пупом в своем роде, что мне, дескать, люди вокруг, когда я с Толстого шапку сбиваю одним махом, вот как я про него могу ляпнуть. Заявить — и ничего со мной не случится, раз я так могу о Толстом брякнуть — значит, сам чего-нибудь да значу. Верно Толстой подметил: «Отчего такая уверенная интонация, наглая в глупых людях — оттого, что иначе их никто бы слушать не стал».

И мы слушаем это, да еще пытаемся возразить, рассудить по справедливости, грязь какая-то, нечистоплотность, непроходимая глупость. Никто не запрещал и не запретит рассуждать о самых великих авторитетах, никто не принуждает теперь перед ними на колени падать, но да ведь и рассуждать надо с умом, осторожно, с намерением добрым, а не с целью языками фортеля выписывать.

Ехал в метро и мечтал: выйдет «Интервенция» — соберу все плакаты рекламные, на стенках развешу, фотографии в рамках застеклю — тоже развешу или дарить буду, рецензии в тетрадку вклею и т. д. К чему я это, а вот к чему. Вопрос серьезный.

Пусть с этими плакатами, рецензиями и т. д. — это тщеславие мелкое, безобидный рекламизм и т. д. Но смотри в корень. Заметил. Для меня важно не то, что я скажу-выражу этой ролью или тем рассказом, а важен результат — то есть что после этого обо мне скажут иль напишут. Я слышу, вижу не свою игру, не проблему, не идею, ради чего я треплюсь на сцене или пишу, а какое впечатление я произведу этим. То есть меня, по сути, интересует вторичное, а не первичное. Для истинного художника важно не то, что о нем скажут, а что он успеет сказать.

Я плохо играю — но вдруг успех и шум, — мне кажется, что-то произошло, а на самом деле ничего не произошло...

Но я доволен, удовлетворено мое тщеславие, я достиг цели, я услышал желанные слова. Иначе: меня не интересует мой труд, меня интересует мой талант, самовыявление.

Я берусь за Гамлета не с целью боль свою высказать, а переиграть предшественников — об этом будут говорить, это точно, и это меня движет... И пока я движим этим, я не преступаю грани — среднее. Удовлетворенность словами, внешней мишурой — вот это нас губит. Выходит, я живу для того, чтобы написать о себе книгу и самому ее еще проиллюстрировать.

Сегодня побыл в двух важных учреждениях: «Мосфильме» и поликлинике № 1. Сидел перед зеркалом почти три часа и смотрел на себя, пока прилаживали гриву и бородку для Паньшина.

Страшно ездить в метро: скопище народа, и лица все серые, усталые, глаза полусонные, фигуры придавленные — лишь бы до места скорей добраться.

Сегодня задача — не растратиться очень, не расплескать энергию, силы, а то на «Добром»... снова могу дуба дать, как однажды, настроение отличное, а физика не слушается, не отвечает сигналам мозга, не повинуется, бастует.

Над главной ролью дурак заработает... но это длинный разговор, к главной роли, да не только к главной, готовиться надо и всю жизнь.

Нет, нельзя сидеть сложа руки и ждать, куда ветер дунет, туда плюнем, надо что-то делать, надо фантазировать, надо работать, иначе — крах.

## ■ 15 марта 1968

И хоть голова не варит в конце дня, и полезнее было б, наверное, поспать лишний час — но записать кое-что надо. Обязательно надо писать мне, надо, как надо дышать, есть, любить и пр., и я понял, кажется, наконец точно, отчего у меня такая потребность хоть минут пяток посидеть наедине с этой тетрадкой, да и не только с этой, а и со всеми, ей предшествующими...

Писание — молитва, постоянная, большая, как жизнь разнообразная — молитва...

Наедине с Богом... обращение к нему для обретения спокойствия, нравственного улучшения, осознания себя как частицу его... В искренней молитве обретается очищение, определяется компас для твоего, а постепенно и всех дней...

Дня два-три, пока был связан с поликлиникой по проверке своей ноги, вставал рано и ехал в метро... Боже мой! Сколько народу... все спешат, бегут, толкаются, кричат, оскорбляют друг друга... Дышат в лица друг друга такими запахами, а куда деваться, голова от иного выдоха кружится и кишки выворачивает... Эти люди едут на работу — на 8 часов, а они уже выжаты дорогой. Какие из них работники, когда они уже устали, не доехав до дела... Господи! Куда же мы идем, к какому прогрессу...

Метро — это жуткая мясорубка, превращающая нас — людей — в скот, напоминающая нам, от кого мы все-таки произошли. Какая же к черту разумность наша, коль примитивной гармонии наладить не можем. Дело наше — увеличение любви. Это прекрасно. Ради этого и поэтому только и можно жить. Поднимается злоба в тебе на кого-то или на что-то, вспомни, представь на мгновенье, зачем ты послан ИМ на землю, и станет хорошо... Злость не улетучится сразу, конечно, но она парализуется и уже не выплескивается наружу... Но и внутри она не просто остается в том же количестве, не накапливается, а как бы рассасывается, куда-то девается, гасится...

!!! О народной скорби, постоянной, не преходящей во все века, — должен я поведать людям в роли Федора Фомича.

### ■ 16 марта 1968

Сегодня день рождения Зайчика, а я к нему не подготовлен совсем. Кажется, мои слова услышаны, и Зайчик будет сниматься в Душанбе. Встали сегодня на час раньше задуманного, нелегкая нас подняла, подвело чутье, думал, часы отстают.

Сегодня первый раз попытаемся прогнать в самом грязном варианте первый акт. Отец родной! Помоги сосредоточиться, успокоиться, не думать ни о чем, кроме дела моего, которым я служу людям и делаю дело твое — увеличиваю любовь. Сделай так, чтобы я забылся и шел по воде, легко и просто. Чтобы я не обидел никого своей игрой, своими нервами на пределе — пусть будет все хорошо. Не может быть хорошо, когда еще не проделано достаточной работы, но пусть будет настолько хорошо, насколько затрачен труд, то есть — по труду.

Вчера с утра таяло, была прелестная погода, а к обеду подул ветер, началась метель и холодно стало. Это зима борется с весной; надо сказать, она делает это не безуспешно.

Зайчик говорит: «Ты пишешь, пишешь, ну кому это нужно?» Я думаю — это кому-нибудь нужно, хоть тому же мне. Другому человеку никогда не понять душу чужую, и для него всякое занятие другого, не понятное ему самому, кажется глупостью и тратой времени. А на это стоит тратить время, оно вознаграждает за это. Приносит спокойствие, равновесие.

Обед. И снова меня хвалили. «Правильно работал. Очень правильно работал», — говорит шеф. Сын шефа сказал: «Ну, у тебя полный порядок. Ты какой-то скачок сделал. Прям не по-своему репетировал».

Спасибо, Отец, ты помог мне, через любовь, только через любовь, только ею одной, прощением, добром и накоплением всей любви жить можно.

Наконец-то получил Евангелие. В христианстве, в толстовском его понимании, спасение рода человеческого. И дневник Л.Н. написал, как евангелие, абзацы, мысли, рассуждения, выводы — под номерами.

Каждому груздю, каждой ягоде — свое время, пословица есть такая. Полностью отношу и к хорошим книгам. Да, позор, что я до сего года не читал «Войны и мира», но думаю, велика ли беда в этом? Что толку, я бы замучил ее, читая в детстве, ничего не воспринимая и ничему не радуясь, когда прочитав теперь, в 26 с половиной лет, я плачу чуть ли не над каждой страницей, и дня не проходит, чтобы я не вспомнил какую-нибудь сцену из этого гениального произведения всех времен и народов. Конечно, он выше Достоевского, хоть и нельзя и глупо сравнивать их. Но — гармония, никуда не попрешь, достичь такого высокого лада во всех частях, такой пропорции, такой меры всех эмоций, такого обилия мыслей потрясающих по глубине, и все это в комплексе кажется таким простым и прекрасным.

Так что — каждой книге должно соответствовать восприятие человека, его подготовленность, открытость его органов восприятия — только тогда обогащение чувств.

Как это верно, как это помогает, когда думаешь и заставляешь себя делать Твое дело, а не свое, не эгоистическое-личное, частное, мелкое... а вообще наше дело человеческое — увеличение любви, подготовление себя к приходу Царства Твоего.

Господи! Не дай гордыне, тщеславию, овладеть мной до ослепления, не дай суете мирской поглотить меня и душу мою спаси от заблуждения и скверны.

Вечер. Ужасная скотина Щербаков*. На репетиции пьяный, на спектакле пьяный. На замечания шефа выдал текст в присутствии труппы: «Что за намеки?..»

— Я вас выгоню сегодня же из театра.

— Я надеюсь, спектакль вы мне дадите доиграть все-таки или нет?

— Мальчишка, щенок. Вместо того чтобы извиниться, вы позволяете себе хамить, как вы разговариваете, обнаглел до предела.

— А кто вам позволил так со мной говорить? Вы взрослый интеллигентный человек. Это мой последний текст вам, извините меня, пожалуйста...

* Щербаков Дальвин — актер Театра на Таганке.

Вообще, слушая все это, хотелось просто дать в морду, но он мог раздеться и не играть спектакль, сбеситься можно. Насонов на репетиции до того наопохмелялся, чуть с костылями со сцены не загремел. «В кабак превратили театр. Вы не достойны того места, где вы находитесь».

Н а с о н о в: «Подам заявление... У меня три профессии, пойду таксистом работать, а скорее всего просто завтра извинюсь, когда протрезвею».

Шеф растерялся и ничего не мог возразить Димке, у него просто не было слов и сил, он уехал с больным сердцем.

Надо выписать кое-что из дневника Л.Н.:

«Сейчас читал рассуждения в немецком парламенте о том, как помочь тому, что крестьяне бегут в города. А разрешение всех вопросов одно, и никто не признает его и даже не интересуется им. А разрешение всех вопросов одно, ясное и несомненное. Спасение одно: разрушение ложного учения».

«Разумной убежденности никогда не бывает полной. Полная убежденность бывает только неразумная, в особенности у женщин».

«Отвечай добром на зло — и ты уничтожишь в злом человеке все удовольствие, которое он получает от зла».

«Смысл жизни только один: — самоусовершенствование — улучшать свою душу. «Будьте совершенны, как Отец ваш небесный».

«Женщины употребляют слова не для выражения своих мыслей, а для достижения своих целей».

«Только бы себя не любить, себя, своего Л.Н. и будешь любить и Бога, и людей. Ты зажжен и не можешь не гореть, а горя, будешь зажигать других и сливаться с ними огнем. Себя любить — значит, жалеть свою свечу и тушить огонь».

«Уважаемый товарищ Шелепов!

Оба ваших рассказа основаны на случаях анекдотических. В этом не было бы ничего плохого, если бы за житейским анекдотом Вы сумели бы увидеть живописные человеческие характеры, попавшие в весьма живописные ситуации. Но артист Чайников остался у вас только героем анекдота, хотя поначалу, в первом абзаце, Вы обрисовываете его довольно метко.

Рассказ «Старики» требовал прежде всего сочного народного языка. Тогда вся история засверкала бы. Но именно с языком вы не справились. Оба ваших старика говорят на том вымороченном наречии, которое является лишь кустарной и, к сожалению, распространенной подделкой под народную речь. Эти «однакось» и «ноне» давно уже скомпрометировали себя.

Отклоняя эти рассказы, хотели бы тем не менее попросить Вас прислать другие Ваши произведения. В ваших рассказах привлекает умение найти острую, действительно чреватую интересными характерами ситуацию. Но пока Вы остаетесь на поверхности, не используя те возможности, которые сами же находите.

Желаем Вам успеха.

Отдел русской литературы «Литературной газеты».

(Р. Коваленко)»

«Не заботься о завтрашнем дне, ибо завтрашний позаботится сам о себе, довольно для каждого дня своей заботы...»

(От Мф. гл. 6.)

## ■ 17 марта 1968

Рано утром получил заказным письмом свои шедевры и эту рецензию. Не обиделся, хотя в рецензии много правды, за исключением последнего абзаца, в котором они просят присылать мои произведения — это утешить мое самолюбие, чтоб я не повесился.

Молитва.

Отче наш, сущий на небесах! Да святится имя твое, да придет царствие твое, да будет воля твоя и на земле, как на небе. Хлеб наш насущный дай нам сей день и прости нам долги наши, как и мы прощаем должникам нашим; и не введи нас во искушение, но избавь нас от лукавого, ибо Твое есть Царство и сила и слава во веки.

Аминь.

## ■ 18 марта 1968

Уже повесили приказ об увольнении Щербакова. Вчера Влади сказала мне, что моя работа в «Галилее» выше всех, в монологе, в сцене с Галилеем. Пустячок, а приятно.

## ■ 19 марта 1968

Заболел. Кажется, грипп, из носа течет, поясницу ломит, голова шумит, сегодня в такси чуть не вытошнило, такая слабость и головокружение.

Шел на прошлую репетицию и думал: сказать или не сказать, что я болен? Сказать, что я болен, — это значит пожаловаться, попросить пощады. А кому это нужно? Раз пришел — работай и не хнычь или бери бюллетень и не приходи вообще. Но ведь и сам хитрю перед собой, если будут хвалить (опять не Богу служу, а себе), не скажу, что болен, будут ругать — скажу. Для чего? Для оправдания, чтоб сделали снисхождение... И у кого просить? У людей, а если делать дело Его и только Его, то надо не людей просить о снисхождении, а Его; значит, не надо говорить людям о своей болезни, раз они не видят, а Он знает.

Но нельзя и раскисать, т. е. сдаваться. Как ляжешь болеть, так заболеешь всерьез и проваляешься, а надо поддерживать бодрость духа, когда тело вянет; и дух поможет телу воспрянуть.

Еще думал о том, что жизнь устроена правильно. Вот приходят молодые артисты, я еще сам молодой, некоторые из них одного возраста со мной, но я уже пять лет отслужил, и все равно тревожно. Молодые, они всегда наглые и талантливые, они полны той энергии, которая на первых порах заменяет часто талант, энергии подавления напором и смелостью, энергии закона джунглей и вообще жизни — раз молодо, значит – перспективно, значит — смена.

Они чувствуют себя главными гостями на пиру театра — только их и ждали, только они спасут искусство, в основе так оно и есть.

Молодые — нетерпеливые, жадные, смелые, наглые, требовательные, и все эти качества помогают некоторым прорваться, а которые не успели вырваться от фонтана, — эти качества только удерживают у фонтана, потому что к ним прибавляется неудовлетворенность, раздражение, озлобление, а вслед за этим и пороки, подрывающие корень: пьянство, распущенность, ослабление воли, лень, зависть и т. д. А многие из нас без времени постарели, одрябли, оплыли жирком, и давно нет той энергии, которая была, конечно, но само собой как-то вышла, как большой воздух выходит в маленькую дырочку, и потому даже от шума плащей молодых мы уже приходим в волнение и сдаемся без боя. А если чувствуешь в себе жизнь — дерись!

Потеря святости и приобретение корысти!

Тот, кто не суетится — никогда, никуда, нигде не опоздает, тому нечего бояться, что он чего-то может не успеть, он все сделает вовремя и выполнит долг, ему предначертанный, и придет туда, куда надо.

Упаси господи нас от суеты!

Был в трех редакциях. К паре — «Старики», «Чайников» — подстегнул третью — «Таньку».

В «Огоньке», редактор Кружков:

— Это возьмите себе сразу (на «Чайникова»). Стал листать «Стариков», я задрожал.

— Какой из трех рассказов вы считаете самым удачным?

— Не знаю, они все разные.

— Ну ясно. Посидите.

— Так, ну вот что! Это не годится... Откуда вы хватаете такие ситуации? Это же все надуманно, не жизненно... Вы берите жизненные ситуации... Это все литературщина, а язык есть и способности есть, писать можете и должны... Сколько тебе лет? 26? Ну, вполне взрослый человек.. Пишете много?

— Много.

— Пишите, обязательно выпишитесь, потому что способности есть, и берите жизненные ситуации, это же у вас старики эти оба... не люди... а шмаровозы какие-то, а баба? Бабы нет, есть какая-то кобыла, которую со двора на двор перегоняют. Пишите. Как рассказ напишете, так несите нам, обязательно несите, и берите жизненные ситуации.

«Смена».

— А! Золотухин, артист с Таганки. Приятно видеть у себя в гостях хороших артистов, чем обязаны?

— Рассказы принес, печатать будете?

— Артисты графоманами стали. Ну, давай посмотрим. Если ты такой же писатель, как артист, непременно напечатаем. Я ведь про вас писал когда-то, в «Смене», о «Герое нашего времени».

— Да! Это вы?! Я вас давно люблю! Вы единственный человек, который печатно похвалил спектакль и меня.

Там же я услышал впервые, что «Интервенция» не получилась.

— Ты мне еще очень понравился в «Пакете», ну... блеск, это моя любимая книжка детства...

— Нет, что ты, дорогой, все прекрасно, все образуется, ни тебе аванса, ни пивной и т. д. и т. п.

Про «Театр. жизнь» не буду писать, устал, скажу только: желтое здание, серые люди. Больше ничего не скажу.

Я думаю, что короткие юбки затрудняют многим девушкам выйти замуж. Потому что стройных ног гораздо меньше, чем привлекательных мордашек. Влечение, либидо — явление физиологическое, начинающееся с внешнего обзора, это влечение, подкрепленное духовным обаянием, превращается в любовь... но кривые, худые, толстые ноги при сносном лице затрудняют возникновение либидо, а потому и любви, естественно, это не всегда, но очень часто. То же и с грудями... открытая грудь, если она красивая — влечет, но коль открыто у одной, распахнуто у всех, таков закон этой природы, и недостатки все наружу. Скрытость недостатков, как и достоинств, увеличила бы стоимость женщины, не задерживала бы возникновения либидо и ускоряла бы оборот замужества. В некотором бы роде это был бы кот в мешке, ну и что? Тем интереснее, а когда люди начнут жить, любовь либо разгорится, либо потухнет вовсе, и тут, в семье, уже другие законы, не зависящие через полгода от ног или грудей партнерши, даже происходит обратная метаморфоза. Вот что я думаю о коротких юбках.

Зайчик на телевидении. И утвержден в кино. Я рад за Зайчика, кроме того, у меня заработка не предвидится, а жить надо, и одеться надо, и кое-что купить по дому. С тещей помирились как-то само собой. Мне нравится писать в эту тетрадь. Вот уже 16 дней я записываю в нее регулярно все основные события, мысли, настроения.

КНИГА ВЕСНЫ — пока, тьфу, тьфу, тьфу — написанное соответствует названию. Мрачных, злых мыслей мало. Отец мой! Помоги мне удержать в душе моей этот весенний лад.

Вот еще что забыл записать, а важно. В трудные минуты, в период пьянства, ухода артистов из театра, или в кино, да и вообще, когда наш сильный шеф бессилен, он сетует на отсутствие общественного мнения: мало и не единодушно выступают на собраниях, мало клеймят друг друга позором, мало разоблачают друг друга — больше отсиживаются молча. То есть якобы и вроде при демократии нашего театра и т. д. люди не пользуются свободой слова. На мой взгляд, он забывает один обязательный закон диалектики: если есть общество, есть и общественное мнение, пусть только в закваске, пусть не оформлено протоколом или конституцией, — но оно есть, есть дух его... Оно спокойно на поверхности, и то до поры, до времени, процессы идут обязательно, это закон.

И есть глава коллектива, то есть власть. Всякая власть с обществом находится в противоречии, больше того: и власть, и общество ищут этих противоречий, ибо ими живо общество. Шеф наивно предполагает, что общественное мнение может служить ему, то есть оно вроде бы и служит, но это не общественное мнение, а инерция покорности, необходимость подчинения, самоунижение толпы перед ведущим бараном, чтобы слаще расправа над ним оказалась.

(Теперь требуется общественное мнение.) Он всегда повторяет это артистам в нужных ему ситуациях. «Это не ваше дело», «занимайтесь каждый своим делом», «ваше дело — хорошо играть», «вы бы лучше о ролях своих думали, которые у вас далеко не благополучны» и т. д. Артисту, особенно молодому, можно всегда сказать, что он плохо играет и тем самым заткнуть ему рот, отбить ему всякую охоту о чем-то еще рассуждать, это похоже на то, как если перед властью стоит электрическая машина, и если артист говорит нужное, он подключен к сети, как пошел не туда — отключается ток, и он замолкает.

### ■ 20 марта 1968

— ...НЕ СУДИТЕ САМИ, ДА НЕ СУДИМЫ БУДЕТЕ.

### ■ 21 марта 1968

Ужасный день. Вчера играл Керенского за Высоцкого, а сегодня и вчера ночью молю бога, чтоб он на себя руки не наложил. За 50 сребреников я продал его, такая мысль идиотская сидит в башке. На репетиции, при народе постороннем, он упал.

— Идите, приведите себя в порядок, — сказал ему шеф. И он ушел, и никто не знал, куда он девался и что делает: пьет ли, спит ли? Послали в Волоколамск машину за Губенко, в Вишняки — за мной, но я, как назло, оказался в театре, и еще оговорил, идиот, условия ввода — 100 рублей — это была шутка, но как с языка со рвалось! Ведь надо же, все к одному: и Хмеля* нет, я еще за него играю. Боже мой!

— Высоцкий играть не будет, — кричит Дупак**, — или я отменяю спектакль.

— Как ты чувствуешь себя, Валерий? — шеф.

* Хмель — Борис Хмельницкий, актер Театра на Таганке, киноактер, автор музыки (совместно с А. Васильевым) к спектаклям театра «Добрый человек из Сезуана» (1963), «Антимиры» (1965), «Жизнь Галилея» (1966).

** Дупак Николай Лукьянович — многие годы директор Театра на Таганке.

— Мне невозможно играть, Ю.П., это убийство, я свалюсь сверху*.

— Я требую, чтобы репетировал Золотухин, — Дупак. Высоцкий срывает костюм (он еще поддал, как увидел, что вовремя не дали костюм, и я с текстом):

— Я не буду играть, я ухожу... отстаньте от меня.

Перед спектаклем показал мне записку: «Очень прошу в моей смерти никого не винить». И я должен за него отрепетировать?!

Я играл Керенского, я повзрослел еще на десятилетие, лучше бы уж отменил Дупак спектакль. У меня на душе теперь такая тяжесть.

Обед. Высоцкого нет, говорят, он в Куйбышеве. Дай бог, хоть в Куйбышеве.

Меня, наверное, осуждают все, дескать, не взялся бы Золотухин, спектакль бы не отменили, и Высоцкий сыграл бы. Рассуждать легко. Да и вообще — кто больше виноват перед Богом? Кто это знает? Не зря наша профессия была проклята церковью, что-то есть в ней ложное и разрушающее душу — уж больно она из соблазнов и искушений соткана. Может, и вправду мне не надо было играть?!

## ■ 22 марта 1968

Два дня очень мало писал. Уже висит приказ об увольнении Высоцкого по 47-й ст. Ходил к директору, просил не вешать его до появления Высоцкого — ни в какую: нет у нас человека. И все друзья театра настроены категорически. Они-то при чем тут?

*«...свалюсь сверху» — артист, играющий Керенского в спектакле «Десять дней...», должен произносить речь, стоя на плечах партнера.

Уезжает сегодня теща в санаторий, а скоро и Зайчик полетит на съемки. Я с Кузей вожжаться остаюсь. Вот он пришел как раз на эту фразу.

Это было сумасшествие — браться играть Керенского срочным вводом! Но Бог не оставил меня.

У Зайчика украли 25 рублей на спектакле.

Высоцкий летает по стране. И нет настроения писать, думать, хочется куда-нибудь уехать, все равно куда, лишь бы ехать.

Даже ехать в метро приятно, когда мало людей: сидеть на одиночном сидении в углу, сжаться в комочек, засунуть руки в теплое место и думать о чем-нибудь, все равно о чем, чаще все о том же: уступать или не уступать место?! И приводить разные доводы и оправдания и даже философские подоплеки искать, почему я сегодня должен встать и уступать место, а вчера мог этого не делать, и правильно, что не сделал, и пусть совесть помолчит.

### ■ 23 марта 1968

Обед. Шеф после прогона хвалил:

— Очень правильно работаешь, очень, и вообще, товарищи, есть хорошие вещи, появляется спектакль и т. д.

Можаев: – Ну просто неузнаваемо работаешь, молодец, все уже в порядке, в седле.

Вот ведь какая наша судьба актерская, сошел артист с катушек, Володька, пришел другой, совсем вроде бы зеленый парень из Щукинского, а работает с листа прекрасно, просто «быка за рога», умно, смешно, смело, убедительно, и сразу завоевал шефа, труппу и теперь пойдет играть роль за ролью, как говорится, «не было бы счастья, да несчастье помогло». А не так ли и Володька вылез, когда Губенко убежал в кино и заявление на стол кинул, а теперь дал возможность вылезти другому... но и свои акции подрастерял, т. е. уже вроде не так и нужен он теперь театру, вот найдут парня на Галилея?..

Насчет «незаменимых нет» — чушь, конечно, каждый хороший артист незаменим и неповторим, пусть другой, да не такой, но все же веточку свою, как говорит Невинный, надо беречь и охранять, ухаживать за ней и т. д., чуть разинул рот, пришел другой артист и уселся на нее рядком, да еще каким окажется, а то, чего доброго, скинет и один усядется.

Я иногда сижу на сцене: просто в темноте ли, когда другой работает, или на выходе, и у меня такая нежность ко всей нашей братии просыпается... Горемыки! Все мы одной веревочкой связаны — любовью к лицедейству и надеждой славы — и этими двумя цепями, как круговой порукой спутаны: и мечемся, и надрываемся до крови, и унижаемся, и не думаем ни о чем, кроме этих своих двух цепей.

Я думаю, хорошо бы все-таки на лето в какую-нибудь тихую, благородную киношку, вроде «Дворянского гнезда», влезть и сидеть бы лето где-нибудь в деревне, в глуши, у пруда.

Сейчас будет неделя перерыва в репетициях — каникулы, как раз и надо будет мне подсуетиться в литературный, в редакции и т. д.

С удовольствием я перелистываю эту тетрадку: солидное, солидное дело я затеял, сообразив записывать в толстую тетрадь. И мысли-то, в нее внесенные, удлиняются, прибавляют в весе и значительнее становятся, эдак и вправду потомство обо мне подумает как о дельном рассудительном парне — прямо кузькинские мечты.

Ночь. Жена обскакала меня с «фотокарточками в киосках», ее фотографию уже продают под девизом «Артисты советского кино».

Ох, какой он стал, второй подбородок, и лицо дряблое-дряблое, и животик... а был такой обаятельный.

Вот опять к той же проблеме «о молодых». Больше всего я сейчас боюсь, что кто-нибудь скажет такое и про меня, и я занимаюсь, поддерживаю себя в одинаковом весе вот уже пять лет.

## ■ 24 марта 1968

Я думаю, что поездка в деревню с Можаевым 18 февраля еще много раз будет записываться в мои тетрадки. Непосредственно, сразу много не запишешь, да и вроде и некогда и такого срочного для записи нет, а как проходит время и отдаляется событие, оно компонуется, распадается на звуки, слова, мысли по поводу, запахи, действия и становится прожитой жизнью — это уже было — символ, событие превращается в символ, случившийся в моей жизни. А символы в памяти держатся до конца дней. От события сохраняется ощущение, настроение — делается либо хорошо, либо неприятно, либо весело, либо грустно. Но пока оно — это событие — не так далеко, я кое-что запишу для хроники.

Мы поехали по Рязанской дороге, мимо нашего дома, в маленьком автобусе-рафике в таком составе: шофер, рядом с ним сел Можаев, как полководец, у него шапка маршальская — каракулевая и высокая, как тумба, папаха; сзади разместились я, зав. пост. — Салопов, художник, или, как я буду называть его впоследствии, Мастер, — Боровской, радиорежиссер, магнитофонщик Титов Владимир Миронович, или просто — Мироныч, секретарь парт. организации и асс. режиссера — Глаголин Б.А., финалила, или венцом этой пирамиды являлась, Машка Полицеймако, единственная баба, стеснявшая нас и мешающая вначале — но потом — душа этого небольшого ансамбля. На всю компанию дирекция выделила литр чистейшего спирта, Салопов так был занят предвкушением будущей пьянки, что оставил накладные, пришлось ворочаться за ними. Ехали весело, трепались, травили анекдоты, большей частью еврейские, Машка стесняла рассказывать, а анекдоты на 90% сальные да похабные. Всем было хорошо, впереди была дорога, заготовка реквизита, экскурсия в крестьянскую жизнь, выпивка, обратная дорога. Никто ни за что не отвечал, никто ни о чем не думал, все тяжести и заботы остались в Москве, а теперь по обеим сторонам тянулись то лес, то поля, проскакивали какие-то селения, и за многое время мы, запрятанные в театр, как в нору, ощущали прелесть природы, радовались всякому случайному кусту, дереву и открывали для себя в который раз пьянящую силу земли и радовались ей, как малые дети...

Остановились в Бронницах. Писатель повел нас к церкви, показал нам могилу Пущина, повздыхали все, глядя на российскую красоту, обделанную (мочой) со всех сторон.

П и с а т е л ь: – Обратите внимание, какая неповторимая красота, сколько церквей, соборов, часовенок стояло по деревням, селам, и нигде похожей нельзя было встретить. И ведь на народные средства, на общинные деньги делалось это, а сейчас — клубы, говорят, заменяют церкви, да разве можно сравнить эту неповторимость со штампованными проектами типовых клубов, без своей изюминки, без своей привлекательности, холодные, неуютные, везде одинаковые... Неужели перевелись на Руси мастера, которые из этого материала на эти же средства по своему вкусу, по своему разумению, могли поставить дворец? Нет, тратят деньги, материалы на безликие сараи. Раньше мастер имя свое вписывал в свое дело, а теперь он его стороной объезжает.

Из Бронниц поехали в колхоз «Борец», что в пяти километрах от тракта. И опять писатель метнулся в сторону:

— Вон, глядите, типовые клоповники понастроили.

— Где, что?

Но мы уже проехали и не видели того, чем возмущался наш маршал.

В усадьбе колхоза нам сказали, что председателя нет, он в Бронницах, отдыхает, вчера закончилось отчетно-перевыборное собрание, на котором его снова избрали председателем:

— Председатель у нас хороший, герой соц. труда, человек уважаемый... Вам надо по вашему делу к зав. клубом обратиться. Приехали в клуб. На сцене работники под баян танцевали молдавский танец. Руководила ими Валя, заведующая клубом. Мы представились ей, дескать, артисты, писатель и т. д. Мне хотелось срочно приступить к делу, т. е. доставать колеса, хомуты, косы и прочую необходимую утварь, но писатель сказал:

— Валера, не торопись, успеется, времени у нас хоть отбавляй.

Мы сели в комнате отдыха, обставленной подарками пионерских организаций многих стран, и стали беседовать. Закурили. Не буду записывать весь разговор, к тому же я его и не помню, но ради него, собственно, и начал я эту запись.

Вел разговор Можаев, я сначала удивлялся, зачем он все это выясняет, только потом, спустя несколько дней, прочитав в «Литературке» его статью о сельском строительстве, я понял, какой гвоздь сидел в нем тогда и что его волнует теперь. Основной вопрос состоял в том: почему молодежь бежит в город? И заработок хороший, и клуб замечательный, а молодежь уходит из села, в чем дело?

Валя: – Любовь. Ребята неохотно гуляют со своими, да и девчонки чужих предпочитают. Девчонки идут на фабрики, там работа не легче, но смену отработала и гуляй себе и замуж выйти легче.

Девчонки боятся здесь просидеть молодость, в городе мальчиков больше, проще с любовью как-то... А здесь попробуй, вот осень подойдет — картошку убирать, спина отстанет с семи до семи, а руки во что превращаются, девчонкам жалко себя... А ребята... чуть рассвело, он трактор завел и уехал в поле и дотемна, придет, умоется и спать, отдохнуть хоть немножко, а если и вырвется погулять, то от него мазутом разит, а девчонки на этот мазут, как на мед, а он и копается, та не хороша, эта не такая. В общем, любовь — это серьезная проблема.

— Любовь — причина веская, но девчонки, допустим, бегут за ней в город, а ребята — ребятам везде любви хватает, и все-таки в первую очередь они бегут, чуть отслужил армию и не возвращается, а если возвратится, попьянствует, похулиганит и смоется в город.

— Почему?

— Почему? Бесхозяйственность. Лишили крестьянина главного, ради чего он жил в деревне, — земли, отбили у него охоту хозяйничать самому. Отчего и труд хоть и механизировался, а опостылел, он не в радость мужику стал. Что он имеет с того, что на земле трудится, не хлебом сыт человек единым. Ни он земле, ни земля ему не нужны. Что посеешь, то пожнешь, — это конкретное дело было для мужика, а сейчас чего он сеет, чего он жнет, какое ему дело — он свои 200 рублей получит и все. Надо вернуть землю хозяину, тогда он придет из города к ней сегодня же.

Из клуба пошли к бригадиру, женщине лет 50, депутату Верховного Совета. Домик чудный, дорожки, диван, печь кафелем обложена.

### ■ 25 марта 1968

Бригадирша угостила нас пирогами с капустой. Писатель и ей задал свой вопрос:

— Вы так живете, изба у вас просторная, теплая, на берегу реки, усадьба, огород и почему же молодежь не живет дома, а бежит в городские клоповники.

— А вы спросите их. Эй, молодежь, почему не хотите в деревне жить?

Нам позарез нужны были ухваты, чугуны, старая утварь, и кто-то из местных догадался повести нас к тете Груше, старухе лет 80.

Воистину — Россия богата примерами разными, — и золотом, и грязью, и радостью, и слезами. У тети Груши мы и насмотрелись слез, и наслушались боли народной.

— Где этот черт с магнитофоном, — шумел писатель, — вот что надо записывать, как народ разговаривает, а он в машине сидит.

— Т. Груша, что у тебя болит?

— Все болит, рука выплечилась, пальцы не шевелятся, спина от жопы отстает, бедро с места соскочило... все болит. А тут на Николу ходила в церковь, да продуло меня, да чуть не замерзла. Меня в правление отнесли да отогрели там, а потом привезли домой.

Изба выстуженная, грязная, черная. Бабка занемогла, и некому прийти и накормить ее, помрет — и знать никто не будет.

— А где же ты так изувечилась?

— В колхозе, милый, в колхозе, а где же еще.

— Пенсию-то сколько получаешь?

— Сначала получала семь рублей, потом люди добрые добави ли еще полтора рубля.

Местные активисты шумят: — А ведь не скажет, что трудно, соседке шумнуть, она бы до правления добежала, мы бы тебе пионеров прислали, пол помыть, дров наколоть...

— Все сама, все сама, а теперь жалуешься.

— Да ничего я не жалуюсь, и так хорошо.

Ей однажды прислали пионеров, пол помыть, так она прогнала их...

Беднота и запустение, даже жутко делается, кажется — мышиное царство, а под столом и за печкой грибы растут. Кто и когда забросил ее на этот свет, в эту пору...

— Вы не глядите, что она такая жалостливая, она совсем недавно корову со двора свела, а то и корову держала, и молоко таскала в Бронницы.

Наконец Мироныч пришел со своим ящиком. Записывает. Активисты боятся свидетельства Магнитки, начинают наперебой подсказывать бабке, что сделал для нее колхоз хорошего.

Наконец выпросили у бабки ухват, разбитый чугун — бабка в толк взять не могла, «зачем они не доброе собирают, а всякое говно»... А как увидала деньги, стала упираться, отказываться, но всучили, бабка умиленная сказала:

— Я на ваши деньги свечку поставлю, помолюсь за вас.

Как знать, может и правда бабка свечку поставит, и Бог поможет нам в нашем деле.

Но откуда при такой нищете, такое богатство икон, их много, много и лампад, кадил, и все это по мнению писателя, а он, надо полагать, знаток и ценитель русской старины, старинное, добротное, и по нынешним временам дорогое необыкновенно. И на столе — Псалтирь, Евангелие. Торговались за часы. Бабка ни в какую, предлагали новые — нет.

— Вот они у меня сейчас стоят, но когда я выздоровлю, я их сделаю, и они у меня будут ходить... У меня сейчас глаза не видят, и руки не поднимаются, а как выздоровлю, я их починю.

От бабки Груши поехали на конюшню. Бригадирша опередила нас и уже шумела на подвыпивших мужиков, собравшихся по случаю воскресенья и работы в конюховой каморке.

Бригадирша:

— Кто на кобыле ездил? Почему кобыла в мыле?

— Я ездил.

— А почему в мыле кобыла?

— А я откуда знаю?

— У кого разрешения спрашивал?

— У агронома.

— Для чего брал?

— Комод Ваське привез.

— Комод привез и кобылу в мыло загнал? Чего ты врешь? В Бронницы гонял за водкой... Ты посмотри, она в пене до сих пор! Ресторан тут открыли.

— Вот, мил человек, ну разве по справедливости, воскресенье — все добрые люди отдыхают, мы работаем и выпить нельзя, это почему? И никто нам никаких надбавок, что мы в свой отдых работаем...

— Я вижу, как вы работаете, хоть бы людей постыдились языком трепать, колхоз позорите, что люди про нас подумают.

— А что люди подумают? Что они, не люди, что ли?

— Чтобы сейчас же закрывали «рестораны» и по домам расходились, а я приду проверю, вы меня знаете.

Можаев меня толкает в бок — Смотри, смотри, целых два Кузькина, особенно тот, что в углу, права который качает, где же этот опять колдун с магнитофоном?

— Мил человек, так ты запишешь про нашу просьбу, чтобы выходные нам оплачивали, заступись за нас, в самом деле?

Набили мешок сеном, записали ржание жеребца, для чего к нему была подведена кобыла, а потом и Маша подошла. На Машу жеребец реагировал заметно активнее. Ничего удивительного, и Можаев потом, крепко заложив за воротник, волновался при сближении с Машей, только что не ржал. Вывернули из-под снега несколько колес. Теперь и самим выпить после трудов не грех.

— Поехали в Бронницы, в ресторан, — скомандовал командор Можаев. По пути остановились у тех кооперативных домов, которыми возмущался писатель по дороге сюда. Эти дома двухэтажные, блочные, стояли в ряд одноликие, как тридцать три богатыря, каждый на две квартиры. Квартиры эти предлагались колхозникам в кредит, и каждая из них стоила ни больше, ни меньше, 6,5 тысячи. Усадьбы рядом почти никакой, а огород давали на пашне. Этим-то бестолковым строительством, этой кастрацией крестьян и возмущался писатель, считал этакое хозяйничанье по кабинетным рецептам основной причиной бегства молодежи в город и трудное положение с рабочей силой в деревне. И вообще — отношение города к крестьянину, крестьянина к земле и к городу — все эти дела и заботы крестьянские кровно волновали нашего командора. И вызывали в нас уважение и зависть, потому что мы видели перед собой человека, одержимого благородным делом, бескорыстным рыцарем и защитником земельного житья-бытья.

В ресторане пили спирт, пиво, пели песни... и опять наш командор был на высоте, такие ноты гвоздил, так задушевно выпевал русские мелодии, ей-богу, Федор Ш. позавидовал бы, а голосина какой — звучный и красивый, просто мощный. Подходили какие-то мужики, целовались с Можаевым, пели, он опять меня толкал:

— Гляди, еще один Кузькин, это, пожалуй, ярче всех, запоминай, вот как играть народ надо... Вашего бы Любимова сюда, посмотрел бы он жизнь русскую... А то все в своем кабинете штаны протирает, какие-то люди вокруг него вьются...

В такси и домой. Так закончился этот удивительный день, который я, конечно, не во всей подробности и яркости записал, но который впечатался в мою память на всю жизнь.

### ■ 26 марта 1968

Два дня был занят записью поездки и немного выбился из колеи. Высоцкий в Одессе, в жутком состоянии, падает с лошади, по ночам, опоенный водкой друзьями, катается по полу, «если выбирать мать или водку, выбирает водку», — говорит Иваненко, которая летала к нему. — Если ты не прилетишь, я умру, я покончу с собой, — так он сказал мне.

Шеф: – Это верх наглости... Ему все позволено, он уже Галилея стал играть через губу, между прочим, с ним невозможно стало разговаривать... То он в Куйбышеве, то в Магадане... Шаляпин, тенор... Второй Сличенко.

Губенко готовит Галилея. Это будет удар окончательный для Володьки. Губенко не позволит себе играть плохо. Это настоящий боец, профессионал в лучшем смысле, кроме того, что удивительно талантлив.

Тревожно на душе. Шеф хвалит за Кузькина, мир и благодать во взаимоотношениях, и я, как собака, которую приласкали, не нахожу себе места от радости и благодарности, все заглядываю в глаза, улыбаюсь всем видом: это правда, вы меня не обманываете, я действительно вам нравлюсь, и вы мне почему-то удивительно нравитесь. Этого бояться следует и бежать немедленно. Только Бог судья делам нашим. Не надо очаровываться, чтоб не было столь жестоким разочарование.

Во время репетиции Элла заглянула в кабинет: — Получен лит на «Живого».

— Прекращаем репетиции... Что это такое? Мы привыкли репетировать произведения не литованные, не разрешенные...

— Срочно анонс, афишу на театре и рекламы по городу.

— Надо еще спектакль сделать, хохмачи.

У Зайчика украли 25 рублей. Кому-то показалась моя премия за Керенского большой, и он решил половину взять. Звонок из Ленинграда. Рабиков:

— Валеринька! Дорогой! Рад слышать ваш жизнерадостный голос. Вам есть чему радоваться, у вас блестящая роль в картине получилась, просто блестящая, других слов нет, это я говорю вам, старый киношник, видавший виды... Валеринька, фильм принят редакцией, но нужно приехать на один день, переозвучить не большую сценку, когда мы можем это сделать?

Когда мы можем это сделать? Хоть 28-го, в четверг, если отпустят с «Павших». Но куда девать Кузю?

Вечер. Продумываю план отъезда с Кузей и без. Черчу на бумаге за и против. С собой было бы проще, если бы разрешили сесть в поезд.

Появился Шифферс. Я покраснел, потому что не ответил, не поставил свою подпись на его письме. Кажется, договорились они с шефом о работе. Шифферс делает пьесу по «Подростку».

— Ты будешь играть. Через недели две закончу. Я договорился с Т. Маяковского, но у них нет актера. Я хотел им предложить взять тебя на постановку.

— Будешь делать Мольера, коли душа не лежит.

— Что значит лежит, не лежит, это моя профессия. Если уж говорить, у меня вообще к одному Достоевскому лежит.

— Я сейчас Толстым увлекся, нравится мне его философия.

— Толстой — плохой писатель. Это у тебя от детства. Карякина исключили из партии за выступление в защиту Солженицына, за поддержку Шифферса (надо разузнать точно).

Славина приносит цветы и чай Любимову, каждый день бесцеремонно... при гостях входит в кабинет, молча кладет цветы на стол и уходит, делово, спокойно. Это надо запомнить. Смешная привычка, трогательная, каждый день класть на стол главного цветы.

Получил письмо из Чемала. Мария Т. все еще работает, прислала адрес Антонины Яковлевны.

Думаю. Если мне придумать фамильный герб — что бы в него вошло, каким бы он мог стать, как выглядеть.

## ■ 27 марта 1968

Проблема та же, как быть с Кузей. Плохо спится, не по себе, все еще насморк и суета. На сердце какая-то тяжесть.

Перелистывая самый первый дневник, который почти четыре года писался, я заметил, что писал в него не то, что надо. Кое-что попадается, но в общем — слова, слова... И тут возникает правило из наблюдения: не надо рассуждать в дневнике, это документ, — хроника, и самое интересное в дневниках — факты, события, диалоги, разговоры, случаи, где-то по ходу могут быть и рассуждения, но обязательно по поводу конкретного факта.

Например. Я сегодня стучался к соседке за мешком. Может быть, в нем везти Кузьку. Зайчик встретил в собачьей клинике дядьку, который хвастался — как хорошо он ездит со своим кобельком, в мешок его, дырочку для воздуха, и сидит себе собака смирно и благородно...

Попробую так поступить с Кузькой. Купил ему новую цепочку, сделал намордник

Последние дня три перечитываю Булгакова «Мольер»... Почему я не помню ничего из этого романа, я читал его всего 5 лет назад.

Ездил с Кузькой в его клинику, ничего, стерпел, выдали разрешение на проезд. Зайчик улетел. Через несколько часов я подмел, убрался в квартире.

## ■ 29 марта 1968

Ну вот, закончился вояж наш с Кузькой в город на Неве. Все обошлось, даже никому и в голову не пришло, что у меня в мешке собака. Горемыка, Кузька бедный, намаялся со мной, и я с ним.

П о л о к а: – Это только Золотухин может: приехал с собакой, привез какие-то рядна, сукна.

Из-за этой фразы, быть может, и претерпел я все мучения с Кузей.

Приехал неожиданно Зайчик, накормил обедом. Привез из Душанбе редиски, зеленого лука, гранат.

Разбился Гагарин. Надо же, какая судьба! Так и тянет их в эту пучину — игроки. Закончился цикл, семь лет назад, как впервые на орбиту вышел человек, детей называли Юрками, и в этот траурный день многие в память о нем назовут своих парней Юрками.

Вечер. Почему, когда думаешь о Боге, о том, что не людям, а ему служишь и ждешь его суда, а не людского — легко и весело становится жить и работается.

Сегодня на «Суде» в «Добром», почувствовал сильную слабость и дрожь в теле. Пот выступил и поташнивало. Подумалось: вот и конец. И совсем не страшно стало. Легко. Всем все простилось, и наступило облегчение. И никакого сожаления — одна забота, как бы доиграть получше.

И самое главное: я освободился от своего собственного суда, который в прямой зависимости, как бы я ни отбрехивался, от людского находится... Самосуд, об этом надо подробно записать. Самосуд — это то, что калечит нас, мешает жить, изводит, как зараза.

Читаю снова Толстого. Он помогает мне. Огромное наслаждение доставляет чтение его дневника: от самых незатейливых и много раз повторяющихся деталей до гениальных обобщений, мыслей, постоянная внутренняя огромная работа над собственным «Я». Он сам — религия.

Уметь прощать, забывать плохое, благодарить людей за то, что общаются, улыбаются тебе, накапливать любовь и добро, конечно, в этом счастье и смысл нашей жизни.

Я больше месяца не пью и давно не курю, и прекрасно себя чувствую, если б только не насморк, не усталость, не суета наша, от которой голова кружится так, будто ее сняли с плеч, привинтили к чему-то вращающемуся и закрутили бешено, аж волосы стали от воздуха выдергиваться, потом быстро остановили круг и голову на плечи вдели снова, а все содержимое ее еще продолжает вер-тенье по инерции, как чай в стакане, когда размешиваешь сахар. 12 часов. Спать.

### ■ 30 марта 1968

Мы не помирились с Глаголиным, письмо, в общем, цели не достигло. Единственно, что оно сделало — мы стали разговаривать на тему спектакля, сцен и т. д. Сближения, которое было раньше, не произошло. Он прочно засел в своей конуре и выглядывает оттуда мрачно, как сыч. Жалко его. К творческой вялости он присоединил человеческую неприятность. Шеф сломал его. Он стал холуем, но сохраняя внешнюю независимость, лакейскую гордость и право «обижаться, дуть губы на несправедливый гнев барина, показывая тем самым, как вы можете так со мной обходиться в присутствии других, ведь я вам горшки выношу, мы с вами в таких отношениях, о которых никто не подозревает, а вы меня пинаете, зная, что я все равно смолчу».

Сколько раз я говорил себе: не ходить в кабинет. Человек слаб и вынужден подчиняться, выходить оттуда еще более гадким самому себе, не оттого, что кого-то заложил, что-го глупое брякнул, а оттого, что видишь, как человек с тобой не на равных разговаривает, имея всегда семь в уме, и не скрывает этого. И самое ужасное — зависимость, но не от личности, ума, таланта, и благоговение перед этими качествами, ради Бога, мне никогда не стыдно восторженно с талантом общаться, а зависимость от положения. Здесь все, конечно, то есть, большее, зависит от того, кто стоит выше, к кому пришел.

Начал читать «Подростка».

Вечер. В театре невозможно читать просто так. Обязательно будут спрашивать: «Где ставят?», «Кто снимает?», «Что предлагают» и т. д. В руках артиста не предполагается иной литературы, как роль, только на предмет играть.

## ■ 31 марта 1968

Вчера была мрачная погода и ныли кости. Сегодня опять солнце. Мать уехала на похороны. Зайчик накормил меня и собирается с Кузькой. У меня к Кузьке, как он на мне остался и в Питер скатал, нежность появилась огромная. Животина — сидел в мешке, молчал, однажды только в автобусе залаял, когда мимо его носа ногами стали шаркать, не выдержал.

Я ничего не пишу об общественной жизни, а между тем дела серьезные.

Новотный дал Дубчека. Чехи отменили цензуру, выступление Гомулки, «никаких послаблений в области борьбы двух идеологий» и т. п. Под этот шухер и Кузькин может влипнуть.

Я предложил Зайчику писать мне из Душанбе письма. Просто так, что за окном промелькнет, то и запомнить и мне обрисовать. И перед сном, вместе с чисткой зубов и вроде дневника, записать дневные впечатления, настроения, случаи и отослать мне утром. И вот сегодня я получил такое Зайчиково послание.

«Любимый, все хорошо. 31-го прилететь должна в 2 часа. Что ль ждать будешь? Все. Летим 5 минут.

Красиво за окном.

Выспалась. Через 10 минут Душанбе. Говорят, +40. Днем было 22°.

Завтра — работа. Ни пуха, ни пера — мне ты.

Самолет поташнивает, поплясывает.

Привет тебе.

Спи. Спокойной ночи. Сейчас прилечу, а ты только начнешь спектакль.

Зайка».

Речь пожарника.

Я хочу еще раз напомнить о культуре быта. Я с этими речами выступаю на каждом собрании, но результата пока не видно глазом.

## ■ 1 апреля 1968

Последние два дня заняты делами Высоцкого.

31-го были у него дома, вернее, у отца его, вырабатывали план действий. Володя согласился принять амбулаторное лечение у проф. Рябоконя, лечение какое-то омерзительное, но эффективное. В Соловьевку он уже не ляжет. У меня свои дела.

Сегодня утром Володя принял первый сеанс лечения «Банкет № N». Венька еле живого отвез его домой, но вечером он уже брился, бодро шутил и вострил лыжи из дома. Поразительного здоровья человек. Всю кухню, весь сеанс, впечатления и пр. я просил записывать Веньку, Володя сказал, что запишет сам.

Но самое главное — не напрасны ли все эти мучения, разговоры-уговоры, возвращение в театр и пр. — нужно ли Высоцкому это теперь. Чувствовать себя почему-то виноватым, выносить все вопросы, терпеть фамильярности, выслушивать грубости, унижения — притом, что Галилей уже сыгран, а с другой стороны, появляется с каждым днем все больше отхожих занятий — песни, писание и постановка собственных пьес, сценариев, авторство, соавторство и никакого ограничения в действиях, вольность и свободная жизнь. Не надо куда-то ходить обязательно строго и вовремя, расписываться и играть нелюбимые роли и выслушивать замечания шефа и т. д. и т. п., а доверия прежнего нет, любви нет, во взаимоотношениях трещина, замены произведены, молодые артисты подпирают. С другой стороны, кинематограф может погасить ролевый голод, да еще к тому же реклама.

Я убежден, что все эти вопросы и еще много других его мучают, да и нас тоже. Только я думаю, что без театра он погибнет, погрязнет в халтуре, в стяжательстве, разменяет талант на копейки и рассыплет их по закоулкам. Театр — это ограничитель, режим, это постоянная форма, это воздух и вода. Все промыслы возможны, если есть фундамент. Он вечен, прочен и необходим. Все остальное — преходяще. Экзюпери не бросил летать, как занялся литературой, совершенно чужим делом. А все, чем занимается Володя, это не так далеко от театра, смежные дела, которые в сто крат выигрывают от содружества с театром.

### ■ 10 апреля 1968

Три дня не писал. С перерывами пошло. Ну, ничего. Сегодня среда, выходной день, срочных дел с утра нет. Зайчик поскакал на студию Горького, а я попытаюсь навести порядок дома, в мыслях и в дневнике. Основным событием, которым жил эти три дня, и которое, быть может, и выбило из установившейся колеи, был первый адовый прогон «Живого» и для того, чтобы не очень думать о нем и переваривать в себе его, я навалил на себя побочных занятий — ездил два раза с Кузей в школу, на студию, занимался делами по дому и т. д. И времени не было сесть и подумать, остановиться, осмыслить, да и не больно хотелось.

А сегодня как раз все и подошло — хочется и поразмыслить, поколдовать над дневником, и времени предостаточно.

8 апреля. Репетиция и спектакль, между ними был на студии в группе «Трое». Туда же и Зайчика вызывают.

9 апреля. Вывел Кузьку днем и упал не раздеваясь, успел только будильник завести. Вечером делал квас.

И вот первый адовый прогон. Для меня он прошел неудачно. Я сразу зажался, сбился с тона, от волнения забыл мотив частушки и т. д. Шеф вместо того чтобы подбодрить, стал нервничать сам.

Я это и сам чувствовал, но победить себя не мог. Отчего так заволновался? Не пойму. Все оттого, что не Божьего суда жду, а людского... Зачем спешить на суд людской? Как много мне еще нужно трудиться над собой, переделывать себя, чтобы не бояться людей, служить им и не требовать от них ни благодарности, ни суда... Когда же я наконец обрету эту свободу, независимость своего духа?..

Штейнрах. Поцеловал меня: — Вы мне очень понравились, это по большому счету, без дураков. Я даже не хочу говорить о частностях. Получилось главное. Вы убедили, доказали, что вы имеете полное право быть три часа перед глазами. Тема Живого трепещет в спектакле, ваша тема, значит, все правильно. Я очень рад за вас, положить такой ролевой запас в сумку — это очень хорошо.

З и н. Д м и т р и е в н а: – Умница, молодец, все получается, а я ведь очень боялась, все время на сцене, не сходя, целую, целую...

Ш е ф: – Давай, Валерий, давай, милый.

— Даю, но не получается, Ю.П.

А в т о р: – Все получается, не прибедняйся.

Ш е ф: – Даже автора расстроил прогоном.

Я: – То ли еще будет.

Ш е ф: – Но я думаю, большего падения у тебя уже не будет. Давай, не подводи меня.

Пожарные хвалили, сапожники, портные, травести — пенсионерка растроганная целовала.

Заметил. Подлинную свободу на сцене обрести очень сложно, т. е. ту свободу, когда легко дышится, брызжет из тебя. Часто бываешь и не зажат, свободен вроде, но свобода превращается в нахальство, аккумулируется в наглость, во фрондерство, в злость, в бесшабашность и т. д.

Опять потеря святости, доброты. Много думал эти дни о своей жизни, о профессии и вот до чего додумался. Другой жизни у меня нет и другой профессии тоже нет и не будет. Я артист, и на этом надо успокоиться и поставить точку. Плохой ли, хороший ли, но артист, и ничего другого делать не умею, и никогда делать не буду. Потому мое рассуждение от пятого марта о «деле на черный день, коль не удастся Кузькин» я считаю недействительным и поступать ни в литературный, ни в какой другой институт я не буду. А если несчастье — ну что ж, чему быть, того не миновать, будем и относиться к нему, как к несчастью, будем изворачиваться. В этом смысле мне понравилась мысль Наташи из редакции «Смены», когда Замошкин посоветовал мне писать с учетом времени: — Нет, Валерий, я не согласна с Кир. Ник, писать надо без всякого учета, как пишется, как получается, а у вас получается прекрасно, так и пишите, кусок хлеба у вас есть, и поэтому печататься особенно не торопитесь».

«Не заботься о завтрашнем дне». Евангелие.

И письменный стол я куплю себе только после премьеры, и писать буду в свободное от работы артистом время. И заниматься своим образованием буду сам, коль возникает в том желание и потребность. Образование ума не прибавляет, а самообразование — прибавляет — чья-то мысль, по-моему, очень правильная.

Третьего дня получил письма от т. Лены, от Тони. Хорошие. Вот, оказывается, почему молчит Междуреченск, из письма Тони:

— Тебе не пишут, потому что отцу вдруг не понравилось твое письмо, вернее, одна фраза: «...Напиши, Таня, как они там живут». Или что-то в этом роде. «Вишь, мол, зазнался, мать ему плохо, не красиво пишет». Мама-то, конечно, хочет написать, да уж что отец сказал, то она ослушаться боится. Ну я их постыдила. Володя говорит — я что буду писать, ошибки делать — он все стесняется, а мама говорит: — Давно бы написал, живешь чужим умом.

Валера, пиши родителям письма попроще, без лирики.

Как говорится, комментарии излишни. Узнаю отца.

Вечер. Прискакал с двух концертов. Тридцатка в кармане.

Записки:

№ 1. Снимается ли где-нибудь еще артист В. Золотухин после удачного выступления в фильме «Пакет»?

№ 2, 3, 4. Почему молчит артист Буткеев?

Зинка* дура ляпнула: — «Импресарио».

№ 5, 6, 7 «Что с Высоцким?»

Правда ли, что Высоцкий уволен из театра? И т. д. Нет, Высоцкий снова в театре, вчера мы играли «Послушайте» первым составом. Взят на договор с какими-то унизительными оговорками, условиями и т. д. Но иначе, в общем, и быть не могло.

Афоризм Буткеева: «Деньги — зло, слушай музыку и ты будешь гармоничным человеком».

## ■ 12 апреля 1968

С утра бодр, свеж — выспался. Отличное настроение, дай Бог, чтоб на целый день. С 11 до 8–9 часов нормальный сон. А теперь несколько слов о приказах, запрещающих халтурные (т. е. левые) концерты.

— У каждого свой хлеб, господин директор. Я же не спрашиваю вас, на какие деньги вы купили в свое время голубую «Волгу» и шеф – своего «Москвича» тоже. На зарплату в театре, сами понимаете, это невозможно. Наследство? Шутки. Богатая жена? Чушь. В наше время?! Я краем уха слышал, как вы похвалялись количеством таких дел, при помощи автомобиля Сатановского, а потом и своего. Так что, давайте не будем, господин директор, пусть каждый отвечает сам за свою шкуру... И не лишайте дела ОБХСС, у них тоже свой хлеб, господин директор. Фельетон в газетке? Согласен, неприятно, но что поделаешь? Есть вода, есть и сырость, ветер — есть насморк, что поделаешь, любишь кататься... помните детскую поговорку...

* Зинка — Зинаида Славина, актриса Театра на Таганке, исполнительница главных ролей Шен Те и Ниловны в спектаклях «Добрый человек из Сезуана» (1964) и «Мать» (1969).

Насчет ответственности художника вы мне не говорите и слушать не стану. Вы не мальчик и должны понимать. Я денег не требую, не прошу — народ дает сам их мне, и благодарит, и извиняется, что мало дал. Что же мне, отказываться? Никогда бизнес не считался позорным занятием, кроме Божественных заповедей и книг, это не воровство, я получаю за свой труд. А кто знает, сколько мой труд стоит? ОБХСС? «Бесплатно только птички поют», — сказал Шаляпин, а он достопочтенный человек, скалы скупал. Это не лучшее, конечно, что он сказал и сделал, но ведь он и бесплатно пел. Так что, так на так.

Я хожу в «задрипанном пальто», изволил заметить егерь, Зайчик без обувки, без одежки соответствующей, конечно, это все суета, и в бочке можно жить, но что поделаешь, не приучены.

## ■ 13 апреля 1968

Вчера приходил Назаров. Просил замолвить словечко за него Можаеву. Арнштам — (худ. рук объединения вместо Пырьева) дает ему делать можаевский сценарий, мелкотравчатый, но выбирать Назарову не приходится, три года без работы. Тут же пришел Можаев. Замолвил. Приезжал Колька. С Мотылем уладилось. Работает, но денег лишили пока. Рассказывал про тюрьму. Страшно, но тянет испытать самому. Сохранил его чертеж, пригодится для рассказа о двух бродягах.

Кольку в тюрьме окрестили — Кавказский пленник.

Колька как всегда «много ел», ночевал. И сейчас спит в носках, в верхней рубахе на белых простынях — тюремная привычка, спать, не раздеваясь. Романовский не отвечает на открытку, стыдно, наверное.

С утра ходил с Кузькой. Сыплется что-то сверху вроде манной крупы, и мерзнут руки. Сегодня собачьи испытания, может быть, стоит поехать, посмотреть? Концерт с Высоцким — «возвращение блудного сына». Купил две бутылки вина, 3 «табака». Устроил встречу притравщикам. Колька с Ниной ездили к лисе, возили Кузю. Читаю «Исповедь» Толстого. «Подростка» пока бросил, «круг Кузькина» мешает вникать в интриги.

### ■ 14 апреля 1968

Обед. Сегодня снова утром почувствовал себя гением. Проснулся и чувствую — гений, гений и все. Я стараюсь разубедить себя, проснуться, сплю, не сплю, хожу — гений и все. Жена не поймет в чем дело — гением, говорю, снова себя чувствую, и не пил как будто вчера, а чувствую себя гением и точка.

Вот что сделай, как с тобой случится это в следующий раз. Беги в ванную, раздевайся догола и становись под холодный душ. Все внимание уделяй на верхнюю часть, особенно на голову. Полчаса нужно стоять. Первые 15 минут вода будет кипеть, отскакивать, как плевок от утюга, не обращай внимания, так и положено, по себе знаю, вторые 15 мин. появится соблазн выскочить из-под струи, ни в коем случае, на миг отстраниться, все надо будет начинать сначала, снова 15 мин. вода в пар от головы будет превращаться. Потом быстро одеться и к шефу на репетицию, он закончит курс лечения. Особенно эффективен метод, когда шеф не в духе, а если в духе, постарайся как-нибудь испортить дух ему, и о том, что ты гений, ты забудешь в момент и долго не вспомнишь об этом потом.

Утренний «Галилей». Снова Высоцкий на арене. Зал наэлектризован. Прошел на «ура». Алые тюльпаны. Трогательно.

Толстой, «Исповедь»: «...Вера есть знание смысла человеческой жизни, вследствие которого человек не уничтожает себя, а живет. Вера есть сила жизни. Если человек живет, то он во что-нибудь да верит. Если бы он не верил, что для чего-нибудь надо жить, то он бы не жил. Без веры нельзя жить».

Конечное к бесконечному...

С л а в и н а: – У вас с Венькой появилось перед Володькой подобострастие... Вы как будто в чем извиняетесь, лебезите, заискиваете...

Есть несчастье и незнание, как относиться к нему, что делать, что будет дальше... тем более что для него самого нет этого несчастья, он не считает себя больным и в чем-то виноватым, во всяком случае в той степени, в которой считаем мы... И мы растеряны... Это как — видишь язву на лбу другого и знаешь, чем она грозит, а сказать боишься и сознаешь беспомощность, коль скажешь, — потому что ничем помочь уже нельзя... Вот и мнешься, и теряешься.

### ■ 15 апреля 1968

Домашние с утра по делам разбежались: кто с Кузькой, кто в магазин...

Начинаю взаправду о «Живом» бояться... Вдруг закроют, что тогда? Это с одной стороны. А с другой – жду, как начнутся прогоны, как обрету я силу и спокойствие, как до фонаря мне станут лица большие и малые, только успевай, поворачивайся... Крылья пока еще связаны, и связаны неразберихой, постановочной неточностью... текстовой неуверенностью... Павлу Орленеву посвящается... Это надо помнить, милостивый государь...

Говорят, что Толстиков станет министром культуры вместо мадам. Нам конец придет полный, и не только нам. Известный хунвейбин, прославившийся в борьбе с интеллигенцией, сделавший колыбель революции строгорежимным лагерем.

## ■ 16 апреля 1968

С утра хорошо себя чувствую и прекрасное настроение. Занимаюсь письмами. Надо много написать.

Записываю попурри на гармошке для «Живого». Получил зарплату 33 рубля. Ездил в редакцию, забрал рукописи. Зашел к Романовским. Славки не было, проводил Леру до театра. Поехал домой. Написал письмо Тоне. Завтра ей отошлю свои рассказы.

## ■ 18 апреля 1968

Только успел вчера запечатать письмо Романовскому, как явился сам с Лерой. А у меня как душа чуяла — на каждый звонок, шумок вздрагивал и прислушивался — не идет ли? Гены какие-то существуют, телепатия. Ночевали. Я спал на кухне. Отключили холодильник, чтоб не мешал. Но не мог заснуть долго, все текст мерещился, частушки, «Березонька», а потом кошмарный сон, будто прогон, а у меня балалайка не та, на балалайке шесть струн натянуто. Шеф на сцену, за мной гоняется: — Почему не играешь? — Не могу, — говорю, — на балалайке шесть струн натянуто. — Ну и что? Играй... — Не умею на шестиструнной балалайке играть, только на трех, а «Камаринскую» вообще на одной играю...

В общем, чушь какая-то.

Хвалил шеф, Можаев просто обалдел от радости, как хорошо, и сам чувствую — с Богом живу. И в то же время такая тревога на душе после репетиции. Что-то должно случиться, сердце стучит от волнения и от сознания, что что-то выходит из меня настоящее и общечеловеческое.

Отец мой, не оставь меня, не погуби тщеславием и самовлюбленностью, всели в меня силы и уверенность для ведения дела любви и придай скромности и доброты духа моего, не погуби корыстью и суетой. Чтобы все так и еще лучше, но не мне, а людям, а через них и мне что-нибудь перепадет от нашей общей любви. Аминь.

Подлетел Глаголин. На ухо шепчет: — Театр в ужасном положении. Ты не представляешь, насколько все серьезно. Нужно срочно вступить в партию — в два дня. В субботу собрание, три рекомендации, и дело в шляпе. Нужно укрепить нашу организацию молодыми кадрами, Любимова могут снять в любую минуту. Завтра и послезавтра прогонов не будет. Надо срочно вступить в партию вам со Смеховым.

Я за правое дело в огонь и в воду, но это ведь очень серьезное дело, сейчас сгоряча влипнешь, потом не рассчитаешься. В два дня такие дела не делаются. Ты пойми меня правильно, это расходится по всем пунктам с моими убеждениями. Да потом, наивно думать, что два партийных человека молодых могут спасти что-то. Если сверху нацелились и есть на этот счет указания, хоть весь театр подастся в партию, ничего не добьется и не изменит.

Смотрел репетицию Анхель. Хвалил. Ездили в ВТО обедать Проводил его до дому. Рассказывал, как его обокрал Хмелик и отнял два года жизни: — За эти два года я бы уже фильм снял и новый начал.

М о ж а е в: – Этот Назаров — дерьмо, по-моему. Начал считать, сколько у меня положительных героев, сколько отрицательных, чего-то переставляет, передвигает, одних в положительные, других еще куда-то, арифметикой занимается, а не делом. Ты мне честно скажи, что он за мужик?

Провожал Анхеля и попал на Новый Арбат и подумал, глядя на эту архитектуру модерновую — ну кого мы удивить хотим? И чем! Коробкой спичечной на попа или ребро?

А рядом, между этими коробушками, стиснутая ими со всех сторон, притаилась церквушка, и нет особого в ней «изюма», но хорошо и на сердце мило. И еще подумал: как давно я не ходил по Москве просто так, не по делу, — гуляя и дивясь на нее, ведь хоть постарались некоторые деятели на атеистической ниве, истребили татары своего засола очень много красот русской в Белокаменной столице, но все ж кое-что осталось и удивляет. И решил — как освобожусь немного, пойду пешком по московским церквам и храмам и отдохну сердцем. Возьму сумку, посох, перехватить что-нибудь и буду ходить, смотреть и радоваться просто так, просто от того, что есть такая красота на земле нашей и что, действительно, человек рождается, чтоб полюбоваться ею и уйти с миром назад, чтоб рассказать другим там, что видел здесь, на что обратить внимание, коль случится кому родиться.

Шифферс дал свой роман на четыре дня. Зайчика все нет. А я уже скучаю. Что бы я делал без Зайчика, не знаю. Другого такого Зайчика мне никогда не найти, Зайчик, хороший мой, любимый мой, приезжай скорей домой.

Ноги гудят. Устал, намотался за день. Квас пью. Теща говорит: — И с чего ты пьешь столько, есть не ешь, а пьешь столько, у тебя... водянка будет, смотри.

Вот и еще один день сократился, так и идет жизнь в делах и заботах.

## ■ 19 апреля 1968

Приближается 4-летие театра 23 апреля. Венька с парнями, а скорее один, сочиняет капустник, я почти не принимаю участия за неимением времени и «физических сил», как говорит Дупак. Кстати — почему Любимов уверен, что Дупак — стукач, что между ними произошло, мне все кажется — не прав шеф, но, быть может, в связи с официанткой «Камы», ожиданием ребенка от нее, развода с женой и пр. темными для нашего общества делами — Дупак чего-нибудь боится и не хочет портить отношения с начальством, заигрывает с ними на всякий случай, каждый ведь хочеть жить — у него не было детей, он был женат на старой больной женщине, и тут ему предстоит стать отцом в сорок с лишним лет, это ведь какое счастье для мужика, променять, отдать все, жизнь, славу, положение — нет, положение он не хочет терять, и как ему удержать свою кралю? В общем, черт его знает, положение у него незавидное сейчас. Любимов обвиняет его в измене, в развале театра, в стукачестве.

### ■ 20 апреля 1968

Мой день вчера.

В 11 часов одеваюсь для репетиции, готовлю на сцене чучело Живого, проверяю реквизит, все делово, спокойно. В зале какой-то народ, человек 20, на меня это нимало не подействовало, как раньше, я радостно отметил это про себя, волнение было в пределах возможного, хотя сидели Карякин, Крымова, какие-то интеллигентные люди, солидные, в очках. Одного воробья я в суете не узнал, хоть и рассмотрел внимательно. Это Жан Вилар и рядом Макс Лион.

Л ю б и м о в (*берет микрофон*):

— Дорогие артисты, приготовились к репетиции, проверьте выхода, березы и давайте начинать.

К нему подходит Дупак, что-то шепчет на ухо. Обменялись о чем-то шепотом. В зале лишь слышно, как лампы в софитах шипят.

Л ю б и м о в (*громко*):

— Я не могу этого сделать, я буду репетировать.

Д у п а к (*громко*):

— Я прошу этого не делать, либо я вынужден попросить сам выйти всех из зала.

Л ю б и м о в: – Я отвечаю за свои действия, это не прогон, это черновая репетиция, и право театра приглашать специалистов на рабочую репетицию.

Д у п а к: – Это не рабочая репетиция, это показ, а показывать, я считаю, еще нечего, тем более посторонним людям.

Л ю б и м о в: – Здесь нет ни одного постороннего человека, это друзья театра, которые помогают нам в нашей работе вот уже четыре года.

Д у п а к: – Я требую остановить репетицию.

Л ю б и м о в: – Я не подчиняюсь вам. Покажите мне бумагу, запрещающую репетиции.

Д у п а к: – Зачем эти детские разговоры, или мне что, выключить свет?

Л ю б и м о в: – Пожалуйста, идите, выключайте! Вы оказались в одном стане с Улановским. Когда он растаскивал декорации «Павших и живых», вы не были с ним заодно, а теперь вы вон как заговорили.

Артисты давно высыпали на сцену. Я мелю какую-то чушь, что это моя работа, вы мне платите, я никому ничего не показываю, я просто работаю, репетирую.

Вякает что-то Зинка, Власова.

У меня лезут глаза из орбит, кружится голова, бьет колотун (Гоша мне об этом сказал вечером). Я ничего не соображаю, понимаю только, что происходит что-то неслыханное, скандальное и всерьез.

Все больше шумит Любимов, краснеет и бледнеет Дупак, сзади шефа, за спиной маячит парторг Глаголин, заводятся артисты, поднимается всеобщий шухер.

Д у п а к: – Давайте мы не будем все кричать. Время идет, и надо что-то решать. Я предлагаю подняться на десять минут наверх и обсудить создавшееся положение. Как вы считаете, Борис Алексеевич?

У Глаголина вид растерянного сатаны. Он наклоняется к уху шефа.

Г л а г о л и н: – Я считаю, что надо подняться на пять минут, Юрий Петрович...

Л ю б и м о в: – Ну хорошо. Гости дорогие, извините, что так получилось. Мы вас просим подождать 10 минут спокойно в зале, а мы выйдем и договоримся. Пойдете, может быть, из коллектива кто хочет присутствовать? Местком... комсомольская организация?..

В кабинете.

Откровенный скандал.

Л ю б и м о в: – Что вы крутите, говорите прямо, что вам приказали подыскать нового гл. режиссера... Но пока у вас нет бумаги о моем снятии, я подчиняюсь не вам, а Управлению культуры.

Д у п а к: – Звоните в Управление, это их распоряжение о запрещении прогона «Живого», тем более в присутствии Жана Вилара.

Л ю б и м о в: – Никуда я звонить не буду, надо, пусть сами звонят. Я себе не представляю, как можно сейчас Жана Вилара, пожилого человека, друга Советского Союза, замечательного режиссера вывести из зала?

Д у п а к: – Я хочу во что бы то ни стало спасти театр и сохранить вас для театра, для меня и для всех нас это важнее, чем присутствие Вилара.

Л ю б и м о в: – Я знаю, как вы хотите меня сохранить, не надо закручивать мне баки, вы изменили театру уже два года назад.

Д у п а к: – Не говорите глупостей! Борис Ал., что вы думаете?

Глаголин: – При сложившейся ситуации... Лучше бы для нас всех и в первую очередь для театра...

Любимов: – Ясно... При сложившейся ситуации я не вижу возможности попросить людей из зала. Вы подумайте о чести, о нашей чести, о чести всего государства, это же материал для буржуазной печати — «Вилара вывели в Советском Союзе из зрительного зала товарищи!» Нет, не могу с этим согласиться, я член партии и я начинаю репетицию. Товарищи, идемте начинать, неудобно, люди ждут уже 15 минут.

Дупак: – Я снимаю с себя всякую ответственность.

А люди действительно ждали... никто не покинул зал. Стояла та же гробовая тишина.

Вилар сидел все так же прямо и с предчувствием радости.

Любимов: – Гости дорогие, извините, что мы вас заставили ждать, сейчас мы начнем... Артисты дорогие, я понимаю ваше состояние, но тем не менее прошу вас набраться мужества и провести репетицию спокойно и собранно.

Приготовились... Лида, ты готова... Начали...

Я чуть не разревелся, когда сказал: — Борис Можаев... Из жизни Федора Кузькина — Живой.

И спектакль пошел... ровно и в хорошем темпе. Где-то в «Сомах» шеф прокомментировал в микрофон — «Молодец, Валерий». То же самое он сказал в антракте. Вилар приходил на полчаса, просидел все действие и в перерыве смылся.

После прогона в буфете состоялось небольшое обсуждение: выступали Вознесенский, Карякин, Крымова, Кондратович и Виноградов из «Нового мира»... Говорили много хорошего, критиковали почти все финал. Крымова вообще сказала отсечь всю часть после суда, кто-то сказал: «Кузькин гениально смеется». Все посмотрели в сторону буфета, где за ширмой сидел д. Вася, у которого я взял напрокат смех... Говорили, что мало любви с Зинкой.

Карякин: — «Классический образ получается, поздравляю... Здорово с медалями сыграл...»

Любимов: –Молодец, Валерий, я на тебя тогда взбеленился, но важно, чтобы ты сам понял, что ты правильный нашел ход. Продолжай набирать, не теряй, на весь спектакль бери дыхание и беги... Ты бежишь здесь на 10 000 метров, поэтому не сбивайся на мелочи, вези спектакль.

Весь день закончился в толках о скандале и спектакле.

Вечером — «Добрый», еле ноги доволок до дома.

Мой день сегодня.

Вчера и сегодня для меня, может быть, важные дни в рождении моего Фомича. И поэтому я подробно записываю, кто что сказал. Я борюсь со своей слабостью — привязанностью к людскому суждению и чувствую — иногда совсем освобождаюсь от зависимости людского суда, это помогает в работе, в беге, но потом, когда закрылся занавес, хочется понять — нужно ли то, что ты делаешь, людям, в конечном счете для них наш труд, поэтому и тянешься к говорящему и ждешь доброго слова и огорчаешься, не дождавшись.

Сегодня прогон шел грязнее, с накладками и текстовыми и особенно техническими. Были «друзья театра»: Логинов, Толстых, Марьямов, Эрдман с женой, критикесса из управления и сама мадам Целиковская. Это ответственный момент. Почему я боюсь жену и тещу главного больше, чем его самого? Она смеялась. Но не на меня... А жаль... Хотя не очень. Очевидно, это слабость моя нравится женам великих людей.

Жена Эрдмана: – Кузькин чудо. — И своей соседке: — Ведь правда, очень хорошо? — И соседка, кажется, согласилась.

Лена Толченова (*жена Васильева*): – Валерка, я тебя поздравляю, ты мне доставил вчера такое удовольствие, я впервые тебе это говорю. Один из всего этого... прям до слез. Молодчина, прекрасная работа.

Критикесса: — Удивительно точное попадание исполнителей первых ролей... Золотухин — о, это большая удача и театра и его самого... талантливая работа... А те, кто ему противостоит, марионеточность исполнения, талантливо, но не живые люди. Райком — это не живые люди — марионетки...

Любимов: – Я с этим буду спорить... а Смирнов, а Колокольников?? Разве это не живые люди?

Критикесса: – Эти двое — да... но мое дело заметить... а ваше — прислушаться, я не вижу тут повода для полемики.

Толстых: – Меня смущает музыкальное однообразие, громоздкость стульев, и по-моему, это неудачная находка... И вот Золотухин. Он работает здорово... Изобретательно и по внешним ходам, и по внутренним, и он набирает весь спектакль силу, потом суд – и дальше провал... характер не вырастает к финалу, а мельчает... Скорее всего, это драматургический просчет. Вся финальная часть топчется на месте... ничего не происходит.

Эрдман: – По-моему, очень интересный спектакль... Какие-то мелкие доделки еще нужно будет сделать, убрать две-три частушки, они надоедают и действуют по инерции на ощущение от всего...

Меня он поздравил лично. Рядом стоял Смирнов, я думал — протянет он ему руку или нет? Нет, не протянул. А мне сказал: «Очень интересная, настоящая работа... Мелкие недоделки... но это когда разыграешься, подпустишь, а в целом очень, очень хорошо...»

Венька: – Суд и Счастье, Валюха, гениально. Я смотрел только конец.

Высоцкий: – Твоя работа меня устраивает на сто, ну, на 99%. Валера, это грандиозно, то, что ты делаешь, ты иногда делаешь такие вещи, что сам не замечаешь... очень хорошие места с плотами, «суд», «счастье», «пахота» вообще это твоя удача и Петровича.

Володя говорил много и так хорошо и трогательно, что я чуть не разревелся.

Прилетел Зайчик из Душанбе. Привез себя, денег, гранатов, винограду, редиски... Загоревший и счастливый.

## ■ 21 апреля 1968

Пасха. Иисус воскрес! Воистину воскрес!

Собирание комплиментов. Отец мой! Помоги мне из этого занятия выйти здоровым и не загордившимся. Что-то в моем Фомиче есть здоровое, кажется, мне удалось его сделать Божьим человеком, добрым и смирным; а если гневится вовсю, то только защищая истину от сволочей.

В нашей профессии есть что-то от гончей собаки, которая идет по следу, или от той, что тащит санки. Как собаку нужно вовремя подбодрить или огреть хлыстом, чтобы она вовремя бежала. Но огреть уверенно и больно в меру, так и артиста. Где-то в середине я начал терять уверенность, даже не уверенность, а ориентир, появились шоры, затолмуженность, и вот тут-то меня стеганул шеф, то, что он стегал меня раньше, было больно, но не закономерно, он еще сам не знал, куда бежать я должен, а когда огрел после первого адового прогона — знал уже точно и уверенно дал мне след.

(*Запись на полях.*)

Как хороший егерь знает характер и повадки своей собаки, так и режиссер должен точно знать своего актера, его особенности, психику, чтобы не ошибиться в методе — не стегать, когда нужно погладить, но ударить точно вовремя.

Может быть, мне это все теперь только так кажется... а потом работа еще вся впереди... ни в коем случае не спускать пары, работать, работать, тренироваться, читать, укрепляться в вере... Бог мой, помоги мне выделаться в человека твоего стада.

### 22 апреля 1968

Два дня — сегодня и завтра не будет репетиций «Живого». Потеря темпа или нужная передышка? Это необходимо уяснить для себя. Очень важно считать, что это — «перевести дух» и можно двигаться дальше.

### 24 апреля 1968

Два дня битвы за сохранение Любимова, за сохранение театра. Все встали грудью, как один, как сплошная стена.

Наступило тяжелое для театра, для всех нас время, и вот оно-то и определит наши индивидуальные человеческие и гражданские позиции, проверка на вшивость пришла.

У меня нет желания эти дни описывать подробно, по часам, хотя, может быть, это-то и будет самым интересным для потомков, коль они начнут разыскивать нас. Запишу, что придет, застучит в память. Сразу такое событие, да оно еще и назревает к тому же, не охватишь глазом, не оценишь чувством, не сообразишь по ходу.

Первый день — 22 апреля — день слухов, исходит из гл. квартиры, в основном от жены — жена не станет врать, — слухи подтверждаются еще кем-то посторонним, поднимается шухер, народ хочет найти козла — директор и заместитель — собирается ком. открытое собрание, я секретарствую, Венька председательствует, выносится решение.

Поносят Дупака, Улановского, приходит Дупак:

— В чем дело? Почему не пригласили меня? Я пока директор, член партбюро...

— Здесь критикуется ваша работа...

— Я бы вам объяснил, вы пользуетесь какими-то слухами...

Венька предлагает подвести черту. Дупак просит слова. Голосуем. Слова не дают. Он начинает кипятиться. Уговорил, дали слово... Просит ознакомить с протоколом. Объясняем на словах; видно, как его страшно интересует, кто именно и что в подробностях говорил. Уже потом:

— Дайте мне протокол, я — коммунист, я имею право контролировать действия ком. организации.

Протокол не у меня. Он у Киселева. Киселев посылает его к Губенко, Губенко говорит, что потерял ключи...

— Какие ключи?

— От места, где лежит протокол.

Решение отпечатываем на машинке. Передаем его в партбюро. Дупак звонит Шабанову (читает по тел. нашу бумагу). В три часа они уезжают в райком.

Первые слова Шабанова, как появились наши деятели: — Что там у вас, Славина руководит театром? Вы даже не знаете, что у вас происходит собрание.

Почти никто не уходит из театра. Митингуем, готовы на все: положить заявление об уходе, массовый уход, забастовка.

— Без права поступления в театры Москвы и Ленинграда. — Готовимся в таксисты.

Вечер. «Десять дней». Антракт. Труппа собралась в большой гримерной. Приходят Дупак, Глаголин, Голдаев — члены бюро. Труппа требует ясного разъяснения о положении дел, о судьбе гл. режиссера. Я пишу.

Глаголин: – Сегодня было ком. собрание, которое приняло резолюцию, в которой просило партбюро разъяснить положение дел и прекратить распространение зловредных слухов о снятии Любимова.

1. Репетиции сп. «Живой» прекращены с ведома Ю.П. Сначала хотели вывесить приказ, но Ю.П. попросил этого не делать, написал докладную записку, где заверил партбюро, что они с автором будут дорабатывать литературный материал, чтобы усилить, уточнить его идейную направленность.

2. Насколько мне показалось, некоторые товарищи сомневаются в деятельности бюро. Напомню, что все спектакли обсуждались и принимались бюро, и бюро впеоед всех отвечает за все события. Я хочу сказать, никаких расхождений с Ю.П. нет, бюро поддерживало и будет поддерживать парт, линию гл. режиссера.

3. Сегодня я и Дупак были у Шабанова. Т. Шабанов сказал: «Приказа о снятии нет, и вопрос так не стоит».

4. В трудное для театра время, защита театра состоит не в анархии, а в выдержке и организованности, в разумности поведения, поэтому я думаю, что все наши действия есть одного плана — в защиту Ю.П.

Я призываю всех к выдержке и разумному поведению. Сегодня Родионов подтвердил еще раз: приказа нет. Завтра будем разговаривать с Шапошниковой.

Голдаев: – Мы приняли решение. Расхождений с гл. режиссером у п. бюро не было. Завтра бюро соберется еще раз, с учетом завтрашнего совещания. Нужно единство в позиции всего коллектива, и у нас, у бюро партийной организации с позицией ком. собрания расхождений нет.

Сабинин: – Приказа нет, все в порядке. А что есть? Что значит «трудное для театра время»?

Губенко: – Мы благодарим парторга и директора за сообщение коллективу о положении дел.

После спектакля: — Ю.П. будет на совещании, хочет выступить, просил вас подготовиться, тоже выйти и спокойно по бумаге прочитать. Вести себя сдержанно и достойно.

До двух часов ночи я готовил речь. Утром переложение на машинку в двух экземплярах, с выражением прочитал жене и теще, одобрили.

Шеф ходил перед «Ленкомом» взад-вперед, как разминался на ринге, похож был на какого-то зверя, может быть, льва, который, не обращая внимания на зрителей, сосредоточенно вдоль решетки – туда-сюда. Подъезжали, подходили артисты, здоровались друг с другом и почему-то по одному подходили к шефу, как за указанием перед смертельной операцией, как будто шеф говорил каждому свое, другое... всем же он говорил одно: — Спокойствие и выдержка. Поддержите, если не будут давать слова.

Докладывал балбес Сопетов, первый заместитель начальника управления.

— 61 спектакль, по количеству хорошо, по идее не так хорошо и правильно.

— Еще Энгельс так мечтал о драматургии.

— Почему такая страсть показывать теневые стороны, унылые, грустные.. А где же произведения, зовущие вдаль, к светлому коммунизму, вселяющие уверенность, а не сомнения, и растерянность, грусть у камина...

— Театр Ленинского комсомола вернулся к молод. теме и занимает достойное место среди молодежных театров.

— Наметилось повторение опасных ошибок в Театре на М. Бронной, которые имели место в Театре Лен. комсомола.

— Повысить и укрепить роль директора театра, как партийного руководителя, – призвал нас исполком Моссовета.

— Советский труженик получил теперь больше времени для культурного отдыха, и мы должны его этим отдыхом обеспечить.

— Будьте покойны, они этот график с ком. пунктуальностью выполнят.

Сопетов косноязычил в микрофоны час, а Ленин с задника кричал на трибуну.

Прения... Верх идиотизма, глупости, серости... Все заранее подготовлено, известно, кто и о чем будет говорить... На трибуну выходят люди, которые ни о чем серьезном, интересном не могут сказать — профсоюзные деятели — Розов, Баркан, Некрасов.

Р о з о в: – Тем, кто вышел сейчас из зала, Советская власть ничего не дала.

Б а р к а н: – Почему никто здесь не говорит о наболевших вопросах... цыгане — неорганизованный народ, спек. про войну, как цыгане... театр ездил в мире. Это очень серьезные вещи, почему никто не говорит об этом... Я скажу... Даем прибыль и не можем ее использовать. Я не могу сформировать труппу, как нужно... устарели формы театра, произведений. Я кончаю, я кончаю...

На следующий день он вступил в партию.

Н е к р а с о в: – Давайте встретимся с драматургами. Нет хороших пьес, в чем дело...

20 мин. упрашивал организовать встречу с драматургами — паразит, идиот, прости Господи.

Верченко сказал об идейной бесперспективности Театра на Таганке.

Л ю б и м о в: – Кому приготовиться следующему?

Р о д и о н о в: – После выступления т. Верченко я все скажу.

Р о д и о н о в: – На этом разрешите собрание считать закрытым, подвести черту и зачитать резолюцию.

Л ю б и м о в: – Я прошу слова.

Р о д и о н о в: – Все, Ю.П., совещание закончило свою работу... и у меня нет ни одной записки... нет, есть одна анонимная.

Л ю б и м о в: – Анонимных записок не читаем.

Р о д и о н о в: – Тут с одной Таганки записалось 6 человек, вы что же хотите, чтоб всем дали слово?

Поднимается шухер.

Выкрики.

С а б и н и н: – Разве вы не видите, какая пропасть лежит между вами и залом? И вы нам оттуда несете глупость...

З о л о т у х и н: – Коммунисту не дают слово.

Выскакивает Г у б е н к о: – Товарищи, я хочу зачитать резолюцию ком. собрания.

Р о д и о н о в: – Тов. Губенко, я прошу вас не делать этого.

Губенко начинает читать. Его перебивает в микрофон Родионов, зал орет.

Г л е б о в: – Губенко, сядьте!

Дупак сидит с ними, деятелями Театра Станиславского, их парторг брызжет пеной, вскакивает с места, беснуется... Куролесина начинает читать резолюцию... «Указать Т-ру на Таганке на идейные недостатки спектаклей «Послушайте» и «Павшие».

Ее перебивают...

В а с и л ь е в: – Вы нарушаете нормы ком. партии — нормы демократического централизма. Вы выслушали только одну сторону, почему вы не дали ответить ком. Любимову и выносите резолюцию...

— Вывести их из зала...

— Думаю, что не будем прибегать к таким мерам. — Куролесина сбивается, заплетается, но дочитывает резолюцию.

Р о д и о н о в: – Дополнения к резолюции будут?

Стоит Любимов с протянутой вверх рукой. Пауза. Зал замер. Как быть теперь?

Р о д и о н о в: – Я еще раз спрашиваю по резолюции совещания — дополнения, изменения будут?

Л ю б и м о в (*стоит с протянутой рукой*): — У меня замечание по резолюции.

Р о д и о н о в: – Слово по резолюции имеет Любимов.

Ю.П. отправляется к президиуму.

— Ю.П., вы можете с места.

— Нет, уж позвольте мне воспользоваться трибуной. Выходит на сцену, кланяется каждому из президиума, ему никто не отвечает. Становится за трибуну, не торопится, вытаскивает из грудного кармана несколько листков, отпечатанных на машинке.

— Я не задержу вас, товарищи, здесь ораторы превышали регламент, я уложусь в отпущенные 10 мин.

Надевает очки.

Р о д и о н о в: – Ю.П., я еще раз вас прошу говорить замечания по резолюции.

Л ю б и м о в (*указывая на талмуд речи в руках*):

— Здесь все есть. Не откажите мне в стакане воды. — Ему наливают воды. Он медленно делает несколько глотков. Зал замер. Все чувствуют, что происходит что-то невиданное, ловкое и прекрасное, и восторг заполняет наши таганские сердца. Шеф начинает говорить. Говорит по бумажке, говорит тихо, красиво, не торопясь. Спектакль, он давно не играл и теперь делал свои смертельные трюки элегантно и внешне невозмутимо: — Дорогие товарищи!!! — и попер...

Зал вымер. Не только муху, дыхание собственное казалось громким. Ленин и Горький — только их высказываниями аргументировал шеф свои мысли. Приводил цитаты из рецензий, опубликованных в свое время в центральных органах партийной печати: «Правда», «Известия», «Ленинградская правда», высказывания, впечатления от спектаклей театра рук. ком. партий соц. стран. Вальтер Ульбрихт, Луиджи Лонго, Пауль Шапиро и пр. Речь была продумана в деталях, и шеф потрудился над ней изрядно. Это была речь эпохальная, речь мудрого политика, талантливого полководца, войско которого только что бузило в зале.

Я не узнал прежнего колкого, ехидного, осмеивающего, парадоксального, бьющего на эффект человека. Это стоял постаревший, помудревший, необыкновенно дальновидный, спокойный и уважительный деятель сов. театра, подтверждающий своим поведением и речью то огромное уважение, преклонение и культ, которым он пользуется на Западе и у прогрессивных людей нашего государства!

## ■ 27 апреля 1968

Почему мне не хочется, но я заставляю себя описывать все это тщательно, документально? Когда-нибудь это станет достоянием истории, это уже стало, но когда-нибудь об этом можно будет рассказать всем, открыто и подробно, о тяжелых годах нашей жизни в искусстве... Все происходит от страха... от страха повторения Чехословакии, от страха культурной революции по их подобию, от страха потерять теплые места, от страха просто вдруг, как бы чего не вышло... Цензура не дает возможности ничего делать стоящее, только розовое и зовущее вдаль. И обсирается кругом. Свобода печати, свобода слова — стыдно за слова.

Когда мы начали нервничать и бузить, когда зазвенели в воздухе сабли истории, у меня промелькнуло — «хорошо я хоть квартиру успел получить, а вот они, мои друзья, кричат, ничего не имея, а теперь и вовсе им запомнится».

Всякие мысли успевают проскочить перед ОТК мозга и отметиться фотоэлементом памяти. Память, память...

На первую нашу реакцию Родионов отпарировал:

– Хорошо срепетированная реплика.

Он боялся нас с самого начала совещания, и не раз потели у него яйца, наверное, когда он поворачивал болван головы своей в нашу сторону. Уверился он в сговоре и организованности нашей ему обструкции, как только после доклада Сапетова, на просьбу зала о перерыве, он сказал опрометчиво: «Мы работаем только один час, кто очень устал, может выйти и покурить». Мы, действительно, как по команде, встали и вышли из зала, на что тенор Розов сострил: «Тем, кто выходит сейчас из зала, Советская власть ничего не дала». При чем тут Советская власть, хапуга несчастный, поет «Моржей», построил кооператив роскошный, и парторг уже. Наши сердца таганские стучали в одном ритме, на языке вертелись у всех нас одни и те же слова, жили и чувствовали одно все, думали только за театр — потому и там, и дальше всем будет казаться, что мы в тесном заговоре, в продуманном действии, и кто-то невидимо нами руководит. Идиоты! Не могут понять истины, когда люди стоят за одно, их не надо подстегивать, указывать, они интуитивно, как звери в беде, чувствуют, как себя вести, куда двигаться.

(*Запись на полях*). Л ю б и м о в: «Вы, Борис Евгеньевич, нарушили нормы демократического централизма, и я постараюсь довести до сведения вышестоящих товарищей, чтобы они разобрались, кто виноват в сегодняшнем скандале».

Любимов кончил. Зал устраивает овацию, народ ревет от восторга, скандируют...

Победа, моральный перевес за нами. Но последнее слово должна сказать партия. Не ставя вопрос на голосование, Родионов дает слово секретарю горкома Шапошниковой. Она волнуется так, что кажется, будто плачет. Даже жалко ее стало. «Товарищи! Я не готовилась выступать, но я не могу не ответить тов. Любимову. Тов. Любимов хорошо подготовился, видимо, долго готовился. Он умеет красиво говорить, он известный оратор». (Сбивается, мелет чушь, топчет языком на месте, мысли тощие, еле поспевают за языком, опаздывают, но приходят вовремя.)

В черном ЗИМе у КэГэБэшников, где все собрание записывается на пленку, сидят два наших артиста, не попавших в зал, Насонов и Джабраилов: «Пожалейте нас, пустите послушать!» — «А вы нас пожалейте», — отвечают те. Как загудел зал и послышались выкрики — ну, началось, — а до того скучно спали. Тут встрепенулись на Шапошникову: «Что она говорит, что она говорит?!»

— Тов. Любимов, зачем вы пользуетесь так ловко ленинскими цитатами?

— Вы привели с собой кучу каких-то людей, организовали хулиганские выходки...

## ■ 28 апреля 1968

— ...Передернул факты, и поэтому я говорю, чтобы восторже ствовала истина.

— Зачем вы копаетесь в прошлом, вы нам покажите сегодняшние недостатки. Критику надо воспринимать чистыми партийными глазами, — выкрикнула она громко и уверенно, подхлестнув себя и зал.

3/5 зала аплодирует ей. Вообще я не первый раз на сборище театральных деятелей, но такого прямого разделения зала не в нашу пользу я не видел. Мы, то есть Таганка и ей сочувствующие, были активнее, громче и дружнее, поэтому, может быть, нас на слух казалось больше, на самом деле нет. Вот где подготовка. Они раздали билеты консервативным, каким-то неизвестным людям. Очень мало было уважаемых, передовых в нашем смысле людей театра, они все предусмотрели, они созвали своих людей. Многие и из этих людей, как я выяснил потом, были сердцем и умом с нами, но по разным причинам вынуждены были выступать против. Много было и прямой ненависти: Менглет, Глебов, Свердлин, Карпова: — «Фашисты, фашисты, дай вам винтовки, вы будете стрелять».

— За свой театр да, зажрались вы, матушка.

Совещание окончено. Ефремов предлагает продлить, но где там, все расходятся, и его никто не слушает. Прошел слух, что Любимова могут исключить из партии. Партийное бюро едет в театр разбирать происшедшее, мы за ним.

Подслушиваем стаканом через стенку, что там происходит, деятель райкома возмущен поведением нашим и Любимова. Сажусь и тут же пишу заявление.

В партийную организацию Театра на Таганке

Заявление

Мы, комсомольцы и артисты Театра на Таганке, считаем выступление гл. режиссера театра Любимова на совещании актива московских театров глубоко партийным и своевременным, а наше поведение вполне допустимым и оправданным.

*Золотухин, Соболев, Лукьянова, Сабинин и т. д.*

И тут же его передали им. Пауза. — Взрыв. Вечером — закрытое партийное собрание — линия и выступление Любимова поддержаны парт. организацией, поведение артистов получило резкое осуждение. Петрович перед этим после совещания был у Шапошниковой: — Работайте спокойно, никто вас снимать не собирается.

Театр не расходился до 12 часов ночи. Празднование 4-летия отменено во избежание мордобоя и безобразий.

На завтра — выходной день, ходил к Кольке.

— Я хоть и не жена декабриста, но за тобой — в любую Сибирь.

Вечером концерт в Электростали и «Пакет» по телевизору, пока мы ехали в Москву.

Утром 25 апреля ездил к Шифферсу, отвозил роман.

— Женя, вы написали гениальную книгу.

— Да, говорят.

На обратном заехал в театр. Королева, она уже 3-й секретарь райкома, и Лева Гарусов — зав. отделом пропаганды райкома комсомола, разбирают наши бумаги, обвиняют в анархизме.

Гарусов: – Вот как я понимаю ваши события. Все началось с конфликта Дупака и Любимова, между ними принципиальные разногласия. Пошли слухи, не хочу говорить, кто причиной этому, ясно, что они родились в театре, кому-то что-то сказал Любимов, Дупак, слухи пошли по городу, и уже вся Москва знает, что Любимова снимают. Эта обстановка послужила причиной ком. собрания. Собственно, ком. собрание приняло решение единства и единство одобрено, получилась эта бумага. На следующий день было совещание, было желание зачитать эту резолюцию, факт. Теперь разберемся, как говорит Золотухин, разбросим карты и посмотрим.

Появились слухи — собирается ком. собрание. Правомочно ли было по слухам собирать ком. собрание. Прежде чем собрать ком. собрание, принимается решение бюро, на нем обговаривается информация, с этим вопросом идут в партбюро и информируют райком. По любому вопросу должна быть дана объективная четкая информация, после этого ком. собрание имеет право ее обсуждать... Комсомольцы начали обсуждать информацию приблизительную, провокационную, может быть... Мало ли кто что ляпнет, а вы будете это обсуждать... Нарушены уставные правила: не согласовано с бюро партии и райкома комсомола. Собрание обсуждало деятельность Любимова, и Дупака не пригласили, а когда он пришел, вы не дали ему слова, бойкотировали руководителя театра.

— Ложь. Он пришел, когда была подведена черта, и все равно ему дали слово, и он говорил 15 минут о том, почему и как сняли репетиции «Живого», а его об этом никто не спрашивал, вообще «Живой» во всей этой истории ни при чем.

— То, как вы предлагаете организовывать собрание, мы добились бы его на третий день, когда оно могло бы уже и не быть, мертвому припарка, а если пожар, экстренный случай, вы тоже посоветуете бегать по инстанциям и просить указаний? Комсомольцы проявили мобильность и организованность, доказали наличие действенной ком. организации.

Г а р у с о в: – Такая самостоятельность доказывает неорганизованность и анархию...

— Давайте по пунктам, я записываю, и у меня должна быть за фиксирована ясность ваших установок

— Что ты все по пунктам, давай по сути.

— Ишь ты, начал с пунктов, с устава, а теперь требует сути.

Г а р у с о в: – Ю.П., Бог, такой и сякой, но человек может ошибаться. Золотухин, не стучи кулаком. Комсомольской организации не дано право обсуждать линию идеологических организаций, театр — это идеологическая организация – и иметь свое мнение по поводу репертуара театра.

— ...утвержденного управлением и одобренного парторганизацией театра, так и запишем.

Г а р у с о в: – Если бы не было Любимова, не было бы такого репертуара, он давит и проводит свою линию.

— Вы умаляете роль партийной организации и всего коллектива, все спектакли обсуждаются и принимаются партбюро, а потом управлением.

— Можешь иметь свое мнение, но не в комсомоле, вы не имеете права влиять на линию репертуара.

— А если Любимов поставит фашистский спектакль?

— Все равно, вы не имеете права обсуждать, это дело партийных органов, а ты можешь подойти и сказать лично.

Губенко: – Я как комсомолец поддерживаю парторганизацию театра в той линии репертуара, инициатором которой является Любимов при поддержке парторганизации.

— Мы никого не обсуждаем из руководителей театра и не обсуждали линию театра — мы выражали свое единение, свое согласие с линией, а не обсуждали и не разбирали, мы просили, просили разъяснить, а не требовали отчета от парт. бюро.

Гарусов: – Суммирую ваши ошибки.

1. Комс. собрание неправомочно обсуждать линию репертуара, определять, насколько она партийна или нет.

— Лыко да мочало... мы не обсуждали, мы просили и присоединялись.

— Не сбивайте меня.

2. Не имеете права доводить до сведения партбюро свое мнение.

3. Как эта бумага, так называемая резолюция, была использована и могла быть использована. С этой бумагой вы вышли на совещание. Губенко хотел ее зачитать, адрес уже изменился, а на Западе ее бы подхватили и могли бы использовать по-своему. Знаете ситуацию — Польша, Чехословакия, Гинзбург — письма, подписи, обратные письма и отречения, как письма играют на руку Западу и американской разведке. Би-Би-Си тут же бы эту бумагу растрезвонило бы.

– Зачем ссылаться на Би-Би-Си, мало ли что оно может выкрикнуть, вывернуть, перевернуть... а крамолы никакой для Советской власти бумага не содержала, кроме как наоборот, доказывая и подтверждая красный цвет линии театра.

– Крамола бумаги в следующем, вы подтверждаете на своем митинге, иначе не назовешь, линию Любимова, а эту линию не подтверждает партия.

– Это для нас новость, вот те раз, значит, все факты, приведенные в речи Любимова, — ложь? Он сказал, что «все, что я сказал, я могу подтвердить документами, высказываниями в партийной печати».

– А если бы Би-Би-Си перемывало кости Советской власти за то, что в самой демократической стране из зала вывели прогрессивного, знаменитого деятеля современного театра — Жана Вилара?

– Би-Би-Си никто не верит, оно все врет, на него ссылаться не будем.

– То вы говорите, что боитесь Би-Би-Си, то говорите, что оно все врет, будьте последовательны в оценке буржуазной радиостанции.

– Не передергивайте и четвертое:

4. Собрание пошло по неправильному пути, это было не собрание, а митинг анархистов.

В 6.30 состоялось бюро райкома. Оно продолжалось пять часов без перерыва. Мы доиграли спектакль и стали дожидаться приезда основной тройки в театр. Сидели на полу, на лестнице, театр превратился в штаб, в Смольный. И говорили, говорили... юмору было много, каждый предлагал свой план действий, единственно разумный.

Приехали. Любимов бледный, еле стоит на ногах, Дупак улыбается: «А что вы ждете, ничего не случилось, езжайте домой».

Л ю б и м о в: – Такого еще не было в моей жизни. Такое мощное наступление, режут под корень, хватают по мелочам, ничего не принимают — строгий выговор с предупреждением, Дупаку просто выговор, Глаголину — указать на недостаточную принципиальность, твердость. Товарищи! Я вас прошу об одном. Что бы ни случилось, сохранять покой и выдержку и на высоком идейно-художественном уровне доиграть, доработать этот сезон. Это самая главная задача, задача № 1 — собранно и четко закончить сезон. В театре работает комиссия, вы люди взрослые и должны понимать, что это такое, и чем может кончиться любое наше ослабление дисциплины, любая оплошность может стать концом для театра. Как вы дошли до того, что сосунки дают политическую оценку вашей работы.

На следующий день, 26 апреля, в 11 утра состоялось общее собрание коллектива, повестка: «...О недостойном поведении некоторых товарищей на совещании актива».

Г л а г о л и н: – Последняя неделя была бурной. Произошел ряд фактов, которые получили резкую оценку: коллектив неуправляем, анархичен, не подчиняется дисциплине любого советского гос. учреждения. В течение 5 дней об этом везде говорят. Я понимаю, что атмосфера была накаленной, главное — слухи о снятии Ю.П. — основа для разворачивания событий, с быстротой стальной пружины. Та защита, которую избрал коллектив, особенно несколько товарищей, сослужила плохую службу.

Коллектив театра четко понимает смысл спектаклей, парт. организация всегда поддерживала и будет поддерживать линию театра. Во главе должна стоять парт. организация. Всякое требование звучит как аполитичность. Это нарушение всех норм партийной жизни. Оценка линии ком. собранием — грубейшая ошибка. Это вещи сугубо партийной дисциплины. Это в компетенции парт. органов.

Я снова начал доказывать, что мы не требовали, а просили разъяснить, что мы не оценивали и не разбирали правильность линии, а присоединяли свое мнение, выражали согласие.

Любимов: – «Фитиль» выпускает Михалков, а вставляют его нам.

Власова: – Критика была правильной; и мы не можем не осуждать наших товарищей. Но это вызвано непредоставлением слова Ю.П. — это была ошибка Родионова. Я была сражена этим срамом. Против чего я категорически возражаю — что это было срепетировано. Перед началом совещания при «здрасьте» я всех предупреждала: ведите себя достойно, не поддавайтесь на провокации.

Стала перечислять все грехи, которые были до этого: пьянства, опоздания, нарушения общ. дисциплины, всякую чушь стала перебирать, объясняя тем самым случившийся скандал на совещании — дура.

Предст. райкома. Нарушения устава нет. Комсомольское собрание имело право быть.

Гоша: – Я — беспартийный большевик, беспартийный. Это театр революции, театр красного знамени, я под ним.

С большим продуманным, написанным словом выступил Губенко, отличное, зрелое выступление. В конце даже предложил взять разумное социалистическое обязательство с конкретными делами.

За ним так же по написанному выступили Высоцкий и Золотухин.

Мое выступление было коротким, но искренним и страстным. Это была та речь, которую мне не удалось произнести на совещании актива.

Власова: – Я горда за коллектив, как выступали наши товарищи.

Ульянова: – Когда человека режут, голос меняется.

Выступали 23 человека, и все подтвердили свою верность идеям Любимова и преданность театру, Глаголин даже возмутился:

— Я не понимаю, почему все клянутся в любви и верности Ю.П. Кто в этом сомневается? Мне лично стыдно слушать.

Идиот, одного не понимает, что такое за 4 года первый раз, и надо в первую очередь поддержать морально Ю.П., согреть его. Ю.П. еле сдержался, чтоб не заплакать. Он не ожидал такой мощной и единодушной опоры, доверия, какое оказывал ему коллектив в трудную минуту. А Глаголин этого не понимал.

Хорошо говорил Сабинин, что его заставило выкрикнуть про «глупость и пропасть»:

— Страх. Обыкновенный человеческий страх. Я вдруг испугался, что может случиться что-то непоправимое, что не раз случалось уже с Мейерхольдом, и с Таировым, да мало ли... Любимов — явление уникальное, это авангард, форпост интеллигенции, и я испугался, что же мы молчим, надо что-то делать, каждый миг дорог, он может стать последним... и я закричал, как кричат от страха во сне. Простите меня, товарищи, я осуждаю свою невыдержанность.

Собрание было долгое и проходило спокойно и сдержанно, как того просил Ю.П. В конце попросили выступить Дупака и представителя райкома. Мне бы очень хотелось записать подробно всю тарабарщину, которую нес последний тип, представитель райкома, татарин — Тимур Константинович, но я боюсь, мне не удастся сделать это хорошо, а сделать плохо, это значит внести в его речь хоть немного смысла.

После собрания мы (Губенко, Смехов, Киселев, Лисконог, Васильев и я) покатили в бюро райкома. Рука отнялась писать. Поиграл на балалайке забытые мелодии.

Вечерний спектакль «Маяковский» прошел прекрасно. Закшивер все время писал. Не люди — функции, должности, — кто пожалеет их.

Зашли на бюро, сели, закинули, как по команде, нога на ногу, достали блокноты и ручки — приготовились записывать. Не договаривались, но работаем четко, как детективы.

Гарусов: – Коротко доложу бюро райкома суть дела. Я являюсь инструктором этой организации. Анализ работы. Обмен комсомольских документов прошел неудовлетворительно. Дмитриева до сих пор не обменяла, изменила фамилию, а билет нет. Уровень воспитательной работы низкий. Желание на словах большое поработать на комсомоле, но претворяются слова и желания в жизнь слабо. Вся работа практически состоит из выпуска нескольких праздничных газет. Серьезного изучения марксизма, повышения своего идейно-политического уровня почти нет.

В результате ЧП. 1) Так называемое комсомольское собрание, решением которого фактически подтверждается партийность Любимова и линии театра, 2) крайне вызывающее, хулиганское поведение некоторых товарищей (их было 32) театра, в частности т. Губенко, на совещании работников театров г. Москвы.

Это я и хотел довести до сведения бюро и разобраться в этих 2 нарушениях. — Губенко, скажите, почему вы позволяете себе действия, позорящие звание советского артиста и комсомольца.

Николай медленно встает. Пауза. Так же медленно и тихо переспрашивает через паузы:

— Что я должен сказать?

Ему повторяют вопрос. Через секунды три он начинает выдавливать из себя слова:

— Я осуждаю форму моего выступления, но не существо. Я послал в президиум две записки с просьбой предоставить мне слово. Я хотел выступить по итогам юбилейного сезона. Мне не дали слова, и я сдержался, но после того как наш руководитель, мой старший товарищ, Ю.П. сказал мне: «Губенко, сядьте», — я сразу замолчал и сел. Намерения у меня были, я считаю, правильные, а форма спровоцирована Родионовым.

— Скажите, вам одному не дали слова?

— Этого я не знаю, может быть, одному, может быть нет. Не знаю.

— А я знаю, что не дали слова очень многим, в том числе секретарю Московского горкома комсомола.

— Я его не знаю, это было совещание по итогам театрального сезона. Запрещение говорить — это нарушение партийных и человеческих норм нашей жизни, установленных в Октябре 1917 года.

— Человек хотел получить слово любой ценой.

— «Любой ценой получать слово», интересно, значит, вы считаете, цель оправдывает средства?

— Это вульгарная постановка вопроса, это было совещание работников театра, совещание, от корня «совет», а не митинг, где один говорит, а десять тысяч слушают.

— Скажите, правда, что вашими действиями руководила Целиковская: «..давай ты, теперь ты...» Мне об этом сказал инструктор Краснопресненского райкома, который сидел от нее в двух рядах, и я верю ему... она дама экзальтированная, приметная, известная по кино, он не мог ошибиться...

В одном ряду с Целиковской сидели наши артистки: Славина, Кузнецова, которые молчали как раз...

С м е х о в: – Меня беспокоит выражение ваших лиц... Я взволнован теми переглядками... у меня ощущение, что вы предубеждены... Интонации ваших вопросов отдают той странной окраской, когда встречаются врачи...

У меня было ощущение, что райком — это наши товарищи. Самый политический, самый принципиальный.

— Мы выдвигали «10 дней» на премию Московского комсомола.

— Никто не говорит, что собрание не нужно было проводить.

— Почему вы все записываете?

— Это моя вторая профессия.

— Я присутствовал на вашем сегодняшнем собрании. Товарищи! Да у вас культ Любимова. Вы три часа, каждый наперебой старались доказать, какой он гениальный. При сравнении вы выглядите серой массой.

— Подхалимаж.

— Ну уж, ха-ха-ха..

— Каждый из вас талантливый артист, вполне самостоятельный и известный. Что вы все — Любимов да Любимов. И в каждом выступлении прямо-таки сквозила враждебность к директору... Я заметил, как Любимов смотрит на него, на каждое слово Дупака реагирует с такой гримасой... Это же просто неуважение к человеку, он держит вас в руках, вот так одним взглядом руководит вами.

— Незаменимых людей нет. Надо думать, как сохранить театр без Любимова.

— Это не завод, где сменился директор, гл. инженер, а рабочий станок не остановит и норму дает. Театр создан волей и талантом Любимова, его эстетикой, его принципами жив театр. Нет Любимова — нет Театра на Таганке, не надо делать вид, что мы этого не понимаем.

— Пройдет время, и нормы будут восстановлены, как же нам относиться к вам и к вашим решениям?

— Комсомольское собрание не имело смысла и по форме, и по цели.

— Первый вопрос о Губенко. Странно. Вы очень быстро и легко согласились: да, я виноват, я осуждаю себя, не выдержали нервы, меня спровоц., а потом удивляетесь, за что выговор.

— Это я удивляюсь...

— А я уже ничему не удивляюсь.

— Так вот. Вы позорите звание советского артиста. Вы все очень грамотные и хорошие люди, но легкомысленные до предела. Вы все хорошо понимаете про две идеологии: кто не с нами, тот против нас. Дело в том, что у нас в комсомоле есть права и — есть обязанности. Есть честь комсомольская, которую вы запятнали, и это пятно легло на всю районную организацию... Меня сейчас все секретари поздравляют с позором: дескать, Таганка-то твоя гремит — «любой ценой доказать правоту». А враг и ждет, когда ты начнешь доказывать правоту, сбивает тебя с толку и ждет, «когда у тебя не выдержат нервы», а потом предлагают остаться... или напоят и девочками задерживают... Вот за то, что у вас нервы не выдержали, — выговор с занесением в учетную карточку, чтоб в следующий раз выдержали.

— Дорогие товарищи! Вы меня не знаете, а я вас знаю всех по именам, а вы меня не знаете, потому что вы на сцене, а я в зале. Я никогда не ухожу со спектакля, хлопаю до конца. На вас вся Москва смотрит... а вы себя так ведете нехорошо, дорогие товарищи.

— Я прихожу к вам, да расскажите вы мне про свою жизнь, про ваши трудности, мы посоветуем, поможем, я часто говорю, какое у вас неудобное помещение, надо помочь — а меня ведут в кабинет Любимова, где все стены расписаны отзывами хвалебными.

— Эти росписи нам сейчас помогают выжить.

Губенко: — Как же мне теперь жить, это очень тяжелое наказание, куда же я теперь с ним... с выговором. У меня же были благие порывы, у меня никогда не было ни одного взыскания.

— За благие порывы и получите, а если бы я знала, что порывы не благие, вам не место в комсомоле.

Губенко: – Куда мне обратиться, если я захочу пожаловаться на вас?

— Можете апеллировать в горком...

## 30 апреля 1968

Райкомовские работники тащили икру красную, дефицитные продукты, консервы, это комсомольские деятели, а что тащат партийные, можно только догадываться... Полные авоськи, на работу с мешками ходят... Нельзя все безобразия отдельных товарищей переносить на всю власть, но Ленин пил морковный чай, он не хотел один пользоваться достатком, отдавал детям голодающим, а эти паразиты себе тащат, да еще суетятся, чтобы посторонние не заметили, как они банки делят и в сумки напихивают.

Директор (*секретарше*): — Марина, почему вы мне ничего не рассказываете, вы же общаетесь с артистами, знаете, о чем они говорят.

— Я считаю, Н. Л., что вы неправильно себя вели в этой ситуации.

— Они меня хотят съесть, передайте им, что я несъедобный.

Любимов: – Во-первых, он занимается плагиатом, до него это сказал Товстоногов. Во-вторых, передайте ему, что такую падаль, как он, никто жрать не станет.

Директор переводит секретаршу в гардеробщицы.

Вот как примерно выглядели события последней недели. Я не думаю, что мы чего-то не так сделали. Нет. Все было оправданно и допустимо, а главное, если постараться вникнуть и понять, мы на 100% правы. А если что — так ведь даже убийце находятся смягчающие обстоятельства.

«Живой» не репетируется.

Ш е ф: – Не обижайся, Валерий, видишь, время такое, надо отступить, но ты не засыпай, держи роль под парами, ситуация может измениться в любое время.

Сегодня последний день апреля, и я в принципе допишу эту «Книгу весны». Видишь, я не справил в ней праздник «Живого». Иногда чуть не плачу. Но, как говорится, лучше сохранить голову, чем волоса. За эту неделю мы сильно постарели, и, если Бог даст, все будет хорошо, можно только благодарить судьбу за это испытание, которое сплотило и ощетинило нас за свой дом, и проверило на вшивость. Мы научаемся ходить, мы стали политиками, нас на слове уже не поймаешь.

Л ю б и м о в: – Артисты — народ эмоциональный: излили свои эмоции и успокоились. Надо учиться конкретно действовать и на сцене, и в жизни. Дупак распустил своих людей: Улановский тес со склада увез к себе на дачу, Солдатов вообще проворовался, сам директор — аморальный тип, жил с буфетчицей, обманывал дочь легендарного народного героя.

«Но ведь и монахи — люди, Согредо», — говорит Галилей, так и директор тоже человек. Бога не надо забывать. Жена новая трудно рожала; повезли ее на кесарево сечение, а как узнала, что с ним плохо (его увезла неотложка домой, машина его третий день стоит у театра, еще нахулиганит кто-нибудь), так у нее начались схватки, и родилась дочь, слава тебе, Господи. Да если с другой стороны разобраться, не так уж он виноват окажется. У него такой характер, такая тактика осторожная, подпольная. Говорят, стучал, но ведь что понимать под этим, а потом, мало ли что говорят. Говорят, и Любимов — стукач, на кого только, на самого себя? Любимов ненавидит Дупака, за что, не пойму. Шеф — человек крайних убеждений, резких. За свой позор на райкоме он платит той же мерой. Но он не играет в поддавки, он не принимает их игры, он навязывает свою, поэтому можно обвинить его во всех смертных грехах и в зазнайстве (вообще, идиотское слово, когда оно появилось в лексиконе, по-моему, с пресловутой теорией винтиков усатого императора, кто не хотел быть винтиком, того награждали этим званием и отправляли в не столь отдаленные места. Разве можно было раньше сказать, что Пушкин зазнался... или Шаляпин. В то время поощрялось стремление человека выделиться, прославиться, возвыситься — разумеется, благородным делом, благородными порывами), и в ослушании распоряжений райкома, и в тенденциозном выборе репертуара — но только не в отсутствии точной полит. программы, в отсутствии принципиальности, партийности и пр. Любимов прославил театральное дело нашей страны, за свое существование четырехлетнее Театр на Таганке стал любимым приютом интеллигенции и думающей молодежи.

На Западе культ Любимова, не у нас, не на Таганке, в чем нас обвиняют комс. деятели, тем самым пытаясь внести раскол, посеять бурю, и не в России, а на Западе, как всегда, Европа оценивала наших гигантов значительно раньше и сильнее, чем мы сами...

Любимов может ошибаться и наверняка много раз это делал, но он не сворачивал никогда в сторону, он не перестраивается на ходу, что от него требуют политиканы. Он ведет свою команду по тому компасу, который выбрал вначале, который подсказали ему его воля, ум, сердце и огромное количество умных по-настоящему людей, не суетившихся никогда перед властями, а руководствовавшихся общечеловеческими истинами в своей жизни и творчестве. И не зря Эрдмана называют отцом эстетической и этической платформы Театра на Таганке. И смешно, если не печально, услышать про Любимова, что он зазнался. Чушь и больше ничего.

Дупак скомпрометировал во многом себя. Нельзя отказать ему в доброте, мягкости, ни один директор не стоит так близко к артистам вообще и людям театра, как он. Это-то его и может погубить, если не погубило. Ни один директор не позволит разговаривать с собой так, как это делаем мы, без году неделя слезшие со школьной скамьи. Дупак делал прописки, добивался жил. площади, повышал зарплату, заботился совершенно искренне о своих подчиненных, но... авторитет Любимова, создателя театра, слава которого греет всех, кто в нем и кто рядом, непререкаем, и если он пошел в открытую на Дупака — труппа ринется за ним и даже не захочет понять, в чем, собственно, виноват Дупак Она, как толпа, которой указали виновного, дали козла, на которого можно выплеснуть злость, накопившуюся по разным причинам и поводам, спустить газы. И нельзя было ему отказываться от слова на последнем собрании: что значит, не готов, театр неделю бьет озноб, а руководитель не готов к ответу, значит, он не готовился сказать ничего в защиту или оправдание и на обвинение балбеса Сапетова на активе? Как же можно так?! Он понял, что артисты под него копают, и ему стало плохо. Пусть он не хорохорится, что несъедобен, он человек, и работать с коллективом, который не хочет тебя, не доверяет и не постесняется в лицо ляпнуть всякую гадость — нет уж, увольте... Петрович зеленеет, как видит Дупака и его дружину — Улановского и Солдатова.

Я не справил праздник «Живого» в этой весенней книге размышлений. Приходят, лезут на ум сравнения: внематочная беременность, аборт, кесарево сечение, застрял в горловине плод, обрезана пуповина и плод засыхает в чреве, в общем, черт-те что приходит на ум. Сбит темп, противник взял минутку, чтоб я засбоил, потерял ритм и уверенность. Четыре месяца дьявольского напряжения —

и вот остановка, антракт, неожиданность статики разрывает аорты, прекращает сердце. Кто-то ждал хитрый, чтобы вдарить влет. В тот миг, когда я уже начал токовать и закрыл глаза от удовольствия, как глухаря, подсек опытный ствол. Не убил, но ранил всерьез, и будет ли еще звенеть так сталью голос, когда заря вернется. Всякая глупость лезет в голову, но что делать, когда это не гайки точить, которые и с похмелья можно. Но я верю, будет на моей улице праздник. Главное, помнить Бога всегда и стараться не озлиться, что бы ни случилось, какие бы козни ни строили мне люди, — любить их. Тогда и Фомич мой будет христианином.

Подбиваю подать апелляцию в ЦК комсомола. Нападение — лучший способ защиты. Даже если мы ничего не добьемся, мы покажем, что нам дорога честь организации, и мы не хотим мириться с пятном, которое на нее легло.

Дупак болен. Собрание отложено до его выздоровления. 16 мая отчет комиссии на бюро райкома о работе театра.

Не надо сейчас собирать собрание, оно выльется в скандал, в склоку вокруг дирекции, а это только на руку тем, кто жаждет прекратить Таганку. Надо затихнуть, уйти в подполье, подождать, чем кончится проверка, и тогда бабахнуть.

Полмесяца нас не спасут, а хорошего скандала между руководителями достаточно, чтобы кого-то из них заменить, а это равносильно смерти театра, потому что, если что... на место Дупака наверняка придет такой жлоб, которому до фонаря все, и Петрович сам бросит все к чертовой матери, потому что и он ведь человек, а они все ведут к этому, играют на его нервах, паразиты, вместо того, чтобы в ножки поклониться славе русского театра.

КТО НЕ СУЕТИТСЯ, ТОТ НИКУДА НЕ ОПОЗДАЕТ.

Несколько часов осталось жить апрелю. Вместе с ним кончается моя тетрадь, и как всегда в конце тетради я итоги подвожу. Вначале я определил условие — поменьше тоскливых, хандровых настроений — я выполнил это условие. Я подружился с Богом, еще не укрепился в нем, но несколько мгновений у меня было таких, когда я ощущал его целиком и полностью в себе, в любви, в весне, в людях вокруг, и он улыбался мне, и я был счастлив. Это главное, что помогало мне жить и делать из себя человека по его подобию.

Я читал Евангелие, изучал Толстого, Достоевского, и были эти два месяца наполнены прекрасной духовной пищей, у меня появилась любовь к размышлениям серьезным и привычка к умственной работе за столом. Это одна из главных причин, которая остановила меня от поступления в лит. институт, я хотел искусственно заставить себя образоваться, а теперь понял, что могу это делать без посторонних влияний, без нарочно созданных условий, сам, за книгой, за столом... ведь важно от этого самому получать наслаждение, а не обязательства перед другими похвалиться ученостью своей. И рад в себе этой маленькой победе. Нет ничего приятнее, как побеждать самого себя.

Еще такое решение пришло от прекрасной, истинной заповеди: не думай о завтрашнем дне, хватит для каждого дня своей заботы, так и я: нет у меня другого дела, как на сцене, я призван в мир исполнить там Его волю, и не надо противиться этому, а делать свое дело с радостью и легким сердцем. А коль случится несчастье, так если веруешь, Он и в нем тебя не оставит и направит коленки твои по угодной ему дороге. И потом: нельзя объять необъятное. Это уже Козьма Прутков, но он прав по-своему.

Я научаюсь не суетиться и даже изобрел афоризм: кто не суетится, тот никуда не опоздает.

Дома, слава те, Господи, спокойно и любовно. Зайчик снимается, привозит чемодан овощей и денег, так что достаток полный, жаловаться нельзя. «Интервенция» все еще не вышла. Две серии так и не разрешили, я слышу, как Полока звякает ножницами, ублюдок будет, а не роль. Вот как мне не повезло, но я не жалуюсь, что ни делается, все к лучшему, так тому и быть, от судьбы не увернешься...

Почему отчество, а не матчество?

— Надо работать, а не воздух колебать, мы уже вышли из этого возраста. Каждую мысль надо записывать, потом можно все выбросить, не пригодится, но кое-что осядет.

— Вчера посмотрел на тебя молодого в «Пакете», приятно.

— Молодого, Господи, прошло два с половиной года, и многие так сказали — «на молодого».

Я часто смотрю на живот Зайчика и думаю, неужели там ничего нет, неужели он пустой, и там не прорастает мое семя, и молю Бога, чтоб он послал мне ребеночка, хоть мальчишечку, хоть девчушечку, все равно. Умел бы — сам сделал, но не умею, не дано природой.

Вот и кончилась моя тетрадь — «Книга весны». Завтра начнется новая, как она будет называться?

Рисунок край стола, на столе зажженная свеча.

23 ч. 25 мин.

### ■ 2 мая 1968

Холодно. Дождь. Ветер.

Вчера после спектакля «Три мушкетера» отправились к Веньке. Грустно. Некоммуникабельность. Люся очень изменилась, нервная, подозрительная. Сплетни о Высоцком: «застрелился, последний раз спел все свои песни, вышел из КГБ и застрелился».

Звонок: — Вы еще живы. А я слышала, вы повесились. — Нет, я вскрыл себе вены. — Какой у вас красивый голос, спойте что-нибудь, пожалуйста.

Карижский: – Вы создали оппозиционный театр и воспитали в этом духе коллектив, оппозиция никогда ни к чему хорошему оппозиционеров не приводила. (На полях театр политической демагогии.) Вы всем своим искусством декларируете обособленность искусства от руководства партии, дескать, «не лезьте к нам со своим диктатом»... Нигилизм, отрицание направляющей роли партии...

Карижский здорово подготовился к райкому, он умный мужик, и это-то страшно. Чтобы возражать ему — надо было сосредоточиться и тщательно продумать все ходы. А когда со всех сторон кусают — мысли разбегаются... Петрович взялся за голову и полчаса молчал.

## ■ 7 мая 1968

(На полях: про святость, про ремесло, про честность, про то, что нет другой жизни, и надо любить ее и уважать.)

С утра вчера закончил первую главу. Репетировал я с молодыми артистами стихи, обучал, открывал секреты, передавал штампы. Читал главу Б. Глаголину — в общем понравилось — хочется больше динамики — предполагает заявить очередь с самого начала и через нее накалять. Вечером был Гаранин*:

— Любимов — знамя интеллигенции.

— Повтор 47-го года, талант остался, а где те люди, что лаяли?

— Страх ни к чему хорошему не приводит, не надо бояться, не те силы там и тут.

* Гаранин Анатолий — фотохудожник.

— От Дупака отвернутся все интеллигентные люди, его не будут звать даже в массовки, он не прокормит свою буфетчицу, не сориентировался, перепугался, надо было жертвовать собой, и не было бы жертв.

— Там, наверху, не могут простить ему, что он бросил дочь легендарного героя.

Зайчик в Душанбе, и там землетрясение, отчего такое совпадение?

## ■ 9 мая 1968

Высоцкий играл Галилея с похмелья. Снова развязывает. После сеансов Рябоконя лекарств не принимал. Обманул. Три раза выпадение текста абсолютное.

## ■ 11 мая 1968

Слушал немного репетицию «Тартюфа». Ученичество. Несмелость. Шаткость. Это, конечно, первые, пристрелочные, но надо же работать.

Написал письмо Полоке. Звонил Юле*. Год назад появилась в дневнике фамилия — Полока.

## ■ 12 мая 1968

Немного выбит из седла. На боку. Заболел, и странно как-то. Так обложило горло, как не было. И всякие прочие валики тоже болят. Ночью просто невозможно спать было. Шея разрывалась болью. И тут еще десна распухает, непонятно, зуб мудрости решил меня наказать, что ли. И вот болею. А все, думаю, оттого, что выбили из колеи, выпрягся из хомута, супонь развязалась. Да, такая рез-

* Юля Бурыгина — первая жена Полоки.

кая остановка, непривычная тишина может свалить надолго. Ах, Федор, Федор... Не надо курить, не надо!!! Держаться надо!

Был врач. Выписал бюллетень. Знает по «Павшим». Спрашивал про крест. Сказал, что верую: потом начал вертеться и самому непонятно: верую или не верую, хочу верить — это правильно.

Читал свой первый дневник. Записано: «Но главное (чтобы стать хорошим актером) нужно любить людей, и любить, как можно сильнее». Это записано 10 лет назад. И теперь, в своих последних дневниках, думая о Боге, о жизни, о профессии, я снова пишу о любви уже на основании не только услышанного, прочитанного, но — пережитого, испытанного самим.

«Все в мире доброе рождалось от любви».

*Шекспир*

И вдруг я стал думать над тем, а кто любит меня в этом мире, кому я нужен, кому я сделал что-то, чтоб меня не забыли и помянули добрым словом.

Я болею, лежу и смотрю в потолок, кто бы мог прийти ко мне, и кто мне дорог, нужен, кого бы я хотел видеть, и кому бы хотел показаться в таком виде.

Сложно.

## ■ 13 мая 1968

Мне лучше.

Глаголин, страшным человеком ты будешь лет через 10. Ты посмотри... насколько ты моложе меня... а сколько в тебе злости, сарказма... Ты же этих молодых артистов замурыжил окончательно... Что они подумают.

Пройдет время, покинешь ты пост парторга, окунешься в работу, в каждодневную жизнь нашу и поймешь, что не столько вокруг дерьма, как тебе кажется. Положение твое тебя обязывает глядеть на все под определенным углом.

Хоть и написал Полоке, что в хорошей форме, но это скорее к внутреннему состоянию относится, физически — не очень, хотя играю вроде бы на уровне. Последние «Антимиры», по-моему, очень отлично работал. Надо доиграть сезон как следует, вот поднимусь, а это будет завтра, Бог даст, и потихоньку начну «формироваться».

Хочется много хороших писем написать, всем, кого знаю. Но как их писать, когда по-прежнему не налажены дела с родителями, что за черт. Неужели они действительно прочитали мое письмо к Тоне? Что делать, что делать? Братец хорош...

Зайчик снова собирается в Душанбе. Обнаружилась Зинка. Она забеременела — вставила какую-то штуку, чтоб избавиться. Ее, штуку, нужно было держать несколько часов, а она ходила с ней три дня. Началось заражение крови. Еле спасли. Как в деревне, ей-богу. Оттого еще и нервный сдвиг.

Шеф подобрел во всех этих передрягах. Он не ожидал такой мобильной, всеобщей поддержки. И удивился сам немало, как это все вдруг. А Дупак все болеет.

Почему я ничего не могу делать, так много свободного времени, а я ни за что не могу взяться прочно: писать, читать, просто отдыхать, не думая, все чего-то суечусь: встану, лягу, начну, брошу, туда, сюда... оттого, что я ЖДУ чего-то, а чего? Думаю, что... Кузькина.

Сказали бы «нет», до конца сезона — нет и точка. Можно было бы что-нибудь предпринимать, пережил бы, собственно, я уже и пережил, куда уж дальше-то, но была бы стопроцентная ясность, а то все еще какая-то муть брезжит — а вдруг, а чем черт не шутит, раз, да и выпустят, поэтому надо не забывать рольку, быть готовым, вот и мучаюсь, вот и маюсь...

Но рецензию на «Таньку» он мне лихую написал — кретин.

Зайчик был у врача. Лечился для Васьки. Говорит: «Больно ужасно». Зайчик, миленький, терпи, ждет нас Васька впереди!!

А 14 июня, говорят, столкнется с нашей матушкой Землей огромадный астероид. Вот как решили на небесах наказать человечество за сотворенные и творимые безобразия. И даже не страшно, когда все сразу, всем одинаково.

Попросил заменить меня в «10 днях». Сейчас спектакль идет без меня. Грустно, когда то, что должно быть с тобой, — без тебя. А что делать? Надо лечиться, надо. Пойду пополощу горло содой.

Вчера, нет, 11-го, а сегодня 14-е, я написал письмо Полоке, в котором назвал его Учителем, потому что считаю всякую встречу с настоящим талантом полезной и оставляющей борозду свою, если мы не боимся. Я замечал, что мы, актеры, во всяком случае, боимся учиться, боимся общаться, нам кажется, что мы унижаем тем самым себя. Если еще не явно, как-то косвенно учиться, ну, куда ни шло, а у своих же партнеров, у своих же рядом работающих — упаси, Господь, чему у них учиться, когда я сам с усам и гений. И теряю время на изобретение велосипеда, а в нашем деле ох как надо беречь время и стараться быть с ним на равных.

## ■ 14 мая 1968

Какая прелесть наши Вешняки, все расцвело кругом, пахнет тополем и липовым цветом, а может быть, вишневым и грушевым вперемешку с яблоневым. После дождя особенно заметны преимущества хуторского житья. Все, что может расцвести, зазеленеть и вылезти из земли, все образовалось.

«Воздух чист и свеж, как поцелуй ребенка», — это уже Лермонтов, но что поделаешь, когда лучше и точнее сказать не придумаешь.

## ■ 17 мая 1968

Обед. Репетиция по вводу новых Маяковских. Хмель летит в Италию, а Высота поднебесная может сорваться. Хочу вечером посмотреть опальные «Три сестры» — спектакль сняли, и идет последние два раза. Сняли и «Доходное место» — сегодня он идет самый последний раз. Что делается, Господи.

Говорят, Яншин сказал на труппе:

— У меня много недостатков, как у всякого человека, но в одном меня нельзя упрекнуть — я никогда не грубил женщинам. Сегодня я это сделаю в первый раз и говорю вам, Ангелина В., вы сука и пр.

Фурцева явилась с кодлой мхатовских стариков — Тарасова, Грибов, Кедров... Грибов исходил злостью, Тарасова мычала что-то невразумительное и больше о себе, как она волнуется, играя 40 лет Островского, и всегда плачет. Кедров подвел оргвывод. — В такой интерпретации спектакль идти не может. — Их больше устраивает интерпретация полупустого зала, бедный Станиславский — переворачивается в гробу от действий своих так называемых последователей.

Я стал ужасно скучать по Зайчику, нет его, и мне не по себе, раньше не было так, старею, что ли?

Люди, которые подписали письма и делали их, не будут ходить по земле.

Хоть бы скорее выйти из комсомольского возраста, чтоб не цеплялись шавки, по нонешним временам о «Живом» не может быть и речи, ноги бы унести.

А как охота играть, сволочи, знали бы!

Я увлекся «Подростком», месяц не читал, вышел из круга Кузькина и — пожалуйста, — где начинается у него поиск Бога — это и мне интересно и вообще — по-общечеловечески, так сразу и хорошо и полезно, и он это гениально умеет делать, это в «Братьях» лучше всего. Ох, сильно, ох, блеск!!!

Жизнь остановилась в принципе, еще более-менее спасает ПИСАНИНА — а так бы совсем тухло, и ненужность твоя в этом мире очень чувствуется.

Ну что такое! Я столько написал писем по разным адресам, и никто не отвечает — и хуже всего, что молчат родители... Ну что я сделал, Господи, ну почему надо до такой степени обижаться и капризничать!!! Грустно и больно, и ужасно одиноко. Господи, помоги мне любить всех и быть веселым.

### ■ 18 мая 1968

Вчера был на «Трех сестрах». Я ничего не понимаю в таком искусстве. Наверняка талантливо, но ни о чем. Какой-то маленький междусобойчик, показуха, демонстрация, играние чувств, как в плохом МХАТе. Сестры обсопливились, обревелись до тошноты, актеры, кроме двух-трех, работают плохо, неизобретательно: то шепчут, то кричат, то вдруг начнут декламировать.

При нормальном состоянии дел — через полгода он не имел бы зрителей. Спектаклю повезло, что идиоты, ортодоксы стали защищать Чехова, ругать Эфроса и тем самым создали успех спектаклю. Я не понимаю этого бесполого театра.

## ■ 19 мая 1968

— Вот этот кретин живет в нашем доме. — Это сказано про меня.

Сегодня, по-моему, очень хорошо играл Маяковского, и было много цветов, но мне ни одного. Обидно почему-то.

Приехал Зайчик раньше срока, привез клубники, огурцов, раздал девочкам. Зайчик у меня щедрый, это мне нравится. Днем была Неля. Вместо двадцати дней — только 7 была их опера в Курске, дальше поехать испугались, чтобы не прогореть, вернулись в Москву и боятся, что могут дать отпуск раньше срока, а им, артистам, это не нравится.

Закончил вчерне третью часть «Запахов» — «Про корни», читал жене и Нельке — говорили, хорошо. Зайчик сказал, что «может, и вправду ты выпишешься», а я сказал, что, если у нас будет Васька, он будет обеспеченным человеком, напечатав мои писания, ему не надо будет бегать по халтурам и ссориться с женой из-за расходов на жизнь.

«Ленфильм» прислал деньги, 270 рублей. Деньги всегда к ссоре, поэтому надо готовиться, морально готовиться к обострению отношений с женой.

## ■ 20 мая 1968

Ходил с утра с Кузькой. Похолодало. Получил грустное, тоскливое письмо от Степаныча. Напились опять. Что-то нехорошо у него, по-моему, опять с женой что-нибудь.

Деньги мне покоя не дают. Ужасно хочется накопить на домик с заборчиком.

Рисоваться — это нехорошо, я сегодня рисовался на репетиции перед молодыми артистами, нагрубил Веньке, в общем, я был «тысячу раз прав» — так относиться нельзя. Надо работать, а не валять дурака, но мы до того уж дошли, что деловое отношение принимаем за рисовку. Доля правды есть в том несомненная, и все же нам (о себе первом) надо пересматривать свое поведение в работе. Мы губим душу, теряем то немногое, что еще осталось — цинизм, легкость, междупрочимость, все это не туда, это губит наши сердца, огрубляет, мы не в человеков, а в ходячие трупы превращаемся... Нельзя так, надо беречь чистоту, непосредственность поведения, честность и несуетливость.

### ■ 21 мая 1968

Дочитал «Подростка», ужасно хорошо, просто гениально. Нужно вчитаться, вдуматься, увлечься кругом идей, смыслом — для чего и не оглядываться на хитрость и ловкость интриги, вроде бы пустяпшой, и... «ну что мне за дело до их пороков и дел», а потом оказывается — вовсе не в том дело, в чем дело, а оно совсем в другом. Нет, очень хорошо, пусть нагорожено, запутано, заинтриговано, головоломка вроде бы и «откуда все!» — но гораздо чище многих нравственных, моральных книг и с огромной мыслью — всеобщей тоской, болью за всех и все.

Надо читать Достоевского и пытаться что-нибудь сыграть из него.

Накручиваю Федю, заражаю его энергией поступления, пробивания в театр, на работу. Тереблю, вселяю бодрость и уверенность. Учу быть бойцом.

Бердяев. О Хомякове:

Об обществе и государстве.

«Неумирающую заслугу славянофилов я вижу лишь в том, что они понимали власть как обязанность, а не как право, и с этим связывали своеобразный государственный идеал России. Славянофилы не хотели, чтоб Россия вступила на путь борьбы политических партий, столкновения интересов, самоутверждения человеческой воли. И в этом была правда, возвышающаяся над их ограниченной государственной идеологией. В славянофильском сознании решительно преобладает нравственный момент над юридическим, идея обязанности над идеей пра́ва».

«Изначальная полнота власти принадлежит народу, но народ от власти отказывается, избирает себе царя и ему поручает нести бремя власти. Хомяков гордится народно-демократическим происхождением царской власти в России, противопоставляет его происхождению власти на Западе из завоевания, из порабощения. Но народовластие осуществляется не большинством голосов, не механикой количеств — оно осуществляется органически, таинственно, непосредственно. Таков 1612 год».

Русский народ не признает власти как политической силы, он признает ее лишь как нравственное призвание.

Бердяев: «В них жил идеал органической христианской общественности, идеал, противоположный всякому механизму, всякому формализму».

## ■ 26 мая 1968

Дождь с градом, или град с дождем. Погода развинтилась. Два дня гулял с земляками:

— Пьем за твой талант.

— Ты — чудо...

— Каких Платонов сцены рождает сибирская земля. Нажрались, сперва сухого вина, потом на Павелецком у таксистов взяли водки.

Пели, плясали, в той Москве глухой замерзал «артист», отправил Элеоноре рассказы, все, четыре. Пусть читает и отплевывается.

Высоцкий был в Ленинграде, видел перезапись «Интервенции», или теперь «Величие и крах дома Ксидиас», по «моей» фамилии, расстроился, чуть не плачет:

— Нету меня, нету меня в картине, Валера, и в «Двух братьях» нет меня — все вырезали, нету Высоцкого...

— А фильм-то получился.

— Конечно, получился.

— А что говорит Полока?

— Говорит, что все в порядке.

## ■ 29 мая 1968

По всем адресам, налево и направо я жалуюсь, что не сыграл Кузькина, что режут «Интервенцию», что здесь и там меня постигают неудачи.

Назаров (*о Можаеве*): — Как такой непроходимо глупый человек может писать такие удивительные вещи — как «Живой».

Зайчик опять ускакал в Душанбе. Сегодня Федя показывается в т-р Комедии областной, дай ему Бог удачи, ведь ему ужасно не везет в жизни. Ну что такое, человеку тридцать лет, у него ни жены, ни работы нормальной, три года поступал в институт... может быть, ему повезет в Москве.

Договорились с Зайчиком писать друг другу. Вот я и пишу, ведь не обязательно писать на отдельной бумаге, можно хоть на газете, лишь бы помнить.

## ■ 30 мая 1968

Федин показ состоялся только сегодня. Ответ дадут 2-го в 10.30. Вчера долго ходили по Москве и спорили, выясняли мировоззрения, позиции и пр. с Огурейкиным. Заняли с Конюшевым 5 руб. и пропили. В ВТО с Евтушенкой пришел шеф, я подсел к ним, может быть, зря, но, кажется, вел себя достойно. Евтушенко обалдело удивился, когда узнал, что это я играю Кузькина. Потом стал говорить, что «без меня вам, Ю.П., не сделать спектакль о Пушкине. В его биографии много поводов, причин и разных штук, чтобы сбиться в сторону, а я знаю главное, без меня вы не сделаете Пушкина, хотите пари...» Петрович тянул вино и курил.

Высоцкий снова в больнице. Отменен «Галилей». А Рамзес улетел в Душанбе, я нанял его следить, но очень осторожно, за Зайчиком, могут кастрировать премию ему. Я увлекся Дудинцевым, по крайней мере, написано страстно, даже зло, и есть хорошие страницы по литературе.

### ■ 1 июня 1968

Вот и лето. Июнь начался. Месяц моего рождения.

Сегодня выступают в «Послушайте» новые Маяковские — Шаповалов, Вилькин, вместо Высоцкого, который в алкогольной палате, и Хмельницкого — улетел в Италию на съемки. Вчера шеф гениально показывал, как надо работать в «Послушайте». Если бы он так работал с нами, мы бы играли во много раз лучше и не ковырялись бы со спектаклем год. Венька: «Может быть, он так и показывал, нам трудно судить».

Нет, он уверен — артисты нащупали, он закрепил. Он показывает уже готовое, в чем он абсолютно уверен, спектакль год идет, отлежалось, отсеялось... И сам шеф за эти два года вырос, пережил много: «Пугачев», «Живой»... это все этапы, рубцы на теле гладиатора...

За стеной готовятся к свадьбе, Зайчик распевается, я пишу, Кузька слушает и наблюдает, теща помогает за стеной.

### ■ 3 июня 1968

Пью. Опухаю. Сегодня вечером «Добрый». Сейчас лягу спать.

### ■ 4 июня 1968

К вечеру вчера кое-как очухался, внутри и снаружи дрожь. Как мотну головой, так душу выворачивает, но, слава Богу, все нормально, могло быть куда хуже.

Сегодня я нарушил второй обет — подстригся, первый был сухой, размочил его с Гараниным, и пошло. А сегодня вот, снял прическу, потерял всякую надежду сыграть Кузькина в этом сезоне, дальше некуда было откладывать, такая похабель на голове проросла — люди на улице стали кусаться, я этого в них не одобряю и подстригся я не в угоду им, а просто дальше ехать некуда. Оттого немножко грустно и раздражительно, когда люди радуются, что вот, дескать, стал человеком, ничего не зная, ни о чем не ведая.

Много дней мне не дает покоя мысль, что я разжился, у меня появилось добро, и много, которое уже можно и, наверное, даже нужно застраховать. Когда-то, в бытность мою в «Моссовете» ко мне все приставала баба-агент, чтоб я чего-нибудь застраховал, и я дико хохотал над ней. Мне было противно это действие, страхование добра, жизни, на всякий случай, мало ли что может случиться, спасение барахла от несчастного случая, кроме того, что это барахло, так его еще нужно спасать, страховать, мне было невыносимо, омерзительно само слово. И вот теперь у меня квартира, шикарная мебель, чешский гарнитур красного дерева, холодильник, пианино, секретер, стиральная машина, у меня появилось много барахла, которое уже ждет страховки: мало ли что?!

Все это я пишу после душа, в халате, за шикарным секретером, стриженый, сытый, жиреющий болван. Кстати, насчет жирения — действительно стал поправляться, пока ничего катастрофического — но уже пора что-то предпринимать. Сейчас придет жена, сядет на колени и будет просить поцеловать себя. «Нет, не так, как следует».

### ■ 9 июня 1968

Надо писать дневник и надо писать чаще, больше и всякую чепуху. Это лаборатория, склад, рабочий стол, заваленный всякой бякой. Два дня не писал — был в жестокой ссоре с женой. Чуть не разошлись. Хотел написать на бумаге крупным шрифтом:

Не хочу с тобой жить.
Не хочу с тобой спать.
Не люблю тебя.

Две ночи спал на креслах, какое спал, пережидал ночи, удивляюсь собственной стойкости. А из-за чего все? Опять, конечно, из-за чепухи, которая о многом говорит и открывает глаза. Крупная вторая ссора, в тот день было их две, одна за одной, как бомбы, произошла в принципе из-за интервью с Полокой в «Лит. газете», где он сказал про меня: «по-моему, у него большое будущее в кино». В театре начались разговоры. Иваненко сказала: «Вот, дескать, у него будущее, а у Высоцкого ничего» и еще — Высоцкий считает, что Золотухин первым номером в «Интервенции», а Золотухин считает, что Высоцкий». На что Шацкая заметила: «Совсем и нет. Высоцкий считает, что Золотухин, и Золотухин считает, что Золотухин». Обо всем этом мне рассказала Иваненко в присутствии артистов и добавила вопросом: «Что ж он, лицемерил, что ли, тогда?» Из-за этого и началось. Зайчик говорит: «Я пошутила».

Я: — «Так и скажи». — «Кому? Да кто она такая, и что у вас с ней за отношения, почему ты так боишься, что она передаст Высоцкому, что ты перед ними унижаешься, ты что, боишься Высоцкого, она хочет вас с Венькой приблизить к себе, разве это не видно, Венька не позволяет ей к себе приближаться. Она не поняла шутки, а я буду перед ней выкозюливаться».

Кроме ссор, был отвратительный «Добрый». Как Зинка может позволять себе так играть, вернее, не играть ничего, даже текста не произносить, сокращать, все пробалтывать под себя, лишь бы скорее. Что же делать остальным? Халтура, боже мой! Потому что выездной, и шеф не увидит.

Был на репетиции у Конюшева на «Мосфильме». Он молодец. Не боится показывать, правильно говорит, а главное, видно, что очень любит это дело и горит. После «Доброго» взяли с ним бутылку «Кагора» с боем и по сырку, посидели во дворе на бревнышках, покурили и поговорили.

Теперь вот что: Зайчик говорит, что все мои капризы, раздражения оттого, что я ничего не делаю. «Подожди, получишь новую роль в театре, начнешь работу с Назаровым, и все будет хорошо». И тут вызывает Назаров и предлагает вместо Антона главную роль милиционера Сережкина. Я, грешным делом, эту мысль закидывал месяца полтора назад, но он вроде и не слышал. А теперь разные обстоятельства заставляют его перетрактовать центральный образ: 1) Повсеместное омоложение милиции — «милиция — наш заказчик, она будет нас поддерживать». 2) Заявили о своем желании сыграть «Деревенский детектив» Жаров, Крючков, ситуация и образ схожие, а материал литературный в 1000 раз лучше — значит, мы идем с ними на таран, а зачем нам это нужно. Стало быть, необходимо искать другой ход и срочно, и вот возникает идея

Сережкин–Золотухин. И снова возникает на дороге театр. Работа огромная и главное — далекая натура — Красноярск, тайга. Завтра проба с Высоцким–Рябым. «Может быть, это и есть то будущее, о котором сказал Полока?» Помоги, Господи!

## ■ 11 июня 1968

Вчера и сегодня ужасно жарко. Вчера 30° было и без ветра. Асфальт в лужи плавился на Новом Арбате. Сегодня ветерок и немножко легче. Да еще тучки-облачка набегают, маскируют солнце, а гром все равно гремит, хоть и нет грозы. А вот так целый день пугает, и все. Но, наверное, еще полыхнет. Вчерашнюю жару я не заметил, потому что с утра залез на «Мосфильм» и сидел там до 18 часов. А в павильоне даже прохладно, когда не жгут юпитеры. Проба с Высоцким. Оператор говорит: «Я лично буду драться», в смысле, за нашу пару. Назаров*: «В группе сложилось такое мнение, что это и есть тот самый выигрышный вариант». Володя передал слова Полоки: «Вас с Золотухиным надо снимать вместе теперь только». Не знаю. У Назарова так особенно не поймешь, но, по-моему, он доволен.

## ■ 13 июня 1968

Вчера уехал Колька Конюшев в Ленинград. Счастливый, веселый наконец, весь в деле и ждет зарплату. Пили портвейн у нас, потом на вокзале шампанское из горлыш-

* Назаров Владимир — кинорежиссер В 1968 г. работал над к/ф «Хозяин тайги», в котором снимались В. Золотухин (милиционер Сережкин) и В. Высоцкий (бригадир сплавщиков Иван Рябой).

ка с Лебедевым. Хвалил меня за «Ходоков». Сильно пьяный я вернулся домой. Остатки шампанского отдал какому-то молодому инвалиду.

Вчера почти целый день торчал на «Мосфильме», и только в три стали репетировать. Дошли слухи, что «Интервенция» — гениальная картина, мы с Высоцким гениально играем, но картина для эстетов, специалистов-кинематографистов, для широкой публики ее сейчас нельзя показывать — положили на полку. Ну надо же, вторая работа на полку, да что такое.

Сегодня вечером закончил «Дребезги», так теперь называются по воле Зайчика мои «Запахи» — закончил по плану, который был еще в Ленинграде. И не знаю, что теперь делать, перепечатывать ли их или отложить и потом поправлять ручкой, что делать? Подскажите, господа присяжные заседатели.

### ■ 14 июня 1968

Адская машина закрутилась снова. Вчера на райкоме решено просить МК и Управление к. о снятии Любимова.

— Режиссер поставил себя вне критики, создал оппозиционный театр, постоянно заостряющий свое внимание на теневых сторонах нашей жизни, отрицающий и не подчиняющийся партийному руководству, противопоставляющий все прогрессивное (ученого, художника) властям, и это не частное заблуждение, а определенная тенденция из спектакля в спектакль, генеральная линия — критика властей. Партийная организация попустительствует режиссеру, не имеет должного авторитета, ведущие артисты не хотят вступать в члены партии... Мы укрепим руководство художественное и партийное — в театр придут молодые, партийные артисты.

Всякие коллективные «сборища» запрещены. Того энтузиазма, который был полтора месяца назад, уже нет. Нас приучили к мысли, что Любимова очень просто снять и нас в два счета разогнать. И многие уже всерьез подумывают — куда податься в случае.

У меня мысль противоположная той, что была раньше — коллективный уход — нет, это им на руку, они этого ждут, им не нужен такой театр, и они только будут приветствовать, если мы разбредемся и погибнет репертуар любимовский. Нет, быть может, надо, наоборот, отстреливаться до последнего патрона и как никогда держаться вместе и держать репертуар, как знамя. Кто его знает, сколько продлится эта осада, ведь были шараханья в сторону, да еще как, и все прошло, и названо ошибочным, кто его знает, быть может, через три месяца все пойдет наоборот, действительно — «умом Россию не понять»...

14 июня был на дне рождения у Гараниных. Пили, пели, плясали, красота. Я преподнес ему собственноручно сочиненный адрес от Театра на Таганке с подписями Любимова и многих артистов. Гаранин растрогался, чуть не всплакнул.

Вообще день тот был сумасшедший. Приехал Назаров за мной в театр и забрал меня на кинопробу, оказывается, смена с 9 была назначена. Мне теперь уже хочется и сниматься, но могут не утвердить из-за сроков, я уже не думаю, что худ. совет будет настолько против меня, что не удастся отстоять, хотя все может быть.

Вчера начал перекладывать на машинку «Дребезги». И сегодня стучу опять. Вчера выездной «Добрый». После спектакля шарахнули по коньячку с Венькой.

Романовский не появляется на горизонте. Мы с Колькой пришли к выводу, что он просто боится нашей компании, ему надо ездить за границу, надо продвигаться в театре, а тут такие знакомства — Золотухин, Таганка, Высоцкий... какие-то письма и т. д.

Я посмотрел пробы в «Хозяине», и уже захотелось сниматься. По тому, что делал Невинный — это не конкурент, быть может, он в тот день — 14-го — что-нибудь ляпнул красивое. Авдюшко делает очень уверенно и точно в своих данных — но это шериф. Выигрыша нет. Высоцкий мне сказал, что без меня он сниматься не будет. Я сказал, что и я без него тоже. Федю Каленова, кажется, не удастся пристроить к Назарову. У него уже все забито, а Федя все еще нигде.

Зайчик спит, нельзя стучать, и мыслей никаких, чтоб записать.

Сегодня «Галилей», как праздник, месяц почти не было спектакля, Высоцкий вышел вчера из больницы, похудел.

### ■ 21 июня 1968

Мне сегодня 27 лет, господа присяжные заседатели. Лермонтовский возраст, когда гений должен проявиться. Не будем жаловаться на судьбу и метать бисер, но все же кое о чем поговорим. Не скрою, я готовился к этой дате, ведь и вправду говорят, что я чем-то похож на Лермонтова, внешне, разумеется, я готовился, да, и готовился не гусями и шампанским, хотя сегодня шампанское одно и будет, я готовился отпраздновать делами:

1) Женей Ксидиас.
2) Федором Кузькиным.
3) «Запахами», или, теперь, «Дребезгами».

Мне помешали выполнить мои планы многие обстоятельства, главным образом – люди. В среду мы катались с Высоцким и Г. Кохановским* в Ленинград, смотреть «Интервенцию». По-моему, гениальная картина, и многие так говорят. Моя работа меня устраивает, не везде, но, в общем, удовлетворительно, что говорят люди — я подожду записывать до окончательного выхода фильма. Скажу только, говорят, по сумме всех отзывов я делаю вывод — я выиграл Женьку. Все. Больше пока ничего не скажу, потому что очень много порезали и могут чикнуть еще, но в общем линия проглядывается, она осталась любопытной, и я не могу ругать Полоку, ему надо выиграть фильм. Первым номером в фильме — он, Полока.

О Кузькине — записано все раньше, и ничего нового в такой остановке быть не может. Скажу только, это я узнал в ВТО, где были Макс и Марина, что Вилар сказал Любимову об мне:

— Он хороший артист, а Марина сказала мне, что я — «лучший артист в нашем театре», Шацкая стала с ней спорить и доказывать, что лучший артист Коля Губенко, почему вдруг? Коля так Коля, я не спорю, но почему переубеждать человека, если он так считает, а не иначе. Некрасиво Зайчик меня предал, но Бог ей судья.

«Дребезги» я закончил вчерне, читаю и самому нравится, очевидно, работа будет расширяться, шлифоваться и примет другую форму и размер, но задача выполнена, план, по которому я двигался, исчерпан, а что будет дальше и как будет, это поглядим. Жалко, что не переложил на машинку, было бы еще приятнее, сделанное, но что поделаешь — нету времени совсем

В среду, когда мы были в Ленинграде, состоялся худ. совет по «Хозяину тайги». Не знаю — поздравить себя или нет, но мы оба с Высоцким утверждены на главные

* Кохановский Игорь, Гарик — поэт, в прошлом журналист, друг В. Высоцкого со школьной скамьи.

роли. Работа предстоит отчаянная, главное — недостатки, рыхлость и примитивизм сценария преодолеть. И еще — время. Сроки начнут терзать, и мы зашьемся и с фильмом, и с ролями. Но, «по крайней мере», я настроен по-боевому, не говоря о Высоцком, который сказал скромно: «Мы сделаем прекрасный фильм». Спорить с ним я не стал.

### ■ 22 июня 1968

Из гусар были: 1) Гаранин — наконец-то, принес мне свою потрясающую работу — «Мечущийся Пьеро»* и бутылку водки. 2) Высоцкий — не пил, а есть нечего было — подарил брюки. 3) Веня Смехов — подарил здоровенную рыбину сухую, под пиво. 4) В час ночи где-то пришел Калягин, принес водку, подтрунивал над Гараниным. Из дам: моя жена, теща. Теща подарила носки, жена — рубашку. В общем, одели меня. Ну и, конечно, были Рыжневы. Гудели до утра, особенно мы с Гараниным, даже Венька уже лег и, лежа, читал Блока о Пушкине вслух, а мы ахали. Пили только шампанское, усидели шесть бутылок. Да, птички принесли пингвина-ручку и бутылку сухого вина. Гаранин — моя слабость, о чем угодно может говорить и дать исчерпывающие сведения. Например, вчера час говорил о музыке, помнит названия пьес, композиторов, всех дирижеров, певцов. В общем, ходячая энциклопедия, он бы мог свободно читать лекции обзорные по музыке. Помнит актеров, вождей, летчиков — всех более-менее знаменитых людей. Провожал его домой, когда всходило солнце, до чего приятно было идти, радоваться и говорить. Да, жизнь идет. Никаких поздравлений ни от кого я

* «Мечущийся Пьеро» — фотопортрет В. Золотухина в роли Пьеро из спектакля «Десять дней...».

не получил и сегодня. Грустно. Что за черт, все на меня обижаются, почему? А я — ни на кого.

Сегодня целый день спал, только вымыл посуду, да в обед с Зайчиком откупорили бутылку шампанского.

Кузька был на выставке и получил большую серебряную медаль. А я, маловер, не верил в него, он обиделся, загордился и не подходит даже ко мне.

### ■ 23 июня 1968

Проклятые мозоли замучили. Не знаю, как завтра играть буду «Доброго». Сегодня «Антимиры» танцевал так, в полноги. Болит жутко, особенно на левой. Целый день сижу, печатаю «Дребезги», пью «Московское полусладкое».

Перед тем как выйти на худ. совет, Назаров, по инициативе Стефанского*, был у Шабанова**. В основном по линии Высоцкого, испугались статей.

Ш а б а н о в: – Золотухин — это самостоятельный художник, талантливый артист, за ростом которого мы с интересом наблюдаем, но ему пора встать на ноги. Пора бросить танцевать под дудочку Любимова, открывать рот, когда его открывает Любимов, и закрывать, когда тот закрывает, пора бросить ему смотреть в рот Любимову.

Это перепевы Дупака.

— Высоцкий — это морально опустившийся человек, разложившийся до самого дна. Он может подвести вас, взять и просто куда-нибудь уехать. Я не рекомендую вам Высоцкого.

* Стефанский Алексей Николаевич — директор картины «Хозяин тайги».

** Шабанов Петр Ильич — в то время 1-й секретарь Пролетарского райкома КПСС. Театр на Таганке (до перерайонирования Москвы в ноябре 1968 г.) находился на территории и в ведении этого района.

Где это было видано, чтобы секретарь райкома давал рекомендации для участия в съемках, докатились.

От «Живого» у меня остались только воспоминания, палка, подаренная Можаевым в день, когда мы ездили в деревню за реквизитом. Господи, неужели ты так жесток, дай мне показать людям моего Федора. Да еще балалайка.

Зайчик улетел вчера в ночь на много дней в Душанбе.

Если бы у меня не болели ноги, я бы, может быть, куда-нибудь пошел: в театр или в гости. У меня есть водка, я бы мог пригласить кого-нибудь к себе или сам пойти, но увы, я не могу ходить, не могу думать, не хочу ничего делать — я боюсь завтрашнего спектакля, потому что у меня болят ноги.

Несколько дней стоит жара. Сегодня я получил единственное поздравление от человека, помнящего, что я родился. Это Толя Лаптев.

### ■ 24 июня 1968

Директор подходит к каждому, обнимает за плечи и начинает разговор, дескать, Юрий Петрович должен понять, что времена не те, нельзя идти напролом, необходимо поступиться чем-то. Вплоть до того, что снять «Послушайте».

Но он же предлагал им переделать второй акт на райкоме, они пропустили это мимо ушей.

Чего он предлагал... Он вел совершенно по-дурацки себя... Бросал реплики, подначивал, ну, дескать, давайте, я посижу уж, послушаю, а вы говорите... Кому он чего хотел доказать... Если бы не его такое детское поведение, я уверен, что все бы обошлось. Вы должны говорить с ним. Судьба театра зависит только от него, и не только театра — судьба людей, надо думать ведь не только о себе, о своей фанаберии, еще и о людях надо задуматься.

Они ждут, чтобы он склонил перед ними голову, а они отрубят ее и выбросят. Им легче с ним расправиться, когда он признает — что он ошибался. Потом, когда наступят лучшие времена, они скажут: «Но ведь он же сам признал свои ошибки».

Бедный Дупак. Он обманул советский народ, бросил дочку легендарного героя и, слившись с буфетчицей, которая тоже какого-то советского труженика надула. Он получил вместо взыскания трехкомнатную квартиру, он у них на крючке, и все идеи и высокие принципы ему теперь до... Он ввел в действие свой пассивный кодекс: «Я, маленький артист, не играю главных ролей, но я тоже человек и требую к себе внимания». А Любимов всегда указывал ему место, как псу, вот Дупак и восстал. Восстал холоп, а это страшно. Он не простит барину его графства, хотя бы он и был гением, что ему до гения графа. Граф-барин, а барина надо бить, пока есть случай Вот как я понимаю этот момент. И теперь Дупак обрабатывает общественное мнение, переговаривает со всеми, склоняет на свою сторону, хочет, чтобы артисты хоть что-то сказали бы против Любимова, ему «нужен тот, кто вы первый бросил камень», а уж потом начнется заварушка и полетят головы. Но артисты молчат, сохраняют спокойствие, как призвал шеф. По заводам и предприятиям уже официально объявляют о снятии Ю.П. Приручают общественное мнение, смотрят, что из этого выйдет, как поведет себя народ. А что народ?! Что он Гекубе, что ему Гекуба!

У меня исправилось немножко настроение. Со вчерашнего дня я возобновил занятия на балалайке, ни хрена, все наладится, правильно говорил Гаранин — надо развивать талант, надо не терять времени, надо работать над собой. Кому какое дело, что у меня обе ноги парализованы, я сегодня должен играть, и играть хорошо, «народ ведь платит, смеяться хочет он». И я буду играть, хоть разорвутся ноги пополам.

Сегодня Полока в третий или даже в четвертый раз показывает «Интервенцию» обкому. Господи, помоги ему, а заодно и всем нам.

А где-то в прибалтийском хуторе Борис Можаев пишет — «чтобы не тревожили зря, буду злиться». Надо достать его адрес да написать ему письмишко. Сейчас просматривал свою запись о поездке с ним в деревню, даже в такой сухой информации большая тоска и грусть. И чем дальше, чем невозможнее «Живой», тем сильнее и безнадежнее хочется реветь и говорить хорошие слова и Можаеву, и Любимову. Прекрасное было время!!!

Надо завязывать с пьянкой (но что делать, у меня в холодильнике со дня рождения две бутылки водки и три — шампанского) и с курением. Как поднимусь, выведу мозоли, начну заниматься и худеть. Я сильно вышел из формы. Не курю я уже три дня, не нужно мне это все, баловство.

Какое-то странное письмо мама написала, куцее, как будто недописанное, никогда от нее не было таких писем. Что-то там не все ладится, заработать бы кучу денег и поехать разобраться во всем, устроить стариков, купить машину Володьке, и представляю, как он на меня досадует теперь за мое пацифистское письмо. Ему бы купить, а там разберемся.

У Высоцкого нехорошо в семье. Третьего дня его встретила Люся, когда он выходил из театра в обнимку с Иваненкой. Люся заревела и убежала к матери. Володя хочет построить ей квартиру и себе тоже и пожить отдельно: «Я наверняка вернусь потом, а сейчас мне нужно пожить одному, проверить себя, что-то сделать, поработать...»

Я отправил свои малые произведения по разным концам, но ниоткуда еще не получил ответа. Что такое? Может, не дошли мои писания до народа? Очень интересно знать, как отнесется к ним Тоня, Степаныч, Элеонора...

## ■ 26 июня 1968

Вчера с утра печатал. Получил от Тони письмо. Ничего не пишет о моих произведениях, в конце только пригрозила, что «буду судить строго, но лучше, когда встретимся».

Кое-как доплелся до «Мосфильма». Обратно попросил отвезти на машине. Отправил Стефанскому договор с «Интервенции». Хочу получить за картину 25 руб. (ставка за с. день).

Назаров потихоньку переделывает сценарии. Подпольно. Для внутреннего пользования, между близкими людьми... Дай Бог ему удачи... попервоначалу мне нравится, только бы он не скатился к полной оположительности.

Ноги, ноги мои, кажется, они заживают.

Дупак строит козни нам с Высоцким. Особенно последнему, не подписывает разрешение на съемку. Ждет, зануда, чтобы ему что-нибудь предложили сыграть из-за нас, как в «Интервенции» — паразит.

Ну, опять за машинку, осталась последняя, но самая большая глава.

## ■ 29 июня 1968

*Суббота*

Телеграмма главам правительства — Брежневу, Косыгину, Подгорному — возымела действие. Параллельно Петрович написал письмо Брежневу, в котором изложил позицию театра и несогласие с тенденциозной критикой линии театра. Брежнев отнесся к письму благосклонно, выразил вроде того, что согласен с ним, просил передать коллективу, чтобы все работали спокойно, нормально, извиняется, что не может принять Петровича сейчас — занят сессией — а дней через пять он его обязательно примет.

Тут же состоялось заседание райкома, на котором принято решение вычеркнуть пункт о снятии Любимова из решения прошлого райкома. Потеха. О чем нам было доложено на общем собрании.

Вот как все обернулось. Некоторые деятели, вроде Эллы Петровны, которая закладывала нас Дупаку, боясь остаться без работы, крепко просчитались. «Еще не вечер», как говорит шеф.

Съемки еще не начались, но мандражировать я уже начал. Вчера познакомился с референтом какого-то крупного деятеля на Петровке, 38, капитаном Валерием Беленьким. Затащил его с подругой, лейтенантом-криминалистом, к нам, выпили все, что оставалось со дня рождения, и я задал 10 вопросов по моей роли. И должен сказать — не без пользы дела, кое-что я возьму из предложенных мне штампов. А главное, я понял — каким они хотят видеть милиционера. «Выдай интеллект».

### ■ 30 июня 1968

Заморочили мы головы девчонкам Рыжневым. Собирались поехать на дачу к ним — поесть клубнички, но с утра пасмурно, холодит, а по правде говоря — неохота двигаться ни в одну сторону. Сегодня мы идем к Никите Гаранину на день рождения, а завтра у меня первый день в «Хозяине» у Назарова, надо немножко отдохнуть, прийти в себя.

Странно, когда работаешь в хвост и гриву в театре, когда занят делом, когда все тело и мозги заняты хлопотами, когда каждая клетка чего-нибудь придумывает и потому живет — и за столом веселее — и за обеденным, и за письменным. А так не работается—в прострации. Надо вот что-то делать, надо на что-то решиться... надо писать, а что писать; хожу пустой и ленивый и не знаю — за что взяться и что подарить Никите на день рождения.

Мои «Дребезги» ходят по рукам, все три экземпляра.

Перечитывал Солженицына «Матренин двор». Здорово, прямо гениально. И не хочется писать самому, до того ловко. Но после Толстого хочется писать. Солженицын как будто говорит. «Вот вам русский язык, вы русские, а язык забыли, вот я вас обращу сейчас в русскую словесность, вы таких слов и оборотов и не слыхали и не читали никогда. Вот вам, вот вам». С одной стороны, вроде бы простота, а с другой — тут же — ох, какая она, простота, сложная, непостижимая, такая, что язык выворачивает, а все русское, все наше.

В «Раковом корпусе» я этого уже не заметил, значит, идет рост, а может, наоборот. Писатель владеет, по-видимому, стилевым разнообразием и ловко им пользуется. Конечно, это великий писатель земли русской.

А что же делать мне с моею бабкой Катериной Юрьевной, что рассказала мне в Санжейке такие истории своей жизни? Как их умудриться изобразить в литературе? Может быть, связать как-то с морем? Я помню, мы сидели с Высоцким ночью голые на берегу моря, под звездами на камушках и глядели в море. Шел большой пароход вдалеке и светил. Там кишел народ, а мы наблюдали и придумывали разные истории, которые могли там твориться, случиться и т. д. Высоцкий говорил, что этот год, будущий сезон будет твой. — Ты сыграешь Кузькина*. —

Но прошло уже два сезона, а мой год все не пришел... но при чем тут бабка...

А может быть, сделать три рассказа, три вечера, три дня: день мы отдыхаем, купаемся, говорим, работаем, ссоримся, а вечером, за ужином, бабка нам рассказывает о своей жизни.

Надо придумать ход. Ход монологов, без всяких других мотивов, течений, не очень годится, это никуда, как про Таньку.

Никите надо что-нибудь из кабинета Любимова, со стола, как сувенир, или куб.

## ■ 7 июля 1968

Господи! Кажется, вечность не сидел за столом. Неделя июля — первая съемочная, первые тревоги, радости и огорчения. Снова и снова я недоволен собой, сценарием, режиссером... Но это ладно. Осталась неделя отпуска, а потом — тайга. Надо многое проверить и приготовить, что взять. Полтора месяца тайги, соседство с энцефалитными клещами.

За эту неделю мне не восстановить в подробности, что было, что думалось. По хронике.

1 июля: Освоение и съемка с Масановым. Я с большого похмелья с Никитиного дня рождения. Ночевали с Зайчиком в театре на стульях, Венька у шефа в кабинете. Спали всего три часа, и то кое-как. Больше ничего не могу вспомнить. Да — приходил автор, удивился, что я, а я требовал с него водки.

* «...сыграешь Кузькина» — Кузькин — главная роль в спектакле «Живой» («Из жизни Федора Кузькина») по повести Б. Можаева. Сложной судьбе этого спектакля В. Золотухин посвятил свой документальный — основанный на дневниковых записях — рассказ «День Шестого Никогда».

### ■ 8 июля 1968

Сегодня начинается второй объект, вторая неделя съемок. Приехал Полока с «Интервенцией».

Не гляди на мир вполока, Гляди в оба, как Полока.

Привез Гелю, Регину, Уржумцева растыкивать по театрам, по училищам. Полоку выдвигают на Государственную премию за «Республику Шкид».

Высоцкий переживает укол. Когда вышел из машины перед театром, я его испугался — бледный, с закатывающимися глазами, руки трясутся, сам качается. В машине, говорит, потерял сознание. Аллергия. Меня пока пронесло. Может, после второго-третьего хватит.

Взял гармонь в театре. Хочу показать Назарову «Ой, мороз, мороз».

Я вернусь домой
На закате дня,
Обниму жену,
Напою коня.

### ■ 9 июля 1968

Два дня пьянства. Даже ночевал не дома. «Интервенцию» могут положить на полку. Ситуация жуткая. Бедный Полока пробивает картину и устраивает Регину в институт. Вчера был у Люси Высоцкой, пил много и долго. Зайчик прилетел из Душанбе и обиделся на меня: «Как тебе не стыдно, как тебе не стыдно...» Привез меня Володя чуть тепленького к парадному...

### ■ 13 июля 1968

Суббота.

Закончился какой-то период моей жизни — двухнедельный. Сейчас жизнь измеряется состоянием дел в

«Хозяине». Первый материал, первые обсуждения. Вчера смотрело объединение и выразило полное удовлетворение материалом. Будто бы даже Биц сказал, что «материал очень хороший». Пришли на площадку, поздравили Назарова, меня, оператора. Леонов: «Не занимайся ты, ради Бога, сочинительством. А то Можаев на тебя в суд подаст, все равно это топором получается». Кремнев: «Валера, ну что же, очень хорошо... Все нормально» и т. д.

Перед этим с Леоновым смотрел и Можаев и тоже остался будто бы удовлетворенным: «Ну, это другое, по сравнению с пробами, дело, Золотухин встал на ноги» и т. д.

## ■ 26 июля 1968

Я как прежде один. Выезжий Лог. На квартире у Анны Филипповны в горелом доме. Высоцкий укатил в Москву и дальше по делам «Интервенции». Больше недели натурных съемок. А я никак не могу прийти в себя, как меня поносил перед отъездом Можаев за изменение текста в «Хозяине» и откуда такие слова выкапывал: «Если хочешь испражняться, испражняйся на кого-нибудь другого, я еще живой, зачем ты на меня ногу задираешь, зачем ты на моих ребрах пляшешь, ведь я могу и по-другому поступить» и т. д. и т. п. И это за кулисами, при народе, при артистах.

В общем, настроение скверное и сохраняется пока до сего дня. Зайчику обещал писать каждый день, а с трудом нацарапал две страницы. Кажется, это будет мой провал. Я не знаю, как играть Сережкина, что играть, и вообще, о чем фильм. Трата государственных денег. Потихоньку пью, курю, в очень плохой, ленивой форме. Ужасный сценарий. Как это важно для актера — приличный материал.

Это ужасный признак, когда первый материал нравится, получает одобрение. Но это прелюдия. Бороться надо до конца. И надо решительно браться за роль. И «мне не гореть на песке», так и запомните, господа присяжные заседатели, мне еще рано сливать воду.

## ■ 21 августа 1968

Во как!

Я сижу один в большом, сыром, грязном доме. На улице моросит. Холодно. На мне полное обмундирование, плащ, фуражка, но руки коченеют все равно. Высоцкий с Говорухиным* смотались два дня назад. Солнца нет, небо черное — снимать невозможно, а мы чего-то ждем и не хотим сниматься с этой базы.. Но сегодня это, наверное, произойдет. Мы покинем Выезжий Лог, променяем его на Дивногорск Высоцкий так определил наш бросок с «Хозяином»: «Пропало лето. Пропал отпуск Пропало настроение». И все из-за того, что не складываются наши творческие надежды. Снимается медленно, красивенько и не то. Назаров переделал сценарий, но взамен ничего интересного не предложил. Вся последняя часть, погоня, драка и пр. «Выхолощена, стала пресной и неинтересной». На площадке постоянно плохое, халтурное настроение весь месяц и ругань Высоцкого с режиссером и оператором. Случалось, что Назаров не ездил на съемки сцен с Высоцким, что бесило Володечку невообразимо. Оператор-композитор «симфония кашеварства», «сюита умы-

* Говорухин Станислав — кинорежиссер и кинодраматург, друг В. Высоцкого Их связывала совместная работа над фильмами «Вертикаль» (1967), «Белый взрыв» (1969), «Контрабанда» (1974), «Ветер надежды» (1977), «Место встречи изменить нельзя» (т/ф, 1979).

вания», «прелюдия проплывов» и т. д. А где люди, где характеры и взаимоотношения наши?

Я летал с коня в бревна и был от катастрофы на 30 см, летал с мотоцикла в кювет и чуть не убил «двух капитанов».

Вчера лег рано, один и вспоминал Ленинград, Полоку, черт возьми, как дорог мне этот год, проведенный в поисках Женьки, в общении с Полокой. Я вспоминаю все павильоны, круги всех цветов, придуманные гениальным Щегловым. Что пережито мной за этот год, и если бы повторить — не изменил бы ни дня.

Приезжал Говорухин, просто в гости на охоту, к другу за тридевять земель, ночью появился хороший человек, как в сказке. И сразу наладил наш быт: в доме появилось завсегда молоко, мед, поросенок, гусь, курица, банька по-белому и по-черному.

Высоцкий написал несколько хороших песен, лучшую мы поем вместе, на два голоса, и получается лихо.

Протопи ты мне баньку по-белому,
Я от белого свету отвык.
Угорю я, и мне, угорелому,
Пар горячий развяжет язык.

Почти месяц у меня было скверное настроение, и даже Зайчик, что напомнил мне про Моцарта — не вправил мне мозги. Ужасно боюсь встречи с Можаевым, чувствую: будет кровь моя на его руках. А крыть мне нечем, опасения его оправдались. Все тихо, все скверно. И все-таки я на что-то уповаю, может быть, павильоны вывезут. Надо тщательно продумать все штампы. Уже неделю не курю и почти не пью, решил вогнать себя в маломальскую форму.

Зайчик, мой миленький, в Душанбе, прислал два письма и много телеграмм.

Уже осень! Ах эта осень! Любимая пора.

## ■ 22 августа 1968

Гостиница «Бирюса».

Цивилизация. Всякая мало-мальская цивиль похожа одна на другую. Если бы меня ввели в номер с закрытыми глазами, я бы подумал, что попал в «Октябрьскую» гостиницу Ленинграда. И все равно приятно. Чистота. Ванна. Горячая вода. И письменный стол, за который хочется броситься, как на бабу. С утра не получил номер с ванной и отказался от всякого, мол, я подожду. Съездили с Кмитом* к ГЭС, пока не понял, здорово, вода офигенно бьет, но представлялось по роману Полевого грандиознее, просто больше по месту, по протяженности. И опять номера нет. Полетел на «Ракете» по Енисею, почему он седой и почему Батюшка, ну ладно, в Красноярск просто так, от злости, пусть поищут, а там в дом-музей Сурикова.

Приехал в 4 — номер есть, какой хотелось.

Под окном течет Енисей, уже более-менее успокоившийся от плотинной мясорубки. На том берегу скалы, наверное, там мы и будем снимать.

Потерялся Высоцкий, удрал в Новосибирск Я очень жирный, это катастрофа, осталось всего ничего, а я не могу завязать пупок узлом, опять сейчас нажрался, да с пивом.

Никаких писательских задумок, все поглотила нервотрепка с ролью.

Господи! Сколько раз ты вытаскивал меня, не обидь и на этот раз, что делать мне, что делать, когда не хочется подвести Назарова, Можаева, да и себя...

* Кмит Леонид — киноактер, известный всем советским зрителям как Петька из фильма братьев Васильевых «Чапаев». В к/ф «Хозяин тайги» он исполнял роль Лубникова.

### ■ 23 августа 1968

Отвык я от шариковых ручек. Не дождусь, как засяду за секретер и возьму свой «Спутник». С утра решил устроить разгрузочный день. Съел стакан сметаны и все, не знаю, выдержу ли. Уже сосет и хочется супу. Вчера прилетел из Новосибирска Высоцкий с подарками от художников и бутылкой армянского коньяку. Пришлось выпить.

Обедали с монтажницами. Съел уху из осетрины.

«Я боюсь гусей и зубных врачей».

«Я по-другому начала относиться к театру, к артистам, они выросли в моих глазах после твоей книжки».

Начал заниматься вчера и сегодня, понемножку, полегоньку, ничего — все в наших руках, сократить обжорку, увеличить тренаж. Артисту нельзя быть толстым, он не развернется вовремя, как перегруженный корабль.

Опять нет солнца, опять бардак в организации: нет тракторов, нет людей, ничего нет, съемки не подготовлены.

### ■ 27 августа 1968

Страшно думать. Два дня до начала сезона, пролетело лето, пролетел отпуск, как дым!

Сегодня опять ничего не сняли. Целый день просидели на скале, шел дождь, и небо сплошняком затянуло. Жгли костер, грелись и смотрели вдаль. Хорошо думалось и был с Богом.

Зайчик мой уже дома, наконец-то получил телеграмму от него.

Двигубский Саша, второй оператор и новый пиротехник чудом спаслись от гибели. Они не вылетели рейсом, на который были куплены им билеты; одного задержало объединение — смотреть материал, другой напился в порту и опоздал на самолет. А он в трех километрах от Красноярска загорелся и врезался в землю. Судьба хранила ребят и группу нашу несчастную и без того — миновала беда. Слава Богу!

Саша спит. Я хочу знать, как материалы, если ничего или даже хорошо — грамм сто выпью обязательно. А вообще грустно, я почувствовал на скале, как опять мне дорого все вокруг — все люди, вся группа и, конечно, Назаров, Николаев. Господи, помоги нам сделать приличный фильм.

На встрече со студентами Николаев назвал меня выдающимся артистом, «пройдет немного времени, и этот артист будет № 1, первой величины, мы присутствуем при рождении новой звезды». О Господи! Помоги мне пережить и это и хоть наполовину оправдать доверие людей. Я часто слышу о себе самые высокие отзывы от разных людей и чувствую, как преступно мало делаю для соответствия.

### ■ 29 августа 1968

Итак... Москва!!!

Сорвались с Высоцким раньше времени, подхватились и айда. А сбор труппы оказывается не сегодня, а завтра. Шестой сезон, на Таганке пятый. Господи! Помоги мне.

Уже скучаю по группе. На стенке подарок Тойво — Мана, палатка, тайга — знакомые и уже родные места. Разжирел я, морду разворотило, как у настоящего милиционера, надо худеть, а то ведь и штаны скоро ни одни не налезут.

### ■ 30 августа 1968

Я из осени в лето попал. В Москве жара, духота, теснота, как и было, ничего не изменилось. В театре конь не валялся. Не помню ни одного сезона, начинавшегося нормально, всегда доделывается ремонт при зрителях. Дупак старается, лезет из кожи вон и все подсчитывает, сколько он великих благодеяний в пользу театра совершил. Не ходил в отпуск, целый месяц не вылезал из театра, лично руководил работами, проектировал, ломал, пробивал и т. д.

Спросил о судьбе «Живого»:

— Вот разберемся с Чехословакией — займемся Кузькиным. Наши дела, наша жизнь целиком и полностью зависит от нас.

Говорят, пришло два эшелона раненых наших парней из братской Чехословакии. Об убитых молчат. Были у Рыжневых вчера, там и услышали об этом.

У меня нет особенного желания начинать сезон. Единственно, постоянное ожидание какого-то чуда, что вот что-то случится, произойдет – и все пойдет по-другому, в лучшую сторону и весело. А потом, я уже вошел во вкус работы над Василием Фокичем Сережкиным. Нет-нет да и придет в голову штамп, жест, интонация... это значит — где-то там, далеко за туманами в мозгу идет работа постоянная над образом милиционера — Золотухина. Сделанным недоволен, особенно обижен на оператора, который хоть и говорит про меня звонкие эпитеты, но снимает общими, слепыми планами, а если близко — то обязательно спиной.

Назаров растворился в нем, передоверил ему очень, и Василий ринулся в режиссуру и сладу никакого с ним. На «Пакете» шла часто ругань, междоусобица режиссера с оператором, это мне сильно не нравилось, но это давало плоды, хотя бы потому, что Назаров имел большее право делать то, что хочет он. Здесь, у нас роли поменялись, и оператор делает то, что хочет, а если нет — обижается, бурчит себе под нос непонятное что-нибудь, и в конце концов делается по его.

Я надеюсь все-таки на Бога, на Назарова, ну что же, и такое в жизни артиста необходимо быть должно, а иначе — потеря ориентации. Пока я выполняю свой принцип, сниматься только в главных ролях. Ну, Господи, благослови! Сейчас идем на сбор труппы, и закрутится шестой сезон. Шутка сказать — шестой сезон.

Ну вот и началось. Встретились, улыбались, лобзались и пр. А у меня вопрос: какое я занимаю сейчас положение, какие планы, виды на репертуар и что я в нем. Как встретит меня главный, как назовет — по имени или по фамилии, посмотрит, поздоровается, что скажет, улыбнется ли... Из этого и еще из многих деталей, незаметных постороннему глазу, я заключу, что я значу в этом театре на сегодня.

Настроение неважнецкое. Сейчас будет репетиция «Доброго», и Любимов будет душу из меня вытрясать прологом. Кому-то я опять должен чего-то, перед кем-то виноват, все мне чего-то неудобно и стыдно за себя, все мне кажется, что ко мне невнимательны, унижают меня, и со стороны я себе кажусь сереньким и жалким — подавленным, недооцененным.

Хорошо, у меня есть «Хозяин». Хоть не ахти какая, но все же дырка к отступлению, голыми руками меня не возьмешь. Прочь хандру, прочь печаль, смело в бой, надо оправдывать доверие людей. А люди ждут от тебя. Даже Зайчику уж надоело ждать. «Ну когда же ты уж станешь звездой... все говорят, говорят, и все никак».

Хочется в Ленинград, к Полоке, с сумкой за плечами, с термосом, и с поезда – в молочное кафе возле Ленфильма. Почему-то я помню, было холодно часто мне в Ленинграде, но не от людей, от погоды... Ленинград я полюбил, и грустно, когда думаю о нем, и ужасно хочу туда. Там хорошо, где нас ждут, где мы гости званые, и где у нас получается.

### ■ 1 сентября 1968

Как когда-то 10 лет тому назад первого сентября мы собирались, волновались, гордились, рделись и торопились в школу. Сегодня мы снова, как когда-то, идем туда же. В школу-театр. Мой шестой сезон... а после шести лет работы надо, вернее можно, хлопотать о звании, после пяти лет на производстве платят за выслугу 5%, и вообще надо подсчитать, сколько до пенсии еще вкалывать осталось.

Сорвалась репетиция — не приехала Славина, говорят, видели ее в городе.

Вчера виделись с Полокой. Сидели в «Каме». Показывал картину разным людям, пробивает, но надо будет доснимать сцену с Володей для усиления линии партии, и я боюсь, что опять куски от меня отрывать начнут.

### ■ 5 сентября 1968

Лечу домой, а в мозгах Володькина песня — «Который раз лечу Москва — Одесса». И еще раз я побывал в Дивногорске. Снимали драку с Масановым, весь побился, окарябался. Работал самоотверженно, отчаянно. Быть может, и выйдет что-нибудь. А сегодня приехали в зиму. Поднялись на гору, в тайгу, а там — белешенько от снега. Повернули назад оглобли.

Вот и начали мы сезон. Два дня играли гениально, в «Добром» в «суде» даже девки заплакали, а потом бросились целовать. Были немцы во главе с Вайгель.

### ■ 8 сентября 1968

После «Маяковского» гуляли с немцами. Было хорошо. Пели, плясали, немцы хорошо говорили обо мне как об актере, самые высокие слова, впрочем, так они говорили о каждом.

Вчера играли «Антимиры», а сегодня была читка пьесы по шекспировским «Хроникам». Каждая пьеса, хороша она или нет, оценивается по принципу:

— А что я в ней? — Но эта пьеса удалась, и актеры должны быть сыты. Но после Кузькина мне все кажется не так, не то.

С сегодняшнего дня я взялся снова делать новую жизнь, вернее, возвращаться к жизни интеллектуальной — продолжаю чтение «Бесов», пишу, исправляю «Дребезги» и т. д.

Что если выучить Евангелие наизусть? Давно думаю над этим, только хватит ли меня на этот подвиг? Попробую.

## ■ 14 сентября 1968

Ночью шел дождь, и сейчас сыро и пасмурно. Мне не по душе это состояние природы, но я уже беспокоюсь — что-то упорно нет солнца, а нам еще снимать, доснимать и переснимать натуру.

Давал читать «Дребезги» Глаголину:

— Валерка. Какая у тебя трудная жизнь-то была, а? Ты ведь это про себя писал? Ну так, я человек прямой... иногда бываю, я тебе скажу: это все надо сжать... Надо тщательно отвеять весь мусор, всю труху отбросить, оставить зерно... А вообще-то я тебе скажу — ты можешь писать и, по-моему, должен, но надо работать, работать, день и ночь сидеть и сидеть.

Ужасно тоскую по Кольке.

И потом, надо начинать что-то писать, может быть, возьмусь за рассказы бабки Екатерины Юрьевны Юрьевой.

Обед. Зайчик ушел на телевизионную халтуру, говорит — «Надо зарабатывать деньги». Ну пусть зарабатывает, хотя денег там — стыдно сказать, как мало.

От Рабинова пришла телеграмма:

— Очень нужны речевое озвучание, один день. — Так-то оно так, да только это, по-моему, никакое не озвучание, а просто Полока хочет меня повидать, а обо мне-то уж и говорить нечего, с радостью поскачу в Ленинград, только бы «Хозяин» на дороге не встал, а то как раз — коса на камень.. А в Ленинград сбегать необходимо просто.

Сижу, как некогда, пью кофе и смотрю на фотографию Красноярской ГЭС, которую подарили мне студенты МАИ. На полках куча исписанных тетрадок, дневников, надо привести в систему, может, их уж крадут у меня, а я не знаю.

Надо собирать телеграммы, потому что люди сейчас этот стиль общения предпочитают. По телеграмме можно судить о нашей жизни, о наших делах, мыслях, о нашем времени. Надо беречь телеграммы.

### ■ 16 сентября 1968

Завтра в Ленинград.

### ■ 22 сентября 1968

Воскресенье.

Пока суд да дело, вспомним, что произошло.

Значит, 18-го был в Ленинграде. Боялся очень, что Ленинград встретит меня сюрпризом, случайностью какой-нибудь, неожиданностью. Больше всего «боялся» — вдруг — солнце, нет — все как было, так осталось. Тот же моросит дождик, так же холодно, и надо затягивать воротнички, пояса и пр. Прошел по Невскому, заглянул в продовольственные магазинчики, выпил стаканчик винца, помечтал и т. д. А на студии в это время состоялось очередное избиение Полоки. Уже не знают, к чему придраться, грозят в случае неповиновения прикрепить к монтажу другого режиссера.

Полока совершенно один и не хотел отпускать меня. Выпили шампанского в забегаловке. Он недоволен последним приездом Высоцкого, он был не в форме, скучный и безынициативный. Володя сказал, что «мы все устали от картины».

В среду — 18-го — появилась гнусная статья в «Комсомолке» — «Театр без актера?» — открытое письмо Любимову. Обо мне сказано: «Есть, по-видимому, немалые данные у Золотухина».

А может быть, и в самом деле мы — ничто?! И только зря думаем о себе хорошо.

С пятницы начались репетиции «Живого». Но тут выкинул номер Галдаев: «Я считаю, после всех последних событий, возвращение к Кузькину — не партийное дело и вредное. Я проехал Сибирь, побывал во многих сельских районах, колхозники живут, как кулаки. На шахтах руководители стонут — «люди бегут в колхозы», а мы, передовой политический театр, пережевываем то, чего давно нет, те ошибки выдаем за типические, которые преодолены. И таких руководителей давно нет. Средний возраст — 40 лет, молодые руководители, да они голову оторвут Любимову за такой поклеп».

Точная позиция осетина Сакиева, даже его слова, да что осетин — шестерка, это изменой пахнет и даже личной местью, заворачивает Галдаев оглобли в другую сторону, и эта измена страшнее, чем все Сакиевы. Они этого и ждали, чтоб изнутри началось. И дождались.

По-моему, и статья в «Комсомолке» имеет свои корни, истоки — в театре. Уж очень лексика таганская — «футбольная команда» и т. д., некоторый тенденциозный подбор фамилий, удивительно унизительный тон об артистах и восхваление, хоть и с подъелдыкиванием, шефа. Очень знакомые обороты.

### ■ 25 сентября 1968

Сейчас за мной придут, и я тороплюсь. Спал как убитый, вымотавшийся вконец. Вчера звонил Полока. Его отстранили от картины. Рабинов сделал доклад, что «Полока саботирует досъемки, срываются сроки по его вине, когда нужно было заканчивать картину после московских поправок — он ушел в отпуск и т. д.» Вот он каким оказался в конце наш хороший директор Рабинов, испугался, их здорово припугнули. Назначен на доделки Степанов, под угрозой выгона со студии. Вот такие пироги. И я надрался, поехал к Гараниным, а как уж обратно добирались — Зайчик только знает да темная ночка. Утром — вся одежда с меня лежала у постели на полу. Полока без копейки, просил помочь. Отослал ему вчера 200 рублей. Так что у меня теперь за душой ни гроша. Что же делается, Господи! Лучшая моя работа в кино, такая роль и в такой картине — попала в беду, в катастрофу, сейчас будут безжалостно и еще более варварски рубить кости и выбрасывать на помойку.

Идея о ФИНАЛАХ. Отелло душит Дездемону, набрасывая плащ себе на голову, в это время Дездемона бьет его пуховкой-пудреницей по голове. Он встает от нее весь белый от пудры — седой, значит, пока душил — поседел, бедолага.

### ■ 26 сентября 1968

Вчера был концерт. 30 рублей в кармане, а домой вернулся только к утру. Еще до концерта попали в аварию, а после — на день рождения. Обо мне говорили такие слова и такие панегирические тосты, что у меня вскружилась голова, и я вдруг понял, что все это так не похоже на правду. И я стал опять чего-то суетиться, оправдывать эти слова во что бы то ни стало, и пропала вся моя скромность, о которой так много говорили, увязывая ее в один узел с «удивительным талантом», я стал трепаться, петь, причем плохо, и чем дальше я зарывался, тем у меня все больше не получалось, и я с каждой минутой становился себе противнее и противнее. Я все понимал и ничего не мог изменить в своем поведении, а потом стало и поздно. Нельзя слабого человека, с комплексом затаенного тщеславия, слишком хвалить, он становится дураком. Подобные шутки, гадости, можно твердить только заклятым врагам, да и то некрасиво, какая-то грязная месть, нечистоплотность, подножка или толчок в спину. Чтобы показать всем, какой дурак этот человек, надо начать его хвалить, и он обязательно не выдержит и расколется, и все свое продемонстрирует.

Сегодня Гаранин в театре: «Валера, я тебе скажу совершенно искренне, положа руку на сердце — как трудно быть честным человеком. А я хочу прожить свою жизнь честным человеком, но мы живем в таком мире подлости и грязи, в мире, где, если ты решил быть честным человеком, тебя смешают с говном. Я еле удерживаюсь от соблазнов сделать подлость, и у меня было бы все: и положение, и деньги — все, что хочешь, а я хочу быть честным человеком. Чтобы эта книжка вышла — надо дать взятку, и все сделается моментально, но я не могу, я хочу остаться честным человеком, но каких это стоит мне трудов. Я один, Валера, на мне 8 человек, и я один».

Сегодня состоялся худ. совет по «Хозяину». Я не знаю еще результатов, но со вчерашнего дня дрожу. Можаев меня убьет. Господи, пронеси!

Вечер. «Послушайте» — вроде так, на четыре. Что-то текст выпадал, правда, ни разу не выпал. Назаров оставил записку успокаивающую, но непонятную. В общем, Можаев коль не дрался — уже хорошо.

Шеф злой. «Тартюф» не клеится, и оба Аргона отказались от роли: сначала Высоцкий, потом и Сабинин. Сабинина он изничтожил, и у парня опустились руки. Шеф убедил его в беспомощности, унизил окончательно, и Саша не выдержал. А Феллини хвалит своих артистов во время съемочного периода, и у них вырастают крылья, а шеф много ругает нас.

Записка Назарова.

«Валера, худсовет прошел бурно, вызвал удовлетворение обеих сторон, все почувствовали облегчение. Чувства членов вошли в противоречие: с одной стороны, вроде нравится материал и его основное направление, с другой — неожиданно нагрянул Можаев и навел некоторый испуг («Опять оставили эту Францию! Это ж никуда не годится, и автор против!»). Были и существенные соображения, которые и будут осуществлены. Мы увидимся завтра в 12. Общее ощущение — все нормально, паровоз на верном пути. Можаев вопреки опасениям Кремнева был грустно-задумчив, сказал, что многое очень ему симпатично и что нам нужно поработать вместе. Будь. Назаров».

## ■ 28 сентября 1968

Нина! Мне уже надоело тебе говорить одно и то же. Нельзя так тараторить текст, ты не делаешь перерыва между словами и само слово выговариваешь, как от осы отмахиваешься. Такое впечатление, что ты боишься текста и стараешься от него побыстрее отделаться, как от чумы. От этого — интонационное однообразие и однообразие регистра. Все в одну дуду и каким-то глухим голосом, причем прилепившись, вперившись в партнера, а он и не смотрит в твою сторону, он лепит свое, в зал, на тысячи ладов интонируя и в четыре раза говоря медленнее тебя. Нельзя позволять себя так обкрадывать. Как зашоренная лошадь, летишь куда-то и не понимаешь, что делается вокруг, а тебя уже обошли давно, а ты и не замечаешь того.

Мне сильно тебя жалко сегодня на репетиции, ты проигрываешь партнеру, и очень сильно. И ведь если бы ты не могла, а то ведь причиной всему — твоя халатность, ротозейство и лень. Ты занята трепыханием каким-то, а не трезвым делом. Роль, как и любое дело, надо делать горячим сердцем, но трезвым, холодным умом. У тебя первого — хоть отбавляй, а второе — не ночевало. Значит, надо занимать, т. е. прислушиваться и пытаться, пытаться, не щадя живота ломать себя, и реплика за репликой, песчинка за песчинкой, междометие за предлогом строить свою роль-домик. Техника, только техника сначала, а творчество потом. Это наша типичная, актерская зараза-болезнь — выдавать результат сразу, потому что мы всегда чего-нибудь боимся, зависим и выдаем, выдаем и выкидыш получаем, вместо здорового роста.

### ■ 1 октября 1968

Октябрь уже наступил!

А я заметался. Сегодня плохо спал, и уже вторую ночь. Болел зуб. Начал снова. Сижу отупевший и гляжу в одну точку. Два дня защищался от пересъемки «холодной». Сегодня понял, как говорится, «сподобился». Вчера на спектакле осенило — что произошло?! Произошла потеря юмора, потеря жанра, детектива с улыбкой не получилось в этой сцене. Мы загрузили сцену тем, чего в ней нет! Все слишком всерьез, оттого она превратилась в противоположность, исчез Бог в ней, исчез юмор — Моцарт, ирония, шутка, легкость Сережкина.

## ■ 2 октября 1968

Вчера вечером перебирал свои старые бумаги, никаких точных данных, точных событий... все рассуждения, все больше треп, но ведь он меня и забавлял тогда. Откуда мне было вдомек, что потом будут факты, числа дороже всего. «Лет через пять разберемся» — вот уже шесть скоро, а разобрать все труднее, труднее, чем дальше. Что за мужик я, когда от бумаг моих старых, от писем забытых мне становится слезливо-тепло, мне еще 30, а я уже весь в воспоминаниях, мне вперед идти, прорубаться к Новой жизни, а я перебираю бумаги и скулю над ними. Чертовщина какая-то.

Высоцкий уехал в Ленинград, съемок нет.

Запустили «Макенпотта». Ставит какой-то молодой парень из ГИТИСа. Хоть я был против пьесы, но когда не увидел своей фамилии в распределении — оскорбился, обиделся — забывать стали, ненужным делаюсь. Такова природа артиста, жадность, всеядность — зависимость. Пока ждет карта, надо крыть.

В ы с о ц к и й: — Дня через два я и от «Макенпотта» откажусь, очень сильно поругаюсь с Петровичем.

Можаев вчера бросил такую фразу:

— Чего ж он, скажут, у Любимова играет, а как один выходит, так ничего у него не получается.

Мысль обидная, но еще больше потому, что они все кругом — и друзья, и прихлебатели шефа — вдалбливают ему это, льстя ему тем самым. Шеф и в самом деле думает, что мы только у него хороши.

## ■ 5 октября 1968

Ужасный вечер вчера был. Играл «Доброго», и, казалось, плохо, выдавливал из себя, как из тюбика. На съемке по-прежнему сознаю свою беспомощность и бездарность оттого, что никто помочь кругом не может — жутко становится, одиноко, и начинается мандраж, и не на кого опереться... Хоть бы словом, хоть бы взглядом кто поддержал... и ничего не получается... И зависть гложет к тем, у кого все получается.

## ■ 8 октября 1968

Нина! Мне надоел ваш флирт с Ванькой. Он у меня вот тут, я сыт им. Мне надоело быть мишенью насмешек, намеков и идиотских шуток, мне надоело играть роль удобного супруга, мне надоело строить хорошую мину при плохой игре. Мне надоел ваш флирт, будь он хоть в самой расшутливой, безобидной форме.

Запретить его я не властен, если хочется — что ж, но не делайте этого на глазах всего театра — мне стыдно, ты меня позоришь, мне говорят люди, мне надоело им объяснять, что это у вас все в шутку, что у вас такая игра... Вас видят вместе на улице и мне говорят, мне надоело сохранять интеллигентность. Я говорил тебе об этом много раз и в разной форме, я разговаривал с Иваном и с вами вместе... мне это надоело... к моим речам все глухи, что ж, перейдем к делу. Прошу запомнить: если я вас увижу где-нибудь вместе — на улице или в театре (исключая сцену), пеняйте на себя, я подчеркиваю — на себя, вам не поздоровится обоим, а тебе — в первую очередь — подойду и хрясну по роже при всем честном народе, мой взгляд на подобные меры воспитания ты знаешь. Вам нет никакого дела до моих неловкостей, вам не жаль базарить налево и направо наши хорошие привычки, давайте обзаведемся плохими. Я тоже закручу флирт на твоих глазах и попрошу кого-нибудь подыграть мне. Я вас видел сегодня из машины, когда ехал с «Мосфильма» — вы шли под ручку и смеялись — я грешным делом подумал — не надо мной ли?

Мне очень одиноко в театре, когда не играет Высоцкий, как-то неуверенно. Когда Высоцкий рядом — все как-то проще, надежнее и увереннее.

## ■ 11 октября 1968

Девятого был выходной день. С утра и до конца смены снимался. Спал плохо после разговора с женой. Она, как я и думал, сидела на тахте в пеньюаре и улыбалась, словно я горожу что-то несусветное и не имеющее к ней никакого отношения — Вася шутит. Дело житейское.

В творческом буфете:

— Говорят, нет демократии на «Мосфильме» — директор объединения стоит в очереди с обычными смертными.

Б и ц: — Можаев, это человек, написавший «Кузькина», а «Кузькин» — это жемчужина современной русской литературы, это уникальное произведение, которое останется в веках, и вдруг приходит какой-то мальчик (Назаров) и начинает этого Кузькина перекраивать под себя. Мы дали ему сценарий, спросили — «нравится, будете делать?» — «Да, буду» и начинает переписывать сценарий... Нас устраивал сценарий, который представил Можаев, а не то, как это представляется Назарову, ведь он теперь концы с концами свести не может, и ни один черт не разберет, что он наснимал. В этом ему помогли артисты, но их понять можно, на то они и артисты — одному хочется одно, другому — третье. Но режиссер должен следовать сценарию, за который он взялся по доброй воле, — получается Назаров, а не Можаев.

Снимали сцену в магазине, первую половину. Я был очень весел и пел. Капустянская сказала: «Это к слезам. — К слезам восторга». И правда, к слезам оказалось, я встретил этих друзей. Это было восьмого. Девятого мы собирались к Гараниным, но не пошли ввиду размолвки.

Вчера был сотый «Галилей» официально, с афишами, поздравлениями и даже с шампанским в конце. Играли здорово. Шеф с Высоцким в размолвке. Звонил Полока из Ленинграда:

Режут... потерял всякий ориентир... Но Киселеву в Москве был большой втык... за другие дела, ситуация сложная у него, и это может нам помочь. Жду Славина. Они должны нам показать то, что они наработали, если это нас не устраивает, мы снимаем свои фамилии с титров... Думаю, что это их испугает.. Тогда картина ляжет на полку, это лучший выход из теперешней ситуации.

Ш е ф: — Ты вспоминаешь Кузькина?

— Я его не забывал.

— А то вы теперь больше снимаетесь, а мы смотрим. «Стряпуху»*... и т. д.

— Я к «Стряпухе» не имею никакого отношения...

— Твой друг имеет прямое к ней отношение... А главное, диапазон большой от таких песен к «Стряпухе».

— Это было до песен...

— Ну почему, он и тогда писал...

— Это был ранний период творчества.

— А-а... ну тогда ладно.

В ы с о ц к и й: – Он со мной доиграется. Что это за манера — не здороваться, не видеть человека...

В театре интриги. Появился третий Тартюф — Вилькин. (*На полях.*)

* «Стряпуха» — к/ф по одноименной пьесе А. Софронова (реж. Э. Кеосаян, 1965), в котором В. Высоцкий играл роль Андрея Пчелки.

Были у Гаранина. Провожали болгарина. Мы все — я, Никита, он — Раки, он гадал нам. В 1973-м ко мне должно прийти признание, я должен получить какой-то орден или еще что-то. — Запомни этот год.

### ■ 13 октября 1968

Вот так живет человек, живет, перемололись беды, заботы, и вроде выбрался из переплета, выкарабкался из ямы, как вдруг — бух, опять оглоблей по ногам — оттого, что неожиданно, оттого обиднее, оскорбительнее. Что за черт, когда же они меня оставят в покое? Господи, опять я взываю к тебе — не оставь. Как все непрочно в мире, как все не вечно, какой-то пустяк, случай может разрушить вмиг все, разлететься прахом и не соберешь. Но... не падать духом, не вешать носа, как-нибудь с Божьей помощью одолеем и этот рубикон.

Вчера был отличный денек. Иногда нам везет все-таки. Пришел Джавид с парнем из Строгановского, Сергеем. Принес работы свои показать — больше всего мне понравились детские портреты и тема Евы и Адама, выполненная на каком-то гофрированном материале. Купили вина, сыру, колбасы и пошли в Кусково. Там и попировали на природе, среди молчаливых предков, замкнувшихся в каменные изваяния. Сергей все восклицал восторженно:

— Не верится... Боги на сцене – и такие простые люди в жизни... Я им выдал все: и читал рассказы, и пел под балалайку, и философствовал — угощал собой, пока тошнить не стало, но остановиться не мог.

А сегодня с утра настроение паскудное, как говорит жена: «Опять блоха на ногу наступила». Вымылся на всякий случай. Вечером надо будет, наверное, пойти к Максу, уезжает Марина и хочет, чтобы мы с Высоцким пришли, посидели, выпили и «попели, как тогда». Но Зайчик чувствует, что там будет Влади, и не хочет идти. У Марины в пятницу был последний съемочный день, и гримеры ее напоили спиртом, и Марина была совсем пьяненькая, чего-то хотела сказать и не могла сообразить.

### ■ 15 октября 1968

Но вот, погуляли, значит, мы в тот день с французами, понаделали забот. Во-первых, не хотела ехать жена — «не хочу и все, потом объясню... там будет эта... Влади, я не хочу ее видеть, я прошу тебя туда не ездить, так как ты меня просишь не общаться с Бортником и т. д.» Как-то мне удалось ее уломать, и теперь думаю, зря.

Она согласилась, но с каким-то зловещим подтекстом: «Ну... хорошо, я поеду, но запомни это». Все это, т. е. посещение Макса, должно было состояться втайне от Иваненки, по крайней мере, присутствие там Володи. Танька с Шацкой потихоньку у меня по очереди выведывали — должен ли быть там Володя, — я сказал, что не знаю. Кончается спектакль, стоит счастливая Танька и говорит, что «ей звонил Володя, и все мы едем к Максу... машина нас уже ждет, приехал за нами его приятель». На улице шел дождь, и машина была, как никогда, кстати, и все это было похоже на правду: и ее веселый тон, и машина, и приятель... Меня это обескуражило, честно говоря, но я подумал: а что? Высоцкий и не такое выкидывал, почему бы и нет? А вдруг так захотела Марина или он что-нибудь замыслил. Но всех нас надула Танька, а меня она просто сделала, как мальчика.

Мы приехали к Максу, когда там еще не было ни Володи, ни Марины, и весь обман мне стал ясен... А когда вошли счастливые Марина с Володей, и я увидел его лицо, которое среагировало на Таньку, я пришел в ужас: что я наделал и что может произойти в дальнейшем.

С этого момента весь вечер пошел колбасой. В воздухе носилась шаровая молния, готовая натолкнуться на любое острие и взорваться. Танька сидела в кресле, неприступно-гордо смотрела перед собой в одну точку и была похожа на боярыню Морозову. Я старался угодить жене, скорее напиться и смыться. Как-то облегчал мое присутствие в этом гадюшнике Говорухин, который держался уверенно, сильно и с юмором. Зажгли свечи, накурили табаку, и стало похоже на возню чертей наше сборище. Ожидали какого-то грохота все, было ужасно неловко. Спели «Баньку». Володя попел. Стал подливать себе в сок водку, Марина стала останавливать его, он успокоил ее:

— Ничего, ничего... немножко можно. — Я ошалело смотрел на него и, как загипнотизированный, ничего не мог произнести. Потом забыл обо всем и стал петь, жена тащила домой. Я пел одну песню, другую... а Марина просила спеть «...ту, которую пел отец...» Я снова пел, пел без охоты и потому плохо... А Марина говорила: «... Нет, это не та, спой ту...» А я забыл, что я пел тогда, в первую самую встречу, какую песню, что ей так запала... А жена посмеивалась надо мной и говорила: «Он спел весь свой репертуар, он больше ничего не знает», – а во время «Ноченьки» мешала, охала и смеялась. Но мне было тогда как-то все равно, обида пришла позже, когда я стал вспоминать ее поведение, ее реплики, смешочки... Ничего у меня не клеилось с песнями... в первом часу мы попрощались, я расцеловался с Мариной, и мы ушли. На улице все еще шел дождь, я нанял за пятерку машину, и мы отправились домой. В машине не разговаривали, что и продолжаем делать по сей день.

Основные события развернулись после нас. Володя, оказывается, все время потихоньку подливал себе в сок водки и таким образом надирался. Марина тоже была пьяненькая, а Иваненко готовила бомбу.

Анхель пришел в разгар событий и работал громоотводом. Иваненко кричала: «Он будет мой, он завтра же придет ко мне» и проч. Марина говорила: «Девочка моя, что с тобой?» Ей не хотелось показывать перед Максом, что у них с Володей роман. В общем, черт-те что и сбоку бантик. Володя сорвал колье с Марины, и жемчуг раскатился, и они собирали его. В три часа ночи Анхелю удалось увести Таньку, а Володя, совсем пьяный, остановил моловоз и отвез Марину в гостиницу. Там и уснул у нее. А утром пришел домой, дома — никого, он — к соседу, потом в охрану авторских прав, взял денег и в «Артистик» пить коньяк. Каким-то образом догадался позвонить Игорю Кохановскому — который забрал его к себе и уложил спать. Я не находил себе места на следующий день, маялся, ходил из угла в угол в театре, пока не нарвался на звонок Гарика и обо всем узнал. Вечером спектакль у Володи. «Пугачев». Надо что-то предпринимать, как-то предупредить Галдаева... его нигде нет... что делать, говорить ли, что Володя в развязке, или подождать, может, проспится... Решил не поднимать шухера — и ждать — будь что будет. Приехал к Гарику — у него сидит Марина и ест гречневую кашу. Володя спит на диване. Через полчаса мы разбудили его, он обалдел от присутствия Марины, ошалело спросил: «Какой у меня спектакль?» — выпил чего-то и стал собираться на Таганку. Я охранял его, пока он не ушел на сцену, и уехал в ГИТИС, к Анхелю. Поздно позвонил Гарику, он сказал, что Володя играл хорошо, даже шеф его похвалил, но, что шеф зачем-то его вызывал. Вот такая оригинальная история. Иваненко заявила Володе, что «она уйдет из театра и с сегодняшнего дня начнет отдаваться направо и налево».

А сегодня уже вечер. С утра съемка «Магазина», потом — освоение «Хомутной». Я думаю: может быть, нам все-таки развестись с Шацкой, взять да и насмелиться.

А что? Ссора ссоре рознь. По существу, мы ведь ничем особо не огорчили друг друга, и все-таки чемодан между нами серьезный.

Жена повторяет мужа, муж жену, они перемолачивают все темы вдвоем, вырабатывается единое суждение, мнение и даже текст. И потом высказывают его теми же словами, что и другой, не зная, что тот уже говорил точно так же. Я заметил это особенно на Веньке с Алкой. Мне Венька уже говорил о «Дребезгах» — что «приятен сам факт существования такого произведения», он еще недочитал, а суждение у него давно готово. И Алка, когда говорила, она еще не прочитала, но уже они обсуждали, потому что она сказала те же самые слова. Чего они обсуждали, когда еще не читали? Полуинтеллигенция вся такая. Лишь бы поболтать, мы болтуны, и я такой же.

Господи! Не оставь меня, помоги.

Мы напрасно сетуем, что наш труд актерский не остается поколениям, не оставляет следа, как, допустим, живопись, музыка и пр. Искусство актера умирает вместе с ним — мы сожалеем об этом, а зря. Это прекрасно, в этом есть сказка, подвиг, легенда. Искусство актера, как никакое, привязано ко времени, к нравам общества, к его вкусам, модам, привычкам и пр. Как мы жадно всматриваемся в скудные фотографии Орленева, Шаляпина, отыскиваем в них тот гений, что озарял их, изучаем их мимику, жесты, по выражению глаз хотим понять движение души, что волновало их в тот миг и пр. Как хорошо, что от Мочалова не осталось магнитофонной пленки, кадров кино. Ведь актер тогда живет, когда он живет. А что толку, от нас останутся ворохи фотографий, километры плохих, серых фильмов, сотни километров дрянных звучащих записей... Разве можно понять актера в его халтурах, а ведь будут судить по ним. Надо задуматься над этим вопросом и пересмотреть свои взгляды на дела, остающиеся потомкам.

Так, уже 10 на будильнике, можно и спать укладываться, пока не заставили Кузьку выводить.

## ■ 19 октября 1968

Сегодня суббота. День теплый, но слякотный. С утра ходил с Кузей. Семнадцатого снимали «Хомутную», потом два спектакля: «Павшие» и «Антимиры», десятичасовые. К «Павшим» не явился Высоцкий, он прилетал из Одессы в абсолютно разобранном состоянии, и я чуть было не заработал еще раз 50 р., уже взял роль и стал учить, но позвонил Коля* и сказал, что приедет к «Гитлеру».

18 октября подняли меня в 6 утра. Пересъемка «Холодной». Все на нерве, текст затолмужен, «иронический вариант», на бис для худсовета.

После смены смотрели с Можаевым материал «магазина» и «палатки». Автор остался очень доволен, и я бы даже сказал, был в восторге: «Ну вот это на уровне лучших традиций нашего кино. Это хорошо, это очень приличный материал». Под это дело мы с Назаровым сунули ему ролик с «Холодной», дескать, другой дубль, мягче; и этой сценой он остался доволен, и вроде все понял, весь замысел артиста и режиссера: «Приличная сцена, не знаю, чего вы решили ее переснимать, наверняка ведь хуже сделали. Он здесь расстроенный, что люди, которым он хо-

* Коля — Николай Николаевич Губенко, ведущий актер Театра на Таганке 60-х гг., киноактер, потом кинорежиссер и сценарист, вернулся в театр после смерти В. Высоцкого. В 1987–1989 гг. занимал пост главного режиссера Театра на Таганке, в 1989–1992-м — министра культуры СССР.

чет помочь, отворачиваются, не хотят помочь ему в его работе, и он в некоторой даже растерянности и в расстройстве».

В общем, он остался очень и очень доволен последним материалом, говорил много и без конца и был хорошим мужиком. И мы с Назаровым рады были его такому настроению и под это дело «совали на подпись нужные нам бумажки» — это фигуральное выражение.

Вечером «Послушайте». Играл в хорошем, бодром тоне. Во втором акте, в чиновнике, когда мы стоим в зале, у меня завязался узел фартука, не растащишь, и я попросил зрителей: «Развяжите, пожалуйста», – и мне стали развязывать, через паузу несколько человек засмеялось, обрадовавшись неожиданности, и я так полагаю — находчивости артиста.

На спектакле были Джавид и Сережка. Принесли мне обещанную картину в раме и под стеклом. Мне очень хорошо от этого. После спектакля поехали в Уч. театр и выпили вина, вспомнили с Зайчиком молодость, с чего начиналось все.

Уч. театр сохраняет свой удивительный запах, это самый первый театральный запах, которым причащаются новички к театру, к его сутолоке внутренней. И это самый старый запах, вековой запах театра. Он находится в подвале, там стоят сильные вентиляторы — и все-таки они не в силах этот запах оттуда выдворить, и его хватает на смывание многих поколений артистов.

Мой Зайчик серьезно приболел, и мы сами собой помирились и не вспоминаем, как и отчего поссорились.

Сегодня, до разговора с женой, звонил Н.М., матери Высоцкого. Она сказала, что «если эта сука И., шантажистка, не прекратит звонить по ночам и вздыхать в трубку, я не посчитаюсь ни с чем, приду в театр и разрисую ей морду, пусть походит с разорванной физиономией. Володя уехал с Люсей в деревню, к товарищу-художнику, ему посоветовали врачи на некоторое время отключиться от шума городского. Они взяли продуктов и уехали. Врач сказала, что это не очень опасный рецидив, что у него не наступило то состояние, когда шарики сдвигаются и ничем его остановить нельзя... Надо поскорее разбить его романы... Тот дальний погаснет сам собой, все-таки тут расстояние, а этот, под боком, просто срочно необходимо прекратить. Я узнала об этом от Люси совсем только что и чуть не упала в обморок».

Из Парижа звонит Марина Влади — «Говорит Марина Влади, мне Высоцкого».

## ■ 21 октября 1968

Я прикатил домой в 3 ночи, разбудил, конечно, жену, и мы помирились и долго болтали в постели. Вечером «Галилей», Володя был в полном порядке и играл прекрасно. Перед вторым актом позвонил Полока, они (Рабинов* и ренегат Степанов**) привезли показывать свой вариант картины. Полока видел это их безобразие, настроен по-боевому, и, кажется, есть возможность достойно уложить картину на полку. Сидели в ВТО. Он опять с Иваненкой, ему часто хотелось выпить немножко вина, а мы держали его по рукам и ногам, его трясло от обиды:

— Почему я не могу с друзьями по-человечески посидеть, выпить сухого вина, почему вы делаете из этого событие, почему вы из меня делаете больного и т. д.

* Рабинов Илья Ильич — директор картины «Интервенция».

** Степанов Анатолий Яковлевич — второй режиссер у Г. Полоки на этом фильме.

## ■ 24 октября 1968

Завертелась моя жизнь в непонятной почему-то тревоге. Зайчик сказал мне вдруг:

— Ты мне принес чего-нибудь вкусненького? Ты мне покупай теперь каждый день чего-нибудь вкусненькое, а то Васька у нас будет хилым, я должна питаться теперь хорошо... понял, Зайчик?

Вот так фунт. Зайчик говорит, значит, у нас будет Васька, если Бог даст, все пойдет хорошо. Ну вот, Господь услышал мои мольбы, но я маловер, и мне все не верится, я боюсь радоваться, лучше уж я буду не верить до поры до времени. Сейчас Зайчика тошнит, он принюхивается к запахам, проверяет на себе все приметы беременных, не ест жареного, девки обязали меня подавать Зайчику в постель кофе, теща помолодела и бегает с анализами, в общем, дом наполняется наш чем-то невидимым, то молчаливым, то торжественным и все себе подчиняющим. А мне как-то неловко, я как жених краснею.

Худ. совет по «Хозяину» прошел под флагом избиения режиссера. Основная претензия всех, и правильная, — бессюжетность. Бессюжетность внешнего действия, то есть детектива, и бессюжетность человеческих отношений. Не ясен весь треугольник Нюрка — Рябой — Ипатов, почему она ходит спокойно от одного к другому, как ко всему относится Сережкин и т. д.

Эльдар Рязанов бушевал очень:

— На меня материал произвел удручающее впечатление... Все бездарно, все неправильно, начиная от выбора актера на главную роль и кончая халтурной переделкой сценария. Я вчера только прочитал сценарий и предполагал увидеть хотя бы нечто близкое... Актер, берущий во время следствия гармонь и нюхающий цветочек во время погони за преступником, не может играть эту роль, в нем не чувствуется силы...

Можаев, на удивление, держал деловой тон — несколько заплаток, несколько сокращений, несколько разъяснений, и все встает на свои места. Смотрела материал его жена Мильда, после просмотра он ее долго провожал, его ждали, и он пришел в хорошем настроении. Надо полагать, что она его не огорчила своим мнением о материале.

Меня он встретил после худ. совета очень приветливо, спросил о делах, о жене, сказал, что все идет как надо, роль сложилась, устранить несколько проколов, и все будет нормально.

По линии вкуса говорили, что сцена моя дома с ребенком слащавая, сопливая, сентиментальная. Если это так, то я весь фильм играл не то, моим лейтмотивом было настроение, лирический подъем, желание скорее сделать дела, навести порядок и с чистой совестью вернуться домой, к жене, к детям.

Вечером выездной «Павший» в Жуковск. Володя был в хорошей форме, но после спектакля выпил немножко и сказал, что «завтра не возьмет в рот и росинки спиртного». Дай-то Бог.

У меня, слава Богу, все нормально, еще раз решил бросить баловаться с курением на три месяца по крайней мере.

Сегодня с утра ходил с Кузей, ужасно холодно было на улице, часам к двум поеду на студию. Зайчик прыгает в театре, завтра сдача «Тартюфа» худ. совету.

## ■ 25 октября 1968

Вчера получил кой-какие деньги на «Мосфильме», выкупил у фотографа альбом с контрольками и смотрел весь материал, как он шел на худ. совете. Наломал Назаров дров, а Можаев орет на меня:

— Это ты, гений, там, говорят, режиссировал, менял все по-своему, говорят, приходил, даже когда у него съемки не было, и давал ценные указания, а теперь приходится за вас расхлебывать. Ну ладно... У тебя, в общем, все получилось, я больше всего за тебя боялся, а ты получился... не такой могучий, как в прежнем варианте, но зато простой, естественный, несколько досъемок сделаем, и все сладится отлично... И мы еще поговорим с Рязановым.

После «Антимиров» производственное собрание. Повестка:

1. Первые итоги пятидневки.

2. Дисциплина...

Дупак забросал нас цифрами, столько их наговорил, что мы запутались, что у нас было, что есть и куда идем мы.

Володя Высота успел поддать после спектакля, шумел неврастенично посреди зала и требовал почему-то, чтобы Губенко наконец-то дали квартиру, он всех перебивал, кричал в сторону от пятидневки, его успокаивали, усаживали — было смешно, стыдно и обидно за друга. Но у меня не вызвало его поведение возмущения — шутка гения, но почему не простить его, ну выпил, ну покричал — но ведь хотел он как лучше, ведь он добра хотел, чего обижаться на него за это, пусть его, если ему отдушина это, лишь бы работал нормально. Бедлам стоял страшный, кричали рабочие, все полупьяные. А может, мне казалось так, потому что я сам перед собранием хватил у Люси коньяку. Все время записывал цифры, сбивался, запутался, чего-то придумал очень важное сказать, забыл, но говорить вышел все равно:

— Я хочу разобраться, поэтому начну издалека.. Кто не знает, для тех. Я пришел из Академии, где репетиция, елки зеленые, по закону с 11 до 2.30 с перерывом и никаких гвоздей. Когда я поступал в этот театр, меня предупреждали, что «условия работы у нас иные, елки зеленые, мы будем, если понадобится, работать с 10 до 3, если надо будет, и по ночам, два года мы не разрешаем артистам сниматься и т. д. — согласны ли вы на такие условия, условия студийного театра?» В то время еще на доске в «Добром» было написано, что «исполняет спектакль студийная группа театра», мне это и нравилось, я этого и искал, я принял с радостью эти условия...

Прошло четыре года, мы выросли, окрепли как театр, стали знаменитыми и стали говорить об ограничении рабочего времени... Я сейчас не хочу поддерживать или заклеймить пятидневку. Те, кто работает сейчас «Тартюфа», репетируют с 10 до 3, а остальные ведь не работают, по существу, они нас, неработающих, кормят. Значит, нам не грех отдать свой выходной и в него поработать на всех, тогда сохранится и большой отпуск и, елки зеленые, количество репетиционных часов. Здесь наталкивается вопрос производственный на творческий... Если производственные дела можно спланировать задолго, с небольшим отклонением, то творческие дела не поддаются точному планированию... Как можно рассчитать выпуск спектакля... «Пугачев» делался три недели, а «Послушайте» — полгода, кто может предугадать, как пойдут дела на репетициях... Мы забыли, с чего мы начинали, мы забыли, что мы иной театр, что работа ведется в нем на иных принципах.

Шеф меня поддержал: «Он по существу говорит, о самом главном».

Выскочил пьяный электрик:

— Артисты зазнаются, не здороваются, нас за людей не считают... Идут по сцене — фонари, колодки сбивают, мешают работать нам.

— Скажите конкретно, кто?

— Гоша первый, где он??!!

Губенко кричал, что он сделает бунт, если не поменяют станок в «Пугачеве».

Пришли с прогона и просмотра «Тартюфа». Что-то раздражает меня в этом зрелище. Может быть, с нелегким сердцем смотрел, но чем дальше, тем раздражение накапливалось и было обидно за артистов.

Сплошная показуха, штучки-дрючки для своих и полное отсутствие «правдоподобия чувств». После «Мольера» Булгакова и Эфроса, неудобно смотреть этот спектакль, обидно за нас.

### ■ 26 октября 1968

Сейчас на кухне пью кофе и слушаю биографию космонавта Берегового. На улице ветер, а у меня на кухне тихо. Ни дня без строчки, и я пишу. Зайчик спит, он должен сейчас спать больше. Пусть Васька нормально развивается там, в темноте Зайкиной.

Встретил Толстых на прогоне, он был на худ. совете «Хозяина», видел материал, ругался на Назарова последними словами:

— Что он наделал, ничего же не понятно, кто дал ему право менять сценарий... и теперь не знает, как свести концы с концами... Вы с Высоцким все равно выделяетесь из этой компании, так что особенно не расстраивайтесь.

### ■ 27 октября 1968

Ходил с Кузей. Снег лежит. Вчера такие мысли я обдумывал, и они меня волновали в течение целого вечера. Например, о том, что мне очень хочется выступать на эстраде — петь, к примеру, что-нибудь или читать, делать какой-то оригинальный номер. Я бы имел успех.

И еще мне хочется выступать, как Ираклий Андроников, со своими рассказами. Недели две назад Шумский говорил мне, что есть идея в ВТО устроить мой творческий вечер. Я отказался, «после премьеры «Живого» можно подумать о творческом вечере», на этом и порешили. Вообще, сознание, что творческий вечер будет, что он неотвратим, как страшный суд, — мобилизует, я уже начинаю думать над этим, готовлюсь морально и думаю, чем бы удивить народ, который придет смотреть на меня, думаю, как построить вечер, чтобы максимально израсходоваться во всех видах — театр, кино, эстрада и даже литературное творчество продемонстрировать.

И еще такая мысль в этой же связи: где-то я видел ярлык рекламный, на котором было красиво написано:

«Без рекламы нет успеха».

Я очень с этим согласен. И вообще, артисту нечего стыдиться рекламы, он должен ее искать, разумную, конечно, ведь этим живет артист, ведь не зря же у Пастернака было в первом варианте: «Быть знаменитым некрасиво, но это поднимает ввысь». И ложная скромность артистов идет от лени, от отсутствия энергии творческой и житейской. Так что займемся концертной работой и рекламой, и «пускай на нас люди зарятся».

Зайчик читает «Войну и мир» — счастливый. Кузька с тещей играют в мячик.

Шеф сегодня делал нам очередной втык. И до спектакля, и после... Володя бухой... Отстранен от спектакля:

«Я последний раз попытаюсь навести порядок в этом заведении, и в дирекции, и в актерском цехе... Особенно в творчестве, трехкопеечное каботинство, как вы любите меня передразнивать и т. д.» – И почему-то смотрит в упор на меня, как будто я главный поджигатель.

С чего начать подготовку к творческому вечеру? Я думаю, надо нарисовать в воображении портрет свой творческий и под него делать программу.

## ■ 31 октября 1968

Вот какая суматошная жизня, что три дня ни строчки, нехорошо все это, неправильно. Четверг сегодня, вчера была среда — выходной день — немножко озвучивания и поход во Дворец съездов на балет «Золушка». Во вторник, 29-го, с утра отправлял посылку в Междуреченск, смотрел кусок «Тартюфа», показывали управлению, потом немного озвучания, «10 дней» и день рождения Таньки Жуковой — попал в девишник. 28-го, понедельник, покупал фрукты для посылки, пришла жена с хорошим известием — «анализы хорошие, Васька развивается нормально», потом «Галилей» — неудачно по моей линии, «ты потерял эту картину» — сказал шеф. 27-го — вечером, значит, была поездка в г. Калининград с «Добрым человеком», и по дороге туда Венька пересказал мне важный разговор с шефом о Высоцком, о его деятельности в театре в связи с возобновляющимся пьянством.

Итак, о разговоре с шефом Веньки Смехова:

— Ну он начал, как всегда, заводиться с пол-оборота, что мне это надоело, что терпение мое лопнуло и т. д. Я его остановил и сказал, что передо мной не надо так брызгать, я это понимаю и видел не однажды, поговорим о деле. Он успокоился и сказал мне, на мой взгляд, очень важные, вернее, продуманные и прочувствованные вещи. Во-первых, он решил серьезно расстаться с Володей. И почему всерьез, потому что Володя потерпел банкротство в его глазах как актер. Он любит его по-человечески, за его песни, за его отношение к театру, когда он в завязке и т. д., но как актер Театра на Таганке он для него не существует: то есть он считает, что Колька* сыграл бы Галилея лучше, то есть он считает, что Володя не выдержал испытания славой. «А в производственном отношении, когда он начинает пить — расшатывается весь организм театра, надо либо закрывать это заведение, либо освобождать Володю, потому что из-за него я не могу прижать других, и разваливается все по частям».

Вот такой примерно разговор. Он мне не нравится, но я понимаю, что действительно это всерьез, потому что разговор пошел за дело, за профессию, за талант, который берется под сомнение, потому что таким образом с ним легче распрощаться.

### ■ 1 ноября 1968

О том, что меня считают хитрым.

Я заметил давно, а последнее время особенно часто я слышу от людей самых разных, но так или иначе знакомых с нашей кухней театральной, что я «хитрый», «мудрый», «кулак», «дипломат» и т. д., то есть все те слова, которые связаны с позицией жизненной — и волки сыты, и овцы целы. Люди говорят это с разными оттенками, некоторые с завистью, другие вроде бы даже с усмешкой, с презрением, а есть, их, конечно, мало и, к сожалению, они из противоположного Любимову клана, деятели, которые считают мое поведение в театре и в общении со всеми людьми — мудрой политикой, то есть зачем зря метать копья и плевать в колодец (например, в колодец Улановского), неизвестно, что будет завтра, и ясно всем, как божий день, что Золотухину при любом режиме будет хорошо, он все равно устроится, договорится, он со всеми найдет общий язык и всем будет улыбаться. На-

* Н. Губенко.

верняка многие считают меня двуличным, скользким типом. Элла сказала Гаранину: «Вы дружите с самым хитрым человеком в театре», «И многие так считают» — добавил сам Гаранин. Белла Григорьевна на чтото как-то сказала: «Что вы хотите от Золотухина узнать... Если он Ефима Улановского заговорил...» Она мне же: «Как идет “Тартюф”?»— Шла сдача, спектакль шел прекрасно, я и сказал:

— Прекрасно...

— Нет, я серьезно спрашиваю... Вы ведь — здесь одно говорите, а за кулисами другое.

То есть и я состою в списке и числе людей неискренних, приспособленцев, людей, знающих и, главное, умеющих жить. Ронинсон* особенно часто поднимает в моем присутствии этот вопрос:

«О... Золотухин — это опасный человек. С ним лучше не ссориться... Это человек себе на уме... У него, как говорится, один наружу, семь в уме... Это кулак, кулачок сибирский... Мягко стелет, жестко спать, улыбается сладко, а уколет — не вылечишь...» — и т. д.

Мне обидно это слышать и знать, что люди так считают, хотя, в общем, я действительно согласен, что мудрость в моем общении с людьми присутствует, и я не буду вести себя иначе. Но Бог с ними. На все это — один ответ — надо работать.

### ■ 2 ноября 1968

Суббота. С утра с Кузькой. Принял ванну, вымыл голову... Но вообще я мыться не люблю почему-то, все мне кажется, что я время теряю. Нет у меня любви к чистоте тела, нет ее, нет.

* Готлиб Ронинсон — артист Театра на Таганке.

Написал поздравительные открытки, в том числе и Сегелю. Опять кто-нибудь подумает, что из корысти, из тайных помыслов каких, авось возьмет да и пригласит на рольку. И это есть, чего скрывать. Но главное — мне доставляло удовольствие общение с ним, хоть я и не доверял ему стопроцентно, думал, он хитрит со мной и смеется.

Вчера играли «Галилея», и шеф очень хвалил Володю. Меня недосмотрел, вернее, до моей картины ушел.

А сейчас я смотрел записи мои о последних репетициях «Кузькина...» Боже мой... Неужели это никогда не состоится... Вообще, по тем записям и по тем отзывам... нельзя без слез думать об этом. Там был Бог, а сейчас я его забыл. Я стал циничнее, мне кажется, и жирнее, как будто победил уже и жну лавры... Я был готов тогда победить и только начал. Если будет возобновление Кузькина, мнс надо родиться заново, очистить душу свою, такую роль нельзя тащить с грузом скверны и равнодушия... Когда я Высоцкому сказал, что ему сейчас нужно сделать рывок и очень серьезно отнестись к одесскому фильму* (бенефис Высоцкого, как они называют); для этого нужно оставить все постороннее, лишнее и даже пива в рот не брать, пока не будет отснят основной материал, он ответил:

— Да, я понимаю, это... нужно сделать то, что ты сделал в Кузькине... то есть уйти от всего и завязать на несколько месяцев с питьем и пр.

Мне было приятно слышать это... Какое было время... это и есть жизнь. Ведь радостных дней было, по существу, раз-два и обчелся, но ведь для них и крутилось все, для них и жилось.

* «...к одесскому фильму...» — имеется в виду к/ф «Опасные гастроли» (реж. Г. Юнгвальд-Хилькевич, 1969), где В. Высоцкий сыграл главную роль — артиста Бенгальского, он же подпольщик Николай Коваленко.

А сейчас... Я смотрю кадры «Хозяина»... и сердце в клочья... Позор, позор, неужели ради этого я жил последнее время, как людям в глаза глядеть после такой работы... ужасно обидно, а ведь можно было сделать иначе. А вчера концерт в институте микробиологии. Люди ждут нас, смотрят, слышали о Таганке и имеют честь лицезреть это безобразие, мы берем по 25 рублей и уходим. Нет, так нельзя. Надо что-то придумать, выдумать, сфантазировать — иначе крах.

В «Тартюфе», мне кажется, очень важную победу для себя одержала Шацкая — мой Зайчик. Вообще эта пара Погорельцев — Шацкая, — самая точная в спектакле, самая обаятельная и великолепная. Но помимо спектакля есть завоевание личного порядка — это ее первая премьерная работа с Любимовым, он узнал ее наконец, до этого были все вводы и прицелочные работы... Мило... хорошо... но не больше... По этой работе можно судить о большом диапазоне артистки, она очень разнообразна, может быть всякой, владеет разнообразными красками, чувствует жанр, пластична, обладает юмором... То есть анкета ее дарования во многом заполнилась положительными значками и высокими баллами... Она по праву вырвалась вперед, в ведущие актрисы, в лучшие фамилии театра, и я рад за нее и за нашу семью.

### ■ 3 ноября 1968

Спокойно, Федя, спокойно! Не суетись, не дрожи. Посиди потихоньку и подумай, что к чему. Вчера приходят двое молодых людей, он и она, и предлагают меня на устный журнал... Я говорю, у нас есть-де комс. организация, они мне — нет, мы хотим вас одного, если хотите, можете прихватить кого-нибудь, а вообще мы приглашаем вас одного — вы пойдете под рубрикой — «Наши любимые актеры» — (Я испугался, обрадовался и задрожал. Мне ужасно захотелось выступить под такой рубрикой, я мечтал о ней всю жизнь, можно сказать, и вдруг — я только подумал приготовиться к сольному выступлению, а меня уже зовут.) Я говорю: — Я никогда не выступал подобным образом, чего же я буду вам показывать.

— Ну как, ведь выступают же актеры, рассказывают о своей жизни, как они работают, случаи из съемок в кино и пр., потом почитаете что-нибудь, споете.

— А долго я должен занимать народ?

— Минут сорок..

— Да что вы, господь с вами, что я буду делать 40 минут...

Но в общем согласился, взял телефоны... Вечер. «Вот и ко мне пришла слава», как говорит наш друг Фоменко. Увидят и в Б. Истоке, и в Междуреченске, и в Паутове — вся моя родня увидит. Отец обязательно за бутылкой пошлет мать. Пустячок, а приятно. И в Выезжем Логе, и в Дивногорске увидят и вспомнят нас. Как только они вспомнят, каким словом, когда, собственно, фильм посмотрят.

Собрание сегодня отменили, на что мы с Зайчиком обиделись и пошли в кино «Доживем до понедельника». Ребятня хорошо играет, они взрослым — режиссеру и артистам — сто очков дают, стыдно за взрослых Может быть — это и есть главная мысль авторов, тогда они свою задачу выполнили.

Я вспоминаю... что никогда не решал дилеммы «Кем быть», я всегда знал, с рожденья, т. е. с того дня, как я стал помнить себя, что я буду артистом, вернее, что я есть артист, меня называли так взрослые... я пел... чего-то изображал, читал на память стихи... Но в отличие от своих сверстников, которые делали то же самое, а может быть, и лучше, в отличие от них я был профессионалом, потому что брал мзду за свою работу, в то время как они были всего лишь самодеятельностью, потому что делали все за так или, в лучшем случае, за подарки, аплодисменты. Я же заранее договаривался об оплате выступления... (На полях: Время было тяжелое, шла война...) Мать уходила в поле, привязывала меня на крыльце за ногу... оставляла только воды и поесть чего-нибудь... Ну конечно, за мной добрые люди присматривали, те, кто не мог воевать и работать... Я сидел на крыльце и от скуки зазывал к себе народ. А как зазову, требую показать, чего он мне даст за мой номер. (Мне иногда и не хотелось, был не в настроении, но надо было — народ платит, смеяться хочет он — я это, конечно, не понимал, но догадывался.) И мне давали, кто яйцо, кто стакан молока... кто пирожок какой... конечно, не мое искусство восхищало, трогало время — маленький мальчик, которого не с кем оставить, да сам зарабатывает кусок хлеба... Я пел песню, уж не помню какую, в ней были слова...

«...Мама будет плакать, слезы проливать, А папа уедет на фронт воевать.. Эй, эй, герой, на разведку боевой».

Так оно и было, папа воевал, а мама проливала слезы и работала, а я хоть и был совсем еще не большой человек, но уже был профес. артистом, каким и продолжаю быть. От чего пошел, к тому и пришел... работаю... кормлю семью...

### ■ 6 ноября 1968

Пришел со съемок пообедать и поглядеть на жену, а ее нет, и настроение испортилось — где-то шляется Зайчик, это нехорошо.

4 ноября «Антимиры» и «Галилей» — между ними занимался на гитаре, готовился к выступлению под рубрикой «Наши любимые актеры». Перед «Галилеем» ездили

паясничать в мин. угольной промышленности. Играли на гармошках-ложках-гитарах, заработали на троих 20 рублей. Урок Киселева — это наша профессия, мы клоуны, от нас это и ждут, — так будь любезен, будь клоуном и не требуй к себе большого внимания — какое есть, такого и хватит.

## ■ 7 ноября 1968

Вчера прогон «Тартюфа» ночной. Был Гарин. Не улыбался. Зайчик сделал себе альбом из «Белорояльных» фотографий, позавидовал мне и состряпал себе.

## ■ 9 ноября 1968

Вот и праздники прошли. Шофер «Мосфильма» сказал: «Мы все торопимся, торопимся и никак не опоздаем». Шутки шутками, а тетрадка-то уже больше полгода трудится, записывает жизнь мою. Я пережидаю время, сейчас поем и спать буду.

## ■ 10 ноября 1968

Вот как бывает в театре — вчера вместо «Галилея» состоялась премьера «Тартюфа». Да, вот так, вот такая жизнь. Ну что же, расскажу, как знаю, что запомнил. В обед вывел Кузьку, встретил Петрова, и он напомнил мне о телев. репетиции, я наскоро похватал и кинулся в театр. Зайчик сказал, что днем звонил Высоцкий, просил отменить спектакль — совсем без голоса, потом что-то переменилось — спектакль состоится. И вот вечер. Володя приходит: «Спектакля не будет, нечем играть». Поднимается шухер. Врачи, шеф, Дупак, вся труппа ходят и вспоминают «лошадиную фамилию» — что может пойти взамен, ничего, то того нет, то другого. Предлагаю «Тартюфа», звонить начальству и просить разрешения, что делать — в театре несчастье, а публика уже в буфете. На меня, как на сумасшедшего, — не принятый спектакль, завтра всех увезут, шефу снимут голову и т. д. После всех передряг Дупак решается: «Семь бед, один ответ, пусть идет "Тартюф"». Дупак выходит к зрителям, зрители в зале, он выводит Высоцкого: — «Дорогие наши гости... Мы должны перед вами глубоко извиниться... Все наши усилия, усилия врачей, самого актера В. — исполнителя роли Галилея – восстановить голос ни к чему не привели. Артист Высоцкий болен, он совершенно без голоса, и спектакль «Галилей» сегодня не пойдет (в зале крики: «Пить надо меньше», «Петь надо больше» — какая-то чушь), вместо этого мы вам покажем нашу новую работу «Тартюф», которую еще никто не видел. (*На полях*. Аплодисменты, крики восторга.) Для этого, чтобы поставить оформление «Тартюфа» и разобрать «Галилея», мы просим оставить зрительный зал на 20 минут. Через 20 минут начнется спектакль господина Мольера "Тартюф"».

Что-то пытался сказать Володя: «Вы меня слышите?..» — я только и успел разобрать. В общем, позор. Никому Володя уже был не нужен, публика была при почти скандале, ей давали «Тартюфа», и она была счастлива — все-таки, это ведь исключительный случай, артист Высоцкий вышел извиняться, ему можно было выразить из зала свое «фе», перед ней (публикой) расшаркались и сейчас покажут премьеру, а пока она с шумом поскакала с мест и кинулась в буфет.

Весь театр начал растаскивать по углам «Галилея» и тащить «Тартюфа», как на абордаж, каждый пытался что-нибудь развязать, растащить, завязать, приволочь — публика в буфете, ее нельзя задерживать. А Володя ушел с Татьяной, его встретил пьяный Евдокимов, обхамил Татьяну, она вернулась в театр, где шла премьера. Спектакль шел в лучшем виденном мной варианте — Зайчик был на самой высокой высоте. После спектакля открыли шампанское.

Володя накануне был очень пьян после «10 дней» и какой-то бабе старой на улице говорил, что он «располосует себе вены, и тогда все будут довольны». Говорил про Есенина, старуха, пытаясь утешить, очень обижала: «Есенин умер, но его помнят все, а вас никто не будет помнить и т. д.» Было ужасно больно и противно все это слушать.

Мы все виноваты в чем-то, почему нас нет рядом, когда ему плохо, кто ему нужен, кто может зализать душу его, что творится в ней — никто не знает. Господи!!! Помоги ему и нам всем!!! Я за него тебя прошу, не дай погибнуть ему, не навлекай беды на всех нас!!!

## ■ 12 ноября 1968

Два дня сплошное расстройство из-за «Доброго». Мне трудно его играть, особенно, когда смотрит шеф, меня трясет, я вижу, как он морщится в зале: «не конкретно, суетится, не по существу», – начинается то, что было с Эйбоженко, он уже не мог ни видеть, ни слышать его замечаний. А замечания одни и те же, что ему, что мне, все время одно и то же. Сказал Глаголину, чтобы искали второго исполнителя, будем репетировать вдвоем, со стороны мне будет виднее, я исправлю ущерб в своем актерском образовании. Вчера с 6 утра снимался, с 4 занимался с В. С. — вечером до 12 озвучание. Пока «звучали», выпал снег, настала зима, уж в который раз.

**■ 14 ноября 1968**

Наконец-то я дома. Сейчас что-то около шести. Зайчик ушел с Богом на премьеру официальную «Тартюфа». Мне ужасно хочется пойти и на премьеру, и на вечер в ВТО, где будут показывать «Корабль дураков», но у меня физически, как говорит Дупак, нет сил. Завтра опять в 6 подъем и съемка ответственной сцены финальной «Посадка на лошадь»*, и я не могу рисковать. Я еле стою на ногах, а если не посплю, у меня будут красные глаза. Только бы завтра не подвел Высота. На него ужасно смотреть, когда он с перепоя, его крутит, рвет, он просто падает и умоляет дать ему 50 г выпить. Выпил 50 г — стал работать как человек. Ужас. Жалко. Вчера он сорвал съемку. К вечеру был в сосиску.

Смотрели генералы наш почти фильм. Сразу стали критиковать, и в основном меня, мою игру.

Другие по одиночке хвалили, как раз за простоту, за естественность, но все придирались к логике криминальных пунктов следствия. Вообще, все последнее время я занят мыслями о «Хозяине». Что делать? Хоть и думаю, думаю. Как монтировать, чего сокращать, как построить картину, чтобы хоть как-то заставить зрителя смотреть. Сегодня вспомнил про выброшенную сцену отчета с крыльца. Предложил поставить в начало, до титров «Хозяин тайги». По мне — это заявит жанр и подчеркнет бесхитростность, простоту, обыденность повествования. Знаю, что будет категорически против Можаев, он этого не писал, и это напоминает липатовский ход. Назарову это предложение пришлось очень по душе, если войдет оно в картину, еще бутылка.

Вчера состоялся мой первый самостоятельный выход на зрителя. Я все-таки поставил на этот концерт, к кото-

* «Посадка на лошадь» — сцена из к/ф «Хозяин тайги»

рому тщательно готовился и с которого начались мои сольные выступления. Я ужасно трусил, волновался необыкновенно, но всю намеченную программу выполнил до конца, хотя мне все время казалось, что я в полной лаже и хотел сбежать. Но думаю, «нет, Вася, как в цирке, раз начал — делай, второй раз будет в 10 раз труднее». Я забыл текст в романсе и закрыл лицо руками от стыда, но начал снова и допел. Рассказывал о себе, по-моему, ловко и смешно даже.

«Как я решил стать киноартистом. Мы приехали с женой к родителям моим в деревню. Она снималась в кино, ее знают, устроили ей встречу и показ «Коллег». Односельчане замучили меня вопросами: «Почему я не снимаюсь в кино?» Им было неудобно за меня, они хотели быть односельчанами киноартиста. В «Алтайской правде» появилось сообщение: «На отдых в деревню приехала известная киноактриса Нина Шацкая со своим мужем». Просто со своим мужем, ни фамилии, ни имени. Это заело мое самолюбие, я согласен быть просто мужем, но хотя бы с фамилией. После этого я решил стать не только мужем, но и киноартистом, тогда хоть будут фамилию писать. Я, конечно, не объявил по радио о своем желании, но оно было кем-то услышано, и я получил приглашение в «Пакет», таким образом приобретя право на звание мужа-киноартиста.

Я не скажу, что мне был оказан теплый прием, а может быть, я зажрался от приема в театре, я не скажу, что я блистал на концерте, нет, я ожидал большего от себя, не только, естественно, от публики. И тем не менее, я доволен, я одержал победу над самим собой, я преодолел барьер, я проверил себя и репертуар под рояльчик, я убедился, что я смогу добиться успеха на этой ниве, хотя и был маленько комом блин. У меня дрожали ноги, слипались губы, все пересыхало во рту, я все время прикладывался к воде, мне было стыдно. Мне заплатили 30 рублей, 10 я отдал В. С., давал 15, она не взяла. «Ночку» я почему-то пел — руки в карманы куртки. Концерт был более поучительный, чем победный. Победы как таковой не было, но стало ясно, что она может быть. По этому случаю, как и обещал, выпил бутылку вермута.

Я почти ничего не читаю, это плохо, я забыл Бога — это просто ужасно. Завтра читка «Матери», я не могу быть, у меня досъемка. Что делать.

Мне нужно срочно шить костюм, нельзя быть в комиссарской куртке и петь старинные романсы. Иногда мне бывает ужасно страшно, что меня никогда больше не будут приглашать в кино после «Хозяина», что я забуду дорогу на «Мосфильм», что никогда и в театре не дадут мне хорошую роль, и все поймут наконец, какой я бездарный.

Зайчика тошнит, неужели у нас появится Васька? Господи, сделай это, пожалуйста, и как можно осторожнее, чтобы и мать, и плод были здоровыми.

Дал слово Зайчику, что куплю шубу за 1000 рублей к апрелю. Откуда я деньги возьму, интересно. Ведь слово я все равно сдержу, коль дал, кровь из носу, но интересно, где я деньги добуду. Займу, скорее.

Звонил Назарову. Его нет, он в монтажной. Света сообщила — Высоцкий допился до белой горячки, бьется головой об стенку, и съемка завтра вряд ли состоится, вот так.

### ■ 15 ноября 1968

Снимали посадку на лошадь. С утра Володя был в форме, потом дошел, как появляется компания киношных артистов — туши свет. Сегодня закончился мой договор, все. Митта* дал сценарий «Искремас» — потрясающий, вот это сыграть бы, было бы да. Но опять — надо сбривать усы, краситься, молодиться и уходить из театра на полгода. Надо худеть срочно. Так и сделаю, хочу спать, вчера зря не пошел на фильм, все равно не мог уснуть до Зайки. Шеф перед спектаклем как с цепи сорвался, опять кричал, что он прекратит богадельню и будет вылавливать остряков, насмешников, балагуров и пр. Неприятно на него смотреть в таком виде.

### ■ 16 ноября 1968

Вчера Зайчик заявил:

— Пойдем в то метро. Мне стыдно в таком пальто идти здесь.

— Перед кем стыдно?

— Перед людьми, меня немножко знают, меня узнают...

— Ну и что? Ведь у тебя нет другого, если бы у тебя было бы, а ты скупилась, берегла и не носила, могло быть стыдно, а чего же стыдиться, если у тебя нет.

— Вот и стыдно, потому что нет.

— Бедность не порок, это сказано давно.

Зайчик читает «Войну и мир». Кузя спит в ногах, теща моет посуду, я пишу. Сегодня сделал семье заявление:

— С сегодняшнего дня ни мяса, ни хлеба не ем. Только молочные, растительные продукты... две недели будет продолжаться этот пост.

Теща запричитала: «Ну как же, как же, перенеси свой пост на неделю... Я накупила как раз всего мясного... сосисок, баранины, я как израсходовалась, куда же я это все

* Митта Александр — кинорежиссер. В его фильме «Сказ про то, как царь Петр арапа женил» (1976) снимались и В. Высоцкий (Ибрагим Ганнибал), и В. Золотухин (Филька).

дену, сама, что ли, съем?» Но я был неумолим: «Только творог, сыр, кефир и фрукты. Надо очистить организм, дать ему возможность привести в порядок все винтики, узлы, часики. Поголодаем. Каждый интеллигентный человек должен сократиться в обжорке и увеличить рацион духовной пищи. Не говорю о том, что артист должен быть худ, тощ даже, и подвижен, это известно каждому ребенку... Если вы хотите, чтобы меня узнал весь мир, не давайте мне жрать, держите в черном теле, и я стану знаменитым».

Я вспоминаю. Завадский посмотрел «Укрощение строптивой» и сказал Ирине С.: «Если он хочет, он может считать себя артистом Т-ра им. Моссовета». Потом я все равно показывался — играл Теркина, читал Чапаева — это ему особенно понравилось. Он приходил к Моте просить меня в свой театр. И вот театр. Он восстанавливает «Маскарад». Меня одели в клоунский костюм, я вышел на сцену, Завадский говорит мне одному, зная, что я окончил опереточный факультет и думая, что я хорошо двигаюсь:

— Подвигайся, Золотухин.

— Что?

— Подвигайся.

— Как?

— По сцене подвигайся, попрыгай, побегай, я посмотрю, как ты двигаешься... Прыгни на кушетку и обратно.

Я прыгнул, кушетка завалилась, и я упал.

— Сними клоунский костюм, надень костюм гостя в красном. Я не знал, что это было повышение, хоть я и оконфузился. Гость в красном, по тайной мысли его, должен был напоминать Самого господина Лермонтова. Мне говорили, что я похож внешне на Лермонтова, наклеили усы, когда меня гримировали, перед глазами гримера и моими, естественно, стоял портрет Михаила Юрьевича. У меня была единственная реплика, которую я произносил сначала неимоверно фальшиво, но с большим презрением к некоторым окружающим меня артистам: «Вы правы! Как дикарь, свободе лишь послушный, не гнется гордый наш язык, зато уж мы как гнемся добродушно». Я круто поворачивался, щелкал каблуками, чуть не падал, ошарашенные гости с замороженными лицами расступались, и я уходил под разрывающие душу звуки знаменитого хачатуряновского вальса. Ей-богу, я чувствовал себя Лермонтовым.

Вчера, когда Митта знакомился со мной в павильоне, Васильич отрекомендовал меня:

— Берешь в руки — маешь вещь... Поверь мне, через два года это будет самый знаменитый актер.

Не понимаю Васильича, я так не удовлетворен своею работой в фильме, а он такого мнения обо мне, или это старческое умиление. Как хотелось бы верить ему.

### ■ 17 ноября 1968

Прелестная зима. Ходил с Кузькой и сам погулял, попрыгал, подышал. Если организоваться, можно зарядку с Кузькой на улице делать.

Почему люди, например ассистенты, окружающие Любимова, через месяц-два после общения с ним, начинают его языком разговаривать? Ведь они приходят со своими мыслями, способностями, вкусами, привычками, даже со своей терминологией; не пройдет и месяца, они повторяют за ним те же немыслимые словеса. До того как пришел Примак, мы сыграли далеко за 50 спектаклей «Галилей», и вдруг, освоившись и наслушавшись, он мне делает замечания те же и в тех же выражениях, что делал Любимов на репетициях. Но к Любимову мы привыкли, мы понимаем его через его слова, мы понимаем его через весь комплекс слов, интонаций, настроений и пр., и пр., мы к нему пристроились, приспособились. Отдельные взятые от него его же слова и замечания выглядят чушью несусветной. Как же можно так слепо, как попугаи, повторять за ним — «неконкретно», «не по существу», «не вмазываете» и т. д. Можно с ума сойти, конечно, на их месте. 4 года Глаголин смотрит спектакли, сотни раз, можно возненавидеть эти роли на сцене, да еще стоять и записывать за другим замечания, подлаживаться под его воззрения, настроения и т. д. Собачья должность. Почему Любимов, сознательно или нет, окружает себя серостью режиссерской. Талантливые уходят, не соглашаются, но можно брать самостоятельных молодых, где они?

Был у Полоки вчера с 4 до 6.

Продолжаю утреннюю мысль — где они? Почему никто не заботится об этом и кто должен думать в первую голову о них. Потом: года три назад Петрович, разнося труппу, грозился разогнать и набрать молодых, взять снова целый курс с выпускным спектаклем. Но из этой замены не может вырасти дважды театр, это уже невозможно. Каждый год он набирает молодых, а театр не крепнет от них, а если и держится, то только за счет старой закваски, тех, кто пришел — остался в первые дни-месяцы. Даже те, которые остались от старого театра условно, играют теперь главные роли или одни из главных, не так просто поменять контингент, артистов и лучше всего держаться за «старых» артистов, беречь их, надеяться, доверять им, и по одному, по два актера, действительно талантливых, верных и перспективных вводить в ведущую десятку, но только доверять им как фаворитам.

### ■ 18 ноября 1968

У Полоки обсуждали план письма коллектива артистов, работающих по созданию киноленты «Величие и крах дома Ксидиас» в ЦК. Ему инкриминируется, что мы, артисты, работали под каким-то гипнозом, он затуманил нам мозги, и мы бессознательно поддались его формалистическим тенденциям. Хотел Полока или нет, но в картине заняты лучшие артисты ведущих театров, от лауреата Ленинской премии Толубеева до артистов с Таганки — Высоцкого и Золотухина.

Вчера был выездной в Лыткарино «Добрый». Ездили в машине Жени и Наташи. По пути обсуждали жизнь и судьбу театра и пришли к выводу, что причиной такого панического настроения Любимова есть какое-то внутреннее сознание, что «Тартюф» не получился. Такой спектакль может быть победой любого театра, кроме театра Любимова. И опять классика, и опять те же разговоры, что на «Герое»: «Артисты, артисты недотягивают до режиссера...» Но артистов он воспитывает 5 лет, в конце концов, может других взять (или не идут), в общем, сам виноват, получается все равно. Какой панический, совершенно жуткий страх Любимовым провала, заставляет его выпускать, по существу, одну премьеру в сезон и вытрясать душу из артистов.

## ■ 19 ноября 1968

Какой-то внутренний разлад. Чувствую, что мной кругом недовольны. Можаев безразличен, Назаров сух, с Любимовым неприятная заочная война. Вдруг почему-то он Веньке про меня бросил:

«Надеюсь, твой друг возьмет свою голову в руки». Я ее не терял, если он имеет в виду съемки — я не участвовал в «Тартюфе»? А что мне оставалось делать?! И у меня началось к нему время придирок, кстати, они всегда взаимны. Я избегаю встреч с ним, мне ужасно неприятно встречаться с ним, неспокойно.

## ■ 22 ноября 1968

*Пятница, 19 часов 25 мин.*

Ну так. Сначала хроника.

19 ноября за мной приехали в 8.45. Попросил тещу отправить первую партию книг в Междуреченск, купленную еще до праздников, хоть какой-то груз с плеч. Досъемки планов к правлению с Антоном. Не до искусства. Поругался с Васильичем. Не дает дубля, хоть разорвись. Его помощники сразу, по первому сигналу, выключают свет, никакого уважения к режиссеру. Во время «Послушайте» состоялась беседа Высоцкого с шефом, где шеф ему пригрозил вдруг: «Если ты не будешь нормально работать, я добьюсь у Романова, что тебе вообще запретят сниматься, и выгоню из театра по статье».

Володя не играет с 8 ноября. Последний раз он играл Керенского. Сегодня «Пугачев». Завтра «Галилей», Господи, сделай, чтобы все было хорошо.

## ■ 23 ноября 1968

Уходит Губенко. Положил на стол «Макенпотта». Забросал Дупака заявлениями с угрозами:

— Не дадите квартиру — не буду играть... уйду и пр. Жена у него — Болотова — дочка посла, сам снимается постоянно, давно бы уж кооператив построил, жлоб.

Вечер. После «Галилея». Володя без голоса, но трезв и в порядке. Вывешена репетиция «Галилея», говорят — Сева Шестаков и даже — Хмель. Дай Бог! Но мне жаль Володьку, к нему плевое отношение. Но ничего не выходит, надо укреплять позиции. Театр колотит от фокусов премьеров. Никто, кроме шефа, не виноват в этом. Если он стоит на принципах сознательного артистического общества, нельзя одним и тем же потрафлять, надо растить артистов, давать хоть какие-то надежды попасть в премьеры и другим. Вообще я устал и пишу черт знает что. Каждый должен думать о своей судьбе сам, разумеется не делая большого разрыва между собой и интересами театра.

### ■ 24 ноября 1968

Зайчик второй день не в духе и ночью толкался всю дорогу и ворчал чего-то. Его третий день не тошнит, может, из-за этого расстраивается, дескать, ничего и не было. А может жалко уходить из работы, вчера Танька Ж. объявила Петровичу о своей брюхатости, а он ей хотел дать следующий спектакль сыграть, она отказалась — уже трудно с пузом. И Зайчик думает, что и ей предстоит отказываться играть, терять роли и пр. Зайчик! Не расстраивайся, вспомни всех наших рожениц-актрис, чего они потеряли? Ровным счетом ничего. Нет ролей для баб хороших, из-за которых можно было бы подождать рожать. Да и возраст подпирает. Зайчик, нам уже под тридцать совсем, надо поторопиться с бэби. Я думаю, ведь и не одного мы должны завести, тьфу, тьфу и тьфу, двух-трех-то уж обязательно. Наперед, конечно, загадывать не станем, хоть бы одного Бог послал.

Морозно. Деревья мохнатые серебром. И солнце в окно, аж глаза ломит от света. Дорогу поливают каким-то незамерзающим составом, может, просто соленой водой. Зайчик ушел за продтоварами в магазин. Через десять минут я подался на «Антимиры». З. Высоковский в яблочко Петровичу сказал:

— Раньше вам было далеко не все равно, кто будет играть Шен Те*, теперь вам все равно, кто будет играть Галилея.

* Шен Те — главная роль в первом, поставленном Ю. Любимовым спектакле «Добрый человек из Сезуана».

Обед. Опять какие-то раздраженные интонации у всех домашних. Оказывается, засор в ванной произошел, подумаешь, беда.

## ■ 25 ноября 1968

*Понедельник*

Какие-то хорошие мысли сегодня проведывали. Это оттого, что умную, хорошую книгу читаю — 9-й т. Бунина, о Толстом. И вот я думал, что жил Паустовский в одно время со мной. Я снимался в Тарусе, когда он жил там, я видел его дом издалека, хотел пойти к нему, постучать в ворота, посмотреть на него, услышать голос и не сходил. Некогда было, некогда, а может, оттого, что мужики сказывали — он не принимает никого, злится, когда приходят посторонние, а ходят много, надоедают, а он человек больной, ему покой нужен. Так или иначе, я не сходил к нему и каюсь — ну не принял бы, так и что? Убыло б меня, а если бы принял, что бы я ему сказал, я ведь и читал его не много — тоже некогда было. Что бы я сказал-то ему? Вот вопрос. В общем, получается, что и правильно, что я не помешал лишний раз ему. Ему и без меня мешали многие, не успел умереть, как воспоминания за воспоминаниями о нем появляются, как будто заготовленные были.

Андрей Вознесенский. Ужасно плохо мы знаем поэзию современную. Но ведь признано, что в этой поэзии он бриллиант. И часто бывает у нас в театре, года полтора назад читал стихи новые в «Антимирах», книги дарит нам свои новые каждый раз с автографами. Мне написал: «С радостью за Ваш талант». Мы запоминаем каждую встречу с ним, ловим каждое слово, на всякий случай, вдруг придется воспоминания писать, когда не станет поэта, и получается, что мы ждем — когда же что-нибудь случится с ним (*на полях*: т. е. когда же он станет классиком), чтобы сказать, а мы его знали, он с нами водку не раз пил, мы спорили с ним об искусстве, он нам книжки дарил с надписями — мы обыватели, мы серость, волей чьей-то оказавшиеся рядом с явлением.

Не то же ли есть и мой друг Высоцкий. Мы греемся около его костра, мы охотно говорим о нем чужим людям, мы даже незаметно для самих себя легенды о нем сочиняем. И тоже ждем — вот случится что-нибудь с другом нашим (не приведи Господь), мы такие воспоминания, такие мемуарные памятники настряпаем — будь здоров, залюбуешься, такое наковыряем, что сам Высоцкий удивится и не узнает себя в нашем изложении. Мы только случая ждем и не бережем друга, не стараемся вникнуть в мрачный, беспомощный, одинокий, я убежден, мир его. Мы все меряем по себе, если нам хорошо, почему ему должно быть плохо? Шеф говорит: «Зажрался. Пол-Москвы баб пере... и даже Париж начал, денег у него — куры не клюют... Самые знаменитые люди за честь почитают в дом его к себе позвать, пленку его иметь, в кино в нескольких сразу снимается, популярность себе заработал самую популярную, и все ему плохо... С коллективом не считается, коллектив лихорадит от его запоев...» И шеф, получается, несчастный человек по-своему.

Невнимательны мы друг к другу и несчастны должны быть очень этим, а мы и не замечаем даже этого.

У моего Зайчика жесткое сердце или он делает вид, что так? Резкое и колючее, безразличное отношение его к людям. Сейчас говорили о том, что я написал выше: «Зачем ты этот бред сивой кобылы пишешь? О ком легенды, какие легенды?! К Высоцкому ли невнимательны? Если бы невнимательны, его бы давно в театре не было...» — А что такое «в театре», что такое «театр», почему он должен почитать за счастье свое присутствие в нем, а не наоборот. Это ведь ужасно больно сознавать, что кто-то может сказать, «мы внимательны к нему, иначе его давно бы в нашем коллективе не было». Как это грустно все!!!

«Надо и в писании быть юродивым». — Толстой.

У каждого свое Астапово.

## ■ 26 ноября 1968

— Общался с Зархи через лифтершу.

Говорит, получилось искренне, понравилось Тарковскому. Прочитал мои «Дребезги».

— Надо поговорить... Мне кажется, вы хотите это очень дешево продать... – Начало даже поразило меня: что это — новый жанр, подумал я... – Это стоит гораздо больше, гораздо глубже, чем просто грустная, сентиментальная новелла, в общем, поговорим.

Бунин пишет о Толстом:

— Главней же всего, что у него были зачатки туберкулеза (дающего, как известно, тем, кто им поражен, даже и духовный склад совсем особый)! Может быть, это и ко мне относится. Я пролежал в туб. санатории три года и потом долго ходил на костылях. Вся жизнь моя так или иначе окрашена туб. светом. Этим исследованием надо заняться. К тому же друг Толька и его семья. Почему-то я с ним не прекращаю связи, дорожу ею, думаю о Тольке. В некотором смысле, мы даже родня, хоть и разными формами туберкулеза болели. Не сегодня, конечно, об этом писать.

## ■ 27 ноября 1968

У Бунина:

Шопенгауэр говорит, что большинство людей выдает слова за мысли, большинство писателей мыслят только ради писания.

Это можно применить ко многим, даже очень большим писателям.

Толстой мечтал «довести свое свиноводство до полного совершенства».

Я сижу в студии, идет тракт, болтовня артистов, истошный крик Алексея Бурова, бедлам, неразбериха, то же самое, только с болями вдобавку у меня в голове. Круг мешанины в голове, сумбура отрывков мыслей, забот, желаний.

— Мосфильм. «Пять дней»... Митта... провал «Хозяина»... Любимов с неприятным, злым на всех артистов глазом, которых он всех за «проституток, ничтожеств, неблагодарных блюдолизов почитает, готовых клюнуть на любое предложение в самой мрачной халтуре», потому что в самой мрачной халтуре артист приобретает видимость свободы, нужности своей и освобождается, хоть на чуть-чуть, хоть так только кажется ему, от зависимости, унижения от рабского подчинения гл. режиссеру. Шеф это прекрасно понимает, чувствует, — сам был на нашем месте, но пользуется властью своей, правом давать — не давать, держать в унижении артистов и смеяться над ними в душе, высокими словами прикрываясь. Я не люблю его, и он понимает, чует это, чует мою самостоятельность, обособленность, мой собственный театр в его театре, мою — презираемость его как человека, не как художника или еще больше — общественного деятеля, он не Божий человек.

## ■ 28 ноября 1968

Озвучание... Неожиданно трезвый Высоцкий, и как будто ничего и не было никогда.

Вечер, сегодня же. Целый день бестолковое озвучание, с трех — репетиция с Гавриловым, с 4 до 6 грим и фотопроба на Голубкова, с 6 до 7.30 еще полтора часа бестолковщины, с 8 до 9 репетиции в ГИТИСе.

Бунин о Чехове:

— Многим это покажется очень странным, но это так: он не любил актрис и актеров, говорил о них так:

— На семьдесят пять лет отстали они в развитии русского общества. Пошлые, насквозь прожженные самолюбием люди. Вот, например, вспоминаю Соловцова...

— Позвольте, — говорю я, — а помните телеграмму, которую вы отправили Соловцовскому театру после его смерти?

— Мало ли что приходится писать в письмах, телеграммах. Мало ли что и про что говоришь иногда, чтобы не обижать... и, помолчав, с новым смехом: — и про Художественный театр...»

## ■ 29 ноября 1968

«Пошлые, насквозь прожженные самолюбием люди...» — говорит Чехов. И он прав, но где-то прав, говоря казуистической лексикой... Такова жизнь наша, таковы особенности нашей профессии, мы не можем сидеть на даче и, на всех положа член с прибором, творить, душу свою изучать, ее потемки и закоулки запечатлять в чьей-то памяти, сознании. Наше дело коллективное, мы зависимые люди и в первую очередь от Вас, господин автор. Мы несчастные люди, мы зависимы и унижаемы всеми, кто над нами стоит, особенно в наше время, когда нас много, когда искусство все больше и больше политикой делается. А потом мы все считаем себя близкими к Парнасу, к Музе, к искусству, в общем, и кажемся себе художественными деятелями, чем-то вроде ваятелей произведений особенных, личностями, создающими красоту в оригинале, а по существу — какие мы к черту творцы, во всяком случае большинство из нас? Мы — вторичное сырье, в лучшем случае — квалифицированные воспроизводители, репродукторы, производящие репродукции...

Наше дело исполнительское, а потому — кругом зависимое: от текста, режиссера, собственных данных, настроений окружающих — жены, тещи, партнера и т. д. Мы должны, хоть и вроде отмечены свыше, угождать, лебезить, мы должны нравиться, наша суть — быть любимыми: режиссурой, публикой и пр., чтобы доказать свой талант — мы должны раскрыться, а для этого нужны роли, нужно внимание дающих их, нужно доверие других к твоей личности, твоей индивидуальности — вот мы и улыбаемся налево и направо, вперед-назад. Мы клоуны, а клоун не может работать только на одну сторону цирка, он должен показаться, угодить всем. Да, мы пошлые, насквозь прожженные самолюбием люди — ну и что? А что же вы женились на сестре нашей и терпели ее измены, вы ведь, если не знали, то подозревали, что на ночь ее брал Немирович не для благотворительных концертов... Бунин умница и хитрец... Он ни словом не намекнул на что-то подразумеваемое, но это и без того ясно... В 6 утра являться «к дусику», пахнущей вином, сигарами и духами... Откуда?! Я осуждаю ее, как жену вашу, но зачем обобщать и лить приговор на всю братию, ее не осуждать надо (братию), ее защищать и жалеть надо.

Сегодня читка «Матери» по ролям. Как кто читает — можно точно определить отношение к листку с текстом, к пьесе, к Любимову. Кузнецова — вечно обиженная, читает две свои строчки, через губу, нехотя... как ей стыдно этим заниматься и как к ней несправедливы... Через некоторое время уходит совсем. Славина хулиганит, радостна, главная роль, опять в струе, катит по столу шефу апельсин, он ей назад, она ему — играют... все умиляются шутке, а в душе мерзость и презрение... В перерыве она приносит ему чай с бутербродом, забота о человеке — это прекрасно, но забота подчиненного, целиком и полностью зависимого человека о своем господине, демонстрация рабского смущения и радости по этому случаю — вызывает тошноту и судороги у остальных подчиненных. Что-то есть противное человеческой природе, вечно стремящейся к освобождению, к свободе личности в этой подобострастной заботе о хозяине.

Ш е ф: — Готлиб М., тут застольного периода не будет.

Г. М. — Я не возражаю.

Ронинсон показывает мне из своего угла: крутит воображаемой шарманкой, мнет между пальцами деньги и куксится, закатывает к небу глаза, жмет плечами, дескать, не понимаю... Золотухин!!! И вдруг шарманка из-за денег — не понимаю. Не понимаешь, и х... с тобой. Да, представь себе — Золотухин и шарманка, я клоун, за это звание хлеб свой получаю и идите вы все... Никогда вы не были и не станете настоящим клоуном, или по-другому сказать, более для вашего уха приятное — артистом.

## ■ 30 ноября 1968

Обед. Высоцкий, по его словам, был у профессора клиники им. Семашко, признали парез (его слова), разрыв связок. Нужно делать операцию, на полгода уходить из профессии. И вчера он не играл «Послушайте», а сегодня шеф сказал, что в 9 часов у него был концерт — это уже хамство со стороны друга.

Позвонил Губенко, отказался играть сегодня Керенского, уговаривали Власова*, Глаголин**, наконец, шеф, Коля бросил трубку: «Не приеду», — и точка.

Шеф предупредил меня: «Возьми текст, повтори, придется играть вечером».

* Власова Галина — актриса и завтруппой Театра на Таганке.

** Глаголин Борис — режиссер и в течение многих лет секретарь партбюро Театра на Таганке.

— Больше лихорадить театр не будет, выгоню обоих... (чего выгоню, когда Николай заявлений пять уже положил), Насоныч*, повтори и ты Хлопушу**, может случиться, что завтра бросишься, как кур в ощип... Как Севка себя ведет... Сколько раз приходил на репетицию такой роли в раскладе, скотина...

Володя жаловался вчера Веньке:

— Бесхозяйственно мы живем... Встречаемся на «Мосфильме» с Валерием, как чужие... Я понимаю, что виноват, мне очень плохо. Веня, я люблю тебя.

А я избегаю его. Мне неловко встречаться с ним, я начинаю волноваться чего-то, суетиться, я не знаю, как вести себя с ним, что сказать ему, и стараюсь... перекинувшись общими словами, расстаться поскорее, и чувствую себя гадко, предательски по отношению к нему, а что сделать — не знаю.

Вчера рассказывал Полоке, как я, встречаясь с режиссерами, приглашающими меня на интел. роли, изо всех сил доказываю, что я не гожусь, что я совсем не интеллигент, «посмотрите на мое лицо, на мое происхождение, на роли, которые я считаю своими, кровными, нет, я не интеллигент, у меня большой подбородок и колхозник отец, во мне нет ни капли голубизны в крови»... Хуциев даже волнуется: «Ну почему, кто вам это сказал... Надо что-то сделать только с верхней губой, и все будет в порядке». Нет, с верхней губой я ничего делать не стану все равно... «Прав» Ростоцкий — интеллигент определяется по рукам, породу надо искать в передних конечностях... На роль, к примеру, Печорина, надо искать артиста с руками — руки, руки выдают породу, а если они не

* Насоныч — Владимир Насонов, в то время актер Театра на Таганке.

** Хлопуша — роль В. Высоцкого в спектакле «Пугачев».

выдают, это человек не той породы и на Печорина, разумеется, не годится.

С Миттой мы будто бы сошлись из-за недостачи интеллигентности во мне (по словам второго реж.), и тут же он пробует Мишу Кононова.

«Можно писать о яблоне с золотыми яблоками, но не о грушах на вербе», — мысль принадлежит Гоголю, вычитал у Бунина. Его гувернер видел Гоголя однажды в раздевалке. Прекрасная мысль и чудно выражена, нечто подобное говорил мне Можаев после прочтения «Стариков».

## ■ 1 декабря 1968

— Когда кончится этот фашизм? Каждый день я спрашиваю у Дупака, когда будет приказ? Он из меня дурака делает... «Какой приказ? Вы о чем? Перестаньте шутить...» Я что, мальчик им, что ли?

— Но будто тебе дают квартиру...

— Да не в квартире дело. Зачем она мне? Мне нужно уйти из театра, у меня нет больше возможности в нем служить!!!

Зайчик выстирал свое тартюфное платье самолично, назвав бездарностями всех костюмеров.

После «10 дней» вчера репетировал с Шестаковым. Он может сыграть лихо, а я, кажется, предаю Высоцкого, очень уж энергично помогаю Севе.

Сегодня начал «Танькины именины». Пока выписываю из зап. книжки, что может пойти в дело. С утра помылся, в обед ходил с Кузей, после обеда поспал, сейчас собираемся в театр, на «Послушайте».

Появиться в нашем обществе сейчас в косоворотке — засмеют, застыдят, скажут — пижон, ложнорусский стиль, почему ложнорусский — не пойму, ведь ходили же наши предки в косоворотках, шнурком подпоясанных, это ведь красиво, просто и свободно, рубашка навыпуск скрывает недостатки средней части тела, и почему ложнорусский?

### 2 декабря 1968

Ш е ф (*только войдя*):

— Элла Петровна! Там стоит приятель Высоцкого, спуститесь к нему, дайте ему адрес Самойлова, и пусть он передаст своему другу, что, если он не ляжет в больницу и не напишет подписку о принятии лекарств, которые могут привести к смерти, если он этого не сделает, я выгоню его из театра за пьянство и сделаю так, что он никогда не будет сниматься...

Беда Высоцкого даже не в том, что он валяется под забором. На него противно смотреть, когда он играет трезвый — у него рвется мысль, нет голоса. Искусства бесформенного нет и если вы чему-нибудь и научились за 4 года, то благодаря жесткой требовательности моей, жесткой форме, в которой я приучаю вас работать. С чего он пьет? Голова слабо интеллектуальна, он обалдел от славы, не выдержали мозги. От чего обалдел? Подумаешь, сочинил 5 хороших песен, ну и что. Солженицын ходит трезвый, спокойный, человек действительно испытывает трудности и однако работает — пусть учится или что, он а-ля Есенин, с чего он пьет, затопчут под забор, пройдут мимо и забудут эти 5 песен, вот и вся хитрость. Жизнь жестокая штука. Вот я уйду, и вы поймете, что вы потеряли. Вы скажете, что с ним было иногда интересно...

Меня бьют с двух сторон — с одной стороны реакционное чиновничество, мешающее репертуару, с другой — господа артисты своей разболтанностью... Я с ужасом жду всяких неожиданностей — кто куда уедет, кто напьется, кто родит, я никогда не знаю, какой пойдет вечером спектакль, у кого найдется время забежать в театр между съемками, любовными похождениями, пьянками, телевидением, а у кого не будет времени заглянуть в него, поиграть чего.

## ■ 4 декабря 1968

Высоцкого под наркозом уложили в больницу. Последние дни он опустился окончательно, его не могли уже найти ни Гарик, ни Танька. Облеванный и измазанный подзаборной грязью, он приходил к Линке в 3–4 часа ночи. Просил водки, грозился кончить с собой, бросался к балкону, «ты меня застанешь в петле», потом наступали короткие просветления, и он говорил, что пора завязывать и все начинать заново. Врачи констатировали полную деградацию организма — (деградировавший алкоголик), общее расстройство психики, перебойную работу сердца и т. д. Обещали ни под каким предлогом не выпускать его из больницы два месяца. На Володю надели халат и увели. Он попросил положить его в пятое отделение, но гл. врач не допустила этого. В пятом молодые врачи, поклонники его песен, очевидно, уступают его мольбам, просьбам, доверяются ему, и он окручивает их. 10 декабря начинаются у него съемки в Одессе. Я попросил Скирду* передать Хилькевичу**, если он лю-

* Скирда-Пырьева Лионелла — киноактриса. Снималась вместе с В. Высоцким в фильмах «Хозяин тайги» (реж В. Назаров, 1968) и «Опасные гастроли» (реж Г. Юнгвальд-Хилькевич, 1969).

** Юнгвальд-Хилькевич Георгий, Юра — кинорежиссер. В своих картинах снял в главных ролях В. Высоцкого («Опасные гастроли», 1969) и В. Золотухина («Весна двадцать девятого», 1975). Высоцкий написал песни для его фильмов «Опасные гастроли» (1969), «Внимание, цунами!» (1969), «Туфли с золотыми пряжками» (т/ф, 1977).

бит, уважает и жалеет Володю, если он хочет его сберечь, пусть поломает к черту его съемки, сошлется на запрет худ. совета или еще чего. Либо пусть ждет два месяца, но вряд ли это возможно в условиях проф. студии у начинающего режиссера. Но поломать съемки необходимо. У Андрея Вознесенского на квартире, перед банкетом «Тартюфа», состоялось заседание друзей Володи с его присутствием. Друзья объясняли ему ситуацию и просили не пить, поберечь себя, театр... Володя обещал. Зоя* спрашивала меня на банкете:

— Правда, говорят, что он зазнался, мы этого не заметили с Андрюшей...

## ■ 5 декабря 1968

Снова нарвался на шефа. Зашел к Марине за рассказами, и он тут как тут.

— Валерий, я тебя прошу, ты не забывай образ.

— Какой?

— Кузькина... А то ты как-то очень сдал последнее время...

— Как сдал, чего сдал... меня в театре не бывает совсем, откуда вы это знаете?

— Вот, вот поэтому я и говорю, что тебя в театре не бывает... Не мог ни одну репетицию с тобой назначить, хотел прийти посмотреть... а ты все занят где-то.

— Да я дома сижу!

— Да брось ты... что вы со мной арапничаете?!

— Чего арапничаете? Мне не верите, можете спросить Можаева, и потом были с Борисом репетиции. Партнеры все заняты, кто «Макенпоттом», кто «Тартюфом».

* Зоя — Зоя Богуславская, прозаик и критик, жена поэта А. Вознесенского.

— И Находка роль прекрасная, ее можно отлично сделать... Понаблюдай по телевизору разные интервью... Есть отличные парни...

Ох, не нравятся мне эти разговоры, ох, не нравятся!!

## ■ 6 декабря 1968

Говорят, был крупный разговор между Губенко и Петровичем. Колька высказал, очевидно, свое недоумение по поводу помоев Любимова на Герасимова: «А если я ему передам?..» — кажется, была сказана такая фраза. Николай заявил, что он играет последний раз.

После «Антимиров» — худсовет, вдруг почему-то срочно. Решали, как поступить с Губенко. Какую форму приказа выдумать, чтобы другим неповадно было, в назидание остающимся. Шеф снова прошелся по мне: «Золотухин проделывал подобные модуляции», — я сидел, молчал, упорно, угрюмо. Васильев требовал каждого, кто осмелится заикнуться о заявлении — увольнять без проволочек. Любимов растерялся: «А кто играть будет?» Васильев пошел дальше: «Гнать каждого, замеченного в пьянстве».

Л ю б и м о в: – Тогда не было бы и Качалова и Москвина... половины, да что там, всего Художественного театра, они закладывали, ох как...

Шеф почуял, что артистов он не перевалил на свою сторону — написать какую-нибудь гадость на Губенко. Решили — отпечатать и вывесить его все заявления об уходе на обозрение труппы с комментариями, с ордером на квартиру, которой почти добились... Я запротестовал: «Как вы не понимаете, что это унизительно — театру с таким именем заниматься дешевой склокой», — все это я произнес на художественном совете.

Д у п а к: – Золотухин молчит, очевидно, он не согласен с тем, что здесь говорится и предлагается... хочет сам подать заявление об уходе...

Что они ко мне привязались с этим заявлением??! Ничего не понимаю. Вдруг через два года усиленно напоминать о том, чего из них никто в глаза не видел, то есть моего заявления.

Я попросил слова, хотел спросить шефа и начать свою тему, тему письма, тему «мастера», но меня перебили и я заткнулся, может, и к лучшему. Хотя совесть неспокойна и гадко на душе — не согласен и молчу...

«Промолчи — попадешь в первачи...
Промолчи — попадешь в палачи...»

Г л а г о л и н (*после*): – Вы молчали упорно, Валерий, мне не ясна ваша позиция...

— Объясню, Боря, только тет-а-тет...

### ■ 7 декабря 1968

*Суббота*

Гулял с Кузей. 9.15 Москвы. Еще темно. Свет не зажигаю — Зайчик спит. В доме тихо. Значит, спят. Народ с пятидневкой теперь по три-четыре дня гуляет. Как государство обходится-то без стольких рабочих рук-часов? Объявили борьбу с пьянством, а чего делать народу, коль делать нечего и деньги есть? Вон Бориса Хм. вывели из состава комиссии по борьбе с пьянством и алкоголизмом. Теперь везде на предприятиях созданы такие комиссии. Это напоминает Толстого — «Если уж не пить, так не надо и собираться, а коль собираться (в комиссию), так надо пить».

### ■ 8 декабря 1968

Шеф (*на меня*): – Этот с Высоцким исправляют текст Можаева, литературой вдруг чего-то занялся...

Смехов: – О... Тут вы ошибаетесь, Ю.П. Он бы вам и читать не дал, то, что написал в этом сценарии. Это халтура дикая, а Золотухин взялся только потому, что это Можаев...

Шеф: – Что бы он ни написал, он написал Кузькина и он разбирается в этом гораздо лучше нас...

Золотухин: – Хорошо, когда есть в театре адвокат. Ты уже не раз, Веня, защищал меня своей мощной грудью.

Венька (*обиделся*): – Зачем ты так при нем говоришь?

— А не надо трепаться, Веня. Этим все равно ничего не докажешь. Он посмотрит фильм, скажет: «говно», и прав был Можаев, не надо было лезть не в свое дело». И поди ему докажи, почему получилось говно и что из говна масла не собьешь — густота получится, а вкус не тот. И весь разговор. А если фильм получится — можно и поговорить, но и тогда — сценарий Можаева.

Спесивцев: – Профессиональному отношению к делу в Театре на Таганке меня научил Золотухин. Пришел я однажды с большого похмелья, сел и задумался: «Зачем я живу, кому я нужен, кому нужно то, что я делаю», смотрю в зеркало и вижу Золотухина, который готовится к спектаклю... Он, конечно, пришел раньше всех, холодно, а он разделся до трусов и примитивным образом совершает разминку... молча, спокойно, достойно. Потом стал распеваться, бормотать что-то, потом снова прыгать, тянуть мышцы, заниматься пластикой... И все — это не от случая к случаю, а регулярно, перед каждым спектаклем, не задумываясь, кому это нужно, а спокойно делая свое дело.

### ■ 9 декабря 1968

Вечером. Полока не пришел. Думаю — встретился с Высоцким. Он вчера вдруг заявился в театр, смотрел «Тартюфа». Шеф ездил к нему вчера, уговаривал зашить бомбу в задницу, мину смертельного исхода от алкоголя. Володя не согласился: «Я здоровый человек». Сегодня шеф приехал на три часа позже и злой до невменяемости. Но зато хорошо объяснял на репетиции.

Ш е ф: – Когда идет турбина вразнос — это страшно... разлетается к чертям собачьим на мелкие куски... Так дурак Высоцкий пускает себя вразнос... Врачи говорят, если он будет так продолжать, через три года подохнет...

С какой тоской и болью, почему-то мне кажется, восклицает Бунин в заметках к завещанию, хоть и в скобках. Если бы нашелся умный и тонкий человек, который мог бы выбрать эти отрывки — отрывки из дневников, зап. книжек — для биографической полноты.

### ■ 11 декабря 1968

Панихида — это смотр сил. Во мне нуждаются только, чтобы венки таскать по морозу. Часто бываю на панихидах. Мордвинова богаче отпевали. Надо уйти как можно скорее — Шацкая выбирает телевизор, надо успеть взять кредитную справку и т. п. По-моему, труднее всего Любимову. Симонов последнее время поносил нас и шефа. На Любимова смотрят, как держится, ждут, что говорить будет. В театр венок вносили мы с Дупаком. Там у нас его отняли Любимов с Венькой. Перед выходом к гробу шеф обнял меня, я посмотрел по сторонам — кто это видит. Дупак сказал: «Пойдем по обе стороны, через одного, один туда, другой сюда». Для нас это означает — один с шефом, другой с Дупаком. Мне выпало с шефом, а Демидовой не выпало, но она все равно встала с нами.

Как только мы встали у гроба, вспыхнули юпитеры, затрещали камеры — нас снимают. Таким образом мы попадаем в историю. Стою, креплюсь, чтобы не улыбнуться. Симонов-сын или Ульянов? Кто встанет у руля? Это занимает сейчас всех больше, чем смерть. Смерть есть смерть, уход, конец... Кончается одно, начинается другое. Официально, законно отошла определенная эпоха, многие ждут — что-то будет — новое, другое, может быть, лучшее, человек всегда надеется... А другим будет, конечно, плохо, которым было чересчур хорошо... Начнется обновление театра, это уж непременно, и молодым надо смотреть теперь в оба.

Вчера читал Полоке, Щеглову*, Кохановскому, Высоцкому свой окончательный вариант письма**, одобренный Шацкой. Принято без единой поправки и признано талантливым. Убеждал Высоцкого, объяснял, почему ему нельзя категорически уходить из театра и надо писать письмо коллективу. Если сам не хочешь, давай я напишу? Высоцкий хочет заявить о себе кинозрителю. Он думает это сделать в фильме Хилькевича, в Одессе. Дай бог, но у меня не лежит душа к этой затее.

Высоцкий обо мне: «Золотухин человек щедрый на похвалу... Он не боится хвалить другого, потому что внутри себя уверен, что сам он все равно лучше».

Сегодня Володя беседует с шефом. Интересно, чем кончится эта аудиенция...

## ■ 13 декабря 1968

Читаю Бунина и уже хочу писать под него. Черт возьми, какая точность, сжатость, эмоциональная вспышка в

* Щеглов Михаил — художник к/ф «Интервенция».

** Об «Интервенции».

каждом рассказе. Академическая, аскетическая точность размера и прелесть языка. Удивительный мастер.

Вчера выездной «Добрый» в Тушино. Сегодня «Послушайте» и худ. совет, кажется, по поводу Высоцкого.

На репетициях замучиваю шефа вопросами, а то он совсем разучился работать — кроме «конкретно» не знает ничего, я заставляю его фантазировать, вызываю на творчество... Сначала раздражается, а потом ничего, загорается...

## ■ 14 декабря 1968

Вчера восстановили Высоцкого в правах артиста Театра на Таганке И смех и грех. Мы прощаем его, конечно, но если он еще над нами посмеется... да и тогда мы его простим.

Ш е ф: — Есть принципиальная разница между Губенко и Высоцким. Губенко — гангстер, Высоцкий — несчастный человек, любящий, при всех отклонениях, театр и желающий в нем работать.

Д у п а к: — Есть предложение предложить ему поработать рабочим сцены.

— Холодно.

— Реклама.

— Рабочие обижаются, что это за наказание, переводить наших алкоголиков к ним, а куда им своих алкоголиков переводить?

Венька — о гарантиях прочности, т. е. замене надежной и достойной во всех спектаклях.

Я молчал.

Письмо Высоцкого: «Сзади много черной краски, теперь нужно высветлять».

Г а л и н а Н.* – Зазнался, стрижет купюры в кармане.

* Галина Николаевна Власова.

## ■ 16 декабря 1968

*Понедельник*

Ходил с Кузей. Тепло. Плохо спал и Зайчику не давал. Вчера сказал Глаголину, что хочу попробовать «Пугачева». Начал играть Высоцкий Керенского. На спектакле был Гаранин с директором издательства, которое печатает книжку. Джавид договорился с Зайчиком. Будет рисовать ее с завтрашнего дня.

## ■ 18 декабря 1968

*Среда*

С Зайчиком снова в КДС на «Медном всаднике». Панов за эти два дня потряс меня. Поехали к Власовым (балет Большого театра) и попали в другой мир: квартира их, ее отделка, обстановка, своеобразие убили нас наповал. Из кухни сделан бар, настоящий, со стойками. Туалет и ванная выложены черным и голубым битым кафелем, это так оригинально, что они держали двери в ванную открытыми, чтобы все видели. Кафель отражается в многочисленных зеркалах и получается лабиринт комнат, хотя всего две, самые обыкновенные, кооперативные комнаты, переделанные внутри на свой хозяйский лад. Проекционная и т. д.

А спальня — боже мой! Не хотелось уходить. Домой мы прикатили в четвертом часу и долго с Зайчиком говорили, вспоминали, где мы только что очутились. Назавтра Зайчик стала двигать мебель в нашей комнате с места на место, но разве дело в перестановке?!

Но я пришел к убеждению, что это все-таки разврат (вот и теща икнула, значит, правда). Высоцкий назвал это — «все для человека», а я так думаю, что это «все против человека», хотя все мы стремимся к этому изо всех сил.

Кабалевский на съезде обложил песню Высоцкого «Друг» и радио, при помощи которого она получила распространение.

Комитет нашу картину «Хозяин» принял без единой поправки. Авторы пошли пьянствовать.

## ■ 22 декабря 1968

Вчера в «Современнике» обратился к администраторше: «Подождите до 7, если не придут студенты, я вас пропущу».

Оскорбился, хотел уйти. Но подумал, а что произошло?! Ведь не обижался же я 6 лет назад, когда меня выставляли. Я пробовал все варианты, чтобы пройти, а сейчас, видишь ли, надул губы. Нет, милый, надо оставаться самим собой, гордость тут ни к чему, ты приехал на спектакль почти из деревни и что же из-за фанаберии удаляться назад. Пошел к служебному, стали подходить дубленки, это киты.

К а з а к о в: – Старик, у меня столько родни пришло.

Т а б а к о в: – Лучше всего билет купить, у тебя рубль пятьдесят найдется?

— Рубль найдется, а пятьдесят нет.

— Ну что-нибудь придумать можно, конечно... подожди минутку. — Вышел. — Подойди, она тебе что-нибудь сделает...

— Вы предупредили ее?

— Да, да...

А д м и н и с т р а т о р ш а: – Что вы, один за одним? — Снова отошел, ну, думаю, ладно, суки. Зритель идет, меня узнает, улыбается, а я стою, пройти не могу. Снова к служебному. Еще одна дубленка — О. Ефремов:

— Здорово. Чего здесь делаешь?

— Проникнуть хочу.

— А для чего палка?

— Для пижонства.

— А... ты к тому же и пижон... Ну, сам знаешь, как это трудно. Подожди здесь. Идет с администраторшей: – Проходите на бельэтаж, я вас посажу.

Все хорошо, все нормально. А ушел бы?! Оскорбленное самолюбие, понятное дело — хороший театр, вот и трудно пройти, а был бы плохой, было бы легко, но я бы и не пришел.

## ■ 30 декабря 1968

Можаев хвастался в театре Любимову:

— Валерка первым номером, все стало на место... Заказывают вторую серию... Министр его хвалил...

Л ю б и м о в: – Можаич тебя хвалил, после ругани... Жене твоей я сказал, что это недоразумение, но вести себя так некрасиво... обижаться...

Л е в и н а Э л . П.: – Очень ответственный человек звонил мне и сказал, что ты получишь премию за «Хозяина», за лучшее исполнение мужской роли... А может, и Государственную. «Я, — говорит, — понял, что Золотухин, конечно, крупнее артист, чем Высоцкий... Он его начисто переиграл...» Очень, очень ты ему понравился, это, говорит, лучшая мужская роль за этот год. Так что жди премии...

З а й ч и к: – А что же ты дерьмил все?.. Не люблю я в тебе, Зайчик, этого.

— Да ведь, действительно, дерьмо. Ведь вот что обидно, настоящее не видит свет, а за халтуру хвалят.

Л ю б и м о в: – Как они ни портили, а Можаев их вывез...

## 1969

### ■ 7 января 1969

Пушкин, идучи на дуэль, отдавал распоряжения по журналу, ничем его дневной распорядок не нарушался, он делал все то, что делал раньше, когда еще не висел дамоклов меч над ним. Уподобимся Пушкину. Будем жить, читать, писать, играть и покорно ждать. А что остается делать? Если думать, с ума можно сойти, а в деле, в занятии забываешься и отвлекаешься. Господи! Пощади, Господи!

Много мыслей вскакивает в голову, когда ляжешь спать. Сразу в сон не опустишься, мысли одолевают, вот и борешься с ними. Но и среди ночи они тебя разбудят спящего и напомнят о себе. Но встать, когда лег и записать нельзя, жена спать не будет, ждать станет, нервничать. Привычка, привыкли спать вдвоем, когда другой в доме и не ложится или ждешь, когда придет, по себе знаю, — спать невозможно.

Зайчик мой девок принимает, консультации бесплатные дает, как забеременеть. Знайчик-знахарь. Вчера были Нелька и Валька Сахарова. Нелька-то еще, по-моему, девственница, Вальке не везет, замужем давно, а затяжелеть не может. Пришла узнавать, как это делается, как Зайчику удалось исцелиться. Помоги и ей, Господи, ребеночка сделать.

### ■ 9 января 1969

*Четверг*

Холодно. Мне давно хотелось пойти во МХАТ. Как-никак, а никуда не выкинешь первые годы, годы младенчества в театральном институте, которые были заполнены преклонением перед Станиславским и его компанией и еще: театр его для нас маленьких — благоговейное заведение являлось. Я приходил и дышал тем воздухом, те запахи распознавая, с которыми они дружили. Нет, это святое дело. Теперь — религия и иначе жить не можно. Даже служители гардероба и контроля-вешалок, с которых начинается театр, — все было для меня наполнено ихним смыслом, смыслом великих артистов, и мне казалось, что эти старички и старушки здоровались с самим Станиславским, Чеховым, Хмелевым, Москвиным и пр. И я глядел на них во все глаза и старался разглядеть за ними моих идолов, да и сами служители становились идолами, вечными привратниками рая. Я благоговел перед каждой пылинкой, перед каждой картинкой, что видел внутри этого недоступного заведения. И вот... через несколько лет я снова здесь. Последний раз я видел «Без вины виноватых» пять лет назад, возненавидел моих кумиров и сказал, что больше не пойду. Но плохое забывается, а тоска молодечества не проходит, и меня тянуло к этой пыли, затхлости МХАТа. И особенно после Таганского звона, ора, гражданственности, направленности и т. д. захотелось тишины, уюта, несуетливости, даже скуки. И вот... «Дни Турбиных». Нет, я об этом писать не стану, жалко времени, больно за Булгакова, за зрителей, за все на свете. Ушел после второго акта, не был пять лет и еще 10 не пойду.

Вчера состоялось совещание у Фурцевой по нашему театру. От нашего полку были: Любимов, Дупак, Глаголин, Можаев, Вознесенский, Логинов и пр. Черновой, прикидочный показ-репетиция «Живого» для высокого начальства состоится 17 февраля. Намечено так. Пришли радостные, в бодром, вздрюченном настроении. Можаев хвалил за «Хозяина», хвастался:

— Что они наработали там... в тайге... Боже мой... Приехали, худсовет как дал, живого места не оставил: и это плохо, и это плохо... Я говорю, да погодите, ребята, исправим... ну не на полку же класть, говорю... ну построим кусок тайги в павильоне, да переснимем, допишем – и все свяжется. «Да нельзя». Да как, говорю, нельзя, все можно. Ну построили тайгу, часть натуры перенесли в палатки, и все связалось и сейчас всем нравится... И он — стервец, хорошо играет, хорошо... молодец... И Володька прилично, но ты его перекрыл. Сурин на профсоюзном собрании сказал, что вот, дескать, приятная неожиданность... «Хозяин тайги» получился хороший фильм... — чуть ли не лучший фильм года» — и тому подобный полив. Сказал и о премии, но это, по-моему, мой полив ко мне вернулся. Можаев сказал по секрету, без передачи Назарову, что с ним уже подписан договор на второй сценарий о Сережкине и «на лето у тебя работа будет».

Любимов. Ну, давай Валерий, отшлифовывай рольку, чтобы так натурально было, как будто настоящего мужика взяли.

«Вот и возьмите с улицы и пусть он вам играет», — хотел сказать, но, конечно, не сказал.

### ■ 17 января 1969

Сегодня я получил 4 письма от т. Лены. Начертила родословную — от своего деда, моего прадеда, до нас, до нашей веточки. По письмам чувствуется, что между родом Золотухиных и родом Шелеповых была какая-то неприязнь. Уж очень они были разные. «К нам, — пишет тетка, — культура пришла раньше, чем в П.-Павловку, Солонешное, то есть район золотухинского рода, потому у нас раньше появились цветные дорожки и т. д. Шелеповы считали себя культурнее, из них многие были действительно грамотными по тем временам, стремились к учению, и многие выучились и стали местными грамотеями, полуинтеллигентами. Заковырку тут, конечно, надо искать в деде Федосее, который прививал ребятишкам грамоту, сам ею владел, был на германской войне и, значит, много знал, потому что свет повидал. И, конечно, вторая, и главная, межа лежала в достатке шелеповского дома, в его зажиточности, которая давала (и по мнению отца моего Сергея И., и в самом деле) возможность подумать и о просвещении. Отец же рос в семье батрака, сам мальчишкой ушел в батраки, кормил мать и младших, рано возненавидел зажиточных и подался в революцию. Ему было не до образования, но он на него плевал и потом, за что Шелеповы его судили. И опять они были правы, он хоть не признавался, но чувствовал. А Шелеповы подались в революцию сознательно, грамотно, а не с бедняцкой косой. Они же хихикали в душе и поговаривали за печкой, что причина бедности Золотухиных была в лени и недостатке житейского ума. В общем, я к этой теме вернусь и раскопаю ее, потому что помню многие шпильки со стороны теток Шелепих и удар «кулаком» Сергея Илларионовича, который в любую гневливую минуту мог обозвать их «кулаками» и расправиться силой, потому что Советская власть принадлежала ему, бедняку, батраку и правда была его, кровная и т. д. И детей распределяли по этим признакам. Я и Тоня считались Шелепятами, Иван и Вовка — Золотухиными. И как-то в этом действительно была правда, правда рода, правда признаков. Золотухины отличались крутым, упрямым характером, своенравием, силой и гордыней. Шелеповы — мудростью, спокойствием, добротой, стремлением к учености.

В нашей гримерной постоянное распределение ролей. Что-нибудь каждый день мы распределяем, мы не имеем ролей в жизни, так хоть поговорим о них. Особенно жаркими становятся споры, когда премьер читает что-нибудь серьезное. В данном случае я называю себя таковым. Год назад я читал «Преступление» и мы полмесяца говорили о «Наказании» и все тасовали роли. Теперь я читаю «Идиота», и в который уж раз мы снова и снова перераспределяем, сортируем. Во всех вариантах, кто бы ни брал слова, мне достается князь Лев Ник. Это подмечено забавно: что читает премьер, значит, ему намекнули, он отражает репертуарные повороты... И надо зорко следить за тем, с какой литературой появляется премьер. Вот что обличает современный театр — интеллект премьера, премьер читает!!! Слыханное ли это дело!!! Премьер читает, и надо успеть заявиться на роль до прихода, потом будет поздно. Премьер идет в сортир, друзья открывают портфель, проверяют содержимое, что там сегодня, какая писка лежит, какой романчик изучает премьер, он просто так читать не будет, охота была ему просто так читать, он со смыслом читает, с дальним прицелом, и надо не зевать. Премьер по кабинетам ходит, погоду репертуарную знает!!

## ■ 19 января 1969

Мне сегодня Высоцкий заявил, что он уже три месяца как не живет с Люсей. Оказывается, они разошлись.

## ■ 20 января 1969

Вчера думал о том, кто в Зайке. Но так размышлять неудобно, страшно!! Лучше думать от себя. Ведь был тот миг, когда я был зачат, зажжен. Это без пяти месяцев 28 лет тому назад. Если я родился 21 июня, то зачат я был где-то в конце сентября — начале октября, скорее всего еще в сентябрьских числах. Тот, кто в Зайке, похоже идет по моим следам. Будем считать, что мое зачатие свершилось 21 сентября. Значит, до 21, 1920... 18-го и вообще... меня не было. А 21 сентября 1940 года я уже стал быть!! Я начал счет дням в мире, куда еще никто не проник, как в рай. Миг... восторг, и я потянул розовую ленточку, я побежал к своему финишу... Значит, я стоял на старте... Я был запрограммирован до зачатья... Мои гены... хромосомы ждали встречи, ждали выстрела стартового пистолета, чтобы я стал быть, сорвался со старта и побежал. Миг... раз – и я живу... день, два, неделю я расту, я познаю мир странный, мир сновидений. А в это время Гитлер договаривается со Сталиным о Польше, а мой отец, моя мать, вся моя страна кричит: «Да здравствует Сталин — наш гениальный вождь и учитель». Я хочу по дням восстановить мою жизнь в матери, и что делали люди на Земле до моего зачатия, до того, как я стал быть, до того, как я умер в мир людей, я хочу восстановить параллель, день за днем — 270 дней в мире снов, 270 дней людских дел, мыслей и т. д.

Я хочу понять, была ли разница в моих мыслях там, в матери, и у людей на Земле. Или мать передавала мне все то, чем жили тогда люди, чем ЖИВ ЧЕЛОВЕК ВООБЩЕ. Во мне был Бог.

В Дубну едут приглашенные. Но для справки — Флеров* говорил с Эллой при мне и фамилии Смехова не называл, равно как и Демидовой. Элла сказала, что он просто забыл — допускаю. По фамилиям — едет бомонд Театра на Таганке. Значит, будет и разговор соответствующий, худсовет в пути.

* Флеров Георгий Николаевич — академик, Герой Социалистического Труда, лауреат Ленинской и Государственных премий, директор Объединенного института ядерных исследований в Дубне.

Любимов со Смеховым поедут поездом, они будут говорить о Ставинской. Некоторые артисты просили меня как друга Смехова замолвить словечко за них, чтобы учли их фамилии при распределении.

## ■ 22 января 1969

— Дубна, 326(б), Золотухин с Шацкой, Высоцкий с Иваненко, Васильев с Лукьяновой, Смехов со Смеховой, Левина со Славиной, Любимов с Целиковской.

После обеда у Васильева в номере сочиняли шуточные поздравления. Венька написал приветствие из словоблудия от «-ЛЯР» и «-ЛЯМ», Высоцкий — песенку, Васильев подобрал музыку.

Раз, два, три, четыре, пять, шесть, семь...
И в Дубне и на Таганке что-то ставят, что-то строят,
Сходство явно, но различие кошмарно.
Элементы открывают и никто их не закроет,
А спектакль закрыть весьма элементарно.
(*2 раза с моим соло*)
Все в Дубне и на Таганке идентично, адекватно,
Даже общие банкеты, то есть пьянки.
Если б премиями, званьями делились вы с театром,
Нас бы звали филиалом на Таганке.
Если б премиями, званьями делились бы мы с вами
Вас бы звали филиалом на Дубнянке.
Раз, два...
Пусть другие землю роют, знаем мы, что здесь откроют,
114 тяжелых элементов,
И раз Флеров академик,
Значит, будет больше денег
На обмытие его экспериментов.
И раз Флеров академик, значит будет больше денег
И мы будем ездить к вам как можно чаще.

Нас не приняли сразу бурно, как мы ожидали, и мы зажались. Тем более сделали глупость, не отбили капустник от концерта, и зрители, казалось, были в недоумении. Я пел, кажется, хорошо, Вениамин читал Маяковского, Володя пел песни и все спас.

Нина не пошла на концерт, в приглашении было написано — Золотухин с супругой. — Мне не хочется присутствовать в качестве супруги.

После концерта банкет на 400 человек.

Ц е л и к о в с к а я: – Он деградирует как режиссер... Да, да... Уж мне не говорите, я его знаю, слава Богу... Он деградирует... Что он сделал с «Тартюфом», я его возненавидела как режиссера из-за вас, из-за актеров. Какое он имеет право так с вами работать — ни одной актерской работы, при блистательных ролях. Мне никто не нравится. Значит, не умеет работать с актером.

— А в «Живом» есть актерские работы.

— В «Живом» — да... Вы не очень, вы меня простите, я очень придирчива и всегда говорю прямо человеку все, что думаю. Мне показалось, что вы очень вымученно работаете. Вам не приносит радости играть этот образ, играйте Можаева самого, он ведь вылитый Кузькин... Вы были, мне показалось, очень уставший от роли. И я видела актера все-таки, а не этого колхозника. А вот этот рыжий, не знаю его фамилии, потом Колокольников, этот бездарь, ведь он бездарь абсолютный. Когда он его брал в театр, я ему говорила: «Зачем ты его берешь?» — «Заменять неохота» — а здесь он просто великолепен...

Моя мама трудный человек... она любит вас, Володю, но Володю мы все любим, он у нас вне конкуренции. Ему (*Любимову*) нужно что-то сделать. Из его спектаклей я признаю: «10 дней», «Пугачев» и «Живой», «Живой», пожалуй, на первом месте у меня... Но я очень придирчива, я никогда не была довольна собой.

У Флерова дома. Пели с Володей «Баньку», я очень сильно кричал, какая-то неудобная тональность была.

Ц е л и к о в с к а я: – Володя, ты один лучше пел «Баньку», а это получается пьяный ор, подголосок должен быть еле слышен...

## ■ 2 февраля 1969

Ходил с Кузькой. Зайка спит в маминой комнате, в нашей спит мой отец — Золотухин Валерий Сергеевич, что я написал? — задумался, и рука нацарапала собственное имя, — Сергей Илларионович. А я задумался над тем, что вчера, когда наши артисты наблюдали со сцены и потом, когда он зашел в антракте, многие говорили о моей на него похожести, и сильной. Вот не ожидал. Говорят, чтобы быть счастливым, надо сыну походить на мать, а дочери на отца. Отец что-то плохо себя чувствовал и не хотел даже ехать:

— Оставил бы ты меня, сынок, одного.

Но я не мог ему не показать театр, то, чем я занимаюсь в жизни, пусть знает. И он не пожалел.

— Что он, обмороженный у тебя, красный такой? — Игорь Петров спросил.

— Он поддатый малеха? — спросил В. Высоцкий, когда отец встретился с ним. — «Ага, привет вам, значится, от всей дальней Сибири», — и в буфет. Горячей воды попросил. Кипятку, ну где взять чистого кипятку в театре, где разводят ведерный чайник мутного пойла и выдают его за чай? Но стакан этого пойла пришлось отдать, он выпил. И как будто все отлетело, — как потом говорил.

После спектакля он сел на помост, на котором мы в фойе выкобениваемся, положил рядом пальто и стал меня дожидаться.

Дома, перед выездом, пока он отдыхал, я готовил его к выходу в народ. Выгладил брюки, рубашку, дал свою майку, зимние ботинки, которые прошлый год мне продал Высоцкий, вычистил от Кузькиных волос пиджак, собрал ему фрачную пару.

Думал ли я когда-нибудь увидеть моего родителя со сцены?! До того это мне странным, необычным и грустным делом показалось... Отец смотрит!! А мне бы хотелось, чтобы он как можно больше понял, все казалось, что артисты быстро говорят, и тихо вдобавок, что он не разберет смысла, в чем дело.

Я не поехал 4-го на запись передачи о Макаренке. Месяц репетировал и отдал кусок другому. Все были уверены, что я снимаюсь, даже шеф...

В ы с о ц к и й: – Валерий заболел.

Ш е ф: – Как-то странно он заболел.

В ы с о ц к и й: — Почему странно? Что, человек не может заболеть?

Ш е ф: – Да нет, просто странно.

Ладно, х... с ними со всеми. Странно, не странно, а в общем, я боялся за вчерашнего «Галилея», некоторые думали, что я в говне не хочу участвовать, мало я говна переиграл, до этого мне сейчас.

## ■ 16 февраля 1969

Жди, дорогая тетрадочка. Не в состоянии я писать сейчас, хотя время есть. Так выпало, что последние дни не играю ничего, вплоть до самого показа, если он состоится. Господи! Помоги! Вчера ты мне помог, второй акт прошел чисто.

6-летие наше прошло тихо. В театральном буфете взяли два бокала шампанского и три бутерброда с любительской колбасой. Час искал денег, наконец насшибал 6 рублей. Потом поехали на просмотр «Хозяина» в ВЦСПС. Первый раз сидел в зале с платным зрителем. Принимали хорошо, но хуже, говорит Назаров, чем на Мосфильме (два просмотра было). Когда нюхаю цветок — взрыв хохота, кто-то даже пробовал зааплодировать. Много, много самых хороших слов мы выслушали после сеанса в адрес картины и в мой лично: «Получит международную премию», «Побольше бы таких фильмов», «Я по-другому стала относиться к милиции — первый раз так удачно показан милиционер, так по-человечески, милиция должна вам памятник поставить», «Вы в театре хуже, а здесь.. просто очень здорово и т. д.» «Я, пожалуй, согласна с оператором вашим, что вы будете скоро самым популярным артистом».

### ■ 18 февраля 1969

Володька снова запил. Смехов вчера меня уговаривал поехать к нему «сиделкой» побыть. 14-го отменился «Галилей» по причине его болезни. Что делать, Господи, ну помоги же ему и на этот раз.

### ■ 19 февраля 1969

Господи! Благодарю тебя, Господи! Ты помог мне вчера. Я отдам Ваньке всю зарплату с телехалтуры, такое слово я себе дал, если буду сам считать, что прошло удачно. Так вот, я отдам ему все.

Ш е ф: — Молодец! Ты очень двинулся вперед по сравнению с теми прогонами.

М о ж а е в: — Ну, ты сегодня просто великолепно играл.

Б о р о в с к и й: — Грандиозно! Такая свобода, такая легкость, импровизация...

Вчера с утра сходил в церковь и поставил свечку Спасителю. И он спас меня. Конечно, не за свечку, а просто пожалел. Павел Орленев! Ты был бы доволен.

Вчера было два прогона: утром и вечером. Вечером было много народу: Евтушенко (у него машину в это время угнали), Эфрос, Крымова, Володин, Ефремов, Целиковская, Гаранины.

Г а р а н и н: – Это твой триумф... Надо лучше, да нельзя. На премьере лучше не играй, так играй...

Целовали, обнимали, поздравляли... Я не успокоился от вчерашнего, даже почти не спал ночью и не могу еще трезво как-то все переварить и понять. Ясно одно — борьба впереди и надо работать и просить Бога о помощи.

### ■ 20 февраля 1969

Шеф делал замечания по прогону, хвалил в основном всех, про меня сказал опять то же, что я вырос по сравнению с весной. И было много очень хороших мест:

— Умные люди говорят, что это лучший наш спектакль. Что спектакль пронизан любовью к России, уважением к народу и не показушной любовью, а по-настоящему глубокой и правдивой. Что в спектакле есть лиризм настоящий и поэтичность, что актеры очень хорошо и любовно обращаются с русской речью, с русскими словами и т. д.

В общем, он был в хорошем настроении, что у него получилось, и теперь только дело за чиновниками. А они опять пошли на попятную и не хотят смотреть. Сегодня шеф с Можаевым поедут к мадам: «Сначала дала слово, а потом взяла обратно».

Переделывали финал — отменил тряпку с лозунгами, цветы, венки и бублики.

Приходил Высоцкий: «Опять мне все напортили, обманули, сказали, что едем к друзьям, а увезли в больницу и закрыли железные ворота. Я устроил там истерику, драку... зачем это нужно было... я уже сам завязывал, три дня попил и все, у меня бюллетень, я его закрою сегодня и буду работать завтра».

## ■ 21 февраля 1969

Вчера Ронинсон сказал мне, что я в Кузькине на грани Гениальности.

Сегодня была первая репетиция «Матери» на сцене, опять половина народа отсутствовала. Сидел Можаев, режиссировал, потом они уехали к Фурцевой, может быть, сейчас решается судьба «Живого». Господи! Помоги нам!

Мы собираемся на поэторию Вознесенский—Щедрин в Большой зал.

## ■ 25 февраля 1969

Поэтория — это, конечно, бред сивой кобылы, хотя я слышал только начало, и то с большой высоты. Можаев с Мильдой пришел тоже без билета. Стали прорываться. Его провел Родион Щедрин, автор, а меня задержали — «Усатик, без билета, уйди». Я к Зое, она к Родиону, Можаев к нему: «Родион, это главный... мой Кузькин, это Золотухин», Родион старается смыться и их вести, со мной ему возиться неохота.

— Я не знаю, я и так уже много провел.

Можаев не бросает меня. Я иду снова на приступ, тетечка меня в грудь, за куртку и выталкивает с воплем: «Опять этот усатик лезет». — Зрители сзади: — «Это же Золотухин, пропустите его, это артист».

В общем, как-то я проник. Усатик, усатик, не понравились им мои усы. Зайчику предложили билет, я стал наскребать, вытряс всю мелочь, не хватило около 50 копеек —ладно, обойдемся, — позор, но зато роскошный билет и Зайчик в 10-м ряду. Мы с Можаевым сели на свободные места. Родион перед первым отделением сказал: «Ну, Моцарты, вы можете сесть в буфете, а на второе что-нибудь придумаем с местами».

В антракте Можаев сказал: «Ну, Федор Фомич, пойдем коньяком угощу». — «Дак я, как говорится, со всей душой, уж не помню, когда и пил его».

Взяли шампанское, я взялся открыть и пустил в себя пеной как из огнетушителя, – вот и в шампанском покупался. Подошел шеф, Можаев и ему стаканчик взял, в общем, хорошо было.

Ко второму отделению народу прибавилось, и наши места заняли. Мильда, правда, села, а нас с Можаевым погнали по этапу на самый верх. Поднялись. Смотрим сверху — Можаев поверх голов, а я задницы раздвинул — наблюдаю. Вся сцена в людях во фраках и с папками, огромная баба — Зыкина — в розовом мини-платье. Родина-мать, Россия — вокализы распевает чудным голосом. Вышла баба, мужиком запела. «Зыкина в Большой зал Консерватории попала — дожили», — это реплики со стороны. Андрей встал, в свитере, руки в боки, покачался и начал навзрыд: «Я Гойя». Можаев у меня спрашивает: «Кто он? Гойя? Ну а я Веласкес, пошли в буфет», — с хохотом мы скатились вниз к стойке и начали глушить шампанское. Только бы нас не засекли, а то неудобно, обижаться начнут.

Накачались мы шампанским крепко, а тут и Поэтория подошла к концу, мы пошли хлопать. Какой-то старичок говорит:

— Я в этом понимаю, большая работа проделана была, но кроме как в Москве, нигде не поставишь это, не по силам будет, большая работа проделана. Можаев вооружился этой фразой и после делился со всеми своими впечатлениями. Подошел Штейн, стал спрашивать о Кузькине:

— Невероятные слухи ходят, а как вам это, сегодняшнее?

— ...Большая работа проделана и т. д.

## ■ 27 февраля 1969

Сейчас смылся с лекции «Маркс — ученый, революционер, человек», а после подготовка к 300-м «Антимирам», но сегодня «Добрый», и у меня есть кое-какое оправдание — тяжелый спектакль.

Что сообщил Дупак — 6 марта показ «Живого» самому большому начальству, кто-то из Политбюро будет смотреть. Театр на время просмотра на режиме, т. е. когда смотрит правительство, охрана, пропускать строго по списку, представленному управлением, из артистов в театре могут находиться только участвующие в этом спектакле, в зале от театра три человека — гл. режиссер, директор и автор. Предупредили: мы всегда смотрим ваши спектакли по нескольку раз, делаем замечания, поправки и т. д., «Живой» будет смотреться только один раз, и вопрос тут же будет решен — да или нет. Никаких промежуточных решений не будет, поэтому заранее предупреждаем вас — уберите из спектакля сами все то, что может вызвать раздражение. Вот так, и после этого артистам предложено сыграть для гранд-персоны.

## ■ 1 марта 1969

Первый, законный день новой весны!! Сегодня особенно тепло, хотя пригревает уже с неделю, тает потихоньку.

Вечером 300-е «Антимиры». Проблема — идти или не идти на банкет. Не идти — это какой-то выпад, нечто вроде демонстрации, дескать, не солидарен с вами. Еще скажут — зазнался после «Живого». Еще не сыграл, а уже забурел. И идти — соблазнительно больно — сидеть за столом и не выпить и не поесть. А я слово дал — до 6-го сухой закон и ограниченная обжорка. А потом Зайчик!.. Вдруг он не пойдет, а не пойти он может запросто, дескать, я в 300-м не участвую, что же я полезу за стол.

Сегодня с 10 до 12 репетировали «Живого», убирали сомнительные места для персоны правительственной.

## ■ 2 марта 1969

300-й* прошел прекрасно, сверх ожиданий. Читал Андрей, потом ресторан ВТО.

Я удивляюсь Высоцкому — какая у него глотка?! Феномен. Кажется — предел, все, дальше ничего не будет, оборвется — нет, он еще выше, еще мощнее и звонче издает звуки.

Начали с ним «Баньку», мне не пелось и тональность я не выдержал и перестал, а он за двоих стал шпарить, да по верхам, да с надрывом. Ох, молодец! Андрей повернулся:

— Володя, ты гений!!

И в самом деле, Володя — Гений, добрый гений.

## ■ 3 марта 1969

В ГОРКОМЕ заседание идеологической комиссии ведет Гришин, шеф с Дупаком будут присутствовать на нем, и прогон, очевидно, пройдет без них.

* 300-й — то есть трехсотый спектакль поэтического представления «Антимиры» по произведениям Андрея Вознесенского, в котором он сам принимал участие.

Заметка:

ПРИМУС и даже газовая горелка — ДАЛЕКО НЕ ЛУЧШЕЕ СРЕДСТВО ДЛЯ ПОДОГРЕВА МОЛОКА при ночном кормлении ребенка. Гораздо проще налить из термоса в кружку горячей воды и опустить в нее бутылочку с молоком.

На заседании идеологической комиссии Шапошникова сказала: «Театр на Таганке выгнал Высоцкого, так его подобрал «Мосфильм».

В 13 часов начался прогон «Живого». На нем присутствовали: Бояджиев, Вольпин, Рощин, Рыжнев Димка и еще некоторые деятели, тоже очень умные. Ну, например, Ульянов, Войнович и которых я не знаю.

Прогон шел грязно, после двухнедельного перерыва сразу стали играть, подзабыли, спектакль еще не накатан и т. д.

Шеф: – Грязно, он не катится, подразвалился... у тебя были хорошие места, но тоже... в общем, я тобой сегодня не очень доволен, были репетиции лучше.

Войнович — в полном восторге, за последние 25 лет не помнит ничего подобного — лучший спектакль всех времен и народов.

Вольпин: – Поздравляю с блестящей работой, чудесно, очень рад...

Бояджиев: – Позвольте вас поцеловать... поздравляю, отлично, грандиозно. Мы вот там долго обсуждали, как сделать, чтобы спектакль пошел, и вот к чему пришли. К двум основным моментам.

Надо заставить их досмотреть, они могут возмутиться и уйти, поэтому надо смягчить начало. Чтобы вы, допустим, выходили не артистом, а Кузькиным, тем, которым вы становитесь в конце, то есть — приличная жизнь, когда он экипировался в новый пиджак, кепочку и т. д. Это снимет напряженность и подчеркнет, что — вот как я живу сейчас, но к такой жизни я пришел не сразу, а вот сейчас и покажу и т. д. Это первое, второе — если первый акт, это человек, попавший под колеса и его жмут и давят, и он чудом выживает, то второй акт Кузькин должен наступать, он уже и сам не прочь прижать, активно вступать в драку, зная, что он прав и поэтому победит.

Как критик, я бы, конечно, вам этого не посоветовал, потому что я целиком и полностью принимаю и понимаю ту трагическую интонацию, в которой вы все дело ведете, а на вид с улыбкой, с шуткой. Но что поделаешь — спектакль могут закопать, и надо придумывать, как спасти его. Это громадная победа советского театра и т. д. Позвольте вас поцеловать...

Кстати, ему сегодня исполнилось 60 лет.

Р ы ж н е в Д.: – Ну, я ничего подобного за свою жизнь не видел...

Ты меня потряс до глубины души. Молодцы, но как партийный член, я вам скажу — вы что, ох...ли? Вы соображаете, что делаете, да вас задавят за этот спектакль тут же, на месте.

Как показали дальнейшие события, он был ближе всех к истине.

Стали обсуждать с шефом, с Можаевым новое начало, сочинять текст и т. д. Я чуть не опоздал на спектакль. В конце концов они договорились до того, что начало старое прекрасное и ну их всех на х... Пусть смотрят так, как есть, надо отстаивать свои позиции и т. д. арифметику в начале над мешком придется выкинуть, сократить.

## ■ 5 марта 1969

На прогоне пятого были: Вознесенский с Зоей:

— Грандиозно, гениально. В тебе столько всего... они смеялись, а я плакала — эти глазенки твои... Поздравляю, умница и т. д.

1. Флеров, 2. Капица, 3. Гинзбург.

Прогон шел отлично, как никогда. Шеф, чего с ним никогда не было, в перерыве собрал артистов, позвал меня, пожал руку:

— Молодец, очень хорошо, благодарю и т. д. Ах, если бы он завтра так шел... прошу второй акт, не теряйте темпа.

М о ж а е в: — Молодец! Ну, ты прям на две головы вырос по сравнению с прошлым годом и т. д. Ничего, все будет нормально.

## ■ 6 марта 1969

«И был последний день Помпеи Для русской кисти первым днем!!!»

Встал рано. Зайчик проводил меня, сообразил мне завтрак, кофе. Я сделал зарядку, хотя плохо спал ночь. Помолился и пошел... в церковь. Внизу службы не было, замок. Я пошел наверх — там отпевали старушку. Помню, кто-то спросил: — Как звать? — Анной. Меня попросили помочь перенести гроб, и сверкни у меня шальная мысль: а не Федота ли, моего Фомича отпевают сегодня?! Не его ли я провожаю сегодня в последний путь, не его ли в гробу перенес? Купил свечку, поставил перед распятием, попросил Бога за Кузькина, за Любимова, за семью, за театр. Сейчас уж думаю — может, много попросил? Надо было поскромнее быть. Но вышел с хорошим сердцем и с ясной головой и, главное, спокоен был, как усопшая Анна, царство ей небесное, земля пухом!

Всех собрал шеф в зале, как перед боем, такое всех охватывало волнение и озноб.

— Не ждите никакой реакции, предупреждаю — будете играть, как при пустом зале. Это и ничего, проверим себя, играйте для себя, обычная репетиция, играйте в свое удовольствие, заряжайтесь от партнеров, как будто четвертая стена — она как раз сегодня и будет.

— Ну, неужели они не живые люди, ну хоть что-то, где-то должно их прошибить.

— Не надейтесь и не обольщайтесь, поверьте моему опыту. Глядите иногда на меня... я показываю рукой так, где поднять ритм, где осадить, по моему виду вы поймете, как идет. Ну, с Богом!

Перед этим стоял шеф со мной на сцене и волновался, суетился, чего-то молол, не относящееся к делу. Я старался от него смыться, уйти от общения, чтобы не задрожать. Он поднял руки кверху: «Господи! Ну есть ты там или нет? Помоги!» — «Есть». Шеф наивно переспросил: — Есть?

И грянул бой... У меня пошло, я быстро успокоился и потащил весь обоз за собой. Временами глядел в зал. Закшивер отвернулся от сцены, записывает что-то. Ищу глазами незаметно Катю... не нахожу. Друзья сидят рядом, беспрестанно оба курят, друг от друга прикуривают, сигаретки не гаснут. Иногда шеф реагирует, но остается в дураках — никто не поддерживает. Зал как будто вымер, 40 человек живых сидит в зале, а мы играем будто для кресел.

Кончился первый акт, ребятишки сказали: «Антракт». Подбегает шеф: — Кто научил их говорить «Антракт»? Я научил, и они уж давно это говорят, но... не успел я уйти со сцены, слышу женский

Голос:

— Автор! Это вам нравится?

— Да, и даже очень.

— Секретаря партийной организации позовите.

...И началось. Это безобразие, это неслыханная наглость. Нет, это не смелость, антисоветчина, ничем не прикрытая, и т. д.

Я сиганул наверх, быстро переодеваюсь, проверяю реквизит и бегу на начало второго акта, а в зале истерика Мадам. Я накрылся корзиной, слушаю и ушам не верю, чего говорят взрослые люди, в чем нас обвиняют. Шепчу Зое — начинай.

Был такой момент в ругани, когда казалось, что не хватает маленькой капли, чтобы Мадам хлопнула дверью и выскочила как ошпаренная со своею свитою из театра.

А в театре холод, ей принесли шубу. Слышу, она проворчала: «Ну, давайте, досмотрим».

Шеф пошел за кулисы. Можаев, слышу, ищет меня. Я через сцену к ним, они в зал, а я на место. Я понял, что нам хана, но это не сбило меня с толку, только злость молодецкая разыгралась, а в голове фанфары:

И был последний день Помпеи
Для русской кисти первым днем.

И такое было чувство, будто еще веселее дело пошло у нас во 2-м акте. А «суд» – просто гениально, вот так, мы ответили четвертой стене.

Переоделся, наши уже все прильнули к репродукторам, как молодогвардейцы, — продолжение базла.

— Ну, это другая пьеса, но все равно, конец этот не спасает всего спектакля, он какой-то нарочитый...

— Это болото.

М о ж а е в: – Вы, товарищ За... шкивер, болото при себе оставьте, болото он мне будет приписывать...

Молодогвардейцы ахали от эрудиции, от смелости Можаева, нашего дорогого человека. Как он от них отлаивался, почти один!!

Действительно, один в поле может быть воин, если он богатырь. У меня тряслись руки. И потом не до этого было, меня все поздравляли, целовали, я было вытащил ручку с книжкой записывать, да где там, не успевал восторгаться репликами Можаева, поражаться глупости и скудоумию наших «вождей» и прикуривать беспрестанно.

Владыкин (*с истерикой в голосе*): — Мы давно нянчимся с тов. Любимовым, стараемся всячески помочь ему, по-хорошему смотрим, советуем, просим, ничего не помогает — тов. Любимов упорно гнет свою линию, порочную линию оппозиционного театра. Против чего вы боретесь, тов. Любимов?! Вы воспитали аполитичный коллектив и этого вам никто не простит. Сегодняшний спектакль — это апофеоз всех тех вредных тенденций, которых тов. Любимов придерживается в своем творчестве. Это вредный спектакль, в полном смысле — антисоветский, антипартийный.

Можаев: – Это ваша точка зрения?

Владыкин: – Да, моя.

Можаев: – А моя точка зрения противоположна вашей, вот и давайте, пусть нас рассудят.

Фурцева: — Я ехала, честное слово, с хорошими намерениями. Мне хотелось как-то помочь, как-то уладить все... Но нет, я вижу, у нас ничего не получается! Вы абсолютно ни с чем не согласны и совершенно не воспринимаете наши слова.

Она все время обращалась к Можаеву: — «Дорогой мой», к Любимову — «Дорогой товарищ».

Фурцева (*на Можаева*): – Дорогой мой! Вы еще ничего не сделали ни в литературе, ни в искусстве, ни в театре, вы еще ничего не сделали, чтобы так себя вести.

Любимов: – Зачем вы так говорите, это уважаемый писатель, один из любимых нами, одному нравится это, другому то, зачем уж так огульно говорить об одном из лучших наших писателей.

Можаев: — Е. А.! Я пишу комедию, это условия жанра, чтобы отрицательные персонажи были карикатурны, смешны. Они так и написаны, они так и играются. Если бы это была драма или что-то другое, разговор был бы совершенно иной. Но я писатель, я пишу комедию про плохой колхоз... мы должны высмеивать наши недостатки, вырывать и искоренять их... Спектакль поддерживает тех людей, которые собрали и провели мартовский пленум. Он очень много изменил в жизни нашего крестьянина, колхозника.

Ф у р ц е в а: – Какая же это комедия, это самая настоящая трагедия! После этого люди будут выходить и говорить: — Да что же это такое, да разве за такую жизнь мы кровь проливали, революцию, колхозы создавали, которые вы здесь подвергаете такому осмеянию. За этим очень много скрыто и понятно. А эти колхозы выдержали испытание временем, выстояли войну, разруху... Бригадир пьяница, председатель пьяница, пред. райисполкома — подлец.

М о ж а е в: – Какой же он подлец?..

Ф у р ц е в а: – А как же иначе, его позвали к телефону — вы разберитесь. Да какое он имеет право, будучи на партийной работе, так невнимательно относиться к людям... Я сама много лет была на партийной работе и знаю, что это такое, партийная работа требует отдачи всего сердца к людям.

— Вы были хорошим работником, а это работник другой...

М о ж а е в: – Ну, хорошо, вас смущает председатель, а Кузькин вас не смущает?

Ф у р ц е в а: – Нет.

М о ж а е в: – Ну, так в чем же дело? Это мой главный герой, в нем вся идея, весь смысл — побеждает Кузькин, простой крестьянин, побеждает его правда. Вот если бы победили отрицательные персонажи — это была бы трагедия. На стороне Кузькина партия, она повернула на другую основу жизнь крестьянина нашего колхозного...

К т о - т о: – Спектакль весь сделан так, что не партия помогает Кузькину, не ее меры, а его собственная изворотливость и случай...

Ф у р ц е в а: – Один хороший человек в спектакле — и все его бьют, давят, ведь жалко его становится, ему всячески сочувствуешь...

М о ж а е в: – Ну и правильно. В этом и мысль авторская, а кому же сочувствовать — Мотякову, что ль?

Ф у р ц е в а: – А как вы говорите о 30-х годах? 30-е годы — индустриализация, коллективизация, а вы с такой издевкой о них говорите. Нет! Спектакль этот не пойдет, это очень вредный, неправильный спектакль. И вы (*Любимову*), дорогой товарищ, задумайтесь, куда вы ведете свой коллектив.

Л ю б и м о в: – Не надо меня пугать. Меня не раз уже снимали с работы, не беспокойтесь за меня — я себе работу найду.

Р о д и о н о в: – Никто вас, Ю.П., не снимал, вы сами себя снимали и трезвонили об этом по Москве.

Л ю б и м о в: – Вы звонили, вызывали людей, уговаривали пойти их на мое место. У меня есть свидетели.

Р о д и о н о в: – Мало ли кто кого вызывает и зачем. А сняли вы сами себя и раззвонили по Москве.

К т о - т о: – Критика критике рознь. Нагибин поднимает в «Председателе» те же проблемы, но под другим углом.

М о ж а е в: – Вы мне про Нагибина не говорите, я знаю эту историю лучше вас и «Председателя» не выпускали. Но Хрущев сказал и вы подняли руки, проголосовали единогласно — «Председатель»... И здесь могут тоже разобраться и поправить...

Фурцева: – Даю вам слово, куда бы вы ни обратились, вплоть до самых высоких инстанций, вы поддержки нигде не найдете, будет только хуже — уверяю вас.

Любимов: – Смотрели уважаемые люди, академики. Капица... У них точка зрения иная, они полностью приняли спектакль, как спектакль советский, партийный и глубоко художественный.

Фурцева: – Не академики отвечают за искусство, а я. Академики пусть отвечают за свое дело, они авторитеты в своей области... Товарищи! Может быть, есть другое мнение о спектакле, может быть, кому-нибудь спектакль понравился?

Пауза. Робкий голос из зала:

— Мне понравился.

Кто это? А, Вознесенский, ну это понятно. Андрею не дают слова.

Можаев (*возмущается*): — Между прочим, это лучший советский поэт. Почему это тов. Зашкиверу можно говорить, иметь свое мнение, а Вознесенскому нельзя? Что же — руки по швам и кругом?..

Вознесенский: – Я смотрел репетицию этого спектакля 4 раза. Я считаю, что это глубоко русский... национальный спектакль. Удивительно поэтический во всех компонентах и глубоко партийный. Он показывает удивительно убедительно и оптимистично, что русский народ живет и никогда не пропадет, что бы с ним ни делали чиновники.

Фурцева: – Вот спасибо, а мы-то думали — пропадет русский народ. Спасибо вам за веру в русский народ. — (*Можаеву*): – Не думайте, что вы такой борец за правду — «шестидесятник».

Владыкин: – То, что я сегодня увидел, это пошлость, политическая пошлость.

К т о - т о: – Откуда у Кузькина такие рассуждения о счастье?

М о ж а е в: – 78-я страница «Нового мира» № 6, 1966 г.

Ф у р ц е в а: – А вы читали сегодняшнюю «Правду» о «Новом мире», и во вчерашней «Литературке» статья...

Л ю б и м о в: – Есть и хорошие статьи о «Новом мире». Статьи бывают разные. А кому не нравится «Новый мир», пусть читает «Октябрь», возьмет березу, поднимет его и пусть любуется, а нам нравится «Новый мир».

М и ш к а: — Чаусов был, вякал чего-то про свою Белоруссию... как из пулемета застрочил...

М о ж а е в: — Подождите, подождите, вы своими словами можете...

М и ш к а: – Пожалуйста... — и запутался.

М о ж а е в: – Ты еще молодой, а так рассуждаешь, молод ты еще.

Ф у р ц е в а: – Судить вас надо за этот спектакль.

На этом я перейду к освещению дальнейших событий, что припомню — допишу. На второй акт Кате принесли шубу. В первом ей жарко было, во втором в озноб бросило. Когда все разошлись, остался Родионов и вступил в полемику с артистами. Славину обозвал аполитичной, я ему при этом ввернул — как Закшивер отвернулся и записывал, мы живые люди, есть элементарная вежливость — надо посмотреть начало — ушел и Родионов, мы остались одни.

Л ю б и м о в: – Надо одно дело сделать все-таки — подать на них в суд, чтобы они оплатили наши расходы — автору, художнику.

М о ж а е в: – А мы это дело пропьем. Пошли в буфет, там министру чай приготовили, но ей и без чаю было тепло. Она не отведала нашего чаю, пошли попробуем министерского чаю, им по-особому заваривают.

Пошли, сели за стол, набрали коньяку, водки и ну с Можаевым петь — «Мороз» и т. д. Наконец артисты посмотрели, как великий писатель поет. Машка снимала.

Приехали домой, дома отец ждет. Сели, выпили, я рассказал ему как мог. Ну разве он может против члена ЦК что иметь-говорить, ученый. Спел ему «За высокой тюремной». Наконец-то я взял балалайку.

— Вас за одно это надо посадить. Такую мрачность разводите, и т. д.

Нет, отец не поймет, вернее, не скажет. Сердцем-то он не может не понять. Он, конечно, на стороне сына, потому что чувствует правду, но разобраться трудно, и он на всякий случай держит сторону Фурцевой.

Вечером, в 10, играл «Антимиры» — за рояльчик держался, к концу отошел. В те дни, 6, 7, 8-го, так все попадало, что по два спектакля было, либо репетиции утром, а вечером играть.

Отец ездил с тещей по магазинам, кое-чего покупал и ждал к ночи меня. Я приезжал после спектакля, и мы садились за стол, пили водку и говорили... Я еще курил до одури. Мы спали с отцом на тахте, в нашей комнате. Я и спал плохо — от возни, от курева, от нервов и переживаний, да еще отец храпел. А я боялся шевельнуться, чтобы не разбудить. И говорили мы с ним подолгу, так что я не высыпался, измучился вконец в этих «ночных полетах».

— К чему это ты Бога держишь на виду?

— Бог помогает.

13 марта пришел приказ управления, примерно, если не точно, такого содержания:

«Письмом от 30 апреля 1968 года были прекращены репетиции «Живого» для дальнейшей литературной переделки материала автором инсценировки Можаевым.

Рабочая репетиция 6 марта 1969 г. показала, что такая переделка автором Можаевым не произведена, а режиссеры-постановщики спектакля «Живой» Любимов и Глаголин еще более усилили идейно-порочную концепцию литературного первоисточника (ряд мизансцен, частушки, оформление).

Приказываю:

1. Репетиции прекратить.

2. Все расходы по постановке списать, за счет убытков театра.

*Родионов.*

## ■ 19 марта 1969

Еще раньше Петрович говорил, а «в день шестого никогда» я и сам заметил, как Екатерина Фурцева говорит, с каким манером, она научилась у актеров ораторству, показушничеству. Перед зеркалом училась, наверное, или Завадского привораживала, беря уроки тона у Марецкой. Переняла у Марецкой тон, интонации, штампы. Если бы не знал, что это Фурцева в зале разоряется, подумал бы на Веру Петровну — те же ласковые, придыхательные интонации, абсолютно та же эмоциональная вздрючка, граничащая с хамством, а потом опять и истома в голосе — Милые вы мои, — и блядинка... желания. Научилась, матушка, еще на культуре располагать к себе аудиторию домашностью, интимностью, всех за родных почитает, — и такая ласковая, такая добрая ко всем, упаси нас бог, от вашей доброты.

## ■ 24 марта 1969

Вчера был 300-й «10 дней». Игралось. После Высоцкий пел для труппы. Такое благотворительное выступление от широты душевной. Выпили водки, по рублю скинулись — Зоя организовала.

Читал я в эти дни Лескова «Житие одной бабы». Гениально до слез. Как это я опять пропустил, вернее, чуть было не пропустил такого русского писателя. Вот язык Можаев наверняка изучает Лескова и держит его за настольную книгу, за словарь, за энциклопедию. Я буду делать то же самое.

### 26 марта 1969

Значит так. Вчера «Галилей» не состоялся снова. Высоцкий был пьян. Заменить спектакль было невозможно. Допустим, «Тартюф», но, во-первых, уже два раза «Тартюфом» заменяли, во-вторых, Демидова в Германии (Лукьянова, значит, будет играть первый раз), у Антипова голоса нет и неизвестно, где он (Сабинин, значит, будет играть первый раз), Славиной нет и т. д. А заменять даже не вторым, а третьим составом, который никогда не играл... это скандал. «Макенпотт» — опять Демидовой, Хмельницкого, Шаповалова и т. д. Дупак звонит Любимову: «Что делать? Что сказать зрителю, который сидит в зале: будет 1 апреля, в наш выходной идти «Галилей» или будет замена и каким спектаклем. Я вас спрашиваю как режиссера этого спектакля — будет введен исполнитель, могу я об этом сообщить зрителю...»

В общем, повторилась ситуация, которая состоялась 9 ноября. Вышел на сцену Дупак, белый, дрожащий, даже желтый свет не исправил ничего:

— Дорогие наши зрители. На мою долю выпала очень печальная миссия сообщить вам, что у нас очень тяжело заболел артист Высоцкий и спектакль «Жизнь Галилея» сегодня состояться не может. Все попытки к тому, чтобы заменить «Жизнь Галилея» другим спектаклем, ни к чему не привели. Узнали мы об этом за полчаса до начала спектакля. Явка артистов у нас к 6.30 и мы физически не можем сейчас собрать артистов для другого спектакля. Значит, мы предлагаем вам решить этот вопрос самим, голосованием. Есть два предложения: первое — желающие посмотреть наш спектакль «Жизнь Галилея» смогут это сделать первого апреля (*взрыв хохота — Дупак улыбнулся*), если наш исполнитель к тому времени выздоровеет или нам удастся ввести исполнителя нового. Если же главный исп. не выздоровеет и нам не удастся к тому времени ввести другого артиста, потому что сейчас идут каникулы, мы играем по два спектакля в день, сцена занята, то первого апреля будет замена. Я предупреждаю об этом, а каким спектаклем мы будем заменять, давайте решать вместе. Мы можем заменить либо «Тартюфом», либо «Макенпоттом».

— Два раза уже заменяли.

— Голосуем, кто за то, чтобы в случае замены 1 апреля шел спектакль «Тартюф»?

(*Шум, выкрики.*)

— Кто за то, чтобы шел «Макенпотт»?

— Не надо «Макенпотта».

— Меньшинство, значит, решено, в случае, если спектакль «Жизнь Галилея» 1 апреля не состоится — пойдет сп. «Тартюф». Кто не согласен с таким решением вопроса, может сейчас получить деньги в кассе нашего театра.

— Я выросла в театре, ничего подобного не помню.

— Я 30 лет работаю в театре, ничего подобного не видела.

— А я выросла в театре, мне 33 года...

Д у п а к: – Мы только умеем интриги вести, а руководить театром у нас не получается. Кто отпускал Васильева в Ригу? Любимов, ну вот, а я ничего не знаю об этом... один одно делает, другой...

Любимов не приехал. Теща. Он уехал с Люсей, а куда?..

— Никто не расходится, сейчас будет репетиция «Галилея», поехали за Шестаковым.

— Шестакова нет дома. Завтра «Павшие». Надо думать о «Павших», Васильева нет, кто будет читать Кульчицкого — Золотухин, у него на слуху и Алешкина.

Любимова нет. Он куда-то сбежал, закрыв глаза. Стали спорить. Галдаева вводили когда-то, пусть выручает — он знает текст. Так и порешили.

Я не могу себе даже предположить, что будет дальше с Высоцким. То, что его не будет в театре, это мне совершенно ясно и даже, если бы мы очень захотели его сохранить, это нам не удастся. Управление культуры на это условие теперь не пойдет никогда и при случае попытается подвести под этот факт обобщающую базу разложения и разболтанности всего коллектива. А что с ним будет дальше, не представляю, особенно после заявления Шапошниковой* на заседании идеологической комиссии. Он может скатиться в совершенное дерьмо уже по существу.

Но странное дело, мы, все его друзья, его товарищи, переносили это уже теперь довольно спокойно — Володя привил нам иммунитет, уже никто ничему не удивляется, все привыкли.

Вчера была история ужасная. Но что можно спросить, стребовать с больного, пьяного человека. Все наши охи, ахи, как мертвому припарка, все наши негодования, возмущения, уговоры, просьбы — все на х..., а что мы должны после этого переживать, почему мы должны мучиться и сгорать перед зрителем от стыда. Мы опять только обвиняем все наше худ. руководство во главе с Любимовым, что до сих пор не обеспечен второй состав.

* Шапошникова А. П. — секретарь МГК КПСС, занимавшаяся вопросами идеологии.

Почти два месяца крутили баки Шестакову, потом бросили, а вчера кинулись к нему снова звать на репетицию, чтобы 1 апреля сыграть. Это же все до такой степени несерьезно, что и говорить не хочется. «Пудрят» мозги человеку, а шеф не уверен — может ли Шестаков сыграть. Но ведь и шефа понять можно, если захотеть. Ему ли забота до второго состава; он месяц занимался Кузькиным, до сих пор не отошел, «Мать» подпирает, а тут каникулы... там вводы бесконечные и т. д., артисты разбегаются по съемкам, приходят нетрезвые. Ведь на его месте с ума можно сойти очень просто.

## ■ 27 марта 1969

Говорят, со вчерашнего дня, т. е. с 26 марта 1969 г., Высоцкий в театре больше не работает и будто уже есть приказ о его увольнении.

## ■ 28 марта 1969

А.М. Эскин. ВТО. 24.03.

— А ведь видел вас в Кузькине, получил огромное удовольствие. Большое спасибо, может быть, об этом лучше не говорить? За это не карают?

— Говорят, в райкоме составляют списки, кто видел наши репетиции, так что лучше помолчим красноречиво.

После «10 дней» Евтушенко читал свою новую поэму. Я так устал, что молил Бога побыстрее все свернуть. Но поэт брал со стола все новые и новые папки листов, и я впадал в уныние.

И все равно, хоть я и понимаю, что в таком состоянии воспринимать поэзию чрезвычайно трудно: «Слушать стихи, это тоже работа, и трудная работа», — мне поэма не понравилась. Куски, отдельные кирпичики очень даже ничего, но все какое-то случайное, к слову пришедшееся, неорганизованное, окрошечное — и про Христа, и про Дмитрия убиенного, соединенного с двумя Кеннеди вульгарно... Все темы, проблемы... обсосаны и в философии, и в литературе, и везде. Стихи не трогают. Не взял он меня, я понимаю, что поэзии надо отдаваться, надо идти навстречу к ней с добрым сердцем... но мне не удалось. Быть может, при чтении глазами это впечатление исправится?! Но о том, чтобы играть это?! У меня активный протест. «Не будет! Не хотим! Не позволим!»

## ■ 31 марта 1969

С утра ходил с Кузей. Дома помирился, репетиция «Матери».

Высоцкий: – уволен по ст. 47 «г» и никто не говорит о нем больше. Никому его не жаль, и ни одного слова в его пользу. Где он, что, как, тоже никого не интересует.

Ронинсон: – Как ты проводишь лето? Тебе надо отдохнуть, у тебя неважно со здоровьем, это видно по всему. И потом учти – нервное напряжение с Кузькиным не прошло даром, оно скажется еще ох как. Ты легкие давно проверял? Я заметил у тебя легкое покашливание, смотри, надо отдыхать и не суетиться, думай об этом ежеминутно. Потом, когда соли отложатся, будет поздно.

Гаранин: – Я приехал специально для того, чтобы передать тебе мнение очень разбирающихся в литературе людей о твоих «Дребезгах». Все в восторге, ты не представляешь, Валера, как ты всех сразил... Я давал читать людям, с которыми Солженицын советуется, и они говорят, что это куда выше всего того, что сейчас в литературе официальной делается. Что, конечно, нужно работать, но это уже явление, и мы можем присутствовать при рождении первоклассного писателя. Вот, Валера, я приехал специально, чтобы тебе это передать. Один товарищ сказал: «Я его люблю как артиста, считаю, что это прима театра, но теперь он мне открылся с другой стороны, и не исключено, что это может стать главным занятием его жизни и т. д.»

Так что, Валера, тебе необходимо писать, ни дня ты не должен прожить, чтобы не написать несколько строк. Пиши обо всем. Вон, стоит, читает, оттопырив жопу, — пиши об этом. О чем угодно — все пригодится. Так работал Толстой.

### ■ 5 апреля 1969

На улице почти жарко.

Славина: – Давай сходим к Вовке в больницу. Надо. Полежит и вернется. Как Венька, сука, закладывал его в эти дни, во блядь. Дружили все-таки... Он бы и нас выгнал из театра и один остался. Глаголин тоже против нас копает, хорошо, Петрович не слушает.

Назаров (*по телефону*): — Видел на студии Володю. Они с Мариной смотрели «Сюжет»*. Выглядит он неплохо... такой приукрашенный покойничек.. Спросил меня: «Когда мы все встретимся... с Валерием посидим... выпьем малеха?» Как ты на это смотришь? Может быть, действительно... посидим?

Я еще не знаю, как ко всему этому относиться. Мне трудно пока разобраться в себе, в своих прежде всего чувствах, принципах и пр.

Читаю Нестерова и учусь у него писать. Снова запоминаю мысли, выражения. Какие люди, да это «возрождение» российского искусства было.

* «Сюжет» — то есть к/ф «Сюжет для небольшого рассказа» (реж. С. Юткевич, 1970), в котором снималась Марина Влади.

Надо учиться, учиться и учиться. Учиться красиво рассуждать, красиво мыслить и четко выражать словом свои наблюдения. А наблюдать необходимо глубочайшие, тончайшие корни явлений и именно — сегодняшний день, тебя встречающий. Он (*Нестеров*) абсолютно прав, говоря, что книги дают нам урок прошлого, настоящее же мы должны отыскивать, понимать и изучать сами, только в этом случае мы можем быть на уровне.

И мне почему-то стыдно стало за свои дневники — день ото дня я занимаюсь бытописанием собственного угла. Это не развивает меня, я никогда не выпрыгну из этой ямы, в которой мне давно хорошо, мне в ней все удобно и я чувствую, что у меня не так плохо, как у других. Я и пописываю худо-бедно, и в театре репетирую, и вроде книжки читаю. Но все это только видимость интеллектуальной жизни, это удовлетворение мозгового цербера, которому необходимо кидать куски время от времени, вроде моих рассказов, и он не станет теребить совесть, не станет указывать мне на мою духовную нищету, на мое внутреннее ожирение.

Но что я хочу, как я могу жить иначе, чтобы не оглядываться, не бояться этого цербера, не бросать ему жалкие кости, не обманывать его показухой?!

Все равно не отвечу, потому не знаю, а если и знаю, то не скажу.

## ■ 9 апреля 1969

Сегодня среда, а стало быть, выходной день. С Кузькой вышла теща.

Отнес произведения: «Дребезги», «Двух Чайниковых» и «Шведову» Вучетичу в «Сельскую молодежь», пускай читают. Это мертвое дело. Никто не возьмется за мои рассказы серьезно, но пусть знают же.

## ■ 10 апреля 1969

Вчера Лазарев рассказал отличный анекдот из серии о сумасшедших:

— Весь изодранный, морда покарябана, в ссадинах. – Что с тобой? С вами плохо обращаются? – Нет, что вы! Нам здесь очень хорошо, с нами сам заведующий часто играет в свою любимую игру — рисует нам на полу мелом черту, а мы под нее подлазим...

У меня сразу ассоциация: кто-то нам, театру, вообще художникам рисует такую вот черту и загоняет под нее. Та же Фурцева... нам чертит и сама себе. И лазаем...

## ■ 11 апреля 1969

*Пятница*

Новое дело — нас не хотят пускать в Киев. — Мы этот театр критикуем, а вы его к себе приглашаете. — Боятся, вдруг театр получит успех и хорошую прессу, им сложнее будет с нами разговаривать. Теперь все зависит от Шелеста, как он поведет себя в этой ситуации. В Ленинград можно, а в Киев нельзя, что же это — заграница, что ли? И почему в столице, в Москве, на всеобщем обозрении театр живет и действует, как бы там ни шло, ни ехало, иностранцы смотрят, для них что ли мы существуем, похоже, что так, чтобы они не обиделись, нас держат и не закрывают. А советскому народу нас показывать не рекомендуется.

## ■ 15 апреля 1969

Идет «Галилей». Звонит Высоцкий.

— Ну как?

— Да нормально.

— Я думал отменят, боялся...

— Да нет... Человек две недели репетировал.

— Ну и как?

— Да нормально. Ну, ты сам должен понимать, как это может быть...

— Я понимаю...

— Володя! Ты почему не появляешься в театре?

— А зачем? Как же я...

— Ну как, зачем? Все же понимают и относятся к этому совершенно определенным образом... Все думают и говорят, что через какое-то время после больницы... ты снова вернешься в театр...

— Не знаю, Валера, я думаю, может быть, я вообще не буду работать...

— Нельзя. Театр есть театр, приходи в себя, кончай все дела, распутывай, и надо начинать работать как было раньше.

— Вряд ли теперь это возможно...

— Ты слышишь в трубку, как идет спектакль?

— Плохо. Дай послушать.

Снимаю репродуктор, подношу. Как назло — аплодисменты.

— Это Венька ушел.

— Как всегда.

— Володя, ты очень переживаешь?

— Из-за того, что играет другой? Нет, Валера, я понимаю, иначе и не могло быть, все правильно. Как твои дела?

— Так себе. Начал у Роома. Правда, съемки еще не было, возил сегодня на «Мосфильм» Кузьку, хочу его увековечить..

— Как «Мать» ?

— Получается. Не знаю, как дальше пойдет, но шеф в боевом настроении, работает хорошо. Интересные вещи есть. Что ему передать?..

— Да что передать... Скажи что-нибудь... что мне противно, я понимаю свою ошибку...

На сцене сильный шум. Все грохочет, Хмель рвет удила, Володя что-то быстро говорит в трубку, я ничего не могу понять, не разбираю слов, говорю только... ладно, ладно, может, невпопад, у самого в горле комок... думаю... сейчас выйду на сцену и буду говорить те слова, которые я СТО с лишним раз говорил Высоцкому, а теперь... его уже не будет за тем черным столом... Жизнь идет... люди, падая, бьются об лед... пусть повезет другому... и я напоследок спел: «Мир вашему дому».

— Как наши общие знакомые?

— Ничего. Все нормально. Она мне и сказала, что ты в больнице.

— Да, я должен лечь с сегодняшнего дня. У нее никаких неприятностей нет??

— Все нормально.

— Ну ладно, Валера. Я буду звонить тебе. Привет Нинке. Пока.

«Галилей» закончился. Во всех положенных местах были аплодисменты. Цветы. — Молодец, Боря! — из зала крикнул Бутенко*. Они опять сошлись с Тереховой, у них родилась девка.

Хмель выставил водки, как и обещал. А я думал, может, и грех: нет в нем все-таки искры Божьей. Худо ли, бедно, но он повторяет Володьку, его ходы, его поэтическую манеру произношения текста, жмет на горло, и устаешь от него. Наглость его чрезвычайно раздражает. От него устаешь, он утомляет. Что касается профессии, то, безусловно, он большой молодец, взяться и за 10 дней освоить текст, игру — профессионал, ничего не скажешь. Быть может, разыграется и покажет, но, если не обманы-

* Бутенко Владимир — актер Театра им. Моссовета.

вает меня глаз, виден потолок по замаху. Хотя я, например, считаю, что Водоноса* я заиграл ближе к «яблочку» только через два года.

## ■ 18 апреля 1969

— Надо беречь скрипку... Бога. Уважение к профессии можно в себе воспитать, натренировать себя. Можно начать с обыкновенной формалистики, но только придерживаться ее. Например, взять себе за железное правило играть любой спектакль выбритым, трезвым. Не пить даже пиво, оно пахнет, а это может быть неприятно партнеру. Перед спектаклем обязательно сделать несколько упражнений гимнастических, размять тело, даже если ты только выходишь и молча стоишь в массовке, также поупражнять голос, хоть он тебе и не пригодится сегодня. Делай это постоянно, и это станет твоей натурой, у тебя появится уважение прежде всего к себе самому, ты приобретешь достоинство артиста.

Вечер. Перед «Послушайте» Марина поздравила меня с утверждением мне высшей категории. Выходит, я вышел сегодня на подмостки артистом высшей категории, приятное дело, но и ответственность на плечах откуда ни возьмись — соответствуй, брат! Из всех занятых в спектакле я один такой, артист высшей категории, самый высокооплачиваемый, выходит, лучше всех и играть надо, соответствовать получаемому рублю. Вот так, когда-нибудь, с Божьей помощью, я выйду заслуженным и т. д. И опять меня Борис похвалил: — Наблюдал за тобой, какая же ты все-таки зараза, как точно у тебя все сделано,

* Водонос — роль В Золотухина в спектакле «Добрый человек из Сезуана», которую он получил после ухода из театра А. Эйбоженко в марте 1966 г.

одно из другого перетекает, и зритель это сразу чувствует, сразу проглатывает.

### ■ 21 апреля 1969

Вечер. «Галилей». Звонил опять Высоцкий, говорит: «Из-за меня неприятности у Гаранина с книжкой».

Теща 23 апреля уезжает недели на две с половиной по гостям — в Псков — Ленинград... Как я выкручусь с Кузькой, со съемками?! Зайчику совсем нельзя с ним выходить, он дергает сильно и может Ваську с места спихнуть. Конюшева нанять, что ли?

Завтра будем отмечать ПЯТИЛЕТИЕ театра. Высоцкий прислал всякие свои шуточные репризы-песенки на тему наших Зонгов. За столом будем сидеть: я с Зайкой, Бортник и Желдин с женой. Автограф Высоцкого я Таньке не отдам. Пусть и у меня будет автограф опального друга.

### ■ 26 апреля 1969

Ну и кричал вчера шеф на нас, не помню такого по звуку страшного ора. Два раза пустил петуха на самом патетическом месте, и только они заставили его сбавить темперамент, а то уж больно конфузно выходило: он разбежится, вздрючится, грох кулаком об стол – и петух... Колотил кулаком об стол так, что динамики разрывались, вся техника фонить начинала... Чудно...

— Я думал всю ночь после вчерашнего безобразного спектакля («10 дней») и решил — хватит. Я пару человек выгоню для начала, какое бы тот или иной ни занимал положение... Играет пьяный, после пятилетия кое-как на третий день к вечеру разбудили, и его покрывают, дескать, он же сыграл, текст ведь он доложил нужный... Это черт знает что... Тов. Иваненко не вышла на выход... Или работаете, или уходите... Я много раз вам говорил, что вы очень стали работать плохо, а вы продолжаете не являться на занятия пантомимой... Другим занимаетесь... Вы знаете мой характер, вы знаете, что меня снимали с работы год назад... (*На полях: Похоже на Солженицына.*) Меня не такие ломали и не сломали (*вот тут грохал и пускал петухов*) и я не позволю разным холуям (*грох!*) и циникам глумиться надо мной... Чего вы добиваетесь?.. Я говорю вам, и это не нервный мой всплеск, это обдуманное, зрелое решение, если вы не наладите дисциплину изнутри, в один прекрасный день я не явлюсь на репетицию, просто не приду на работу и все. На вас ничего не действует. Я пытался личным примером на вас действовать, все впустую: почему я не позволяю себе пойти к врачу в репетиционное время? Зуб болит, человек не приходит, насморк — не приходит, а я не могу репетировать... Я на карачках пять лет приползаю иногда на репетицию вовремя, у меня тоже есть дела, почему я не делаю их во время рабочего времени? Г. Н., завтра всех не явившихся сегодня ко мне, и я буду сам решать: этому выговор, этому выговор с последним предупреждением и увольнять потом. Буду заменять, пусть хуже играет, но это добровольное общество я раскачаю.

Ополчились на сыров*. Говорят, кто-то передал после «Галилея» Хмельницкому веник с надписью: «Не в свои сани не садись». До него веник не дошел, но народ знает, значит, попадет и к нему эта змея. Не хотел бы я в своей жизни даже и сплетню такую про себя знать. Но такая наша жизня — любишь славу и восторги, не откажись иногда и дерьмом умыться.

А у меня мысль — не работа ли это Таньки и не подозрение ли таковое на нее заставило шефа так лягать ее вчера, не совсем уж обоснованно.

* Сыры — поклонники (театр, жаргон).

Как все в жизни бывает: Шаповалов голоса лишился и обратились к Губенко выручить театр, сыграть Пугачева. Николая разыскали на «Мосфильме», он согласился и попросил репетицию перед началом. И сыграл. Спектакль прошел замечательно, мастер сразу поднял его. Соболев спросил у меня, как я к этому отношусь, что, «дескать, обосрали человека, а потом просят, унижаются».

— А почему? Все правильно. В театре несчастный случай, театр многое ему дал, и ничего страшного. Надо взаимно прощать друг другу обиды, об этом в Евангелии сказано. Что поделаешь? Театр — производство, а не просто личные взаимоотношения Губенко с Любимовым. Театр — дело выше этих отношений, и прекрасно, что Любимов не закочевряжился как истеричка, а попросил выручить. Нет, мне это понятно. Пришло 600 человек, и надо играть. Слишком много отмен, слишком много неприятностей у театра, чтоб еще считаться с личными обидами и отказываться от просьбы сыграть первого исполнителя, тем более что это всегда — высший класс.

### ■ 29 апреля 1969

Вчера Высоцкий приходил в театр, к шефу. Сегодня он говорит с директором. Если договорятся, потихоньку приступит к работе, к игранию.

Отправил в Ленинград телеграмму:

«Предложением играть Махно очень заинтересован. Возможность приезда — вторая половина мая уважением — Золотухин».

Иваненко просит, чтобы я отдал черновики, автографы Высоцкого: «Мы с ним собираем все, что им написано».

— Запишите, что один автограф у меня, у Золотухина.

### ■ 3 мая 1969

*Суббота*

Праздники продолжаются и моя хворость тоже. Сегодня под утро с 4 до 6 так прихватило, ну, думаю, — вот так и кончается человек. Всю грудь разодрало на клочки. И сегодня я не пошел на репетицию – больше, чтоб угодить жене.

— Почему ты ни в чем не заменяешься? Почему они тебя эксплуатируют? Почему Губенко с Высоцким заменяются и снимаются, и дела свои делают — потому что они сильные люди, самостоятельные — мужчины, а ты мямля. Я пойду сама в театр и буду ругаться, что они тебя не жалеют, а если ты калекой останешься после осложнения, калека ты мне не нужен, я тебя брошу...

— А я тебя буду любить, что бы с тобой ни случилось, все равно.

— Начитался Евангелия, ты Джека Лондона читай или посмотри внимательно несколько раз «Великолепную семерку», вот каким мужчина должен быть.

Чтобы не быть мямлей, я не пошел на репетицию.

— За столом — это не работа, ты мозоли насидишь. Ты по дому поработай: в магазин сходи... подмети.

— Толстой всю жизнь не работал, за столом сидел...

— Толстой, между прочим, пахал...

— А я Кузьку вывожу..

Зайчик ворчит, зашивается, готовит обед — Высоцкий обещал быть, где он?

### ■ 4 мая 1969

...И он пришел. Вчера партбюро обсуждало его возвращение. Решено вынести на труппу 5-го числа.

В ы с о ц к и й: – Шеф говорил сурово... Был какой-то момент, когда мне хотелось встать, сказать: — Ну что ж, значит, не получается у нас. — «Какие мы будем иметь гарантии?» — А какие гарантии, кроме слова?! Больше всего меня порадовало, что шеф в течение 25 минут говорил о тебе, о Веньке он только заикнулся, назвал потом тебя и все время говорил о тебе. — Я снимаю шляпу перед ним... Ведущий артист, я ни разу от него не услышал какие-нибудь возражения на мои замечания... Они не всегда бывают в нужной, приемлемой форме, и может быть, он и обидится где-то на меня, но никогда не покажет этого, на следующий день приходит и выполняет мои замечания... В «Матери» стоит в любой массовке, за ним не приходится ходить, звать, он первый на сцене... Я уважаю этого человека — профессионал, которому дорого то место, где он работает... Посмотрите, как он в течение пяти лет выходит к зрителям в «10 днях». Он не гнушается никакой работой, все делает, что его ни попроси, в спектакле... И это сразу видно, как он вырос и растет в профессии». У него что-то произошло, он что-то понял. Еще два месяца назад он мне говорил: «Что-то странно он заболел», — а потом и на собрании долбал тебя за Ленинград...

— А потому что я не стал ему мстить за это ни словом, ни делом. Он понял, что был не прав, а мне больше и не надо. А потом за «Мать» ... Я много подсказывал, помогал... Ты помнишь, как делалась картина «Тени»? Ведь все на глазах сделали артисты сами... Ты придумал этот проход анархистов с «Базаром»*. Ему нужны такие творческие люди, энтузиасты театра, а не просто хорошие артисты. Почему он и тоскует по тебе, по Кольке, почему ему дорога моя инициатива... Все правильно, все понятно...

* «Тени», «Базар» — то есть сцена «Тени прошлого» и песня анархистов «На Перовском на базаре...» (кстати, часто ошибочно приписываемая В. Высоцкому) из спектакля «Десять дней...».

— Ты добился такого положения в театре и такого безраздельного с его стороны уважения самым лучшим путем из существующих — только работой и только своим отношением к делу... Ты не ломал себя, ты сохранил достоинство, не унижался, не лебезил, и он очень это понимает. Он говорил о тебе с какой-то гордостью, что «не думайте, в театре есть артисты, на которых я могу опереться». Я безумно рад за тебя, Валера.

— Мне это тоже, Володя, все очень приятно. Конечно, тут главное дело в удаче «Кузькина». Ему стали петь про меня, что он вырастил артиста, сделал мне такую роль, что я в театре артист № 1 и т. д., все это его развернуло ко мне, наконец-то, во весь анфас, как к артисту, и мое постоянное устойчивое поведение, как рабочей лошади, а не премьера-гения, заставило зауважать мое человеческое. Но он человек переменчивый, и не надо чересчур обольщаться, завтра я приду к нему говорить о съемках, и он мне припомнит все грехи бывшие и не бывшие.

— Ах, если бы у тебя вышли «Интервенция» и «Кузькин», ты был бы в полном порядке, надолго бы захватил лидерство...

— Ну, я уже пережил это. Зажал. Ведь что самое главное. Послушай, может быть, пригодится тебе, а в теперешней ситуации наверняка. Мне тоже хочется играть, славы и не тратить время на, казалось бы, пустяки, массовки, ерундовые роли и т. д. Но душу надо беречь. Надо не отвыкать делать всякую работу, да, вот и буду час стоять с дубиной в массовке, и буду помогать своим присутствием, буду отрабатывать свой хлеб везде, где потребуется... Мне не стыдно ни перед собой, ни перед народом, ни перед кем... Я честно изо дня в день стараюсь быть полезным... то есть я душу берегу... Мне не страшно взяться ни за какую роль, я привык работать в поте лица, и я сделаю. И я тебе советую не хватать сейчас вершин, а поработать черную работу, ввестись куда-то, что-то сыграть не главное, и не ждать при этом от себя обязательно удачи, творческого роста, удовлетворения, нет, поработать, как шахтеры, как кроты работают, восстановить те клеточки душевные, которые неизменно, независимо от нас утрачиваются, когда мы возносимся. Эта профилактическая работа обязательно откликнется сторицей.

(Пишу, думаю о себе хорошее, а сам думаю, как бы мне теперь не потерять это расположение шефа, долго добивался, а потеряю одним неприходом на репетиции... И вот уже зависим человек от мнения СИЛЬНОГО. Мнение становится силой, стимулом жизни, действующим лицом в нашей жизненной комедии. Но ни хрена, нас пряниками не заставишь на задних лапках ходить.)

— Какой ты сильный человек, Полока говорит, как ты мог этот груз весь тащить один, никому не сказать...

— В этом было что-то сладкое... Сознание моего одиночества, того, что я должен все вынести сам и распутать сам, все мои внутренние раздеряги и внешние передряги придавали мне силы, я уважал себя за эту самостоятельность, отрешенность. Человек должен пережить все сам, не делить страданий, а тащить в одиночку, он становится сильнее во много раз, он познает себя, свои пределы, свой потолок, он уважает себя, а разве не главное это — уважать себя, не любить, не видеть себя постоянно в зеркале, а уважать за то, что терпишь, за то, что не лижешь, за то, что хочешь быть добрым... и т. д.

— Полока живет у меня с Региной. Завтра буду убираться, она в минуту делает такой бардак, а Марина приезжает... будет жить у меня... наверное. Решил я купить себе дом... тысяч за 7... 3 отдам сразу, а четыре в рассрочку... Марина подала эту идею... Дом я уже нашел, со всеми удобствами... обыкновенная деревянная дача в прекрасном состоянии, обставим ее... У меня будет возможность там работать, писать, Марина действует на меня успокаивающе... Люська дает мне развод... Я ей сказал, хочешь, подай на алименты, но это будет хуже. Так я по двести рублей каждый месяц ей отдаю, я не позволю, чтобы мои дети были плохо одеты-обуты... Но она ведет себя, ну это катастрофа... Я звоню, говорю, что в такое-то время приду, повидать детей... полтора часа жду на улице, оставляю все у соседа... она даже не извинилась, в порядке вещей... Шантажирует детьми, жалко батю... они безумно любят внуков, она все делает, чтобы они меньше встречались и т. д. Ну что это. Говорит, что я разбил ей жизнь... ну чем, Валера?! Детей... она хотела сама... на работу?.. даже не пыталась за пять лет никуда устроиться, ничего по дому не делала... Ни разу, чтобы я пришел домой или уходил... чтобы она меня накормила горячим... Она выросла в такой семье, ее мать всю жизнь спала в лыжном костюме, до сих пор не признает простыней... Я зарабатывал такие деньги, а в доме ничего нет, лишнего полотенца, ну что это за твою мать... Ну, ты же гораздо меньше имеешь доходов, чем я, но у тебя, посмотри, все есть, как ты ни обижайся на Нинку, но я вижу — она хозяйка. А та профуфыкала одну книжку, профуфыкала другую... Я построил теще кооператив, сделал ей эту квартиру, отремонтировал, даю деньги, узнаю, что через три дня их уже нет... открыла у себя салон... приходят какие-то люди, пьют кофе, ребятишки бегают засраные, никому не нужные, мне их не показывают, старикам не показывает, и все ее хорошие качества обернулись обратной стороной, как будто их и не было никогда.

Я не знал за собой такого, что мне будет вдруг жаль «Галилея», потому что это вымученное, кровное... Я метался в тот день... Думаю, ну кому позвонить, некому позвонить, Валера, а тебя не подзывают... кто это подходил к телефону, неужели ты не заметил?! На сцене, говорит, и все, я-то знаю, что ты не на сцене, до тебя еще целый акт...

(*На полях.*)

— А ты сказал, что это Высоцкий?

— В том-то и дело, что сказал: — А мне какое дело, кто это. — Я сказал, он на сцене.

И вот некому позвонить... Ну почему, думаю... ведь я всегда был окружен друзьями, казалось... а позвонить даже некому, с кем можно было бы поговорить просто, по-человечески, безо всяких...

Я когда стал один, я полюбил дом. Мне стало приятно приходить, брать бумагу, садиться к столу – и... получается. Мне стало приятно быть дома. Это ведь ужасно, оказывается – хорошо. Никто тебе не мешает, даже к телефону подходить не хочется. До меня стал доходить смысл застольной работы, хочется сидеть и писать... писать...

— Поедем с 10 по 30 июля, заработаем много денег в Иркутске, перед фильмом минут 15 будем выступать, и на год нам хватит.

## ■ 9 мая 1969

Вчера на «Галилее» была Терехова.

— Почему ты так хорошо играешь? Ты раньше хуже играл. Марецкая до сих пор жалеет, что ты ушел: «Не надо было отпускать такого артиста».

Нет целеустремленности во мне. Не могу я, как Пастернак, быть максималистом. Думаю, чему бы себя посвятить — писать ли про Чайникова — «Как Иван Чайников воду возил» — или концерт готовить — достать аккордеон, выучить на нем «Ой, мороз, мороз» и по какой-нибудь Перми ездить и выхваляться. Но ничего не сделаю — ни номер с аккордеоном, ни Чайникова не напишу — в окно посмотрю. Нет во мне той энергии, которая бы дотянула меня до гения. Задатки есть, безусловно, но с одними только задатками далеко не уедешь, так и останешься с ними на том месте, где остановился. Живу по инерции, «как пуля на излете». Иногда вспоминаю «Живого», и слезы накатываются. Так и не узнает мир — какой артист во мне скрыт. И уже бояться начинаю — а вдруг лет через пяток скажут: «Давай, играй, ребята, кто чего хочет», — смогу ли я подняться до нынешней формы... Ох, черт, какая печаль! Ну ничего, главное — душу береги. Друга вчера окончательно решили ВЗЯТЬ.

### ■ 10 мая 1969

Сегодня шеф поманил пальцем (уж сколь раз я ему попадаюсь на улице минут за 10 до репетиции, он даже не входит, рано, греется на солнышке, встречает артистов).

— Ругать будете?

— Почему ругать?

— Вы как маните пальцем, значит, влип.

— Валера, «деревня» в твоих руках, задавай тревожный тон. И вообще, по своей роли возьми.

— Постараюсь — не выйдет, не обессудьте.

— Ты роль не забывай. Мы с Можаичем не сдались. Мы еще кино снимем, коль живы будем, доживем.

Люблю я в шефе такие минуты — просветленные, высокие, несколько даже сентиментальные. За родного сходит. И так его не охота огорчать плохой игрой, из кожи лезешь, но стараешься, и это-то и плохо, если только для него — обязательно огорчит, а если всегдашняя привычка, чтобы в самой что ни на есть занародной сцене глаза талантливо блестели — к обоюдной выгоде.

Шеф дал какое-то сумбурное объяснение возврату Высоцкого:

— В театр вернулся Высоцкий. Почему мы вернули его, потому что мне показалось, что он что-то понял. Я знаю — в театре много шутят по этому поводу. Но должен сказать, что нам нелегко было принять такое решение. Некоторые не склонны были доверять Высоцкому, но вы меня знаете, я все делаю, чтобы человек осознал, понял и исправился, я всегда склонен доверять человеку, за что часто расплачиваюсь. Мне показалось, что Высоцкий понял, что наступила та черта, которую... Пьяница проспится — дурак никогда. Я не хочу сказать про Высоцкого, что он дурак, но он должен понимать, что театр идет ему навстречу, и ответственно подойти... Человек должен пройти огонь, воду и медные трубы... Мне кажется, медные трубы, фанфары славы Высоцкий не выдержал и потерял контроль над собой. И тут же артист обескровливается, он растрачивает душу, и это самое страшное, артист гибнет, и ему самому невдомек. Он думает, что он своим появлением уже озаряет публику, а публика не прощает холостого выстрела, она быстро забывает артиста, когда он заштамповывается.

## ■ 13 мая 1969

Володя вчера играл «Галилея», первый раз после перерыва, хорошо.

Шеф на репетиции взвинчен, как будто штопор у него в заднице, орет, как сумасшедший, на всех, бросается, рукава засучены — весь облик его и поведение говорят о том, что скоро... скоро премьера.

## ■ 15 мая 1969

Для «Цветов запоздалых» вчера молниеносно сняли один кадр на кухне. Оператор держит мою сторону — снимать моментально, а я, кажется, научился халтуре у Высоцкого, лишь бы быстро, заранее уверен в успехе — нехорошо. Надо остановить этот процесс в себе, накипь.

Вчера шеф во всеуслышанье, при всех на сцене и при мне меня хвалил:

— Некоторые работают блестяще... Золотухин... играет роли и в массовке вкалывает, как леший.

Ох, нехорошо это. Я люблю, я привык, когда меня ругают, я себя чувствую тогда бойцом, а когда хвалят, я размокаю, даю себя гладить, ласкать мое тщеславие и теряю бдительность, так режут свиней: почешут их, погладят... они, дуры, глаза зажмурят от удовольствия, растопырятся, доверятся — в этот миг р-раз!.. и нож в сердце. Нет, надо быть начеку всегда и не позволять халтуру, подобно вчерашней, в кино, не считать это дело — междудельем, потомки будут смотреть, им не объяснишь, не докажешь.

**Из репетиционных книжек.**

Любимов: – Надо знать опасности, которые подстерегают. Мы не добрались до желтка. Это меня волнует — свою работу надо анализировать, но не очень. Безусловно, сразу оценить трудно, даже провал необходимо рассчитать. Не будьте в ажиотаже. Я должен быть в творческом состоянии, атмосфера мне мешает работать — ходят, стучат, без конца слышу истерический Зинин голос, нельзя так работать... Жаловаться не хочу.. Арбузов читал мне эту пьесу, мы друзья давнишние, мне трудно уйти от этой пьесы, чтобы не обидеть автора... Все сложно в театре... Ясно, что Гарин ушел бы к Мейерхольду, а Добронравов к Станиславскому... Выбор репертуара — дело трудное и емкое. Мы коллективное искусство, а он единоличник и он не подчиняется нашим законам, надо их уговаривать, авторов, как женщин, как детей малых. И отказать, так, чтоб не обидеть, в надежде, что вдруг и подходящее напишет. Почерк один, а ветвь другая — «Тартюф», Вайс, «Живой» — на одной афише. Когда нас обвиняли композициями, а я считаю, что в любой форме актер может проявиться...

«Гамлет» — 4 роли, остальные — средние, и «Турандот» — простите, как тогда говорили, — мальчики и девочки прыгают... а умные люди поняли, есть надежда — нас поймут. Надо иметь правильные ориентиры. Я понимал, что нужен революционный спектакль, не было бы «10 дней» — не было бы театра, мы бы не рассуждали сейчас о «Живом» ... У театра много друзей, у нас свой зал. Этот зал чувствует демократичность театра и любит нас за это именно.

Об актерских болезнях — опять опираясь на вас, и такая уж у меня тяжелая жизнь — стоять в проходах... Пять лет я занимаюсь этим театром. Почему приходится столько стоять в проходах, только тогда артисты собираются и начинают играть. Загляните в журнал отчаяния, руками разводишь... любую дирекцию можно уволить за то, что она не реагирует на все ваши безобразия — вы этого не учитываете. У многих артистов стремление в буфет — выпить и закусить... Я вынужден повторять одно и то же. Высоцкий пришел ко мне вчера в полном здравии и сказал:

— Ю.П., я могу играть.

— Но вы болели...

— Да, у меня есть бюллетень...

— Давайте на общих основаниях — закройте бюллетень, будете смотреть репертуар и придете по вызову играть.

Я его люблю за талант — и за поэтический и за сценический, даже ему не дано право позволять себе... совершенно в мозгу не мелькнет мысль, а как же товарищ... Проблема действия сценического — «10 дней» прошли 300 раз, вчера шел спектакль из рук вон, противно смотреть, недобросовестно по профессии — я говорю дамам — есть партитура, вспомните уроки лейтенанта... Отсебятина, дамы должны показать муштру — все делалось понарошку. Надо воспитать уровень. Я так ору, что сам себе противен. Я вел беседы с Соболевым... он пропивает спектакль, который решает судьбу. О «Тартюфе» — спектакль начал плавать, разыгрывание — странный водевиль. Спектакли гибнут от формализма. Умение возбудить себя — чувство — синяя птица, вдохновение — вообще редко, нельзя, не бывает даже у гениев. Любая профессия умеет тренироваться. Все тренажи — погибали. Турандот — снимали. Даже пессимист — не хочет жить, но...

Гигиена актера — Высоцкий — Хлопуша... маленькая роль, несложная, несложная, он не в форме, не хватает сил, дыхания... вы на себе играете — ваш организм — ваш инструмент. Текущий репертуар в плохом, среднем состоянии. У ряда товарищей головокружение от успехов. Вы избалованы успехом — у нас любой артист готов играть — любую роль. Вы много халтурите, и вас все устраивает.

### ■ 26 мая 1969

Про Высоцкого. В Ленинграде меня замучили... — Правда, он женился на Влади, а в посольстве была свадьба, они получили визы и уехали в Париж? — Примак* сунулся к нему, к Володьке: — У меня спрашивают... — тот рассвирепел: — Ну и что, ну и что, что спрашивают, ну зачем мне-то говорить об этом, мне по 500 раз в день это говорят, да еще вы...

Марина носила им написанную заявку, либретто сценария на манер «Шербурских зонтиков» с той же приблизительно фабулой Романову. Он в восторге. Его не смути-

* Примак Геннадий — в то время режиссер-практикант в Театре на Таганке, ассистент режиссера на спектакле «Тартюф» и, позднее, на спектакле «Что делать?».

ла даже фамилия Высоцкого: «Надо договариваться с банком» и т. д.

### ■ 31 мая 1969

Была премьера «Хозяина» в Доме кино, прошла она прекрасно, мы с Высоцким застали вторую половину фильма. Наградили — меня именными часами от МВД СССР, Высоцкого — почетной грамотой за пропаганду (*активную*) работы милиции.

После фильма подходили люди, брали автографы, поздравляли, говорили хорошие слова. Подбежали Мордюкова с Марковой и Сазоновой: — Гениальный фильм, ну замечательно... ой... ой, какой фильм. — Много, много восторгов выразили в самых высочайших выражениях, не хочется перечислять.

Мы пришли в ресторан. Сели. Назаров заказывал. Стали петь. Просили Высоцкого все, без гитары он не поет, жаль, что она не растет сбоку. Перешли ко мне, пою «Мороз», алаверды к Мордюковой. Нонна поет казачьи припевки, чудо, как хорошо. Потом изображает экзамен по вокалу во ВГИКе. Смешно. Все довольны. Поет Сазонова, ее очередь по кругу, очередь возвращается ко мне. Пою по просьбе Назарова «Любезную хозяюшку». Нас не торопят из ресторана. Директриса оказалась моей соседкой, живет на нашей улице, д. 10. Как при таком настроении, и весело, и грустно, не выпить было, и не закурить. Приехал домой почти в три. А в 6 принесли телеграмму: «Ждите машину в 9 часов».

### ■ 6 июня 1969

ГОСПОДЬ НАМ ДАЛ СЫНА!!

Вес 4,5 кг, рост — 53 см. Зайчик чувствует себя нормально, всем довольна.

Благодарю тебя, Господи, благодарю тебя!

### ■ 8 июня 1969

Ну вот. Были у Зайчиков. Говорили по телефону, потом в окошко наблюдали. Первые впечатления матери: «Очень серьезный, ну такой серьезный, похож на Золотухина.. Сегодня стал брать грудь... Вчера приносили знакомить, еще не соображал... Упитанный».

Проблема имени. До ругани спорили с тещей.

В роддоме маленьких кормят чужие матери первые два дня, а то и больше, пока у родной не появится молоко. Идея всеобщего братства наиболее ярко и сознательно выражена в роддомовских отношениях — от разных матерей питаются молочные братья, а чуть подрастут — друг на друга с кулаками. Почему?

Милая моя жена! Я горжусь тобой, дай тебе Бог здоровья и также нашему сыну. Ты держишься героически, с юмором, просто. У тебя должны быть хорошие, добрые дети, пусть они будут в мать и немножко в отца.

Тебе ужасно идет больничный халат, который ты, наверное, как всегда, не так как все — надела, небось, задом наперед и выходит — красиво, нестандартно и под индивидуальность.

### ■ 9 июня 1969

Вознесенский читал «поэмиму», упражнение очередное Любимову на фантазию. А в чем дело, я так и не понял, монтаж стихов, хороших стихов с пантомимическими прокладками, с тональным рядом и т. д. Высоцкий будет петь свои песни... а я?! От «Макенпотта» меня спас Боря, чтоб он не мешал мне в работе над Находкой, от «Часа пик» меня спас Веня, я гляжу, меня в театре что-то от ролей спасать стали, особенно после Кузькина, неужели, думаю, Кузькиным я удовлетворился, тем более что он не идет.

### ■ 12 июня 1969

И, наконец, я отвез в «Новый мир» «Дребезги». Дождь, ветер, я нахлестанный зашел в святилище сов. литературы, дом честных людей. И сдал, даже как-то неудобно, что люди хорошие будут заниматься моей ученической рукописью, хоть и наговорил Гаранин о моем лит. таланте громких слов, но все сомнения одолевают — зачем я отрываю добрых людей от дела? Но Бога молю все равно, а вдруг кому-то понравится, кто-то заинтересуется, ведь бывают же часто чудеса, раз — и наутро проснулся знаменитым... Как Достоевский после прочтения Белинским «Бедных людей».

Сейчас сидел, разбирал партию Спасский — Петросян, болею за Спасского, он на очко вперед, если сегодняшнюю выиграет, на два оторвется, уже хорошо. Ужасно хочется ему победы. Дай Бог ему удачи.

### ■ 13 июня 1969

«Какими дети рождаются, это ни от кого не зависит, но чтобы они путем правильного воспитания сделались хорошими, — это в нашей власти».

*Плутарх, древнегреческий писатель*

Последний день в тиши уединения, никакой тиши, никакого уединения — дни в беготне, в суете, по магазинам. Готовимся, о Господи, завтра привезем наших домой. Как я ужасно волнуюсь, ну как я его брать буду, я упаду от счастья, нажму сильно. Все порожки, выступы в роддоме изучил, чтобы не запнуться, не упасть, самое главное — не упасть, не уронить. Сегодня купил коляску — мужского защитно-сраного цвета, не какую-нибудь красную или нежно-голубую, а именно защитно-сраную! Мужская коляска, кошевка!

### ■ 15 июня 1969

Ну привез. Вчера. Встречали Высоцкий, Лукьянова, Радунская, Корнилова, Чернова и мы с тещей. Ничего, не запнулся, не упал. В машине духота, малыш мяукал, открыли окошко, посвежело — замолчал. Милая моя подруга, жена, Господи, какое у меня нежное к ней, большое чувство. Мама... моя жена стала мамой моего сына, моя жена, мой человек, Господи! Пошли ей здоровья и малышу, конечно, тоже. Были бы здоровые.

Стоит Зайчик над кроваткой и слезами плачет, жалко ей Ваську (теперь решили Дениской звать, сегодня решили, так решила мать, а нам оставалось только поднять руки «за» ), думает, что голодает, что не хватает ему молока, что он устает и не высасывает то, что есть.

Начались веселые денечки. Первую ночь Денис кричал, два раза обделался, раза три описался, но говорят старые люди — от погоды, ночью была гроза, а молодые да старые восприимчивы к изменениям в атмосфере, будем надеяться — Денис исправится и будет по ночам спать, невзирая на дождь, град, метель!

Расти, мой сынок, мой Денис, и будь добрым, это главное. Люди должны быть добрыми, мир спасет доброта. Зло рождает зло.

### ■ 22 июня 1969

Вчера, значит, исполнилось мне 28 лет. Целый день до спектакля я пролежал на тахте, постепенно выходя из большого похмелья. Слетел с катушек, даже не понимаю, что случилось, — выпили в группе и не так много, бывало больше... но, быть может, недельная усталость, недосыпание и взнервленность дали себя знать, я весь ослаб, сник и играть, конечно, «Антимиры» не смог. Хорошо вовремя успел ребят попросить — Веньку, Володьку... работали за меня. Оделся, но на сцену не выходил. Просидел около на ступенечках, завернувшись в кулису. Это ужасно. Нельзя, нельзя так... Может быть, ко всему я отравился табаком. Целую пачку выкурил одну за одной, да еще не закусывал почти никак, без обеда... Что теперь будет мне... Да что бы ни было, не в этом дело. Противен сам себе. И на глаза неохота партнерам попадаться... Вот такие срывы, углубление конфликта в себе и собственное бессилие что-либо изменить приводят к петле, к ссорам в семье, к разладу. Зато «Послушайте» играл великолепно, и в «Вечерке» моя фотография из «Цветов». Все как-то полегчало. Домой после «Антимиров» привез Высоцкий.

Говорят, смешно лежал, закутавшись в кулису, грустно смотрел на сцену и курил. Напротив сидел пожарник и благоговейно смотрел на меня. Оказывается, он ухаживал за мной — давал нашатырь нюхать, тер мне виски.

### ■ 29 июня 1969

Недавно мы вспоминали с Высоцким наше Выезжелогское житье*. Ах, черт возьми, как нам там было хорошо. Поняли только сейчас, и сердце сжимается. Тогда мы были всем недовольны. Я часто повторял: «Кой черт послал меня на эту галеру», — а теперь... Почему-то в памяти вся обстановка нашей избы... стол... на нем, кажется, всегда стояла самогонка, нарезанное сало... лук, чеснок... хлеб. В подполе стояло молоко. Завтрак наш — хлеб — молоко. Конечно, не всегда стояла самогонка... но помнится, что всегда. В кастрюле холодные остатки молоденького поросеночка... Как я сейчас жалею, что мало записывал, ленился.

* ...Выезжелогское житье — в селе Выезжий Лог Красноярского края летом 1968 г снимался к/ф «Хозяин тайги».

Перечень дневных событий, одним словом. Нет, погубила моя привычка делать из дневниковой, быстрой лаконичной записи — литературный труд. Самое приятное расшифровывать. Из одного слова встает событие, день, жизнь, настроение. Ах, идиот. И вообще, наверное, необходимо с дневником, вот таким развернутым, писать записные книжки. Иметь ее всегда при себе, под рукой, класть в карман того костюма, который на тебе сейчас... сколько раз переодеваешься, столько раз перекладываешь книжку со стилом. Дневник и записная книжка — не одно и то же, я зря думал, что дневник компенсирует записки-каждоминутки.

Буду как Толстой. Все, решил.

## ■ 1 июля 1969

Только что Кисель сообщил — сняли Твардовского. Неужели?! Да неужто посмеют?! Вона куда дело-то идет. Господи! Да что же это такое. Долго целились и решились. А мы, интеллигенты, кричали — духу не хватит у них... За ним такие люди... Интеллигенция... лучшие писатели... передовая прогрессивная заграница. Твардовский — великий поэт, гражданин, авторитет. Нет, не захотят они ссориться с народом... Не будут давать печатать желаемое, будут мешать работать, зажимать, потрошить каждый номер... но снять... не посмеют, и вот — финита ля комедия...

А у меня «Дребезги» лежат в «Новом мире». И там про «усатого» борзо написано. Отыщут рукопись и заявятся с обыском. Проверить архив мой и образ мыслей из него составить.

## ■ 20 июля 1969

Артиста делает театр. Гражданское его лицо делается в кровной связи с линией, направлением театра. Большинство артистов Таганки люди своего времени, не равнодушные к политике, к жизни своего народа — граждане. Также и «Современник» и группа Эфроса... Любимов воспитал артистов-политиков, заразил их собственной энергией бойца.

— Кого вы считаете вашим первым учителем в пути на проф. сцену?

— Фомина Вл. Степ., баяниста, заведующего физической лабораторией, вдохновителя и руководителя школьной самодеятельности в нашем селе. Удивительно одаренная личность, самородок, подвижник Такие люди для села — клад. Сколько мы с ним сделали конц. программ, номеров, в каких только точках мы не выступали с ним: и в клубах, и на пасеках, и на полевых станах, и просто в поле на машине, пока комбайнеры обедали... С 11 лет, т. е. с 4-го класса, до окончания школы мы ездили с концертами по нашему району. Он первый внушил, убедил, открыл для меня: «Для того чтобы что-то получилось на сцене, надо вкалывать, вкалывать, вкалывать... задолго до выхода на нее». Он был мой первый наставник, первый мой мастер, первый режиссер...

## ■ 24 июля 1969

Вчера был в «Новом мире». Встретили как блестящего Кузькина. Зам. главного редактора Конторович Алексей Иванович, человек, который крутит все колесо, — пригласил к себе. Сказал: «Зря вы скрываетесь под “Шелеповым”, я узнал вас — вы Золотухин. Надо было сразу принести ко мне... Прохождение у нас очень сложное... отбор строгий. Зная, что это написали вы — мы по-другому бы отнеслись и т. д. «Дребезги» у кого-то на руках. Первые отзывы средние — для вас и для нас». Набрался наглости, оставил у Конторовича все свои рассказы.

Поехал на «Мосфильм». Вчера впервые в жизни сел к телефону и стал звонить работодателям — согласен на любую работу.

На «Мосфильме» встретил Рязанов:

— Тов. Золотухин... Поздравляю вас... видел Кузькина... замечательная работа и режиссерская и актерская... Просто очень здорово, от всей души... Это у меня самое сильное впечатление за последние многие годы.

## ■ 26 июля 1969

24 июля был у Высоцкого с Мариной. Володя два дня лежал в Склифосовского. Горлом кровь хлынула. Марина позвонила Бадаляну*. Скорая приехала через час и везти не хотела — боялись, умрет в дороге. Володя лежал без сознания на иглах, уколах. Думали — прободение желудка, тогда конец. Но, слава Богу, обошлось. Говорят, лопнул какой-то сосуд. Будто литр крови потерял и долили ему чужой. Когда я был у него, он чувствовал себя «прекрасно», по его словам, но говорил шепотом, чтоб не услыхала Марина, — дрисня вдруг черная пошла...

А по Москве снова слухи, слухи... Подвезли меня до Склифосовского. Пошел сдавать кровь на анализ: Володя худой, бледный... в белых штанах с широким поясом, в белой, под горло водолазке и неимоверной замшевой куртке: «Марина на мне...», «Моя кожа на нем».

* Бадалян Левон Оганесович — врач-невролог и друг Театра на Таганке, к помощи которого в экстренных случаях прибегали почти все. Профессор, член-корреспондент Академии медицинских наук СССР.

### ■ 28 июля 1969

Я давно не ездил на машине, в кузове на золотом зерне. Сколько бы дал я теперь, чтобы забраться в кузов, закопаться в это теплое золото пшеницы и тайком вернуться в детство, прокатиться по родимой стороне, подышать воздухом прошедшего, минувшего, взглянуть хоть одним глазком на то, что когда-то было рядом, пронеслось мимо и ушло, кануло навсегда. На золотом зерне по золотому следу, в золотое детство. Еще разок взглянуть на этот сон. Я не успел его рассмотреть. Верните мне мгновение этого сна — я чего-то не рассмотрел главного, золотого, или забыл... может быть. Я хочу вспомнить.

Одолжите мне на мгновение машину с золотым зерном, я скатаю на ней в мое детство.

### ■ 30 илюля 1969

Сидели на лавочке перед павильоном Стржельчик, я, Костя и, как потом узнал, Соломин.

— Что с Высоцким? Правда, говорят, он принял французское подданство? Как смотрит коллектив на этот альянс? По-моему, он (*Высоцкий*) ей не нужен.

«А кто ей тогда нужен и что ей от него?.. Любят они друг друга, и дай им Бог удачи в этом... И кому какое дело, куда брызги полетят».

А с Володечкой-то, говорят, опять плохо, подозревают рак крови. Не дай Господи! По Москве слухов, сплетен...

### ■ 23 августа 1969

Приходят рецензии на «Хозяина». Моего друга везде ругают, правда, вина автора за поражение артиста, но теперь это никому не объяснишь и не докажешь. Автора надо было винить раньше, бить его просто, а теперь что? Вини не вини — актерская неудача, а кто в том виноват — кому какое дело. Обидно. Кажется, вообще Назаров оказал медвежью услугу, предложив Володьке Рябого. А тому не надо было соглашаться. Хотя я, кажется, не прав. Кто мог знать, как пойдет дело. Володя во многом виноват сам, надо было умнее работать.

### ■ 31 августа 1969

Еще неизвестно, как повернутся дела у Полоки. Алексей Леонтьевич сказал, будто я в списке кандидатур на главную роль, куда Полока усиленно тянет Высоцкого. Но этого не может быть, поскольку Полока никогда нас не столкнет с Володькой лбами, зачем это нужно?

### ■ 25 сентября 1969

Сегодня будет досъемка к пробе с Глузским. Колька*: «Я любил тебя вчера, как никогда. Ты кладешь Высоцкого, как хочешь. Даже жалко его становится...» Но Полока хочет утвердить Володю... Моральные обязательства. Да, жалко, что я не сыграю Бирюкова**. Я вижу, как меня все хотят: группа, оператор, ассистенты, сценаристы и т. д. Я не могу откровенно поговорить с Полокой. Но у меня точное знание: Володе не надо играть Бирюкова, лезть в такие герои. Это народный тип, народный характер. У Володи нет качеств такого типа. Ему надо Байеров играть. У него нет обая-

* Колька — Николай Конюшев, второй режиссер у Г. Полоки на к/ф «Один из нас».

** Бирюков — главная роль в к/ф «Один из нас», сыгранная Г. Юматовым.

ния такого качества, он вообще-то не очень обаятелен на экране. Помоему, играть Бирюкова — окончательно скомпрометировать себя для Володи. Глаза нет. Глаза не те для такой роли. Текст написан так заштатно, кондово, по всем штампам а-ля рюсс. Это надо каким тонким артистом быть, чтобы он прозвучал в устах героя и не резал, не стрелял в ухо. Грубятина получится, хохма и пошлость полезет. Вот что может получиться. И тогда все обвинения и опасения, которые сейчас несколько настороженно высказывают напуганные эксцентричностью, хохмачеством сценария деятели, могут вылезть с чудовищной силой. Бирюков должен стать современным Чапаевым, народ должен его полюбить, мальчишки должны заиграть в него. Иначе на кой хрен огород городить? Актера ванинского плана надо искать на эту роль, то есть брать Золотухина, и точка. Но, честно говоря, у меня и груз спал с головы, когда я понял, что мне не светит, что это была шутка Полоки...

### ■ 27 сентября 1969

Вчера играли «Галилея». Первый раз «выступал» в этом сезоне Высоцкий. В партере — Марина Влади и пр. Хорошо играли мы, молодцы.

Почему-то я вспомнил. Репетировали в начале сезона «Доброго», финал. На сцене все участники. И зашел разговор о Высоцком, очевидно, в какой-то связи с оставшимися, старыми пьяницами. Шеф говорит, что его (*Высоцкого*) положение катастрофическое, врачи отказываются, не могут понять причину кровотечений. «Не берите грех на душу, не давайте ему водки, как бы он ни умолял. Есть у нас охотники выпить за чужой счет». — «Среди артистов нет таких...» — «Да знаю я...» — «Свинья грязи найдет...» Васильич и Таня заспорили. Танька говорит:

«Я знаю, кто ему налил в автобусе с выездного коньяку». — «Таня, да брось ты. Ты первая ему и наливала. К чему вообще такие разговоры?» Шеф: «Нет, Анатолий, не могу с тобой согласиться. Пока мы ведем еще такие разговоры, это означает, что мы живем, что нам не безразлична судьба товарища».

### ■ 1 октября 1969

Вчера состоялся худсовет у Полоки. Мы играли «Галилея» и весь спектакль с Высоцким ждали звонка — тихо. Если бы было все нормально — Высоцкого утвердили бы на Бирюкова, меня на Громова, — уж обязательно дозвонились бы, даже приехали к концу спектакля... Но никто из группы не дал никакого о себе знака. Володя стал нервничать. Меня же перспектива играть Громова не радует. Ну, утвердят — так утвердят, и раз того хочет Полока, я сработаю Громова, но душа у меня не лежит... И я даже буду рад, если не буду в этом участвовать в таком качестве.

Вчера Высота собирался к шефу на день рождения. Меня не позвали, хотя я и не был с утра в театре, однако ж «обидно»...

### ■ 2 октября 1969

У Полоки не утвердили Высоцкого. Меня на Громова он даже и не выставлял, и не распространялся, поскольку понял полную непроходимость. Весь конфликт в том, что мы — театральные артисты, а объединение — киноактера. Санаев* сказал: «Только через мой труп будет играть

* Санаев Всеволод — киноактер. В разные годы председатель Всесоюзной комиссии киноактеров, секретарь правления Союза кинематографистов.

Высоцкий, до ЦК дойдем». Но там Туманов* отколол номер. Ему понравился Золотухин, он сказал: «Я вижу в Бирюкове только Золотухина... Какие могут быть сравнения с Высоцким... Но жаль, что он не из Театра киноактера». Короче: вся бодяга передается в Комитет, и сегодня-завтра будет смотреть Баскаков** и решать.

Меня все время не покидает уверенность, внутренняя убежденность, что Бирюкова буду все-таки играть я. И хочу, и боюсь этого. Но все-таки умом понимаю, что Володе это нужнее во сто крат. Ему нужен этот простой советский герой. А я удовлетворюсь номером, вроде того, что изобразил в «Пути в бездну»***

## ■ 4 октября 1969

На «Добром» — звонок. Полока — Конюшев: «Дела важные. Для Володи скверные. Наверное, тебе придется делать то, что должен был делать он. Надо встретиться, сегодня же... пока без Володи... как ему сказать, выработать план разговора, действий...» Сижу на телефоне, мимо ходит Володя, играет гениально Летчика, что-то, очевидно, чувствуют его гены, в воздухе драма, я за его спиной звоню, говорю в трубку, что ни Полока, ни Кулиш**** понять ни хрена не могут...

У Саввы в новой, кооперативной. Совет в Филях: Полока, Золотухин, Кулиш, Конюшев, Щеглов... «Либо

* Туманов Семен — кинорежиссер.

** Баскаков Владимир Евтихианович — в то время (1962–1974) 1-й заместитель председателя Госкино СССР А.В. Романова. Киновед, автор книг и статей по вопросам кино, а также военных повестей, доктор искусствоведения (1979).

*** «Путь в бездну» — рабочее название к/ф «Бег» (реж. А. Алов и В. Наумов).

**** Кулиш Савва — кинорежиссер.

Полока на картине, либо — если он будет отстаивать Высоцкого — ни его, ни Володи. И в дальнейшем Полока ему уже помочь не сможет... ничем, ибо будет архизапятнанным и отвергнутым... Полковник Кравцов встречался с высоким лицом из КГБ — Бобковым. Тот пообещал оторвать башку Баскакову и Романову, если те утвердят Высоцкого... и «дело не в его песнях... а в его поведении».

А мне кажется, еще и в народе... Кумир нарушил правила игры. Любовь и роман с Мариной обернулись ему ненавистью толпы. Толпа не может простить ему измену с западной звездой.

Хмельницкий просит очереди играть «Галилея», устроил скандал, не хочет разговаривать с Высоцким. Ну как это назвать? Несчастье человека, театра — он выручил, ну и хвала ему, зачем лезть в первые исполнители?..

## ■ 5 октября 1969

Высоцкий вчера был снова пьян. Звонил Абдулов* Смехову: «Веня, я беспокоюсь только за театр. Со здоровьем его относительная норма. Смерти не будет, это главное».

Полока говорил с ним. Володя все знает. И о том, что Гена думает обо мне как о Бирюкове, и о нем как о Громове... «Я согласен на любую роль в этой картине. Для меня это обеспечение дальнейшей работой, улучшение моих дел».

## ■ 6 октября 1969

Странный разговор состоялся вчера с Полокой. Кажется, я распрощался с мечтой стать народным «героем» Бирюковым. Полока напрочь отказался от Володи.

* Абдулов Всеволод — актер, сокурсник В. Высоцкого по Школе-студии МХАТа и его друг.

— Я уже ничем не могу ему помочь. Он подвел меня и себя. Два дня не мог подождать. Ты знаешь, сколько я сделал для того, чтобы он сыграл Бирюкова. Человек не понимает. Он ведь проживет на своих песенках, в театре с ним носятся как с писаной торбой... А для меня закроются все двери в кино, если я потеряю эту картину. Я не могу даже и заикнуться теперь о какой-нибудь роли для него. Там уже знают, что он развязал, когда точно это случилось, что он не играл второй спектакль, когда, до часа точности, он развязал на «Интервенции» — все ЗНАЮТ... «Советского разведчика, чекиста будет играть алкоголик, человек, скомпрометировавший себя аморальным поведением, бросивший двоих детей?! Позвольте! Ведь надо когда-то и отвечать за свои поступки...» На него несколько дел с соответствующими материалами, которые в любой момент могут быть пущены в ход... Меня убила одна фраза. Раньше он не мог так со мной разговаривать: «А теперь я пойду спать, мне нужно отдохнуть к вечернему спектаклю». Он растеряет своих друзей, он их начал терять. Даже его компания относится к нему с юмором, не всерьез, в лучшем случае жалеют, когда он что-нибудь теряет...

Пока он говорил о Володе, я все думал: а что же я? Какова моя-то участь на сегодняшний день? Почему так долго он говорит о Володе? Почему, зачем срочный вызов меня? Раз он долго говорит о своем решении расстаться с Володей, то должен хоть как-то кивнуть в мою сторону. Ведь пообещал он мне Бирюкова, как само собой разумеющееся, если не будет Володи, подтвердил окончательно на «худсовете» у Саввы Кулиша свое решение, а теперь тянет, мрачнеет, крутит.. Я стал догадываться, что моя персона снова под большим вопросом и Полока осторожно ищет пути, как об этом мне намекнуть. Приучает к плохой мысли... Чтобы не он высказал ее, а чтобы она зародилась у меня сама, чтобы я догадался. Я давно был хитрым и, конечно, все понял...

— Я буду пробовать еще одного-двух.

— Кого?

— Губенко дали сценарий...

Ну вот и развязка. Губенко популярен в высших киношных кругах. Его кандидатура была названа первой. Сам Сурин* навязывал его Полоке. Один раз он вроде бы отказался, но теперь взял сценарий и тянет.

Володя уехал в Батуми на четыре дня. Отдохнуть, привести себя в порядок.

## ■ 12 ноября 1969

Почему Высоцкий быстро и на таком высоком уровне заменил Губенко во всех спектаклях? Потому что, когда он в форме, он профессию держит, что называется, одной левой: как он двигается, он выполняет трюки мастера спорта, как он говорит. Всему этому необходимо подражать, ничего в этом дурного...

## ■ 20 ноября 1969

Одна девчонка пришла наниматься в костюмеры.

— Я, — говорит, — хочу Высоцкого каждый день видеть.

— Ну, идите отсюда!

* Сурин Владимир Николаевич — в то время главный директор к/с «Мосфильм».

Часть вторая

# МОЙ ВЫСОЦКИЙ

## 1970

### ■ 21 января 1970

Почему-то все ругают «Опасные гастроли», а мне понравилось. Мне было тихо-грустно на фильме, я очень понимал, про что хочет сыграть Высоцкий.

### ■ 16 марта 1970

— Ю П., мне нужно с вами поговорить... Только вы можете мне посоветовать и помочь. Можно, мы приедем к вам с Мариной?..

— Какой Мариной?..

— Ну... с Мариной.

— А она здесь? Я думал, она уже уехала.

— Нет, она здесь

— Ну приезжайте, я завтра закончу репетицию в три часа и поговорю.

— Валерка! Ну почему мы с тобой не можем встречаться?! Я говорю Марине: поедем к Валерке, спросим у него, как нам жить.. Но у тебя свои дела, тебе самому...

— Я скоро повешусь от одиночества, Володя!

— У меня такая трагедия... Я ее вчера чуть не задушил. У меня в доме побиты окна, сорвана дверь... Что она мне устроила... Как живая осталась...

...И вот сегодня висит объявление: «Внимание! Возможна замена «Доброго человека». Всем артистам узнать в 15 часов. Власова».

Ждем трех часов.

...Идет «Добрый человек», Володя пришел в полном порядке, так что — все нормально.

Вчера Володя соединил нас с Мариной:

— Когда мы допоем наши неспетые песни? Что происходит? Почему мы не встречаемся?.. Ты очень добрый, Валерка.

Сегодня день рождения Шацкой. Поздравление Высоцкого:

Конец спектакля! Можно напиваться!
И повод есть, и веская причина.
Конечно, тридцать, так сказать, не двадцать!
Но и не сорок, поздравляю, Нина!
Твой муж, пожалуй, не обидит мухи.
Твой сын, еще не знаю, может, сможет!
Но я надеюсь — младший Золотухин
И славу, да и счастие умножит.
И да хранит Господь все ваши души.
Вагон здоровья, красоты хватает!
Хотелось потянуть тебя за уши!
Вот все! Тебя Высоцкий поздравляет.

## ■ 3 апреля 1970

Да, вчера играли лихо... Высоцкого в театре нет, он, может быть, на другом континенте.

## ■ 17 мая 1970

Дня два назад звонил Высоцкий. Несколько не по себе мне было, стыдно: за два месяца его лечения я ни разу не побывал у него в больнице.

— Как дела? Как что? Как «Что делать?»?.. Кто репетирует? Лена или Таня? Валерик! Я тебя прошу, поговори, пожалуйста, с шефом... мне неудобно ему звонить... скажи ему, что я перешел в другую больницу, что мне обещают поправить мое здоровье и поставить окончательно на ноги. Я принимаю эффективное лечение, максимум пролежу недели две — две с половиной и приду играть... что я прошу у всех прощения, что я все понимаю... благодарю за «Гамлета»... поговори и с Дупаком... Ну, в общем, ты знаешь, что сказать... Готовься к Лаэрту...

— Ю.П., я говорил с Володей. Ему неудобно вам звонить. Он просит его простить... очень хорошо лечится и в смысле язвы, и в смысле другого пункта. Просит поверить ему, что все грехи он замолит отчаянной работой...

— Ну, вот придет, посмотрим... Я скоро сбегу от вас, плюну и уйду, честное слово, вы мой характер знаете... Нас закрывают, театр в отчаянном положении, а он устраивает загул... бросает, плюет на театр, куда-то летит, в Одессу, о чем он думает? Вы бы поговорили с ним по-мужски, с глазу на глаз, объяснили бы ему, чем чреваты его безобразия...

— Он благодарит за «Гамлета»...

— А что, он думает, что после всего этого я доверю ему такую работу? Наивный он человек.. Он не играет «Галилея», а я ему дам «Гамлета»?!

— Он просит разрешения позвонить...

— Пожалуйста, пусть звонит.

## ■ 1 июня 1970

Вчера у меня был Володя. Говорили с ним по душам. Все он мне рассказал, про всю свою жизнь, про все свои дела. Мы нежно любим друг друга. Он говорил: «Есть у каждого человека один-два друга, которому можно рассказать, что ты заболел сифилисом. Хочу, чтобы ты сыграл Горацио, но у Лаэрта линия интереснее, это второй Гамлет, только без проблем». Володя окончательно остается с Мариной.

Володя горит «Гамлетом», рассказывал, как он придумывает играть и т. д. Очень хвалил меня за Лопухова*. Это

* Лопухов — роль Золотухина в спектакле «Что делать?».

за субботнюю репетицию, когда смотрел Ю. Карякин и шеф сказал: «Валерий сегодня хорошо репетировал».

В о л о д я: — Это прекрасно, что ты из г... делаешь хорошую роль. Я понял, что даже г... надо играть хорошо, артист высокого класса тогда получается. Как Фима Копелян. Гога* ему дает завальные роли, он знает, что кроме Фимы никто не вытянет.

### ■ 2 июня 1970

Мы с Высоцким пришли к выводу, что если кому-нибудь из нас поставят памятник за наши актерские создания, так это Зинке. Никакое кино, никакая другая наша посторонняя деятельность не вызовут в потомках такого уважения и почитания, как наша жизнь в Таганке. И здесь Зинаиде равных нет. Ее Шен Те и Ниловна обрели жизнь, не боящуюся физической смерти актрисы...

### ■ 27 июня 1970

Нет, лето не пройдет даром, все, что ни делается, все к лучшему... буду готовиться и, чем черт не шутит, возьму да и подам заявку на «Гамлета», а что я уж должен так остерегаться дружбы? Что делать?! Я чувствую, что могу. В разговоре с шефом сказал:

— Я удивлен слухами о Кваше.**

— А вы считаете, что у нас есть Гамлет?

* Гога — Георгий Александрович Товстоногов, главный режиссер Ленинградского академического Большого драматического театра им. М. Горького.

** ...слухами о Кваше — Ю. Любимову советовали пригласить И. Квашу на роль Гамлета.

— Думаю, что есть... по крайней мере уверен, что «может собственных Платонов и быстрых разумом Невтонов Таганская земля рождать».

Первый раз за шесть лет хочу спросить: а что мне предстоит сыграть в «Гамлете»?

— А что бы ты хотел?.. Ну, Гамлета, а еще?..

— Не знаю, что дадут...

Поговорили о других ролях, примерную раскладку прикинули, я опять с вопросом:

— А что буду играть я в «Гамлете»?

— А что бы вы хотели? Ну, Гамлета, а кроме?..

— Трудно сказать...

Опять ушел разговор, сперва на чиновников, потом на «Зори здесь тихие»:

— Я тебе скажу откровенно, тут должен быть мужик типа Антипова, Шаповалова* — натуральный, большой кирпич.

— Да-да, конечно... здесь лучше им, а что в «Гамлете»?

— Что бы ты взял? Ну, Гамлета, а что другое?.. Так мы и сыграли друг с другом вничью.

Мы сошлись с Зинкой. Она мне архипомогла в Лопухове... В театре рассматривается такой альянс как роман... Не дай Бог, меня шеф включит в кандидатуры гамлетистов, а такое вероятие есть, просто дисциплинарный, удерживающий Высоцкого ход, и думаю, что даже Высоцкий может вообразить, что это лапа Славиной, что это она шепнула шефу за меня.

### ■ 28 июня 1970

Мне 29 лет. Это случилось 21 июня. Накануне — «Павшие». Высоцкий подарил мне рубашку синтетическую, симпатичного светло-шоколадного цвета, если такой бы-

* «...типа Антипова, Шаповалова...» — Феликс Антипов и Виталий Шаповалов, актеры Театра на Таганке.

вает. Я тут же снял с себя свое и надел его. Год назад ровно он подарил мне брюки, они были на мне, я получился весь в «Высоцком».

### ■ 3 сентября 1970

Вот такие невкусные пироги. Вчера мы начали седьмой сезон. «10 днями». Размочили. Спел вводом Портрет*. Шеф поблагодарил: «Хорошо, очень, спасибо». Володя играл совсем охрипший, но здорово.

### ■ 7 сентября 1970

А позавчера в кабинете шефа состоялось тайное распределение ролей в «Гамлете» и «Зорях». Кажется, я получил Лаэрта — пусть будет так.

### ■ 17 сентября 1970

Нам разрешили «Что делать?». Узнал об этом от Высоцкого, которому 14-го, в день моего загула, звонил в театр, чтобы в любви ему объясниться.

### ■ 28 сентября 1970

Репетиция «Гамлета». Шеф рассказывает, как он вчера снимался.

— Мхатовский актер — некультурный, темный человек, но оснащен системой, это ужасно...

— Алла! Вы нарочно так, или я не понимаю?

Не выбрасывайте старые вязаные свитера, я хочу, чтобы гамлетисты были в шерсти.

* Спел... Портрет — Имеется в виду эпизод в спектакле «Десять дней...».

Вчера Володя:

— Мне надо с тобой поговорить по личным делам, опять у меня полное смятение... Я не могу видеть, как она переживает. Не здоровается со мной. Вчера она видела — я еду в белой своей машине мимо, она стоит одна, ловит такси, глотает дым моей машины и слезы, я думаю. Я не могу, что-то надо делать, я мучаю ее — невозможно в одном театре работать, ведь я предлагал ей — давай я тебя устрою в хроший театр, на хорошее место, в «Сатиру», например. Она сказала: «Если ты хочешь, я завтра же пойду к Ю.П., поговорю и уйду куда-нибудь». И Марина чувствует... вдруг что-то сделается с ней, остановится и с такой тоской... Мне кажется, что Танька* чуть в обморок не упала, я представляю себя на ее месте.

— Вовочка, ты преувеличиваешь, я тебе сейчас разрисую истинную картину... Неужели ты думаешь, что она не знала, что на спектакле была Марина, что вы приехали на белом «Рено» и что мы вместе уехали. Она знала, что у тебя машина, она видела Нину М., она долго стояла, ловила такси, но не подняла ни разу руки, она ждала, когда ты промчишься мимо на белом автомобиле, и, зная тебя, прекрасно рассчитала эффект. Ей трудно, ей тяжело, наверняка она переживает (*на полях: она играет спектакль*), но она рассказывает девкам, как она разведет вас через два месяца, как она тебя испепелила и как она тебя держит за яйца... Ты мне ничего из постельных деталей не рассказываешь, у мужиков это проще, а я от своей бабы узнаю про ваши интимные дела. Зачем это?! Зачем эта болтовня, значит, чувство не так глубоко, не так оскорблено... Она не так одинока, как тебе кажется... Она устраивает из ваших отношений спектакль. Ты представь картину: у подъезда театра — зрители, она... фаворитка

* Татьяна Иваненко, актриса, у нее от Высоцкого дочь.

Высоцкого... брошенная, одинокая, но гордая... нищая, обворованная тобой, и ты — знаменитый, богатый, на иностранном белом авто мчишься мимо и забрызгиваешь ее белый плащ грязью из-под колес — это сцена из западного кино сопливого шедевра с резанием вен в ванной, отравой и пр.

— Ты пойми, мы не просто спали, мы жили, как муж с женой. Из-за нее я разошелся с Люськой.

## ■ 3 октября 1970

30-го вечером ездили с Володей в Лыткарино. Выступали перед сеансами «Гастролей». Говорили об этом фильме:

— Там много личного, Володиного. Много про нас, про артистов. Ужасно грустный фильм, для меня лично. Потому что он и про меня тоже. И так же, как Володин персонаж, я бегу, бегу, жду от каждого концерта, спектакля какого-то чуда, а его все нет... а я бегу за ним, догоняю... И Володя бежит... и тоже догоняет...

Володе дали 120 р. Мне четыре ставки через кинопропаганду и бутылку чистого спирта.

## ■ 4 октября 1970

**О случае**

«Юноша, мечтающий о большой любви, постоянно научается пользоваться случаем». Цветаева. «Мой Пушкин». Читаю эту бабу. И вздрагиваю почти над каждой строчкой, как от удара, как от выстрела. До того под кожу, под корку каждая мысль впиявкивается: «начинает... нет, не начинает, а именно — НАУЧАЕТСЯ пользоваться случаем... Случай-случай! — случка — научается пользоваться случкой. А мечтал о большой любви.

Не тот ли юноша и я. Я, АКТЕР, мечтающий о большой роли, о прекрасной роли, постепенно научаюсь пользоваться случайными, первыми попавшимися предложениями. И самое страшное — УДОВЛЕТВОРЯЮСЬ ими. Лишь бы мелькала изредка фамилия в титрах, на страницах и продавалась бы физиономия на каждом перекрестке. В нашем деле многое от него, от этого случая, зависит и происходит. Но не всякий случай есть тот, которого ждешь и от которого ждешь. Но сразу не узнаешь. Случай свел меня с Назаровым. И он стал снимать меня, он на меня поставил и сделал меня знаменитым. Но я попал в его круг. Круг середины, круг серости, по крайней мере так говорят те, кто считает себя в Гамбургском кругу: Данелия, Таланкин, Кончаловский, Тарковский... И они не хотят связываться со мной. На мне клеймо: «Он снимается у Назарова». То, что я снимался у Полоки (Как мне необходима сейчас гласность этой работы), у Роома (тоже по их мнению, не делает мне чести), Хейфеца — мало горя. Главное — актер Назарова. Не знаю — плохо это или хорошо. Насколько плохо и насколько хорошо. Что мне в результате принесет этот союз? Если бы меня случай свел с режиссером другого круга? Как сложилась бы моя теперешняя судьба? Или я достоин того, чего имею?

От этих случайных встреч и стирается лицо. Эти случайные встречи, случайные роли и создают твой портрет в глазах современников.

Золотухин? Это тот, который милиционер?!

Милиционер!! А я хочу Гамлета играть. Допустим — Гамлета! Но после милиционера это смешно. Это как Ильинский — Ленин, а пан Владек — генерал Епишев. Классический пример: Петя Олейников — Ваня Курский — и он же — ПУШКИН! И все смеялись. И приняли за шутку. ЛИЦО!! От него никуда не спрячешься, от этого своего искусственно навязанного в погоне за славой попутными, случайными встречами — лица. Потом ты к нему привыкаешь. Смиряешься и прекрасно себя чувствуешь со вторым, этим уже своим лицом. Тут же вспоминаю Мордвинова: «Лицо-то какое хорошее!» (По времени это было тогда же, когда — «какой был парень!»). Бойся кинематографа. Он использует и выбрасывает. Выбрасывает, стерев твое лицо и дав взамен лицо кинематографическое — то есть обезличив. «Ленфильм» предложил мне сценарий. Лесков — «Тупейный художник». Жена говорит: «Вряд ли они заинтересуются всерьез тобой. Вот если бы это было во времена «Пакета», когда ты был моloденький, наивный». Да ведь это всего пять лет назад. И потом — почему Аркадий должен быть молоденьким, этаким Лелем. У Лескова ему за 25. Он — мастер. Это трагедия крепостного таланта!! А мастер не может быть мальчишкой. Мальчишки в подмастерьях ходили долго. Уже мужами сделавшись. Не все, конечно. Аркадий постиг тайны, секреты дела. Этот случай пройдет мимо меня. Да может, не его я жду.

## ■ 18 октября 1970

**Возвращение**

Никогда, кажется, я не чувствовал такого холода и пустоты, как вчера, когда переступил порог своего дома. Ключ не открывал, погнутый при откупоривании клея. Пришлось звонить. Открыла жена в пеньюаре, сонная — «Валерка!..» — и снова ушла в постель. Постоял, оглядел прихожую — новые занавески. Прошел на кухню — на столе грязная посуда, опивки кофе от трех персон. Под столом пустые бутылки... в холодильнике пусто, жрать нечего. Зашел в спальню. Пустые бутылки валяются на полу, зеркало забрызгано воском, нагаром от свечей, около постели сапоги: хорошо — женские, не мужские. Стол мой разворочен, пианино заляпано — следы грандиозной попойки... окурки, вонища невообразимая. И так мне сделалось все равно. Собрал я свои манатки — и на улицу. В театр. Единственная отрада, единственное утешение — вспомнил, что вечером спектакль. Что я играю, что я возьму сейчас гармонь, выйду к зрителям и спою: «У меня жена, ой, красавица, ждет меня домой, ждет, печалится!» — А никого у меня нет, и никто меня не ждет, и никому я не нужен, кроме моих ролей и зрителей, которые любят меня и ради которых жив артист. Одиноко, как псу. Где-то далеко под сердцем — нет, ты не один! — Кто это? — Твой талант, я с тобой, и мы еще ого-го! Мы ребята не вшивые... Ждали меня и письма от двух Фоминых. Степаныч хвалит нашу жизнь с Ниной: «Ты мотаешься, как кобель, по стране, а она тебя ждет, верит, любит, какой ты есть... Я думаю, она знает, с кем она живет, а я промолчу». Ему представляется наша жизнь благополучной, красивой вопреки, допустим, разбитой, трудной, жестокой жизни Володи Высоцкого. Пусть думает. Я не стану его переубеждать. Володя сложился у него из легенд, из песен, как у миллионов других. И пусть он будет легендой.

### ■ 4 ноября 1970

Итак, я ввязался в это сражение. Идет «Добрый». Я заставляю себя писать на «Добром». Есть время. В другое время суток это становится все сложнее и сложнее.

Вчера встретил на «Мосфильме» Можаева. Еще издали заметил, что взгляд твердый и ноздри в стороны. Хотел свернуть, но он уже меня заметил. Мне ничего не оставалось делать, как обнажить свои зубы, надеть обаяние — «Ба, дорогой...» — А он сразу: «Что же, подлец, всем там распространяешь, что снимаешься в можаевской халтуре...».

— Кто это вам сказал?

— Не важно. Сказали. Что же ты плюешь в колодец, из которого пьешь... ты смотри, а то как вдарю, очутишься на той стороне асфальта...

— Злые языки страшнее пистолета... Не верьте, дорогой... Между нами вбивают клин, обычная история... Я свою работу квалифицирую как халтуру... Ведь вам не нравится, как я играю, и мне самому противно на себя смотреть...

Ну ладно, все выровняется... когда начнутся игровые сцены. А что там Максакова выпендривается?.. Да пусть они возьмут Нинку... Сыграет она, она даже больше подходит...

На столе лежат листки теледела.

Победа осла, или ошибка зебры?

Газеты сообщили об огромном достижении человеческой мысли — скрестили зебру с ослом. Получившийся плод назвали зеброна. Случилось это достижение в Югославии. Да, до чего дошло человечество в своем стремлении к познанию мира. Но я не понимаю, почему это победа человека, когда это победа осла, а скорее — ошибка зебры. По пьянке не разобрала, напоили девку...

## ■ 6 ноября 1970

Сегодня Демидова обманом заманила меня на репетицию «Гамлета».

Л ю б и м о в:

— Нас посетил тов. Золотухин. Давайте что-нибудь порепетируем, чтобы тов. Золотухин не зря потерял время... Тов. Золотухин, вы вчера играли лучше (*Лопухова*)... значит, наши разговоры пошли на пользу... А как ваши ощущения?

— Мои ощущения были самые приятные, извините, конечно... за ощущения.

### ■ 14 ноября 1970

Не управляю я своею жизнью. Все по инерции, «как пуля на излете, пуля, потерявшая цель».

— Зачем ты радуешь своих врагов, зачем ты последнее время ходишь мрачный, грустный? Не гневи Бога! Ты в хорошей артистической форме, у тебя роли и в театре, и в кино... Слава Богу, с тещей все обошлось, у тебя семья, сын... Это мне надо быть таким мрачным, это я испытываю удар за ударом...

— Удары проходят... бывает их несколько сразу, и они могут убить — это понятно... Но хуже затянувшаяся беда... сидит глубоко где-то в самом дальнем углу души и растет, растет, прибавляется, как обрубок иголки, который блуждает по крови и неумолимо приближается к цели...

— Не гневи Бога, Золотушка, не гневи... Он может ох как разгневаться, и тогда поздно будет.

— Тогда я вступлю в партию. Меня уж какой год уговаривают, а я все отвиливаю к противоположному берегу... Хотя коммунист Любимов часто поминает Бога: «У каждого свой Бог, он есть обязательно, все дело — что понимать под словом “Бог”». Так что и коммунистам не запрещено думать о Боге.

Великие умы задумывались над этой проблемой и приходили к выводу — нет, все-таки что-то там есть, не может того быть, чтоб не было. Павлов, выходя из церкви, перекрестился, а солдат, стоявший на часах, вслед ему: «Вот темнота!»

Сегодня ночевала у нас Лариса — протеже Зинаиды. Чудная девчонка. Приехала из Томска в театральное училище. С первого прошла на третий тур. Не поступила.

Явно девка талантливая. Показывалась к нам в театр. Смешно, говорят, очень читала письма матери родной. Пела под Орлову, Шульженко... удивительно музыкальный человек. Но лицо — полная луна, хотя с большой изюминкой. Любимов звонил Захаве. Тот обещал ее на будущий год взять. Девка не поехала домой. Написала, что учится во МХАТе кандидатом.

— Если не поступлю на будущий год, утоплюсь, попомните мои слова. Назад мне возврата нет.

Теперь надо устраиваться на работу. Где есть общежитие. Пока, до того как устроится, поживет у нас. Поможет с Денькой. Сейчас он гуляет с ней на улице. Я уж и за нее боюсь. Простудится, голову вымыла. Зинаида ведь тоже первый год не поступила. Год работала штукатуром. Лариса хочет повторить этот подвиг. Дай Бог ей удачи.

— Вы знаете, Готлиб М., что-то со мной творится непонятное... Я очень неспокоен стал перед камерой... Исчезла естественность и свобода... Я все время думаю не о том и мандражирую... Раньше для меня камеры не существовало... а теперь — я стараюсь быть естественным, простым — и безбожно наигрываю. Все какое-то деланное получается.

— Не волнуйся, это хорошо. Значит, ты перешел в иную творческую требовательность и неуспокоенность к себе... А это пройдет... Когда ты укрепишься в этой требовательности, придет и былая естественность, но уже высшего качества — качества сознательного мастерства, а не случайного попадания.

## ■ 16 ноября 1970

Кошмарные ночи начались. Денька спит плохо, часто просыпается, вскрикивает, закатывает истерики, дерет себя ногтями... что ему снится? Междуреченск, баба Федосеевна, Оля?.. Боится почему-то темноты. Боюсь — уж не напугали ли они его чем? Такой нервный парень, избалованный... Чуть что — и в крик. Голова пухнет.

Вчера хорошо играл «Мать». Шеф сделал после спектакля — кому замечания, кого похвалил — мне же не сказал ничего. Даже традиционного замечания по кадрили не сделал. Только я поднялся к себе в гримерную. — «Тебя шеф зовет». — «Валерий, тебя позвали? Я просто хотел тебе сказать, что ты хорошо работал... по живому, очень правильно...»

— Спасибо — стараемся.

— Нет, но иногда ты мне начинаешь так болтать, халтуры тебя довели, что ли... знаменитый мой лозунг — а-тю, ти-тю, ти... ты, матросик, не ругайся... А я хочу, чтобы ты постигал вершины мастерства...

(*На полях*: — Спасибо, Ю.П. Это было очень душевно сказано. Я был тронут до нутряных слез.)

### ■ 21 ноября 1970

Вчера удачный для меня «Что делать?». Были Флеровы. Пришли за кулисы, принесли цветы, а дядя Женя сказал:

— В тебе, милый, появилась внутренняя красота, она и была, но теперь куда богаче. Ты понял меня? Внутренняя красота, растешь, растешь, дорогой...

Это хорошо, если расту. Может, и вырасту еще.

19-го на «10 днях» был Полока. Поехали после спектакля к Володе и Марине. Марина была очень рада, жарила мясо, хозяйничала... С Геной они высосали штоф столичной экспортной водки. А мы решали, что делать теперь Полоке, за какое полотно ему браться теперь. Мнения наши разделились: Володя предлагает вторую «Интервенцию», я — за нормальную, хорошую советскую картину, потому что «Один из нас» — это все-таки плохо. На премьере фильма в Доме кино Донской с трибуны при полном зале объявил «Интервенцию» выдающимся произведением не только советской, но и мировой кинематографии и что, несомненно, она еще найдет дорогу к зрителям. Это сказала Марина, она была при сем.

А перед «10 днями» я выступал в матросском костюме в клубе «Текстильщиков» на устном журнале. Было страшновато выступать после Д. Бонда и Бельмондо, но как было приятно, когда ведущий объявил: «Кому не полюбился милиционер Василий Сережкин из фильма «Хозяин тайги»... (шум, аплодисменты). Исполнитель — В. Золотухин — овация...» обделал для начала западный кассовый кинематограф и рекламу выдал советскому. 25 рублей положил в карман. Итого, за два концерта — 50 руб. минус такси и пр. — рублей 40. Купил вчера себе туфли концертные, так я их именую, за 35 руб. Больше всего меня привлекла тисненая надпись на подошве — МАСТЕР. Когда ты мастер, тебе никто не скажет «тьфу». Костюмы мерял, но опять старая проблема — длинные, нестандартные руки. Полы в меру — рукава по локоть, рукава в меру — полы по колено. Решил шить. Возьму материалу в кредит, да отдам Володе — пусть развлекается.

Вчера у меня был Р. Фоменко. Хочет вернуться в театр. Надоело благополучие ТЮЗа. Посоветовал писать письмо Петровичу со всеми психофактическими выводами, заключениями, причинами ухода и возвращения.

Пришел вчера в Малый на телехалтуру. Никто меня не встретил. Я поднялся на четвертый этаж в репетиционный зал. Посидел в сумерках немного, хотел развернуть оглобли, а потом подумал; да почему я должен уходить, кого-то ждать, почему мне не поработать одному? Включил софиты, расставил мебель и пошел в прогон один, без партнеров, без режиссера. И так мне хорошо было: набрался воли, сил и работаю. Давно я так не работал, один... по тексту, с воображаемым хозяйством всего спектаклям, и доволен остался чрезвычайно собой — мудрое было принято решение... а налажал я. Сегодня у нас встреча в 16 часов, а не вчера.

### ■ 23 ноября 1970

Сергей Подколзин* дал тезисы диалога со Смеховым для будущей газеты.

— Сережа! Ты видишь вон тот портфель. Это мой портфель. В нем минимум кг 5. Вот уже третий день я бегаю и не могу в него заглянуть. Я даже не открываю его и в метро, не получается. А в метро я два года назад «Войну и мир» прочитал за два месяца. Но я все таскаю эту тяжесть за собой и все надеюсь, что загляну где-нибудь в передышке и чего-нибудь почитаю... А в нем есть кое-что хорошее...

— Валера! А как ты думаешь, твоя беготня имеет какой-нибудь смысл, цель... Может быть, бросить ее к чертовой матери да сесть, успокоиться и почитать действительно из этого портфеля чего-нибудь — Достоевского, Золотухина... может быть, беготня — это как раз то, от чего надо убежать?

— А зачем? Зачем бросать беготню мою?

— Для того чтобы строить внутри себя духовное здание, выделать из себя человека...

— Так для этого, я думаю, беготня не помеха. Беготня — это моя жизнь. Другой у меня жизни нет, выбрать я не имею возможности другую. Вся задача — организовать то, что имеешь. Вот бегу я на съемку — сел в самолет, и — пожалуйста, — два часа строй свое здание, что тебе ме-

* Актер Таганки.

шает.... Какая разница, где строишь: сидя за столом, лежа на диване или отвалясь в кресле ТУ-104? Но вся беда в неорганизованности, в распущенности. Тебе кажется, раз ты на аэродроме и летишь в другую страну – значит ты приобретаешь другую жизнь и можно зайти в ресторан и хлопнуть на дорогу стаканище — и понеслась... Иллюзия перемены...

Я всегда думаю — ну вот сяду в самолет и попишу... И для моих писаний вдохновения не требуется — сиди, записывай, что слышал, видел, сделал в последние сутки, а не хочется... Лень, внутренняя остылость... Наукой доказано, что мозги наши работают в одну 20-ю возможностей, что под влиянием гипноза, когда снимаются шоры и происходит раскрепощение человека — он становится талантом во многих областях тут же, на месте...

Очевидно, к подобию такого состояния можно привести себя самому — своей волей, своим разумом... Но мы не организованны... Нам кажется, что нам все мешает, особенно, конечно, семья... жена... дети... Можно бросить... платить алименты... Ты получаешь 100 р., ну 25 р. юридически будешь отдавать... ну построишь кооператив, приобретешь угол и видимость свободы — сиди, твори... Но ведь это все хрень, по-моему...

— Ну как хрень... Ты же вот два года не пишешь ничего...

— Значит, так тому и быть. Уверяю тебя, если бы у меня были идеи, сильные идеи, требующие меня, я бы нашел возможность, временную в смысле, их воплотить как-то. А я могу не писать, значит, и не надо мне писать. «Можешь не писать — не пиши» — говорил Толстой.

И ему семья мешала, другие масштабы, а то же самое... Нет, не в семье дело... в неорганизованности, в лени, ну и в таланте, конечно. А что такое талант — это энергия, это страсть, которая, что бы ей ни препятствовало, выход найдет. Я приезжаю на съемку — работаю в четверть, у меня нет желания, и я иду по ветру. После съемки есть много времени — строй это свое духовное здание: читай, пиши — хоть письмо, — все какое-то добро — нет, я откупориваю бутылку, вторую, и наутро себя не помню. Вот и все мое здание. А годы идут... Уж тридцать близится... И я еще утешаю себя, что я в лучшей форме, чем другие, я могу остановиться, бросить и не пить, заниматься, читать, рассуждать... Грачева сказала Шацкой, что ей нравится Золотухин во всех отношениях. Он успокоился. Успех встречает спокойно. Растет. Появилась внутренняя красота. Видишь, значит, беготня не так уж зряшна. Что-то все-таки происходит. Беготня — это моя жизнь. Отнимите у меня беготню, а что дадите взамен? А мне ничего и не надо. Высоцкий говорит: «Смоктуновского взяли в Малый на «Царя Федора», я вспомнил тебя и пожалел... Почему не ты?» — Мое время придет, Володя. Сегодня Федором должен быть он, сегодня его время — он царь еще!» Но ведь это не может долго продолжаться, и вообще... что значит все это? Ведь не кладется же вето на роль после артиста, даже гениального. И мое время придет, и я царем буду, и меня сменят... Даже чихнул, значит — правда.

### ■ 24 ноября 1970

Сегодня Зайчик спел песенку в «Часе пик». Здорово, молодец, всем понравилось, а я в тоске. Ну почему это не случилось раньше? Ну почему Нинка не поддерживает контакты с концертмейстерами, почему она до сих пор с такими данными, с такими возможностями — не звезда эстрады? Читаю о Чехове Михаиле. И думаю о себе. Почему до сих пор — 30 лет — мы не сделали с ней концертного номера, почему бы нам не сыграть «Ведьму» и не поехать летом с ней по киноконцертам — петь песенки, оперетки, отрывки играть с танцем, с пляской? Ну что нам мешает? Лень, неорганизованность — только. Все внешние причины — отговорки, самооправдание, самоутешение: дескать, времени нет, сил нет — семья, дети, — и это все правда, и все это можно преодолеть. Довольствуемся съемками, несколькими ролями в театре, так, тешим свое самолюбие. Надо в конце концов купить гитару и Нинку настропалить на рояльчике.

А вчера звонят с «Ленфильма». Запустили в производство сценарий по «Моей жизни» Чехова. Мне предлагают что-то, с кем они вместе учились в гимназии, а его — Смоктуновский. Я мечтал играть это давно, всю жизнь... начинал репетировать с Анхелем... И вот эта роль проходит мимо меня. Почему? Анхель говорит: «Режиссера смущают твои пухлые губы?». Пошел он тогда, если он о губах думает.

### ■ 28 ноября 1970

А вчера обсуждали макет «Гамлета». Было много друзей — умнейших мужей. Перед глазами макет — предмет разговора, а всем хочется поговорить, языки почесать об «Гамлета», еще раз обсудить Шекспира, свою образованность показать... Правильно сказал Бояджиев*: «Каждый говорящий покажет своего Гамлета, т. е. себя, как он это понимает» и т. д.

Всю эту говорильню, очевидно, заварил я, когда задал шефу вопрос:

— Распалась связь времен, — говорит принц, потеряв отца и мать увидев шлюхой, а что он думает — эта связь когда-то была единой, неразрывной, и, если она распалась, не попытаться ли ему ее связать?.. И еще — «Подгнило что-

* Бояджиев — театровед, профессор, завкафедрой в ГИТИСе.

то в Датском королевстве...». Когда подгнило? И не поставить ли подпорки, не подновить ли? Или, по его, — лучше сомневаться и ничего не пытаться изменить? Зачем тогда он просит Горацио рассказать потомкам, что здесь было и кто виноват? Значит, он надеется на лучшие времена? — Очень здорово Лебедев говорил: «Быть или не быть? — каждый по-своему решает. «Не быть» — еще не значит пулю в лоб, хотя это абсолютный оптимальный вариант... Но — МАЛО ЛИ ЛЮДЕЙ, КОТОРЫХ НЕТ...» — и т. д.

### ■ 30 ноября 1970

Последний осенний день. Завтра уже зима и предновогодний месяц — декабрь. Последний месяц 70-го года. И наступит год тридцатилетия моего. В мозгу брезжит такой план — «30 лет — это возраст свершений, 30 лет — это возраст решений» и т. д. — говорится в моей телехалтуре; 30 лет — это черта, это половина жизни, это середина леса, а потом мы начинаем из него выходить...

Надо сделать все, чтобы 21 июня 1971 года мне не было мучительно больно за пройденную половину... И первое дело — «Сережкин 2», Лаэрт... и самое главное — здоровье всех моих детей и родных.

Если фильм окажется удачным, хотя бы не хуже первого, я не принимаю никаких кинопредложений на лето — буду отдыхать после первой половины жизни, впервые попробую научиться отдыхать. Хорошо бы это сделать в Междуреченске, на даче, может быть, и пописать там чего-нибудь. А главное — диета, спортивные занятия и т. д.

Водки выпить всего раза два-три... Вчера написал очень приличную сцену в школе с Дункаем, может быть, главный эпизод, предвижу крупные конфликты из-за дележа текста с бурятом, забыл имя...

Как-то мы ехали с Высоцким и Полокой в машине. Полока посмотрел в Ленинграде «Хозяина»: — «Да, Золотухин — прекрасный артист, великий человек... И он хитрее, даже умнее нас с тобой, Володя...».

И еще такую вещь я понял: я для тебя — лучший режиссер... Назаров не умеет ставить точки... Вот идет ваша сцена с Кокшеновым...». Володя перевел разговор. Зачем ему параллели с Золотухиным, хоть он и любит Золотухина, но лучше не надо сравнений невольных, хоть и тонких, и дружеских... Полока много восторгов обратил ко мне в тот вечер. Он что-то стал быстро пьянеть, вернее, слабеть.

### ■ 23 декабря 1970

Смотрели материал «Пропажи»* (Высоцкий, Смехов).

Высоцкий:

— Ты ничего не сделал нового в роли, ты не придумал никакой новой краски. Все на том же уровне — не хуже, я уверяю тебя, но повтор старого — это уже само по себе шаг назад... ты не стал хуже играть своего милиционера, ты такой же, и видно, что работает хороший артист, но этого мало... теперь. По поводу леса, рыбы ты играешь просто какое-то раздражение, а это глубочайшая боль, старая, не первый раз он видит это, а ты кричишь этаким петухом...

* «Пропажа <свидетеля>» — к/ф режиссера В. Назарова по сценарию Б. Можаева, как бы продолжение фильма «Хозяин тайги».

## 1971

**9 января 1971**

Короче, по хронологии я не дойду до сути дней, а она в следующем: 4-го января 1971 года Абрам Матвеевич Роом предложил мне ЯКОВА БОГОМОЛОВА.

— Мы окружены штампами. Горький, Чехов стонут от наших штампов, штампы тянут гирями в болото пошлости этих двух художников и всех нас... Десять режиссеров назовут по десять актеров на Богомолова, и среди них не будет вашей фамилии. Я думал о вас раньше, и тогда, когда мы встретились в коридоре, у меня уже было решение, но я хотел утвердиться в нем... Я пошел на «Что делать?» не ради того, что хотел посмотреть вас, хотя я знал, что вы играете... Вы были великолепны, все, что вы делали — это все блистательно, но и не это обстоятельство натолкнуло меня на решение... Мои домашние в восторге от вас... но меня не надо уговаривать... Я артиста вижу сразу... Вы — торпеда, артист-торпеда, в вас есть заряд, энергия. Вы — натянутая струна... Это качество – необходимое для Богомолова... Вы не подумайте, что я говорю пустые комплементы для чего-то там... не знаю... Разбирая ваши сильные стороны, я отношу их к Богомолову, к вашим сценическим созданиям... В вас есть кровь. Она пульсирует на экране. Бывают артисты — играют, и вроде все ничего, а подойдешь, уколешь — окажется полотно, экран... Если уколоть вас на экране — брызнет кровь, я это очень чувствую... Но не будем торопиться... Что касается артистической стороны дела, я в ней уверен, я знаю, что вы все сыграете прекрасно, надо подумать над внешней стороной, над портретом: ну, во-первых, — безбородых не было, во-вторых, — чуть постарше, прибавить возраста... хотя фильм будет, должен быть очень молодым... До съемок сделаем много фотографий, прикинем грим... Пробовать я не люблю. Вы знаете, и не нуждаюсь в этом, важно — утвердиться мне самому... а начальству я скажу — вот так, и разговор окончен...

Это записано из двух разговоров со мной — 4-го и 8-го января... То, что не касается лично меня — сценарий, окружение и т. д., — я выпустил, сейчас важно мне самому поверить в это счастье и утвердиться в мысли — «Я есмь Яков Богомолов».

### ■ 12 января 1971

Жизнь есть игра. Жизнь артиста, что это такое — сплошная игра.

Сегодня шеф извел Высоцкого — Гамлета. Вчера «Гамлет» вышел на сцену. Человечество заносит этот день в летопись, а Лаэрт в это время спал на диване с большого похмелья. Один знакомый встретил меня на «Мосфильме»: «Говорят, у вас гениальный спектакль появился. Так много говорят о нем. Были на семинаре у Эфроса, он рассказывал, что всю ночь не спал, утром позвонил Любимову, но не застал самого и начал выговаривать его жене... Та слушала, слушала и говорит: «Да, и представьте себе — всего шесть досок!» Значит, у вас «Гамлета» делают... А как он его решает? В своей обычной манере?

— А какая у него манера?.. У него каждый спектакль решен оригинально.

— Ну, скажем, Любимов не может похвастаться психологическим углублением... В «Гамлете» есть диалоги... и надо разговаривать.

— Что за бред? Какое психологическое углубление? Это что, когда тихо и скучно?.. А разве в наших других спектаклях нет диалогов?.. Когда-нибудь встретимся, поговорим, я выбью из тебя эту хреномуть...

## ■ 15 января 1971

Третий павильон. Снимаем тайгу — 13 планов. Все говорят, что это последний день съемок. Дай Бог! В 10-м павильоне пробуется Шацкая в «Булычеве» — помоги ей, Господи! А дела у нас на театре — хуже не придумаешь. Принц Гамлет запил. В ночь под Старый-Новый год. Вместе с шефом. Ужасно стыдно слушать было вчера, какую чушь нес Володечка открытым текстом со сцены. Вечером позвонила в театр Марина — принц в Склифосовском, она в отчаянии... одна в России на положении кого? Уговаривал я вчера Володю поехать спать и прекратить, надо бежать на длинную дистанцию, это малодушие... после того дня, как шеф накричал на него, он взялся за стакан, ища спасения в нем, в отступлении, а может, брызнет талант, надеялся...

Надо работать, надо мужественно переносить неудачи, надо работать, а не хватать звезды... не стараться хватать их, по крайней мере каждый день... Есть мужество профессии — сохранять форму, не жрать лишнее, не пить, когда идешь в сражение.

— Вы пять пьес показывали мне с голоса, я выполнял с точностью до тысячной доли, но здесь я не могу повторить... потому что вы еще сами не знаете, что делаете... Я напридумывал в «Гамлете» не меньше, чем вы, поймите, как мне трудно отказаться от этого...

Эту и подобную стыдную муровину нес Володя. Шеф, и тот слушал его, старался вникнуть, объяснял чего-то... Ах, как это все нехорошо. Принц Гамлет в Склифосовском... Благо, что это случилось в дни, когда у него нет Галилея и перед выходными днями.

## 24 января 1971

Кончились каникулы Таганские. Говорят, я плохой муж. Почему такая несправедливость? Ведь отправил я в Рузу на 5 дней маму Нину! Организовал гулянье Денькино. Подключил к этому делу 2-го режиссера Конюшева Н.С., отрывал его от работы над сценарием...

18-го ездил с Денькой в поликлинику. Сдали анализы. Фтизиатр болен, приема не было, а принимает он только раз в неделю. К 12 поехал на «Мосфильм», пробы грима к Якову. Мне не понравилось, как гримерша сделала, но посоветовать ей я ничего не мог. Роом пришел в фотоателье: «Хороший цвет волос».

— От мамы с папой.

— Хорошо загримирован.

А Игорю Петрову он сказал: «Валерия загримировали под сельского учителя», — потом уж я узнал.

С 16 смена озвучения. В 1 час ночи другого дня — дома.

19-го. С утра — заботы по дому. Гуляние с Денькой. С 16 — озвучение.

20-го. Озвучение с 7.30. Колька проспал, не пришел гулять с Денькой, теще пришлось самой. Пришел ко второму гулянию. Я был дома. Погулял, поехали в ВТО на два часа, да загуляли.

21-го. Пришел я домой уже к машине, а она подошла к дому к 6.30. Не спал ни грамма и отстоял смену озвучения — и ничего. Разговор с Роомом.

22-го. Озвучения не было.

Смотрели материал. Можаев рассказывал, как хвалил ему меня Заботин. После просмотра, когда садились по разным машинам, я сказал Можаеву спасибо. — «Тебе спасибо». Это меня тронуло. Вообще что-то получается, но финал пустой какой-то.

Взял бутылку «солнцедара» по этому случаю. Не успел опустошить, погулямши с Денькой, — мама Нина приехала. Побежал за водкой и — к Лене с Володей. Напились и колобродили. Я плакал и часто восклицал: «Я царь еще...»

23-го. В 11 — все занятые в «Гамлете». Принца нет. Что будет? Кто почитает... Шеф ведь готов к этому — Филатов, почитайте... Значит, Филатов. Обидно, что не я. Ни к чему мне принц Датский, тем более, я мечтаю о Богомолове, ведь сказал же Роом: «Валерия загримировали под сельского учителя... Но Валерия я люблю, он все равно сниматься у меня будет...» — значит, что?! Но все равно обидно, хотя бы ради шутки почитал. Но ничего. В магазин за молоком. Нейтрализовать всю вчерашнюю гадость — водку и табак. И на ковер — заниматься. На удар ответим ударом. Будем работать. Будем совершенствовать «физику», чтобы нам никто не сказал — «тьфу»... Читаю про Мэрилин Монро — питалась тертой морковью, кипяченым молоком и, кажется, то ли сливками, то ли орехами.

## ■ 26 января 1971

Вчера два спектакля — «Послушайте», «Что делать?». Разговор с шефом:

— Валера, скажи мне, пожалуйста, ты хотел бы попробовать Гамлета? Видишь, у нас опять трагическая ситуация, и я не знаю, чем она закончится и для театра, и для него... Я верил в него... но теперь...

— Ю.П., мы люди свои, прикидываться мне перед вами нечего: хотел бы Гамлета? Конечно, хотел бы. Верю ли я в то, что могу это сыграть? Конечно. Может быть, не сегодня, но завтра... давайте попробуем...

— Ну тогда я тебя прошу — сиди на репетициях, присматривайся, вникай, куда я бьюсь... И как-то в студийном порядке... приготовь какой-нибудь отрывок... Я посмотрю... Не думай, что я буду смотреть: развалюсь — и давай, удивляй... Я понимаю, что это такое... но выхода у нас другого нет...

— Я все понял. Считаю — наш разговор окончен.

Вчера у Володи день рождения — шеф мне предложил попытать удачи в «Гамлете». Какая-то ирония.

Один раз я сыграл Керенского за 50 рублей. Точила меня тоска, что друга предал. Чепухой все оказалось, ерундой. Теперь, кажется, я опять играю на его трагедии — Он царь еще... «Осторожней, фрегат, раскрою...»

Ну а у меня что — две жизни, что ли? Тоже одна, и неизвестно, какая. Ему сейчас важнее эта роль, это его идея, его смелость. Зачем мешать ему? Ведь я ему скажу все равно... но это, может быть, еще хуже, чем не говорить. А так он будет знать, что друг готовит нож, и будет бояться, зажиматься... не захочет вроде как секретов выдавать, а какие секреты могут быть в этой роли?

### ■ 30 января 1971

Володя все еще в загуле, репетирует Филатов, приходит Щербаков*, и я хожу вокруг. Конюшев настаивает, чтобы я рвал Гамлета: за Гамлетом придет сотня-де Богомоловых. Я возражаю: «Мало стоять в афише — надо сыграть Гамлета, а не называться исполнителем роли». Потом договорились до того, что надо совместить эти работы — ты можешь, Федя! Ты можешь.

### ■ 31 января 1971

Сегодня было заседание местного комитета с бюро комсомола и партбюро — решали вопрос Высоцкого. Я опоздал. Полагал, что, как всегда, заседание состоится в 15, а оно было назначено на 14 часов. Пришел к голосо-

* Роль Гамлета начинали репетировать В. Высоцкий, Л. Филатов, В. Золотухин и Д. Щербаков.

ванию. Об увольнении речи, кажется, не было вовсе. Значит, оставили в самый последний-последний раз, с самыми-самыми строгими предупреждениями. Володя сидел в кабинете шефа, воспаленный, немного сумасшедший — остаток вынесенного впечатления из буйного отделения, куда его друзья устроили на трое суток. Володя сказал:

— Если будет второй исполнитель, я репетировать не буду.

Я рассказал ему о своем разговоре с шефом, сказал, что «читка роли Филатовым была в пользу твою, все это выглядело детским лепетом» и т. д., чем, кажется, очень поддержал Володю.

— Если ты будешь репетировать, никто другой не сунется и репетировать не будет, но для этого ты должен быть в полном здравии и репетировать изо дня в день.

— Марина улетела, и, кажется, навсегда, хотя посмотрим, разберемся.

Симптоматична случайность — ни Веньки, ни Славиной, ни Хмельницкого, ни Золотухина на обсуждении не было. Снова я увидел рядом с Володей Иваненко в очень хорошем расположении духа. Теперь она может вильнуть перед подругами вновь хвостом — дескать, я говорила, что он через два года вернется ко мне и я буду присутствовать при их разводе, или я этого не говорила? Мне противна глубоко эта связь, не знаю почему. Хотя чувство это мое далеко не патриотично, казалось бы, я должен болеть за Иваненку, но Марина мне кажется больше русской, чем половина нашего театра. Бог с ними. Разберутся.

### ■ 1 февраля 1971

Репетиция «Гамлета». Володя репетировал.

«Как я в этот раз сорвался, просто не знаю. Никаких причин не было».

Не было причин? Личное — это не причина? Когда держишь в руках такую роль, для артиста, тем более артиста на диете, после пира, плохая репетиция — причина. Как-то он мне сказал:

— Мне ужасно мешает, что я меньше всех. Ты погляди, я на сцене ниже всех. Меня это жутко угнетает.

— Сделай это личное твое мучение физической недостаточностью — душевной гамлетовской мукой. Пусть это помогает тебе в одиночестве твоем, в твоей исключительности: да, вот так, такой Гамлет, и никаких других.

## ■ 7 февраля 1971

4-го после «Часа пик»* были у Веньки. Володя, я, Полока, ну, и понятно, что Венька был с Алкой. Хорошо посидели. Давали Володе советы, как выстоять перед тем, что шеф иногда несет. А вчера ему шеф впервые сказал: «Правильно работали...»

Как-то Володя звонил шефу домой. Нарвался на мадам:

— Я презираю тебя, этот театр проклятый, Петровича, что они тебя взяли обратно. Я презираю себя за то, что была на вашей этой собачьей свадьбе... Тебе тридцать с лишним, ты взрослый мужик! Зачем тебе все эти свадьбы? Ты бросил детей... Как мы тебя любили, так мы тебя теперь ненавидим. Ты стал плохо играть, плохо репетировать...

— Я искуплю, — вклинил Володя.

— Чего ты искупишь?! Ты стал бездарен, как пробка. — И повесила трубку.

* «Час пик» — спектакль Театра на Таганке, поставленный Ю. Любимовым по повести Е. Ставинского. Автор инсценировки и исполнитель главной роли — В. Смехов.

Володя хотел было расстроиться. Потом рассмеялся.

6-го. Мы собираемся в Куйбышев на два выходных дня: Золотухин, Смехов, Васильев, Хмельницкий, Славина. Вчера примкнул к нам Володя. Должны заработать красиво.

## ■ 11 февраля 1971

В Куйбышев нас не пустили. Это интересная, особая история, записанная Венькой*.

Володя:

— Валерий! Ты гениальный артист. Я это говорю тебе совершенно серьезно. Лучшего Якова они не найдут. Это могут сыграть только два человека — Кеша Смоктуновский и ты.

Мне не нравится, что Володя выпивает. Сегодня в «Каме»: он — коньяк, я — пиво.

— Валера! Мне бывает очень плохо. Веришь мне? Но когда я вспоминаю, что у меня есть Золотухин, я делаюсь счастливым... Просто оттого, что ты где-то есть, что ты живешь... Валерчик, я тебя ужасно люблю...

Какую-то ужасную вещь он мне сказал. Секретарша из органов будто бы видела бумаги, в которых N давал отчет о своих разговорах с Высоцким. Ну, как к этому относиться?! Она обещала украсть лист с его подписью и почерком.

— У него, дескать, требуют отчета о разговорах со мной. Володю обложили, как поросенка. Володя сказал сегодня:

— Когда я умру, Валерий напишет обо мне книгу...

Я о нем напишу, но разве только я? Я напишу лучше.

* «...история, записанная Венькой» — см. книгу Вениамина Смехова «Живой, и только» (М. Физкультура и спорт.: 1990.).

## ■ 12 февраля 1971

Володя пьяный. Усадил его в такси и просил уехать домой. Принять душ, выспаться, прийти в себя. Что с ним происходит?! Это плохо кончится. Славина советует мне учить Гамлета... Но я не могу переступить.

Звонил Гаранину.

— Как я радовался нашей дружбе, Валера. Что происходит? Как это грустно все.

Долго говорил о Володе, что он испортился по-человечески, что Володя не тот стал, он забыл друзей, у него новый круг знакомств, это не тот круг и т. д. Чувствовалось, что и обо мне он так же думает, и он прав.

## ■ 19 февраля 1971

Переписывал вчера и сегодня сцены из «Гамлета». Задумал и решил попробовать с Глаголиным. Читаю, чувствую, но ни черта не понимаю. Но надо попытаться.

Володя во Владивостоке, улетел к китобоям. Сказал Митте — на пять дней. Объяснил так:

— Принимая депрессант, я не могу репетировать. Бросил принимать — поднялось возбуждение. Надо лететь.

## ■ 20 февраля 1971

Сижу у Глаголина в кабинете, жду первой репетиции «Гамлета». Господи! Помоги нам!! Чем черт не шутит, авось Борька станет для меня тем Немировичем, что сделал для Москвина — Федора.

## ■ 27 февраля 1971

Володя вернулся из своих странствий, во всю силу вкалывает. Вчера, говорят, была хорошая, даже гениальная репетиция. Бог видит, я рад за него. Дай Бог, чтоб он вытянул, чтоб у него получилось... Но ведь может получиться и у меня... Сегодня репетировали сцену с Офелией — Клейменовой. Борис* в экстазе, в энтузиазме кричит: «Получается, может получиться! Раньше не видел в тебе Гамлета, теперь убедился, что ты можешь и должен играть!!» Ладно. А как же перед Володей? Неудобно.

— Ничего неудобного нет, Валерка, ты глубоко ошибаешься...

А я мучаюсь. Все придумывал, как сказать ему о том, что я начал без него работать Гамлета. А вышло само собой, в буфете, так... промежду прочим.

Высоцкий:

— Почему ты не посмотришь, как я репетирую? Заглянул, ничего не увидел и выскочил.

— Я искал Нинку, а потом я ведь сижу на Евтушенке**... но я посмотрю... в понедельник...

— В понедельник не надо. Во вторник будем прогонять 1, 2, 3-й акты — приходи. Ты знаешь, он меня вымотал. Я еле стою на ногах. Он придумал такую штуку: когда (Гамлет) говорит, держится за сердце, трудно ему, задыхается. И у меня действительно начинает болеть сердце. Все, Валерочка, я решил: надо роль сыграть, надо сделать это хорошо. Позвонила Марина: «Я хочу, чтобы ты сыграл Гамлета». Ну, раз женщина хочет, нельзя ее обижать...

* Глаголин Борис — режиссер Театра на Таганке.

** «...сижу на Евтушенке...» — имеются в виду начавшиеся репетиции спектакля «Под кожей статуи Свободы» по произведениям Е. Евтушенко.

## ■ 10 марта 1971

9-го в перерыве читки (Пушкина)* подошел ко мне Марьямов: «Когда вы покажете Гамлета? Я очень хочу посмотреть... Это интересно должно быть». Вот как! Уже посторонние люди знают.

Говорил с Мстиславским**, посвятил его в мои разделряги: если я ввяжусь в Гамлета, в Якова уже будет входить другой артист... Тянуть мне тоже нельзя шибко, можно потерять все... Я боюсь упустить Гамлета и фраернуться в Якове, что может случиться одновременно.

Но ведь от меня будут требовать что-то показать из принца. Володя лежит в госпитале. Встретил Митту, Володю лечит его брат. Говорят, продержат около месяца и поставят на ноги... Может быть, дотяну до его возвращения и на какое-то время оттяну я свой показ и решу вопрос с Богомоловым.

## ■ 15 марта 1971

Что-то мне ужасно плохо. Гамлетизм мой остановился, довольствуюсь перепиской роли... На этом работа заканчивается, ну, еще тупо гляжу на то, что переписал, в метро...

А настроение улучшается оттого, что сижу в буфете, никто мне не мешает...

Вот подошел Венька:

— Как с «Гамлетом»? Я считаю, что в настоящее время это наилучший вариант...

— Я жду Володю... И Петрович ждет его, судя по тому, как он репетирует с Филатовым...

* Читка (Пушкина) — то есть первая читка композиции Л. Целиковской и Ю. Любимова «Товарищ, верь...».

** Мстиславский Александр — второй режиссер у А. Роома на к/ф «Преждевременный человек».

— Он, конечно, мучается, но, по-моему, он не ждет его... Я разговаривал вчера с Давидом*.

— Пока Володя не придет и вся история не прояснится, я не хочу вмешиваться...

— Напрасно. Ты нерешительный какой-то... А зависит как раз в данном случае только от тебя...

Венька предложил мне свои услуги как режиссера помочь в Гамлете. Он прервал мои раздумья.

## ■ 18 марта 1971

Сегодня Боря встретил меня словами:

— Шеф упорно интересовался тобой, как у тебя дела. Я сказал, что мы с субботы не репетировали. Удивился — почему. Подойди к нему...

В понедельник, 15-го, звонил Володя. Я сказал ему, что шеф ждет его, мы ждем, разговор не телефонный... «Если звезды зажигают — значит, это кому...» Обещают его выписать числа 23-го. А 24-го готовится кинопроба в «Якове». Наступает критический момент. Куда повернется жизнь моя? Не слишком ли я хитрю, осторожничаю? Фактически осталось две репетиции — завтра и послезавтра... В понедельник и во вторник — утренние спектакли. Как раз он меня и может заставить что-нибудь показать...

## ■ 19 марта 1971

Сегодня ужасно не спалось. Окно не открывали — ветер, духота. Полночи вспоминал об Ирине Сергеевне Анисимовой-Вульф и о «Моссовете»... В молодости мы бываем жестокими, мы ими хотим быть, утверждая себя... В моей судьбе Ирина сыграла исключительную роль. Она

* Давид — Давид Боровский.

упорно обрабатывала меня и вокальную кафедру, готовя меня в артисты драмтеатра, а не музыкального... Она сама руководила моим воспитанием, ростом, репетируя со мной, подбирая соответствующие отрывки... Она готовила меня в смену Новикову... На третьем курсе стала сама репетировать со мной «Теркина», я часто приезжал к ней домой, обычно по воскресеньям, — и мы работали. Она готовила меня к показу в театр, Завадскому. Просила Бероева подыграть мне в «Теркине», репетировать, встречаться со мной... Все это было... было в моей жизни и странным образом забыто и вычеркнуто из памяти, хотя я почти два года работал в «Моссовете» и обо мне было написано в прессе больше, чем за 7 лет работы на Таганке. Ирина показала меня Завадскому и Шапсу; кроме «Теркина» я читал отрывок из «Чапаева» Фурманова. Этот отрывок (о песне Чапаева) особенно понравился Завадскому, и я был принят в театр. Потом Ирина ввела меня в свой спектакль «Ленинградский проспект» на эпизод Чухина... Встреча с Мордвиновым, участие в творческом вечере по телевидению, кажется, Штока... Опять же Ирина поставила меня Чухиным, хотя до меня его играли два или три артиста театра... Значит, я уже попадал в ее фавориты из молодых... И, наконец, премьера в «Дороге»... Пальчиков... одна из моих лучших ролей первого периода... Статья Лейкина в «Литер. России»... и в ней про четыре открытия — Бортников, Дробышева, Золотухин, Афонин. Все это было... Банкет Розова... Его слова — «Блистательное попадание...». Потом дружба с Шапсом... «Обручальное кольцо», «На диком бреге» и т. д.

Встречи с Мокроусовым, Сафроновым, банкеты в «Праге», в ЦДЛ — «Шумел сурово брянский лес»... Все это было... И это было моей жизнью... тогда казалось... временной и не настоящей. Поездка летом 1969 года к Ирине в санаторий на афонинском «запорожце» с В.Селезневым... Роскошное место, чей-то бывший охотничий дом, какого-то графа или князя... У меня уже в кармане кукиш Ирине... Мы уже показались с Шацкой Любимову и имели реальные виды на переход в его театр... Всю дорогу я думал, сказать ли об этом Ирине... и как сказать... Кажется, я ей сказал, я не мог не похвалиться и тем самым не высказать ей укора, что Шацкая понравилась и ее берут в другой театр, а я ей, дескать, подыгрывал... Театр Любимова открывает сезон, так случается, что это происходит в театре «Моссовета», мы сидим с Шацкой в зрительном зале... Звоним Анхелю, он нам передает слова Любимова: «А они работают у меня в театре...». Наша судьба решена...

Я кладу Сосину заявление об уходе из «Моссовета» в связи с переходом в другое дело. Волынка, угроза опозорить в прессе, укоры по совести... полгода работы в двух театрах. Слова Завадского: «Это не лучший поступок в твоей жизни... благодарность твоему учителю...» Но мы жестоки в молодости, потому что еще беззащитны в логике... Я ушел из «Моссовета» и вычеркнул из своей биографии замечательного педагога и мастера И.С. Анисимову-Вульф. Сегодня ночью, когда болела голова от бессонницы и шелестел ветер за окном, я внес Ирину в список людей, которым я по гроб обязан, и прошу прощения у времени, что не сделал этого раньше. Нет, я совсем не жалею, что ушел из «Моссовета»... Мне стыдно, что в течение 7 лет я не нашел возможности соединиться с Ириной, встретиться с ней просто так, по-человечески, отблагодарить ее за участие в моей судьбе.

Театр, фойе. «Вроде зебры жизнь, вроде зебры...» Сегодня пришел Володя, необыкновенно рад я этому обстоятельству... Говорит, зашили ему в попу бомбу... Приехал на «фиате» собственном... 23-го к нему приедет Марина... Господь поможет, все наладится... Посреди фойе стоит ведро, с крыши (потолка) капает... равномерно, занудливо... Репетируется сцена Гамлета с Королевой... Аллочка перепутала, кажется, Шекспира с Моккин — потом, пугало какое-то огородное бегает вместо бабы-матери ...

Вообще решение сцены мне пока активно не нравится... Венька, наученный прежним опытом, говорит: «Надо посмотреть от начала до конца и постараться выполнить пожелания шефа... У Леньки бумажное сердце, бумажные мысли, бумажные страсти...». Не знаю, у кого что бумажное»...

Нас мало, нас, может быть, четверо... Четверо Гамлетов для такой маленькой сцены... Не жирно ли? Глаголин говорит:

— Выходите все и кидаете жребий — орел или решка...

— В таком случае надо, чтоб жребий выпадал всегда Высоцкому, иначе публика разорвет нас.

## ■ 23 марта 1971

«Если хочешь заставить плакать, плачь сам. Если хочешь заставить смеяться, оставайся невозмутимым...»

Что происходит у нас с Гамлетом? Они хотят заставить плакать, оставаясь невозмутимыми при этом сами. Они не предлагают трагического решения, так же как не знает, по-видимому, этого и сам шеф. Для него вопрос давно решен — БЫТЬ, во что бы то ни стало он решил быть, и он уже ЕСТЬ. По своей натуре и воспитанию он боец, он сильный, он всегда победитель, он трагическую ситуацию понимает умом, а не сердцем. Откуда же постигнуть всечеловеческую боль нам, молодым Гамлетам?.. Мы входим и говорим: «Посмотрите, что происходит... мать родная... нет месяца... Разве вам не жалко меня?.. Эта сволочь — дядя... О ужас. Ну что? Разве не ужасно? А почему вы не плачете? Плачьте же надо мной. Если вам не понятно, я вам еще раз о себе расскажу: моя мать... мой отец...» и т. д.

Нет, зритель не станет рыдать над нами. Да, ситуацию шеф рассказывает точно, мысль, как говорится, на лице, и ясна цель, но все это холодно, рассудочно, и трагедии нет. Есть — аннотация к трагедии. А трагедии хочется. Хочется, чтоб на сцене был человек, которого не понимает и не принимает мир, т. е. каким считает себя каждый из нас — одиноким, непонятым и т. д.

## ■ 26 марта 1971

Высоцкий:

— Ничего у него не получится, пока он не выяснит для себя, зачем он взялся за «Гамлета»...

— Да ведь ты же уговорил, значит, ты знал «зачем».

— Я-то знал, но он меня так сбил с толку, с моего, что теперь и я не знаю «зачем». Меня оторвали от моей почвы, как от груди матери, понял? А ты знаешь, что это такое? А другой груди не дали, да мне и не надо...

Приехала Марина, все в порядке. У Володи какие-то грандиозные предложения и планы, только бы разрешили ему сниматься!

## ■ 29 марта 1971

Заходил сегодня в театр. Хотел оставить Володе записку содержания: «Володя, видел «Быть или не быть», — у тебя получается. Обнимаю. Валерий». Потом заспорил о точности перевода. Мне не нравится строчка «Так всех нас в трусов превращает мысль», мне кажется более точным и глубоким перевод — «Так малодушничает наша мысль». Слово «трус» в русском значении и звучании — слишком определенное понятие.

Нельзя сказать: «Я трушу совершить самоубийство». Трус — не тот человек.

Смешно Володя рассказывал, какие шеф вызывает образы в помощь — Сталин, Эрдман, Пушкин. Рассказывал шеф вдруг зачем-то, когда репетировали «Быть или не быть», как Берия сказал звукорежиссеру на микшере: «Чтобы Сталина было много больше Ленина... Два солнца на одном небе быть не может». И тот в обморок. Сталин: «Не пускайте сюда слабонервных».

— Понимаешь теперь, как играть? Ну, давай. Я тебе не мешаю этими разговорами? Я ведь хочу сказать, если не будет получаться, я спектакля не выпущу. Вы поняли меня?

## ■ 19 апреля 1971

Был за это время один хороший день — встреча с Ивановым*. Много мы с ним переговорили, передумали. Я открыл ему карты, что не хочу играть Лаэрта: лавров это мне не принесет, а время терять не хочу, образ завязывается неинтересно, драки не будет и т. д., думаю выйти из этой игры... «Как думаешь?» И тут Валерик мне сказал несколько слов убедительных:

— Ты должен играть Лаэрта. Ты не должен разрушать тобой же созданный тип, характер, подход и взгляд на дело. Ты в наших глазах пример — волевой, дисциплинированный, удивительно работоспособный. Ты артист-работник, у тебя учатся, тебе подражают... Ты не можешь отказаться, ты выполняешь всякую порученную тебе работу на самом высоком уровне. Я считаю, что настал мо-

* Иванов Валерий — в то время актер Театра на Таганке, первый исполнитель роли Лаэрта. Учился в Литературном институте, впоследствии стал режиссером.

мент, когда Иванов должен потесниться и уступить премьеру Золотухину... А там уж видно будет...

И сам я думаю: а будет ли пользой для меня самого, что я выйду из игры? Время у меня есть. Зачем я выскочу? Я всегда был сторонником — лучше сыграть, чем не сыграть. Чего же я сейчас?.. Валерка считает, что я обязан играть Гамлета: «Зачем ты оставил репетиции?»

В результате всех разговоров я вчера репетировал Лаэрта дальше и был очень талантливым, по-моему. Ну что же, так мы и решим для себя: играть Лаэрта! Действительно, каждое дело надо играть, работать весело, талантливо, по-моцартовски!! Так будем же гордиться актерским ремеслом!!

А меня Марина Влади расцеловала сегодня. Была на репетиции «Гамлета».

### ■ 16 мая 1971

Высоцкий:

— Валерий, почему ты не посмотришь репетицию, почему ты мне ничего не скажешь?! С NN я уже лет пять не общаюсь на творческие темы... А в последнее время он вообще уже обнаглел, с ним невозможно разговаривать... Этот его комплекс неполноценности довел его до ручки. Он не может себе позволить открыто, искренне порадоваться чьей-то удаче, чтобы тут же не обругать. Он думает, что все такие идиоты, что не видят этой его политики... Например, он говорит: «Что, сегодня лучше, чем вчера, репетируешь? Маленько поспал, наверное?» Он не может не принизить... Кваше понравился «Галилей», он пришел и расцеловал меня, но NN тут же: «Он ведь не спит, пишет целыми ночами. А когда вот он в настоящей форме, ну вот тогда надо смотреть...» И все в таком духе...

— Володя! Я не вижу пользы в своем присутствии на репетиции. Ну что я тебе скажу?.. Во-первых, еще трудно сказать что-то определенное, ты сам меняешь, пробуешь, ищешь... Шеф постоянно что-то выстраивает. В лучшем случае каждый из нас будет высказывать своего Гамлета, свою образованность, которая может сейчас только помешать. Если что-то и говорить, то очень хорошо зная тебя, и от тебя же исходя, тебе советовать, но лучше шефа вряд ли кто тебя знает, недаром он поставил на тебя, значит, знает, значит, верит...

По первому эскизу Гамлет у нас отнюдь не интеллигентный мужик, он сильный, защищенный товарищ. Человек по природе слаб, и ему симпатичнее видеть благородного, слабого... но нравственно побеждающего человека... В глазах нет вопроса, нет растерянности перед бытием, нет трагизма, нет вечности...

А может, это все мое собственное, от себя танцую?

## ■ 21 мая 1971

В довершение всех моих творческих поражений вчера смешал меня с грязью шеф наш дорогой.

— Кого вы пытаетесь обмануть? Меня?! На копейку имеете, а хотите мне показать, что на рубль...

— Никого я не пытаюсь обмануть... Я работаю... Вы не покупаете, я не продаю...

— Уж дайте мне под старость лет выражаться, как я умею... У вас что, болят глаза? Почему вы в очках? По улице, пожалуйста, ходите в очках, а на сцену не надо выходить в таком виде...

— Я их надеваю только на сцену выхода, я вам говорил, что хочу играть Лаэрта в очках. Вы сказали: «Посмотрим».

— Снимите их, они мне мешают... Очки были в «Галилее»... Так, на шармачка, вы не проскочите в этой пьесе.

Она раздавит вас, как каток асфальтовый, от вас мокрого места не останется.

Шеф зверствовал вчера, но, к сожалению, он был прав. Прав по существу, что не получается. Пустота и серость. Но он не умеет вызвать творческое настроение у артиста. Опускаются руки, хочется плюнуть и уйти. Зажим наступает.

## ■ 22 мая 1971

И случилось невероятное... упала сверху вся эта бездарная конструкция вместе с занавесом. В это время актеры шли за гробом Офелии, играли похоронный марш. Фантасмагория. Я сидел на галерке, Иванов попросил прийти — в 13 часов у него должен был быть экзамен... Впечатление, что кто-то остался под занавесом, что там месиво. Странно: я видел, как на актеров упал самый мощный рычаг с арматурой, потом приземлился на другом конце сцены другой, кто-то закричал, но во мне внешне не переменилось ничего... Одна мысль была: кто не встанет, кто под этой тряпкой остался? «Благодарите Бога, это он вас спасает десятки раз!» — кричал шеф, когда выяснилось, что никого не убило... Как вбежал Дупак, как прибежала Галина*, посмотрела то на сцену, то на вросшего в свой стол шефа, и побежала за кулисы... Сильный ушиб получил Семенов, он выкарабкивался из-под железяк. У Насоныча вырван клок кожи, Иванову (Лаэрту) руку сильно пропахало... Вызвали «Скорую помощь», сделали Винтику** рентген — обошлось без трещин, без переломов... Мы с Высоцким сели в его машину и поехали в охрану авторских прав.

* Власова Галина.

** Винтик — Виктор Семенов, актер Театра на Таганке.

### ■ 25 июня 1971

«Добрый».

Прогон «Гамлета» для умных людей. Много разговоров — «Лучший спектакль... Замечательные актерские достижения» — дифирамбы, дифирамбы... Мне понравился Иванов–Лаэрт, я так и не репетировал... У него физика преобладает... Очень точный рисунок, ни сантиметра в корзину... Достижение Демидовой... Да, это взрослый театр... но мало что меня тронуло глубоко... разве что — кладбище, тема смерти... и тлена всего живущего... как-то холодно мне стало...

Спектакль будет иметь успех во всех отношениях... Показалось мне, что мало в нем непосредственности... игры, детского... тяжеловесно и многозначительно... а отсюда — малотрагично. А вообще я ничего не понимаю. Отношение у меня — перепутанное личными обидами на это мероприятие. Но я не позавидовал никому, открытий я не обнаружил... Ну ладно, разберемся.

Артист должен обеспечить себе антисмерть не только ролями, но и книгой про жизнь — неудачи и удачи свои. У каждого артиста должна быть своя Марина Влади*. Сплетня, ставшая реальностью, которой обеспечена будущность и долгосрочие легенды. О Высоцком купит народ книгу тут же. Расхватают, будут рвать глотки друг другу. Один грузин, обидевший меня в вагоне-ресторане тем, что не опознал мою личность, рассказывал мне, что он слушал отличные песни, самые последние, записанные им *(Высоцким)* в тюрьме... на вопрос, как же это Высоцкий в тюрьме обеспечил себе гитару, магнитофон, пленку и все это вылетело за колючую проволоку, мой грузин так улыбнулся мне, что я снял свой дурацкий вопрос с повестки дня.

* Здесь Золотухин намекает на известный роман и женитьбу Высоцкого на Влади.

О Высоцком книгу, разумеется, купили бы не только из-за «романа», это хороший довесок, но что я хочу сказать: у каждого артиста должна быть своя легенда, своя хохма, свой манок, из-за чего бы можно было потратить полтинник на книгу о нем. Надо уметь создать о себе легенду, свою легенду... Очень сильно пить и при этом куролесить — это тоже легенда. Хотя этот путь исшоркан и затерт до предела и не оригинален, но можно им качать, что и делают некоторые не без успеха. Хохмы чаще выкидываются в нетрезвости, отсюда и идет многое...

Если всмотреться в роли подробно, то и здесь, и в них то же самое... Что ярче всего запоминается, что дольше удерживает зрительская, зрительная память — хохма, ход, яркое приспособление..

И вот идет по делу или в праздности молодой человек — артист ли, космонавт ли... И лежит книжка о Золотухине... Купит ли он ее?! Будет ли в моей жизни какая-то польза, чтобы память обо мне заинтересовала кого-нибудь?! И осталась. Каждое явление переживает свой срок хранения памяти. Одного помнят год-два, другого 10–15, третьего — 50 и больше. 50 — это много. По нашим временам. Так будем же заботиться о хохме, о легенде в жизни своей. Примерно такие мысли родились у меня, когда я несколько раз глянул на книжку об Астангове. Кажется, теперь я ее куплю.

## ■ 30 сентября 1971

Киев.

«Гамлет» в буфете*. У Веньки не получается. Вовка сказал точно: «Ты понял, что ты сказал сейчас, как бритва, а

* «Гамлет» в буфете — За неимением другой площадки репетиция проходила в буфете.

ты, Веня, не принял...» Алла в парике черном, она Лесю играет*. Девочка-стервочка С. в зубах ковыряет, чьи кости она выплевывает? Тремя ступеньками ниже стоит Филатов, смотрит за принцем, шевелит губами, покуривает нервно. Я не принимаю участия. Счастливый соперник — Иванов, писатель, инженер человеческих душ... он хорошо играет Лаэрта...

Володю, такого затянутого в черный французский вельвет, облегающий блузон, сухопарого и поджатого, такого Высоцкого я никак не могу всерьез воспринять, отнестись серьезно, привыкнуть. В этом виноват я. Я не хочу полюбить человека, поменявшего программу жизни. Я хочу видеть его по первому впечатлению. А так в жизни не бывает.

## ■ 4 октября 1971

24-го был последний день на Каневской земле, мы решили отметить его и месячник здоровья с Юрием Николаевичем Смирновым прервали. Начали с шампанского, в машине орали песни, с песнями же подкатили к поезду. В поезде наши безобразия продолжались. Ехали наши: Высоцкий, костюмеры... В Москве разбудил меня на спектакль телефонный звонок. Звонила откуда-то Шацкая, просила прийти поиграть «10 дней», которые «перетрясли» весь мир. Я явился. Увидел шеф. «Сделайте с ним что-нибудь, дайте нашатырю, приведите в себя...» Меня начали обхаживать. Я сделал все, что мне полагалось сделать в этом спектакле. А Пьеро, говорят, никогда так не

* «Алла Лесю играет» — Имеется в виду актриса Театра на Таганке Алла Демидова, которая в то время приступила параллельно к съемкам в к/ф «Иду к тебе» (реж. Н. Мащенко) о Лесе Украинке.

пел. Но в «Ходоках»* я отыгрался: полчаса я не уходил со сцены, зритель стонал от хохота. Высоцкий чуть не застрелил, а я на него с палкой... Но выговор мне вкатили. Нельзя было не вкатить.

## ■ 9 октября 1971

**Бумбараш**

Я понял, как играть его, когда познакомился с Юлием Кимом. Вот кто должен играть Бумбараша. Маленький, широколицый, узкоглазый человечек — не то вьетнамец, не то китаец-кореец-японец?! А скорее всего, Моцарт. Как он пел свои песни, как он бряцал на гитаре... какие песни придумал он для Бумбараша. Я увидел живого Бумбараша... Я увидел всего, целиком — с мимикой, с пластикой... С той веселостью и трагикомичностью. Мне не надо было придумывать Бумбараша, мне надо было играть Кима. И я стал играть его. Я стал подслеживать его, подстреливать глазом... Жаль, что было его в экспозиции мало...

Он играл в карты — я смотрел и запоминал, как он держит карты, какую мимику строит. Мимика пишет в это время его затейливый, смешной внутренний мир... он знает, что игра в карты, сама по себе — юмор, но очень серьезный, высокий, принципиальный — смешно. Он показывает цыганскую борьбу... Мы боремся с ним, кругом хохочут. Мне хочется победить Кима, зацепить его ногу ногой и перевалить на живот... Мы ползаем по песку, и я ловлю Кима–Бумбараша... Юлик ужасно прост и элегантен в одно время. Он тот интеллигент, который все может позволить и оставаться в высшей лиге. Он добрый, но говорит всегда правду — такое впечатление... Он

* «Ходоки» — сцена из спектакля «Десять дней...».

щедрый. Черт его знает, я не могу выразить, чем он мне нарисовал Бумбараша... Из его песен, вернее из того, как он их разделывал сам, сложился образ, я понял, как играть, когда Юлик несколько раз и по-разному проиграл свои песни.

Разговаривал сегодня с Володей. Понравился он мне в репетиции. Быть может, первый раз за все время гамлетианы. Трогательный, беззащитный, мало его стало... И голос тихий, незаметный... Не нарочито тихий, чтоб значительней, а тихий, когда скромный.

## ■ 16 октября 1971

В ы с о ц к и й (*жалуется*):

— С шефом невозможно стало работать... Я не могу. У меня такое впечатление, что ему кто-то про меня что-то сказал... Не в смысле игры, а что-то... другое...

## ■ 28 октября 1971

Минск зовет сыграть Яшку в «Певцах»* и записать фонограмму. С лета они меня ждут. Еще в Каневе я получил от них вызов. Высоцкий убедил Турова**, что это может сделать только Золотухин. Быть может, он и прав.

* «...сыграть Яшку в "Певцах"»— речь идет о съемках т/ф «Жизнь и смерть дворянина Чертопханова» по тургеневским рассказам, где В. Золотухин исполнил роль Яшки Турка.

** Туров Виктор — кинорежиссер, постановщик фильмов, где снимался и для которых писал песни В. Высоцкий, — «Я родом из детства» (1966, роль танкиста Володи), «Война под крышами» (1967, роль полицая на свадьбе, фильм вышел на экраны в 1971) «Сыновья уходят в бой» (1969, вышел на экраны в 1979), «Точка отсчета» (1979, вышел на экраны в 1981).

### ■ 30 октября 1971

Минск.

Делать с утра на студии мне было нечего, ходил по коридору, смотрел картинки, наткнулся на «Сашу-Сашеньку»*. Время-то как бежит. Ведь она мне была очень дорога, эта студия, какие-то моменты (и почему?!) я тут счастливые пережил. Не пойму — отчего это только осталось, от каких встреч, разговоров? Кинематографическое детство? Или все это сейчас хохмой, юмором смотрится издалека? Высоцкий в костюме балеруна-космонавта? С гитарой, в театральном буфете??? В лосинах... Какой скачок, какие изменения произошли с Вовкой?! А что со мной?! И почему мне было хорошо тогда? А ведь было хорошо, раз без досады сейчас вспоминается. Я помню Высоцкого, отдельный люкс, большие минские конфеты «Мишки», шампанское — открытая и наполовину опорожненная (но не им) бутылка...

### ■ 2 ноября 1971

Вчера Высоцкий сообщил распоряжение шефа, чтобы мы подготовили приветствие к 50-летию Вахтанговского театра из пролога «Доброго». Все это по телевидению будет транслироваться и на всю страну. Ответственность какая. На это надо потратить дни и здоровье.

### ■ 14 ноября 1971

Нам запретили приветствовать вахтанговцев. Наше приветствие не состоялось. Говорят, запретил Кузне-

** «Саша-Сашенька» — к/ф режиссера В. Четверикова, снятый на к/с «Беларусьфильм» (1966), в котором эпизодическую роль играл В. Высоцкий.

цов, министр культуры РСФСР. А Симонов согласился. Не укладывается. Единственно, чем может гордиться Вахтанговский театр, что он фактически родил Таганку, ведь оттуда «Добрый», оттуда Любимов. 90% Таганки — щукинцы. Позор на всю Европу. Наша опала продолжается. А мы готовились, сочиняли, репетировали. Даже были 9-го в Вахтанговском на репетиции. Слышали этот великий полив. Хором в двести человек под оркестр они пели что-то про партию, а Лановой давал под Маяковского, и Миша Ульянов стоял шибко веселый в общем ряду. Будто бы сказал министр, что «там (на Таганке) есть артисты и не вахтанговцы, так что не обязательно им...» Неужели это так пройдет для нашего министра? Ну, то, что Симонов и компания покрыли себя позором и бесславием, так это ясно, и потомки наши им воздадут за это. От них и ждать нужно было этого. Удивительно, как они вообще нас пригласили. Петрович говорит: «Изнутри вахтанговцы надавили на Женьку...»

### ■ 16 ноября 1971

Выпуск «Гамлета», правда, складывается трагически. Несметные опоздания артистов, неявки на репетиции... В свое время обрушилась система, теперь началась доводка новой и работа с занавесом. Артисты стонут: надо выпускать спектакль, иначе свихнутся все... В довершение — начались болезни. Демидова легла в больницу. Отек горла, потеря голоса на почве аллергии. «А аллергия на почве занавеса», — острят артисты. Шеф не замедлил выдать: «Спектакли играть — у нее аллергия, а сниматься на холоде — у нее нет аллергии. Репетировать — у нее отек, а мотаться в Вену, в Киев, к Жоржу Сименону — у нее отека нет. Снимается, пишет, дает интервью... выступает по радио, телевидению, а в театре нет сил работать. Как это понять?» Может быть, Бог карает за то, что в день погребения Зои, в день, когда мы проводили гроб с ее останками и плакали, мы поднялись в верхний буфет и, не дожидаясь, пока разберут траурное оформление в фойе, начали репетировать. Увезли в больницу Офелию — Сайко. Высоцкий (жалуется):

— Я не могу с ним работать. Он предлагает мне помесь Моцарта с Пушкиным. Ну это же не мое. Я не могу разговаривать в верхнем регистре, вот так... Правильно говорят актеры (ребята мои некоторые посмотрели): «Лев должен рычать, а не блеять». «Нет концепции», — говорит Аникст*. Я с ним согласен. Ни одна сцена, ни одна линия не решена. Более-менее угадывается линия матери, которая сначала счастлива, а потом боится это счастье потерять... Он абсолютно нас не ценит. Мы ему, мы — не нужны. Этого не было раньше, или было не в такой степени... У него нет влюбленности в своих артистов, а без этого ничего не получится.

### ■ 10 декабря 1971

Высоцкий:

— Ты еще лучше стал репетировать Кузькина. Ты повзрослел. Только покраситься нужно обязательно, а то мальчишкой выглядишь.

* Аникст Александр Абрамович — большой друг, защитник и пропагандист искусства Театра на Таганке. Литературовед, доктор искусствоведения, известный своими работами в области теории и истории западноевропейской литературы, театра и эстетики. Один из самых значительных отечественных шекспироведов.

И я вечером же вчера, идя на репетицию, завернул в парикмахерскую и вышел оттуда черный, как жук навозный.

Ш е ф:

— Ты чего сделал с собой? Опять кино?

— Что вы, для Кузькина исключительно.

— Ну да?! Солома была лучше.

Вот так, не угодишь. Конечно, я очень черен, это не мой цвет, но, может, высветлюсь еще...

## 1972

### ■ 1 января 1972

После спектакля за нами заехали Володя с Мариной, застали врасплох нас. Ну ничего, обошлось. По-студенчески наставили закусок, икры банку... Славно посидели, потрепались. Марина была в своем знаменитом красном костюме, заглазно описанном мной в «Таньке, любовниках и менестрелях». Она видела «Живого» — восторги полные, комплименты. «Сидела, — говорит Володя, — и плакала. Когда у тебя из мешка капало — обратный эффект. Валерий, ты делаешь вещи невероятные... Ты сам не знаешь, как ты в следующую минуту будешь играть... Раньше была работа артиста, хорошая, но работа артиста... Сейчас артиста нет. Есть русский мужик, тип, Кузькин...»

Включил магнитофон, поставил «Не одна во поле...». Марина попросила подарить ей эту пленку, показать в Париже... композитору знаменитому... Она сама готовится петь... «Вот так он и пел, этот Яшка...» — сказал Володя. Понравилось им очень мое пение. Я, конечно, отдал эту пленку с гордостью и счастьем. Наутро жена упрекнула, не преминула занозу под шкурку пустить: «Как ты быстро согласился отдать пленку, даже подумать не успел...» А чего мне думать? Пусть слушают французы, как поет русский мужик.

### ■ 6 января 1972

**О «Живом»**

«Живой» снова улегся на полку. Все материалы — «Новый мир», пьеса, роль, — все перекочевали опять в секретер. Но странно — я не переживаю, я был готов к этому с самого того дня, когда объявили возобновление. 2 декабря это случилось, а 3 января снова приехала банда во главе с Фурцевой. Ответственейший и сложнейший день мы прожили 3 января. Утренний спектакль «10 дней» играли, гнали, как из ружья. Закончили без 5 минут 14 часов. А в 14.30 начался прогон «Живого» для 20 человек. «Ты, Валерий, играл сегодня прекрасно... и вообще артисты молодцы — проявили мужество, выдержку... я понимаю, что значит играть в таких условиях». После спектакля состоялось обсуждение в кабинете шефа. Все дамы МК и управление говорили категорически «против», хоронили заживо, и «не нужно было возвращаться к этому порочному произведению...» и т. д. Кто-то сказал, что это ерничество над святыми темами, над тем трудным, сложнейшим послевоенным периодом, который народ наш так мужественно перенес. Все говорили то же, что и в 1969 г. Всего три человека были новые. В их числе новый начальник управления Похаржевский, который хуже всех говорил. Но той истерики, той злобы, того крика — который долетает до моих ушей из 1969 года — и в помине не было. Интересно, что труппа по одному человечку робко стала стекаться к этой амбразуре и всю ее закрыла. Потом Дупак стал суетиться и прогнал нас. Но это, по-видимому, оказало психологическое действие.

Евтушенко на салфетке выписал себе замечания по каждому выступлению и стал громить. Кто-то за спиной шепнул мне, что этим самым он дает возможность Фурцевой опомниться, скомпилировать свое мнение и не очень бояться — у искусства есть грех и потребность этот грех сегодня искупить... наше общество — общество единомышленников — и это не так... а воры, паразиты, взяточ-

* Министр — Екатерина Алексеевна Фурцева, в то время (1960–1974) министр культуры СССР.

ники, бюрократы и прочая сволочь — это ваши единомышленники... Единомышленники — это лучшие представители общества... Долго говорил Можаев и опять громил бедного Чаусова... Любимов, по-моему, некстати ляпнул, что смотрели государственные люди... Фурцева сразу, как пантера:

— Кто?

— Секретари Союза Залыгин, Епишкин... Панкин, редактор «Комсомольской правды», он лицо официальное...

— Вот и сдавайте Панкину свой спектакль... Он еще молод, и неизвестно, в кого еще вырастет... мы еще посмотрим (зазвенели нотки — Он угрожает вам —) Все это кончилось выступлением министра довольно примиряющим.... Сказала она и про присутствующего Высоцкого: «Слушала пленку... много такого, отчего уши вянут, но есть и прекрасные песни... Штрафные батальоны... и еще что-то...». А из-за «Штрафных батальонов» с него шкуру сдирали...

Прощаясь, мило улыбалась нам и два раза руку пожала... Я ей сразу выпалил: «Екатерина Ал., так ведь у меня медаль «За освоение целинно-залежных земель» и отец — председатель колхоза тех времен... так что я эти времена хорошо знаю...

— Так вот вы и покажите нам сегодняшнего, современного Кузькина...

На этом обсуждении кто-то ляпнул, что этот Кузькин может быть отнесен к любому времени, к любому веку, он такой камаринский мужичок из некрасовской Руси. Это определение понравилось кодле, и они все стали повторять это. В общем, дело закончилось тем, что решили пока работу прекратить и дать авторам подумать и исправить текст, особенно во второй части — показать, как Кузькин трудится в прибрежневской Руси, как осознал ошибку и вернулся опять в колхоз и стал передовым колхозником. Шеф ляпнул, что у нас идет цитатный текст из декабрьского пленума... И опять Фурцева когтями и зубами вцепилась: «Какой текст, откуда... Я была на этом пленуме... ничего подобного... пленум был закрытым, материалы не опубликованы... Это некрасиво пользоваться неопуб. материалами, да откуда вы их могли знать?» Опять запахло порохом. Вообще шеф плохо ведет эти демагогические, политические дебаты... За него боязно... Того и гляди, что-то сморозит, начинаются сразу придирки — в таком деле точность нужна...

Вот и закончилась вахта «Живого». Ко всем комплиментам я стал равнодушен и не пишу их.

Можаев сказал несколько раз: «Не дают, собаки, показать тебе, что ты гениальный артист...»

### ■ 25 января 1972

В нашем «Гамлете», кроме лиц, написанных Шекспиром, введен Любимовым живой петух. Быть может, он занял вакантное место уволенного Фортинбраса. В самых ответственных местах он появляется в окошке, кукарекает и тем самым двигает интригу. Петух играет значительнейшую роль, символическую, как по Евангелию: «Прежде нежели пропоет петух, трижды отречешься от меня», — говорит Иисус Петру. Петух связывает Шекспира с Высоцким.

### ■ 7 февраля 1972

Мы посмотрели днем мою новую квартиру — ездили на «рено» с Высоцким и обалдели от метража и комфорта.

## ■ 27 февраля 1972

Признаюсь, одна из причин, что я не сыграл Лаэрта, — я не захотел выслушивать этот поток словесный. Это случилось на той репетиции, когда он сказал мне:

— Чего вы там наигрываете, вы совершенно пусты. Кого вы хотите обмануть?! Меня вы не обманете, и снимите очки...

— Я не собираюсь вас обманывать. Мы не на базаре, я не продаю, вы не покупаете... Я работаю...

В этот день, в эту минуту я решил: все, в эту игру играть не буду! У меня не идет талант, когда мне хамят и видят во мне какого-то разбойника... Мне не верят. Мне говорят, что я сачканул Лаэрта из-за съемок. А снимался я в отпуск и выходные дни. Я убегал на поезд в ночь с «Антимиров» чаще всего. Мне не нравилась эта работа. Как Высоцкий все это выдержал — удивляюсь. Я бы Героя дал ему за такое терпение. Разве с актером можно так обращаться? Ушел из «Гамлета». Я не мог присутствовать при такой унизительной работе с людьми, которые составляют цвет театра.

## ■ 2 марта 1972

29-го с утра были на Бронной*. Можно обалдеть, как здорово! Я верю теперь, что даже на репетициях из зала выносили. Праздник актерского мастерства. Боже мой! Сидишь и любуешься артистами. Они (ну, разумеется, Достоевский) выворачивают тебе душу, заставляют рыдать и слезы восторга проливать. Я сидел, зажав рот, обтянув

* «...были на Бронной» — имеется в виду спектакль «Брат Алеша», поставленный А. Эфросом в Театре на Малой Бронной, инсценировка В. Розова по роману Ф. Достоевского «Братья Карамазовы».

челюсть пальцами, чтобы она не прыгала. Режиссера не видно. Но ведь это только кажется так. Всю эту гармонию воспроизвести, так раздраконить каждую линию. Особенно хороши Дуров и Лакирев. Блистательное, поразительное мастерство, с огромной отдачей и самозабвенностью люди работают. Сидел и завидовал, и плакал о себе. И спрашивал себя: да будем ли мы что-нибудь эдакое играть?.. И смогу ли я — так играть, хватит ли у меня теперь таланта, и сил, и умения? Когда-то я мог так играть. Высоцкий говорит, что «в Кузькине неизвестно, кто был выше: ты или Любимов». Значит: я могу. Ах ты, батюшки мои!

Нет, Любимов не допустит, чтоб любовались артистами или, вернее, чтоб о них говорили в первую голову, выходя из зала. Он должен стоять впереди. Он не возьмется ставить спектакль, пока не придумает шомпол в задницу зрителя. В «Послушайте!» это пять Маяковских и кубики, в «Пугачеве» — станок и плаха с топорами и голые, босые мужики, в «Тартюфе» — портреты (тут, мне кажется, он погорел), в «Зорях» — шесть досок (лес, болота, машина — гениально!), в «Кузькине» — березы, в «Гамлете» — занавес главный артист. Это совсем не означает, что он хочет затмить артистов или не старается, чтоб они хорошо играли... Нет, совсем нет. Просто — какая забота стоит впереди.

Но Высоцкий близок к истине, когда говорит, что «шеф — гений, а Эфрос — большой талант».

## ■ 15 марта 1972

Мне пришлось переменить дневник, ибо развалилась совершенно тетрадка. Бракованная попалась и только раздражала меня, когда вспомню пописать. Сегодня среда, репетиция Раскольникова развалилась, и вообще все развалилось кругом. Особенно в душе и в доме. Жутчайшая меланхолия. Ничего не хочется делать, ни с кем встречаться, разговаривать, е... и т. д. Подозреваю даже, что это меня Раскольников мучает, пугает, злит и бесит. Я должен убить старуху и переступить. А меня на мелочи-то не хватает, на простые шаги, не то чтобы посметь нагнуться и поднять власть. Она мне сто лет не нужна. Я люблю подчиняться, привык, чтобы мной руководили, за меня думали и вели меня, как собаку на поводке. Свои все, даже наиболее решительные, поступки в жизни (кстати, я таких за собой что-то не помню) я делал вслепую, зажмурясь и почти всегда с запасным черным ходом, почти всегда с соломкой. Это меня мучит. Это меня злит. И мучит тех, кто со мной рядом. Моя мелкопородность меня пугает и истязает. Я и так знаю, что я не Наполеон, чего мне строить его из себя даже на минуту. Я великий, гениальный актер... Черта с два! Гениально я играл только Кузькина. И то не все. А частями, например, СУД И СЧАСТЬЕ. Блестки гениальности, как блестки жира в постных щах, редки. Но и они радуют голодный взор. Раскольниковым надо заболеть, забеременеть — это значит из себя человека вытравить, обозлиться, возомнить о себе черт знает что и в ТОСКУ дикую перелить. Это измучить себя, пройти через какие-то страдания. А какое страдание у меня?! Все однозначно, мелко и фальшиво. Время мое и душа разменяны на медяки, на мелочь. Встаешь утром, запустил руку в мешок, ухватил пригоршню меди — и в карман, и все в этой пригоршне: и поступки, и мысли, и душа, что на день отпущена, а Бога нет. И продаешь его потихоньку и оптом, и в розницу.

Днем не работается, не живется, а ночью ото всего — не спится.

Любимов:

— Валерий! Почему у нас с вами последнее время... мы перестали понимать друг друга... И только после большого скандала... после криков... По-моему, ты стал много пить водки...Что с вами происходит?!

— Насчет водки не знаю... а по поводу работы — мне это просто не нравилось...

Ю. П. — А и мне многое не нравится... в этом заведении... но...

— Но теперь я преодолел в себе это отвращение и работаю даже с удовольствием... Я не могу найти в душе сейчас что-то отталкивающее от этого произведения.

Ю. П. — Я же о вас забочусь, как вы этого не понимаете... В «ходоках» вы черт знаете что вытворяете зачастую... Я не могу опереться на вас...

Это был мирный разговор после «Матери». Он вызвал меня, Шопена, Иванова. И по одному нас обрабатывал на интеллигентных, дружеских началах. Он устанавливал личные контакты — это метода современная, в мире и политике модная и распространенная...

## ■ 19 марта 1972

Руки дрожат, только что прибежал со сцены, идет «Добрый». Играл потрясающе, по-моему.

Высоцкий мне принес пол-литровую банку красной икры.

Идет второй антракт. Кажется, после спектакля будут цветы: в зале сидит девочка с дедушкой, которая регулярно приносит мне на какой-нибудь спектакль красные гвоздики.

...Гвоздик не было. Они были — но Высоцкому.

## ■ 30 марта 1972

24-го в Доме кино премьера «Бумбараша». После перерыва нас позвали на сцену. Мы вышли. Я предупредил

Рашеева*, что буду говорить. Фрид** представил группу. Рашеев сказал. И вышел я и произнес:

— Мне не стыдно сегодня глядеть в глаза вам... Я вижу в зале много любимых мной актеров, уважаемых режиссеров, писателей, и мне не стыдно за то, что вы будете сейчас смотреть...

— Проще! — кто-то крикнул из зала.

Это меня разозлило. Я ему ответил, чего, наверное, делать было не надо:

— Идите сюда, идите и скажите, а сбивать меня хамством не надо...

Тут у меня наступил какой-то провальчик. Меня этот тип выбил. Но ненадолго, потому что я четко знал, к какому концу я должен прийти от «стыда».

— В этом жанре в свое время я начинал работать с режиссером Полокой в фильме «Интервенция», который, искореженный чужими руками, до сих пор лежит на полке, и мы все равнодушны к этому и ничего не делаем, чтобы это исправить. Кто же в этом виноват? Кто виноват в том, что три года лежал «Рублев»?!

В этом месте, кажется, раздались аплодисменты и шухер в зале. Я продолжал.

— Почему не мы с вами решаем судьбу нашего профессионального труда, а кто-то? — поставил я вопрос, сказал спасибо и вернулся в строй.

* Рашеев Николай — режиссер (совместно с А. Народицким) т/ф «Бумбараш», о премьере которого в московском Доме кино идет речь.

** Фрид Валерий — кинодраматург. Среди сценариев, написанных им совместно с Ю. Дунским, — «Служили два товарища» и «Сказ про то, как царь Петр арапа женил», в фильмах по которым снимался В. Высоцкий.

Рядом со мной стоял директор театра Дупак. 25-го Дупак высказал мне большое «фэ» по поводу моего выступления на премьере. Что будто и Лапин* опять кричал про Таганку и будто грозил с картиной расправиться, он еще, дескать, не видел, а ее уже в Доме кино четыре раза показывали. И Караганов** возмущался и т. д. Что это — опять удар по театру?

Высоцкий:

— Молодец, уважать больше будут. Они не могли сказать, а ты — сказал. Не переживай.

## ■ 9 апреля 1972

Вчера поднимаюсь к себе в гримерную и вижу записку:

*Дорогой Валерий!*
*Я был в Мытищах и подумал о друзьях...*
*Высоцкий*

Целая авоська коньяку, вина и бутербродов с красной икрой. После спектакля зашел к девкам — и выпили. И мне хорошие слова достались, что не зажилил, а поделился с друзьями.

Ким сказал, что киевский Демичев отозвался о «Бумбараше» как о контрреволюционной картине. И что этот звук уже докатился до Москвы. Надо ждать неприятностей. Господи! Пронеси беду мимо моего «Бумбараша».

* Лапин Сергей Георгиевич — в то время председатель Государственного комитета СССР по телевидению и радиовещанию.

** Караганов Александр Васильевич — литературовед, критик театра и кино, доктор искусствоведения, профессор, в 1964–1978 преподавал в АОН при ЦК КПСС. С 1965 г. — секретарь правления Союза кинематографистов СССР.

## ■ 3 мая 1972

30-го поехал к Хмельницкому, где они с Володей приготовили пир. Мы договорились, когда в Жуковский ездили с «Добрым». Хмель сделал все сам: травки всякой накупил, утку с яблоками всю пожег, а яблоки в угли обратил, но зато сам... Окружен он был манекенщицами, под стать только ему — под потолок. У Высоцкого от такого метража закружилась голова, и он попросил никого не вставать. Досидели опять до четырех.

Мне было хорошо. Вовка много пел, и я вякал. И дома скандала не было — это редкий случай в моей практике.

1-го славно отыграли мы «10 дней», а после спектакля на двух машинах — Высоцкого и Дыховичного — мы рванули к Тольке Васильеву его свадьбу допраздновать. Эти полтора часа были удивительные. Редко так бывает хорошо. Пили удивительное молдавское и ели мясо. Толька совершенно мне по-другому открылся...

## ■ 8 июля 1972

Ленинград.

21-го мы локально отметили мой день. Сначала с Володей в «Астории», потом с Иваном и Кирой в номере под джин с тоником и закончили дома у Н. Ургант.

22-го приехала Ия. Я проспал встретить ее. Ездил на «Ленфильм», на рынок с Мариной Хочинской. И собрались мы в мастерской... на 10-м этаже. Ай, какая красота! Такого дня рождения я не помню у себя. Был цвет нации и соответствовал своему назначению. Золотухин, Саввина, Высоцкий, Хмельницкий, Смехов с женой, Васильев с женой. Хочинский с женой Азизян, Дыховичный, Ласкари Кира с Н. Ургант... Дивный вечер. Пели все, смеялись... плясали. Много и счастливо пел Володя. Мы с Сашкой из «Бумбараша» — «Журавля» и все остальное. Володя развез всех на своей машине марки «рено»... Прекрасно... На утро «Антимиры». Все в форме и с воспоминаниями. Редко удаются такие вечера. Этот войдет в жизнь участвовавших надолго, на всю... Дубль такого же вечера был 4-го, там же, с прибавлением новых лиц.

### ■ 8 августа 1972

На «Ленфильме» увидел Высоцкого. Отдыхает с Мариной на Рижском взморье. Там же где-то и Дупак с Райкой. Передал Дупаку письмо студии о разрешении мне сниматься в «Воспоминаниях»*.

### ■ 10 августа 1972

Очень мне понравилась пара Н. Бондарчук — Н. Бурляев. Это было бы приобретение, для картины необходимое, усложнение ее. Особенно в сочетании с таким Васильевым**. Но в стране и у нас в искусстве происходит какая-то чертовщина. Вдруг Бурляеву запрещают сниматься в положительных ролях. «Не соответствует идеалу положительного героя». Что за хреновина — понять невозможно. Еще как-то можно, хотя тоже полный идиотизм, понять и объяснить, когда Володьке Высоцкому лепят подобные ярлыки, вроде за его «бандитские, блатные песни», но при чем Бурляев? Говорят, его сняли с роли Павки Корчагина в Киеве, в пятисерийном фильме. Бред сивой кобылы... И здесь вдруг Кисе-

* «Воспоминание <о ваших матерях>» — рабочее название к/ф «О тех, кого помню и люблю» (реж. А. Вехотко и Н. Трощенко).
** Васильев — роль В. Золотухина в к/ф «О тех, кого помню и люблю».

лев: «Только через мой труп». Чего они к нему привязались? Говорят, он блистательно сработал в «Игроке»! Теперь из солидарности с партнером отказывается сниматься Бондарчук, Наташа... Я понимаю ее. Что происходит?!

60 съемочных дней — Любимов взбесится. У Высоцкого две картины, у Золотухина, наверняка снимаются Галкин, Филатов, Полицеймако... Вообще скандал назревает жуткий.

### ■ 12 сентября 1972

Вчера из театра принес стекло на стол. Под него фотографии и заявление Высоцкого. Наш друг запил. Это может кончиться плохо, в кино особенно, и ему никто уж не поможет. Ложиться в больницу он не хочет. У Марины в Париже сбежал старший сын. Позвонил через несколько дней, когда его уж разыскивала полиция:

— Не беспокойся, я проживу без тебя...

У каких-то своих хиппи.

Иваненко скоро рожает... Ох, беда.

Теория, что его надо загрузить работой, чтоб у него не было времени (и тогда он не будет пить), полной фигней оказалась. В двух прекрасных ролях*, у ведущих мастеров... в театре – «Гамлет», «Галилей» и пр., по ночам сочиняет, пишет... Скорее от загруженности мозга, от усталости ударишься в водку, а не от безделья. И все это может рухнуть. И мне подговнял. Но не про то речь, и все равно обидно. Репертуар меняется, «Антимиры» без него – значит, меня не отпустят...

* «В двух прекрасных ролях...» — речь идет о ролях в к/ф «Четвертый» (реж. А. Столпер) и «Плохой хороший человек» (реж. И. Хейфец).

Идут «Павшие». Володя не играет. И у меня защемило опять сердце — страшно опять мне лететь, прямо в пот бросает, да и все.

## ■ 15 сентября 1972

Высоцкого положили-таки в больницу. Не смог он сам остановиться. А казалось, что это может произойти, но нет... Это лучший исход для него. Только бы люди в кино оказались к нему снисходительными. В театре до странного спокойно все к этому отнеслись, без громов, без молний... Будто ждали все и приготовились. Это от шефа. Без истерик, без угроз, спокойно отменил «Гамлета» и назначил «Свободу»*, но ее не пустили. И сегодня в Управлении будет скандал.

## ■ 20 сентября 1972

Пришел Володька... и сразу спел и засмеялся... Чудо какое-то... «Я — коней напою, я — куплет допою...» И все рады ему и счастливы.

## ■ 9 октября 1972

Высоцкий:

— Валера, я не могу, я не хочу играть... Я больной человек После «Гамлета» и «Галилея» я ночь не сплю, не могу прийти в себя, меня всего трясет — руки дрожат... После монолога и сцены с Офелией я кончен... Это сделано в таком напряжении, в таком ритме — я схожу с ума от перегрузок.. Я помру когда-нибудь, я когда-нибудь помру...

* «Свобода» — то есть спектакль «Под кожей статуи Свободы» по произведениям Е. Евтушенко.

а дальше нужно еще больше, а у меня нет сил... Я бегаю, как загнанный заяц, по этому занавесу. На что мне это нужно?.. Хочется на год бросить это лицедейство... это не профессия... Хочется сесть за стол и спокойно пописать, чтобы оставить после себя что-то.

### ■ 21 декабря 1972

Высоцкий подарил мне шапку нерповую, сторублевую:

— Ты должен последить за собой, а то это несколько смахивает на клоунаду... уже...

### ■ 24 декабря 1972

Вчера был прогон Пушкина* «для умных людей». «Умные люди» хвалили, это шеф слушал. Как только дело касалось замечания какого-нибудь, тут же перебивал...

— Он никого не слушает, он никому не доверяет... А мы хотим, чтобы он к нам иногда прислушивался... Мне было стыдно, я просто в ужасе был вчера, мне хотелось подать заявление об уходе, — сказал мне Высоцкий.

А шеф сказал:

— Вы мало вкладываете в спектакль, вы во многом недобираете... И Владимир тоже... От вас я вправе требовать большего...

То же самое он сказал Володьке, в тех же выражениях, с той же мимикой. Он занял позицию — все отвергать и утверждать свое.

В театре скучно. Все это мне не нравится. Любимов делает свое, крепко и надежно. Спектакль будет интерес-

* «..прогон Пушкина...» — то есть рабочий просмотр спектакля «Товарищ, верь..» с целью выслушать мнения друзей театра.

ный, но артисты останутся в той тени, против которой Высоцкий восстает:

— Хотя бы видно было артиста, элементарно осветить лицо... Я «мало вкладываю»?! Может быть. Я не вижу, куда мне вкладывать и как это делается. Я злюсь, переживаю, что не получается то, что задумывается в кино, — но потому что я знаю, как сделать лучше, что из этого может прорасти в каждом конкретном эпизоде. А в театре, в этой монтажной пьесе, где у меня нет даже более или менее приличного куска, с определенным смыслом, логикой и поведением, где бы как-то проявлялся характер...

Скучно стало мне работать на театре. Весело, правда, никогда особенно не было. Единственно на десятилетие — Кузькин. И форма утеряна, и беречь себя не для чего. Впереди «Турандот», Островский... Высоцкий все чаще раздражается, хочет выйти из «Пушкина», хочет на год-два вообще бросить театр, игру, сесть и писать. Ему понравилась моя последняя штука. Он советует мне писать роман. А на кой мне роман? Я потихоньку буду себе кропать такие вот лирические повестушки, которые и составят роман о моей жизни.

## 1973

### ■ 5 января 1973

Л ю б и м о в: — Говорят, ты пишешь рассказы?

В л а с о в а: — Да, я читала, мне понравилось.

Л ю б и м о в: — Я не читал.

— Ну зачем? Если вы согласитесь потерять немного времени, я принесу вам полный текст, не исправленный цензурой...

Л ю б и м о в: — Куда-то все не туда пошли... Я начал писать стихи...

— Я знаю. Мне по секрету сказал Володя.

Л ю б и м о в: — Читал Слуцкому. Ему понравилось. Говорит — надо вставить в Брехта.

— Ну что же — вот и заработок. Театр — чистое искусство, не приносящее доходов.

Парандовский мне нравится. Но слова Данте какие:

> Нежась на мягкой перине,
> Славы себе никогда не добудешь.

### ■ 12 января 1973

Вознесенский зовет с собой в Томск на несколько выступлений во Дворце спорта. Высоцкий не советует:

— Зачем ты будешь при ком-то, кто бы это ни был? Не надо! Ты сам — Валерий Сергеевич.

### ■ 25 января 1973

Распевка. Приехал шеф. Я впервые, кажется, соскучился по нему чисто по-человечески, «физически». После распевки у меня садится голос. Не своим пою, наверное. Высоцкий не ходит на эти занятия. И меня спрашивает:

— А зачем ты ходишь? Тебе разве не хочется вместо этого сесть за стол и привести в порядок кое-что из своих записей?

## ■ 27 января 1973

Что тут было? День рождения Володи. Были у него. Марина привезла пленку с записями своими. Ну, хорошо. Утром проснулся с французскими туфлями.

## ■ 28 января 1973

25-го, когда я выходил, вылетал из театра на аэродром, ко мне подошел парень... с бородой...

— Вы Витю Свиригина знаете? Из Ленинграда?

— Витю?.. Нет, не помню... но это не важно, в чем дело? Я тороплюсь. Билеты?

— Нет. Он вас хорошо знал, и я привез вам фотографии, что он снимал. Он погиб... а я не люблю, чтобы после смерти оставались фотографии незнакомых людей... Тут даже написано на пакете «Золотухину»... Вас просто найти... А вот Никиту Гаранина? Они дружили. Мне нужен адрес его, чтобы сообщить ему.

Я смотрю на фотографии — Кузькин... Я помню: ко мне подходил в Ленинграде очень милый парень и передавал мне две фотографии. Я был рад: хоть что-то от Кузькина. Но я не мог вспомнить лица этого парня, которого вот уже нет в живых.

— А что случилось?

— Витя мечтал на яхте обойти вокруг света... В Азовском море попал в шторм. Два дня он держался, на третий день это произошло. Он очень любил Высоцкого... Незадолго сделал себе его большой портрет. Может быть, даже с собой он у него был... Передайте ему тоже вот эти фотографии. Мне к нему подходить было неудобно...

**■ 1 февраля 1973**

В о л о д я: — Я ужасно устаю на этих репетициях. Я нахожусь постоянно в жутчайшем раздражении ко всему... Я все время в антагонизме ко всему, что происходит... Меня раздражает шеф, меня раздражают артисты, мне их всех безумно жалко, я раздражаюсь на себя — ну на все. И дико устаю... Я ведь действительно сегодня уснул в возке... Давай я тебе устрою 15 концертов в Новокузнецке. Надо зарабатывать, Валера, пока есть имя и силы... пока ты интересен... Лечу в Новокузнецк на три дня — 19 выступлений... Как я выдержу?.. У них горит театр. Ушли три ведущих артиста, театр встал на репетиционный период... Их управление культуры выбило меня, чтобы выполнить план и выдать зарплату труппе...

**■ 9 февраля 1973**

Накануне вывесили приказ об установлении нам со Славиной ставки на 165 руб., а Высоцкому — 150.

**■ 10 февраля 1973**

Володя спорит с шефом:

— Зачем такие обидные монологи?

— Не вам это говорить. Вы бы помолчали... Вы больше меня обижали...

**■ 11 февраля 1973**

Два выездных. Володя приехал с большого похмелья, искал Антипова...

На спектакле мы обложили его, отбирали у всех деньги, кого он посылал за шампанским... Сыграл прилично... врезал в туалете с рабочим, уложили его спать на моем полушубке... С Венькой решали, чего делать, если не проспится и не найдут Антипова. Решили: буду 4 часа, пока спит, учить текст Чаплина — Гитлера. Выучил, но, слава Богу, приехал Антипов. Мы разбудили Вовку, убедили его ехать тотчас в больницу, в Склифосовского.

— Воскресенье, меня не примут... Но попытаюсь.

Уходя, Веньке сказал:

— Уступаю вам дорогу... — И мне: — Прощайте, братцы, надолго.

## ■ 12 февраля 1973

Нигде его нет. Никому никто не звонил. В Склифосовского он не поступал. Заменили завтрашнего «Галилея» «Кожей». Нашли его дома в ужасном виде. С ним Костя, его друзья.

Шеф утром произнес краткую речь:

— Дело не в Высоцком, и не в нем одном... Дело глубже. Театр стареет... и надо, очевидно, хирургическим путем какие-то вещи восстанавливать. Я буду думать, что мне делать. Высоцкого я освобождаю от «Пушкина». Давайте разбросаем текст между оставшимися Пушкиными...

## ■ 13 февраля 1973

Шеф: — Не надейтесь, что я верну Высоцкого. В этом спектакле он играть не будет. Может, хоть это его образумит.

А Высоцкий и пошел на это, чтобы выйти из игры. Ему активно не хочется быть впятером и прыгать из возка в возок.

Любимов: — Что происходит в театре — процесс сложный, неоднозначный... Наверное, произошло старение театра и требуются меры хирургические. Обо всем я буду думать, что мне делать. Каждый человек в отдельности переживает кризисы какие-то... Дело далеко не в Высоцком... Ушел прекрасный актер Губенко — театр продолжает жить... У некоторых людей сместились понятия об этом театре, об этике... Спектакль, выпуск спектакля во многом, очень во многом задерживается по вине актеров... В конце февраля я прогоню весь спектакль расширенному худсовету, и мы посмотрим, кто из нас лучше работает: Я или ВЫ... и кто сколько вложил из актеров в спектакль, в свои роли... А роли здесь в большинстве своем отличные. Меня вы этим не удивите, таким отношением... При создании театра я не такое видал, когда ломал здесь все... И самое печальное, что старожилы театра, «кирпичи», во многом являются инициаторами безобразий...

### ■ 15 февраля 1973

Шеф сказал Володе, что он его зарезал тем, что выходит из спектакля, что он поступает точно, как Губенко, и т. д. Весь арсенал на него выпустил. Но Володя устоял. Шеф думал, что он станет просить прощения, захочет вернуться в «Пушкина»... но Володя давно замыслил побег из этого спектакля. И шеф в отчаянии, у него все-таки была надежда...

### ■ 25 февраля 1973

День замечательный, радостный тем, что сегодня шеф за «Цензора»* сказал: «Молодцы!» Импровизировать с

* Речь идет о стихотворении А.С. Пушкина «Разговор книгопродавца с поэтом».

гитарой после Высоцкого было страшно и не удавалось долго. Это меня угнетало. Теперь как гора свалилась. Долго ли этому быть, выйдет ли этак одним духом у меня на сцене, и что скажут «умные друзья театра»?..

## ■ 2 марта 1973

Высоцкий оформляет документы во Францию. Боже! Помоги моему другу. Это было бы прекрасно, какие бы песни он написал! Ни к кому другому нет у меня такой нежности и теплоты, как к Вовке В.

## ■ 5 марта 1973

Целиковская встретила на улице:

— Валерий, я должна вам сказать, что вы очень хорошо играете. Вы знаете, я человек злой, но вы мне очень, по-настоящему, понравились... Как вы слушаете, говорите... ваши глаза... Просто поздравляю вас.

Левиной она звонила, хвалила меня:

— И я сказала Юре, как он только освободится от «Пушкина», пусть порепетирует с Валерием Гамлета!!! (Вы слышите, господа присяжные заседатели!!!) Спектакль зазвучит по-другому, неожиданно...

## ■ 29 апреля 1973

Звонил из Парижа Высоцкий. Он еще не соскучился по нам. Счастлив. Везде его водят, кормят, все его знают. А главное, от чего он обалдел, — весь Париж говорит на русском языке. Я думаю, это заслуга Марины. Четыре года всего ей понадобилось агитации к приезду мужа из России, чтобы весь Париж перешел на русское изъяснение.

## ■ 19 мая 1973

Приехала из Парижа Галя Евтушенко. Все газеты напечатали огромные портреты Володи в смокинге и с Мариной на открытии Каннского фестиваля. Сегодня он звонил Дупаку, просил день отсрочки, боится, не успеет на машине.

## ■ 22 мая 1973

«Спеться» (почти в том же смысле, что спиться) — вот чего я боюсь. Я боюсь утратить свое значение как Актер, как исполнитель ролей драматических. Я боюсь, что про меня будут говорить, да уже и говорят: «А, это тот, что песенки поет?» Боюсь превратиться в Трошина, в Анофриева и пр. Даже в Высоцкого. Потому что его слава как певца-барда гораздо выше его славы актерской. Хотя ведь это никто не мерил, и почему плохо, когда артист поет?!

Вчера мы смотрели восстановленную копию «Интервенции». Боже мой!!! Проплакал весь фильм. Он выиграл от времени. Все фильмы после него — Юткевича, Митты, «Бумбараш» — только сыграли на него, несмотря на то, что многое разворовано по самым естественным причинам — время продиктовало иную эстетику экрана, доселе не существовавшую, вернее, не допускавшуюся на наши совэкраны. Женька — моя лучшая роль. Я боялся каждого кадра, каждого произнесенного слова и радовался, что ничего — славно. Более того, я расстроился... что переменился нынешний... Я некоторые вещи уже не могу так сыграть теперь... Венька меня успокоил: «Все от режиссуры зависит». Нет, такую смелость позволить, такую открытую страсть, не боясь наигрыша... ох, как хорошо. И молодой я, какой молодой, и мастер. Не очень ли я себя сегодня хвалю? И весь фильм — чудо. Столько энергии в нем, столько выдумки — откуда? Как из рога? И Митта еще осмелился сказать, что «фильм, несмотря на все богатство, не сложился». Мне не очень нравится «Тюрьма»*... и Юля**, и Володя... оперность некоторая... От этого и смысл теряется, и драматизм уходит.

Неужели это не увидит свет?!

## ■ 25 мая 1973

Вернулся Высоцкий из Парижа, привез мне джинсы.

## ■ 11 июня 1973

Сегодня разговаривали между собой поэты... Андрей Вознесенский и Володя:

— Володя, приезжай ко мне 14-го на дачу.

— Обязательно, Андрей. Мне тебе нужно много почитать, чтобы ты отобрал для печати, что считаешь... Вот послушай два... Я все равно должен у тебя отобрать полчаса...

И Володя долго читал. А я хохотал. Потому что Андрей слушал и думал о своем. Он звал к себе на дачу, чтоб подумать о 500-м спектакле «Антимиров». А Володя — о своем. А я — о своем. Позвонил в журнал: поехать на банкет «Юности» не могу, играю за Бортника, которого, кажется, уволили.

## ■ 15 июня 1973

Дупаку — позорный выговор за гастроли, за Кишинев, за Высоцкого и т. д.

* «Тюрьма» — сцена из к/ф «Интервенция».

** Юля — Юлия Бурыгина, исполнительница роли Жанны Барбье.

### ■ 17 июня 1973

Письмо от Б. Полевого. Высоцкий подал. Смотрю адрес — не понимаю. Читаю: Борис Полевой. Жду скверного. Ну, думаю, зарубили в номере...

### ■ 21 июня 1973

Высоцкий поехал на суд. С него будут взимать 900 руб. за всякие левые дела, за переплату на концертах.

— В нашей стране деньги добыть можно только преступным путем... Взять и сказать — не брал, докажите... и все.

На день рождения Филатова Таня подарила мне Блока.

— А вот у поэта всемирный запой.

— И мало ему конституций...

### ■ 23 июня 1973

Ну, значит так... Вчера могло меня не стать. Два раза был чуть не под колесами самосвалов. Так кружилась голова, когда увидел журнал... развернул... «На Истокречушку, к детству моему...» Сначала в издательстве «Правда» скупил оставшиеся 6 экземпляров, потом в «Юности» 10... и с этой ношей двинулся по улице Горького с пл. Маяковского до ЦТ. Что происходило у меня в голове?.. Я никого и ничего не замечал, шел странный и дикий... Все заглядывал в журнал — не пропустили ли это место... а как расположилась эта фраза, а с большой ли буквы — Ларионыч... сохранена ли кардиограмма... песни... и т. д. Портфель был ужасно тяжелый, но... я даже не реагировал на его вес, до того он хрустален был и священен...

«Серп и Молот», «Павшие»...

Хвастал журналом. Надписал Володе и Веньке. Васильев не мог пережить, все-таки кольнул...

— Говорят, хороший роман Васильева*.

— Да уж конечно, получше тебя-то...

— Как это ты так сразу, ты почитай сначала...

— Да что там?! Про тебя все известно...

И это без юмора, зло, неприятно. Мне захотелось плакать даже. Ну зачем такая неприязнь... я и не претендую. Я все знаю про себя, что чего стоит. Но ведь безотносительно достоинств моей вещи можно порадоваться факту появления... Обидно. А Высоцкий подпрыгнул аж:

— Смотрите... с кем работаете...

Севка Абдулов читал тут же:

— Несмотря на злобные выпады твоих товарищей, несмотря на то, что они пытались помешать мне, я получил колоссальное удовольствие, спасибо...

Разные люди, по-разному реагируют...

## ■ 25 июня 1973

«Я горжусь, что твои гениальные песни вот таким образом аккумулировались в моей башке. «Рвусь из сил и из всех сухожилий...» Рвут кони вены и сухожилья свои... Я верю, «уж близко, близко время», когда я буду держать в руках книжку твоих стихов, и я буду такой же счастливый, как сейчас». — Так я написал Владимиру на обложке журнала «Юность».

* «...роман Бориса Васильева...» — в журнале «Юность» (№ 6 за 1973 г.), где была напечатана повесть В. Золотухина «На Исток-речушку, к детству моему», была также опубликована повесть Б. Васильева «Не стреляйте белых лебедей».

### ■ 27 июля 1973

Венька предлагает «Воспитание чувств» Флобера, главную роль, две серии для телевидения. Весь аж дрожит, так увлечен. Съемки с 3 по 14 ноября.

— Такой роли ты никогда не играл. Это нужно, Валерик. В прекрасном смокинге, шикарный мужчина... То, что у тебя есть в «Интервенции», стремление к призрачному идеалу... Это нужно сделать к декабрю, к приезду Помпиду... Высоцкого мне не разрешили. Остаешься ты... Валюха. Давай, и никаких...

### ■ 16 сентября 1973

С Высоцким мы сейчас много говорим «о проблемах литературы, о путях ее и людях» и пр. Он обиделся кровно, когда кто-то, желая польстить мне при нем, сказал, что я пишу «ну вот... как Аксенов...»

— Что? — сказал Володя. — Да вы что, офигели? Аксенову не снилось так писать...

### ■ 17 сентября 1973

Вчера Назаров на спектакле сказал: «Не надо, Валера, не траться, не надрывайся, не рви себя». Но не могу жалеть себя, когда вижу, как вокруг — Володя и Зина работают на разрыв.

### ■ 27 сентября 1973

Алма-Ата.

Перед концертами нас завезли в бассейн, отличнейший. Выдали плавки. Хмельницкий гонялся в воде за Любимовым: «Не выйдете из воды сухим, если не уеду в Югославию». А Высоцкий плавал с поднятой рукой: «Чур первый на пост главного режиссера».

Ночевали с Высоцким в одном номере.

На ужине наши молодые плясали вовсю, играл наш оркестр, и Володька пел отчаянно. Борька* «Цыганочку» под пение Володи отмачивал лихо, ух как здорово, аж слюнки текли у меня...

### ■ 6 октября 1973

Вовку не отпустили. Он хотел мотануть завтра в Москву, не играя последние «10 дней», но обещается начальство посетить. Но Кунаева не будет — это же ясно.

### ■ 20 декабря 1973

Вечер, после хороших концертов. С Володей ездили, с Венькой — втроем, по старой дружбе. Сегодня Володя на концерте:

— Валерий, как мы постарели. Нам все грустно... в глазах видно... Нас ничто не радует, мы ничему не удивляемся...

### ■ 21 декабря 1973

Сегодня читка по второму разу Бакланова—Любимова**. Я получил Писателя, Володя — Режиссера. Думаю, с нами будет наиболее кровавый вариант работы — автобиография авторов.

### ■ 23 декабря 1973

Я не записал спора между Золотухиным — Высоцким, с одной стороны, и Любимовым — Баклановым – с дру-

* Борька — Борис Галкин, в то время актер Театра на Таганке.

** Бакланов-Любимов — то есть спектакль «Пристегните ремни», поставленный Ю. Любимовым по произведениям Г. Бакланова. Оба они были авторами инсценировки.

гой, касательно ролей Писателя и Режиссера. Нам они не понравились. Ходульны, одинаковы, бесконечные байки с пошлятинкой. Два умствующих балбеса... Какой крик поднялся. Шеф обиделся. Ведь это он писал. И резюмировал тогда уж Бакланов:

— А что? Может, в возражениях Золотухина, Высоцкого что-то есть, может быть, подумать и какой-то иной поворот найти...

— Да ничего там нет... им больше нравятся другие роли. Каждый артист думает только о себе... о своем пупе, куске... Конечно, это не Кузькин...

— Плохо вы знаете своих артистов.

— Я говорю вообще обо всех артистах.

### ■ 29 декабря 1973

Выступали в МГУ. Высоцкий не советовал нам ездить к студентам: за ними надзор. Так и было. Заинтересовались органы. Нас провели каким-то иным, обходным путем. Ждем неприятностей и позора. Венька дергается...

## 1974

**■ 3 февраля 1974**

Перед спектаклем Володя рассказывал про свое детство, про дом, про Германию, где он с отцом прожил три года, и немцы-дети его за своего считали, так он балакал по-немецки... Приехал — и стал не свой, звали — «американец»...

**■ 4 февраля 1974**

Высоцкий считает, что это просто необходимо, бесконечно необходимо провести мой большой вечер! Если бы Венька помог мне!! Он умеет и любит ковыряться в подобных вещах. «Десять лет работы».

**■ 18 марта 1974**

На вчерашнем выезде в Жуковский ничего особенного не произошло, кроме того, что мы допускали ужасную халтуру. Вообще, играть «Антимиры» — это уже пытка. В «Озе»* мужики кроме собственного и нашего развлечения не оставили ничего для поэзии, для мысли и т. д.

В ы с о ц к и й:

— Мы ничего не понимаем ни в экономике, ни в политике... Мы косноязычны, не можем двух слов сказать... Ни в международных делах... Страшно подумать. И не

* «Оза» — фрагменты из поэмы А. Вознесенского «Оза», входившие в поэтическое представление «Антимиры» и, кроме того, особенно часто исполнявшиеся на всех выездных и шефских концертах.

думать нельзя. А думать хочется... Что ж это такое?! А они — эти — все понимают...

### ■ 25 апреля 1974

Ну вот. Этот день (23-е)* прошел. Главное — игралось хорошо. И шеф хвалил, ну, он веселый был. В «свадьбе» получил по глазу пиалой от Высоцкого. Друг удружил к празднику. Пришлось уйти со сцены, кровища хлестала, но хорошо еще, что глаз цел, а синяк — хрен с ним...

У нас мероприятие с Высоцким, а он в Ужгороде, а вдруг не приедет? Грустно будет. Вечер потерян. Вчера не поехал в «Уран» на встречу. Там идет ретроспективный показ моих фильмов. Из-за господина Высоцкого, что въехал чашкой мне по глазу.

Собираюсь с Высоцким к строителям его кооператива. Под очками не видно будет.

### ■ 26 апреля 1974

Интересная картина получается: вчера ездил с Высоцким на его дела с кооперативщиками... Какую он мне вещь сказал... что на капустнике, то есть вся моя линия песенная, отстраненная... гениальной была и что я впервые как артист раскрылся... Нет, не то чтобы как артист... «Увидели твою душу, то есть то, о чем ты пишешь... Мы увидели тебя... ты во всех своих ролях скрывался от нас. Ты богаче своих ролей... вот что — ты никогда не играл самого себя...

* 23 апреля 1974 г. — 10-летний юбилей Театра на Таганке. В этот день по традиции шел спектакль «Добрый человек из Сезуана». По окончании — банкет в верхнем фойе ВТО и концерт-капустник. В. Высоцкий сочинил новую песню и назвал ее «Театрально-тюремный этюд на таганские темы».

вот что... Или, может, оттого, что я тебе по глазу звезданул... У тебя такой серьез был, такое спокойное отчаяние, что просто офигеть можно. Ты таким никогда не показывался... Я думал, может, я ошибся... Нет, я был у Г. Волчек, мы с ней говорили. Она говорит «да», то же самое...»

Вот что поведал мне Вовка.

*Владимир Высоцкий*

**ТЕАТРАЛЬНО-ТЮРЕМНЫЙ ЭТЮД НА ТАГАНСКИЕ ТЕМЫ***

Легавым быть — готов был умереть я,
Отгрохать юбилей — и на тот свет, —
Но выяснилось: вовсе не рубеж — десятилетье,
Не юбилей, а просто десять лет.

* Песня навеяна не только 10-летним юбилеем театра, но и последней премьерой, состоявшейся за неделю до праздника, 16 апреля 1974 г., — спектаклем «Деревянные кони». Высоцкий не был занят в этой постановке, но он обладал совершенно уникальным даром — никогда не разграничивать спектакли и события в театре на «мои» и «чужие».

В песне обыгрываются названия, сюжеты и цитаты из многих таганских спектаклей, а также произносится здравица в честь их авторов: «Деревянные кони», состоящий из двух частей — «Василиса Мелентьевна» и «Пелагея и Алька» по Ф. Абрамову, «Живой» по Б. Можаеву (спектакль, не выпущенный на публику), «Добрый человек из Сезуана», «Берегите ваши лица» по стихам А. Вознесенского (спектакль, запрещенный сразу после премьеры), «Гамлет».

Упоминаются артисты театра и их роли: Зина, т. е. Славина — исполнительница ролей Шен Те в «Добром человеке» (где Высоцкий играл ее возлюбленного Янг Суна) и Пелагеи Амосовой в «Деревянных конях»; Алла, т. е. Демидова — Гертруда, мать Гамлета и Василиса Мелентьевна в «Деревянных конях»; Ваня, т. е. Бортник — Павел Амосов в «Деревянных конях».

И все-таки боржома мне налей —
За юбилей! — такие даты редки.
Ну ладно, хорошо — не юбилей,
А, скажем, две нормальных пятилетки.

Так с чем мы подошли к неюбилею?
За что мы выпьем и поговорим?
За то, что все вопросы и в «Конях» и в «Пелагее» —
Ответы на историю с «Живым».

Не пик и не зенит, не апогей, —
Но я пою от имени всех зэков:
Побольше нам Живых и Пелагей —
Ну, словом, больше Добрых человеков!

Нам почести особые воздали:
Вот деньги раньше срока за квартал.
В газету заглянул — а там полным-полно регалий,
Я это между строчек прочитал.

Вот только про награды не найду,
Нет сообщений про гастроль в загранке —
Сидим в «определяющем» году,
Как, впрочем, и в «решающем», в Таганке.

«Решающим» годом девятой пятилетки советская пропагандистская машина окрестила 1973 год, а 1974-й назывался «определяющим». Речь идет о гастролях театра на предприятия КамАЗа в Набережных Челнах (июнь—июль 1974). В зарубежные гастроли театр, несмотря на многочисленные приглашения, долго не выпускали. Впервые труппа пересекла советскую границу в сентябре 1975 г., выехав в Болгарию. Франция увидела Таганку только в октябре 1977 г.

Упоминается в песне и строительство нового здания театра. В. Высоцкий почти не ошибся в своем предсказании, что оно растянется «годков на десять». Первый кирпич заложили 27 декабря 1973, а освоение новой сценической площадки началось только в 1980 г. Высоцкому на ней играть уже не довелось.

Тюрьму сломали — мусор на помойку, —
Но будет где головку прислонить:
Затеяли на площади годков на десять стройку —
Чтоб равновесье вновь восстановить.

Ох, мы поездим, ох, поколесим,
В Париж мечтая, а в Челны намылясь, —
И будет наш театр кочевым
И уличным, — к тому мы и стремились.

Как хорошо — мы здесь сидим без кляпа,
И есть чем пить, жевать и речь вести.
А эти десять лет — не путь тюремного этапа:
Они — этап нелегкого пути.

Пьем за того, кто превозмог и смог,
Нас в юбилей привел, как полководец, —
За пахана — мы с ним тянули срок,
Наш первый убедительный червонец.

Еще мы пьем за спевку, смычку, спайку
С друзьями с давних пор, с таганских нар —
За то, что на банкетах вы делили с нами пайку,
Не получив за пьесу гонорар.

Редеют ваши стройные ряды —
Писателей, которых уважаешь, —
Но, говорят, от этого мужаешь! —
За долги ваши праведны труды —
Земной поклон, Абрамов и Можаич!

От наших «лиц» остался профиль детский,
Но первенец не сбит, как птица влет, —
Привет тебе, Андрей — Андрей Андреич Вознесенский,
И пусть второго Бог тебе пошлет!

Ах, Зина, жаль не склеилась семья
У нас там, в Сезуане, — время мало.
И жаль мне, что Гертруда — мать моя,
А что не мать мне — Василиса — Алла!

Ах, Ваня, Ваня Бортник — тихий сапа,
Как я горжусь, что я с тобой на «ты»!
Как жаль, спектакль не видел Паша,
Павел — римский папа, —
Он у тебя б набрался доброты.

Таганка, славься, смейся, плачь, кричи,
Живи и в наслажденье и в страданье!
Пусть лягут рядом наши кирпичи
Краеугольным камнем в новом зданье!

## ■ 6 июля 1974

Володе очень не понравилась повесть В. С.: «Это что же такое?! Это все, что я в В. ненавижу... все это так сконцентрировалось в этой графомании. Что же это такое, как же можно это кому-то показывать?..»

Вовке уж коль не нравится... то он возмущается, как дите, что у него отобрали игрушку... время отобрали на чтение, да еще ждут слов.

## ■ 20 августа 1974

Мне передали сценарий «Одиножды один», уже в который раз. Полока просит сыграть у него Толяна, на которого пробовался Высоцкий, и очень изящно, но Комитет не утвердил его. Теперь ко мне: и Мережко*, и Полока, и вдруг Первое объединение... Но почему я должен вдруг это делать? Ведь поздно уже. У меня нет ни времени, ни сил, ни охоты!

* Мережко Виктор — кинодраматург, автор сценария к/ф «Одиножды один» (реж. Г. Полока). Роль Толяна в фильме исполнил Н. Караченцов.

### ■ 5 сентября 1974

Вот уже третий день в Вильнюсе. А приехали на «BMW», на «Высоцком», с Дыховичным*. И ехали здорово, быстро, со скоростью средней 100, а так на спидометре держалось почти всю дорогу 140—120, а?! И какой же, получается, еврей не любит быстрой езды. Заночевали в Минске, в гостинице. Съели диких уток, подстреленных самим Полянским на охоте, членом Политбюро. Поэтому они были вкусными втройне. Нет, хорошо ехали.

В гостинице вроде как сначала не было мест, но потом, как Высоцкий документ предъявил, и я подошел, «что-то он не похож на Золотухина», снял кепку, «ну вот теперь другое дело», нашелся номер трехместный, с улыбкой.

На следующий день при труппе сцепился с Дупаком. Ждали Шаповалова, Смирнова...

— Надо начинать репетицию, а не ждать.

— Вот когда вы будете режиссером, встанете сюда и будете вести репетицию...

— Придет время — встану. Семьдесят человек ждут неизвестно чего... Тем более у Шаповалова есть замены в зонгах, а Смирнов не с самого начала...

Меня защитил и поддержал Высоцкий. С нами уже трудно спорить.

А Высоцкого не пустили в ночной бар. «Тем более вы в таком виде», — а вид у него самый европейский, и вылезает он из машины «BMW». Но галстук он никогда не носил, не имеет его, стало быть, ресторан в этой стране ему не светит, хотя он и Высоцкий и пр. Ну и посмеялись мы. «Достаточно, — говорит, — того, что я вылезу из машины «BMW», мне в машину самовар принесут...»

Не успели мы вернуться оплеванными к машине, новый подарочек — сперли зеркало с машины. Вырвали с

* Иван Дыховичный был женат на дочери Полянского, Ольге, которая снабдила его в дорогу жареными утками.

мясом. И будто мы сразу в чем-то виноваты, и машину жалко... как живую... Будто из тела вырвали...

Сейчас идет «Добрый». У Высоцкого берут интервью.

### ■ 10 сентября 1974

Вчера мы летали с Володей в Ленинград, перед отлетом зашли в театр к шефу, только что прибывшему. На аэродроме мы разминулись с ним.

— Здравствуй, Володя. А это суперзвезда за тобой идет?

— Почему супер? Он просто — звезда.

— Ну, как поживает «Дурь»* — не твоя дурь, твоя дурь, я знаю, как поживает, а нилинская «Дурь»?

Вечером вернулись поздно и беседовали с шефом. Все об Англии, о репертуаре, а о моем деле только в конце, и пока ничего конкретного. Меня беспокоит «Мать». Без замены мне кранты. Да не может быть и речи об этом, улечу и все.

### ■ 18 сентября 1974

Рига. Вести ужасные. Володя сбежал из больницы, вшивку делать не стал. Шеф намучился с ним в самолете...

Володя такое мне про меня наговорил, про мою прозу... Сравнивал мои некоторые страницы (даже писать стыдно) с Достоевским...

— На смерти Шатова я не плакал, а на твоих некоторых страницах вскакивал и ходил по комнате, не мог читать, комок застревал и не проглотить... Но «Фомин» уже другое. Это профессиональнее, но слабее... Надо тебе писать,

* «Дурь» — то есть съемки к/ф «Единственная» по рассказу П. Нилина «Дурь» (реж. И. Хейфец) с участием В. Золотухина (Касаткин) и В. Высоцкого (Борис Ильич — руководитель хорового кружка).

как семь лет назад... Знаешь, я отчего запил — от зависти! Как ты успеваешь: столько играть, сниматься, запивать иногда и так писать? Откуда ты слова такие достаешь? Я нигде, ни в одной своей вещи не приблизился до того, что ты пишешь... Ванька Дыховичный пришел, я читал, я сказал Ваньке: «По-моему, у нас есть совсем рядом потрясающий писатель». Пиши, работай над словом, Валерик! У нас никто уже не может делать такое...

Дыховичный страхи рассказывает про Володю. Ударил себя ножом. Кое-как его Иван скрутил, отобрал нож. «Дайте мне умереть!» Потом все время просил выпить... Никто не едет. Врач вшивать отказывается: «Он не хочет лечиться, в любое время может выпить — и смертельный исход. А мне — тюрьма». Шеф сказал, что он освободил его от работы в театре.

### ■ 23 сентября 1974

В самом деле, нет минутки свободной. Ввожу на свои роли молодежь. Не знаю, чего у меня вытанцуется. Друг сильно тоже мне подкузьмил, но лишь бы жив остался и вышел бы поскорее из пике... а там разберемся.

### ■ 24 сентября 1974

Володя снова в больнице. Кажется, соглашается на вшивку. Марина еще не приехала. А мне сдается, он рвать с ней хочет. Что-то про свободу он толковал. Раньше, дескать, она именно давала ее. А теперь вот именно она и забирает ее.

### ■ 26 сентября 1974

Меня обменяли, как Пауэрса, на Володю. «Даешь Высоцкого — лети. Не даешь — играй “Антимиры”».

Володя прилетел. Он сделал вшивку. Чувствует неважно себя, но теперь это не имеет значения: играть он обещал. Благодарил меня за наставления, как с шефом беседу вести.

— Приходи, — говорю, — и ничего не говори. Стой и молчи. Он все знает, он все тебе скажет сам. А что он скажет, тебе известно давно. Что ты обманул... Разве можно верить «ребенку»? А ты «ребенок», хватающийся за игрушку; дай конфетку — тогда сделаю уроки. Что ты не прошел «медные трубы», что ты от всего отказываешься. Что кто ты такой, дескать, сочинил несколько приличных песен... и т. д. и т. п. Слушай, соглашайся и молчи.

### ■ 24 ноября 1974

«Пушкин» 21-го. Любимов выпорол меня перед всеми:

— Если бы вас записать на видеозапись и показать вам, вы бы очень расстроились. Вы каждое слово стали играть, раскрашивать. Я за вами не замечал этого никогда... Вам действительно не хватало полотенца через руку — и официант... И ногти грызли чересчур... позировали... Вы стали кокетничать, этаким фертом выскакивать. Вдумайтесь, какого человека вы играете, какого ранга. Люди такого ранга... посмотрите, вспомните, как они ведут себя... Что на вас действует? Ваше благополучие, ваша популярность? У Высоцкого иногда это проявляется, и он становится этаким... Но потом пьянство его собьет, он увидит, что от него все отворачиваются, что никому не интересно возиться с ним — он начинает задумываться... Не подумайте, что я разговариваю с вами так жестко из-за наших с вами взаимоотношений, нет...

Меня очень радует, что Володя играл вчера спектакль и все нормально... И шеф не метал стрелы по поводу моего отсутствия.

## ■ 16 декабря 1974

С 1 по 15 января Любимов начинает репетиции («Живого») каждый день, и ни с одной репетиции он меня, уже несколько раз предупреждал, не отпустит. Неужели это случится, и группа вынуждена будет стоять? Что будет со мной, с Хейфецем на старости лет?!

И опять меня может выручить Высоцкий. Если он ляжет в больницу с ногой — у него порвана связка на ноге. А может, он и сыграет такого хромого... Володьку это точно заинтересует. Бывший муж Марины играл точно с такой ногой «Парижские тайны».

## ■ 24 декабря 1974

Сегодня худсовет по «Ремням»... Либо мы свихнулись с Высоцким, либо что-то происходит необъяснимое. Ведь людям нравится? Эта мешанина, это прикрытие из военных книг... При чем тут: «Двадцать миллионов погибло, чтобы мы жили достойно...»? Фальсификация... Это очень жаль. Много стыдного в спектакле, пережеванного десятки раз, прошлого... Самолет, самолет...* Ну и что — будет он разбиваться или не будет?.. При чем тут? Мальчики играют. Антипов просто баба какая-то... Две были приличные роли: Инженер и Начальник — так и их не стало... Но людям нравится, а шеф кричит, что он «не позволит Покаржевскому**...» и т. д. «Этот тип меня не интересует, так и запишите». Ну перед кем он все это устраивает, кому... для посторонних?..

* «Самолет, самолет» — сценография спектакля «Пристегните ремни!» (худ. Д. Боровский) представляла собой салон самолета.

** Покаржевский Борис Васильевич — в то время начальник Главного управления культуры исполкома Моссовета.

## 1975

**9 января 1975**

Проносятся дни и ничего утешительного не приносят. Высоцкий: «Еще ты будешь грустить — играешь такую роль*...» А игра не приносит мне радости, не успеваю я поиграть.

В театре дела хреновые. Спектакль не приняли, и в который раз сегодня будет смотреть его соединенное начальство. Высоцкий мотается туда-сюда самолетами, «Стрелой». Успевает еще записаться на студии хроники и т. д. Сумасшедший человек.

**13 января 1975**

Ленинград.

И опять, и опять отель. Ехали с Высоцким. А ему нравится моя глава «Ларионыч»**, и он говорит, что Шацкая не права. Но я-то знаю, что она права.

Мне Минская студия предлагает заманчивую историю, совместно с болгарами. Роль очень хорошая, бумбарашевая. Апрель — май, Болгария безвыездно. Высоцкий говорит: «Нечего думать, соглашайся... Что театр... тебе в этом сезоне... ни черта...»

**20 января 1975**

Повесился Шпаликов. Отчего?

Высоцкий уезжает во Францию. Для чего? Чтобы видеть и работать. Это хорошо. В поезде он сказал мне, что

* «...играешь такую роль...» — то есть роль Касаткина, главную в к/ф «Единственная».

** «Ларионыч» — глава из повести В. Золотухина «Дребезги».

страдает безвременьем... «Я ничего не успеваю. Я пять месяцев ничего не писал». Я обрадовался странным образом: не один я ничего не делаю.

Даже этот гигант работоспособности – тоже бездельник Это плохо. Но дурака утешает, что не он один.

## ■ 22 января 1975

Высоцкий с Мариной были у Демичева*. Имели очень приятную беседу. Будет пластинка. Речь была и о театре. О Кузькине. Если Вовка не врет, Демичев спросил:

— А кто играет Кузькина? Золотухин? Это хороший актер.

## ■ 6 февраля 1975

Сегодня «жаркий» день в театре — съемочный. Палят страшные лампы, снимают шефа для заграницы, для, быть может, наших гастролей... Полнометражный фильм о Любимове. Мастер репетирует «Мастера и Маргариту». У меня роль Бездомного, с Высоцким на пару, и она мне не нравится. Вся съемочная компания возглавляется Руфкой Яковлевой**.

## ■ 28 февраля 1975

Приехал из Парижа Хейфец. Встречался с Высоцким. Володя нелояльно повел себя: был на вручении премии Синявскому. Там же был Солженицын и другие выслан-

* Демичев Петр Нилович — в то время (1974–1986) министр культуры.

** Руфка Яковлева — сокурсница В. Золотухина по ГИТИСу, директор съемочной группы.

ные лица. Би-Би-Си передало: «Известный артист Театра на Таганке...» и пр. Звонили Дупаку, укоряли его за воспитание труппы... А тут еще дворничиха театра устроила у себя на дому выставку абстракционистов, левых художников... Иностранные корреспонденты толпятся... Скандал. Не дают Дупаку житья.

### ■ 28 мая 1975

Видел Высоцкого. Живут они с Мариной у Ивана Дыховичного. Квартиру, ту, что он получает, надо заново переделывать, ломать стенку, перестилать полы и т. д.

### ■ 31 мая 1975

Опять вчера говорил со мной Эфрос*.

4 июня я выйду на сцену в роли Пети Трофимова. Высоцкий тоже, очевидно, поднимется на подмостки Лопахиным. Что это будет?! Я не готов к репетиции. Я еще в Кузькине. Но Эфрос резонно: «Ну что Кузькин? Кузькин сделан. Надо делать это».

### ■ 10 сентября 1975

Высоцкий. Сколько нелепостей, глупостей. Сколько раз при мне его отпевали, хоронили всякими способами, отправляли черт знает в какие заграницы... За два часа

* Эфрос А.В. — в 1975 г. Ю. Любимов в первый раз надолго покинул Театр на Таганке. Он поехал в Италию ставить оперу Л. Ноно «Под жарким солнцем любви» в «Ла Скала» и предложил А. Эфросу (в то время режиссеру Театра на Малой Бронной) поставить на сцене Таганки любой спектакль. Анатолии Эфрос выбрал «Вишневый сад» А. Чехова.

до встречи в Риге с Высоцким, на съемках у Митты, мне сообщили достоверно, что он подавился рыбной костью. Воистину — язык человеческий без костей. Я-то тихо радуюсь и надеюсь: долгую жизнь проживет Владимир.

«Хозяин тайги». Мы живем в пустом, отремонтированном доме. Спим на раскладушках. Я не снимаю милицейской формы. Сбоку у меня пустая кобура. По ночам Владимир работает, пишет. Иногда что-то проверяет гитарой. Лампа электрическая, в миллион свечей — другой нет. Я знаю, что под окнами в бурьяне и крапиве затаился народ — ребятня деревенская. Самые непосредственные уверены, что я приставлен Высоцкого охранять. Если не поздно, некоторые стучат, робко спрашивают у меня разрешения: «Товарищ милиционер, можно поглядеть на живого Высоцкого?» — «Можно, — говорю, — но прежде принесите три литра молока». Несут. Приглашаю Владимира выкушать молочка. Он не знает, что я потихоньку им торгую. На съемках не ладится, ругаемся с режиссером, с оператором. Пишем нашему товарищу, нашему партнеру по театру: «Пропало лето, пропал отдых, пропали надежды...»

8 августа 1968 г.<br>С. Выезжий Лог Красноярского края<br>ст. Отдых Московской обл.,<br>Смехову В.

*Высоцкий*: Здравствуй, однако! Венька! Мы тут думали-думали и решили: надо Веньке написать все как есть. Без экивоков и без... Золотухин в данный момент возлежит на раскладушке, благодушный и похмельный. А я с завистью гляжу на него и думаю. «Эх! — думаю я. — Нет среди нас Веньки и баб. А жаль!»

Я ведь, Венька, в Москве был. Красиво там, богато, многолюдно. Но где ни шастал я, а тебя не встретил. Был на сельхозвыставке и... всяко. Таперя снова тут. Живем мы в хате, построенной на месте сгоревшей тоже хаты. Есть у нас раскладушки, стол и бардак, устроенный Золотухиным. Как истый деревенский житель, он живет себе и в ус не дует и поплевывает на грязь, неудобства, навоз и свинцовые мерзости деревенской жизни. А я умираю. Во дворе у нас живет свинья с выводком. Иногда она заходит к Золотухину на огонек и чувствует себя очень уютно. Сортир у нас порос картофелем, и мы туда не ходим.

Теперь о творческих планах. Думаем послать всех к... матери и приехать на сбор «трупа» как ни в чем не бывало. А ведь бывало, Венька, ох как бывало! Только теперь мы по-настоящему оценили твой с Любимовым литературный талант и Любимова с тобой режиссерские качества. Можаев перед вами — нуль, Назаров перед вами — говно.

Кстати, как твои армейские успехи? Может, мы и пишем-то напрасно? А? Но... Валерка замахал головой и воскликнул: «Не может быть! Евреев в армию не берут, хотя после событий на Ближнем Востоке это пересматривается». Я-то думаю, что армия без тебя обойдется, но ты, по-моему же, без армии зачахнешь.

У нас утонул один шофер деревенский, и еще один утонул раньше того, который утонул сейчас.

Прости за информацию. Далее. Снимают медленно и неохотно. Меня просто совсем медленно. Золотухина несколько скорее, но все равно. Настроение у нас портится и на душе скребут кошки во время каждой съемки. Я написал две хреновые песни, обе при помощи Золотухина. У него иногда бывают проблески здравого смысла, и я эти редкие моменты удачно использую.

Эта наша поездка называется «Пропало лето». Еще пропал отдых, настроение и мечты. Хотел я что-нибудь скаламбурить, но юмора нет и неизвестно. Пообщаюсь с тобой — напитаюсь. Передаю стило Золотухину!

*Золотухин*: Здравствуй, дорогой друг семьи моей Венька. Извини, что так долго не писал — абсолютно нету времени, даже относительного. Меня очень мучит половой вопрос, никакого самоудовлетворения. Свинья, про которую писал Высоцкий, отказала мне в дружбе, узнав меня ближе. Венька, я тебя прошу, напиши на нее злую эпиграмму и пришли нам телеграмму. Здесь очень красиво: пихта, сосна, лиственница, кедр, елки-палки, береза, мать ее... Я хотел бы жить и умереть в Сибири, если б не было такой земли — Москва. К тому же, помирать не собираемся, не повидав тебя еще разок. Как там в Чехословакии, что там Войнович? Высоцкий интересуется событиями во Франции и в Китае. Дорогой Венька, житье с этим людоедом Высоцким одно мучение: не дает пить, не дает спать — пишет все чего-то, блин, но почему не днем? — дай ответ — не дает ответа. Бабы все здесь как одна — потомки декабристок: коня на скаку остановит, в горящую избу войдет, но нраву строгого и вольности не дозволяет. О, время вольности святой. Венька, хочешь медвежатины, хочешь? То-то, сходи в магазин «Дары природы» и купи. Охота тут! Рыбалка тут!! Туризм тут!!! — говорят.

Венька, роль у меня не складывается, ни один штамп не подходит, занимаю у Высоцкого сигареты. У меня такое впечатление, что мы с другом влипли не в историю, а в современность. С ужасом жду встречи с Можаевым, будет кровь моя на его руках. Высоцкий рвет трубку.

Высоцкий. Венечка! Бумаги больше нет, вся пошла в дело. Поэтому: мы тебя обнимаем, целуем, ждем ответа как соловей лета.

Как детки твои и Алла? Опиши нам! А? Мы чахнем тут и сохнем тут без удобств и информации. Привет всей твоей семье от нас. Не забывай и другим не давай.

*Высоцкий, Золотухин.**

А через год газета «Советское кино» назвала мою работу одной из лучших мужских ролей года. В ответ на наше письмо наш партнер Смехов присылает свое письмо и вырезку из «Комсомольской правды», где фрезеровщик завода «Серп и молот» заверял читателей, что в Театре на Таганке царит режиссерский деспотизм. Актеров нет, а какие и есть, так им-де не дают (негде) развернуться. Уже шел «Галилей», «10 дней», «Добрый человек», «Маяковский». От кинорежиссеров не было отбоя, писались статьи, монографии — я не вру, правда. Через год другой критик писал, что в «Хозяине» актеры подавили режиссера. И там, и там была ложь, путаница, чушь, нежелание или неумение действительно толково попытаться поругать и выявить дельное в работе, но чтоб польза была, а не так — пошуметь, себя показать и все...

А Высоцкий не боялся, что я перетяну одеяло на себя, и помогал мне сделать песню «Ой, мороз, мороз...», и приходил на каждую мою съемку, и все подсказывал, и все добавлял штрихи и детали к решению песни. Разве можно забыть это и пройти мимо, если песня народная зазвучала красиво и запомнилась — в этом доля труда и таланта моего партнера В. Высоцкого. (К слову, это была его «болдинская осень».)

* Письмо В. Смехову В. Высоцкий и В. Золотухин сочиняли напару, писали разноцветными шариковыми ручками, чтоб интереснее было. Долгое время считалось, что письмо это не сохранилось, и уже после написания и опубликования В Золотухиным рассказа «Как скажу, так и было» оно обнаружилось в одном из архивов.

Я не пишу о партнерах по театру. Театр есть театр, он диктует особое отношение к партнеру. Если в кино чаще всего теза: детей не крестить, то в театре — как раз наоборот: крестить, иногда в буквальном смысле. Но не могу пропустить такой факт, касающийся партнерства: Эфрос ставит «Вишневый сад», Высоцкий назначен одним из исполнителей Лопахина, я — одним из исполнителей Трофимова. В работу, по стечению обстоятельств, мы входим позднее и по отдельности репетируем слабее, чем наши товарищи, исполнители этих ролей. Но стоит нам сойтись вместе, происходит нечто. На сцене начинается жизнь, наши партнерские взаимопривычки, текст, написанный Чеховым, получается рожденным только что, становится легко и просто. Это заметил посторонний, не знающий нас человек — Эфрос. Он ставит нас с другими исполнителями, так сказать, рознит — не выходит. Все вроде то же, а не то. Да и мы-то осознали это потом, когда Эфрос недоуменно это сообщил. «Играйте-ка, — говорит, — вы, ребятки, вместе. Вы вдвоем гораздо сильнее, чем каждый сам по себе в другой компании».

Под двумя «хреновыми» песнями подразумеваются, очевидно, «Банька по-белому» и «Охота на волков»

## ■ 12 сентября 1975

В ы с о ц к и й:

— Что же будет, когда Золотухин заговорит*? Он такой умный, блин, станет. Он все время читает и мрачно улыбается... Он обязательно заговорит, но не иначе как на

* «...когда Золотухин заговорит?» — В. Золотухин сорвал голос, врач констатировал кровоизлияние в левой связке и предписал режим полнейшего молчания, так «немым» он и выехал с театром на первые зарубежные гастроли в Болгарию.

английском или древнееврейском. А первую фразу произнесет (рупь за сто): «Ну что, мать вашу растак?!»

### ■ 12 октября 1975

Ростов-на-Дону.

Администратор Яша звонил в Москву, вызывал меня. С Высоцким плохо: почки. Сегодня в 6 утра вызывали «Скорую помощь». Три укола, на два часа заснул, выжали два одеяла... Сегодня я играю «Антимиры».

### ■ 10 ноября 1975

Сегодня бесполезный день у Митты*. Володька окончательно приведен им в раздражительное состояние, ничего тот объяснить ему не может, не знает он: какой он, кто такой арап? чего играть? грусть, тоску, отчаяние? Ни метра не сняли.

### ■ 27 ноября 1975

Мучился усталостью на съемке. Никакой радости. Митта с Вовкой не могут работать, идет ругань и взаимораздражаемость. Я не могу быть союзником ни того, ни другого. Когда режиссер недоволен, мне стыдно отстаивать свою позицию словами. Ввязался я в это дело напрасно: хотел товарищу помочь. Ролью совсем не занимаюсь, она неинтересна для меня, значит, будет неинтересна и для зрителя. Хотя роль одна из лучших в этом сценарии. Но нет радости от общения с Миттой. И вообще, от игры нет радости: слишком много забот за спиной и

* «...бесполезный день у Митты» — имеются в виду съемки к/ф «Сказ про то, как царь Петр арапа женил».

дел, груз суеты и жизни убил радость творчества, радость сиюминутного бытия.

### ■ 12 декабря 1975

Любимов предлагает мне играть Гамлета. Говорили весь перерыв. Я сказал, что слышал, будто это предложено Бортнику.

— Да... У него есть богатство. Но он оказался таким трусом. Он меня не понял. Я ведь все равно введу на Гамлета и на Галилея. Ну, Галилея ты не можешь играть... в силу физических данных. На Филатова надо спектакль переделывать во многом. У него много желчи, таков склад ума, я с уважением к нему отношусь, но спектакль тогда надо переставлять. Ты, мне кажется, ближе к данному решению. Я не знал, что ты, оказывается, даже занимался этой ролью... Я тебе помогу... С господином Высоцким я работать больше не могу. Он хамит походя и не замечает... Уезжает в марте во Францию. Ездит на дорогих машинах, зарабатывает бешеные деньги — и я не против... на здоровье... но не надо гадить в то гнездо, которое тебя сделало... Что же это такое?!

— Мы потеряем его, когда будет найден другой исполнитель. Заменить, может быть, и следует, но, думаю, не по-хозяйски было бы его терять совсем.

— Да он уже потерян для театра давно. Ведь в «Гамлете» я выстроил ему каждую фразу, сколько мне это мук и крови стоило, ведь артисты забывают... Я Демидовой трясучку головы ставил, все до интонации... А она заявляет, что какую-то старушку увидела и осенило ее. Чего она брешет? Ну да не в этом дело.

— Я видел один из последних спектаклей «Гамлета». Это стало сильнее, неузнаваемо. Сначала я не был поклонником его исполнения, теперь это очень сильно. И спектакль во всем механизме стал отлажен и прекрасен.

— Нет, я тебя не тороплю. Ты подумай.

— А чего мне думать? Отказываться? Для меня, для актера любого на земле, попробовать Гамлета — великая честь и счастье. Но для того, чтобы я приступил к работе, мне нужен приказ, официальное назначение. Потом, если у меня не будет получаться, вы можете отменить этот приказ, и в данном случае я не хочу, чтоб мы тут играли друг перед другом, но чтоб это не носило такой самодеятельный оттенок. Официальное, производственное назначение, а там уж видно будет... Помните, как сказал Наполеон, а Ленин любил цитировать: сперва надо ввязаться в крупное сражение, а там уж видно будет.

На том и порешили. Ну вот, теперь надо думать, что делать. С Володей, с этикой-эстетикой я разделаюсь. Боязнь эстетики — удел слабых — так, кажется, у Достоевского. Надо найти форму физическую.

### ■ 14 декабря 1975

Вывесили приказ о назначении меня на роль Гамлета. Труппа не прореагировала. Косые видел взгляды, зависть. Никто не поздравил, не выразил благожелательства... так, чушь какая-то. А я нервничаю. Но засучим рукава, поплюем в ладошки и с Богом.

### ■ 27 декабря 1975

У Митты снимаюсь без радости*. И эта еще Марина** такое письмо написала: «Кроме наплевательского отношения к картине, мы от вас ничего не видели». От Сашки этот ветер дует, что ли? Он головастик, все от ума, от знаний, а не от полета.

* Имеются в виду съемки к/ф «Сказ про то, как царь Петр арапа женил».

** Марина — жена кинорежиссера А. Митты.

## 1976

**■ 8 января 1976**

«Галилей». Была Марина Влади с сестрой Татьяной. Марина спросила: «Как идут репетиции, а?.. Я знаю...» Ждут, как я с Гамлетом лажанусь.

**■ 20 января 1976**

Торопят с «Гамлетом». Чего они хотят от меня? Вводят, вводят, есть предел силам-то?!

**■ 1 февраля 1976**

Дописал Гамлета в книжицу. Любопытное, я бы сказал, заявление мне сделал Смехов на «Антимирах»:

— Валерий, я буду оттягивать репетиции. Я считаю это позорной, дурной педагогикой: одного бьет другим, и пользы от этого никому не будет...

Короче, он не верит в мой успех и прикрывается преданностью Вовке. Я и сам ему предан. И переживаю. Но отступать мне нельзя. И надо попробовать в конце концов использовать этот шанс, эту возможность. По крайней мере она дает мне форму и трамплин для другого дела.

**■ 2 февраля 1976**

Ехали в машине с Высоцким с «Вишневого».

— Я уйду из театра. В день твоей премьеры я уйду из театра.

— Ее не будет, Володя! — поче му-то вырвалось у меня. Почему? Не потому, что я озабочен его огорчениями. Хотя и ими тоже... «Гамлет» — авторский спектакль. Петрович делит с ним успех фифти-фифти. Он играет сейчас грандиозно. Спектакль и пьесу, и роль, и ситуацию он обмял, натянул на себя, и тут — многое за него.

Все намекают, что я не должен был по-человечески соглашаться, нельзя потакать в себе низменным интересам.

### ■ 5 февраля 1976

Отмена «Вишневого»: Высоцкий сломал ногу, вот еще беда-то... По всему выходит, что Володя запил. Шеф требует форсировать Гамлета.

Настроение Володино в последнее время:

— приказы о вводах: «Я уйду из театра в день твоей премьеры, уйду в самый плохой театр...»;

— просмотр материала «Арапа»: «Я ничего не делаю. Как я и предполагал, это полгода, выброшенные из моего творчества».

Какая-то подавленность, долгие, болезненные разговоры о своих делах, об отношениях с Петровичем, вообще с театром — в общем, все шло к тому, что развязка неминуема. А тут еще болезнь Митты, остановка в съемках, юбилей Массальского* и пр.

### ■ 22 февраля 1976

Сегодня выезд в Загорск. Снова нервы: надо успеть на «Антимиры», на которых не будет Высоцкого. Черт знает что.

* Массальский Павел Владимирович — актер МХАТа, руководитель курса Школы-студии МХАТа, на котором учился В. Высоцкий.

Пришел Вовка на «Антимиры» («Орленев с гитарой», как сказала Галина), и спектакль прошел отлично. Венька лихо сострил: «Запишите в журнал: как сегодня прошел спектакль, пять спектаклей можно играть плохо».

### ■ 27 февраля 1976

Высоцкий как-то холодно со мной вроде, а я как бы лезу к нему, чувствую вину, что ли? Почему?! Я пробую себя, что я могу. Мне нужен этот принц дозарезу, со всеми моими разговорами, сплетнями об «одинаковости», о «простецкости» и пр.

### ■ 6 марта 1976

Три дня не хожу в театр. Боюсь Гамлета. Надо что-то решать: быть или не быть?

### ■ 13 марта 1976

Я чувствую какую-то вину, неловкость перед Высоцким. Вчера на «Галилее» он зашел ко мне в гримерную. На столе лежал открытый «Гамлет»... Как будто он меня застал, захватил за занятием стыдным... И я заулыбался, залепетал, зашутил... Сказал, что предложил идею: вызвать его на два спектакля, когда будут смотреть югославы... для гастролей в сентябре.

### ■ 18 марта 1976

Вот так и надо поступать: приехал из Ленинграда поздним поездом, явился и сказал: «В 12.15 будем показывать Любимову». И все согласились, и все собрались, подтянулись — не ожидали. Но дальше оттягивать нельзя было, надо решать... И шеф пришел, больной и простуженный... Никто по театру не успел ни узнать, ни разнести.

Шеф сказал: «Все правильно, много верного... Ошибок нет... правильно, правильно работаете». Очень по-доброму отнесся. Хотя мы, можно сказать, до желтка не дошли, не успели: ему надо было идти на «Обмен». Ефим* нас поздравил с этапом. Я остался доволен собой. Можно было лучше, можно было хуже — вышла добрая середина, а главное, я был покоен, я не стал суетиться, нажимать — сколько было, столько было...

Шеф говорил много о христианстве Гамлета. Почему он не убивает в молитве короля? Почему не кончает сам жизнь самоубийством? Все просто, а исписаны тома исследований... Призывал к конкретизации, к конкретности, к высшему покою... «Его нынешнее положение дает ему право на этот покой... Он не боится умереть, он с наслаждением исследует человеческую природу...» и т. д.

Шеф дал добро, и можно вроде бы и напиться, но не надо. Поговаривают, что в этом сезоне надо будет играть. «Ну, что ж... В Англию, так в Англию...»

### ■ 23 марта 1976

Сегодня «Вишневый». Что будет с этим спектаклем? Володя уезжает, второго Лопахина нет.

### ■ 26 марта 1976

С утра поприсутствовал на репетиции «Гамлета» — новый Король, новый Лаэрт и т. д.

* Ефим — Ефим Кучер, режиссер Театра на Таганке. Работал, в частности, над спектаклями «Гамлет», «Товарищ, верь...», «Вишневый сад», «Пристегните ремни!» и др. В 1976 г. начинал репетировать Гамлета с В. Золотухиным.

День закончился сегодня разговором с Высоцким: выяснением отношений и позиций, оттого что Гамлет встал между нами. Завтра я запишу наш, в общем, хороший разговор.

## ■ 27 марта 1976

Разговор наш с Володей назревал и должен был состояться. Я решил посоветоваться с Ванькой Дыховичным, он сказал:

— Я не всегда и далеко не во всем согласен с Володей... Он как-то меня спросил о тебе, для проверки слуха... Я сказал, что Валерий работает, это его право. Что будет — посмотрим. Почему он не должен использовать такую возможность сыграть такую роль, когда надо использовать и малую... Он идет честным путем. Володя сказал: «Да-да...» — и весь удар и злость перевел на шефа, что тот неправильно поступил... Он, понимаешь, хочет и в Париж ездить, и играть все, и без него чтоб тут не играл, что ли, никто? Но... И потом, есть вещи, о которых не принято говорить, их надо понимать — и все. Но в вашей ситуации какие-то слова... о них надо подумать, чтоб не унизить себя и не обидеть его, уже обиженного... сказать на прощание обязательно надо...

Вот с этим решением — какие-то слова на прощание сказать надо — я и остался вчера до конца «Доброго».

— Володя! Мне надо тебе как-то все попытаться объяснить, что происходит, и мне это трудно сделать. Хочу я или не хочу, я чувствую за собой какую-то вину перед тобой...

— Нет, Валерий, не вину — неловкость.

— Ну, суть не в этом, как ни назови... Начну с того, что всю эту историю с моим назначением, со всеми моими вводами я воспринимал как воспитательный момент, не более. Не верил в себя, честно говоря, хотя попытаться не отказываюсь никогда — такова натура. В общем, я думал: это игра, и сыграю с шефом... Я всячески оттягивал репетиции, заболевал. Бог тому свидетель, хотел это дело замотать, сам понимаешь, болтать одному где-то на репетиционных задворках — не настолько я безрассуден, чтоб ложиться под этот поезд... Но... были назначены новые исполнители на все роли, приходит Ефим, все заинтересованы что-то сделать, выразить себя как-то и самоутвердиться в театре, и я уже попал в зависимость от партнеров, которые стали требовать решения вопроса, то есть показа Любимову... Я стал думать. Когда я... В тот день я приехал из Ленинграда и шел отказаться от этого дела, от роли Гамлета: «Устал, не могу...» и т. д. Но пока поднимался по лестнице, решил все наоборот: а почему нет, почему хотя бы не показать? И через час шеф уже нас смотрел... Он посмотрел несколько сцен и не досмотрел, что называется, до желтка, до того, собственно, где и должно было решиться — может БЫТЬ или НЕ может БЫТЬ Гамлета. Он сказал: «Все правильно, работайте», всех похвалил, чего никто не ожидал...

— Валерий! В своей жизни я больше всего ценил и ценю друзей... Больше жены, дома, детей, успеха, славы... денег — друзей. Я так живу. Понимаешь? И у меня досада и обида — на шефа главным образом. Он все сводит со мной счеты, кто главнее он или я, в том же Гамлете. А я — не свожу... И он мне хочет доказать: «Вот вас не будет, а Гамлет будет, и театр без вас проживет!» Да на здоровье... Но откуда, почему такая постановка? И самое главное, он пошел на хитрость: он выбрал тебя, моего друга, и вот, дескать, твой друг тебя заменит... Я не боюсь, что кто-то лучше сыграет, что скажут: «Высоцкий хреново играл, а вот как надо». Мне было бы наплевать, если бы он пригласил кого угодно: дьявола, черта... Смоктуновского...

но он поставил тебя... зная, что ты не откажешься... зная твою дисциплинированность, работоспособность и т. д. И еще... как-то я тебе один раз говорил, что он мне предлагал Кузькина... и я было... а потом: «Нет, пусть Валерий сыграет, потом, если надо будет...» — отказался.

— Но тут другая ситуация: Гамлет сыгран, он идет четыре года, о нем все написано...

— Да, я наигрался, и я понимаю даже, что спектакль уже не тот... и тебе надо... и публика уже не та идет, и все валится, и партнеры вне игры...

— Я ведь не знаю свои силы, но думаю, что шеф, в воспитательных целях, может пойти даже на мой провал...

— Нет, Валерий, ты не провалишься... Золотухин — Гамлет, новая редакция — ажиотаж будет... Единственно скажу, может быть, неприятное для тебя... Будь у тебя такой спектакль, шеф бы ко мне с подобным предложением не обратился бы, зная меня и мою позицию в таких делах. Но... я уважаю твой принцип: ты всегда выполняешь приказ, играешь то, что дают... не просишь никогда... Надо — надо, и честь имею. Раз когда-то ты этот принцип застолбил, где-то ты его для себя сделал законом, и мне это твое качество нравится, ты так живешь...

— Ты даешь мне спасительную палочку, но действительно, это моя позиция: никогда я не участвовал в распределении, не просил, не подавал заявок.. Один раз из-за кино я вышел из «Ремней». Чем бы ни закончился наш разговор, и какая дальше будет ситуация — неизвестно. Ведь ты вернешься 15 мая. Значит, нет ни у кого необходимости пороть горячку и бухаться в кипяток. Я хотел бы, чтоб ты поехал с легким сердцем, чтоб тебе там хорошо работалось и чтоб ты вернулся с перспективой работать тут, а не с мыслями — сыграл или не сыграл Золотухин, раз, мол, я сказал, что уйду из театра в день его премьеры.

Сам говоришь, что шеф потеплел, взаимоотношения налажены...

### ■ 1 апреля 1976

Смеялся Варшавер* жутко над моей этической проблемой: играть или не играть Гамлета, «пока он поедет в Париж петь на Монмартре».

— Вы оба в своем уме?! Как может один сомневаться, а другой вставать в позу? Это не по-дружески. «Вези десять бутылок «мартеля», — скажите, — я подумаю, может, и не буду играть». Да вы что, товарищи? У каждого свой Гамлет, и ваш Гамлет никоим образом не может встать на пути его Гамлета.

Он не любит Высоцкого и считает его искусство — и песни, и сценическое — одноплановым... популярная грусть. Более того, считает жестоким, недуховным и... вредным.

— Нельзя размахивать над искусством гитарой... Он щекочет яйца. Но это ведь порочный способ получения удовольствия, когда есть женщина... баня, душ Шарко и пр. Нет, это интересно... я с любопытством большим смотрю, слушаю... Меня это завлекает. Но в этом нет души, что изначально стояло во главе всякого русского искусства. Он приводит меня в жеребячье состояние... мне хочется к цыганам, к морю... к коньяку, в конце концов, и автоматом поиграть-пошутить... Вот ведь что...

### ■ 29 апреля 1976

Нет, я не могу сказать, что репетиция-показ «Гамлета» Любимову была неудачной. Она была нормальной, хотя он сказал, что мы по сравнению с прошлыми двумя пошли

* Варшавер — Юрий Щеглов, писатель.

назад, речь идет обо мне. Он не мог на меня положительно смотреть после Пушкина. И все-таки Ефим и партнеры настояли на показе, и он состоялся, и слава Богу, все позади. Я думаю, с «Гамлетом» наступит затишье, хотя шеф сказал, что надо доводить до конца и т. д. А мое внимание было сосредоточено на борьбе с текстом и со своим состоянием. И все-таки я не жалею, что случилось.

## ■ 30 апреля 1976

Ну, кажется, с «Гамлетом» наступил логический конец: «Обмен» затянулся, Ефим уезжает, на сцену Гамлет не выходит... «Надо работать, такую роль репетируют годами, вы быстро хотите в дамки все, он ненадежный человек, я ему не верю, тебе верю все меньше, а ему не верю... Тебе играть надо, надо репетировать...»

## ■ 31 мая 1976

Вчера играли «Вишневый», уж и не знаю как. Грубил, по-моему, сцену с Высоцким вообще испохабил, ушла теплота, дуэт распался.

## ■ 30 июня 1976

Ездили с Дупаком, Высоцким на завод, в пос. Видное — шефское выступление. Завод делает нам какие-то металлоконструкции. Я вернулся в Москву, а они еще на один завод в Электросталь поехали.

## ■ 27 августа 1976

— Валерий! Почему вы роль не взяли?

— Какую?

— Гильденстерна.

— А почему я должен это делать?

— А кто? Я вас спрашиваю как члена худсовета. Петров не едет, Вилькин не едет, на него бумага из милиции пришла, их не пускают...

— А я при чем? Я что — попка? За каждого вводиться... Я в отпуске. А если бы меня не было в Москве?

— Это мой приказ.

— Я не выполню ваш приказ. Делайте так, чтоб кто-нибудь из них поехал...

— Надо выручить театр...

— Да я только и делаю, что бесконечно выручаю. А театр меня выручает? Госкино документы на звание подало — театр поддержал перед райкомом? Никто и не чихнул, кроме Елизаветы Иннокентьевны*. Как я могу за такой срок ввестись? Труппа смеется надо мной. В «10 днях» — цыган... Играл Шаповалов, нет, надо ввести Золотухина, зачем?! Испытание на прочность? Хватит со мной, как с мальчиком... 11 сентября спектакль, как я выучу за это время?! Репетировал Гамлета — сыграл Гильденстерна... Нет, на фиг, на фиг...

## ■ 20 сентября 1976

Югославия.

Я почему-то чувствую себя в опале. Почему я не в той же гостинице, что и Высоцкий и Любимов? Нет, это хорошо, что нет лишнего глаза... Любимов со мной холоден... и я с ним. После «10 дней» 16-го сделал мне замечание по «Ходокам», я огрызнулся и началось...

— А мне показалось, что игра пошла...

* Елизавета Иннокентьевна Авалдуева — старший инспектор отдела кадров Театра на Таганке.

— А мне не показалось...

Он дружит с Володей, приглашает его обедать и по разным приемам, и это логично. Володя — герой фестиваля*, много играет, везет огромный воз и достоин уважения, но я помню, что шеф высказывал нам обоим перед выездом...

Ревность?! Может быть, обида, но ведь на себя, милый, и чуть-чуть на судьбу...

## ■ 10 октября 1976

Венгрия.

Любимов почти со всеми переговорил о «Преступлении», со мной — ни слова. Перед отпуском он мне сказал: «Учи роль Гамлета, я тебя обязательно введу на будущий сезон». Я даю интервью, заявляю корреспондентам об этом... а он — ни слова, не вспоминает... Ну хоть бы взял свои слова обратно. Он ждет, чтобы я сам об этом заговорил?! Это будет заявление.

## ■ 12 октября 1976

Ненавижу. Всех ненавижу. Ненавижу Любимова, который что-то почувствовал звериным своим чутьем. Решил приблизить меня. Напомнил мне о Гамлете.

— Надо делать. Текст выучил? Вот видишь, не выучил.

— А если я скажу, что выучил, что изменится?

Пауза, заминка.

— В свободные вечера... будем работать.

Снова о Боге в «Гамлете» — чашу эту мимо пронеси... Господи.

* «...герой фестиваля...» — имеется в виду X Белградский международный театральный фестиваль («БИТЕФ–76»), на котором спектакль «Гамлет» был удостоен «Гран-при».

— Это к Богу. Господь — Христос.

— Ну да, к Богу. Я Библию знаю, не лови меня... Ты много раз выручал... (Опять «выручал» — это уже как оскорбление. Заменитель. Как вы не понимаете, что даже сто гектаров лучшего заменителя никогда не станут клочком кожи величиной с пятак?!) Но ты и сачок хороший... Кузькин... Нет, я не к тому, у каждого из нас свои недостатки. Надо работать в театре. Запущено много работ, выбери себе роль...

И снова о Раскольникове ни слова.

— В «Гамлете» у меня была шлея, хотя бы видимость... Теперь и она отпала, производственной необходимости нет.

— Нет, почему? Этот спектакль мы будем играть долго. Я боюсь одного, что вдруг возникнет необходимость, а ты будешь не готов.

Вот и разгадка!! Вот к чему вся бодяга с Гамлетом. Что же я — самостоятельный отрывок готовлю?!

## ■ 19 октября 1976

Вечером, 13-го, собрались у Чиркова*. В посольстве я отметился и ушел, после того как пришли опоздавшие Володя с Мариной и шеф. Посол нервничал, назвал высоких гостей от венгров, а виновника нет. «Ну и бандит ваш хозяин. Не только в Москве с ним трудно работать... но даже и за границей...» Но, кажется, все обошлось хорошо.

## ■ 10 декабря 1976

Свидригайлов — Высоцкий, и сразу тон хороший.

* Чирков Леонид — корреспондент «Комсомольской правды» в Венгрии.

## 1977

### ■ 13 марта 1977

Высоцкий не пришел на «Пугачева», заменили «Гамлета» на «Обмен» вчера. Что-то тоже он перемудрил со своей жизнью. Чего, казалось бы, не хватает: талант, слава, успех повсюду и у всех? Ведь он этак сорвет парижские гастроли.

### ■ 2 апреля 1977

Мои домашние неурядицы и диалоги даже затмили шок: я доигрывал сегодня спектакль за Высоцкого*. Этого еще не было в театре, у нас. Об ентим — завтра, а сейчас я хочу спать.

### ■ 8 апреля 1977

Володя лежит в Склифосовского. Говорят, что так плохо еще никогда не было. Весь организм, все функции отключены, поддерживают его исключительно аппараты... Похудел, как 14-летний мальчик. Прилетела Марина, он от нее сбежал и не узнал ее, когда она появилась. Галлюцинации, бред, частичная отечность мозга. Господи! Помоги ему выскрестись, ведь, говорят, он сам завязал, без всякой вшивки, и год не пил. И это-то почему-то врачей пугает больше всего. Одна почка не работает вообще, другая еле-еле, печень разрушена, по-

* «..доигрывал... спектакль за Высоцкого» — на спектакле «Десять дней...» В. Золотухин во втором акте доигрывал вместо В. Высоцкого роль Керенского.

желтел. Врач сказал, что если выкарабкается, а когда-нибудь – еще срыв, он либо умрет, либо останется умственно неполноценным. Водка — это серьезная вещь. Шутка.

### ■ 9 апреля 1977

Говорят, Володе было лучше вчера, ну, дай-то Бог. В Париже протоколом предусмотрены его выступления.

### ■ 13 апреля 1977

«Гамлет»: в понедельник шеф увидел меня в зале:

— Выучите текст! Вы мне сказали, что вы работаете. Вы будете играть вне зависимости от болезней господина Высоцкого.

### ■ 16 апреля 1977

Позвонил Мережко... Есть очень хорошие люди, занимающиеся провидением. Создана на общественных началах лаборатория при Академии художеств... Поговорят с тобой люди с нимбами над головами, и все про тебя знают... Устанавливают связь с твоим энергетическим полем через фотографии. Так, по фото Высоцкого они установили, что у него плохо с головой, легкими, почками и цирроз печени... Ему нельзя терять ни одного дня, кое-что они могут исправить, еще есть возможность... кроме печени... там просто катастрофа...

Высоцкий: телефон не отвечает. Отключен, наверное... Не могу воздействовать на его энергетическое поле...

### ■ 25 апреля 1977

Зашел в театр, взял у Володи автограф на его буклете.* Володя грустный.

— Когда уж совсем конец, думаешь: ну и хрен с ним. Легко становится... Но когда выкарабкался, начинаешь болеть месяц, два, думаешь: зачем столько времени потерял? Стоять за конторкой и писать, и больше ничего... У меня уже это не получится...

### ■ 13 ноября 1977

Париж.

О «10 днях» первые статьи были нехорошие. В основном ругали с политической стороны. Шеф начал заменять «10 дней» на «Гамлета» и «Мать» и вообще сейчас не появляется на «10 днях». Обидно. Я считаю это политической недальнозоркостью. Забыли, что спектакль и делался как плакат, как художественная агитация, как политическое представление, вот в такой форме — буфф... Оказалось, только на словах мы гражданский, политический, а как с нашей политикой не согласны, так мы давай открещиваться, что-де и старый, и разболтанный спектакль и пр. Я предчувствовал, что это «не вечер», и пресса еще будет хорошая, и зритель пойдет, и спектакль будет жить в Париже. Так оно и вышло. Появились роскошные статьи, и зритель кричит «браво», хоть шеф и не приезжает в театр. Директор собирает все положительные отзывы, в особенности о «10 днях». Он был против замены. «Все это не так просто», — на что-то намекал Высоцкий. Мне показалось, особенно в первые дни, что он не-

* «...автограф на его буклете» — Бюро пропаганды советского киноискусства выпустило в 1977 г. в серии «Актеры советского кино» буклет «Владимир Высоцкий» (автор текста И. Рубанова).

ловко себя чувствует среди нас в Париже. Ведь он тут не более как муж Марины Влади, хотя и она здесь уже почти никто, вчерашний день... Какая может быть речь о том, чтоб он остался здесь?!

## ■ 28 ноября 1977

Высоцкий:

— Любите ли вы своих артистов? — вопрос на французском языке.

Любимов:

— Считаю это провокационным вопросом... Все были против исполнения Высоцким Гамлета и того, что он с гитарой. Да, это Высоцкий. Я посадил его злить тех, кто хорошо был знаком с принцем.

## ■ 7 декабря 1977

Сегодня мы открываемся в Марселе. «10 дней». Любопытно, что будет с Высоцким. Хочется, чтоб он сыграл, чтоб он дотянул, а там пусть как знает... Вряд ли он станет тянуть лямку в театре дальше: игра сыграна, Европа «Гамлета» увидела, история пишется.

## ■ 8 декабря 1977

В консульстве — семейный прием. Хорошо. Знакомые напитки и горячие сосиски. Володя пил джин с тоником. Марина в 13.00 уехала. Сможет ли он сегодня, а в особенности завтра играть? Игорь Бычков* нехорошо обмолвился: «Надо бы вашего шефа один раз приложить

* Бычков Игорь Николаевич — сотрудник КГБ, сопровождавший труппу Театра на Таганке во время гастролей во Франции.

хорошенько. В Союзе — это одно, а здесь — замена «Гамлета»...»

## ■ 23 декабря 1977

Наметившийся конфликт между Любимовым и Коганом* в открытый, злой скандал превратился... Наделал своим интервью волны Любимов. И будто, что шмонать стали на таможне, и наряд усиленный ГБ был вызван — все деятельность Когана и его помощников. И как он допустил, чтобы обыскивали ведущую актрису... Два «Епиходовых» театра и попали — Рамзес** да Зинка. И, конечно, срыв Высоцкого, когда Любимов назначил дежурство труппы на «Гамлете», в случае, если ему станет плохо и врачебная помощь будет бессильна, продолжить спектакль-трагедию концертом. Кажется, такого в практике театра (драматического за границей) не случалось... Впрочем, вспомним слова шефа: «Париж видел все». Ночью по Марселю шеф с Пьером*** ловили его... Сам же довел его, хотел отправить на машине с приема у мадам издательницы. Володька: «Я для вас не меньше сделал. Я поеду без вас, куда захочу...» и т. д. «Баньку» мы с ним вопили, как и прежде, но кому мы нужны были? Вообще, было ли это в моей жизни: Марсель? Лион? Париж?..

* Коган Илья Аронович — короткое время директор Театра на Таганке.

** Рамзес — Расми Джабраилов, актерТеатра на Таганке.

*** Пьер — режиссер марсельского театра.

## 1978

### ■ 20 января 1978

Володя В. читает «Слово» Распутина. Что скажет? Не знал я, что он в Европу летал, дал бы ему 20 франков на книжки и пластинку.

### ■ 17 мая 1978

Главное — это 21 мая, когда мы с Высоцким отчитываться будем*. Как бы не посмеялся надо мной шеф потом. У Володьки карта выигранная. А мне за счет русских песен выезжать надо, однако.

### ■ 23 июля 1978

Еще мне предстоит записать неприятнейший разговор с Любимовым по поводу концерта в театре. На «Добром» он поздоровался с Высоцким за руку. Мне не подал.

— Здравствуйте, товарищ Золотухин. Ну, вы совсем прям Муслим Магомаев. На концерте вас имел честь видеть... И обращенье, и манеры...

— А что, голосовые данные у него не хуже, — поддержал Высоцкий.

— Лучше, что вы, лучше...

Я повернулся и отошел. А дальше, через несколько дней, еще хуже. Он понял, что обидел меня. На спектакле показывал зеленый свет**.

* «...мы с Высоцким отчитываться будем» — речь идет о спектакле «В поисках жанра».

** «...показывал зеленый свет» — когда спектакль шел хорошо, Ю. Любимов, стоя в проходе зрительного зала, показывал актерам на сцене фонариком зеленый свет.

Как-то увидел — пригласил в кабинет.

— Валерий, тебе этого никто не скажет... Трифонов* — человек серьезный, и он не в шутку, а на полном серьезе спросил меня: «Это он для провинции приготовил?» Всерьез меня спросил. Когда Есенин надевал поддевку и сапоги, будучи давно городским и известным поэтом, щеголяя своим крестьянством, те, кто видели, говорят, что это было мерзко...

Уши мои горели, хотелось плакать от такого открытого и справедливого удара.

### ■ 12 декабря 1978

Концерт — «В поисках жанра» — в ЗИЛе. Володя жаловался на шефа: «Берете, надеваете образ... не общаетесь, не действуете...» и пр.

Вчера Володя пробовался на Дон Гуана. В Лепорелло вызвал Лепорелло Таганского — Бортника.

Надписал Володе книжку свою: «Володя! Ближе человека «по музам, по судьбам» у меня нет, спасибо за дружбу, любящий тебя В. Золотухин».

### ■ 27 декабря 1978

Ночь всю, прошедшую без сна, Смоктуновский мне являлся, как Марфа Петровна Свидригайлову, с дьявольской, ангельской улыбкой, которой он одарял меня вчера при встрече в театре после прогона**:

* Трифонов Юрий — писатель. На сцене Театра на Таганке идут в постановке Ю. Любимова инсценировки его произведений «Обмен» и «Дом на набережной».

** «...после прогона...» — имеется в виду прогон спектакля «Преступление и наказание» по Ф. Достоевскому, где В. Высоцкий исполнял роль Свидригайлова.

— Здравствуйте, очень рад видеть вас... Кажется, нам с вами предстоит работать вместе... сниматься. Но скажу вам откровенно, я вашу пробу страшно разругал. Угостите меня сигареткой. Нет у вас? Ну позвольте, я вашу несколько раз курну? Ну вот. Когда мне сказали о вас как о Моцарте, я очень обрадовался. Я вас люблю как артиста, индивидуальность, но то, что я увидел на экране, страшно разругал. Швейцеры* замечательные, милые люди, но... понимаете, ведь он — гений... Гений, понимаете? Как ты да я... немного помоложе. Вот, как хорошо вы на меня смотрите... А там что-то на вас нацепили, какие-то побрякушки... Разрешите, я еще курну?.. Я вас не обидел? Вы не сердитесь на меня?

— Что вы. Я вас люблю и когда хорошо, и когда плохо.

— Да, вы знаете, меня стоит, право, и когда удачи, и неудачи... я... в общем, хороший... и добрый, так что вы не сердитесь.

Подошел Высоцкий:

— Иннокентий М., я испугался, увидев вас в зале. Ведь это всего лишь третья репетиция у меня... Как вы замечательно выглядите. Подтянутый, в такой спортивной форме...

* Швейцеры — Михаил Швейцер, кинорежиссер и кинодраматург, и Софья Милькина, кинорежиссер. В то время они приступили к работе над т/ф «Маленькие трагедии» по А. Пушкину, в котором В. Золотухин играл Моцарта, а В. Высоцкий — Дона Гуана.

## 1979

**■ 28 января 1979**

Два концерта в ГПЗ. Приехал Высоцкий, дозвонился до Швейцеров. Оказывается, утверждения еще не было, на той неделе – Сизов*, а потом еще и Лапин.

**■ 9 марта 1979**

Видел во сне Высоцкого, который предлагал мне уколоться наркотиком... сам проделал это через куртку, в руку. Второй укол я ему сделал — обезболивающий... Это Тамара разглядывала вчера шприц и рассказывала, что на «Ленфильме» медпункт расхитили.

**■ 22 марта 1979**

С Божьей помощью размочил я сегодня Моцарта... Смоктуновский про Высоцкого (Свидригайлова): «Гитара — хорошо, пусть будет гитара. А где же глубина... этого человека?»

**■ 24 марта 1979**

Вчера была съемка Моцарта. Что я наработал? Зачем я играю, действительно, молодого Смоктуновского, как говорит Высоцкий. Надо играть здорового Пушкина, без идиотических интонаций и пр.

* Сизов Николай Трофимович — в то время генеральный директор к/с «Мосфильм». «Маленькие трагедии» снимались по заказу Центрального телевидения на к/с «Мосфильм».

### ■ 11 июня 1979

Минск.

Уехал Высоцкий. Я пытаюсь учить монологи Гамлета, но вовсе не для того, чтобы его опять «заменять», а для того, чтобы записать телепередачу с профессором Аникстом «Четыре монолога Гамлета».

### ■ 27 июня 1979

Появилась статья в «Советской Белоруссии», обзорная о наших гастролях, нехорошая, мелкая (как ведут себя актеры в массовках — паслась бабенка около режиссерского столика Любимова). Паскудная статья... хотя мелочи, быть может, и верны, но это не для такой газеты, не для прощального слова. Не стоило месяц вкалывать как проклятым, чтобы получить такую оплеуху, да ладно... Обвиняют в небрежной игре Гамлета — Высоцкого. Мол, в Югославии — это гордость нашего театра советского, а в Минске — пренебрежение и пр. Аукнулось Володе, лягнули за то, что уехал.

### ■ 2 декабря 1979

Высоцкий занял 2500 р. Володька улетел сегодня на Таити, к Марине.

## 1980

### ■ 2 января 1980

Теперь собрание записываю...

Шеф: — Происходит странная ошибка: больной спрашивает, ответствен ли он за квалификацию врача. Высоцкий умолял играть Гамлета. Но он только хотел. Абстрактно. А совершенно в роли ничего не понимал, и репетиции были адовы! Адовы...

### ■ 15 февраля 1980

14-го пошел в театр. Сразу встретил шеф. В три минуты он меня осрамил: «Я не буду с вами работать, я уйду от вас. Неужели нельзя позвонить, прийти сказать, что меня не будет несколько дней и т. д. Это же хамство. Один дохамился — Высоцкий. Вторым хотите быть вы? Пожалуйста».

### ■ 16 мая 1980

Мы в Польше, Вроцлав. Сразу события — у Володи в Париже предынфарктное состояние, отменяется «Гамлет». Шеф на проводе: «Как текст? Бери Боровчика* — знаешь, кто такой Боровчик? — и ко мне». Отказался, самоубийство...

### ■ 26 мая 1980

Приехал Володя и великолепно играл. Спектакль имеет совершенно иной уровень с его участием. Не шибко здоров мастер, но... Хочется, чтоб он выдюжил

* Боровчик — так Ю. Любимов в шутку называл главного художника Театра на Таганке Давида Боровского.

два самых ответственных «Гамлета». Этими спектаклями мы закрываем фестиваль «Варшавские встречи».

### ■ 28 мая 1980

Смотрел второго «Гамлета»: не понравилось. Не могут эти люди играть такую литературу, такую образность, поэзию... Вовка еще как-то выкручивается, хорошо, «грубо, зримо» текст доносит... Постановочно — это убожество все-таки, могильщики с залом в капустник играют... Д. — декламирует, поет стихи, С. — в скороговорную прозу, лишь бы сбросить с языка... Б. — вылитый Шестерка из «Черной кошки», подпевала подлый такой — «смажу ядом...», и при том всем — трус... Ф. — в джинсах, резонер с засученными рукавами...

### ■ 17 июля 1980

Смерть Олега Николаевича*!.. В театре плохо. Театр могила.

А там Высоцкий мечется в горячке, 24 часа в сутки орет диким голосом, за квартал слыхать. Так страшно, говорят очевидцы, не было еще у него. Врачи отказываются брать, а если брать — в психиатричку; переругались между собой...

### ■ 25 июля 1980

В кассе театра мне сообщили, что умер Володя Высоцкий. Бейдерман* некролог пишет.

* Олег Николаевич Колокольников — актер Театра на Таганке, один из тех, с кем Ю. Любимов, еще на учебной сцене в 1963 г., поставил спектакль «Добрый человек из Сезуана».
* Бейдерман Семен — художник-декоратор.

А вчера я позвонил к нему домой, к телефону подошел:

— Это Дима, врач. Вы меня не знаете. Володя спит.

— Как вы думаете, сколько он будет спать? Тот засмеялся:

— Думаю, что целый день.

— Передайте ему, как он проснется, текст телефонограммы следующего примерно содержания: Геннадий Полока и Валерий Золотухин просят его очень вспомнить молодость и, как встарь, под единое знамя соединиться в общей работе*.

— Хорошо, я ему это обязательно передам.

Так вот: эскулап ошибся. Володя не проснулся, а в 4 часа утра заснул навеки... обширный инфаркт... атеросклероз... аорты сердечной... и т. д.

Зинка Славина затащила меня в гримерную: «Ты следующий!» Спохватилась: «И Бортник.. Кто тебя дома окружает, кроме жены? Кто тебе подносит... первую рюмку? Я видела сон... страшный. Я Ирке сказала. Не веришь — позвони ей...» — «Зина! Володя умер!!! Зачем мне разгадывать твои сны?»

Каждый, вспоминая свои последние встречи с умершим, обязательно вспомнит нечто предвещающее и только именно ему открывшееся: один его глаза остановившиеся вспоминает, и не был ли он косоват от природы, другой — его ледяные пальцы, кровь не проталкивается, не циркулирует, третий — что он говорил, что «так плохо, так плохо... просто конец...» и т. д.

Я вышел на первый зонг с гармошкой и не мог удержать слез. — «Не скулите обо мне, ради Бога».

* «...соединиться в общей работе...» — предполагалось, что В. Высоцкий примет участие в работе над т/ф «Наше призвание» (реж. Г. Полока).

Ш е ф (*когда села публика*):

— У нас большое горе... Умер Высоцкий... Прошу почтить... Зал встал.

## ■ 26 июля 1980

И не поехал я ни в какой Чернигов, а поеду сейчас к моему товарищу, к великому человеку — Владимиру Семеновичу Высоцкому. Родители не отдали его в морг, не разрешили делать вскрытие. Он умер во сне, умер смертью праведника.

У театра парни собирают подписи, чтобы Театр на Таганке назвать Театром имени Высоцкого...

— Кто это допустит? О чем вы говорите?

— Кто бы ни допустил, а соберем... Мы хоть попробуем, как у Формана...

Вчера с самого утра милиция самых больших чинов в театре, ответственные бедняги за проведение похорон...

«Министерство культуры СССР, Госкино СССР, Министерство культуры РСФСР, ЦК профсоюза работников культуры, Всероссийское театральное общество, Главное управление культуры исполкома Моссовета, Московский театр драмы и комедии на Таганке с глубоким прискорбием извещают о скоропостижной кончине артиста театра Владимира Семеновича ВЫСОЦКОГО и выражают соболезнование родным и близким покойного».

Все, что они могли сказать о нем... в двух газетах. Страна еще не знает, что умер один из самых чистых и честных голосов России.

В Серпухове нас спрашивают: «А правда ли?..» – и уже ходят слухи, что его отравили.

### ■ 31 июля 1980

Последние часы этого страшного месяца, унесшего от нас двух товарищей наших. Господи, Господи, Господи! Это ужасно, что мне предстоит все это описать, потому что я не могу этого не записать, память стала треснутым сосудом, в котором удерживается в основном грязь.

Что я сказал Володе. Кстати, мысль, ответственность и волнение, подбор слов — испортили мне прощальные минуты с Володей. Я больше думал о себе, как и что скажу, и что будут говорить о том, что я говорил. Вот ведь какая фигня.

— Дорогой товарищ наш, дорогой Володя. Мне выпала горькая участь сказать слова прощания от лица твоих товарищей, от лица театра, артистов, постановочной части, от лица всего коллектива.

С первого твоего появления на этой сцене, с первых шагов твоих на этих подмостках до последнего слова твоих сочинений мы, товарищи твои по театру, с любовью, восторгом, любопытством, болью и надеждой наблюдали за твоей азартной траекторией. Ты был душой нашей, ты есть счастливая частица наших биографий, биографий всех тех людей, которые хоть на малое время сталкивались с тобой в работе. Ты стал биографией времени.

Мы бесконечно скорбим об утрате. Мы донесем детям своим, внукам нашим благодарение за то, что нам выпала счастливая доля работать с тобой, слышать и видеть, и любить тебя живого. Для твоих многочисленных партнеров ты был братом, братом любимым, потому что в глазах твоих всегда было желание удачи и добра другому. Жизнь, которую суждено прожить Театру на Таганке без тебя, мы, твои товарищи, постараемся на этих подмостках прожить с такой ответственностью к России, к слову, к делу, с такой ответственностью, которая была свойственна лучшим, праведнейшим сынам нашего Отечества, одним из которых, безусловно, являешься ты, наш друг.

И ты как будто предчувствовал свою кончину, когда написал свои предсмертные стихи, в которых звучали такие слова:

«Мне есть что спеть, представ перед Всевышним, Мне есть чем оправдаться перед ним».

Дорогая Нина Максимовна, дорогой Семен Владимирович, Марина, уважаемые родственники, близкие Володи. Театр бесконечно скорбит, и не только театр — здесь такое удивительное количество народа — бесконечно скорбит о кончине вашего гениального сына, нашего замечательного товарища.

Вечная память.

Вот то дословное слово, которое я произнес в последний путь Володе Высоцкому от своего имени и имени театра.

Маска была снята художником Юрием Вас. Васильевым 26 июля 1980 г. в 14 часов 10 мин. Слепок левой руки также. Все это я пишу, чтоб не затерялись сведения, чтоб история, начатая давно, с рождения Высоцкого, не искажалась, а очистилась от лишнего и предстала перед потомками в том ответственном качестве, о котором я говорил перед гробом.

Катя Любимова крепко, по-мужски, сжала мне кисть, когда я отходил от микрофона.

На панихиде, доставая вилкой краба, Семен Владимирович, активно жуя, сказал мне: «Между прочим, дорогой Валерка, я с наслаждением слушал сегодня тебя, молодец, умница...»

Еще в более высоких выражениях, на поминках, хвалил меня Высоковский. Мне очень хочется знать, что думают по этому поводу мои коллеги по театру.

Вот и не стало Владимира Семеновича. Вражеское радио ежедневно делает о нем часовые передачи, звучат его песни. Говорят и о нашей с ним дружбе, и звучала моя песня «Ой, мороз, мороз...» и наша сцена из «Хозяина тайги». У нас же даже приличного некролога, даже того, что мы редактировали у гроба, не поместили. Господи! Да куда же ты смотришь?!

Марина просила его сердце с собой во Францию... Любопытно, а вдруг вырезала и увезла?! Ведь врач-то был всегда при ней... Но и родители смотрели в оба.

## ■ 1 августа 1980

«Ответственный за крышку гроба» — таким я был в день похорон. Сегодня Ю.П. собрал нас: Боровский, Янклович*, Филатов, Золотухин, Смехов, Демидова, Бортник, Антипов, Трофимов, Кучер, Погребничко**, Глаголин — и объявил (поставил Мироныч*** записывающее устройство), что первоочередной задачей и обязанностью театра является создание спектакля по поэзии В. Высоцкого, как это мы делали раньше и т. д. «А записывается для того, чтобы потом расшифровать, распечатать и взять на лето с собой в виде задания, чтобы осенью, после отпуска мы пришли с листками, с конкретными предложениями» и т. д. Конструктивная форма — «Гамлет», поминки, могильщики и пр. Пришла Ахмадулина, выразила свою готовность «священные слова» Шекспира стилизовать элегантно во требование задачи и смысла и т. д.

* Янклович Валерий Павлович — в то время администратор Театра на Таганке.

** Погребничко Юрий — в то время режиссер Театра на Таганке, принимал участие в работе над спектаклями «Преступление и наказание» (в котором В. Высоцкий сыграл свою последнюю роль на Таганке — Свидригайлова) и «Три сестры».

*** Мироныч — Владимир Миронович Титов, старший инженер-радист Театра на Таганке.

## ■ 2 августа 1980

Всегда, действительно, помнится какая-то чепуха. Например, в день похорон, часам к 9 приехал шеф и встретил Янкловича (который ни за какую организацию — улица, театр, транспорт — разумеется, не отвечал; он был всегда с Володей) и набросился на него: «Меня не пустили, вы понимаете, не пропустили к театру! А с этой стороны должен подъехать Ульянов. Как же он пробьется сквозь этих долдонов?!» И Валерка, не задумываясь: «Да Ульянова-то знают. Его пропустят. Что вы беспокоитесь за Ульянова?» Шеф обалдел.

В свое время Валерий сделал 10 000 фотографий с автографом. Дал фотографию милиционеру из охраны. Из толпы баба завопила: «Кому вы даете?! Он же милиционер. Дайте мне». Милиционер заплакал: «А мы что, не люди?..»

Демидова говорила о Володе, как с ним удобно было играть «половые» сцены, когда они оба были в хорошей форме. Партнер — настоящий мужчина.

Люся поминки собирает. Надо помочь. «Нина Максимовна, — говорит, — так устала, не хочет ни прописываться, ни музея. Ходят какие-то люди, распоряжаются, всю квартиру задымили, заплевали... Я бы Т. пригласила... но она так доставала Марину... Не хочется Марине неприятное делать...» Хроника погребальных дней.

## ■ 10 августа 1980

Готовлюсь к разговору с ректором МГУ об устройстве сына Володи. Готовлюсь к разговору с Промысловым о прописке сына Володи в его оставшуюся квартиру. Ничего не успеваю записывать об этих днях, а они исторические по своей сути...

Вот шеф заявил вчера, что смерть Володи понудила его переменить решение и не уходить из театра, не бросать театр в такую трудную минуту. А я с ужасом сегодня обнаружил, что за месяц жизни в Выезжем Логе я не написал в дневник ни строчки о нашей жизни в доме. Я очень хорошо помню эти дни, а почему-то дневник не вел, за исключением нескольких, считаных записей...

### ■ 29 августа 1980

Скоро 40 дней по Володе. Я ничего не написал Марине. И у меня пока нет идеи, решения, хода к моему слову о нем.

### ■ 31 августа 1980

Статья Демидовой («Таким запомнился» в «Советской России»), Много говорили о нем и мало думали. Теперь началась конкуренция у гроба. Кто скажет первый... Кто напишет скорее, кто вперед оправдается.

### ■ 12 сентября 1980

Аркадий Высоцкий сдавал в Физтех, набрал 21,5 балла. Человек по режиму сказал, что «мы не можем его брать, он останется без работы — его отец часто бывал за границей» и т. д. Умер отец. Аркадий пришел забирать документы. Ему предложили другой факультет — он отказался. Передали документы в МГУ. Аркадий закончил Вторую математическую школу, четыре диплома победителя астрономических олимпиад, мальчик увлечен астрономией. Театр написал бумагу ректору МГУ, чтобы Аркадию дали возможность поступить в МГУ в связи и в память отца и пр. И меня с Галиной Васильевной* с этой бумагой

* Галина Васильевна — преподаватель вуза, куда Аркадия не допустил Первый отдел.

командировали... Посоветовали нам поступать ему не на астрономический, там всего берут двенадцать человек, а на ВМК — высшая математика и кибернетика, к академику Тихонову. Все это Г.В. сообщила Аркадию. Он написал заявление. Потом Галине Вас. позвонили из секретариата ректора и сказали, чтобы на собеседование к профессору Мих. Ник. мальчика привел Вал. Серг. Золотухин, он его очень любит, большой поклонник его и пр. Это мне маслом по сердцу... Привели. Со мной провели беседу. «Вы понимаете, какая шероховатость. Академик Тихонов дал категорическое распоряжение его взять. Но у него не очень простая, у Аркадия, характеристика, которую ему написал директор школы, что он пропускал занятия, что он подвержен влиянию... пишет стихи... Вместе с тем мальчик способный, интересный и т. д. Факультет Тихонова — один из лучших и славится дисциплиной железной. Поэтому мы вас назначаем, В.С., куратором от театра Аркадию. Все неприятности, все его пропуски мы будем спрашивать с вас. Это одно. Теперь: ему нужно подтянуть балл по математике. Это собеседование, которое сейчас состоится, одновременно и будет устный экзамен по математике. Вы ему об этом не говорите, но ему зададут несколько вопросов. И пусть он сейчас напишет заявление о том, что в связи со смертью отца, по семейным обстоятельствам, он не смог сдать экзамен, чтобы ему разрешили это сделать сейчас». В общем, Аркадий сдал и принят. И Люся мне благодарна, и я вроде бы как вместо отца ему — наставник.

### ■ 14 сентября 1980

Из головы не идет Владимир Высоцкий. Сегодня слушал его, взял кое-какие фотографии. Мне надо попытаться настичь его, но не удастся, по-видимому, потому что

Он ходил по лезвию ножа,
А я в кустах сидел, дрожа, —

надпись на могиле В. Высоцкого.
Автор неизвестен.

### ■ 20 сентября 1980

Грозный.

Ходили с Валерием на базар. Долго говорили о Володе, о последних периодах. Боже мой, я даже не знал, какая страсть гибельная, болезнь, вернее, неизлечимая опутала его — наркомания... Вот оно что оказывается. К. — что это за девица? Любил он ее, оказывается, и два года жизни ей отдал... Ничего не знал... Ничего... Совершенно далек я оказался в последние годы от него...

### ■ 1 октября 1980

Валерий Я. рассказывал, как Володя мучился своей болезнью, уже наркоманией, как он заставлял всех искать наркотики, из Парижа рвался в Москву, здесь ему доставали, там — дорого и подсудно, здесь он — Высоцкий. А может, органы ждали удобного случая, чтоб подловить его и оскандалить... Люди рисковали, вернее не подозревали пилоты наши, что в бутылочках из-под облепихового масла они привозили ему наркотик.

### ■ 19 октября 1980

Чешский журнал поместил некролог о смерти В.В. и мою фотографию, мой портрет из «Единственной» в черную рамочку вправил. Назаров говорит, в суд надо подать, чтобы они компенсировали мне моральный ущерб. А Тоня* на-

* Тоня — сестра В. Золотухина, живущая в Междуреченске.

писала, что в Междуреченске говорят, будто мы сидели с ним в ресторанчике каком-то, и нас хотели отравить, и я вот будто выжил, а он не смог. То, что касается черной рамочки, говорят, сто лет жить буду. Зачем?! Все равно не пишется...

### ■ 21 октября 1980

На днях Денис спрашивал меня про дядю Володю Высоцкого, и что «его больше знают, чем дядю Олега Колокольникова, потому что все его фотографии спрашивают и хотят получить». Я сказал Денису, что, когда он вырастет и будет читать мои дневники после моей смерти, он будет выискивать в них строчки, посвященные В. Высоцкому, он будет гордиться уже одним тем, что сохранилась написанная рукой Владимира анкета, где на вопрос: «Скажи мне, кто твой друг», — он написал: «Золотухин», то есть его отец Валерий.

### ■ 22 октября 1980

Еще один Володин ответ. «Какое событие стало бы для тебя трагедией?» — «Потеря голоса». Голосу своему он верил и доверял, и тот не подвел его, не сфальшивил ни разу. Вот как жизнь прожить завидно.

## 1981

### ■ 7 января 1981

Статью о языке я закончил в карандашном варианте. Кое-что в ней есть доброго. О театре, мне кажется, удачно получилось. О Володе. Вообще об атмосфере... в Таганке. Вчера я славно потрудился. А ночью с живым Володей разговаривал, ведь надо же!.. Кому скажи — не поверят.

### ■ 7 мая 1981

Поехал во дворец бракосочетания, поздравил Аркадия и Таню. Заехали за Люсей, поехали на кладбище к Володе. Потом к Нине Максимовне. Потом на свадьбу. Был за хозяина, за тамаду. Пустил шапку по кругу, положил 50 рублей.

### ■ 22 мая 1981

Репетиция в кабинете. Читал стихи Володи Любимов.

### ■ 13 июня 1981

Глаголин:

— С отвращением, тошнотой я думаю о 15-м числе, когда он начнет «Высоцкого». Почему? Ведь должен быть праздник, а превращается это все в пытку. И больше всего это его бесконечное: «мы обязаны...», «великий поэт», «трагедия человека, работающего рядом», «вы, друзья... где ваша совесть? вы ничего не знаете... его творчество...» и т. д. Прекрасный поэт, мыслящий мужик, настоящий парень — он в порядке, а мы опять в дерьме... Ну почему так получается?! Валера?!

Эти скорбные бабы. Эти друзья, переживающие его «безвременную» кончину: «Эх, Володя, хоть бы раз, как надо...» Да было у него «как надо»! И не один раз. Вы — сделайте, «как надо», друзья!!

## ■ 22 июля 1981

Выходной день дал нам сегодня шеф. Да в общем-то к 25-му мы готовы. Вчера прогоняли «ВВ» для представителей Управления культуры. Даже Селезнев не пришел. Делегация из пяти человек, возглавляемая 28-летним замом Селезнева Самойленко.

— Наша позиция остается прежней. Поэт показан односторонне... Конфликт поэта с обществом... Нет гражданского звучания, оптимистического. НЕ РЕКОМЕНДУЕМ. Но вы заявили, что это дело вашей партийной совести, поэтому делайте, как вам подсказывает ваша партийная совесть, ваше должностное положение как главного режиссера.

Шеф вел себя несдержанно и глупо, но в этом шеф, его характер, и все равно — он прав.

Губенко потрясающе выступил:

— У меня отец погиб... мать повесили фашистско-румынские захватчики... Я вернулся в театр после смерти Владимира Высоцкого, чтоб причаститься к его делу... оставив самостоятельное дело на «Мосфильме»... Не топчите нашу веру в советского человека, в нашу демократию...

Молодой вождь искал зацепку, чтобы оскорбиться и получить предлог смыться. Филатов дал ему такой повод:

— Так что же, по-вашему, гражданственность? И почему вы не рекомендуете? Вы три раза как попугай повторили одно и то же...

На «попугая» они оскорбились и все вышли...

## 8 сентября 1981

«Золотухин, здравствуй! Ты собираешься, жида тощая, к Владимиру Семеновичу в гости? Совесть у тебя гражданская есть? Что же ты к “лучшему другу” ни разу не пришел, или тебе Эйбоженко дороже? Успокоился, что Володьки нет? Сказали тебе, Гамлетом не быть. Оставайся Бумбарашем! Даже пархатая С. прикатила однажды и со змеиной улыбкой возложила веник из трех цветков. А ты? Эх ты! Совсем от рук отбились без Володьки. Зажидились, запаршивели, скисли душами! Куда лезет ваш бородатый глист Х.? С его голосом и поэзией — сидеть в туалете и кричать “занято”! Все лезете в волки, а хвост собачий! На сегодня для тебя хватит. В ближайшие дни ждем на Ваганьковской дискотеке».

Такое веселенькое письмецо. Что же это такое? А? И почему-то не веселит?!

## 1 ноября 1981

Вчера мы прогоняли «В. Высоцкого». Перед прогоном шеф сказал, что, «быть может, мы вообще видимся в последний раз, потому что ОНИ имеют полное право за сегодняшний прогон освободить меня от работы». Когда в конце раздались аплодисменты, шеф по микрофону сказал: «Дорогие артисты, я благодарю вас за глубокое, проникновенное исполнение». И пошли обсуждать под стенограмму деятели культуры — а их было много — в верхний буфет.

У меня вчера во время прогона и после было превосходное, легкое, деловое настроение и осознание трезвое и окончательное, что это можно играть. Вчера впервые действие наше мне увиделось спектаклем. Все прогоны до того носили поминальный знак. Вчера это было о здравии. Никто не заботился о себе, только о нем. Ощущение вины перед ним, личной, и делового очищения, искреннего, истошного, какое бывает у святых.

### ■ 6 ноября 1981

Заехал в театр. Любимову и Дупаку за съемку непринятого спектакля 30-го и прогон 31-го объявить строгий выговор с предупреждением об освобождении от работы... По Управлению культуры, Анурову*... довести до сведения всех директоров и главных режиссеров и т. д. Жукова** сказала: по поводу какого-то письма мы должны поехать к Абрамову***. Он, как Герой Социалистического Труда и пр., должен подписать в защиту «Владимира Высоцкого», а Можаев составит это письмо по нашим тезисам...

А Любимов с выговором на борту улетел в Мюнхен.

### ■ 17 ноября 1981

Во время нашего профсобрания пришел ответ Главка на просьбу прийти на репетицию, посмотреть и т. д. Дескать, пишите дальше письма. А в конце потрясающей мерзости и глумления над нами всеми фраза, дескать, «Главк солидарен с коллективом, который так же, как и Главк, возмущен действиями руководства театра, которое проводит репетиции и показы неразрешенного к постановке спектакля. Шкодин».

* Ануров Виталий Семенович — в то время начальник Главного управления культуры исполкома Моссовета.

** Жукова Татьяна — актриса Театра на Таганке.

*** Абрамов Федор — писатель. На сцене Театра на Таганке Ю. Любимов поставил по его произведениям спектакль «Деревянные кони» (1974). Ф. Абрамов не был Героем Социалистического Труда, но был лауреатом Государственной премии СССР (1975) за трилогию «Пряслины».

### ■ 25 ноября 1981

Смутные дни. Чиновники неуязвимы практически. На всех уровнях, во всех инстанциях полная договоренность, полное согласие. От нас ждут выступлений, поступков, которые можно будет квалифицировать как анархизм, а невыполнение производственного плана как саботаж.

Целый день вчера опять митинговали. Я призывал идти стоголовой массой молчаливой к парадному ГУКа, но многие в разумность ударялись. В горкоме Любимову запретили репетировать спектакль даже по замечаниям. Секретарь райкома Дикарев изменил свою точку зрения: «Да, нам это неприемлемо». Завтра он приходит в театр для беседы с коммунистами театра.

## 1982

**■ 24 января 1982**

Полночь, после «Что делать?». Нам запретили прогонять спектакль «ВВ». Какие-то фрагменты завтра будем играть, а поэты... перебивать воспоминаниями... Ах, Володя, Володя, что ты наделал с народом?!

**■ 31 января 1982**

Наделал ты мне хлопот, Владимир Семенович, назвав когда-то другом. Каждый день письма с тезисом одним и тем же: раз вы друг такого человека, не можете не ответить и т. д. Честь и несчастье быть твоим современником. Если бы ты отвечал на те письма, что получал, ты бы не спал, не ел, не говоря о прочем, в том числе и о сочинительстве. А тут некоторая внутренняя обязанность памяти... Самое трудное — жить без лжи. Ведь ни шагу, ни слова, ни мысли без этой гадины...

**■ 3 апреля 1982**

Володя подарил когда-то куртку. Обтрепались рукава, ворот. Комаровская связала, Марик поставил, подкладку поменял. Теперь я надеваю куртку редко, как правило, когда иду к режиссерам или в редакцию, короче — на дело. И Володя помогает мне.

**■ 9 июля 1982**

Меня спасают, помогают мне, сил придают Володины сапоги, в которых он играл Керенского, и раза два я. В них я репетирую и Григория, и Льва.*

* «...и Григория, и Льва...» — Григорий Отрепьев из спектакля «Борис Падунов» (реж. Ю. Любимов); Лев — роль в несостояв-

## 25 июля 1982

21-го летели с Аркадием Высоцким, которого везли в тайгу, на работу к золотоискателям, друзья отца, в артель Вадима*...

## 13 августа 1982

Сон кажется, у меня такого не было. Прихожу в театр играть свой спектакль, и слышу и вижу, идет «Гамлет». Играет Володя. Я спрашиваю: «А как же смерть?» — «Это был алкогольный синдром». Мы целуемся с Володей. Он чрезвычайно худ и весел. С правого угла рта запекшаяся змея крови. И он говорит мне: «Отдай мне мою ручку». — «Какую ручку?» — «Что ты взял у Липпарта». — «Он не сказал, что это твоя...» — «Не сказал... Ты выпросил ее у него. А ручка моя». И я отдаю ему ручку финскую с электронными часами. Во время всего разговора меня не покидала судорожная мысль... Я стал вспоминать, что же я наговорил за время отсутствия его в смерти? Боже мой! Какой стыд и ужас. Что делать, куда провалиться?! Как же так, ведь мы его закопали... Нет, я не закапывал. Я не успел бросить горсть земли. Я держался по-китайски за руки, сдерживая толпу... И он пришел...

Я рассказал Гафту. Когда я сказал, что я стал вспоминать, что я наговорил, наболтал, Гафт пришел в восторг. «Потрясающее начало... просто гениальное...» — ревел шепотом Гафт.

шемся спектакле по пьесе С. Злотникова «Сцены у фонтана» (реж. И. Райхельгауз).

* Вадим — Вадим Иванович Туманов, друг В. Высоцкого, в то время председатель старательских артелей, позднее председатель дорожно-строительного кооператива.

**■ 11 октября 1982**

На одном из выступлений в «Знании» дама показала мне интервью Любимова в ВТО, где он сказал, что «возлагает на Золотухина большие надежды и восстановит «Гамлета» в той же редакции, что было с Высоцким». Что это?! Какая интонация? Утвердительная или предположительная? Может быть, это мне Володя знак подает?! Тогда надо перестраивать жизнь. Кончать разброс.

## 1983

**■ 26 января 1983**

Ездили на кладбище вчера. Возложили венок от театра. Народу много. К Нине Максимовне. Приехала Марина. Все рады друг другу — хорошо. Вечером — действо. Выступали Андрей, Белла*, Карякин, Можаев. Много начальства. Прошло хорошо. Как сказала Нина Максимовна: «Наши довольны очень. Как у вас у всех сердца не разорвались?»

**■ 28 января 1983**

О выставке-конкурсе памятника ВВ.

**■ 29 января 1983**

Вознесенский ищет фотографию, где бы он вместе с Володей был, с «меньшим братом»...

**■ 2 февраля 1983**

Ленинград.

Выбегаю в коридор греться, такой холод в нашем люксе. Николай Губенко встречает Жанночку из Лиссабона. Поездом не поехал, обещает прибыть обязательно самолетом. В Доме кино ажиотаж, вызван наряд милиции. Водитель сетует, что Влади нет. В Ленинграде мороз восемь градусов и идет снег. Боюсь, что Колька задержится надолго, но к вечеру поспеть должен, изворотливый, куда-нибудь впихнется.

* Андрей, Белла — поэты Андрей Вознесенский и Белла Ахмадулина.

Вечер памяти В. С. Высоцкого. От Таганки приглашены: Губенко, Демидова, Золотухин.

А вчера я читал приказ примерно такого содержания — о вынесении Любимову дисциплинарного взыскания:

«21 января 1983 г. в беседе Управления культуры с Любимовым Ю. П. была достигнута договоренность, что 25 января в Театре на Таганке не будет показан спектакль «Владимир Высоцкий», ранее просмотренный Главком и получивший отрицательную оценку Главка. Тем не менее в нарушение договоренности и правил пожарной безопасности 25 января в Театре на Таганке вместо вечера-концерта памяти В. Высоцкого был показан спектакль «Владимир Высоцкий» с незначительными изменениями, что не повлияло существенно на идейное содержание (звучание) спектакля. Все это происходило при переполненном зале, что нарушало пожарные нормы нормальной эвакуации зрителей. Объявить тов. Любимову выговор».

Вчера же он был вызван в райком.

Вот, Владимир Семенович, такие дела. Даже в день твоего рождения, даже дома у тебя — в театре твоем — мы не можем с тобою нормально побыть, твои песни послушать, добрым словом тебя вспомянуть.

А я грешным делом думаю: не посоветовали ли Николаю Николаевичу* не приезжать на это мероприятие?

Книга о Владимире Высоцком напишется купно. Какая-то главная часть ее уже написана. Опубликовано о нем много. И напечатано много, а главное опубликовано, то есть стало достоянием публики в рукописных ли листках, в магнитофонном ли звучании или в чьих-то устных рассказах, кем-то запомненных и хранимых чьей-то памятью… И чем противоречивее к нему отношение, чем субъективнее оценки одного и того же дня,

* Николай Николаевич — Губенко.

случая, роли, тем общая картина его подвига станет яснее. В этом я убедился еще раз, прочитав запись выступлений А. Эфроса. В рассказе много точных, схваченных острым глазом художника деталей внешнего облика, моментного облика В.С. Но... опять же все дело в личном, а личное — в главном, а главное у художника — дело... И вот тут разница... Мне не казалась и не кажется роль Лопахина удачной. Если брать подмостки Таганки, то в ряду его ролей для меня она станет на последнее место. Я смотрел на него с восхищением всегда, что бы он ни творил, но мой актерский эгоизм и подсознательная трезвость фиксировали фальшь и неискренность исполнения. А уж знаменитый монолог «Кто купил?.. Я купил...» и вовсе шел в каком-то неорганизованном крике и в нелепых, зажатых, отнюдь не напоминающих ни одного знакомого пьяного движения. Странно: пьяного он играть не умел. Его тело безбожно фальшивило, особенно выдавали его ноги... И уж кто был неровен в исполнении, так это Владимир... в Лопахине, могу дать голову на заклание, ему не хватало Любимова, его узды и остроты предельной, а не беспомощного метания от портала к порталу...

Я бы никогда не осмелился... не то слово, не позволил бы себе это свое мнение высказать вслух, если бы это не нашло подтверждения (более того, он меня опередил) в словах Швейцера М. А., в фильме которого он, на мой взгляд, сыграл свою лучшую роль в кино — Дон Гуана.

Мы говорили о Шаповалове (М.А. пробовал его на Ноздрева) и вспомнили «Вишневый сад», Высоцкого. «Лопахина он, прямо скажем (тоже оговорился!), играл неважно». И я понял, что надо говорить. Иначе елеем зальем истину. Это не значит, что истина принадлежит Швейцеру и Золотухину, а не Эфросу... Нет. Чем в книге будет больше разных мнений, тем она будет правдивее.

Например, откуда-то взялось (это я прочитал сначала у Демидовой, потом вдруг то же подтвердил Эфрос, и легенда состоялась), будто Володя был похоронен в костюме Гамлета. Костюм Гамлета висит в кабинете у Любимова. Володя был похоронен в том, в чем он ходил в жизни и во что его обрядили в последний путь близкие: черный свитерок, черные вельветовые джинсы. Да, это напоминает по цвету, силуэту... Но это вовсе не то, в чем он играл... Но само «похоронен в костюме Гамлета» — для публики значится определенным знаком, и она ищет в том третий смысл. Зачем? Надо написать главу «Покорение Марины». И о «неназойливости»... Я часто мучился, что моя неназойливость могла показаться ему невниманием и равнодушием.

### ■ 6 сентября 1983

Говорил с Венькой — о черном Ванькином крыле* дьявола надо мной. Больше всего он беспокоился: «...дьявольское соседство, ты вспомни, что он с Володей сделал!..»

А что он с Володей сделал?!

### ■ 26 октября 1983

Мне как-то странно и ревниво, что Л. в говорильне своей, чего-то предсказывая и аргументируя, ссылается через слово на Володю, что будто бы они обо всем этом давно и много говорили, и Володя, мудрец, все предвидел и часто говорил: «Л., ты увидишь... вот посмотришь... что ты, Л...» и пр. Кажется, они не были в таких отношениях. И относился он к нему весьма иронически.

* «...о черном Ванькином крыле...» — то есть о влиянии Ивана Бортника, актера Театра на Таганке.

## 1984

### 11 января 1984

Крымова* говорит, что Марина, будучи здесь по делам памятника, двум людям просила передать привет: Белле и мне. А я до сих пор смею обижаться на нее, а скорее на Володю (хотя он мне что-то про французскую бережливость и приемные дни оправдывался), что она не пригласила меня в Париже к себе в дом. Не смертельно. Даже смешно, однако и обидно чуть-чуть.

### 17 января 1984

Пять часов вчера сидели у Дупака, исправляли экземпляр «В. Высоцкий» по категорическим замечаниям. Еще пять часов, теперь уже в райкоме и у Дупака опять же. Заявлено ультимативно, что в этой концепции любимовского прочтения творчества Высоцкого вечер идти не может. Предлагается сделать принципиально новый сценарий вечера. «А то получается не вечер памяти Высоцкого, а вечер памяти Любимова. Любимова от Высоцкого надо отделить!»** и пр. Писать неохота...

* Крымова Наталья — искусствовед, не только много пишущая, но и работающая на телевидении, режиссирующая; жена А. Эфроса.

** «Любимова от Высоцкого надо отделить!» — это требование связано с тем, что Ю. Любимов с июня 1983 г. находился за границей и распространились слухи, что он не вернется на родину. Позднее, после смерти Ю.В. Андропова, он был исключен из КПСС (в марте 1984 г.) и лишен советского гражданства (в июле 1984 г.).

— А «10 дней» — концепция Любимова?

— Но это спектакль принятый. А на это разрешения никто не давал.

## ■ 19 января 1984

И этот день не решил пока ничего. Поступили мы сообща в результате правильно: репетировали, правда, не на основной сцене и не в декорации-оформлении Боровского, чтоб не подставлять Дупака, — в новом зале читали «вариант от 16-го числа», как мы его называем, где рукой Николая* через страницу «изъято», «изъято» и пр.

Отвозили письмо в Управление Демидова, Золотухин, Губенко. Начальника нет и неизвестно.

## ■ 21 января 1984

Все ушло в говорильню, в споры, в точки зрения, расчеты, предположения. В результате письмо-телеграмму Андропову не послали. Партбюро и местный комитет на то ни свое согласие, ни свои подписи не дали. Какая-то чепуха. И решили вообще вечер не проводить, съездить на кладбище и на этом отмечание-праздник закончить...

Дали телеграмму Андропову с уведомлением Золотухину.

## ■ 22 января 1984

Звонили из театра, пришло уведомление — передана по назначению.

* «...рукой Николая...» — то есть Николая Губенко.

## ■ 9 февраля 1984

Вчера была среда — мой день, и принес он мне большую радость, праздник, как говорится, души. Я читал стихи сына Володи — Аркадия Высоцкого и до слез был тронут их чистотой, добротой и поэтической тоской, и неозлобленностью, и отсутствием поэтического и человеческого тщеславия. Был рад за него, как за сына, тут же позвонил его матери («Люся, твой сын замечательный поэт!»), тут же отвез стихи в «Юность»...

## ■ 19 июня 1984

Вчера такое гнусное письмо я от гражданки из Львова получил, каких только оскорблений она мне не пожалела, и что актер я полный ноль, и человеческое ничтожество, и лгун и пр. И все из-за того, что я не ответил ей на письмо, где она просила меня написать ей биографию В.С. Высоцкого.

## ■ 24 июля 1984

Один сон является ко мне довольно часто. Прихожу в театр играть «Дом на набережной» и слышу вдруг по трансляции: идет «Гамлет», и Гамлета играет Гамлет! Но Гамлет мертв, я это знаю?! Я нес крышку гроба его. Я за нее ответствен был — у меня документ есть... В паузе мы встречаемся... Все тот же он... не умиравший никогда. Во взгляде моем он слышит вопрос, очевидно, — зачем он жив, — поэтому отвечает: «Это была ошибка... Я просто заснул, а вы поторопились... но я все слышал...» Боже мой, думаю, что он слышал? Что я наговорил, наделал после его смерти? Он что, пришел спросить с меня за это? Он продолжает: «Почему мы редко видимся с тобой, Валерий, и мало говорим?.. Надо чаще видеться нам и разговаривать».

Справа у рта запекшаяся струйка крови. След бритвы, думаю. Нет, он пользуется механической. Тогда от чего?.. Как будто удилами порваны губы... «Доиграй за меня второй акт, будь любезен, а я в Америку...» Какую Америку, думаю, почему в Америку? А-а-а... вояж в Америку!! Да ведь это же Свидригайлов его!!! Вон какая у них Америка!!

Тут мой сон обрывается, и холодно мне всякий раз.

За какими горами моя Америка?

### ■ 24 августа 1984

Не выходит из головы письмо Фомина* с его упреками: «переписал мою биографию в книжку...», «не напишешь, потому что не сумеешь...», «не понимаю, почему тебя не оказалось в "Место встречи изменить нельзя"?» А почему я должен был там оказаться?! Потому что там Высоцкий? Да мало ли где меня не оказалось?! Кстати, я бы и не хотел там быть, даже уже и по просмотру, и по всему случившемуся (после смерти В.С., взрыву народной к нему любви и пр.), по самой художественной ориентации, среде и условиям — это вовсе не моя тема, не мой жанр и т. д. И никакого Шарапова, тем более одного из бандитов — упаси меня Бог играть, хоть это и моя профессия — играть что ни попадя.

### ■ 27 сентября 1984

Терпимость, мудрость, неназойливость — черты моего характера, обозначенные Владимиром Семеновичем Высоцким 28 июня 1970 г. 29 лет мне было, Денису год ис-

* Фомин Владимир Степанович — школьный наставник В. Золотухина, руководитель художественной самодеятельности, баянист.

полнился. В чем он увидел мудрость, где угадал терпимость, и что есть неназойливость? И не есть ли для меня потеря, что я мало был к нему назойлив?

### ■ 3 октября 1984

Вечер. С Куняевым*. «Что нам поют?». «Поговорю о Высоцком — поговорят и обо мне». Какой сволочной прием с могилой майора Петрова, какая чудовищная профанация и спекуляция, и обман читателей.

### ■ 14 ноября 1984

Приезжал земляк Саша... Похвастался ему, что вышла новая книжка. Подержал в руке, повертел.

— Буду ждать тиража... Но от тебя ждут одной книги, — многозначительно сказал он.

— О Высоцком...

— Да, конечно. Кто, как не ты... Ведь ты знал его близко.

Какое это, Саша, космическое заблуждение миллионов. И когда найдется хоть один серьезный литератор или психолог, вед душ человеческих, который объяснит всем, что как раз от Золотухина и нельзя ждать такой книги, и более того — требовать с него такой книги... как нельзя сетовать на Данзаса, что он не посвятил остаток жизни своей жизнеописанию Пушкина. Или от Белинского... Вместо того чтобы писать об «Онегине», накатал бы по свежим следам романчик об Александре. Да тот же, простите, Лермонтов... чтоб кутить и стреляться... Боже! Да что Лермонтов?! На руках, можно сказать, и на глазах

* «С Куняевым» — то есть со статьей Станислава Куняева «Что тебе поют?», опубликованной в журнале «Наш современник» (№ 7 за 1984 г.).

Жуковского вырос победитель-ученик. Ан нет же книги! Книгу возьмется написать лет через сто Тынянов. Да что к Пушкину ходить? Сколько было пишущей братии вокруг Есенина, Маяковского?.. И только хорошую книгу о поэте написала жена поэта — Н. Мандельштам. Но это само по себе явление жертвенное, как в смысле судьбы женской, так и судьбы жены и друга, и уникальное в своем роде как явление памяти, и единственное по литературному превосходству явление художественное в этом опасном жанре мемуаристики. Иными словами: зачем мне писать книгу о Высоцком, которого я очень плохо знаю, когда я хочу написать книгу о себе, которого знаю еще хуже, быть может, однако ж это я? Высоцкий сделал свое дело. Я хочу сделать тоже свое дело, так или похоже, чтоб к кому-то приставали с требованием книги о Золотухине. Я отдаю себе отчет в разности величин, но менять своего желания не под силу мне — человеку.

## 1985

### ■ 3 января 1985

Теперь торопится ко мне Турбин В. Н.* — жаждет вытащить из меня какую-то информацию о театре — Любимове, Эфросе и разговорах вокруг... А начал он с рассказа о двухтомнике В. Высоцкого, изданном в Америке. И что он ему не понравился небрежностью, неточностью, полуграмотными сносками и пр. Потом он сказал, что читал книжку Володиного двоюродного братца Леонидова**, где он свои «коммерческие» страдания в СССР чуть ли не за подвиги Геракла выдает. «Я сказал Вовке...» — и долго, долго, что он ему сказал, и после этого Вовка сказал: «Да»...

### ■ 5 января 1985

На двух сборищах сегодня гласно и властно председательствовала Крымова... На втором собрании — по 25-му — играть ли и что просить у райкома, и что делать 25-го, я совершенно попал в ее замысел, вернее, в замысел, что передан от А. В.***: во что бы то ни стало отмечать, и отмечать как праздник поэта, потому что он в этот день родился... И пусть Журавлев нам прочитает в честь В. С. «Здравствуй, племя...» и т. д. А Рихтер Баха зафигарит, а «Виртуозы» Вивальди сбацают в честь и сла-

* Турбин Владимир — литературовед, критик, писатель, доцент МГУ, воспитавший не одно поколение филологов.

** Двухтомник В. Высоцкого, книжка Леонидова — то есть книги: Высоцкий В. Песни и стихи. Нью-Йорк: Литературное зарубежье. Т. 1. 1981; Т. 2. 1983; Леонидов П. Владимир Высоцкий и другие. Нью-Йорк: Русское изд-во «Нью-Йорк», 1983.

*** А. В. — Анатолий Васильевич Эфрос.

ву поэта. А вычитал я эту идею в «Вечерке» — «В честь Улановой»... На что Крымова и сказала: «Вот Золотухин с этой его праздничной ноты пусть и начнет этот вечер». Конечно, они боятся райкома, конечно, срыв вечера 25-го повлияет на дальнейшую судьбу любого спектакля о Высоцком, кто бы его ни сочинял, конечно, они хотят, чтоб все прошло тихо и по возможности красиво...

## ■ 7 января 1985

Всю ночь сочинял телеграмму Куняеву. от себя и коллектива...

«Первое. С каких пор мертвые в ответе за деяния живых? Почему не мы с вами, живые, а мертвый Высоцкий отвечает за то, что кто-то топчет чье-то захоронение? Даже если такой факт имел место быть, что весьма и весьма сомнительно, он должен и будет проверяться народным судом.

Второе. По какому праву на таком беспардонно-циничном, кощунственном противопоставлении мертвых и живых, с одинаковым презрением к тем и другим, вы строите свои низкие, ложные умозаключения?

Делом жизни, тов. Куняев, вы избрали неправое занятие.

ЗОЛОТУХИН, от имени и по поручению».

## ■ 8 января 1985

Телеграмму Дупак вывешивать, тем паче давать, испугался — запахло партизанщиной... Если я пошлю телеграмму Куняеву один, я вступлю в эту же конкуренцию у гроба, так и начнется перепалка, перебранка... Врагов в литературном мире я уже завел как бы. Крупин и Григорьева* трезвонят, что Золотухин выступил против. Теперь я думаю звонить Рождественскому по вопросу Куняева и вспомнил формулировку: «Время гудит БАМ — будто шпалой по голове» — это мне принадлежит и напечатано**. Как-то Роберт Иванович отнесся к этому, коли до него дошло?! Теперь думаю, не ввязаться ли в драку с Куняевым? Надо вот ознакомиться со второй акцией «Современника», с подборкой писем***. И бабахну ему телеграмму от себя лично.

### ■ 12 января 1985

Неприятные письма попались на глаза с утра. Глоток дерьма с утра не повредит... Унижение нам, собственно, необходимо, чтоб на землю опускать нас.

Никогда я ни со сцены, ни в печати не говорил такие слова: «Мой друг Володя Высоцкий». Это не мое, не мои слова, не мои понятия, не мое отношение к нему... Оно измеряется другим чувством и выражается другими словами.

### ■ 22 января 1985

Эти пред-Володины дни следует писать подробно, но я опишу их, когда твой день, Володя, пройдет. Помоги нам, Господи, провести его достойно.

* Крупин Владимир — писатель; Григорьева Рената — кинорежиссер, автор фильма о детстве В. Шукшина.

** «...и напечатано» — см.: Золотухин В. Подвиг слова. О языке.

*** «...с подборкой писем» — «Озабоченность и надежда». Обзор читательских откликов на статью С. Куняева «Что тебе поют?» Наш современник, 1984., №12. С. 168–173.

### ■ 23 января 1985

Евтушенко (я просил его почитать Пушкина на вечере) — голос народа, и он не хочет продаваться. Так он понимает свое участие в моем действии. Он не может уловить свою ниточку. Он не балерина, не музыкант, что всю жизнь чужую музыку играет. Он свои стихи читать желает, а не Пушкина.

### ■ 1 февраля 1985

А вечер 25-го прошел замечательно. И даже С. бездарными своими тостами в 311-й комнате не испортил дела. И я даже теперь уж и рад, что еще раз все увидели, что он собой представляет...

Мое слово, чем открыл вечер памяти:

— Ему сегодня исполнилось бы 47 лет. Хочу напомнить мысль Беллы Ахмадулиной: дней для скорби у нас в избытке, а праздники редки. Так вот, сегодня на нашей улице как раз праздник. Дорогая Нина Максимовна, дорогой Семен Владимирович, позвольте мне от коллектива Театра на Таганке, от всех пришедших сегодня поздравить вас с днем рождения вашего сына, нашего Владимира Высоцкого. (Вышли Славина и Бортник с цветами.) День рождения поэта и актера, который вошел в наше сознание, в сознание и сердца миллионов как художественный и человечески-объединяющий пароль, от произнесения имени которого (и каждый из присутствующих тому многократный свидетель), от одного произнесения имени которого самые циничные и праздные лица становятся строже и осмысленнее — день рождения такого поэта, безусловно, есть праздник. Праздники разные и отмечаются по-разному. И хочется верить, что у нас сегодня случится не ярмарка вовсе, а светлое воскресение. Мы выбрали форму посвящения, мы решили в первой части нашего вечера не говорить впрямую о нем, а в честь его — в честь и славу поэта, актера и гражданина Владимира Высоцкого. С просьбой разделить с нами сегодняшний праздник и поделиться в этот день своим искусством в честь поэта мы обратились к самым разным деятелям нашей культуры и, что крайне приятно и весьма знаменательно, мы ни от кого не услышали мало-мальски сомневающегося голоса. Откликнулись все, более того, с большой, как пел Владимир, охотою. Это ансамбль «Виртуозы Москвы» под руководством Владимира Спивакова, Екатерина Максимова и Станислав Исаев, Михаил Жванецкий и Иннокентий Смоктуновский, Владимир Крайнев и Юлий Ким, Сергей Юрский и Булат Окуджава, и Алла Борисовна Пугачева. Во второй части с киноэкрана будет петь и говорить с нами Владимир Высоцкий. Итак,

Все в жертву памяти твоей – и голос лиры вдохновенный, И слезы девы воспаленной, И трепет ревности моей — Все в жертву памяти твоей.

Уважаемые музыканты! Мы начинаем наше посвящение, займите, пожалуйста, свои места!..

Записка Эфроса из больницы накануне:

«Валера и Толя! Мне Наташа* рассказала о предстоящем вечере в день рождения Высоцкого. Тут нужно, чтобы все было сконцентрировано в Ваших руках. Наташа всегда к Вашим услугам. 10 раз продумайте стиль, порядок и т. д. Все должно быть слаженно и красиво. Это можно сделать, когда руководят не все сразу, а только Вы. С уважением, Эфрос».

* Толя — Анатолий Васильев; Наташа — Наталья Крымова.

### ■ 4 февраля 1985

В смысле организации вечера Юрский говорил о тетиве, которая была натянута и ни разу нигде не дрогнула. В общем, для меня это была большая победа в словах и в поведении.

Я не смог уговорить Евтушенко прочитать Высоцкому Пушкина... Но почему он не пришел?..

Маргарита* позвала Смоктуновского. И он замечательно откликнулся, но вышел и стал читать «Быть или не быть» Гамлета... А часть кино с Володей началась с того, как он играет Гамлета и тоже — «Быть или не быть», но у Высоцкого это звучит как «жить или не жить»... И я думаю, произошел некоторый конфуз.

С. сидел рядом с Тамарой** и вел себя мерзко. Громко и нагло спрашивал: «Что они играют? Моцарт? А это что, какой из Моцартов? А он что, на фортепьянах тоже, Моцарт?» — всем видом давая понять всем, что он на этом сборище человек случайный, он к этому не имеющий отношения человек. Господи! До какого убожества может дойти человек! Спаси и сохрани, Господи, меня от этого, убереги. Ведь он сам предложил Юрского, а потом мне вдруг заявил: «Тогда я думал та́к, а теперь иначе». Когда машина уже завертелась, они спохватились, что все это фарисейство, и главный из них Золотухин.

### ■ 18 марта 1985

Сел в поезд, в купе, и тут идет Полока с банками, два фильма с собой таскает: «Один из нас» и «Интервенцию».

* Маргарита — Маргарита Александровна Эскина, помощник главного режиссера по литературной части Театра на Таганке при А.В. Эфросе.

** Тамара — жена В. Золотухина.

Проболтали. Он потягивал ром из фляжки, я рассказывал ему историю ссоры с Венькой, он — про свои беды с Трегубовичем*. Вспоминали Володю. Венька сказал ему в посольстве польском, что я в Польше Гамлета хотел сыграть. Вот, оказывается, что он имел в виду в своем письме: «Я простил тебе, но не простил покойный». Знал бы он, какой был разговор у меня с Любимовым. Да ведь он знал. Я не мог ему не рассказать об этом, не похвастать, как я отказался, ссылаясь на то, что Польша не Рязань, что Польша ждет Высоцкого, и мне с бухты-барахты, только выучить за ночь текст, играть и позорить Таганку негоже... и как шеф был благодарен мне за это... Ну, Веня!..

## ■ 29 марта 1985

Моя жизнь полна событий: вот сегодня по делу Куняева был в «Литгазете», в «Нашем современнике». Но описывать всего пока не стану.

## ■ 30 марта 1985

Тамара сказала, что звонил Юрий В. Васильев, что для меня готова давно обещанная посмертная маска В.С. Высоцкого и ее нужно срочно забрать. Он только что из больницы и, кажется, снова собирается туда, и вернется ли?.. А без него маску мне никто не отдаст...

Завернул он мне Володю в вафельное полотенце. Семья его покинула. Живет с девочкой Джулькой, маленькой собачонкой.

— Сильный инфаркт... Так что я решил кое-какие дела подчистить, отдать, что кому обещал... Только не

* Трегубович Виктор — кинорежиссер к/с «Ленфильм».

давайте никому, начнут тиражировать, торговать. Все торгуют... фотографиями... чем попало. Один я ничего с этого не имею, одни убытки... Володя просил этого не делать. И вы не делайте... Я много масок снимал. Они имеют свойство жить, реагировать. Будете ругаться — он будет хмуриться. Будете радоваться — он будет улыбаться...

### ■ 19 апреля 1985

Сегодня идем с Молчановым* в Прокуратуру СССР к высокому начальству за советом, что делать, как быть с куняевской подлой проделкой...

Только что звонила Эскина. 23.00. В 18 часов ей позвонил некто, назвавшись Петровым от Куняева. Разговор истерический, минут сорок:

— Вы не знаете, какая за нами сила стоит. Могилу Высоцкого мы сотрем с лица земли. Эфрос и Крымова останутся без работы завтра. Любимов... все артисты... театр мы закроем. Советуем вам не вмешиваться и пр. А вы лично окажетесь за решеткой...

Выражения были самые ужасающие, угрожающие, запугивающие. Я тут же перезвонил Молчанову. Он сказал, что звонок серьезный и что сейчас идет пленум по идеологии. Люди из КГБ спрашивали:

— А чего Золотухин возникает против «Нашего современника»? Он же русский человек Захочет — он будет печататься в «Современнике»...

— Да он не против «Современника». Он не славянофил, не антисемит и не семит тем более. Он за честность. Оскорбили друга. Ни к тем, ни к другим он не принадлежит.

* Молчанов Андрей — писатель.

— Мы этого не понимаем. Где-то должен быть... Потом он перезвонил и сказал:

— Дела очень плохи. Наш разговор зафиксирован. Надо встретиться и поговорить не по телефону...

Утром с Молчановым мы были у Полозова Геннадия Флоровича, зам. генерального прокурора. Мне говорили, он любит Высоцкого...

— Печать извиняться не будет... Самое достойное имя, которое может ответить Куняеву, это вы сами, лично. Все знают, что вы — друг Высоцкого, все это поймут и пр. А Ваксберг вам поможет уравнять углы и соизмерить крайности...

До того как войти к нему в кабинет, мне пришло решение встретиться с Куняевым лично. Целый день я искал его телефон через редакцию. Потом читал можаевскую повесть «Полтора квадратных метра». Это про мои походы за правдой о могиле по редакциям.

Дня три тому назад в «Известиях» должен был быть напечатан фельетон Надеина об этом могильном факте, сообщил мне Эфрос. Надеина я тоже не нашел, а фельетон по каким-то причинам напечатан не был. По каким? В «Известиях» все кладбищенские доказательства несуразности, документы ваганьковские есть. Что же это за сила, которая собирается стереть могилу Высоцкого с лица земли? И не преувеличивает ли она в своей злобе свои силы?

## ■ 6 июня 1985

Видел сон: Хейфец снимал «Гамлета» с Высоцким. Снималась сцена в могиле. Владимир спал в вырытой могиле, кинематографической. Палило солнце. Меня Марина попросила последить осторожно за ним, потому что, «кажется, кто-то принес ему бутылку...» Палило солнце прямо в его закрытые глаза. Я тихо зашел в его изголовье, чтоб своею тенью закрыть его лицо. Из-за посыпавшейся из-под моих босых ног глиняной крошки Владимир проснулся.

## ■ 22 сентября 1985

Театр ускользает от истории. Вот и Таганка, она ускользнула в историю от истории... Можно лишь вспоминать, покрывать легендами, допустим, как играл Высоцкий Гамлета. Ни постановка, ни исполнитель меня не трогали, не волновали, все казалось натужно, фальшиво и неискренне (за исключением некоторых сцен, например, с Йориком в Польше, после предынфарктного состояния). Мне казалось... но масса была в восторге и говорила: «Вот это да!» Мое мнение в данном случае идет в контрлегенду и не имеет значения... Так же вот Алла* (о Лопахине) говорит:

«В первой половине он играл супермена, от беспомощности актерской, и оттого проигрывал. Хорошо он играл только монолог «Я купил...». И она абсолютно права? Монолог, когда он был в ударе, он выкручивал неплохо, хотя там было больше какой-то посторонней, полупьяной-полутрезвой идеи, чем-то напоминающей — «Достиг я высшей власти» и теперь попляшу на ваших головах за мои прошлые непризнания и унижения... Но это стало легендой. Режиссер-постановщик растрезвонил об его игре по миру, ему доступному. Пленка с голосом В. Высоцкого, исполняющим Лопахина, кочует из театра Японии в театр Хельсинки и т. д. Голос сам по себе, что бы он ни произносил, обладает потрясающей силой, всепроникающей убедительностью и магией.

* Алла — Алла Демидова, актриса Театра на Таганке.

## ■ 4 октября 1985

Интервью в Югославии на телевидении. Вопрос Золотухину:

— Вас считают духовным наследником Высоцкого. Что вы думаете по этому поводу?

— Духовным наследником быть ответственнее и тяжелее, чем наследником материальным... Друзья и наследники растут как грибы. И в Америке, кажется, больше, чем в СССР... «Конкуренция у гроба», по выражению Томаса Манна...

Дыховичный замечательно сегодня говорил со мной о театре, о С:

— С. в один час переделал всю свою биографию... И что шеф его обожал, и Володя его обожал и слушался... Я ему говорю: «Ты кого-нибудь другого выбери и рассказывай ему. Я ведь это все знаю. Чего ты мне эту лепнину суешь?»

## ■ 18 ноября 1985

Эфрос почему-то считает, что ему неудобно («по твоему выражению — конкуренция у гроба») делать о Высоцком спектакль. Сказал ему, что он очень меня этим расстроил, что ответственность надо делить вместе и чтоб был приказ о репетициях. Иначе у нас не будет почвы под ногами. Это нужно не только для нас, но и для улицы, что спектакль о Высоцком делает главный режиссер и пр. Кажется, в чем-то я убедил Эфроса, и себя тоже.

### Как скажу, так и было, или Этюд о беглой гласной

В мутный и скорый поток спешных воспоминаний, негодований, обвинений и ликований о Владимире Высоцком мне бы не хотелось тут же выплеснуть и свою ложку дегтя или вывалить свою бочку меда, ибо «конкуренция у гроба», по выражению Томаса Манна, продолжается, закончится нескоро, и я, по-видимому, еще успею проконкурировать и «прокукарекать» свое слово во славу этого имени. И получить за это свои «сребреники». Но вы, уважаемый редактор, просили меня, не вдаваясь шибко в анализ словотворчества поэта, в оценку его актерской сообразительности, не определяя масштабности явления, а также без попытки употребить его подвиг для нужд личного самоутверждения сообщить какой-нибудь частный случай, пример, эпизод или что-то в этом роде, свидетелем которого являлся бы, по вашему тезису, только я и никто другой. И я согласился ваш тезис принять за руководство к действию, ибо лично известный факт (факт действительного случая и фантазия сообщившего) в любом случае непроверяем на достоверность: как скажу, так и было... К Гиппократовой присяге, к сожалению, мемуаристов не приводили и не приводят; совесть, к сожалению, во все века понятие относительное, а так как мы, по счастью и воспитанию, многие в глубине души атеисты, то и Евангелие нам не устав. А стало быть... как скажу, так и было. А было так. У меня есть автограф: «Валерию Золотухину — соучастнику «Баньки»... сибирскому мужику и писателю с дружбой Владимир Высоцкий». Я расшифрую этот автограф.

Судьба подарила мне быть свидетелем, непосредственным соглядатаем сочинения Владимиром Высоцким нескольких своих значительных песен, в том числе моей любимой «Баньки». «Протопи ты мне баньку по-белому — я от белого свету отвык. Угорю я, и мне, угорелому, пар горячий развяжет язык...» и т. д. Хотя слово «песня» терминологически не подходит к определению жанра его созданий. Потомки подберут, ладно.

Итак, «Банька»... 1968 год. Лето. Съемки фильма «Хозяин тайги». Сибирь. Красноярский край. Майский район, село Выезжий Лог. Говорят, когда-то здесь кроваво проходил Колчак. Мы жили на постое у хозяйки Анны Филипповны в пустом брошенном доме ее сына, который оставил все хозяйство матери на продажу и уехал жить в город, как многие из нас.

«Мосфильм» определил нам две раскладушки с принадлежностями; на осиротевшей железной панцирной кровати, которую мы для уютности глаза заправили байковым одеялом, всегда лежала гитара, когда не была в деле. И в этом позаброшенном жилье без занавесок на окнах висела почему-то огромная электрическая лампа в пятьсот, однако, свечей. Кем и для кого она была забыта и кому предназначалась светить? Владимир потом говорил, что эту лампу выделил нам мосфильмовский фотограф. Я не помню, значит, фотограф выделил ее ему. Работал он по ночам. Днем снимался. Иногда он меня будил, чтобы радостью удачной строки мне радость доставить. Удачных строк было довольно, так что... мне в этой компании ночевать было весело.

А в окна глядели люди — жители Сибири. Постарше поодаль стояли, покуривая и поплевывая семечками, помоложе лежали в бурьяне, может, даже не дыша; они видели живого Высоцкого, они успевали подглядеть, как он работает. А я спал, мне надоело гонять их, а занавески сделать было не из чего. Милицейскую форму я не снимал, чтобы она стала моей второй шкурой для роли, а жители села думали, что я его охранник. Я не шучу, это понятно, в 1968 году моя физиономия была совсем никому не знакома. И ребятишки постарше (а с ними и взрослые, самим-то вроде неловко), когда видели, что мы днем дома, приходили и просили меня как сторожа «показать им живого Высоцкого вблизи». И я показывал. Вызывал Владимира, шутил, дескать, «выйди, сынку, покажись своему народу...» Раз пришли, другой, третий и повадились — «вблизи поглядеть на живого...» И я вежливо и культурно, часто, разумеется, обманно выманивал Володю на крыльцо, пусть, думаю, народ глядит, когда еще увидит. А потом, думаю (ух, голова!), а чего ради я его за так показываю, когда можно за что-нибудь?

Другой раз, когда «ходоки» пришли, я говорю: «Несите, ребята, молока ему, тогда покажу». Молока наносили, батюшки!.. Не за один сеанс, конечно. Я стал сливки снимать, сметану организовал... излишки в подполье спускал или коллегам относил, творог отбрасывать научился, чуть было масло сбивать не приноровился, но тут Владимир Семенович пресек мое хозяйское усердие. «Кончай, — говорит, — Золотухин, молочную ферму разводить. Заставил весь дом горшками, не пройдешь... Куда нам столько? Вези на базар в выходной день». Он-то не знал, что я им приторговываю помаленьку. И тут я подумал, а не дешевлю ли я с молоком-то?.. А не брать ли за него чего... покрепче? Самогон, к примеру... Мне ведь бабки не продавали, я ведь милицейскую форму-то не снимал ни днем, ни ночью. Ну, на самогон-то я, конечно, деньги сам давал, лишь бы нашли-принесли, что они и делали охотно... лишь бы поглядеть на живого. «Прости ты меня, Владимир Семенович, грешен был, грешен и остался, винюсь, каюсь... Но сколько бы и чего кому теперь сам ни дал, чтоб на тебя на живого одним глазком взглянуть... Ну, да свидимся, куда денемся, теперь уже, конечно, там, где всем места хватит, где аншлагов не бывает, как на твоих спектаклях бывало...»

«Чем отличается баня по-белому от бани по-черному?» — спросил он меня однажды. За консультацией по крестьянскому быту, надо сказать, обращался он ко мне часто, думая, раз я коренной чалдон алтайский и колхозник, стало быть, быт, словарь и уклад гнезда своего должен знать досконально, в чем, конечно, ошибался сильно, но я не спешил разуверять его в том, играя роль крестьянского делегата охотно и до конца, завираясь подчас до стыдного. На этот раз ответ я знал не приблизительный, потому что отец переделывал нашу баню каждый год, то с черной на белую, то с белой на черную и наоборот — по охоте тела. «Баня по-черному — это когда каменка из булыжника или породного камня сложена внутри самого покоя без всяких дымоотводов. Огонь раскаляет докрасна непосредственно те камни, на которые потом будем плескать воду для образования горячего пара. Соображаешь? От каменки стены нагреваются, тоже не шибко дотронешься. Дым от сгорания дров заполняет всю внутренность строения и выходит в двери, в щели, где найдет лаз. Такая баня, когда топится, кажется, горит. Естественно, стены и потолок слоем сажи покрываются, которую обметают, конечно, но... Эта баня проста в устройстве, но не так проста в приготовлении. Тут — искусство, что ты! Надо, допустим, угар весь до остатка выжить, а жар первородный сохранить. Что ты, что ты, Володя... Это целая церемония: кто идет в первый пар, кто во второй, в третий... А веники приготовить. Распарить так, чтобы голиками от двух взмахов не сделались? Что ты!

Баня по-белому — баня культурная, внутри чистая. Дым — по дымоходу, по трубе и в белый свет. Часто сама топка наружу выведена. Но чего-то в такой бане не хватает, для меня, по крайней мере, все равно, что уха на газу. Моя банька — банька черная, дымная, хотя мы с братом иной раз с черными задницами из бани приходили и нас вдругорядь посылали, уже в холодную...» В то лето Владимир парился в банях по-разному: недостатка в банях в Сибири нет.

И вот разбудил он меня среди ночи очередной своей светлой и спрашивает: «Как, говоришь, место называется, где парятся, полок?» — «Полок, — говорю, — Володя, полок, ага...» — «Ну спи, спи...» В эту ночь или в другую, уже не помню сейчас, только растряс он меня снова — истошный, с гитарой наизготовке, и в гулком брошенном доме, заставленном корчагами с молоком, при свете лампы в пятьсот очевидных свечей зазвучала «Банька».

Протопи ты мне баньку, хозяюшка, Раскалю я себя, распалю! На полоке у самого краюшка Я сомненья в себе истреблю! Разомлею я до неприличности, Ковш холодный.. — и всё позади.. И наколка времен культа личности Засинеет на левой груди...

Где-то с середины песни я стал невольно подмыкивать ему втору, так близка оказалась мне песня по ладу, по настроению, по словам.

Я мычал и плакал от радости и счастья свидетельства... А когда прошел угар радости, в гордости соучастия я заметил Владимиру, что «на полоке» неверно сказано, правильно будет — на полке. «Почему?» — «Не знаю, так у нас не говорят». «У нас на Алтае», «у нас в Сибири», «у нас в народе» и т. д. — фанаберился я, хотя объяснение было простое, но, к сожалению, пришло потом. Гласная «о» в слове полок при формообразовании становится беглой гласной, как см.: потолок — потолке и пр. Но что нам было до этой гласной. Правда, в исполнении последних лет ясно слышалось, что Владимир великодушно разрешал гласной «о» все-таки убегать, компенсируя ее отсутствие в ритмической пружине, строенной звучащей соседкой «л» — «на пол-л-л-ке у самого краюшка...» и т. д.

В этом замечании, которому я не мог дать объяснение, и в том, что мы часто пели потом «Баньку» вместе, и есть вся тайна моего автографа, вся тайна моего соучастия —

счастливого и горючего. А еще потом, я уж не мог ему подпевать, кишки не хватало, такие мощности нездешние, просто нечеловеческие он подключал, аж робость охватывала.

В добавление. Или в послесловие. На одном из выступлений мне пришла записка: «Правда или сплетня, что вы завидуете чистой завистью Владимиру Высоцкому?» Ответ мой был не столь удачным, сколько почти искренним.

«Да, я завидую Владимиру Высоцкому, но только не чистой, а самой черной завистью, какая только бывает. Я, может быть, так, только здесь, уважаемые зрители, ради бога, поймите меня верно, я, может быть, так самому Александру Сергеевичу Пушкину не завидую, как Высоцкому, да потому, что имел честь и несчастье быть современником последнего».

Громко! Несоразмерно?? Но ведь иные считают и говорят, как обухом, под дых и наотмашь: «Высоцкий? Мы такого поэта не знаем...»

А истина... Да разве не существует она вне наших мнений, вкусов, словесных определений?

Вот и весь частный случай, что хотелось мне вам сообщить, уважаемый редактор.

Духовной жаждою томим...

Один мой корреспондент писал мне: «По накалу, размаху людской скорби Москва хоронила Высоцкого, как Париж хоронил Эдит Пиаф. Люди знали, что они теряли. Только в Париже был национальный траур, а у нас — с параметрами. Пиаф была грешницей, а хоронили ее, как святую. Она не щадила себя для людей. И они не пощадили себя в скорби по ней. То же самое повторилось с Высоцким. Пиаф воздали честь по ее масштабам. И если он не пел, как Пиаф, то и она не играла на сцене, не писала стихов, как Высоцкий. Они были птицами одного полета. Всегда летели на огонь, прекрасно зная при этом, что им не суждена судьба птицы феникс...»

Всякое сравнение... Да, конечно... все так.. И все-таки? Как рассказать об этом уникальном «служителе муз» спектаклем? Что спектакль как театральное действие должен являть собой в первую голову?

«Духовной жаждою томим», Высоцкий рвался к вершинам поэзии. Он просил, он кричал Любимову: «Дайте Гамлета! Дайте мне сыграть Гамлета!» Любимов дал ему Гамлета и сделал с артистом роль, которая стала для Высоцкого вершинной, любимой и в которой в свое время он не знал себе равных в Европе. Шекспир-поэт, Гамлет-поэт, Высоцкий-поэт. Тут все связалось в прочный узел.

Так мог ли спектакль о Владимире Высоцком, в свою очередь, обойтись без этой вершинной идеи, без вечного гамлетовского конфликта, который столько лет кряду пожирал мозг и сердце самого исполнителя на сцене и в жизни?! Более того, вся перехожая-переезжая, неисчислимая публика, вышедшая из-под пера Высоцкого, — норная, парная, вагонная, космологическая, — словом, Россия, должна была по замыслу режиссера прочно держаться и вольно дышать на сцене, стянуться воедино все той же жесткой конструкцией гамлетовского узла. Члены тогдашнего худсовета Театра на Таганке и присутствовавшие на обсуждении будущего спектакля друзья театра — А. Аникст, Д. Боровский, Б. Можаев, Н. Крымова, А. Вознесенский, Б. Ахмадулина, Ю. Карякин, Б. Мессерер и другие горячо поддержали замысел и обещали посильную помощь в поисках и организации материала.

«Да, Гертруда, Полоний, Офелия, Клавдий, Горацио — все участники «Гамлета», непременно в персонажных костюмах, и все они, кто на сцене, вызывают дух Гамлета — Владимира, и он отвечает нам оттуда либо песней, либо монологом, «мурашки по спине». Он живой, он только занят, настолько занят, что не смог сейчас прийти к «Гамлету», потому что занят своим вечным занятием», — укрепляла в нас веру в эту точную формулу будущего действия Белла Ахмадулина.

Спектакль был создан в статусе вечера памяти, показан 25 июля 1981 года, но в дальнейшем был не допущен к исполнению.

Еще раз мы показали его в день рождения поэта — 25 января 1982 года благодаря личному вмешательству Ю. В. Андропова, тоже, как выяснилось, стихотворца. Ему была послана телеграмма с мольбой о помощи. Но потом спектакль был снова похоронен. Прошло время. Запрещенные песни, которыми втайне восхищались сами запретители, вышли из подполья. Стихи опального поэта признаны официальными инстанциями. Создана комиссия по литературному наследию поэта. За авторское исполнение своих произведений автор удостоен Государственной премии СССР. Фонд советской культуры собирает средства на памятник и музей В. Высоцкого. Запоздалое, но все же покаяние, необходимое живущим и народящимся.

Мы восстанавливаем забытый, запрещенный спектакль. Мы придерживаемся редакции 1981 года. Но нельзя не учитывать время и перемены, и мы пытаемся сделать поправки на эти субстанции.

О Высоцком нужно говорить на уровне Высоцкого... языком театра. Мы понимаем нашу ответственность. Достигнем ли мы этого уровня 25 января 1988 года? А если достигнем, то в чем обретем запас прочности для дальнейшей эксплуатации спектакля? 25-го нам поможет сам Владимир фактом своего дня. А дальше? Дальше?!

Мы сыграем спектакль «Владимир Высоцкий» и возьмем за это с публики деньги. Чего не делали раньше, поскольку не имели права: наше действо называлось «вечер памяти». А вечер памяти к коммерции никакого отношения не имеет, стало быть, и к плану тоже. Теперь мы деньги возьмем, нам разрешили именовать нашу работу поэтическим представлением, то бишь спектаклем. Мы возьмем деньги, и они пойдут на организацию музея В. Высоцкого при Театре на Таганке. И впредь будем делать так же.

Мы долго спорили между собой... Раздавались голоса: «Ну вот, и мы в распродаже Высоцкого... Давайте не будем брать за него деньги... Давайте не включать спектакль в афишу как финансовую единицу».

Другие приводили свои резоны: а почему, собственно не продавать билеты? Все дело в качестве теперь уже нашей продукции. Ведь шли же у нас спектакли по стихам Вознесенского, Евтушенко, Есенина, Пушкина, наконец. «Послушайте!» Маяковского и сейчас на афише, а поэта, рожденного этим театром и до конца дней игравшего на его подмостках, и сам Бог велел.

«Он был жертвенной свечой, зажженной с двух концов — искусства и жизни». Так каково же будет наше воспоминание о нем 25 января 1988 года? Будем ли мы соответствовать?

Вспоминаю свои ощущения от прошлых единичных показов нашей работы. Мне казалось тогда, и думаю об этом сейчас, что наше действо той поры еще не переплавилось в собственно спектакль. Причин тому несколько. Одна из них в том, что каждый из нас был перегружен личными переживаниями и чаще пребывал на сцене в собственной эйфории, нежели тянул единую лямку замысла, что для театрального действия как командной игры однозначно.

Тогда повсеместная общая атмосфера скорби по недавней великой утрате покрывала огрехи актерского исполнения. Теперь, если мы хотим покорить зрителя волшебством театра, а не только сыграть на благородной идее памяти о нашем талантливейшем товарище, мы должны увлечься собственными переживаниями, чтобы не захлебнуться в них, а сообщить своему отдельному организму устремления общей стаи, общего маху.

«Духовной жаждою томим». Томимы ли мы этой жаждою? И сделали ли мы что-нибудь для развития духовной жажды своего народа? Хочется думать, что Театр на Таганке спектаклем «Владимир Высоцкий» будет способствовать этому развитию. Будем надеяться.

В заключение скажу, что восстановление и новую редакцию спектакля осуществляет главный режиссер театра Н. Губенко, он является одним из центральных исполнителей в спектакле. Это, конечно, двойная сложность и двойная ответственность. Пожелаем ему удачи на этом пути, а с ним и всем нам — участникам спектакля «Владимир Высоцкий».

*1988*

Часть третья

# МОЙ ЭФРОС

## 1986

### ■ 23 января 1986

*Четверг*

Г. Львов — звонил в кинопропаганду. Событие! Такого у нас еще не было. Пусть приезжает хоть каждый день, будем принимать на высшем уровне и пр.

Сон дурной видел — Бобрынину Таню, которая сообщила мне, что у нас еще номер не вышел, а в Италии и Польше известные критики написали положительные рецензии. Из чего я, проснувшись, заключил — значит, будут ругать.

Итальянцы и поляки — это от Эфроса, который все время талдычит про какую-то систему свою, в которой работают он, Брук и Стреллер. Любимов этого не мог и не умел.

...Какая самонадеянность и как же это бесит и лишает сил, когда твой руководитель такой фантазер, мягко выражаясь. Нет, надо уходить. Он постоянно вспоминает Любимова, ставя себя уже выше, а мы-то видим, мы-то знаем, что Любимов на 10 голов режиссер и художник, человек и гражданин выше. А это искусство исподтишка.

И как мне жить? Я ничего никому не буду говорить, а тихо уйду, потому что память не дает мне покоя, а он ее все время топчет. Или взять отпуск на год для «Зыбкина».

Меня уговаривают провести вечер В. С. В. Говорю, что мое количество на всех ведениях переходит в иное качество. Если скажут «Федя, надо», — возьму шинель, пойду домой, — но говорите с Аллой. Это будет строго, элегантно и ново для тех же глаз, а не согласится — Золотухин всегда рядом и пр.

Кажется, Эфрос меня понял, мои внутренние колебания и трепыхания.

Идет «Добрый» — музыканты через пень колоду. Бендера первые спектакли играл лучше. А в паре с ним еще этот несчастный «поврежденный Межевич»..

Надо достать чернильницу, черт возьми!!

## ■ 24 января 1986

*Пятница*

Наткнулся на запись, собрание:

Л ю б и м о в:

— Разрешите мне подытожить. Я убедительно прошу, все, кто желает... подать заявление, пусть подает... и я заверяю, что мы всех удовлетворим... На общих основаниях. Высоцкого я освободил. Я поставил условие, чтобы он вшился, он не сделал. Я освободил... Вообще с вами работать нельзя — вы не держите слово, как можно о чем-то договариваться. Вы также забываете, что можно вызвать милицию и отправить вас куда следует, замечания, в большинстве случаев, одни и те же, за вами стоят 10-ки людей, которые хотят работать. Видите, я уж и не кричу. Я занимался Высоцким много лет. Теперь не сделаю для него палец о палец. И ни в какие Парижи он не поедет. Никаких характеристик... Губенко... Вы зря думаете, что он ушел, он стал мне омерзителен. Он даже приходил два раза — может быть, мы найдем какую-то форму... Я сказал:

— Вы мне омерзительны, уходите немедленно... А он у меня жил полгода, что видит зритель — разболтавшихся, зазнавшихся людей. Я напишу на вас на всех докладную и пошлю вас всех к чертовой матери... Мне скоро 60 лет, я прихожу на репетицию и ничего не готово — потрудитесь уважать мои рабочие часы или идите к чертовой матери...

— Сосатели трупов — маяковеды, есениноведы, брехтоведы.

— Многообразие форм — за многообразие надо иногда алименты платить.

— Театр — это грустный дом.

Вот, случайно, что ли, я наткнулся на эти заметки накануне Володиного дня рождения.

А я работаю на Эфроса и буду петь одновременно на вечере Софронова — что вы от меня хотите, я ведь только артист.

Репетицией сегодняшней доволен я весьма, особенно первой половиной. Лишь бы справился мой речевой аппарат со стихом Мольера и быстроречью Эфроса.

— А что вы от меня хотите, я ведь только актер. Достоевский о реализме:

— Не то, что правильно нарисовано, а то, что правильно воздействует.

## ■ 25 января 1986

*Суббота*

Заехал за Иваном. В «Польской гвоздике» купил с черного хода 20 польских гвоздик, взяли Таню и на кладбище. Эфрос не приехал. Он с молодыми назначил репетицию «Мизантропа». Ну что это. Потом он ждет какого-то объединения, внимания, дружбы и пр. Ну ведь прав был Любимов: что может еще объединить и увлечь в одну упряжку — память о товарище. И молодым бы это было бы ох как для души полезно, что и они с нами, что они пришли не на пустое место, а место, где есть традиции, где работал Высоцкий и пр.

У Нины Максимовны побывали. Черная женщина, что была на каждом спектакле с Володей, вдвоем они ходили всегда, теперь она всегда у Нины Максимовны, выговаривала мне за «Дом», а когда я уходил, в прихожей тет-а-тет сказала: «Я много наблюдала в театре и была почти всегда, когда там был В.С., и я вам скажу — единственный, кто к нему относился искренне, это вы, его многие любили, уважали, чли, а искренне относились к нему из всех — только вы». Что она имела в виду под словом «искренне»?! Мне не успелось спросить — стали выходить люди, да я, кажется, и сам чувствую, что, чего она под этим подразумевала.

Режиссер-оператор Слава Виноградов из Ленинграда все снимал для истории.

«Солнечные ветры».

### ■ 26 января 1986

*Воскресенье*

Вечер мы провели, т. е. он прошел. И галочку для очистки совести мы поставили. Не знаю. Камбурова, как я и ожидал, испортила мне настроение. Та же пошлость и показуха, только под маской очень серьезного чего-то, — без тени юмора к себе и иронии — какая-то принципиальная цветаевщина. Не знаю, прости мне Бог, коль я предвзятен, но и музыка Дашкевича... А стихи Мандельштама, Маяковского, все какие-то мини-театрокартинки... По мне уж лучше Алла Борисовна, хоть есть на что посмотреть и подивиться. Окуджава, конечно, замечателен... — генералиссимус прекрасный, которому он не прощает пригоршни крови... и который порой улыбается с экрана... вызвало сочувствие и восторг публики.

Главное действо происходило в «Гробах» — «шабаш ведьм», и что интересно — в у́гольном дальнем месте, против входной двери, за столиком — Влад. Григорьевич — кагебист... всех, кто пришел, он запомнил и кое-что послушал, так в наглую наблюдать, воистину — бар этот — ловушка, недаром там и Катуньо и пр. итальянцы обретались, туда их привели... Этот бар оборудован наверняка для разного рода слежки, и бармены — люди НКВД.

Кв. № 28 — Нины Максимовны — агитпункт, пункт голосования, люди приходят, отмечаются, уходят — проголосовали как бы...

По составу делегатов в «Гробах» можно составить многообразное суждение, там встретились люди, что лет по пять не видели друг друга, года по четыре друг с другом не якшались и не кланялись и пр. Например, Смехов со своей бабой, Филатов с Шацкой. Я привез Дениса, представил его Марине, и она трижды поцеловала его.

— Меня целовала Марина Влади, надо же, никогда бы не поверил! Пап, а какая она теплая женщина.

Кобзон, капитаны кораблей, администраторы, артисты, и всем этим Янклович управляет, у штурвала связующих нитей стоит. Бортник с Таней. Ефремов, Ромашин, Хмельницкий, Подболотов — замечательный тенор... Позднее пьяный Шаповалов... Толя Васильев поднял тост за крышу и человека — Любимова... Говорухин — контртост — уж если кто и объединил эту разномастную публику сегодня, так это жена, друг и пр. — Марина, и в этом, конечно, истина. Ну, пошел бы я туда, стал бы отдавать 25 рублей, когда б не возможность встретиться с удивительной Мариной Влади, которая сразу открыла ридикюль и стала показывать своих богатырей-сыновей, а младший — Володька, который бегал на съемках «Арапа», уже вырастил матери жемчужину, которую она носит на груди и гордится — «Это младший вырастил».

Шевцов, Антимоний, Абдулов, Золотухин... Коля-врач, который был в ночь смерти в доме, дежурил... и уснул.

Ульянова встретил в театре: «Получил твое письмо, письмо серьезное, обязательно постараюсь передать... Ну, конечно, не в руки, сам понимаешь, но так чтобы получилось (на полях: оказалось) сверху, но это, если я буду на съезде... а не буду, сам понимаешь».

Читаю дневник свой № 10 и завидую себе: как жил, как чувствовал, с кем общался, на что надеялся, как писал. Куда ты, удаль прежняя, девалась?

Сегодня на «Вишневый» ожидается ЦК, комплект билетов отправлен весь в это учреждение. Не может быть так, чтобы Горбачев сам пришел... Но пусть придет Ельцин, уже хорошо.

Господи, сохрани и помилуй! Дай нам сыграть удачно, дай скорости и легкости.

Вечер перед «Вишневым».

Еще в «Гробах» я встретил Беллу с Мессерером.

— Золотухин... золотой... кто-то что-то мне говорил, вы что-то написали...

— Я вам дарил, небось вы потеряли...

— Нет, нет, то я прочла, еще что-то вы написали, а я не читала, правда...

Говорили ей, наверное, о «Земляках», где я цитирую ее высказывание на вечере памяти В.С.В.

Какое же жалкое, стыдное вчера было зрелище. Нет, не снимая вины с себя, виноват руководитель этого «грустного дома». Хозяйством надо уметь управлять. Нельзя Эфросу так все пускать на самотек. Деградация полная, с этим ощущением и ушли в недоумении все из зала, в том числе и Марина.

Разве что дело спасет завтрашний их поход с Эфросом к Г. Маркову по поводу издания новой книги Владимира.

Впечатление от России нынешней спасет. Они пойдут по вопросу создания комиссии по наследству В.С. Высоцкого. Не по наследству, наследства у него, кроме долгов, не осталось, а по вопросу создания комиссии по творческому наследию.

### ■ 4 февраля 1986

*Вторник*

— Пишу дневники, чтобы войти в жизнь, — определил Катаев. Ох, хитрый мужик. Ничего интересного в них нет, так поверил я, у меня-то и то кое-что есть!

То, что он так пнул Эфроса, глумливо даже, я бы сказал... И я не знаю, как расценить, потому что никак не могу до конца увериться в истинности «Вишневого сада» и «На дне», желаемое не есть действительное! В приливе патриотизма, что все было хорошо, ты ведь настраиваешь себя, чтоб тебе непременно это понравилось, потому что так надо, другого выхода нет — и тебе действительно нравиться начинает... Но что-то все не то, приема нет зрительского, отклика зала нет, чтобы мы или отдельные критики там ни говорили. И червь сомнения в змею отрицания превращается.

### ■ 5 февраля 1986

*Среда, мой день*

Так, к 25 июля надо написать о В.С.В. О могиле майора-режиссера Петрова, о куняевской пропаганде, о его кампании против популярности В. С. В. Он пытался доказать ложность и несостоятельность любви к нему миллионов, неосновательность ее причин... И через этот тезис затоптал свою могилу, выдуманную, сочиненную, метенную для порядка.

Надо забрать фотодокументы у кагебиста Саши, надо сочинить по этому поводу поэму, она должна быть начинена горьким юмором.

Во-первых, начать с АНКЕТЫ — как, тогда еще мальчишка. Толя Меньшиков, работающий у Любимова рабочим сцены, подошел с амбарным гроссбухом, разграфленным, расчерченным под подробный вопросник. Кажется, мы заполняли его и отвечали письменно, автографно с Владимиром по очереди. Анкета заполнялась весело и почти шутейно». Не мог же Владимир в графе — твой лучший друг — поставить другое имя, когда рядом сидел Золотухин... Это вовсе не значит, что он в ту минуту лгал или лицемерил, нет, но надо знать его характер и нашу тогдашнюю влюбленность друг в друга. Эта анкета не дает жить спокойно. Когда я что-то пою недостойное или не угодное вкусам поклонников В.С., меня стыдят и поносят: «У вас был такой друг, до чего вы опустились и пр.» Дружбой с В.С.В. меня попрекают каждый раз, когда по мнению тех же ревнителей и хранителей и знатоков, как бы к этому отнесся В.С.В., когда и выходит неугодная работа на экране или не устраивающая их моя очередная литературная поделка. И остается «лечь на дно, как подводная лодка, чтоб не могли запеленговать». Удобно. Но нет.

Во-вторых — случай с кортиком, который я подарил Филатову, с кортиком, который передал Григорий из Л-да ему, Вл. Выс, через меня, его друга, а я по щедрости пьяной отдал его Филатову, потому что у того случился день рождения, кстати, выяснить, когда у Леньки день рождения и сопоставить, вычислить факт времени. Я кортик отдал, но ведь Володя не сразу и не от меня узнал, что ему был из Л-да передан подарок. Значит, прошло какое-то время?!

Написать Григорию и Маше!! Выяснить у Нины Максимовны, где этот кортик Я ведь у Леньки его забрал и передал-таки настоящему хозяину.

Что репетиция? Да ничего! Побегал, покричал... Эфрос вынашивал замысел, странно... ну что он выносил?! Случайные предложения, случайные приспособления, случайные слова... Для чего вся эта... А надо вложить современный смысл...

## ■ 29 марта 1986

*Суббота*

Вчера я купил машину и предложил Дупаку сменить гл. режиссера, как не оправдавшего наши надежды, как человека глубоко чуждого нашим устремлениям в искусстве театра... Никого не слушает, ни с кем не советуется... Ни одного собрания коллектива, ни одного серьезного разговора... спектакли выходят один хуже другого... накапливается атмосфера неоткровения, лжи, интриг, двуличия.

Надо что-то делать. Дупак со мной полностью согласен — нужен тот, кто первый бросит камень. Кто будет этим человеком? У Эфроса альянс с Безродным. Яша лижет без устали во всех местах. Если он станет директором-распорядителем, Дупаку скоро они вытешут осиновый кол.

Обстановка в театре гнусная. И у меня настроение отвратное...

Три, четыре писателя — Астафьев, Распутин, Можаев, Бакланов — которым я на суд послал «Комдива» — молчат, и мне не по себе. Ну чего бы молчать, если бы вдруг понравилось? Значит, что-то не то. И зачем я такое матерное письмо Алексухину написал?! Он относит публикацию этого рассказа на счет моей актерской известности.

Все противно и очень не хочется жить, потому что нет ни сил, ни мыслей, ни таланта, ни доброго человека рядом! Хочется выпить снотворного и лечь спать. Только чтоб Сережа, Денис и Тамара были здоровы. Но и помнить, конечно, что «у каждого глупца хватает глупости для уныния». Чтоб не унывать, пойду я спать. Завтра рано встану и продолжу «Сказ об Иванушке-Ванюше».

## 31 марта 1986

*Понедельник*

Действительно, день черный. На языке вертится: «О бедном гусаре замолвите слово»... Я дождался от Астафьева таки слова, «лучше» не скажешь.

А там моя рукопись... на библиотечку и пр.

Разбежался!! То-то Гроховский не звонит. Ну да ладно, может, это и к лучшему, будет Рождественский или Панкин — еще лучше.

Две точки зрения на рассказ: В. Резника — шедевр, В. Астафьева — пародия, на какой мне остановиться, Господи...

Еще одно такое заключение, и можно бросать заниматься писаниной.

Хоть бы Бакланов два добрых слова написал или Можаев... Мнение «родной Сибири» теперь известно.

Но, вспомним Марка Твена: «Избегайте тех, кто старается подорвать вашу веру в себя. Эта черта свойственна мелким людям. Великий человек, наоборот, внушает чувство, что и вы можете стать великим». Утешимся этими словами, внушим себе мысль, что так оно и есть, примем Резника за великого человека, а не за льстеца и вперед..

## 3 апреля 1986

*Четверг*

Эфрос. В силу твоей театральной биографии, не биографии, а именно театральной биографии, тебе эта пьеса кажется – а... дребедень. Это не так. Ты сейчас посиди, посмотри – и сообрази... мы теряем сюжет, а сюжет очень прост и сложен.

— Репетиции в комнате меня очень расстроили, но они были полезны: все недовольства пьесой и режиссером только от собственной несостоятельности. Когда у меня не получается, мне кажется: все не то — и пьеса, и режиссер и пр. Я за собой эту штуку знаю давно, и я с ней борюсь, но иногда в борьбе терплю урон.

Репетицию «Мизантропа» — проходил за кулисами, смотрел из зала, все равно не понимаю. Эфроса не понимаю... одно мне все-таки ясно — надо сыграть, как-нибудь сыграть, не словить славы, а сыграть, быть в форме: телесно-душевной, готовиться и играть.

## ■ 10 апреля 1986

*Четверг*

Репетиции «Мизантропа» — кровавые — ору, стараюсь, выгляжу со стороны, очевидно, жалким и смешным, ну да Бог с ними... Сначала думаю как заявление решиться написать, а потом вкалываю изо всех сил. Завтра бы мне отвертеться от репетиции, иначе я голос порву окончательно. Нет вот... Геббельса московского — Румянина уже нет, на пенсии, Яковлев вместо него. Надо ожидать, и Демичева скоро не будет, может быть, шеф приедет...

## ■ 11 апреля 1986

*Пятница*

Он все время рассказывает какие-то интересные истории, часто вспоминает Феллини... рассказывает пересказанные ему истории... интересно, а главное — ведь главный, седой, опытный — все смеются, реагируют, а у меня накапливается раздражение — Блестящий ТЕАТР... — это скверный театр, то, что делает Яковлева во главе с Эфросом. Но что же это такое... Он ведь палец о палец не ударил... (Эфрос), а то, что он думает над «Мизантропом» день и ночь — это его личное дело...

Что же мне делать, а? Господи! Подать заявление — ведь расценят как то, что я не справился с ролью или что-нибудь в этом роде. Но с Ольгушкой — с крысой, которая почистила перышки и опять жива, горда, победительница, — я играть не смогу.

### ■ 21 апреля 1986

*Понедельник. «Дно»*

А в общем... театр кипит страстями, что зажгли наши идиоты на 30-летие «Современника», который прислал извинительное письмо «за обидные, в ваш адрес... с их сцены...» Говорят — партбюро и коллектив предложили нашим идиотам покинуть театр, ждут Волчек, которая в Венгрии и которая глотала валидол, когда зал покинули Сурков (вдогонку которого Смехов продолжал кричать: «Ты как был в молодости...» — но не закончил.) Розов, Шатров... и зам. министра Зайцев. Театр лишили премии, загранпоездки, придержали звания и пр. И бумага из министерства с предложением рассмотреть вопрос о дальнейшем пребывании этих товарищей в коллективе. Докатился Смехов со своей нравственностью, «герои!», защитники Любимова, Господи...

А на лестнице сегодня крупный диспут у нас с Эфросом... Я затеял-таки разговор и сказал, что «Отелло» — это была вопиющая над нами, зрителями... и т. д. Что мне было непонятно, как он мог остановить репетиции «Метров» за полтора месяца до выпуска, ждать декорации, когда по актерской, сценической жизни мало что было сделано...

### ■ 25 апреля 1986

*Пятница*

Вчера участвовал в антирелигиозной пропаганде в отвлечении молодежи от церкви, от Пасхи, от Крестного хода...

Я был, естественно, или не понят, старомоден и странен, наверное, со своим Высоцким... Получил записку: «Откуда Высоцкий в Сибири? Это что, из пародии? Когда Вы закончите?» Не записка обидела, а состояние душ молодежи, если она у них есть... — Аудитория трудная у нас, — сетовали комсомольцы...

Шофер, который нас с Еленой вез, хороший парень, какой парень в 44 года...

Да, мы в их годы были не такие. Я помню, собираешься в Эрмитаж, просишь у матери праздничную рубашку, лучшую...

Вот я и говорю словами В.С.В.

«Сколько леса и веры повалено»... Откуда им быть другими, когда фальшь и вранье они изначально с молоком всосали... Один таксист мне рассказывал, как вез одного афганца, который ящик патронов душманам продал и купил две пары джинсов...

— Да... мой парень в Иркутск попал, так жена в слезы...: «Ой... Иркутск — в такие места не едут, в такие места везут». Я ей: «Благодари Бога, дура, что не в жаркий Афганистан. Они своих сынков под пули не пошлют... У него, у Горбачева, дочка уже кандидат медиц. наук, а почему бы ей в Афганистане не поработать, безногих, безруких наших парней не полечить... За что наши парни гибнут там?.. За какую родину, за какое отечество, за какого Бога или царя?! Они же все это понимают! У них же у каждого транзисторы в руках — они мир слышат, это нам некогда».

### ■ 5 мая 1986

*Понедельник. «Вишняк»*

«Кто — я или они... — спросил перед репетицией у Эфроса. — Репетируешь ты, а вообще — они».

С этой шутки началась репетиция. Выяснений не было. Он останавливал, делал редкие замечания и шел дальше. Несмотря на испуг и внутренний переполох — 10 дней не брал я в руки шашек — текста Альцеста, а мне кажется, я довольно удачно культивировал и в общем остался собой доволен. После перерыва он вызвал на сцену другой состав, и я почему-то обиделся и уехал по домашним заботам... Аптека, рынок, опять заболел Сережа — нервы, слезы!

Но, может быть, он назначил другой состав, чтобы дать мне отдохнуть перед спектаклем?! Вряд ли! Это политика его: ни в ком из вас я не нуждаюсь... Это обидно... я хотел бы, да и привык, чтоб во мне нуждались, заставляли, объявляли выговоры и пр.

Вечер. Спектакль прошел замечательно, еще бы — не пьяный Пищик.. Он доведет Эфроса, если того можно довести...

## ■ 6 мая 1986

*Вторник*

Самое ужасное, что все это, все нынешние сентенции, примеры, защита и слава Эфроса, это, к сожалению, спор прошлого с прошлым, потому что, если бы было безоговорочное настоящее, спорить было бы не о чем... искусство не доказывается словами, не объясняется ими, в особенности искусство зрелищное, театральное.. Он критик, театровед, а не режиссер.

Мы с ним — я придумываю приспособления, а он их замечает и критикует, вся репетиция — это теоретический спор, он отвергает мою конкретность и предлагает нечто абстрактное, под Дюка Эллингтона... И делит труд на режиссерский и актерский грубо... Если Любимов говорил: «Я вам никому не дам провалиться, вы на меня не можете пожаловаться, я вас вытащу за волосы, закрою, прикрою, но зритель не увидит, что вы не добираете»... Эфрос легко идет (или не может, скорее всего) на предательство актерское в этом смысле.

Я вчера записал — надо бы сыграть Альцеста, попытаться совершить подвиг — а сегодня в 10.45 я положил на стол Дупаку заявление об уходе. Выходя из театра в куртке, кепке, с сумкой, столкнулся в дверях с Эфросом: — Куда?.. — Я ухожу. — Как? — Совсем. Я ухожу из театра, А.В. Я написал заявление... Не могу... — Подожди... Подожди.

Мы стояли у выхода и говорили... Я что-то лепетал про то, что не могу справиться с памятью, не хочу вам мешать, никаких претензий и заготовок...

— Ну, может быть, это нервы, ты просто трусишь... Ты прекрасно репетируешь, я восхищаюсь тобой... Но ты на неделю пропадаешь, теряешь изгибы... Подожди...

В общем, я пришел к Дупаку, тот говорит: «Что вы со мной все делаете?.. Для кого я это все строил?.. Надо налаживать дело, а вы швыряете заявление». Заявление я порвал.

В канцелярию позвонили и сказали, что Эфрос ждет меня на репетицию...

— В таком состоянии, Валера, поверь моему опыту, лучше репетировать, и ты увидишь, что у тебя будет другое настроение, а поговорить надо...

Репетировал я уж не знаю как, но только понял, что Альцеста могу сыграть.

### ■ 8 мая 1986

*Четверг*

Вчера был у Эфроса. Он меня ждал на улице, приехав от больного, умирающего отца. Говорили. Мало чего внятного я ему сказал, как-то все глупо, трусливо и стыдно.

У него одно — я подал заявление, потому что «испугался кропотливой работы», «испугался играть». А я как бы пытался ему доказать, что играть я трушу всегда, но я бы мог найти тысячу причин, чтобы увильнуть, но причина лежит не тут, она и в быте, и во многих других местах, а в каких, так я ему и не выговорил.

Когда б у меня или у любого другого актера блистательно бы получалась такая роль, да мыслимое ли дело, что он в этот момент подает заявление. Да нет, конечно. Заявление, как щит, прикрывающий пережитое. В этом есть правда и все-таки не вся, и далеко не вся. Весна, нервы... письма ветеранов, советующих мне «куражиться в «Бумбараше», а не за свое дело не браться» и т. д.

## ■ 10 мая 1986

*Суббота*

1. Написал три страницы «Сказа о Ванюше» уже на листки. После переписки на листки карандашом начнется перестукивание главы на машинке. Это уже рождение — либо живым родится сказ-глава, либо мертвым.

2. Зарядка, обливание...

3. Наконец-то заполнил анкеты и написал автобиографию с перечислением ролей и заслуг.

4. Порепетировал реквием по Мейерхольду.

5. Почитал стихи В. Высоцкого, это завтра надо записать на фирме «Мелодия».

6. Помыл машину в милиции горячей водой.

Мы собираемся в Дом кино посмотреть фильм Н. Бурляева «Лермонтов». Дай Бог, чтобы это мне понравилось, я люблю Колю.

Вот такие дела. С «Мизантропом» что? 8-го репетировал, стыдно было за себя в первой половине пьесы, потом стали попадаться живые места... Эфрос в общем похвалил, а Хвостов просто в восторге. Это они педагогику в ход пустили, поддержать дух во мне, уверенность. Надо действительно загнанного поэта играть — судьбу Осипа Мандельштама.

## ■ 12 мая 1986

*Понедельник*

Я как-то не пойму, чего же будет с моим Альцестом — загнанного Мандельштама играть, а как? А вообще-то, волнует меня только дикция, скороговорка не получается, вот когда сказался мой несовершенный речевой аппарат, и впрямь позавидуешь Филатову, который сейчас за границей в очередном кино. А мы с Эфросом! Как должно на это смотреть? Ведь это тоже причина моего взбрыка, когда человек один, он волен свое поведение выбирать, а так... подчинение дисциплине, производству... Да ведь хочется что-то вложить в Альцеста. Преодолеть начало, самое трудное и где я краснею за себя — это первая сцена с Филинтом. Ее надо поймать, а дальше мое чутье и судьба самого Мольера меня потащит к успеху в этом предприятии. «Подспудное штукарство... ты не доверяешь... добавляешь... шутишь... А ты ведь в жизни не такой... Ты пишешь серьезные вещи, ты думаешь... ты трогательный, ты не хочешь, а спешишь, так тебя твоя биография театральная воспитала... — говорит Эфрос.

1. Вчера на «Мелодии» записывал стихи В. С. Высоцкого в пластинку «Друзья читают»...

2. Вечером позвонил режиссер из Киева, чтобы сняться в Политехническом...

3. А у Тамары болит печень, и она уже собирается на юг. Бедная, бедная моя жена, ей надо посвятить моего Альцеста, надо так сыграть, чтобы она признала во мне артиста безоговорочно.

4. Встал в 6 утра, потихоньку переписываю карандашиком «Сказ».

Сегодня у меня праздник!! Может быть, первая репетиция, когда я почувствовал, что смогу подобрать ключи к Альцесту, и это заметил Эфрос.

— Роль села на тебя, как костюм на фигуру... Это ты и не ты... когда происходит слияние индивидуальности и образа. Может быть, первая такая определенная репетиция и пр.

Я хожу добрый и немножко счастливый. «10 дней...» Рад и тому, что Шопен весело поздоровался со мной, как ни в чем не бывало, руку протянул... Я думал, он начнет качать права, выяснять. Нет, неужели не понял, что вылазка их была делом некрасивым, что в разговорах о личности надо принуждать себя молчать.

Фурсенко: – Очень здорово... Я видел прогон, роль для вас, поздравляю. Про наш театр все...

Вот такие дела, господа присяжные заседатели... Несколько человек спрашивали: — Ты что, правда что ли, заявление подал...

— Да Боже упаси, — мой ответ.

## ■ 13 мая 1986

*Вторник. Поезд «Белоруссия»*

Я еду в Минск на озвучивание к Полоке. И за долей радиации.

Переписываю «Сказ».

Говорил с Денисом, он хочет бросить училище, среднее образование получить в обычной школе, выиграть какой-то год. Ругались. Про какой-то маленький заработок он говорит. На музкомедию он категорически не желает, абсолютно уверен, что поступит в «Щуку» и пр. Говорить трудно с ним, не умею... И наглость его меня сражает. Какое-то остервенение, мне страшно. А ведь еще не оформившееся, армия хорошая хороша бы была...

### ■ 14 мая 1986

*Минск. Г-ца «Беларусьфильм», № 7*

Сейчас все помыслы связаны с будущим спектаклем. Что мне нужно сделать с собой, чтобы кровь брызнула со сцены. Я дал обещание на предыдущей странице посвятить Альцеста жене моей, несчастной Тамаре Владимировне, и репетиция была удачной. Я подал заявление, после разговора с Эфросом забрал, заявление порвал, и репетиция была хорошей. Что же... мне каждый день делать какие-нибудь заявления?! К дню рождения надо подготовиться Альцестом и главою «Сказ об Иванушке-Ванюшке».

«На дне» — не раскупаются билеты!! Вот это да! Дожила Таганка, в зале пустые места, ведь это же ЧП, ведь это же надо выпускать МОЛНИЮ, трезвонить в колокола. На «Войну..» народ идет неохотно... И только старые спектакли все еще... это же подумать только... все еще пользуются спросом и успехом...

Сон про фей мало меня устраивает, это ведь вообще сердцевина, графит чернобыльский во всей задуманной вещи. Этот сон должен дать цепную реакцию в мозгу читателя, должна заработать система шестого чувства, в мозгу должны вспыхнуть мильоны собственных мыслей, звездочек далекой, пращурной памяти... человек должен задуматься — почему у меня такие глаза, руки., голос... уши., от кого передана мне моя судьба нынешняя... что-то в этом роде.

### ■ 29 июня 1986

*Воскресенье*

Странный этот у меня дневник. Я выписываю в него писательские письма. Вот письмо Ю. Нагибина. Числа на нем нет, но это можно примерно восстановить по тем же дневникам, когда эта история случилась.

«Дорогой Валерий!

Спасибо за книгу. Прочел ее с большим удовольствием и подписываюсь под каждым добрым словом Распутина и его серьезного и, как все у Валентина, ответственного предисловия.

В книге я кусок о Лемешеве исправил. В сборнике Грошевой сниму, когда она вернется, в журнале уже ничего сделать не мог.

Но вот какая штука: Лемешев никогда не пел «Степь да степь кругом...». Он пел многие ямщицкие песни, все лучшее, кроме двух: этой про степь (ее пели тенора из ансамбля Александрова) и «Колокольчик — дар Валдая» (ее пела Русланова и др.) Наверное, бессознательная память об этом и заставила меня переменить песню. Теперь песня просто не будет названа, чтобы не противоречить вашему варианту. Будет госпиталь, безногий и голос певца.

*С уважением.*

*Ю. Нагибин (подпись)».*

Какое уважительное письмо какому-то, раз что-то написавшему, а потом пропившему душу. Еще в сорок лет мне казалось, что я что-то успею сделать: до возраста Высоцкого осталось... а до возраста Шукшина и того... Теперь я старше их. Остался только Распутин, который, Слава Богу, жив и который еще остается старше меня.

## ■ 30 июня 1986

*Понедельник*

Последний день месяца моего 45-летия и Денискина 17-летия. Хватит хлюпать и переживать, надо возвращаться к Мольеру господину и Альцесту.

Э ф р о с: – Мне Яша сказал, только я тебя прошу, не говори ему об этом, иначе это будет некультурно с твоей стороны, что ты вообще не придешь, потому что ты не доволен своей партнершей.

— Богом клянусь, что это не так... Наоборот, я просил Олю со мной репетировать... Какие-то частности я Борису говорил... но это. А потом, даже если бы это было так, я бы ни за что никому не сказал об этом, это не в моих принципах... Все неудачи я склонен, и это действительно так, искать только в себе.

— Ну все, все понял... Хорошо, иди одевайся...

Кто из них провокатор? Неужели Яков мог такое сказать? Но спросить... это было бы некультурно с моей стороны! Господи! Прости меня!

### ■ 2 июля 1986

*Среда! Мой день!*

Сдача «Мизантропа». Господи, дай сил и вдохновенья ниспошли!

Поставил свечку за упокой А. Соболева и Спасителю! Господи, Господи, Господи.

### ■ 3 июля 1986

*Четверг*

Мне страшно писать, что вчера произошло, но если верить словам и слухам, — произошло нечто грандиозное, и, кажется, Господь услышал жалобы мои и молитвы и подарок себе на 45-летие мне организовать помог.

После сдачи, где Щедрин был в полном восхищении, говорил, что мне нужно ускорить звание, что обязательно «Мизантроп» поедет во Францию и пр.

Мы поехали на поминки в ЦДЛ с корыстной целью повидать Распутина, но его там не оказалось, и все вокруг было таким убожеством, и стыдно слушать и смотреть, напивались бы без слов.

Крымова плакала у меня на плече, а я у нее... что такое бывает раз в десять лет, что она простила мне все... как я вырос и многое другое, отчего я тоже плакал и возносился. Боже! Не дай мне Бог сойти с ума. Мне жалко Олю, кажется, она не нравится, и выглядит она старее Ульяновой.

Да!! Шацкая меня поздравила, поцеловала, говорила — молодец, молодец и пр. и что это первый из четырех спектаклей Эфроса, где ей не было скучно, а наоборот, все было интересно, что у меня это просто грандиозная работа и пр.

Да!! На площади в машину влетела билетерша, интеллигентная женщина, критикующая все, что было сделано Эфросом, а тут!.. Меня целовала, победа, удача, вот это Таганка!

Два оплота оппозиции рухнули — Шацкая и билетеры. Касса тоже хвалит, хотя будет ли спектакль кассовым — вряд ли?!

Китаец-иглоукалыватель меня принял, тот, что исцелил Сашу Ворошилова, но без обследования ларинголога, без диагноза он колоть меня не стал, потому что не знает, куда и зачем колоть. Поликлиника ВТО работает в первой половине дня.

Но мне как будто лучше, и я даже натянул струну, порванную Денисом и попробовал петь.

Альцеста ведь нельзя играть без ежесекундного эксцесса, реактивности ртути в крови, он — сумасшедший.

Ну вот и наступила эта ночь, ночь перед премьерой. Завтра это должно случиться. Как я ни бежал этого, как я ни был уверен, что этого никогда со мной не случится, что этого не может быть, как я ни трусил, ни избегал, даже заявление подал с мыслью нас связующие нити вовсе оборвать, завтра это случится. Разумеется, ничего не идет в голову.

## ■ 4 июля 1986

*Пятница*

Ну вот и наступил этот вечер, вечер премьеры. Господи! Спаси и помоги!

Я ведь никогда не был премьером, то есть тем лицом, от которого всецело зависит успех предприятия. Хочется реветь по моему «Кузькину», по моему «Годунову»...

Силы небесные, мама, дети мои, жена моя, не оставьте меня, проклинайте меня (так надо в этот час), звезда моя либо взойдет сейчас, либо погаснет, только обещает свет, и не давшая его.

Я смотрю на портрет М. Чехова, быть может, он в этот час будет со мной.

Эфрос написал на афише: «Валера! Отношусь к тебе с нежностью, хотя ты, конечно, орешек Играешь ты замечательно, чем-то веет старым в хорошем смысле этого слова.

Старое для меня — это Добронравов, Хмелев, Москвин... и пр. Эфрос (подпись)».

Поставил с утра свечку Жану-Батисту Мольеру и Спасителю.

В зале Тамара, жена моя любимая, разрезанная и несчастная. Господи! Пошли ей здоровья и маленько счастья со мной, комедиантом.

Пустили в зал.

Таня Жукова подарила ручку со свистком.

А Ольга написала на банке кока-колы: «Альцест, если будете употреблять только эти напитки, то злые языки нам будут не страшны.

Селимена».

## 5 июля 1986

*Суббота*

Я не был доволен собой, но, к примеру, Галина в антракте сказала: «Сегодня ты играешь прекрасно... мне это напомнило старый театр, я увидела и Любимова, и Володю... спасибо... хорошо... очень здорово».

Единственные цветы — три розы — принесла мне Лида Устюжанина перед спектаклем, что меня тронуло — дрогнуло.

— Если бы мне не понравилось, я бы не пришла. Есть на кого смотреть, есть у кого учиться.

Все остальное было довольно смешно. После спектакля второй спектакль — демонстрация, делегация с цветами к Ольге Михайловне. Я почему-то думал, неужели ни у кого не достанет чувства юмора протянуть какой-нибудь тощий букетик мне — нет, не достало.

Но потом мне принесли программку с надписью.

«Все цветы, которые сегодня дарили, в первую очередь Вам, Золотухин. Целуем. Барканы».

В зале я слышал крики: — Золотухин, браво!

Теперь суббота и пустота. Звонков не слышно. Зинаида Васильевна Барыкина позвонила. Очень понравилось, очень современно и пр.

Денис спросил спросонья, когда следующий «Мизантроп». Значит, мать сказала. Он должен сегодня первую вещь мне сдать.

РЕИНКАРНАЦИЯ — возвращение индивидуальности человека в цепи последовательных жизней, вот в двух словах основа этого явления.

## 6 июля 1986

*Воскресенье*

С утра писал P.S. к «Сказу» и остался доволен. Поехал и поставил свечку за упокой души Ивана Ивановича.

И Спасителю. Решил с этим P.S. отдать рассказ в «Юность».

И тут позвонила Бобрынина с поздравлениями о премьере, и вдруг сообщила — разведка донесла — в следующем номере «Огонька» идет мой материал «Этюд о беглой гласной».

Тут же я стал ей зачитывать куски из P.S. и сказал, что завтра принесу «Сказ». Ее слова — давай, это очень интересно...

Какие-то вот такие дела.

## ■ 7 июля 1986

*Понедельник*

Какой груз с меня свалился с этим «Мизантропом», Боже мой... Не надо ходить на репетиции, как бы там ни шло, ни ехало, — дело сделано. И подарок — (так похоже) я при всем своем маразме организовал, не я организовал, — получилось... Премьера вышла удачной... Назаров, Бобрынина в один голос... Крымова — ты не представляешь, какое это достижение...

Червинский Саша. Замечательно, как хорошо... но ты один — кругом пустота, вакуум и пр.

Похоже, подвиг я совершил или на грани, я никогда, даже во сне, не мог себе представить, что я когда-нибудь на публике предстану Альцестом, я все сделал для того, чтобы этого не случилось — от трусости — пьянство, заявление об уходе и пр. Так мучительно давался мне Мольер... клапан открыл Булгаков, а за ним Цвейг.

В институте рефлексотерапии приняла меня Эльвира Геннадьевна Ерыгина. Обнаружила пока только несмыкание и дала направление на рентген гортани в платную организацию, но этой организации не оказалось на месте, уж год, как она куда-то переехала, и военный кагэбист не знает куда.

Вечер.

Глава 21. От Иоанна.

23. И пронеслось слово сие между братиями, что ученик тот не умрет.

24. Сей ученик и свидетельствует о сем, и написал сие; и знаем, что истинно свидетельство его.

25. Многое и другое сотворил Иисус, но если бы писать о том подробно, то, думаю, и самому миру не вместить бы написанных книг. Аминь.

А хожу я по утрам в церковь Иоанна-воина, что на Якиманке. Ставлю свечки за упокой души то Мольера, то Булгакова, то Ванюши Зыбкина. И молюсь о здравии моей Тамары. На банкете в честь дня рождения Эфроса и премьеры грузинская колдунья Селик сказала, что мы с Тамарой очень похожи друг на друга, а значит, счастливы должны быть. «Берегите эту похожесть». Впервые нам об этом сказал Любимов, неожиданно.

## ■ 10 июля 1986

*Четверг*

«Огонек» — Иванов Д. К. сообщил, что рассказ о Высоцком прошел все сети и в субботнем номере должен появиться. Я ему сказал, что «Сказ» будто бы берет «Юность», а я перед ними в некотором роде «возмутитель спокойствия» «Комдивом», поэтому... «Хорошо, я положу перед Коротичем «Стариков». — Не согласились бы вы принять участие в августе в телевизионной передаче, такой рекламной от «Огонька»?..

— С удовольствием... Я принесу завтра билеты на нашу премьеру «Мизантроп», и мы и этот вопрос с отделом критики обмозгуем... и пр.

Деловой человек вы стали, Валерий Сергеевич, смотрите, не завязывайте с питьем, а то окончательно свалитесь в пропасть администрирования своего искусства, устройством своих произведений, устройством положительных рецензий на свои актерские поделки... В церковь, в церковь, в церковь... к глазам Спасителя. Господи, спаси от суеты и помилуй.

Мой учитель-поводырь Фомин просит прислать ему краски и заказать ему картину. «Я умру, а картина останется, и внуки будут твои на нее глядеть».

«Купи мне, Валерочка, в Париже зеленое, нет, длинное черное платье с плечами, а то умру...» Странно... «Скоро умру...». И что же... И это все, спрошу я, у кого я спрошу это... у кого...

Сегодня второй раз на публике объявленный «Мизантроп». Надо как-то научиться владеть собой так, чтоб в течение дня не шибко забивать себе голову этой ответственной ввечеру работой — легче, да спектакль и спектакль. Не первый и не последний в моей жизни... я надеюсь...

## ■ 11 июля 1986

*Пятница*

Спектаклем я вчера доволен, хотя в сцене последней с Филинтом в монологе чушь городил, выбрасывал слова и кое-где свои вставлял... но и это надо уметь... главное, не растерялся шибко и не растряс темп. Было много цветов, и принимали как спектакли Любимова, сразу скандеж, как до публики дошло — все, точка. Были критики. Чего скажут?

М а т о н и н а: — Для меня начался другой Золотухин.

Много комплиментов я вчера собрал и «браво». Голос, конечно, посадил, и впереди — каждый день спектакли.

Пишу в машине на Черемушкинском рынке, ужасно холодно, и идет дождь, как там наши, хоть бы приехали скорей. Тамара ходит по базару.

### ■ 12 июля 1986

*Суббота*

Душа занята переживаниями премьеры, фанфарами и трубами, а тут еще «Огонек» вышел, в общем, вполне прилично выглядит мой этюд, хоть и опечатки есть и самогонный эпизод выброшен... Но... да все же... И так не хочется мне снова браться за «Сказ» и дополнение к «Постскриптуму», но вот тут и проверяется — писатель ты или не писатель... Раньше редакторы удивлялись, с какой быстротой и качеством я делал дописки, описки, исправления... Уж давно бы мне эти два Бобрынинских выполнить за один, а я думаю, что бы такое придумать, чтобы не делать этого.. Вот лодырь-то... Денис в меня, наверное...

### ■ 13 июля 1986

*Воскресенье*

А сегодня — «На дне». Каждый день играю. Надо с честью сезон доиграть. А это зависит от состояния горла. Критики ходят, писать будут, не хочется про себя глупости читать, тем паче хулу, затратив столько сил и времени и так рассчитывая на «подвиг». Сегодня Адель сказала: — Чтоб не быть многословной, скажу кратко — последний раз ты играл гениально, и мы пришли к выводу, что ты лучший актер современности нашей. И ты меня убедил, что сразу начинаешь с полного отчаяния и полного голоса. Иначе эту роль не возьмешь.

Для себя я, конечно, считаю — победа полная и безоговорочная, теперь надо в этом убедить других, а убедить только можно кровью собственного сердца. Как, впрочем, везде: и на бумаге тоже...

В одном из интервью Б. Окуджава одним из учителей в прозе называет В. Набокова.

Какой смысл играть в таком голосовом несостоянии?!

В театре буза. Цеха подбивают артистов с гражданским темпераментом убрать Яшку. И я туда же, не разберясь. Все беды — платья, декорации, и пр. — во всем, оказывается, виноват зам. директора, он все развалил, пока Дупак болел, ну, чушь же собачья, ребята, несерьезно...

Дупак чувствует — уберут Якова, загремит и он. Яков его протянет. Эфросу вообще Дупак поперек горла, особенно после истории с Васильевским заявлением, идеей возвращения старых спектаклей, партбюро, что собрали без него и пр.

Как доиграть сезон?! В общем-то надо выдержать 15-го дорогого моему сердцу Альцеста Мольеровича. А там до 20-го не будет у меня спектаклей, надеюсь 17-го поставят в «Дно» мальчика. За пять дней отдохну, если не порвусь на «Мизантропе» послезавтра.

Напьюсь антибиотиков сегодня, молока, снотворного, всякой гадости. Она спасала меня не раз.

## ■ 16 июля 1986

*Среда, мой день. Электричка*

Эфрос просил меня не уходить в характерность, в выпендреж... и пр., в желание сыграть Альцеста от себя больше. И после первого акта похвалил. Но в конце принимали хуже чем 10-го, и второй выход на аплодисменты мы уже как бы выпросили. Бортник не зашел. «Нет, вы меня не убедили», — скажет он и пр. Время раннее, я качусь к Назарову, в спальне по-прежнему перегар коромыслом. Против сел парень, неужели будет разговаривать...

## ■ 17 июля 1986

*Четверг, мое число*

Вчера конфликт с героиней. У нее ведь есть еще время поправить положение, затушевать пробелы в своей профессии, почему такая агрессивность и характеру хватает только на противоречия и споры, лишь бы все поливать и отрицать, никакой интонации, характерной черты роли, разве можно что-нибудь сделать, находясь в постоянной конфронтации и пр. Ни ума у девки, ни таланта.

## ■ 18 июля 1986

*Пятница*

Вот дожили и до того, что Губенко стал чиновником и поминает, почему не обратиться к Зимянину, ему не показать и пр.

Бортник забрел ко мне, идя к Л. Н. «Поздравляю еще раз с премьерой...»

«Огонек» в лице Иванова Д. К. высказал, что собственно театр они не увидели. Увидели литературный театр, может быть, даже телевизионный... Артисты говорят текст, звучит он совершенно, по-видимому, Донской это сделал недавно и сделал талантливо, но театр ничего своего не добавил.

«Это так кажется... в отсутствии театра и есть театр... в хорошем смысле, лучший, высокий театр, который целиком зависит от актера», — возражение Эфроса.

## ■ 19 июля 1986

*Суббота*

Капралов сказал, что Золотухин подписал письмо о выдвижении театра на Гос. премию, мы не можем одну фамилию... поэтому ваш материал мы будем рассматривать позже... Я позвоню в театр и завтра пойду на «Мизантроп»...

## 21 июля 1986

*Понедельник*

Господи! Благодарю тебя, да святится имя Твое... Отчего мне не спится — от счастья, от радости, от праздника в душе... Фанфары в голове и веселое настроение.

Хорошо, говорят, прошел спектакль, хотя после первого акта у меня было ужасное настроение, чувство провала, я убежал в гримерную и закрылся, чтоб никого не видеть. Во втором акте я почувствовал силу и уверенность, правота интонаций и поведения вернулись ко мне. Публика была действительно замечательная, вся критическая мысль Москвы. Крымова не зашла в гримерную, увидав Филатова и Шацкую, но сказала, что из трех виденных со мной спектаклей это был наиболее гармоничный, «ты играешь все лучше и лучше». А Муза Вас. воскликнула в машине совсем как курсистка:

— Мне понравилось все! — с таким искренним жаром, что мне хотелось бросить руль и кинуться ей на шею.

Кондакова Н. говорит, что ей тоже понравилось... И теперь я понимаю Тамару, когда она говорит, — ему ни до кого и ни до чего нет дела, у него в голове один Мольер, вся квартира увешана текстами «Мизантропа».

Через час приедут парни. Надо делать зарядку и завтракать.

— Ну, теперь Золотухин первый артист на Таганке...

— О! А раньше...

— Ну, раньше говорили — Высоцкий...

## 6 августа 1986

*Среда, мой день*

Оля Ширяева прислала выписки из моих дневников о В. С. В. Без слез всего этого читать невозможно. Да, там больше о себе, чем о нем, то есть все то же пресловутое — я и Высоцкий, я и Шекспир, я и эпоха и пр. Но повторяю, Высоцкий принадлежит вечности, и если этой вечности после Чернобыля и атомной перетряски суждено быть, то она разберется и отсеет.

## ■ 3 сентября 1986

*Среда. Мой день*

Концерт прошел потрясающе. Штоколов — это явление выдающееся. Репертуар он сделал для эстрады убойный, а голос красивейший, мы отвыкли от таких голосов в «личном жанре», да он еще научился обращаться с микрофоном, а эта его стать — огромный мужик в белоснежной манишке-жабо, во фрачной паре... и при всем этом улыбка и обаяние ребенка. И совершенно справедливо, что он идет в афише огромными буквами, а все остальные — едва заметными. Меня он похвалил за голос: « У вас есть многое... такой носовой резонатор и мощный раздув наверх, и музыкальность... У меня вот не хватает...» — И я понял, о чем он говорит — не хватает звука, верхних басовых, трубных звуков, грудного резонатора или носового, черт его знает... — мощей, тех, что требуются для его «веса». Но это все окупается другими достоинствами.

## ■ 4 сентября 1986

*Четверг*

Как-то стыдно-счастливо смотреть на молодых, красивых, загорелых и представлять их в объятиях ночных и любовном занятии, но еще больше одолевает щемящая боль-радость, когда ты видишь двух старых людей, заплывающих вместе до волнореза... И вот он первый одолевает барьер, подъем на скользкий мшистый волнорез, несколько раз перед тем его отталкивало очередной небольшой волной, но вот он таки влез на волнорез, одной рукой крепко ухватился за впаянный железный поручень, другую руку, такую верную, как поручень, он тянет своей спутнице и помогает ей взобраться на волнорез. И вот они стоят вместе и смотрят в открытое море. Я не понимаю языка, но, кажется, они обсуждают проблему: доплывут ли они до буя и обратно вместе... И я плачу счастливыми слезами за них и думаю, доплывем ли мы вместе с Тамарой до своего волнореза, не отстанет ли кто-нибудь раньше времени, чтоб не стоять одному на таком (своем) волнорезе. И теперь я плачу за нас. Дожить бы... Сережа сегодня получил пятерку, только не помнит, по какому предмету. «Папа, у нас мама болеет». — «Да знаю я, сынок, что у нас мама болеет, да что же делать теперь...» У Тамарки температура под 40°.

## ■ 7 сентября 1986

*Воскресенье*

Как же это вот люди работают, работают... днями и ночами пишут, пишут. А у меня — погашены мои заводы — и пр.

Отыграл, слава Богу. И очень шибко доволен собой, особенно последней картиной. На выход в «юбке» были аплодисменты. Был в ТЮЗе на «Недоросле» — ушел. Слушал Безродного, некоторые рассказы-воспоминания о В. Высоцком. Если все подробно записать, подумать, проверить — можно было бы что-то и сочинить, но мало что он помнит, что было бы всеобщим достоянием.

## ■ 11 сентября 1986

*Четверг. № 444*

Суетливая шея душе спокою не несет. Приглашаешь кого ни попадя в театр, клянчишь билеты, выкупаешь их за свой счет и ждешь звонка сутками, боишься от телефона отойти, зачем тебе это нужно, Валерий? Кто тебя за язык тянет все время, может быть, людям этим — официанткам, дежурным и пр. — 100 лет не нужен твой театр и ты в том числе!!

Иван сорвал голос и третий спектакль не играл. Но душа изболелась у него, и он пошел смотреть 4-й акт. И, Боже, как он был расстроен и как ругался на всех исполнителей: «Разве можно такое показывать, даже в Куйбышеве». Ему хотелось бы, наверное, чтобы спектакль заменили, а Эфрос со смехом относился к этому... и поставил весь другой состав... и хоть бы что!! Я думаю и «Мизантропа» завтра играть будет второй молодой, и нас не спрашивают, берегут, так сказать.

Я ужасно соскучился по Тамарке, не могу прям... Миленькая моя, как она там, не пила бы хоть...

Конечно, Волга — это вещь!! Почему-то Волга, река, кажется куда мощнее, величественнее для русского человека, чем море, у которого второго берега не видно совсем. То, что по реке туда-сюда ходят часто пароходы, огромные баржи, катера, разные водные транспорты и транспортики, делает ее неотразимой, непререкаемой труженицей... А ведь какая чистая и просторная гранитная набережная. Сначала, 6-го, город и гостиница не приглянулись мне, нынче я изменил свое мнение, к тому же с погодой повезло, а в Москве — 5–6°...

Я хочу сегодня до «Мизантропа» ни разу не выйти из номера на улицу, просидеть в тюрьме номера, в одиночестве.

На что я надеюсь, на что рассчитываю?! На какой-то случай, на какую-то невероятность. «Стариков» в «Огоньке», вот чего я жду. «Театральный роман» в «Нашем современнике» жду, но понимаю, что вряд ли... художественности не хватает. И ждать больше нечего. А рецензий на Альцеста боюсь.

В «Театральной жизни» ругают «Современник» за «Близнеца». Волчек, особенно, говорят, досталось Шопену. Ну, вот... докатились. У них не было выхода...

Эфрос: — Был...

— Какой?

— Не уходить.

Черт его знает. Жалко ребят. Но они так не считают, по-видимому. А мы? Мы в порядке с Мольером? Или главный разбор впереди? Как бы там ни было — «Мизантроп» «правее», а вместе с ним и мы.

## ■ 13 сентября 1986

*Суббота*

Надо бы в церковь сходить, да спим допоздна. «Мизантроп» удался. Чувствовал себя ловко и голос сохранил. Вчера играли вторые и подсчитали, что аплодисментов было вдвое меньше. Я — в форме, благодарю тебя, Господи! Теперь еще сегодня. Тринадцатое число для меня счастливым было всегда, может быть, и сегодня оно меня не подведет.

Господи! Спаси и помилуй, дай сил, легкости и скорости! Одна радость в жизни — игра, сцена. Буду ль счастлив сегодня я после спектакля, что ждет — мука или радость? Хотел бы я на такой набережной пожить, на реку так бы и глядел всю жизнь и забывал бы про болезни жены моей, про несладкую долю ее на земле, любимая моя, слезная жена моя, прости ты меня, дурака... И помоги ты мне сегодня еще и еще раз.

## ■ 14 сентября 1986

*Воскресенье*

Я вчера очень был доволен игрой, лучше, чем 11-го, — самый финал с Селименой невнятно произнес и сыграл, а так... И Селимена — Оля хороша была. Благодарю тебя, Господи! И голос, кажется, цел остался и звучал весь спектакль сильно, звонко и послушно. Теперь осталось три «Вишневых», беседа в Доме актера, на «Шоколадке» и пр.

## ■ 16 сентября 1986

*Вторник*

И сегодня все еще говорю и говорю про Любимова и Эфроса, про «Кузькина» и про «Говори», что видели куски по телеку. И показалось мне, что давно про все это говорил, но мы говорили это, когда нам этого не разрешали... А теперь сказали: «Ребята, говорите». И ребята бросились наперебой говорить... И говорят, говорят... не слушая никого... А мы с Любимовым про все это так или иначе говорили 20 лет. А теперь мне кажется, что я в «Мизантропе» про то же говорю, про что кричат ребята в «Диктатуре» и в «Говори», только, кажется, текст у меня получше будет.

Был вчера в комнате В. Высоцкого у Севы Ханчина. Там дух Володи. Что может сделать истинно любящее сердце из одного-двух приездов поэта в Куйбышев, там много добра... Он был здесь с Т. Иваненко, а ни одной фотографии ее нигде нет — это может не понравиться Нине Максимовне (нет, Иваненки в К. не было), чей приезд они ждут – не чают, и поныне ненавистно Марине, там ведь дите Володино. А по мне зря они это делают, слово из песни не выкинешь. И тот главный, кто будет писать книгу о В. Высоцком, разве может обойти эту тему, как и тему Гражданской войны, которую он переживал как трагедию нации и личную, стало быть, трагедию. Не Великую Отечественную, с ней все более-менее ясно. А вот революция и Гражданская война: тут было много крови, которую сердце поэта пропускало через себя.

Человек должен дожить до срока, когда он может выбрать себе место для могилы.

И с большим удовольствием прочитал я публикацию С. Ханчина о Володе «Возьмите меня в море, моряки». Вот такое или подобное свидетельство мы должны оставить тому, кто напишет историческую книгу о В. Высоцком.

Директор уехал, главный режиссер уехал, мы заканчиваем гастроли в сиротстве. Что это такое? Ну что один день может решить? А как бы хорошо было, если бы Эфрос после последнего спектакля что-нибудь куйбышевцам сказал. И нас поддержал. Но он не играет в эти игры, он считает это заигрыванием со зрителем и критикой, он считает, что миссия его выполнена и выражена достаточно в его спектаклях. Зачем же он тогда объясняется с критиками, да и со зрителями, ведь все его книжки, по сути, объяснение зрителям и потомкам своего искусства, которое само должно говорить за себя. И если кто-то чего-то не понял или кому-то что-то не понравилось, то никакими статьями эту любовь не вернуть, не навязать.

Смотрю по углам на разбросанные вещи и думаю, что пора бы наводить порядок и собирать чемодан. Еще одни гастроли заканчиваются.

В Сочи на последнем концерте в Ривьере во время моего рассказа о В. Высоцком пошел дождь... Я пригласил зрителей на сцену и они привалили. И сразу стали обезоруженными, как артисты, сразу стали близкими и своими. Атмосфера создалась удивительно уютная, семейная, родная. Машинист боялся, что сцена рухнет, но обошлось.

Концерт прошел, как никогда и нигде. Я вынес Штоколову огромный букет роз. Чем тоже заработал себе дополнительные очки. И он был тронут и на прощание в автобусе поцеловал меня: — Очень рад был познакомиться. — До встречи, если пригласите, я подпою вам Фигаро...

В полном одиночестве я провел эти 10 дней в Куйбышеве — никто ко мне из коллег, ни я ни к кому. Жалко, что о Володе ничего не придумал для Крымовой. Может быть, в Москве.

### ■ 19 сентября 1986

*Пятница*

«Если имею дар прорицания и знаю все тайны и имею всякое сознание и всю веру, а не имею любви, я — ничто». — Пророк.

Дождь и холодно. Надо ехать в театр на сбор труппы.

Ну вот, собрались, поговорили, планы сообщили. «Дом на набережной» восстанавливать Эфрос предлагает. Когда? После Польши. Много спектаклей у меня намечается. А Тамарка опять выпила. Календулу что ли? Теперь я смотрю в окно, мои листы освещают две лампы. Мне очень грустно, да еще наверху кто-то трогает на фортепиано печальные звуки. И совсем в пору زареветь. Говорил Эфросу, что хорошо бы меня заменить в «Вишневом»... не хочет...

### ■ 27 сентября 1986

*Суббота*

О профессии надо думать, как о ней думали М. Чехов и Е. Вахтангов — откровенно, честно и всерьез...

А мы верхушки рвем, славу и деньги стяжаем... Да и славу-то славой не назовешь, а так... побрякушки. Боже мой! Говорят, кто-то приезжает, театр полон охранников. Вот и пришла проверка Вас, Валерий Сергеевич, на вшивость, как-то Вы справитесь с собой!

Боже! Сохрани и помилуй!

М. Чехов! Тень М. Чехова меня усыновила!

«Ах, жизнь столичная...»

Но я хочу понравиться тому, кто придет. Я хочу, чтоб понравились мои партнеры и хочу благословить всех, помолиться в душе за всех и пожелать театру всему — «В добрый час». От мнения начальника зависит будущее театра. «Король в ложе...» Тень Мольера, тень Булгакова, тень, незримое присутствие моего воспитателя Любимова — да помогут мне и нам.

Ура! В театре грандиозный праздник. Семье генсека спектакль очень понравился. Я видел, как М. С. Г. вошел в ложу. Я вышел на сцену. После спектакля мы ждали наше начальство, приглашенное на беседу. Беседа была минут 40. Я такого и счастливого Эфроса никогда не видел. Первое, что Дупак сказал: «Только о Золотухине и говорили... об Алтае... что знали тебя по кино... в театре первый раз. Одобрил выбор пьесы, как будто сегодня специально для нас написана и пр.» Эфрос Дупака поправил: — «Олю хвалили, говорил — какие у вас замечательные силы и пр.»

Карякин не зашел, Розов передал свое восхищение Эфросу, Карякину тоже понравилось. Теперь слава о посещении Таганки Горбачевым пойдет по Москве и за границу. И то, что он уделил беседе с Эфросом столько времени, имеет колоссальное значение.

## ■ 28 сентября 1986

*Воскресенье*

Тамаре было плохо. Но приступ был сравнительно легкий. Господи — одному слишком хорошо, другому — плохо невыносимо. Я размечтался, а вдруг премию какую-нибудь дадут. А вчера молил Бога, чтоб начальство в антракте не ушло. Нинка Славкина бегала все и комментировала. «Михаилу Сергеевичу нравится... он на все реагирует, смеется». Но ей я не верил — бабенка хитрая и малоискренняя. Но потом в конце, когда кланялся, заметил, что, может быть, она права — он улыбался и аплодировал.

## ■ 30 сентября 1986

*Вторник*

Альцест стал главным смыслом моего нынешнего существования. В нем я как будто отыгрываюсь за моего несыгранного Кузькина, Гамлета, Гришку Отрепьева и пр. И тут вот не встать бы в позу, не стать бы счастливым, потому что главное в нем — грустные глаза, как сказала Иорданка Кузманова — ты очень изменился, у тебя стали грустные-грустные глаза... — Жена болеет у меня, к своим страданиям, болям, припадкам она уже привыкла, смирилась, только просит — пусть бы и такая жизнь подольше продлилась, хочется Сережку большим увидеть, помочь ему...

А мне привыкнуть никак не возможно, поэтому я и хватаюсь за Альцеста, как за наркотик, что перебивает на время боль и даже приносит счастье...

## ■ 1 октября 1986

*Среда, мой день*

Вчера спектакль неровный был, даже текст выпадал, но второй акт некоторые моменты были неповторимы. Яковлева все повторяла на поклонах: — Какой ты хороший партнер. — Но Досталю она не понравилась: — Маразм Эфроса... и пр.

## 2 октября 1986

*Четверг*

«Покаяние» — фильм Абуладзе — потрясающе! Может быть, с блеском гениальности.

## 3 октября 1986

*Пятница*

Утром в койке шибко горевал, что мне 45, а «Разина» своего я еще не написал, «Калину красную» не снял, «Баньку» не написал и пр.

## 10 октября 1986

*Пятница*

В. Розов считает, что пришел Эфрос – и артисты заиграли, что в 45 лет он из Золотухина сделал артиста, хотя к тому времени Золотухин был и известен, и даже знаменит...

Все эти похвалы наивны и обидны, если не оскорбительны. Но что делать? Мне трудно заподозрить Розова в кривлянии, в желании прошлого режиссера зачеркнуть, прошлый театр не засчитать и в пылу комплиментарности и радости за Эфроса — друга и товарища — подтасовать истину... Но... Опять похоже на кампанию. Сегодня приходит «Правда». Она обязательно найдет изъяны, не могут же все трубить хвалу.

Сегодня в театре на «Мизантропе» опять свора критиков, как-то надо в такой порядок привести мысли и чувства, чтобы полюбить их.

## 11 октября 1986

*Суббота*

Бондарчуку (по его словам) понравилось, отец Валерий говорит, что ему почему-то хотелось плакать.

— Я видел дважды на этой сцене «Бориса Годунова», это было потрясение... — так он сказал Бондарю. Первым актом я был шибко доволен, во втором чересчур обсопливился... Принимали очень хорошо, хотя Эфрос не выходил. Денису и Ирке страшно понравилось, не знаю, что уж соображает мой маленький двухметрового роста.

## ■ 12 октября 1986

*Воскресенье. «Шипы»*

Не дает моим «друзьям» покоя удача «Мизантропа». В час ночи звонок:

— Не узнал? Это Виталий Шаповалов. Поздно? Нет не поздно... раньше и в 3 и в 5 было не поздно, а теперь поздно... Эх, Валерий... Устал от «Мизантропа»... Над чем работаешь? Я знаю литературу, читал «Печальный детектив» Астафьева, а последнюю вещь Крупина? А я слежу. Перестань вспоминать. Ничего художественного ты не создал в литературе... И не создашь, пока не бросишь свои воспоминания... Ты наводнил Россию... враньем со своей историей, что ты приехал в шароварах и лысым... Зачем ты людей в заблуждение вводишь? Напиши мне строку простую... Не сконструированную... А чтоб я вздрогнул от простоты... Какой у тебя словарный запас, по далюшку-то, а (надо полагать — под далюшком он имеет в виду словарь В. Даля) сколько слов, ну скажи. Жена спит? Ну, я понимаю, ты семейный, я — одинокий. Вот и приезжай ко мне... Нет, не надо созваниваться, ты скажи — Шопен, в 11 я буду у тебя... А так не надо, Валерий. Я тебе не девочка. Нет, я не пьяный... целую, спи!

Думаю, что он был не один.

Нет, дорогой Шопен, вспоминать я буду и помнить буду. А насчет художественности воспоминаний — ты почитай Мориака, может, он тебя убедит, а так лучше — Пруста.

**■ 14 октября 1986**

«Но алтайский барс Туха Выручает петуха...»

— Уже не первый раз слышу, что Золотухин вытащил спектакль и спас Эфроса. Билетеры говорят об этом, сказали сразу, на первых прогонах с публикой, теперь вот и «доброжелатели» пишут. Вовка и тот заметил: «В общем, я так понимаю, что ты Эфроса выручил, вытащил...» Такое укореняется мнение. Я не шибко это опровергаю — пусть говорят, какая разница, кто кого вытащил, лишь бы «вытащил» было истинно. Мне как раз хочется написать Эфросу доброе, хорошее, честное письмо — ведь как бы там ни шло, он меня уговорил забрать заявление и заставил в этот день репетировать, начать что-то делать... Это ведь фатум — Горбачев пришел на первый спектакль в сезоне, до появления рецензий, в «Московской правде» заметка прошла незаметно, потом...

Карякину дозвонился: «Я не думал, что вы меня заметили... смотрел на вас с грустью и радостью, по-моему, Альцест — очень здорово... Но я теперь как бы чужой там, поэтому и не зашел... да и боялся заблудиться». Написал письма евреям — Фурману и теплое — Эфросу.

— «Неожиданный выбор актера на Альцеста». Почему это так неожиданно? 95% зрительного зала наверняка пьесу не читали. Эта вообще «неожиданность выбора» преследует меня всю жизнь. В «Преждевременном человеке» Роома А. М. убедили-таки, «что я за русский интеллигент», и сыграл Кваша, большой русский интеллигент. Упрекали Швейцера, когда он выбрал меня на Моцарта, и пресса тоже писала о неожиданности! Я, наверное, плохо вижу себя со стороны.... И теперь в Альцесте — решение в выборе... Но был назначен и Бортник, совсем неожиданный. И если бы он вкалывал, не известно еще, кто бы играл... Более того, Эфрос много репетировал с Юрским... Значит, у него не было решения в актере, так распорядилась судьба, случай, просто так произошло ввиду производственной необходимости. И все. А не какой-то там выбор актера, ну да, он говорил о Фигаро–Баталове, сравнивая меня с ним и говоря о русскости на западной почве... Но опять же, скорей от безвыходности.

## ■ 17 октября 1986

*Пятница*

А число мое!

Я занимаюсь своими ребятами: достаю учебники по гармонии, снабжаю деньгами старшего, отвожу в бассейн во дворец младшего, и мне хорошо от этого.

Вчера состоялась запись теле-Огонька. Поразил по-хорошему меня Коротич, ловко говорит, складно шутит, и понятно, что на месте на своем и хозяин. Чего не могу сказать про Пьянова, хороший мужик, но не руководитель.

Простуда вышла наружу и осела болячкой на верхней губе.

Стыдят меня Эфрос с Хвостовым, что я не написал о Володе. Мне и самому стыдно, а что писать — не знаю. Крымова пробивает Париж для съемки с Мариной, для передачи о В. С. В. Россия посмотрит парижскую фатеру Владимира, это же интересно?!

Вчера наблажился в «Мизантропе», и сегодня голос звучал, начинаю входить в режим — не срывать беспорядочно голос.

## ■ 19 октября 1986

*Воскресенье*

Снился Любимов, был в ссоре со мной: — Плохо говорил, — имея в виду интервью по телевидению. 21-го отказался играть «М».

## ■ 30 октября 1986

*Четверг*

С чего начать жить? Нет, не начать новую жизнь, а просто начать жить? Л. Анненский в «Зеркале сцены» готовится покритиковать моего Альцеста, а он умелый, талантливый, а главное, — парадоксальный, он обязательно должен думать не так, как все, а вовсе наоборот... Да чего я завожусь раньше времени? Ну и замечательно. А то видишь «расходилась, разгулялась удаль молодецкая» до того, что и спектакль 21-го не смог играть. Чем донельзя оскорбил премьершу. Уговорили извиниться, а то-де 31-го она отказывается играть со мной... Мне она говорит, что больна, что у нее врач и пр. Наташа Крымова: «Это во мне сидит 25 лет, я тебя прошу, не трогай, а то из меня польется такое...» Но при всем том мне ее ужасно жалко... (Мои слова, мое отношение к Яковлевой, которой я задумывал перед каждым спектаклем приносить цветы — розы.) Извинись — и ты все равно будешь выше.

Хитра Наташка, перед тем как предложить мне это, расхвалила мой материал в 7 стр. о В. С. В.

А Тамара написала на экземпляре — «Очень хорошо! До слез...»

Вот ей я верю.

Я еду восстанавливать «Дом на набережной». Господи, благослови!

## ■ 31 октября 1986

*Пятница*

Весь день веселился, теперь хочется плакать. Ах, Господи!

Маша Полицеймако организовала письмо Горбачеву, чтоб он вернул нам Любимова. Опять споры-разговоры — не опасно ли, не наивно ли, «актерский инфантилизм, дошедший до крайности», и не подписал Ванюшка. Эфрос согласен подписать, а Сидоренко нет.

Теперь «Мизантроп», пишу ручкой, что выпросил Сережа у каких-то иностранцев в Доме пионеров. Вчера их приняли в октябрята, а сегодня Катерина Барчукова отмочила: «Опять обманули, обещали Ленина, дали Пушкина». На звездочке малышка Ленин кудряв и на Пушкина-мальчика похож ужасно — опять обманули...

Оля пригласила Людей — Хвостов мне говорил... Она пригласила, она потратилась на билеты, на цветы... Теперь я понимаю, почему она так взбесилась... Можно бы послать, конечно, ее, но это было бы ужасно некрасиво по отношению к Эфросу и спектаклю — вот, сыграл и закусил удила, в премьеры выбился, теперь плюет на всех... и пр. Как мне отвратительна эта манера в моих друзьях. Чем выше поднялся, смиреннее стань. Нет, не в демократию играй ложную, а сам в душе Бога моли о спасении ее...

Господи! Владыко живота моего! Дух праздности, любоначалия, уныния, празднословия не даждь мне. Дух же целомудрия, смиренномудрия, терпения, любви, мне — рабу Твоему. Даруй мне, Господи, видеть, зрити мои прегрешения и не осуждати брата моего, яко благословен еси во веки веков. Аминь.

«И как хотите, чтобы люди поступали с вами, так и вы поступайте с ними...» — поэтому я правильно сделал, что у Ольги прощения попросил, извинения... Ее принуждали играть с молодым, а ей стыдно.

## ■ 2 ноября 1986

*Воскресенье*

Ноябрь уж наступил.

Когда я чинил зубы у Амелькиной, она мне сказала слова, что не уходят из головы до сих пор... «Мизантроп» не произвел на них с Гундаревой впечатления, она говорила, что Мольер устарел все-таки и пр. Но главное не это, а что... «за тобой было страшно интересно наблюдать... Ты актер лучший, неограниченных возможностей... Видны порой были такие глубины... Вообще ты молодец... Из этой мути, смуты, сплетен, грязи... ты вышел таким чистым... Ты молодец, ты понимаешь...»

Вот это главное, что я хотел записать и что запомнил из косноязычного Ларискиного монолога: «Из мути, плесени вышел, сохранил чистоту и пр.» Сегодня в Олимпийском читал Высоцкого с «Нервом» в руке и не был доволен собой и аудиторией. Осадок неприятный, когда ушел.

## ■ 3 ноября 1986

*Понедельник*

Театр живет будущим возвращением Ю. П. Любимова, забрезжила надежда. Демидова принесла на хвосте, что в течение недели должна решиться юридическая сторона дела, — должны вернуть ему гражданство, и тогда он должен будет решать сам. Эта акция правительства весьма хороша — государство признает ошибку свою. Вот тебе и извинение, которого он требует. Что сегодня? Выполнил я все пункты, с Кузнецовой 50 рублей заработал. А завтра в «Правду» поеду, а нынче «Дно» идет, шибко плохо играл я. Тамарка худеет, жена моя до ручки доходит, кажется, просто страшно. Посмотришь — и сердце сжимается. Господи! Пощади ее. Вчера между двумя Сережами загадал и перевернулся, только бы она была здорова, больше мне ничего не надо, все тлен.

## ■ 5 ноября 1986

*Среда, мой день*

Вчера много бегал и везде успел. И, кажется, довольно успешно в «Правде» выступил. Что остается делать Эфросу, как не встречаться с этим деятелем раз и навсегда, он поливает его на всех углах Москвы и Страны Советов, а он должен утираться и крышу ему предоставлять? Да по какому праву? Убыточный спектакль, можно много найти площадок, чтоб играть его.

Сегодня «Мизантроп», и хочется сыграть. Воскресил в памяти образ Поклена, почитал Булгакова — театр!! Как я хотел бы, чтоб рядом был сын мой Денис, чтоб учился, учился, теребил себе душу... Господи! Пошли нам удачи сегодня.

## ■ 7 ноября 1986

*Пятница*

Сидоренко долго и зло выспрашивала: «Зачем это тебе нужно, чтобы Любимов вернулся, чего ему тут делать и как ты представляешь себе его приезд и руководство театром?.. А ты уверен, что он может еще что-то сделать как режиссер?». Она не подписала письмо и теперь мечется, как и Бортник, ища поддержку в ком-нибудь хоть как-то объяснить свое неподписание. Господи! Ну, не подписала и не подписала... Мне тоже вся эта канцелярия довольно противна, взрослый старый человек дела свои должен соображать в одиночку, что он, собственно, и делает, но только при этом еще и политическим героем выглядеть хочет и пр.

Да, Сидоренко сказала, что гражданство Ю. П. уже вернули. Эта бабешка шибко настроена против Ю. П., она не хочет его возвращения, ей с Эфросом хорошо и удобно, он не шпыняет ее «барменами»... Вообще, к сожалению, надо сказать, что при Эфросе живется спокойно и благостно, тебя не обижают, над тобой не смеются, не унижают тебя, не хамят тебе, чего в избытке мы слышали от Любимова. Что только все это стоит?

## 15 ноября 1986

*Суббота*

Звонил Э. Рязанов — предложил принять участие в передаче о Высоцком, вспомнил, что мое «личное» в спектакле Любимова было «лучшим», не «лучшим» в самом себе, а потому что «личное», все остальное могло быть поставлено Ефремовым, Волчек и пр.

Не знаю, как сегодня играть «Дом», не слышу нынешнюю интонацию, нынешнюю ситуацию, кажется, устарела информация, что исходит из наших уст, так, по крайней мере, кажется на репетиции. Или нужен мастер, чтоб заразить и внести коррекцию. Опубликованы короткие, трагические воспоминания Долматовского о Фадееве — трагедия художника ложной идеи, ложного времени и пр., но честно верящего...

Заглянул сейчас в варшавские записи мая 1980-го — грустные строки. «Бери Боровчика, и ко мне. Знаешь, кто такой Боровчик?— Как текст?» — речь шла о Гамлете.

Сегодня наконец-то состоялась моя дописка нескольких еще стихов в альбом В. Высоцкого на «мелодии» у Татьяны Анатольевны, и будто они довольны. Ну и слава Богу.

А денег у Тамарки в конверте негусто остается, да если я еще завтра машинистке рублей 50 отдам за алексухинский материал, совсем опустеет казна.

Звонила вчера Маргарита Ал. Эскина с известием от коллегии, что будто звание дают... и пр.

## 16 ноября 1986

*Воскресенье*

С добрым утром!! Говорил с Агишевой долго вчера — компанейская бабенка, видать, своя в доску, как она про Мячкову сказала, которую нам в завлиты пророчат. Нина Д.

удивлялась, изумлялась — отчего спектакли Эфроса за границей имеют ошарашивающий успех, подчас не соответствующий реакции русского зрителя. Я говорил, что иностранцы — космополиты и Эфрос — космополит, они тут близки: им наплевать, на чьей могиле, под чей оркестр Лопахин пляшет...

Любимову известно, что ему разрешен въезд в СССР... называет себя блудным сыном на распутье... про сына, что с 5 лет учится в Англии или в английской школе и пр. Много про Пушкина и про «наш театр». Билетеры в «Пире чумы» в намордниках, повязках, респираторах — в мире бушует СПИД, а над миром висит облако Чернобыля. Но это комментарий не Ю. П. Спектакль, говорят, имеет потрясающий успех. Чей перевод? Не Набокова ли?

Антипов — прочитал «Пушкинский дом» Битова, потрясающая книга, говорит.

## ■ 18 ноября 1986

*Вторник*

Бог с нами! Вот так бы жить всю жизнь, как вчерашний день!

Такого приема я не слышал за всю свою жизнь. Публика скандировала, и мы выходили без счету много раз! Это была манифестация, это был гимн Любимову — Трифонову и старой Таганке! Меня целовала Маргарита в коридоре, вдова, а я без штанов, но в тельняшке босиком отплясывал камаринского. Маленький, быть может, но подвиг есть.

## ■ 20 ноября 1986

*Четверг. Вроцлав. Польша*

Отель не знаю какой, а номер 113. Благодарю тебя, Господи, остался жив и невредим после поездного разгула.

И даже лицо не испортил. Дупак с Эфросом из Парижа нас встретили в Варшаве. Эфрос не преминул рассказать, что встретил известного театрального критика, который поведал ему, что Любимов злой и «я с ним поругался и не разговаривал».

Эфрос торговал «Мизантропа» во Францию и Италию, но не продал, не нужен им наш «Мизантроп», у них своих мизантропов навалом.

Сегодня пойдем в экспериментальный театр, поглядим чего-нибудь. Есть еще одно занятие — писать письма, например Фомину, а отправлять, конечно, в Москве.

## ■ 21 ноября 1986

*Пятница. 9 утра*

Мне сладостно вспоминается Куйбышев, набережная Волги, суда, баржи, лодки, яхты. Ожидание Мольера, номер гостиницы и пр., и пр. А главное — завершение, успех «Мизантропа» и первые рецензии.

А все это в общем в этой тетрадке уместилось. Целая жизнь, а другой-то нет: премьера «Мизантропа», съемки в «Зелен-траве», Денискин роман с Ирой Климовой, озвучанис — досъемки, писание «Постскриптума»... и, наконец, «Дом на набережной».

Бортнику не дают звания за парижскую связь с дочерью какого-то американского короля, которая к тому же ценные подарки ему делала. Был бы жив Володя Семенович. Да как бы он заступился? Но скандал бы поднял.

Яковлева действительно мне нравится, и я объяснился ей в любви совершенно искренне, да пьяный человек всегда правду говорит.

Нет, с пользой начинаю жить, с пользой. Написал письмо В. С. Фомину с отчетом о жизни последнего полугодия.

Эфрос. Плохо себя чувствую, сердце болит... Да я еще из Парижа... такая разница, просто убивает... Там все веселые, радостные... приветливые. Тут все злые, очереди за мясом... Черт знает, всю жизнь работаешь, работаешь, чего ради... Кому это нужно, что мы здесь?!

Он ругал Дупака за Куйбышев. Так вот в Куйбышеве мы действительно были нужны, а здесь...

Заканчивается спектакль, много русских в зале. Ужасное количество грязи в спектакле, почему Эфрос не репетирует, хотя бы по мизансценам, по свету, черт-те что творится...

## ■ 1 декабря 1986

*Понедельник. 8 утра*

Ну вот и до зимы дожили. В Польше матушку встретили, ладно. Не утерпел, Тамаре позвонил, ну слава Богу, все нормально, такая дурацкая всеобъемлющая, все объясняющая формула — все нормально, старик, все в порядке. Но с другой стороны — всеуспокаивающая. Так и будем считать, что у нас с Тамарой все нормально. — «Я очень соскучилась по тебе. Сережа дни считает, ты уж не разочаруй его. — Маленький мой...»

— Я сильно болела, — сказала Тамара. Болела — прошедшее время.

Вечером мы играем «Вишневый» для театральной общественности. И снова видел во сне отца и Смехова почему-то, чего-то разрешившего мне и помирившегося со мной.

Эфрос Польшу не любит. Лет 15 назад он что-то ставил здесь и сильно разругался с ними. «Когда мне сказали — в Польшу, мне стало не по себе, и эти предчувствия оправдались...» Кроме того, на него действуют воспоминания людей, помнящих наш приезд с Любимовым в 1980 году с Высоцким—Гамлетом.

Я очень откровенен с людьми, болтлив, расстегиваю душу часто, и туда с удовольствием плюют.

Крымова льстит, чтоб удержать меня у Эфроса и пр. Но дело-то как раз душевное мое и состоит в том, что я предпочитаю уничижение в себе, чем гордыню. Мне нравится валяться в собственной грязи и не скрывать это перед народом. Но... надо найти силу и смелость смотреть на себя без отвращения, что сделать почти невозможно, как бы ни были прекрасны эти слова и заложенная в них идея. Так же, как понять человеку, что это такое — «все к лучшему».

Поляки раздолбали «На дне»... и хвалили «Вишневый» на встрече, и «жалкий лепет оправданья»...

Я знаю, что из всего, что я куплю, только свитер и понравится Тамарке, так надо его брать, и дело с концом. Набрал всякого барахла Сережке, а что к чему?

### ■ 2 декабря 1986

*Вторник*

Милые мои! Когда ж я с вами встречусь и что принесет нам эта встреча — радость, чтоб была без тени грусти, но не бывает так. Всю ночь я думал, что делать с этими деньгами и ведь-таки не придумал.

### ■ 6 декабря 1986

*Суббота*

Ну, начинает жизнь в берега входить. Свитер подошел — слава Богу, и я тут же позвонил в Варшаву. Сереже куртка подошла, штаны теплые и джинсы — все отлично. Сейчас гуляет во всем новом.

Но рука еще нездоровая, буквы пляшут, а завтра «Мизантроп». Сейчас просто хочется пойти на улицу, завести машину и немножко поездить. А потом проговорить Альцеста, заехать в театр, узнать про дела и взять репертуар.

— И в дневниках своих он все врет, — так сказал про мои записки Ванька Бортник пьяный в поезде. И тоже хотел я обидеться, но это означало бы, что он правду сказал, а не лжет только фантазия... И в дневниках моих правда абсолютная, но моя правда, субъективная, разумеется.

Так катилась жизнь с 3-го декабря — от бакалеи к бакалее. Но спектакль держит, и надо собираться в Л-д, к Гурьянову на озвучание.

Выход в свет состоялся, выезд — в новой шубе, под дождем до овощного магазина.

Прошел текст «Мизантропа», много пью всякой жидкости, у Тамарки еще и ухо заболело. Что же это на мою жену напасти всякие, за что?! Пощади ее, Господи! Обещал приехать Денис, Библиями обменяться, и нет его, и не звонит, поросенок Не умею я воспитывать, растут оба парня бурьянами.

## ■ 7 декабря 1986

*Воскресенье*

Какая кощунственная, ужасающая профессия — надо играть «Мизантропа» и наудачу — опять несчастье, опять больная Тамара... с перевязанным ухом, с температурой лежит — глаза в потолок — и просит сварить ей две сосиски.

Ее положение меня практически парализует, хотя это отличное оправдание моей лени и безработицы — с этим надо справиться, иначе — крах взаправду.

Сейчас на спектакль придет Гена Папин, это мое детство, в некотором смысле, совесть, родина... Он из тех, кто имеет право судить, впрочем это ерунда, как раз онто и меньше всего может иметь на это право... Да и кто имеет, кроме самого художника и, конечно, Бога.

Эфрос дал прочитать инсценировку «Театрального романа»: «Я хочу посоветоваться с тобой и с Глаголиным». Инсценировка Червинского, и плохой она быть не может.

Господи! Спаси и помилуй!

## ■ 9 декабря 1986

*Вторник*

Вчера был на вечере-открытии недели фильмов с участием В. Высоцкого. Родители сидели в зале. Читал «Этюд». Отвечал на записки. Вопрос: «Кого из современных поэтов вы можете поставить рядом с Высоцким?»

— На это ответит время. Одно могу сказать определенно, что те изменения, события, которые происходят сейчас в нашем обществе, в нашей стране, во многом подготовило творчество Высоцкого, он, как никто из поэтов, повлиял на сознание народа и пр., пр.

Потом в театре смотрели документальный фильм «Соло трубы», посвященный Леве Федотову, гениальному мальчику — прототипу Антона Овчинникова из «Дома на набережной».

Любимов, рассказал Стернин, говорит, что назад не собирается, что хорошие концы бывают только в сказках и пусть его оставят в покое. «Я не уезжал, меня выдворили и пр.» Состряпал себе легенду, ею живет. Упорные ходят слухи, что с Катькой он развелся и будто нашла она себе молодого уже. А возвращаться без жены и сына (ведь это же ежу понятно что она бросила его, досасав и высосав, а не он их) — это же еще дополнительный позор какой и доказательство краха, опричь того, что надо же чего-то и говорить, и объяснять, а сколько будут лезть в душу, сочувствовать и сопливиться?! И это вытерпеть гораздо сложней, чем политические разговоры и пр.?

Надо же искать пылесос!!

## ■ 10 декабря 1986

*Среда, мой день*

Стало быть, я в Ленинграде, в гостинице «Советская», №7512, в отличие от Гурченко, которая в «Астории», ну, она и возрастом постарше, и в звании другом.

Вчера второй раз играли «Дом». Борис говорит, что я играл лучше — увереннее, смелее, — и спектакль сразу покатился.

Вчера день у меня был сумасшедший. С утра принялся названивать в Семашко — вызывать лора для Тамары, и вызвал. И понесся в театр. И на репетицию, и играть впопыхах. Смотрел весь спектакль Эфрос. Пришел за кулисы загруженный, грустный. «Поздравляю... Спектакль стал другой и зритель другой», — все, что он сказал и что из этого следует — понять трудно. Но он слышал, как принимали, особенно в конце, какой «густой», по его выражению, был скандеж, и пришел грустный, из чего я заключил, что он ревнует и ищет лазейку во свое спасение. Почему-то всех хочется понять и пожалеть, как говорит Соня Ганчук, и Эфроса тоже. Дурацкое интервью его в варшавской газете, какое-то старое, до начала гастролей. Говорил, что делает спектакль о Высоцком по пьесе Розовского, где будет петь только Высоцкий сам свои песни, что он против того, чтобы другие артисты пели его песни, как это было в первом спектакле (любимовском). Ну не идиот ли?.. Ну, зачем опять вспоминать и сравнивать?! Опять артистов от себя отвернул... Умный мужик, прожженный театральный политик, и такая недальновидность, от постановки Розовского он отказался, и что же получилось кругом.

Парижа мы ужасно боимся. Если так пройдет, как в Польше, — больше мы никуда не двинемся из нашей необъятной Родины. Да и сейчас стыдно ехать.

## ■ 12 декабря 1986

*Пятница*

Событие необычайной важности, совершенно феноменальное и для меня неожиданное, непредугаданное — Демидова получила через оказию письмо от Любимова. Тезисы: «Дорогая Алла... Знаю о ваших походах... Возвращаться на родное пепелище больно... Вспоминается А. Т. Твардовский у своей деревенской избы, от которой осталась одна труба печная... Знал ли он, что и журнал отнимут... Как вы представляете мое возвращение... Кому писать, и в каких выражениях? А если возвращаться, то только на старую сцену, там, как говорится, и стены помогают... Очень скучаю... Можем ли мы восстановить наши лучшие работы... Кто хочет со мной работать... Помните: я получил официальное разрешение на лечение... Перед смертью Ю. В. Андропов разрешил мне вернуться и начать работать, а Черненко лишил меня гражданства... Обними всех, кто помнит».

Еще он упоминает о том, что у него контракты подписаны, и он их должен обязательно выполнить. 8.XI.86 — Лондон.

Все это настолько ошеломительно, что не знаешь, что и думать. Это человеческий документ потрясающей силы. Господи! Пошли ему здоровья и счастливого возвращения.

1) Идея — Алла должна лично встретиться с Раисой М. и показать ей это письмо.

2) Сегодня я говорил с Эфросом, и он дал добро на восстановление «Мастера», хотя просил меня довести до сведения артистов, что он относится отрицательно к спектаклю, как к дешевке и спекуляции на материале. Так же не принял он и спектакль о Высоцком. «А «Дом на набережной» — это выдающееся произведение, таким он и остался, хотя у меня есть свои соображения, но это не важно» и пр.

Во всяком случае, машина завертелась, я сказал об этом Дупаку, и он велел подготовить приказ о восстановлении «Мастера» и пр.

Обратная сторона медали. Не играет ли Любимов двойную игру. Когда-то Демичев ему сказал: «Вы — провокатор» и пр. Не хочет ли он и там быть борцом, и тут слыть мучеником и несправедливо оскорбленным... Подобными документами он, ясное дело, страсти здесь опять разожжет, а не верить ему — глупо до последней степени... Какой нормальный человек, да еще в его возрасте, не станет тосковать по родине, по любимому делу, по нашим, опостылевшим ему некогда рожам...

Театр опять вступил в полосу политической активности. Говорят, наше письмо с подписями напечатано в какой-то итальянской газете. Ваня Бортник в связи с этим нервничает... Я его успокоил — там 140 подписей, разберет ли Любимов, где чья.

И вот теперь, когда кончился день, когда Тамара легла в кровать и читает роман очередной, я спрашиваю себя: когда же я напишу книгу, чтоб вот так, не отрываясь, с ней человек прожил хотя бы день.

## ■ 13 декабря 1986

*Суббота*

А я думаю, что Эфрос внутренне освоился с мыслью о возвращении Любимова. Более того, он болтовню Любимова против него за границей, оскорбления и пр. — так не оставит. Сейчас он не может, да и не смеет ему отвечать, потому что тот как бы лежачий, обиженный советской властью и пр., и общественная защита целиком или почти на стороне Любимова. Но когда он вернется, закрепится, реабилитируется и стабилизируется, я очень себе представляю, какие «размышления по поводу» может напечатать

Эфрос при свободе обмена мнениями. И очень может крупный скандал возникнуть. К тому же большинство чиновников от культуры на разных постах вовсе не желают его возвращения, ведь он своим поступком и поведением подтвердил правильность их прогнозов «истинной подоплеки» «этого скандалиста». И если он вернется, травля и насмешки ему обеспечены, если на это вообще не будет наложено табу. Но даже если не в советской печати — в кулуарах и пр. Эфрос развяжет себе язык, а ему, пережившему всю эту эпопею позора, начиная с его представления труппе и кончая юбилеем «Современника», сказать ох как есть что и пр. Так что театральный роман продолжается, и должен вообще, по идее, Эфроса веселить, потому что дела на Бронной очень скверные. Лазареву в лицо говорят, что театр погибает, валится, публика отвернулась и пр. Он поставил 4 спектакля, и все никуда не годится, а у нас «Дно» и «Мизантроп» расхвалены, «Вишняк» берет призы и пр. Лазарев уже подавал заявление об уходе, но забрал его, просился к Гончарову, но худсовет и партбюро проголосовали против, один только Саша Лазарев был за него. Так что у Эфроса и здесь злорадство, конечно, есть — хотели — получили. К тому же — он умница, что подписал наше письмо, он не раз заявлял — приедет Юрий Петрович, я уйду тут же, понимая, что это будет сделать не так просто. В общем, проблем интересных много. Что-то будет, если действительно Любимов не окажется провокатором, вольно или невольно. Он, может быть, и не нарочно, но провоцирует нас на поступки, действия, и колеблет время от времени отечественное мнение. А силы, противоборствующие линии Горбачева, огромные, и они ждут только, когда он со своей «революцией» в тупик зайдет.

Хватит про политику, пойдем машину заводить, греть и кататься. Сегодня надо заехать к Шифферсу.

А артистам что? К артистам Эфрос относится в глубине души однозначно презрительно, впрочем, это вообще тенденция современной режиссуры. Я ему говорю про Лопахина, что нужен второй состав, а он: «Он играет очень хорошо... Его хвалили в Югославии, я слышал восторженные отзывы о нем в Польше... И кого вводить? Бортника? Он будет кричать и повторяться, и еще капризничать? И что же? Бросить все и вводить, когда этот знает все закоулки роли!»

Какие закоулки? Я ведь начал с того, что второй состав нужен для страховки, что Борис может сорвать голос на втором спектакле, а их — пять подряд. «Они поссорились с Аллой... Ведь она была в восторге от него, чуть ли не влюблена, а потом по определенным причинам, я не знаю, знаешь ты или нет, «Земфира охладела», и он ее стал раздражать. Так что теперь делать?»

## ■ 14 декабря 1986

*Воскресенье. «Мизантроп»*

И Шифферса я посетил вчера, и книги ему отдал наконец. Входишь к ним, переступаешь порог – и сразу попадаешь в другое поле, поле доброжелательности, спокойствия духа, ну просто хорошо тебе и все. А отчего?! От поля хозяина. «Я бы не называл Любимова учителем... Как ни странно это покажется тебе, но Лариска не даст соврать, я это и раньше говорил, — учителями Таганки были Высоцкий, Золотухин и Бортник, независимо, были они заняты в спектакле или нет... Каждый нес свою значительную миссию из вас...»

Он абсолютно разделяет мою позицию в том, что я не ушел из театра и что в данном случае Эфрос ни при чем. «Он — лапша, но это лучшее, что могло быть в тот момент из режиссуры. Ну а кто еще?! Нет, все правильно».

Одинцово — Дом офицеров.

Сегодня съемка — интервью с Рязановым к передаче о В. Высоцком, говорят, что было интересно, посмотрим.

Возник вопрос, уж больно политическая деятельность Таньке Жуковой покоя не дает, (восстановить сп. «В. Высоцкий») и позвонили уж они с Дупаком и Губенко, и Филатову, а мне противно. Это уж окончательное... тем более что спектакль-панихида теперь в ситуации полной легализации имени и творчества вовсе ни в какие худож. ворота не лезет. А нового создать не смогли. Так и не надо. Прав Эфрос: это уж как-то некрасиво по отношению к имени В. С. В. — выдавливать друг из друга то, чего никто не хочет или не может! Он предложил сыграть «Дом» в честь дня В. С. В. Выпустить афишу, перед спектаклем прослушать песню целиком, что звучит в спектакле, — и достойно, и благородно. Так, так... Возню начали некрасивую на выживание Эфроса.

К сожалению, Петрович заражен был подобными играми и оставил наследников. Но что можно было простить мастеру «во имя», то нельзя позволять подмастерьям. Дупак поторопился звонить, слава Богу, что он Эфросу не сообщил об этом, нарвется он... Нельзя дразнить сейчас Эфроса. О письме говорит вся Москва, и будто бы действительно Горбачев говорил Ульянову, что надо что-то придумать и загладить вину перед Любимовым и постараться вернуть его. Вот как разворачиваются события.

### ■ 16 декабря 1986

*Вторник, –26°*

Бортник — передает всякие черные слова Петровича из его интервью: «Да, я вернусь в Россию... в качестве своего трупа... Мне там никто не нужен, и я там никому не нужен... — Зачем? Еще одного "Мизантропа" ставить, которого мне в свое время не разрешили?»

Значит, про «Мизантропа» он знает.

Вообще за Астафьева, если честно сказать, — стыдно, какая-то в этом есть неправда большая и нечистоплотность, нет, так художнику не годится выражать свои мысли и чувства.

Да, я трачу время, отпущенное мне для вечности, на частную, семейную жизнь — с утра я бегаю по магазинам, рынкам, потом везу жену на процедуры и жду в машине по часу с лишним, Сережка сидит один, потом мчусь лечить себя, играю спектакль, встречаюсь с публикой на концертах, чтоб завтра были деньги для того же опять рынка, на бензин и на ремонт автомобиля. И занимаюсь я этими хозяйственными вопросами в охотку, они отвлекают меня от ответственности перед этой самой вечностью — уважительная причина, господа присяжные заседатели! Вот, не написал «Матеру» или «Царь-рыбу» — не было возможности, жена болела, ребенок болел, сам пил и пр.

А у Тамары плохая кровь, и опять ей сдавать анализы, и что они принесут? Господи! Спаси и помилуй!

## ■ 18 декабря 1986

*Четверг*

Идет «Дно». Заканчивается день. Не укололся. Плохо чувствовал себя, постоял, постоял и уехал. Путевки в Рузу выкупать надо будет 22-го.

Приходил Денис. Красивый, хороший парень, в Леньkиной дубленке, Бунина взял. Рад я ему был до слез. Вызывала его директриса-Лариса, ну что же это такое, ну почему он не учит гармонию и пр. Господи! Помоги ему остаться в училище и закончить его.

Любимов в Нью-Йорке. Представлял его Аксенов. Минут пять он изображал Брежнева, снова рассказывал старые байки свои, стыдно и обидно за шефа.

## ■ 19 декабря 1986

*Пятница*

Опять стою у Семашко и жду мою Тамару. Хоть бы у нее улучшение наметилось, понесла она врачу билеты на «Мизантропа». Температура на дворе опять нулевая, опять грязь и сырость на дорогах. Что у меня осталось в этом году: два «Мизантропа», два «Вишневых», сегодня «10 дней» и 29-го — «Добрый». Работы еще хватает. И девять концертов. Итого — 16 выступлений.

У меня миленок в койке —
недоразумение!
Я хотела перестройки,
А он — ускорения.

Забыться сном — одна радость и забота. Сахарова вернули в Москву, и он приступает к академической работе. Боннер реабилитировали. Во события!

Театр — гнойная яма, каждый из неиграющих считает своим долгом оговорить Эфроса и почесать язык о планах и возможностях, о формах возвращения Любимова.

Дупака вызывали в ЦК, где он показывал текст письма Любимова. Делить театр будут?! Любимов будет ставить на старой сцене, а Эфрос — на новой?! Ой как мне это все противно, и почему мне не 20 или хотя бы не 30 лет? Нет энергии и желания продолжать жизнь. С удовольствием занимаюсь заработками, домашними заботами, шляюсь по магазинам и пр.

## ■ 21 декабря 1986

*Воскресенье*

На спектакль должны прийти Пьянов и Панченко. «Крокодил» и «Огонек», я делаю билеты только людям полезным. Намедни «На дне» смотрел Толя-рыжий из овощного магазина.

Мне страшно писать — но ведь в самом деле — 1986 год — год Тигра — он же год «Мизантропа» — этот год заканчивается моим благодарением, потому что другой «профессии не знаю», родился артистом... Так что же жаловаться на судьбу?! Была бы моя Тамара здорова, все остальное возьмем «костлявой рукой мастерства».

## ■ 22 декабря 1986

*Понедельник*

Если жизнь от «Мизантропа» до «Мизантропа», то следующий — в субботу 26-го.

Отводил Сережу и фантазировал, как я 26-го куплю большой букет роз, принесу Яковлевой на «Мизантропе» — сочинял письмо благодарственно-теплое. Хорошо мне с ней играть — все, что я могу сказать.

## ■ 23 декабря 1986

*Вторник*

Жукова Таня вчера разговаривала по телефону с Любимовым. И сегодня собрание — выборы худсовета театра, итоги гастролей в Польшу, разное. Вот это «разное» — самое опасное. В нем может содержаться и такое выступление: «Анатолий Васильевич! А не пора ли вам самому покинуть наше заведение, пока мы вас не попросили об этом!!!» Запросто!

### ■ 24 декабря 1986

*Среда, мой день. Кинешма*

Ф а р а д а: – Да выпускать такие спектакли («На дне», «Мизантроп») с подготовленной прессой... А чего сдавать по семь раз, «Мизантропа», что ли?

Э ф р о с: – Семен... какой негодяй, оказывается, я ведь не разобрал, не расслышал, что он сказал, — я бы раскричался.

Что-то говорила Габец. — А что она говорила, Вань?

— Да не то важно, что она говорила, а то важно, что она говорила!!

Последняя степень возмущения Ванькиного.

Д у п а к: – Да, Юрий Петрович приезжает, да, он написал Алле письмо, что хочет вернуться и именно в старый театр, да, вчера Жукова говорила с ним по телефону и пр.

Зачем? Что за бестактность, и откуда такая уверенность, и для чего это на собрании, где решаются совсем другие вопросы, вносить тему, которая весь гадюшник взрадовала, и они стали смело плевать опять в лицо Эфросу... Как жалко, что мы их затащили в свое время, когда Любимов хотел уволить их, именно тех, кто не играл, играть не будет, а живет только склоками и шипением, поливая все дерьмом: и Любимова, и Эфроса, и пр. Одни и те же люди. Я предлагал Дупаку вывесить старые любимовские списки, предложенные им худсовету для голосования на увольнение... И сам же потом всех оставил почти и нас корил потом. «Вы же своих товарищей первые повычеркивали...»

Они боятся эксперимента, потому что первое (оно, может быть, и завуалированное) условие — это сокращение штатов, таким образом — расширение фондов заработной платы для тех, кто работает, вот и вся причина... А все остальное — лишь бы побазарить и излить грязь на Эфроса, который к ним не имел и не имеет никакого отношения.

Ф а р а д а: – Чем он на меня обижен? За что? За «Мизантропа», что ли? Почему он со мной здоровается через губу, когда мы всегда весело общались и разговаривали?

Что это? Эфрос говорит — он болен, но по-видимому, это Машкина версия, чтоб к нему не шибко относились всерьез, она и за себя боится, а с Сеней не в порядке, это ясно.

## ■ 26 декабря 1986

*Пятница*

Теперь вот и вашингтонское радио, говорят, сообщило, что Любимов возвращается. Дела, дела...

Господи! Спаси и помилуй нас, грешных, дай закончить мне этот год достойно, а это значит всего лишь — дай сил и вдохновения на сегодняшний спектакль.

Сегодня не состоялись выборы в худсовет, не было таких, как Демидова, Золотухин, а они должны быть в худсовете.

Ольге Михайловне цветы преподнес и записочку... — От тебя? Да ты что? Я ведь не смогу играть!!

Помоги нам, Господи, сыграть сегодня, плачу и рыдаю. И ужасно боюсь приезда Любимова — посмотрит и скажет: «В кого же вы превратились?» А в кого мы превратились? Черт его знает. Не надо было уезжать. Вот и не превратились бы...

## ■ 27 декабря 1986

*Суббота*

Так работаешь, работаешь, а уважаемый человек Шифферс с английской дамой говорит, что «Мизантроп» — это туфта, мыльный пузырь, действие ни про что, и «если бы не мое нежное отношение к тебе, я бы ушел после 10-минутного наблюдения.» Очень ругали Яковлеву — он просто слепой и глухой. При чем тут мальчик в ковбойке, кувыркающийся в антракте и пр. В общем, разбили, разгромили и пр.

Любимов в заявлении и письме к Горбачеву одобрил политику Генсека в отношении эмиграции, А. Д. Сахарова и пр. Сказал, что ему звонила актриса из его театра с предложением пойти в посольство и написать бумагу с просьбой. Он знает о письме учеников-артистов и что к нему отнеслись положительно... Он хотел бы, чтобы те артисты, что ушли из театра, нашли возможность соединиться и начать восстанавливать спектакль «Вл. Высоцкий» и пр.

Шифферс сказал: «Не волнуйся, Валерий, когда Любимова пригласят и предложат занять свой трон, Эфроса уже уберут и пр.»

А мне все это довольно омерзительно.

Год «Мизантропа»! Он заканчивается, а его, может быть, не было, и радость моя и гордость были напрасны?! Неужели все врали, и только Шифферс прав?!

## 1987

### ■ 5 января 1987

*Понедельник*

С НОВЫМ ГОДОМ!

С чего начнем: с покаяния, с просьб, молитв?! Да, наверное, с этого, иначе положение безвыходное — сегодня «Мизантроп». И, Господи, дай силы и хорошего настроения. Мои любимые в Рузе.

А в общем — хреновина, думал, без них отдохну, нет, только тоска грызет, и больше ни хрена. Но падать духом и в этом году не надо.

Яковлева подарила мне джентльменский набор для писания любовных записок, и я уж ей и написал.

Господи! Как хочется немного счастья! Помоги мне сыграть хорошо, с чувством неподдельным, живым и искренним.

### ■ 6 января 1987

*Вторник*

А «Мизантроп» был вчера неплохой, совсем неплохой.

Попал в полосу дикой занятости. Много спектаклей, много концертов. А в общем, прошла бы Франция. Туда обязательно приедет Любимов. Сам не придет, позовет Аллу, Жукову и еще кого-нибудь. Может быть, меня. Вчера в Париже отслужили панихиду по Тарковскому. На похоронах был посол и венок от союза кинематографистов.

### ■ 8 января 1987

*Четверг*

Ну и что? Чем я живу, чем занимаюсь? Вот прочитал замечательный до слез сценарий и рад, что такое бывает. А вчера играл «Дом» хорошо, раскованно, солидно, и Сережа с Леной сказали, что это куда лучше, чем тогда, и спектакль намного вырос. И еще... написал какое-то слово к дневникам О. Ш., и мне Люба-редактор сказала: «Как здорово и как я счастлива». — А значит это всё, что я живу хорошо, но почему-то плачу. Оттого, наверно, что редко так живу. Вот не звонит Тамарка, а я ее люблю.

Эфрос, Дупак, Глаголин ходили вчера по вызову в ЦК, и им была сказана всего одна, всеобъемлющая, обнимающая все необъятные слухи фраза:

«Возвращение Ю. П. в его собственных руках. На сегодняшний день от него не получено никакого официального заявления! Имеется в виду бумажное. Все телефонные звонки в посольство, интервью в расчет не берутся. Нужна бумага с его просьбой... Просьбой о чем? Вернуть ему гражданство? А кто и на каком основании у него его отбирал? И т. д. и т. п., и пошла писать губерния дальше.

Опять новость. Вчера Жукова снова дозвонилась до Любимова, и он сказал, что заявление напишет на имя Громыко. Но опять я боюсь, что он такого там напишет!!

### ■ 16 января 1987

*Пятница*

Дорогой Анатолий Васильевич!

Простите нас. Чувство вопиющей несправедливости, вины личной и вины коллективной не покидает меня и, кроме слов покаяния, мне трудно найти сейчас другие слова.

Думаю, мои чувства разделяют мои коллеги и все те, кто вольно или невольно, так или иначе задел Ваше больное сердце.

К моменту Вашего прихода на пост главного режиссера Театра на Таганке мы попали в ситуацию сложную, во многом ложную, и по неведенью допускали поступки с точки зрения театральной этики и вообще житейской логики недостойные и подчас преступные. Но все, кто успел за эти трудные годы поработать с Вами, полюбили Ваш выдающийся режиссерский дар и благороднейшее сердце.

Мы будем играть Ваши спектакли, помнить и любить Вас таким, каким знали Вас самые близкие Ваши ученики.

Вечная память.

## ■ 17 января 1987

*Суббота*

В результате сложились следующие слова: «Хочется обратиться к Всевышнему: за что, за какие грехи Таганке такие потери?!

Дорогой Анатолий Васильевич!

Простите нас! Чувство чудовищной несправедливости, личностной виновности и виновности коллективной не покидает меня и, кроме слов покаяния, мне трудно найти сейчас другие слова. Думаю, подобные чувства испытывают и мои коллеги, все работники театра, в том числе и те, кто вольно или невольно, словом или поступком небрежно коснулся Вашего больного сердца и профессиональной чести. Эфрос пришел на Таганку в горький для театра час... час, полный лжи, фальши и до сих пор непроясненный, Эфрос в буквальном смысле спас театр, и в первую очередь от гибели нравственной, потому что за гибелью нравственной тотчас последовала бы гибель творческая. Он спас театр своей работой. Работал он много. Он часто говорил нам:

«Ребята! Я пришел к вам работать!!!» И результаты этой работы незамедлительно сказались: через год с небольшим в Югославии мы взяли все призы. О театральных заслугах Эфроса знают другие больше.

Мы, которые успели с ним поработать, за эти трудные годы узнали его как выдающегося режиссера, но, кроме того, мы поняли и оценили его благородство человеческое, с каким он относился к тому, что было сделано театром до него: к старому репертуару, с какой деликатностью удивительной относился он к нам, старым кадрам театра.

Мы будем играть Ваши спектакли, мы будем помнить и любить Вас таким, каким знали Вас Ваши самые близкие друзья и ученики. Прощайте, мастер!

Вечная память!!!»

За мои слова меня хвалили Бортник, Дупак, Шадрин, Бугаев и пр.

Но то, что я услышал на поминках в 20-минутной речи от Крымовой, перевернуло мою душу и отношение к ней: я попался вместе со всеми с Таганки, как обманутый мальчишка. Какая, оказывается, игра затевалась и проводилась вокруг Таганки?! Мне сделалось страшно. Когда-нибудь я об этом напишу, хотя надо это сделать скорее. Но, может быть, мне следует сделать это с Олей Ширяевой — на магнитофон.

Из радостных событий — открытка от Распутина и особенно его слова: «Желаю, чтобы в обреченности твоей искусству и спешке находились все-таки светлые и неторопливые часы на то, чтобы отдохнуть или в худшем случае — сесть за прозу. Я люблю твою прозу и хотел бы видеть ее чаще.

*Кланяюсь. В. Распутин»*.

### ■ 18 января 1987

*Воскресенье*

Таня Дмитриева. Убили его эти две прекрасные дамы, и не берите в голову...

Тайная вечеря вчера была после «Вишневого» — Дупак, Демидова, Полицеймако, Жукова, Золотухин.

Вырабатывали план действий и поведения. Значит, худсовет избран, и по новому положению большинством проходят все. Предлагается мне этот худсовет возглавить.

Пока план основной сводится к тому, чтобы спокойно и на высоте возможной провести гастроли в Париже.

1. «Кореолана» надо посмотреть и привлечь к этому вопросу специалистов, людей так или иначе несколько отдаленных от мышиной возни театра.

2. С возвращением группы отщепенцев подождать, дабы не оскорблять память и не осквернять труп Эфроса... Сейчас это не к спеху, успеют вернуться.

3. В мае, с 5-го, чуть ли не месячные гастроли в Милан.

4. Восстановление «Мастера»...

Дел хватает... А писать об этом не хочется. И записывать все реплики, достойные кисти Достоевского и «Записок из подполья».

Говорят, по Москве носился пьяный Карякин и кричал всем: «Бегите на Белорусский вокзал, встречайте Любимова».

Трагические события грядут. Слухи не ходят просто так, их кто-то распускает, и потом они осуществляются. Недовольных больше, чем довольных. Народу эта демократия, эта гласность не нужна, он ее не понимает — «народ безмолвствует», а потом «любит мертвых»...

Завтра собрание, и надо думать над речью в случае избрания моего на пост председателя худ. совета.

— Все должны оставаться на своих местах, помня наиважнейшую заповедь: относись к людям так, как ты хочешь, чтобы они относились к тебе... Это первое.

(*На полях*) — ПОЭТАПНО.

Второе. Не думай о завтрашнем дне, каждому дню своей заботы достанет. Мы богатые люди. У нас в запасе величайший репертуар. Мы работали с выдающимися режиссерами, надо сохранить их лучшие спектакли и, Боже упаси, ссориться. Нам нужно не только пройти в Париже, нам нужно Париж взять, покорить для того, чтобы нам подчинилась Москва.

Раньше такой задачи как бы не стояло. Старики помнят напутствия Ф. Абрамова: «За границей вы пройдете... Помните, что вы нужны России, и победы ваши художественные должны быть здесь и признаны ею».

Сейчас задача изменилась. Во имя памяти Эфроса, во имя чести Таганки, мы должны, и мы это сделаем, если захотим Париж победить. Для этого мы должны иметь надежный тыл, и, как это ни обидно оставшимся, они должны молиться за нас и желать нам успеха или хотя бы не желать провала.

Основной температурой нашей сегодняшней жизни должно стать МИЛОСЕРДИЕ — в этой связи свои характеры несколько сообразовать с общими интересами.

Третье. Молодежь пусть не беспокоит, что они остались без учителя, а значит, стали доступны всем и всяческим ветрам и попрекам... Никто не собирается давать их в обиду, но каждый должен взять ответственность за свою судьбу в свои руки. Помнить, что театр — не богадельня.

Четвертое. Оказать полное доверие худсовету и администрации. Остановить, на время хотя бы, эпистолярное творчество — не ходить по инстанциям, не писать анонимки. Мы снова, в который раз, хотим и попытаемся начать новую жизнь. Самоуправляться не сможем — позовем дядю, а скорее всего, нам его пришлют.

Прекратить сплетни.

## ■ 20 января 1987

*Вторник*

Напрасно я думал и писал речи, хотя все не напрасно и в этом мире, но к счастью Дупака, в райкоме призвали к единоначалию, потому что эксперимент с демократией, с законодательными худ. советами довел некоторые театры до такой анархии, что эти воинствующие бездари поснимали режиссеров, директоров, парторгов; во МХАТе, говорят, артисты снимают Ефремова и пр. Так что председателем избран Дупак, заместители: Глаголин и Золотухин. Против Золотухина воздержался Прозоровский, а я его, суку, в профсоюзные лидеры рекомендовал. Мне он со своим воздержанием был смешон.

Но более всего меня возмутило, потом насмешило и привело к полусумасшедшему состоянию сообщение Жуковой, полученное ею свыше, что Крымова будет у нас художественным руководителем?! И что во Францию она едет не только вдовой, но и руководителем поездки. Я сказал в компании, что уйду из театра после того, что она наговорила и наплела и какую сеть вокруг Таганки и покойного мужа выплела.

Фамилию Любимова категорически запретили вписывать в афишу. Опять такое нагородил... ЛИДЕР оппозиции, то есть эмиграции... воин... — Я еще приеду, посмотрю, что там осталось от этого вонючего театра...

Давал интервью «Московским новостям». Они задумали эту игру, чтобы вставить имя Любимова, — утром еще было можно, а уж вечером нельзя. Но я им наговорил. А в дверях стоял человек из Киева, музыкант... хотел мне сказать несколько слов... и сказал их на магнитофон.

Два разных мнения о моих словах на панихиде — одна плюет мне в лицо за лицемерие и обливает Таганку, другая восхищается моей жизненной позицией. Зачем я это пишу? Да просто так, чтоб что-то писать. Обстановка в театре гнусная.

### ■ 21 января 1987

*Среда, мой день*

Бедный, бедный Анатолий Васильевич! Как ему холодно, должно быть, там и одиноко. Как он хотел общения, а я часто избегал. Мне все казалось, что он не верит в меня и дает роли от безвыходности, так вот понарошку и Альцеста дал.

Я был страшно заведен этими двумя письмами — отзывами о моем слове у гроба Эфроса.

Двумя письмами с двумя полюсными мнениями, исключающими друг друга.

Спать!

Таня Б. принесла верстку рассказа «Похоронен в селе».

### ■ 22 января 1987

*Четверг*

Сегодня 9 дней А. В. Эфросу.

Театр двух пустых кабинетов. Почему он не сел в кабинет Любимова? Почему вообще так деликатно, опасаясь как бы кого не обидеть, вел себя? Надо было больше и чаще говорить с ним. А вот Бортника — избегать. Который раз я эти слова говорю себе, а избежать его не могу. Вот и сегодня заеду за ним, и поедем смотреть «Кориолана».

Любимов, как сказало радио, отказался комментировать смерть своего старого друга и преемника...

А то, что фестиваль будет проходить под знаком памяти выдающегося советского режиссера А. Эфроса, должно его шибко обрадовать... Лидер эмиграции. Господи! Прости ему, грешному!

Только бы Париж прожить и выжить.

## ■ 23 января 1987

*Пятница*

Аня-гримерша меня Богом пугает. Часто меня в последнее время стали им пугать, сами они его суда не боятся, сами они во всем правы...

По Москве упорный слух, что Таганка сократила Эфросу жизни лет на 10, и мошкара может заесть и пр.

Вообще хорошо бы к Франции заготовки какие-нибудь набросать, чтоб там на Елисейских полях обдумать можно было.

Он лежит рядом с Арбузовым. Что явилось причиной его смерти — «немилость короля и черная Кабала?»

## ■ 24 января 1987

*Суббота*

Ни на что времени не хватает. А надо записать, что вчера в ВТО я провел вечер с В. Высоцким, — убежал от Полоки, от Бортника. Открывал вечер М. Ульянов — ну, глыба, ну, ум, ну, мужик российский... И как на его фоне мелко и неумно выглядела наша шушера: Венька, дурак

Хмель — низкий, ни к слову, ни к делу, а так, заодно, вспомнил Любимова, Леня манерный какой-то стал, суетливый... Белла Ахатовна так запоэтизировала свою интонацию, что не поймешь уж, о чем речь, — пародией на саму себя стала. И как же я выглядел? На самом деле. Родственники сказали — самое сильное впечатление вы и Ульянов. Что мне остается делать, как принять эти слова на веру. Уж я не говорю о Тамаре, которая сказала: «Ты у меня самый лучший...»

### ■ 2 февраля 1987

*Понедельник*

Париж, отель «Трианон».

### ■ 4 февраля 1987

*Среда, мой день*

Господи! Сделай так, чтоб этот день стал днем нашего театра, может быть, наше будущее от сегодняшнего дня зависит.

Прием в посольстве — Яков Петрович — мы с ним по корешам просто, он в Барнауле начальником цеха работал, был и в Бийске, а сам с Урала. Напившись мартини с тоником, поехали на балет с участием Максимовой и Васильева. Когда отгрохали аплодисменты и в последний раз наступила темнота и тишина, я крикнул во всю глотку: «Катя, браво!»

На что я в Париже трачу время? Люди пошли на Монмартр пешком. А мне там надо крайне побывать и нарисоваться. Таким образом, у меня будет два портрета с Монмартра с разницей в 10 лет. Тогда это стоило 30–40 франков. Сколько это стоит в нынешних франках?!

Вытащил меня Иван в город Париж, пошли мы искать синема «Одеон», где Алла смотрела фильм Тарковского — такой гениальный, такой откровенный — «Жертва», кинотеатр мы нашли, но фильма не обнаружили нигде.

Теперь, после этой пресс-конференции, надо успокоиться, весь дрожу от своего добавления к словам Аллы, ставшим уже оскоминой: «Труппа, конечно, хочет, чтобы он вернулся, дело возвращения в его собственных руках... должен решить он сам».

Хочу добавить к словам Аллы, как она удачно добавила о методе Эфроса... Хочет или не хочет труппа возвращения Любимова, вопрос неоднозначный, потому что по отношению к труппе Любимов ведет себя нечестно и непорядочно. Я подчеркиваю, по отношению к труппе. Все.

Алла. Но ты хочешь, чтоб он вернулся?

— Я еще раз говорю — неоднозначно я отношусь. Он распустил о себе столько сплетен, а информация разноречивая, что трудно одной формулой определить истинное отношение труппы к нему, я высказываю только свое мнение.

В общем, я и тут кашу заварил. После конференции меня поблагодарили иностранная корреспондентка за это добавление и Наташа Крымова.

Может быть, язык мой — враг мой, но я сказал, что думал, и пусть Любимов об этом знает. Наживу я себе еще пару тысяч «доброжелателей». Интересно, как эти слова мои прокомментирует Иван с Глаголиным. Молчуны.

## ■ 5 февраля 1987

*Четверг*

А премьера прошла, кажется, удачно, может быть, и более щедрый эпитет можно было бы поставить, да ведь не известно, что скажет «брат мусье» в своих «Фигаро». Кричали «браво», и много раз мы выходили на поклоны. А после спектакля нас приветствовал посол — Яков Петрович — и тоже разделил наши приятные минуты от только что затихшего зала. Я понимаю, что кричали наши, как и мы кричали нашим на балете. Наши есть везде. После спектакля прием коллектива в «Одеоне». Я съел несколько микробутербродов, запил оранжем и ушел спать, хотя не спал и в два часа ночи крикнул соседям: «Лешка! Ложитесь спать! Надоели». И надо же, они выключили приемник и затихли, но я все равно не мог заснуть и опять начал монолог и диалог с Любимовым. Это опасно, я становлюсь политиканом. Но какой это соблазн, какая это отрава — давать интервью репортерам, толпе репортеров с микрофонами и фото-, кинокамерами и говорить все, что тебе вздумается, и знать, что будешь услышан, оскандален, а значит, известен. Огромный соблазн поговорить свободно, зарваться и удивляться «смелости» своей мысли и языка, а если ты еще поносишь начальство, а Любимов — мое как бы начальство — это доставляет удовольствие мелким душонкам. Хватит.

Меня хвалили после первого акта, особенно монолог в зал, он так звучит в свете нынешней политики Горбачева, просто в десятку, как будто нарочно Эфрос сегодня так перестроился, хотя это было сделано десять лет назад. Ну, разберется, надеюсь, «мусье». Сейчас опять прием в посольстве, и я хочу поехать.

И съездил зря, а впрочем... нет... нам читали лекции по правилам поведения во Франции, где террористы, морозы и студенты вогнали Францию-Париж в осадное положение.

— Успел вчера записать свои впечатления? — спросил меня Г. И. — представитель министерства. — Мне

Иван сказал, что ты записываешь каждый день свои наблюдения...

— Ваня! Ты знаешь, что за границей нельзя вести никакие записи? Что же ты накапал на меня, и зачем тебе это нужно, сведения про меня поставлять?

## ■ 6 февраля 1987

*Пятница*

Шестой день в Париже... Боже мой!! В течение 10 лет после первого Парижа, вспоминая, я спрашивал себя: да было ли это? Или то был сон, как говорят в Одессе.

И вот я шестой день в Париже... И видел его два раза из окна автобуса... И веду свои жалкие записи о Любимове, Бортнике и своей персоне. Вот что значит — глядеть и не видеть и беспрограммно жить. Записать, кажется, ведь и дома можно будет потом, а сейчас надо торопиться наглядеться, наслушаться, набраться впечатлений...

Задела цитата Ахматовой: «Хорошо, что есть маршалы, не предающие своего хозяина».

Сразу кольнуло, не есть ли я тот маршал, что предал своего хозяина на пресс-конференции? И долго мысль эта не оставляла меня, долго я искал и ищу себе оправдания, но ведь сказал, что думал?! А стоило ли это делать?! Но он безнравственный человек, пусть старый... но так не поступают... — Не суди, да не будешь судим... — Замечательная заповедь. Но ведь он же судит меня, а я что, камень...

Мне бы в Париже о Тарковском написать, узнать, как похороны прошли. Неужели, как говорит Ростоцкий, — за гробом никто не шел, и закапывали его двое сотрудников из совэкспортфильма. Как выясняется — бред сивой кобылы. Наташка с Андреем вчера в ресторане рассказывали, что были тысячи, не тысяча, а тысячи народа, играл Ростропович, а на кладбище люди поехали специальными автобусами и пр. Все это надо проверить и узнать.

В «Фигаро» заметка весьма нелестная. Откровенной ругани нет, но: «сломанное очарование А.С.». Они бы хотели видеть Чехова традиционного с очарованием неразличимой почти музыки... а тут сломанное нарочно, чтоб не как по классике и т. д. Грустно как-то мне за бесцельно прожитые годы. Вот приехал Юрский, и я знаю, что он для Мартины будет интереснее меня и пр.: больше знает, больше умеет, лучше воспитан и целоваться не полезет.

— А вы из деревни?

— А что, это видно?

Начать главу «Родословная» с того, как поставили, оформили в паспорте развод. Огромная печать — «разведен с гр. Шацкой». И какой был ветер в глаза, хотелось плакать, и чуть было не оставил паспорт в мусорном баке — ну и оставил бы... А дальше что? Ведь разведен, и это после штемпеля в паспорте стало ощутимой явью, что-то проползло по душе и коже, и ушли в мрак забвения счастливые дни Пальчикова переулка, улицы Хлобыстова, рождение Дениса... его ползание по ступенькам, ведущим в комнату матери и ребенка в аэропорту Домодедово, когда я их отправлял самолетом в Новокузнецк, в первый в жизни Дениса раз.

Господи! Давно ли это было?! И опять вспоминается Париж того приезда, это уже почти разрыв с Нинкой, и только механическое соединение в паспорте сближало нас в один номер, под одну крышу.

## 7 февраля 1987

*Суббота*

День освящен посещением русского кладбища — Бунин, Тарковский, Коровин, А. Дмитриевич. Зашли в церковь, поставили три свечки за упокой раба божьего Андрея Тарковского. Действительно, нашел свой последний приют Андрей Арсеньевич в освободившейся могиле хорунжего, занял его обиталище, выселил из него забытого всеми хорунжего — такие порядки — 50 лет проходит, и место продается другому — старые плиты, старый православный мхом поросший крест и маленькая стальная табличка, проволокой привязанная, с выбитой фамилией нового владельца-жильца. Царствие небесное.

Как я себя возненавидел за то, что так перепугался от сообщения Мартинетты в кафе-таверне, что завтра у нас будет Любимов на спектакле, об этом все говорили в фойе, и настроение у меня рухнуло, я стал представлять себе будущую встречу с ним. Если плюнет мне в лицо, думал я, я ему плюну тоже и дам в морду... И с этим решением лег спать в третьем часу ночи, убежав от Бортника с французами и Мартинеттой.

Замечательно читал Юрский и имел замечательный и заслуженный успех. Буду читать «Зубра».

## 8 февраля 1987

*Воскресенье*

— Вы ответите на вопросы?

— На любой.

И вот уж которые сутки отвечаю мысленному корреспонденту. Любимова они воспринимают как политическую фигуру, и их интересует, в основном, твое отношение к его борьбе.

Для меня все это его политиканство выглядит химерой, и только тут, на Западе, видя, как взрослые люди всерьез относятся к его заявлениям, я начинаю задумываться, а может быть, он прав в своих требованиях свободы творчества, слова и пр. Не всегда нас устраивает форма подачи, так, быть может, это издержки нашего воспитания в тоталитарном режиме? То, что на Западе считается свободным поведением, раскованностью мысли и поступков, у нас выходит за рамки приличного поведения... и пр.

Не вдаваясь в политику, ибо далеко зайдем, а это очень на руку скороспелым эмигрантам, которые вовсе выехали не из-за того, что им было так плохо, а просто из интересу, что называется. Определить взаимоотношения Любимова с труппой — как семейные. Жили-жили, детей-спектакли рожали, и вдруг муж семью бросает и объявляет, что он это делает по политическим соображениям... И жена-труппа головой понимает и разделяет, а сердцу не прикажешь, и ей, жене, все кажется, что он ее предал из-за того, что ему где-то лучше. Все остальное уже накручивается. И в сердцах мы готовы навешать на него за этот проступок разных собак, так же, как оголтело и самозабвенно, подвернись возможность, станем его защищать, что мы, собственно, и делаем... И готовы простить ему все заблуждения и скитания, лишь бы хозяин вернулся в дом. Более того, слыша весьма нелестные отзывы о его постановках на Западе, его скандальном и неприличном поведении уже с западной публикой — нам больно и стыдно... Он нужен России, он нужен нам, и мы готовы, мы хотим, чтоб он скорее вернулся домой. А он выставляет требование за требованием. И напоминает старуху из сказки Пушкина — «Сказка о золотой рыбке». То одно требование, одно условие, потом другое. И у нас, у меня впечатление, что он просто не хочет возвращаться, а мы его тянем, тянем... и весьма возможно, как говорится, берем грех на душу. У него молодая жена-иностранка, маленький ребенок, он обеспечен работой вперед и надолго, окружен красивой жизнью и комфортом, а мы его все тянем в прошлую жизнь, говорим, что будет лучше, а он уже не верит. Но Россия остается Россией, и все беды своей страны надо делить пополам, переживать с ней и со своим народом...

## ■ 9 февраля 1987

*Понедельник*

Что я наделал, что я наделал этим своим заявлением на пресс-конференции, я нарушил душевное равновесие и теперь все время оправдываюсь перед собой, ищу защиты и сочувствия у других, а Иван с Мартиной шутят зло: «Ты балансируешь... Продав честность однажды, ты продаешь честность на всю жизнь...»

— Вы беспринципные, трусливые люди, вы шепчетесь по углам, думаете и говорите то же самое, но вслух сказать у вас ни смелости, ни чести не хватает!!

Зачем я ввязался в эту дискуссию, все время в Париже занято этими спорами с собой и с другими, не вижу, не слышу Парижа и боюсь приезда Любимова, боюсь позорного диалога и скандала — стыдно, надо вообще быть выше этого.

В отношении Любимова у меня убеждения скорее патриотические, а не политические — мне жаль, что он работает не на русский театр, а на какой попадется, подвернется.

Два автобуса везут людей на экскурсию по Парижу. А мы с Иваном ждем Н. Тарнопольскую, пойдем с ней по магазинам.

Монмартр произвел на меня грустное впечатление, много собачьего дерьма и жуликов, а не художников.

Ну ладно, ладно. Надо написать моей миленькой Тамаре письмо.

Сложил уж было сумку, к выходу собрался, но снова достал дневник, авось еще несколько успокаивающих мыслей в голову придет. Господи! Спаси и помилуй меня, грешного! Спаси и помилуй в Москве там Тамару мою, и Сережу, и Дениса. Господи, не оставь нас, пусть все будут здоровы и живы. Отгони прочь от ума, выгони из души всю суету о Любимове и судьбах театра, определи скорее к своим заботам, писать надо, надо писать.

Заболоцкий свидетельствует, что они сидели с Шукшиным на просмотре «Бумбараша» в Доме кино, и, когда я говорил, Василий М. сказал: «Алтайский дурачок!»

Это надо проверить. Говорил я о том, что лежит «Интервенция» и о том, что вот лежал «Рублев», вышел, и никакой революции не произошло... о том, кто распоряжается судьбами худ. кино, почему решают люди, не имеющие к этому никакого отношения... о том, что «Бумбараш» по приемам и стилистике во многом повторяет эстетику «Интервенции» и пр. После этого на следующий день позвонили Дупаку, и он сказал, что мне завернули звание и запретили сниматься. Об этом мне потом сказал и Сахаров Алексей, именно за слова в Доме кино. Очень перепугался Рашеев и жалел, что выпустил меня к микрофону, сокрушался, что «Бумбараш» не поедет на какой-то фестиваль, что у него будут неприятности и пр., а Вася Шукшин сказал про меня — дурачок алтайский. Очень хочется понять, что он имел в виду — жалел меня за смелость или осуждал за глупость.

Я это выступление очень хорошо помню.

Таганка успех имеет не любимовским спектаклем, более того, ненавидимым им спектаклем, предметом раздора между Эфросом и Любимовым.

Эфроса мне ужасно жаль — и присутствие рядом на конференции Наташи и Ольги, может быть, психологически и разъярило меня против Любимова, захотелось сказать в его адрес что-то резкое, чтоб он услышал и понял, что играет на судьбах других безжалостно.

### ■ 10 февраля 1987

*Вторник. Утро*

Второй раз был на завтраке. Погода стоит, что называется, великолепная. День вчера опять прошел бездарно, впрочем, зря я так ополчаюсь на свои дни.

Эдик Лимонов!! И Мартина говорит: «Астафьев, Распутин... мысли, идеи, но язык — XIX век!!» А у Лимонова что хорошего? Язык? Где она нашла там язык?! В примитивном мате? В непристойностях?! Ни на йоту воображения и стиля, хоть какого-нибудь! У русского языка нет вчерашнего дня, а если это Ломоносов и Державин, так это превосходно!! Позорище!!

### ■ 11 февраля 1987

*Среда, мой день*

С утра позвонила Мартина: «Бортник — великолепный актер. Этот спектакль на 100 голов выше «Вишневого сада»... Это открытие Горького для французов. Чехова они знают, а Горького не любили. И вот — открытие. То, что нет стены — наполовину снижает замысел Эфроса. Эта декорация — возврат к Станиславскому, к ночлежке, а не к коммуналке Эфроса, когда нары превращаются в трибуны. Но публика этого не заметила, это знаю я... Критика в восторге. Мне беспрестанно звонят. Наша критика. Не знаю, что скажет правая, у нас тут своя борьба и пр.».

От «Русской мысли» не могу оторваться — о Сахарове, о смерти А. Марченко, о политике Горбачева, о Любимове и Тарковском, — все это выглядит здесь совсем по-другому, и напрасно я ляпнул дополнение к словам Аллы... Здесь все по-другому видится, а если продолжительное время побыть здесь, то обязательно белогвардейцем станешь. Максимов написал роман о Колчаке.

А мест свободных много, чего тем не менее на «Саде» не было.

### ■ 12 февраля 1987

*Четверг*

Французы потрясены «Дном» — об Эфросе говорят, как о Моцарте, в превосходных степенях — о его режиссуре. Салик купил мне письма Набокова сестре, избранную прозу Ходасевича и стихи его — тоненькую книжицу. Огромное количество пластинок В. Высоцкого образуется у меня: отберут, заподозрив в спекулятивных намерениях.

Читаю в «Русской мысли»:

«Отмечая, что вся западная пресса единодушно называет Любимова гением, критика все же считает, что в США этот спектакль вряд ли будет иметь такой общественный резонанс, как в Советском Союзе, где, как говорит режиссер, “люди страдают от духовного голода”». Гений... и причем единодушный... а тут все ругают его и разводят руками. Изолгались все, пишут что ни попадя, лишь бы «гений» не насмолил лыжи домой.

У театра встретил Леву Круглого. Поговорили о том о сем... О методе Эфроса, который мы не до конца успели освоить, оттого и спектакль, как «пиджак с чужого плеча». Так выразился критик в «Русской мысли» или так передал его мысль Круглый... Сегодня он будет смотреть «На дне».

Самое, оказывается, приятное занятие для меня в Париже — сидеть в номере и писать дневник.

## ■ 15 февраля 1987

*Воскресенье*

Н. Трушину Яковлева сказала, что Эфроса доконало письмо труппы Горбачеву, которое он сам вынужден был подписать, и собрание; она сама вызвала ему Скорую помощь» и пр.

## ■ 17 февраля 1987

*Вторник*

Разговор, и долгий, с Любимовым.

— А зачем я ему буду звонить, если он делает такие заявления на пресс-конференции... В разговоре со мной о пресс-конференции он не говорил. Говорил, что я веду себя, как флюгер... — В твои годы... У тебя седина есть.

— Лысина!

— Ну, посмотри на лысину...

— Я сказал то, что думал и хотел, чтоб вы это знали... Я не лгу ни перед собой, ни перед вами...

— Не надо так говорить, Валерий, все мы лжем в той или иной степени, вспомни слова Свидригайлова. Я зла на тебя не держу, всего тебе доброго и хорошего... И запомни этот наш ночной разговор... Меня выгнали как собаку, с малым дитем, и хотят, чтоб я приполз к ним на брюхе. Они провоцируют меня, и этот наш с тобой разговор записывают, так вот — пусть слушают еще раз... Эта сволочь Демичев пока у власти, ордена раздает, скольких людей он выдворил из страны... Вам дали подачку — отправили в Париж. Почему вы не поставили вопрос, чтобы поехал восстановленный вами «Дом на набережной?» Сейчас вы поедете в Милан, и снова без единого нашего спектакля... Стреллер несколько телеграмм давал Андропову с приглашением театра в Италию. Пусть они поднимут архивы, там все есть... Они объявили меня врагом народа. Пусть отмываются, пусть сперва восстановят мое честное имя... Пусть вернут Сахарову трижды Героя, ему памятник в Москве надо поставить... При чем тут театр, когда разговор вышел на другой уровень, на уровень генсека, когда речь идет о судьбе страны...

— В сердцах, конечно, можно сказать, можно поддать, отойти и снова поддать, но пора мыслить глубже и шире... Ты падал со стенки, а меня выгоняли с работы... Ты все получил, а что получил я?! Ты знаменит и богат... Ты веришь в Бога, читай Библию почаще, там все про нас написано. Глаголин и Дупак... кому я должен верить, этим партийным блядям. Они вами манипулируют, ну, будь здоров...

Несколько раз он прощался и начинал разговор сначала. Но что Советский Союз подкупил французскую прессу (в том числе, выходит, и «Русскую мысль»), это он, по-видимому, постеснялся мне сказать. Похоже на Сталина, когда римский папа изъявил желание встретиться с ним, Иосиф Виссарионович спросил: «А сколько у него дивизий?» Что-то он говорил про встречу на аэродроме, в аэропорту, будто бы мы ждали, что он нас встретит в Париже, в аэропорту, с распростертыми объятиями... и пр., пр.

Выгнанная собака... враг народа... пусть публично извинятся (они извинятся, а он их пошлет), — вот его платформа и четкая гарантия перед эмиграцией о невозвращении.

Борт самолета Ту-154. Поскольку вчера выступали в Аэрофлоте, летим сегодня первым классом — а в классе — Демидова, Яковлева, Золотухин, Сидоренко, Дупак, Крымова, Подгородицкий... В списках меня не оказалось.

Вдовствующая королева — Яковлева, Никита просит меня ради Бога и ради меня, позаботьтесь о ней, я ее люблю; что делать, я знаю, что она сука, дрянь, но это судьба. Лиля Брик: «Когда умирали Маяковский и другие, это умирали они. Когда умер Ося — умерла я. Со смертью Эфроса умерла Яковлева. Я советую ей уйти в запой, родить ребенка от Нетто... Это омолаживает, надо бить на инстинкт бабы, животного. Она сказала, что немедленно уйдет из театра, будет играть только спектакли Эфроса. Она и так играет только его спектакли, и зачем ей быть на разовых, а не получать свои 250 р. Никто ее не будет жрать, Никита: она сама себя уже давно съела. Это все весьма печально, мне очень жаль ее, но что делать?!»

## ■ 25 февраля 1987

*Среда, мой день*

Вечер, и снова надо жить. Таможня отобрала у меня шпаги, задержала пластинки Высоцкого и пр., пр.

## ■ 27 февраля 1987

*Пятница*

«Валера! Отношусь к тебе с нежностью, хотя ты, конечно, орешек Играешь ты замечательно. Чем-то веет старым в самом хорошем смысле этого слова.

Старое для меня — это Добронравов, Хмелев, Москвин и прочие.

Эфрос, июль 1986 г.»

## ■ 3 марта 1987

*Вторник*

Только что почитал несколько страниц В. Некрасова... Все это говорит о том, что у меня хорошее настроение, мне здесь грустно, и ладно. Сейчас, скоро начнется наше большое собрание, где мы будем голосовать за Н. Губенко, который станет нашим главным. Вчера он мне звонил и спрашивал мнение по разным фамилиям в худсовет, который он себе наметил. Выбранный при Эфросе худсовет он разгонит... — Мы поразному смотрим (так и сказал — смотрим, хотя Анат. Вас. уже никуда и ни на что не смотрит) на возможную деятельность худсовета.

Главный режиссер театра — Николай Николаевич Губенко — смотрит спектакль!! «Вишневый сад». Избран, проголосован единогласно, вряд ли единодушие, но деваться людям некуда. Грустно, обидно за Димку Крымова, за Хвостова... Так радостно А. В. Эфроса Таганка не встречала. Боже! Какая подлая несправедливость!!

Вчера у Наташи Крымовой провел три часа с небольшим.

1) Золотая истина — эти три года были для Толи счастливыми!! Это мы должны с тобой знать и помнить.

Я напомнил ей все, что она «молотила» на поминках — «я был не пьяный, я все помню...»

2) Оля Яковлева — надо дотерпеть, сколько — не знаю...

Я дал слово — зажать, загнать все «унутрь» и любить Селимену по-прежнему.

Господи! Спаси и помилуй нас, грешных, нас, бедных, окаянных артистов! Да, я хочу понравиться Николаю и Жанне. Да, я хочу, чтоб им понравились мои партнеры! Но что делать?! Мы хотим жить, мы должны работать и с надеждой смотреть в будущее. Анатолий Васильевич! Простите нас! Благословите нас!

## ■ 4 марта 1987

*Среда, мой день*

Если бы я мог записать этот трехчасовой монолог Н. Крымовой — сколько там было сказано удивительного, любящего об А. В. Эфросе, как узнавал я его по коротким афористическим фразам — я познавал его. «Ведь он был удивительно, до нелепости застенчивым человеком, мы прожили рядом, познакомившись детьми, 40 лет... а он стеснялся в быту, как мальчишка».

Потрясающие ее маленькие зарисовки, как Карякин, Вознесенский и Гаспаров писали свои воспоминания о В. Высоцком. Первые два тянули, тянули, морочили ей голову, так и не написали...

В о з н е с е н с к и й: — Если сказать по-мужски, я ее (статью) уже кончил, если сказать иначе — завтра в 12 на вахте ЦДЛ ты ее можешь забрать.

— Хорошо, я не поехала сама, попросила моего друга, он на машине... статьи не оказалось. Звоню в 14 — нет, в 16 — нет. Звоню Зое. — Андрей улетел в Мордовию.

— А статья... Это же не по-мужски... Я хожу в ЦДЛ, жду, спрашиваю... Он же мне сказал, что по-мужски он кончил статью...

— Разве можно к нему относиться как к мужчине?

— А как к кому я должна к нему относиться?

— Он художник слова... Карякин примерно то же самое...

— А статью о Володе он написал?

— Он написал статью, но о Тендрякове, о другом Володе.

## ■ 6 марта 1987

*Пятница*

До чего же стало скучно жить. Эфрос мне жить помогал — я знал, где-то есть Эфрос, который находит спасение в «непрерывном, отчаянном труде».

Он любил сидеть в темном зале один и наблюдать, как ставят декорацию, как подвешивают фонари... О чем он думал... И теперь уж никто не скажет: «Валерочка, ты знаешь, что я подумал...»

Теперь — дожить бы до Милана, и Милан прожить!!

Как-то завтра будет с «Мизантропом»?

## ■ 7 марта 1987

*Суббота*

Никто мне не звонит уж третий день из театра, здоровьем моим никто не интересуется: как это, впрочем, хорошо, но и обидно. С одной стороны, это вроде бы и доверие, а с другой стороны, так это полное безразличие и даже больше...

Какое счастье, черт возьми, что у меня есть «Мизантроп», «Дом на набережной», Альцест, Глебов... какое счастье, что я — артист, что я с утра волнуюсь, талдычу снова и снова текст, боюсь публики, боюсь Яковлевой... и заранее предвкушаю удовольствие от произносимых фраз, в которые заключены роскошные (пусть не мои, но и мои иногда) мысли. И как мне хочется быть понятым и как можно тоньше и больнее самовыявиться... Какая-то ужасно грустная вчера передача о Ю.В. Яковлеве... — как он любит быть один. «Как одинок человек в этом мире, Боже мой».

### ■ 9 марта 1987

*Понедельник*

Ну, что же... Сегодня в 14.30 представят нам Николая Николаевича в качестве нашего руководителя — Главного режиссера. А у меня — дела...

### ■ 15 марта 1987

*Воскресенье*

Сегодня «Мизантроп», и на душе смутно. Однако я собираюсь поехать к Соколовой и попеть. Опять я занимаюсь бодягой. Зачем я это делаю? Что я извлеку из этой затеи?

Сейчас будет «Мизантроп». Господи! Спаси и помилуй нас, грешных! Какая-то есть уверенность и в собственных силах, да и в собственной маленькой правоте, то есть — другие не правы больше. Прости, Господи!

### ■ 16 марта 1987

*Понедельник*

Прекрасно игралось мне вчера, давно я не ощущал себя таким здоровым, талантливым и счастливым. И чувства, и голос, и тело были мне послушными, охочими помощниками. И Ольга была хороша. Я изумлялся ей.

Губенко — поставил стол Любимову и сверху приколотил замечательный, очень экспрессивный его портрет.

А внизу слова Ю. П. — «Как это ни парадоксально, но я верю в свое возвращение... Не может же это продолжаться до бесконечности... Ю. Любимов».

Губенко: «На представлении... только у меня и осталось в ушах... партия... Ленин... реставрация любимовских традиций. А в государстве разве не реставрация ленинских принципов... Театр должен, обязан помочь государству... Как это делал он все 20 лет... Здесь нет эфросовцев, нет любимовцев...»

### ■ 22 марта 1987

*Воскресенье*

Но сегодня «Мизантроп»! «Скоро будем играть “Мизантропа”». С каким предчувствием близкого счастья, с какой светлой грустью сказал эти слова в Польше Анатолий Васильевич.

Такой он славный человек был. И я его понимал. И каждый раз, играя «Мизантропа» или готовясь к выходу, я вспоминаю, о чем же просил в этом месте Эфрос. Царство ему небесное!! Перефразируя Мориака, скажем так, даже не перефразируя, а просто, обращая слова писателя к нашему мастеру: «Он жаждал обрести твердую почву в стране нежности, которая по природе своей — царство зыбкости...»

И вот в «Неделе» статья о Губенко — Театр на Таганке должен быть возрожден... Былые спектакли, былая слава, и пр. Значит, Эфрос театр похоронил?! А я на панихиде сказал, что он театр спас. Где, на чьей стороне правда?!

И зачем возрождать Театр на Таганке, кто заменит Любимова?! Что это значит? Восстановить спектакли — это совсем не означает. Возродить — это некоторое время продержаться на старом репертуаре. Это вообще спекуляция и проституция. Ты свое сделай, а не пользуй до изнеможения старое.

Да, тут не напечатали, там не утвердили, здесь не похвалили и где-то просто забыли, и обижается человек на весь свет Божий.

Господи! Сейчас «Мизантроп», надо сыграть его, как упражнение на легкость. Помоги, Господи, и партнерам моим тоже.

Уехавший ставит условия, пришедший ставит условия... если единство... если идеи и пр. — я остаюсь в театре. Что это за бред?! Зачем делать такой упор на реставрацию прошлого... «В карете прошлого далеко не уедешь».

Участвовали ли вы в травле Эфроса?

Почти на каждом выступлении я получаю записку с таким или подобным вопросом. Не говоря уже о письмах. «Вернется ли в труппу “костяк?”» Оказывается, трое, что ушли в «Современник», являли собой костяк Таганки, а вовсе не были той «чернью», что оскорбляла А. Эфроса. А мы и не подозревали, что существовали без «костяка». Нет, что-то не то происходит.

## ■ 24 марта 1987

*Вторник*

«“Таганка” должна возродиться» — это один заголовок в «Неделе». А в газете «За рубежом»: «Успех Таганки в Париже... Триумфальные гастроли». Что это такое? Если Таганка должна возродиться, значит, она умерла на время руководства Эфросом? Если она умерла, то почему она не вылезает из заграничных гастролей... получает призы и рецензии? И что это за сплошная ложь со всех сторон?

Розовская компания гнет одно, теперь получается, Губенко и К° не признают все, что было после Любимова, не сделав еще ничего своего, но уже как бы зачеркивая три года работы Эфроса.

Что ты говоришь, Зина! Какое счастье? Мы еще посмотрим, дай Бог, конечно, но ведь Эфрос сразу занял тебя в трех премьерах, одна за другой. И ты кричала то же самое! Ох, ох! Подлые люди!

На концерте-встрече в станкостроительном институте опять сплошь вопросы о травле Эфроса, и еще — «беспокоит судьба Любимова» Да пусть она вас не беспокоит, это он о вас беспокоится, как-то вы тут, оставшиеся, несчастные советские люди, обманутые и Горбачевым, и Лигачевым, и пр.

## ■ 26 марта 1987

*Четверг*

Вчера в «Правде» Любимов и К° названы «отщепенцами» — «Переполох в стане «бывших». Это те, кто написал «манифест», или «декларацию», к Горбачеву. «И вот уже Любимов ставит свою подпись рядом с Максимовым и пр.?»

А документ они сочинили серьезный. Главный камень его — признать должна советская власть свою несостоятельность, ошибку в теории, приведшей к губительной 70-летней практике.

Социализм не оправдал себя как строй, а Советы — как режим, как форма правления — Советский Союз должен стать равным среди равных... — Короче, все понятно.

Хочется опять плакать от своего бессилия и уничижительного сознания. Спасают письма Набоковых — гений, а люди простые... Вот эти колебания, что все еще с майским номером обойдется, эта неопределенность, опять появившаяся... — все это смеется надо мной...

Выставка Романовой взволновала — побывал где-то у кого-то в чистом поле.

Ну что, ушла верстка в типографию или нет?! Можно мне перекреститься?! Ладно, потерпим, помучаемся!

## ■ 28 марта 1987

*Суббота*

Какой замечательный концерт был вчера. Читал дневниковые записи о В. С. Высоцком.

## ■ 29 марта 1987

*Воскресенье*

И.: — Вам идет улыбка.

В.: — Улыбка идет всем, наверное...

И.: — Нет, не всем. Мне не идет улыбаться, нельзя — у меня зуба одного нет.

— Не надо, Маша, обсуждать наше письмо и вообще эту тему... В высшем смысле мы, конечно, правы, а по частностям нам быстро заткнут рот фактами... Ты вкалывала, я вкалывал... А сколько гадостей говорила ему Шацкая. — Если на эти спектакли не ходят, если в кассе остаются билеты... — Вы хотите... Нет, почему вы не хотите, чтоб Ю.П. приехал? — А Сеня? На собрании реплику бросил: — Конечно, с подготовленной заранее прессой, как это было «На дне» и с «Мизантропом»... — После этого я просто уполз с собрания... А потом мне Эфрос сказал: «Семен! Какой негодяй.. Я не расслышал (на полях — «не понял»), что он сказал, ведь я бы устроил грандиозный скандал... Мне Габец передала его реплику... Ну, негодяй, злой негодяй». А Комаровская: — Почему ваш сын позволил себе сидеть на столе у Ю. П.? — Что это, как не чернь? Более того, может быть, не эти прямые, гадкие укусы его так задевали, как то, например, что он не мог справиться с авторитетом Любимова, с любовью к нему, пусть даже и показушной, тем более Маша вкалывала, Таня вкалывала, но при каждом удобном случае вспоминали при нем Любимова и звонили ему через океан, и письма сочиняли, и так обложили Эфроса, что он вынужден был сам еще и приписку к письму сделать? А куда ему было деваться от этих «подруг». А Валера—Ваня—Алла были в стороне? Нет, тоже активно участвовали, кроме Ивана, конечно, тот умудрялся ни в каких кампаниях не участвовать.

Антипов из-за «макулатуры» в Милан не едет. Вводят Лебедева, а Желдин, когда-то игравший также вводом, оскорблен до глубины души:

— Банда Дупака, да вот если бы был жив Анат. Вас.

— Откуда ты знаешь, как А. В. относился к твоему исполнению?! Зачем ссылаться на покойного? Оставьте Эфроса в покое!!

— Ложь, Маша, все ложь... Не дали остыть трупу, как мы с распростертыми объятиями встречаем трех своих подонков, что непростительно оскорбляли его... А мы: «Давайте, ребята, к нашему шалашу, все вместе опять, как будто нас Эфрос разъединял...» Господи!! Как все лживо и похабно!!

## ■ 9 апреля 1987

*Четверг*

Господи! Спаси и сохрани!! И этим все и всегда сказано. Сегодня «Мизантроп» — наш с Ольгой Михайловной.

А что отвечать этим воспаленным политиканам? Мировоззрение из желудка. Это две последние фразы Крымовой, к которой я за советом обратился. Позиция, на которую она посоветовала мне встать: «Я — художник, политикой не занимаюсь, мое дело — спасение души через смирение и поиск красоты».

И спектакль прошел замечательно, и я мысленно целовал О. М. и молил здоровья ей и удачи. На гримерном столе портрет Эфроса. «А это что?» — спросил Бортник. — «Это — хороший человек, он помогает мне..»

### ■ 11 апреля 1987

*Суббота родительская*

Боже мой! Какая склока из-за буклета? Семья в одно, а... «боярин неумолим». И я опять мирю, опять Шуйский, опять пытаюсь, теперь уже уговорить Николая Николаевича оставить текст об Эфросе... «Это неуважительно по отношению к прошлому Таганки... Это возвышение в монумент, этого я позволить не могу...»

— Николай, ну, речь идет о смерти человека... Дай ты им эту возможность. Ну, ведь сын все-таки... жена...

— Пусть Яков Мих. пришлет мне текст домой, я сравню оба варианта...

### ■ 13 апреля 1987

*Понедельник*

Губенко—Глаголин похвалили меня, в том смысле, что я делаю коррекцию интонации на время и возраст.

Спор-истерика о буклете продолжается. Дима Крымов условие поставил: либо парижский вариант, либо он буклета делать не будет. Губенко: «Значит, театр поедет в Италию без буклета».

Это уже невозможно. Николай вставил страницу из того, что они написали. Так Дима, не читая, отказался. Дрязги перенесены в главко-министерские кабинеты, и Дупаку уже замечание сделано.

## ■ 18 апреля 1987

*Суббота*

«Мизантроп» прошел хорошо, хотя прошлый — лучше... Но это такое удовольствие... и как жалко Эфроса, и какая-то мерзкая ситуация... Мне кажется, Любимов и сунул свою подпись, чтоб как-то оправдаться еще и перед ним: дескать, ты-вы понимаете теперь, чем я занимаюсь, в каких сферах политики гуляю... и пр. — Судьба страны меня заботит и пр.

## ■ 2 мая 1987

*Суббота*

Театр за подписью труппы и коллектива посылает в «Современник» свой ответ на мерзопакостное выступление тройки борзых кобелей в адрес Эфроса. А они вывешивают фотографию этого исторического момента, тем самым давая всем понять, что все в порядке, что это подвиг, а не падение, что их дело правое и они победят. Ну как такое можно допустить и пр.

## ■ 5 мая 1987

*Вторник*

«Я должен доложить моему председателю, Ульянову Мих. Ал.» Игру я разыграл по нотам, и ее надо довести до конца. Теперь должен, через два дня, допустим, позвонить Лановой... от председателя... и т. д.

«Итальянскую тетрадь» я начну в Москве.

«Коля! — сказал я Губенко, — мы хорошо начинаем... хорошо... Я даже хотел тебе написать письмо, думал, что не увижу. Есть нюансы личностные, но они были и будут... Но в главном — хорошо. Но фотографию наших трех товарищей, выступивших на юбилее «Современника», — надо снять, это нехорошо... Они обидели не только Эфроса, но и всех работающих с ним... Театр, за подписью всей труппы и рабочих, шлет в «Современник» телеграмму, «Современник» отвечает извинительным письмом, они приходят и вывешивают напоминание этого «героического» мерзкого момента...»

Николай посмотрел фотографию: «Это я отбирал, но я не знал, что это в «Современнике», я скажу ему об этом... Я же ничего не знал...»

— Они должны были выполнить это сами.

— Конечно.

## ■ 7 мая 1987

*Четверг. Ил-62. Милан. «Рояль»*

Глупость, которую несет Губенко в своих заявлениях-интервью, — катастрофическая вещь... «Театр болеет», «возвращение к прежним ценностям.» Все это демагогия, жлобство и вопиющая бездуховность.

Мы летим в Милан, а по выражению Губенко, — это нас задаривал Эфрос пряниками — заграничными гастролями, и вместе с ним, выходит, мы все ниже опускались в творчестве... «Ведь ему ничего не стоило, — говорит Крымова, — сохранить видимость благородства для его же собственной выгоды».

Долго разговаривал вчера с ней, хотелось услышать от нее какое-то напутствие. Естественно, что весь разговор был о Губенко («слова этого я не могу слышать без отвращения»).

— Это правда, что Анатолий Васильевич ваш папа? — первый вопрос к Диме Крымову. «Ну, вы Крымов, я подумал, может быть, у И. А. был другой муж».

Зачем я ему сказал (все это холуйский восторг), что мы хорошо начинаем... Но с другой стороны... не надо другой стороны.. Сторона должна быть одна... Ну и что теперь, уходить? Куда и зачем? Если уж кто задаривает, так это Коля — бывших друзей и поклонников Любимова. «Что делать — мы возвращаем, что потеряли».

«Но к Алле после статьи вряд ли обратятся — это о журнале «Т. Ж.», посвященном целиком А. В. Эфросу».

Это же надо без чего-то родиться, чтобы такой вопрос человеку задать. Без чего-то того, без чего и человеком нельзя называться. Это ведь не привьешь воспитанием, не научишь, это ведь уже определено составом крови, генами? Или как?

Я пишу это и смотрю на фотографию А. В. Эфроса, который подарил нам этот «пряник» вослед Парижу. Ах, Боже мой, как зыбко все и неверно на этом свете. Всю жизнь проклинать жизнь, чтоб умирая сказать — она прекрасна. Мы в Италии, мы в Милане, где «Ла Скала» и пр.

Вообще в жизни много фантастического. Я не буду много времени тратить здесь на свои дневники, а лучше больше посмотрю, хочется посмотреть. Однако Наташа вчера сказала — это и моя просьба, знай — написать об Эфросе — это то, что останется. Конечно, в Милане ты писать не будешь. Но вдруг... и т. д.

### ■ 9 мая 1987

*Суббота. №708, «Рояль»*

К концу жизни я все больше и больше люблю гастроли, и никуда не выходить из номера.

Вчера прогулялись до «Ла Скала», галереи. Входили в главную достопримечательность Милана, готический сталактитово-фантастический собор Марии Разящей. «Мария Нащенти». Перед собором факир пускал изо рта пламя, гасил во рту горящий факел, ложился спиной на битое стекло, на доску с гвоздями, при этом на нем три человека стояло.

Аня-переводчица, вечер воспоминаний о Любимове. Когда они приехали с Целиковской первый раз, давно (я вспоминаю их вместе и хочется плакать, это наша молодость с Нинкой. Целиковская, как нам тогда казалось, да это и было так — вела себя понукательски, покровительственно к Юрке, и все-таки в этом была игра больше, он входил в большую славу, и она не хотела терять свою независимость и первенство, к которому привыкла, будучи долгое время в статусе первой профурсетки со знанием языка и игрой на фортепианах) у них украли миллион, и Любимов с восторгом твердил: «Какое счастье, какое счастье... Боже, какое счастье...»

— Юрий, — говорили ему все, — какое же счастье это, что украли миллион?

— Какое счастье, что деньги были у нее.

Он ставил оперы. Не читая либретто. Исключительно для денег. Ничего не понимая в музыке. Ему иногда ставили второй акт вместо первого, он не замечал, ему было без разницы.

Во Флоренции, после постановки «Риголетто», бляди на площади кричали: «Вон идет режиссер, который поставил «Риголетто», — и улюлюкали.

— Убирайся в Россию катать снежные шары, — крикнули ему на премьере, и он показал публике рукой член. Это было началом провала, «скандального происшествия». На сцене не было ни бюстов, ни портретов Гитлера, Сталина и пр. Стояли манекены, которые были одеты в костюмы, напоминающие одеяния диктаторов — Робеспьера, Наполеона и т. д.

Но очевидно, где-то было сказано слово, что там могут быть, среди этих мерзавцев, и... и публика искала и находила. Версия стала жить, мало похожая на сплетню.

Катя послала на х.. мэра города (какого) на приеме, а он 5 лет учился (или его жена) в Москве, из-за того, что не было корзины цветов. Ей пытались объяснить, что это пошло, что за границей, в Европе, так не принято, это смешно, зачем вам нужна корзина? В Москве Юра всегда увозил ее домой.

Он поссорился со всеми продюсерами и режиссерами в Европе.

Такое у него было задание. Эта шутка вызвала бурную реакцию.

Перголези, Вивальди с утра звучат... В руке у меня стило от Кардена. Стыдно. Принимают нас нищенски. Но главное — я что-то пишу. Может быть, в результате именно здесь об Эфросе я и напишу. Не подвело бы меня горло в самый ответственный «мизантропный» момент О каждом спектакле вчера Стреллер подробно вспоминал, все три текста он ставил. О «Мизантропе» он говорил как о большом воспоминании молодости — публика не ходила... И тогда публика любила острые ощущения и не любила думать. У Ивана Стреллер спросил, как его спина, как он себя чувствует. Ваня был польщен весьма таким вниманием, такой памятливостью. Стреллеру по телефону из Парижа говорили, что заболел исполнитель Сатина и он отсюда давал разрешения и распоряжения администрации — денег на Ивана не жалеть и поставить к вечеру на ноги. Спустя почти три месяца он вспомнил об этом. Замечательно. Нас он называет товарищами, братьями по театру, и это так замечательно искренне, так это правда...

В конце церемонии я поблагодарил Джорже Стреллера за его трогательное внимание к нам в Париже. Перед каждым спектаклем мы читали ваши программы, это нас сильно окрыляло, мы не так ощущали одиночество после трагического отсутствия Эфроса, на какое-то время мы почувствовали заботу хозяина, заботу шефа — вы стали на время нашим маэстро, и нам не так было страшно выходить на парижскую публику.

Стреллер: «Да, это страшно. Я думаю, заменить Эфроса будет трудно. Невозможно. Но... жизнь продолжается».

На этих словах — жизнь продолжается — Стреллер поднялся.

## ■ 11 мая 1987

*Понедельник*

Памятный сезон, памятный год.

Начался он с прекрасных гастролей в Куйбышеве — золотая осень, на берегу великой Волги. Хорошие деньки стояли и игралось хорошо... Премьера «Мизантропа»... Счастливое состояние души, покойное и перспективное... — ожидание, предвкушение праздника... И он состоялся — «Мизантропа» стали хвалить и увенчалось это приходом «Короля»... И все обещало интересную жизнь на театре... Потом гастроли в Польше... Триумф во Франции... уже без Эфроса!! Боже мой! ...В скачке теряем мы лучших товарищей... Я спросил Глаголина: «Боря, что бы ты сказал об Эфросе?» «Я бы сказал...» —

и он получасовой монолог, горячий, искренний, полный любви, уважения и сострадания по ушедшему Мастеру. «Он пришел на залитое кровью место. Ему надо было обождать... Он надеялся взять работой, и он уже взял и надорвался... Нам не хватило совсем мало времени до конца полюбить друг друга... Не хватило времени... Ты посмотри, как от него многие, очень многие отвернулись... Ефремов и пр. На Театральном съезде о нем даже не упомянул никто... Его не брали в расчет, он стал никому не интересен, потому что отдал свое имя закрыть эту проклятую таганскую амбразуру, и он ее закрыл и погиб...

Эту тетрадку я закрою в Милане, в отеле «Рояль», № 708. Господи! Спаси и помилуй!

P. S. А.В. Эфрос глядит мимо.

### ■ 13 мая 1987

*Среда, мой день*

Эфрос. Он не признавал, его бесила, ему претила так называемая трезвая мысль, логическая фраза, вообще всякая арифметика смысла... Он жил жизнью своего подсознания и заставлял нас, актеров, персонажей своего сюжета, искать смысл не в написанных словах роли, а между и дальше. Так, ничего у меня не получается, я займу слова у Франсуа Мориака, которыми он выразил душу Альцеста (формулу) — он жаждал обрести твердую почву в Стране нежности, которая по природе своей Царство зыбкости. — Это про нашего мастера точно. Это сказано о «Мизантропе», я отнесу эти слова к нашему мастеру, к А.В. Эфросу.

Эфрос. «В общем, каждый должен владеть своей штучкой... Вы это содержание превращаете во что-то другое. Вы это содержание подаете какими-то средствами, а средств не должно быть, кроме тех... но не так, как это написал величайший комедиограф. Самопроверка должна быть строжайшая... Сложнейшая вещь — играть пьесы, а не композиции... вести диалог, психологически проникать друг в друга и в другого больше, чем в себя... А так каждый играет свои краски — он свои, она — свои. И получается форма, и эта форма создает мою утомляемость... Все, что я говорю вам, я говорю себе. Нельзя поддаваться искушению формы, нельзя соблазняться, иначе мы сходим с позиций, а это приводит ко лжи. Как сделать очарование без проседания? Как создать тишину восприятия? Чтобы не заменить человеческое актерским! Чтобы мелодия была более острая, более тонкая... как струна звенящая, а не как топор, колун... Чтобы логика... ладно, пусть будет и логика, но только нежная, изящная, а не железная и уж совсем не чугунная. Чистота краски, простодушие разговора.. В простодушии и чистоте выкрадывается дополнительный, не сюжетный смысл... Во время такого разговора актер должен уставать, понимать, что он говорит вещи, касающиеся жизни...»

Подспудное штукарство... ты не доверяешь... добавляешь, шутишь... А ты ведь в жизни не такой. Ты пишешь серьезные вещи, ты думаешь.. А на сцене часто придуряешься, прячешься от нас... В жизни ты — трогательный, а на сцене ... так тебя твоя биография театральная приучила. И наконец — роль села на тебя, как костюм на фигуру... это ты и не ты... когда происходит слияние индивидуальности и образа.

### ■ 14 мая 1987

*Четверг*

Проглядел 41-ю тетрадь, ну и б... же ее хозяин. Такой полив на Эфроса вплоть до заговора с Дупаком. Но удача с Мольером перевернула опять все отношения в сторону согласия и любви. Театру нужна премьера и удача. Начал я 41-ю тетрадь за упокой, как говорится, а закончил — во здравие! Так б..дски устроен человек, такая б..дская (да так ли уж на самом деле) профессия.

Мартин: — Не понимаю — почему у тебя стоит Эфрос? Почему не Любимов?

— Любимов нехороший.

### ■ 17 мая 1987

*Воскресенье — отдай Богу*

Эфрос. Музыку «Вишневого сада» надо настроить... Сбив настроение за счет чопорности публики, элиты... и тут кроется, быть может, отношение, которое мы заслуживаем.

Как мы эту пьесу сумели скрутить. «На дне».

Как вся эта ситуация, вся эта возня должна, очевидно, вас веселить. Когда-нибудь я почитаю Вам свои дневники об этих «веселых» днях.

Кстати, и о «пряниках». Поездки он не любил. Как начинаются разъезды — это конец. Люди живут от поездки до поездки. Выбывает много времени. Но лишать людей радости, которой действительно не так много, было бы с моей стороны некультурно. Вот что он думал по поводу заграничного пряника. Он с радостью, со счастливой улыбкой вспоминал гастроли в Куйбышеве.

Звонила Рита. Собрала кое-какие вещи для Сережи, пусть, повезу, в Москве разберемся.

— Графоманчик, — говорит Мартин, которой я дал просмотреть интервью с Шантиль, и с ехидной улыбкой повторила несколько раз, что в интервью этом называют меня на Таганке артистом № 1. Надо бы доругаться... Да, конечно, графоманчик, господа парижские заседатели, но пусть это вас не смущает. А ты, Валерик, не обижайся, а работай и пиши свои дневники. Они не станут дневниками Антона Овчинникова, но самому тебе помогут, как и всегда помогали, — выжить и минимально остаться человеком. Мартин — лягушечка, колкая, умненькая, хитренькая, и почему-то мне кажется, с душой взаймы, с душой прокатной. А может быть, во мне говорит ревность ее отношения к Ивану? Вряд ли. Что мне до них? Ведь про нее речь.

Считаю дни,часы, секунды своего пребывания в Милане. Попросить Никиту Прозоровского 23-го сыграть «Послушайте».

А сейчас итальяночка будет брать у меня интервью. И я ведь дам.

«Континент»: хотел лечь в 21 и зачитался. Действительно — интересный журнал. И что делать? Хочется Тамарке дать, а как везти? Вот ведь беда. На скандал нарываться не хочется.

Завтра «Мизантроп», время около 24. Ванька пьет мою водку. И спать не хочется мне.

А застукают с «Континентом», прости-прощай, публикация «Стариков» — заведется дело в КГБ.

Э ф р о с: — Но когда публика не ходит, это опасно другим толкованием. Любимов объявил итальянскую публику ничего не понимающей в.. опере?! За что расскандались со всеми критиками, его доброжелателями, режиссерами, с которыми на расстоянии состоял в дружбе и пр.

### ■ 31 мая 1987

*Воскресенье — отдай Богу*

1. Вчера начитал свои записи об Эфросе девочке Тане из «Театральной жизни». Ей хочется конфликтности Любимов—Эфрос. Записные книжки Эфроса?! Но ведь мы не знаем записных книжек Любимова. Записные книжки сомнительный, уязвимый матерьял для установления истины.

2. Что существует письмо Любимова в ГуК о том, что Эфрос извратил русскую классику в «Вишневом саде» — вполне допускаю. Донос? Может быть. Ну, а если это неколебимая убежденность? Он вообще в делах искусства был весьма жесток в оценках, а уж что касается платформы его таганских подмостков — просто был зверь.

### ■ 13 июня 1987

*Суббота*

— Матерьял номер раз... всех побил и даже кое-что выбрасывают, освобождая вам место... среди актерских матерьялов об Эфросе, — говорит Таня Гармаш. Она показывала матерьял тем, кто готовит этот номер. «Хороший текст». И я очень рад и горжусь тем. Не зря я сидел в Милане перед портретом Эфроса дорогого и думал. И может «Мизантроп» тем замечательней был. До Крымовой Н. дошла весть о моем слове — «толковое», — это ее слово. К словам об Эфросе она придирчива.

## 15 июня 1987

*Понедельник, Калинин*

Мучаюсь совестью, мучаюсь матерьялом. Это не достойно ни Эфроса, ни Любимова, говорить о них походя, вспоминая ерунду, частности, — кто что сказал про тот или иной спектакль. Это все никуда не годится, хотя Ваньке и понравилась статья, но ему не дорого мое имя, он знает, что я тем самым вляпываюсь в говно... Сам заявляю, что Эфрос в защите не нуждается, и тут же его защищаю, противопоставляя его благородство любимовскому хамству. Не мне это делать, тем более я ведь действительно не знаю, ходил ли Любимов по инстанциям — это все те же слухи, сплетни. И нет в том чистоты. Надо все переделать. Тем более что категоричности у Эфроса было много. Вспомним историю с «Месяцем в деревне» в Польше, где он как мэтр себя вел и поругался в результате с польскими артистами и режиссерами и настроение гастролей в Польше было испорчено, гастроли прошли вяло — ему было неприятно возвращаться в эту страну — он чувствовал за собой грех. И начинаю сводить счеты — здесь не место и не время, на страницах «Т. Ж».

## 23 июня 1987

*Вторник*

Сегодня «Мизантроп». Господи! Пошли мне легкости, пошли мне скорости, и моим дорогим партнерам ласки и удачи. Я люблю их, они меня соединяют с Эфросом. Они помнят его с добром и любовью. Царство ему небесное. Тамара «поврежденная» лежит, а сегодня обещалась Н. Тарнопольская заехать после спектакля. Как все это будет выглядеть? Господи! Спаси и помилуй нас грешных.

## ■ 29 июня 1987

Это была молитва, и она дошла. Спектакль прошел грандиозно. Это был лучший подарок самому себе к 46-летию. Сцену с Селименой во 2-м акте мы так не играли даже в Италии. Я был счастлив. Наташа Тарнопольская с Марисом из пельменной пришли к нам, Тамара ждала и накрыла стол. Наташа принесла приглашение — вызов нам с Тамарой в Париж. Это потрясающе и, думаю, надо сделать все, чтобы Тамара поехала. Тамару мы отнесли на койку, и я проводил гостей на такси.

## ■ 4 июля 1987

*Суббота*

День «Мизантропа». Господи! Спаси и сохрани, дай мне легкости, дай мне скорости и пощади мою ущербную-щербатую. Господи, помилуй ее. Как хочется сегодня хорошо сыграть. Сегодня год, как идет «Мизантроп», и каждый раз все заново. Дорогой Анатолий Васильевич, какую радость и муку подарили вы мне на жизнь.

## ■ 18 июля 1987

*Суббота*

Конечно, Наташа по-своему вносит коррекцию в историю Эфроса. Она знает больше, и хорошего и не очень. Как теперь проверить, допустим, действительно ли он давал телеграмму Гришину, что если уберут репертуар Любимова, то он (Эфрос) уйдет из театра. Гришина ведь нет. Может быть, он только хотел дать или говорил об этом. Я, допустим, слышу об этом впервые. Знаю, что он ходил, положил много труда и сердца, чтобы что-то на афише осталось. Но, во-первых, что? И сколько? Надо подробно поговорить об этом с Дупаком.

## 20 июля 1987

*Понедельник*

Сегодня конец сезона — «Дом на набережной». П...ц подкрался незаметно. Нет, весьма заметно. Гастрольный сезон, сезон смерти Эфроса. Начал я сезон в Куйбышеве «Вишневым садом» и заканчиваю «Домом». До упора, что называется.

## 24 июля 1987

*Пятница*

Завтра день смерти В.С. Высоцкого — «мой дружок в бурьяне неживой лежит».

## 17 августа 1987

*Понедельник, самолет*

Андрей Миронов скончался, умер, нет больше артиста, замечательного, прекрасного артиста Андрея Миронова. Это уже мой эшелон, мой год, ну, может быть, на один год он старше... Это что же такое... Позвонил Фурман — у меня из рук выпала трубка, загремела об холодильник.. Театр Сатиры можно закрывать, таких артистов лишиться, таких столпов... Из команды Рудольфа, из нашей команды уходят люди... Кто следующий?

Что осталось после Андрея? Несколько фильмов, несколько десятков даже, может быть, театральных ролей, несколько поставленных спектаклей, несколько пластинок, а легенды нет.

Фурман:

– Я не знаю, что делать, лететь ли нам с Кирой в Ригу... В реанимационную все равно не пускают... ну я сейчас дам тебе Киру..

— Валерик! Здравствуй! Ну, ты знаешь, что у нас с Володей написана пьеса, она идет довольно успешно... Володя специально написал для этой пьесы 16 песен... Я хотела позвонить Коле или тебе, может быть, театр это заинтересует... Как буду в Москве, я тебе пьесу постараюсь передать.

Могла бы разговор о пьесе и отложить. Ни слова о брате, все о своих делах, об устройстве пьесы Высоцкий—Ласкари. А легенды нет. У меня вшивенькая легенда есть — я друг В. Высоцкого — опубликовано. Напечатано... им самим, своей рукой написано. Как должно быть неприятно это Абдулову, Говорухину, Бортнику, Смехову и пр., пр.

Нет, фильм не получается. Это очень жалко. Жалкое зрелище — Золотухин на пустом фоне чего-то поет. Песня должна рождаться от глаз артиста — вот он смотрит «Совет в Филях» — и рождается издалека тема от народа — зачем я шел к тебе, Россия, и т. д. Я надеялся, что в середине песен будет возникать драматическое изображение солдатской судьбины — пустой кадр, поет артист — ну и что?

Что от меня останется?! Осуждение Любимова?! Он подался ближе к Иерусалиму. Кто его может понять, тем паче судить?! Он стал, быть может, воистину верующим человеком и поселился в тех местах, где жил и учительствовал Иисус Христос. Ничего у него не осталось, кроме веры — он умрет одиноким, сумасшедшим Лиром — без Родины, без детей, без занятия любимого...

Ведь в Израиль он сбежал от всех — в том числе от Максимова, Аксенова и иже с ними. Он подражает Солженицыну, который не пошел на прием к президенту. А объясняется все, может быть, очень просто — Катьке с Петькой в Тель-Авиве «климатит».

## ■ 12 сентября 1987

*Суббота*

На «Мизантропе» была Крымова и не звонит. А мне — страшно. Кому нравится – тот звонит, и наоборот. Самому нарываться не хочется. Но она такая хитроумная, что, очевидно, уже отправила мне письмо или передаст завтра с Хвостовым на «Дно».

## ■ 13 сентября 1987

*Воскресенье*

Крымовой понравились мои, как она говорит, «тонкости» в смысле приема зрительного зала некоторого юмора, только нужно не перейти границу... «Ты был в этот раз «невесом», что случалось в лучших спектаклях Володи... Ты был как перышко, а для меня это хороший признак.

У Оли не лучший ее спектакль. Сочинская, загорелая спина, отдых летний — это не ее форма, она должна прийти в свою обычную, городскую форму и пр. Есть разнозапись спектакля в какой-то хороший его момент. А должна что-то прокомментировать, и смотрели люди с телевидения, и я смотрела спектакль с этих задач и т. д. Ну со Смирновым ты видел, что происходило, но это не разрушило спектакль и т. д.

Я спросила у Бори — как Валерий пришел к такой легкости. Он сказал, что А. В. ему разрешил немножко покомиковать».

— Это было не так, не совсем так.

— А как, расскажи.

— После одного похожего на этот спектакля А. В. спросил: «Какие ощущения?» Я виновато ответил, что, наверное, увлекся привычным Золотухиным, на что он сказал: «Теперь это нестрашно... Не переходи грань... но импровизационное, легкое самочувствие сохраняй» и т. д.

— Ну, значит, я права и спокойна. Мне показалось, что это украсило роль.

— Тогда цалую.

— Целую.

## ■ 17 сентября 1987

*Четверг*

Дима: «Когда умер В. С. В., я учился в 8-м классе. Мне было 15 лет. Я услыхал по американскому радио и проплакал всю ночь и весь день. В памяти возникали его песни от строчки до строчки, одна песня переходила в другую по цепочке... я пропел все, что знал. В 8-м классе нам задали сочинение на темы — герои «Поднятой цели» Шолохова и герои-комсомольцы «Молодой гвардии». О «Поднятой целине» я не мог ничего написать, потому что я ее не читал, а о героях-краснодонцах появилось столько версий — герои оказались предателями, предатели действительными героями — писать о них после фадеевского выстрела... И я решил выдумать своих героев... Выдумал название «Разведка боем», выдумал автора. В. С. я назвать не мог, но цитаты были из его военных песен и альпинистских... Я получил за содержание пятерку. Рассчитывал я на то, что всех книг про войну никто не может прочитать и помнить. Когда через несколько лет я рассказал про это моей учительнице, она не поверила, что я это все выдумал. Так мне В. С. помог написать сочинение о героях Великой Отечественной войны».

Дал Диме два тома американского издания.

## ■ 29 сентября 1987

22.00. «Вишневый сад». Отказ Демидовой играть с Дьяченко. Просила меня принять участие в разговоре. Я рассказал о своем разговоре с Эфросом по проблеме Лопахина — он играет хорошо, он играет прекрасно. Знает все закоулки роли — я понял, что дальнейший разговор неприличен. Что же теперь говорить? Мне показалось, что она, предполагая свой авторитет, нашими руками хотела отрубить Борису башку. Он никакой не Лопахин. Но это было видно сразу. Теперь — позади Варшава, Париж, Милан. Да и не делается этак Меня она назвала потом ренегатом. Ты думаешь, ты хорошо играешь? Один человек мешает всем, разрушает весь спектакль.

### ■ 30 сентября 1987

*Среда, мой день*

Сегодня 70 лет Ю.П. Любимову!! Господи! Спаси и сохрани его!! Ай-ай-ай! Как же бы ему дать знать, что мы помним его и проздравляем, а!!

Звонил в издательство Егорову. Да, хорошего мало. Когда вы сможете прийти в издательство поговорить, завтра в 14? Хорошо. Как войдете, направо вверх на второй этаж, еще направо и по коридору и прямо в мою дверь упретесь — главный редактор.

Ну, что ж... завтра так завтра, заберу рукопись и дело с концом. Хоть не зря приехал. Теперь молю Бога, чтоб послал мне силу мужскую в связки голосовые, и думаю о программе перед земляками.

### ■ 5 октября 1987

*Понедельник*

Теперь за игру. «Мизантроп» сегодня. Статья об Эфросе имеет успех, надо играть хорошо, надо запастись силами – и вперед. Таня Филимонова хорошая бухгалтерша, заботливо рассчитала, до конца была верна компании нашей.

И спектакль прошел хорошо. Под знаком памяти об Эфросе. Да, любопытно, как Н. Н. Губенко воспримет статью?! Хватит ли ума не обидеться?

## ■ 6 октября 1987

*Вторник*

Забот скопилось много, и первая — это оформление в Америку, в которую я когда-то один раз «слетал»... Успеют ли оформить и захотят ли из театра отпустить?

В «Л. Г.» Смелянский вспоминает, как «таганец» В. Высоцкий приветствовал юбиляра О. Ефремова в день 50-летия, как интересно он отнесся к «таганцам», выступавшим на 30-летии «Современника».

## ■ 7 октября 1987

*Среда, мой день*

Глаголин расстроил меня, в статье он усмотрел, что я будто бы подспудно сравниваю театры Любимова и Эфроса, и в пользу последнего.

Завтра «Мизантроп» вместо «Дна». И я согласился играть.

*Валерий Золотухин*

**ТАГАНСКИЙ ТУПИК**

роман

Корректура *А. Конькова*

Компьютерная верстка *А. Щукин*

Общероссийский классификатор продукции
ОК-005-93, том 2; 953000 — книги, брошюры

Подписано в печать 5.05.05 г. Формат $84 \times 108^{1}/_{32}$.
Усл. печ. л. 36,96. Тираж 5000 экз. Заказ № 1059.

Издательство «Зебра Е»
119121, Москва, ул. Плющиха, 11
e-mail: zebrae@rambler.ru

По вопросам приобретения книг обращаться
в Издательскую группу АСТ:
129085, г. Москва, Звездный бульвар, д. 21, 7 этаж.
Тел. (095) 215-01-01, факс: 215-51-10
E-mail: astpub@aha.ru, http://www.ast.ru

Отпечатано с готовых диапозитивов
в типографии ФГУП "Издательство "Самарский Дом печати"
443080, г. Самара, пр. К. Маркса, 201.
Качество печати соответствует качеству предоставленных диапозитивов.